国家重点档案专项资金资助项目

抗日战争档案汇编

永康市档案馆藏抗战档案选编

2

永康市档案馆 编

五洲传播出版社

图书在版编目（CIP）数据

永康市档案馆藏抗战档案选编 . 2 / 永康市档案馆编
. -- 北京 : 五洲传播出版社 , 2024.3
（抗日战争档案汇编）
ISBN 978-7-5085-5163-0

Ⅰ . ①永… Ⅱ . ①永… Ⅲ . ①抗日战争 – 历史档案 –
汇编 – 永康 Ⅳ . ① K265.063

中国国家版本馆 CIP 数据核字 (2024) 第 090570 号

永康市档案馆藏抗战档案选编 2

编　　者：永康市档案馆
出 版 人：关　宏
责任编辑：王　峰
助理编辑：王逸凡
装帧设计：北京禾风雅艺文化发展有限公司
出版发行：五洲传播出版社
地　　址：北京市海淀区北三环中路31号生产力大楼B座6层
邮　　编：100088
电　　话：010–82005927，82007837
网　　址：www.cicc.org.cn, www.thatsbooks.com
印　　刷：天津艺嘉印刷科技有限公司
版　　次：2024年5月第1版第1次印刷
开　　本：210mm × 285mm，1/16
印　　张：34.75
定　　价：556.00元

抗日战争档案汇编编纂出版工作组织机构

编纂出版工作领导小组

组　长　陆国强

副组长　王绍忠　付　华　魏洪涛　刘鲤生

编纂委员会

主　任　陆国强

副主任　王绍忠

顾　问　杨冬权　李明华

成　员（按姓氏笔画为序排列）

于学蕴　于晓南　于晶霞　马忠魁　马俊凡　马振犊
王　放　王文铸　王建军　卢琼华　田洪文　田富祥
史晨鸣　代年云　白明标　白晓军　吉洪武　刘　钊
刘玉峰　刘灿河　刘忠平　刘新华　汤俊峰　孙　敏
苏东亮　杜　梅　李宁波　李宗春　吴卫东　何素君
张　军　张明决　陈念芜　陈艳霞　卓兆水　岳文莉
郑惠姿　赵有宁　查全洁　施亚雄　祝　云　徐春阳
郭树峰　唐仁勇　唐润明　黄凤平　黄远良　黄菊艳
梅　佳　龚建海　常建宏　韩　林　程潜龙　焦东华
童　鹿　蔡纪万　谭荣鹏　黎富文

编纂出版工作领导小组办公室

主　任　常建宏

副主任　孙秋浦　石　勇

成　员（按姓氏笔画为序排列）

李　宁　沈　岚　贾　坤

浙江省抗日战争档案汇编编纂出版工作组织机构

编纂出版工作领导小组

组　长　吴炳芳　余　杰

副组长　张　军　胡元潮

编纂委员会

主　任　吴炳芳　余　杰

副主任　张　军　胡元潮

委　员　胡文苑　陈　勇　翁　梅　夏振华　莫剑彪　阮发俊

编纂出版工作领导小组办公室

主　任　胡文苑

副主任　夏振华　阮发俊

成　员　陈卓君　张克强　鲍珍玲

《永康市档案馆藏抗战档案选编2》编委会

总序

为深入贯彻落实习近平总书记「让历史说话，用史实发言，深入开展中国人民抗日战争研究」的重要指示精神，国家档案局根据《全国档案事业发展「十三五」规划纲要》和《「十三五」时期国家重点档案保护与开发工作总体规划》的有关安排，决定全面系统地整理全国各级综合档案馆馆藏抗战档案，编纂出版《抗日战争档案汇编》（以下简称《汇编》）。

中国人民抗日战争是近代以来中国反抗外敌入侵第一次取得完全胜利的民族解放战争，开辟了中华民族伟大复兴的光明前景。这一伟大胜利，也是中国人民为世界反法西斯战争胜利、维护世界和平作出的重大贡献。加强中国人民抗日战争研究，具有重要的历史意义和现实意义。

全国各级档案馆保存的抗战档案，数量众多，内容丰富，全面记录了中国人民抗日战争的艰辛历程，是研究抗战历史的珍贵史料。一直以来，全国各级档案馆十分重视抗战档案的开发利用，陆续出版公布了一大批抗战档案，对揭露日本帝国主义侵华罪行，讴歌中华儿女勠力同心、不屈不挠抗击侵略的伟大壮举，弘扬伟大的抗战精神，引导正确的历史认知，发挥了积极作用。特别是国家档案局组织有关方面共同努力和积极推动，「南京大屠杀档案」被联合国教科文组织评选为「世界记忆遗产」，列入《世界记忆名录》，捍卫了历史真相，在国际上产生了广泛而深远的影响。

全国各级档案馆馆藏抗战档案开发利用工作虽然取得了一定的成果，但是，在档案信息资源开发的系统性和深入性方面仍显不足。正如习近平总书记所指出的：「同中国人民抗日战争的历史地位和历史意义相比，同这场战争对中华民族和世界的影响相比，我们的抗战研究还远远不够，要继续进行深入系统的研究。」「抗战研究要深入，就要更多通过档案、资料、事实、当事人证词等各种人证、物证来说话。要加强资料收集和整理这一基础性工作，全面整理我国各地抗战档案、照片、资料、实物等……」

国家档案局组织编纂《汇编》，对全国各级档案馆馆藏抗战档案进行深入系统地开发，是档案部门贯彻落实习近平总书记重要指示精神，推动深入开展中国人民抗日战争研究的一项重要举措。本书的编纂力图准确把握中国人民抗日战争的历史进程、主流和本质，用详实的档案全面反映一九三一年九一八事变后十四年抗战的全过程，反映中国共产党在抗日战争中的中流砥柱作用以及中国人民抗日战争在世界反法西斯战争中的重要地位，反映国共两党「兄弟阋于墙，外御其侮」进行合作抗战、共同捍卫民族尊严的历史，反映各民族、各阶层及海外华侨共同参与抗战的壮举，展现中国人民抗日战争的伟大意义，以历史档案揭露日本侵华暴行，揭示日本军国主义反人类、反和平的实质。

编纂《汇编》是一项浩繁而艰巨的系统工程。为保证这项工作的有序推进，国家档案局制订了总体规划和详细的实施方案，明确了指导思想、工作步骤和编纂要求。为保证编纂成果的科学性、准确性和严肃性，国家档案局组织专家对选题进行全面论证，对编纂成果进行严格审核。

各级档案馆高度重视并积极参与到《汇编》工作之中，通过全面清理馆藏抗战档案，将政治、军事、外交、经济、文化、宣传、教育等多个领域涉及抗战的内容列入选材范围。入选档案包括公文、电报、传单、文告、日记、照片、图表等多种类型。在编纂过程中，坚持实事求是的原则和科学严谨的态度，对所收录的每一件档案都仔细鉴定、甄别与考证，维护档案文献的真实性，彰显档案文献的权威性。同时，以《汇编》编纂工作为契机，以项目谋发展，用实干育人才，带动国家重点档案保护与开发，夯实档案馆基础业务，提高档案人员的业务水平，促进档案馆各项事业的发展。

守护历史，传承文明，是档案部门的重要责任。我们相信，编纂出版《汇编》，对于记录抗战历史，弘扬抗战精神，发挥档案留史存鉴、资政育人的作用，更好地服务于新时代中国特色社会主义文化建设，都具有极其重要的意义。

抗日战争档案汇编编纂委员会

编辑说明

永康（一九九二年撤县，设县级永康市）地处浙江省中部，位于金衢盆地边缘的低山丘陵地区。抗日战争时期，永康县隶属浙江省第四区行政督察专员兼保安司令公署管辖。抗日战争全面爆发后的一九三七年底，国民党浙江省政府从杭州迁至永康境内，许多军政单位、教育机构、国民政府驻浙机构等也相继在永康办公，永康成为事实上的浙江省临时省会，直至一九四二年五月浙赣战役爆发。

本书为《永康市档案馆藏抗战档案选编》第二册，收录了永康市档案馆馆藏永康民众支持抗战、支援前线部队的相关档案，分为破路阻敌、慰劳军队两个部分，分别按时间排序。同一事件相关文件编为文件组，以首件时间排序。此外，为了便于读者了解当地历史背景和相关情况，本书还收录了当时驻军调查填报的《永康县兵要地志》作为附录。

全书选用馆藏档案原件全文彩色影印，未作删节，如有缺页情况，为档案自身不全。全书使用规范的简化字。档案中原标题完整或基本符合要求的使用原标题；对原标题有明显缺陷的进行了修改或重拟。机构名称使用机构全称或规范简称，历史地名沿用当时地名。对于原标题中人物姓名、历史地名、机构名称中出现的繁体字、错别字、不规范异体字、异形字等，予以径改。档案所载时间不完整或不准确的，作了补充或订正。形成时间只有年份的档案，排在该年末；只有年份、月份而没有具体日期的，排在该月末。

特别需要说明的是，由于长期战乱，工农业产品锐减，加之军费激增，抗战时期物价飞涨。以一百元法币的购买力为例，一九三七年可买一千一百九十公斤稻谷或两头大牛，至一九四六年仅能购买二百五十克稻谷或一枚鸡蛋。因此，本书收录各项统计报表中记录的货币金额，因填报年代不同而有较大差别。限于篇幅，本书不作注释。

由于时间紧，档案公布量大，编者水平有限，在编辑过程中可能存在疏漏之处，欢迎斧正。

编　者

二〇二一年一月

目录

总序

编辑说明

一、破路阻敌

永康县各区长、乡镇长关于限期破坏道路的保证书（一九四三年六月六日至一九四三年六月九日）……〇〇三

永康县政府与浙江省政府关于彻底破坏道路的来往文书（一九四三年六月十日至一九四三年六月十五日）……〇二九

浙江省政府致永康县政府的电（一九四三年六月十日）……〇二九

永康县政府致浙江省政府的电（一九四三年六月十五日）……〇三〇

永康县政府与四路口、倪宅区署关于各乡镇破坏道路实施情况的一组文书

（一九四三年六月十二日至一九四三年六月十五日）……〇三一

四路口区署致永康县政府的呈（一九四三年六月十二日）……〇三一

附：永康县四路口区交通破坏实施情形报告表……〇三三

倪宅区署致永康县政府的呈（一九四三年六月十五日）……〇三五

附：渠溪、双桃、六安、九安、桐城乡交通破坏实施情形报告表……〇三七

三青团永康县战时服务队关于派员督查方岩、四路口、清渭三区破坏道路情况致永康县政府的公函

（一九四三年六月十四日）……〇四三

附：方岩、四路口、清渭三区破坏道路情况的报告……〇四四

永康县政府关于要求派员督促加破土山头至柿后一段道路致方岩区公所、自卫第一中队的代电（一九四三年六月十五日）……○五二
唐先镇公所关于请求给予破路出力人员传令嘉奖事致永康县政府的呈（一九四三年六月三十日）……○五三
永康县政府、陆军第七十九师关于加强破坏各道路的一组文书（一九四三年七月七日至一九四三年七月十九日）……○五四
陆军第七十九师关于要求加强破坏各道路事致永康县政府的代电（一九四三年七月七日）……○五四
附一：道路破坏参考资料—道路破坏及桥板实施法（节选）……○五五
附二：陆军第七十九师永武缙丽地区道路破坏计划要图……○六○
附三：陆军第七十九师永康、武义、缙云、丽水地区道路指导计划及实施状况对照表……○六一
永康县政府关于遵照陆军第七十九师通知所定日期方式征工实施加破或改破道路事致各区署各乡镇公所的代电（一九四三年七月十九日）……○六三
浙江全省保安司令部办公厅关于每三个月填报一次破坏道路情形致永康县政府的代电（一九四三年七月十五日）……○六五
永康县政府与华溪镇公所等关于缓破西津桥、仁政桥、望春桥的来往文书（一九四三年七月二十六日至一九四三年八月十五日）……○六六
华溪镇公所致永康县政府的呈（一九四三年七月二十六日）……○六六
永康县政府致陆军第七十九师第二三七团的公函（一九四三年八月九日）……○六七
陆军第七十九师第二三七团致永康县政府的公函（一九四三年八月十五日）……○六八
永康县交通破坏实施报告表（一九四三年七月三十一日）……○七○
永康县政府与各区署各乡镇公所等关于各区各乡镇破坏道路情形的来往文书（一九四三年八月十四日至一九四五年四月十八日）……○七四
浙江省政府关于核备所报御破境内大小道路经过详情及相关图表事致永康县政府的指令（一九四三年八月十四日）……○七四
四路口区署关于转送桐源等乡镇加破境内大小道路报告表致永康县政府的呈（一九四三年八月三十日）……○七六
附：桐源、益新、华麓、古山等乡镇加破境内大小道路报告表（一九四三年八月二十八日）……○七八

四路口区署关于转报益新乡彻底破坏道路经过情形致永康县政府的呈（一九四四年八月十二日）……〇八二
附：益新乡彻破道路图……〇八四
四路口区华麓乡公所关于补报破坏道路路图与桥板负责人员姓名表暨道路破坏调查表致永康县政府的呈
（一九四四年九月九日）……〇八五
附一：华麓乡道路破坏调查表……〇八七
附二：华麓乡破路图……〇八九
附三：华麓乡道路彻破完成图……〇九〇
附四：桥板负责人员姓名表……〇九一
清渭区署关于奉令查报该区各乡镇加破境内大小道路报告表事致永康县政府的呈（一九四三年十月三日）……〇九二
附：清渭区署各乡镇加破境内大小道路报告表……〇九四
清渭区梅山乡公所关于报送该乡道路破坏情形绘制图致永康县政府的呈（一九四五年四月十八日）……〇九五
附：梅山乡道路破坏略图……〇九七
石柱区历城乡公所关于报送破坏道路情形致永康县政府的呈（一九四四年十月十二日）……〇九八
石柱区德西乡公所关于报送破坏道路地段图暨桥板负责人姓名表致永康县政府的呈（一九四四年十月十八日）……一〇二
附一：德西乡公所已破道路地段图……一〇四
附二：缙云至永康段道路桥板处理负责人姓名表……一〇五
石柱区历城乡公所关于报送破坏道路地段图暨桥板负责人姓名表致永康县政府的呈（一九四四年十一月八日）……一〇六
附一：历城乡破坏道路图……一〇八
附二：历城乡后吴至武中段道路桥板处理负责人姓名表……一〇九
倪宅区署关于报送该区各乡镇彻底破坏大小道路完工图表致永康县政府的呈（一九四五年一月十八日）……一一〇
附：双桃、六安、渠溪、桐城乡彻底破坏道路区域地图及桥板处理人姓名表……一一一
方岩区松鹤乡公所关于报送彻底破坏大小道路经过情形与图表致永康县政府的呈（一九四五年一月二十九日）……一一三

附一：松鹤乡土山头至柿后段、芝英段公路、道路桥板处理负责人姓名表……一二四
附二：松鹤乡景况图……一二五
芝英镇公所关于破坏道路地段图暨桥板负责人员致永康县政府的呈（一九四五年二月三日）……一二六
附一：芝英镇境界道路破坏地段景况图……一二七
附二：芝英至古山、四石乡段道路对桥板处理负责人姓名表……一二八
附三：芝英至岩后、三民、松鹤段道路对桥板处理负责人姓名表……一二九
附四：方岩至永城段道路对桥板处理负责人姓名表……一三〇
俞溪头区云靖乡公所关于报送该乡道路破坏情形绘制图致永康县政府的呈（一九四五年四月七日）……一三二
附：云靖乡道路破坏略图……一三三
中和乡公所关于报送破坏道路地段图致永康县政府的呈（一九四五年四月九日）……一三四
附：中和乡已破道路图表……一三五
仙义乡公所关于补报该乡道路破坏情形绘图致永康县政府的呈（一九四五年四月十七日）……一三六
附：仙义乡破坏道路景况图……一三七
陆军第三十二集团军总司令部关于要求加强破坏道路致永康县政府的代电（一九四三年九月六日）……一三八
永康县政府关于请给予指示彻破道路方法和要领致陆军第七十九师的代电（一九四三年九月十八日）……一三九
永康县政府与陆军第八十八军、陆军第七十九师第二三七团关于秋收后放水犁田以妨害敌之行动的一组文书
（一九四三年九月二十四日至一九四三年十月四日）……一四〇
陆军第八十八军司令部关于转发规定蓄水区域及办法致永康县政府的代电（一九四三年九月二十四日）……一四〇
陆军第七十九师第二三七团关于秋收后放水犁田以妨害敌之行动致永康县政府的公函（一九四三年十月四日）……一四一
陆军第七十九师第二三七团关于加强破坏道路有关事项致永康县政府的代电（一九四三年十月七日）……一四三
永康县政府关于奉令重申破路民工为义务服役致各区署各乡镇公所的训令（一九四三年十一月十八日）……一四五
永康县政府关于发动民工彻底破坏道路事致各区署各乡镇公所的代电（一九四四年五月十三日）……一四六

永康县政府关于派员洽商破路事宜致陆军新编第二十一师搜索连的代电（一九四四年五月十三日）……一四八
浙江省第四专区区署关于陆军第八十八军在丽水召开破路会议事致永康县政府的电（一九四四年七月五日）……一四九
永康县政府与陆军第八十八军关于破路实施情形的来往文书（一九四四年七月十四日至一九四四年七月二十二日）……一五〇
陆军第八十八军致永康县政府的电（一九四四年七月十四日）……一五〇
永康县政府致陆军第八十八军的电（一九四四年七月二十二日）……一五一
永康县政府关于召开破坏道路会议的通知及记录（一九四四年七月十九日至一九四四年七月二十日）……一五二
永康县政府关于请出席破坏道路会议事致县党部的函（一九四四年七月十九日）……一五二
永康县政府关于召集各区长讨论破坏道路事宜的会议记录（一九四四年七月二十日）……一五三
永康县政府、陆军第八十八军关于派文绍山前来勘察破路实况的一组文书
（一九四四年十二月十四日至一九四五年一月三日）……一五七
陆军第八十八军司令部致永康县政府的代电（一九四四年十二月十四日）……一五七
永康县政府致各区署各乡镇公所的代电（一九四五年一月三日）……一五八
陆军第三十二集团军司令部关于已饬第八十八军派兵出击掩护破路致永康县政府的代电（一九四五年一月四日）……一五九
历山乡公所关于该乡彻破道路完工请派员勘察事致永康县政府的呈（一九四五年一月十三日）……一六〇
永康县政府与倪宅区署关于九安乡地属敌伪势力控制破路不易的来往文书
（一九四五年一月十七日至一九四五年一月二十六日）……一六二
倪宅区署致永康县政府的呈（一九四五年一月十七日）……一六二
永康县政府致倪宅区署的指令（一九四五年一月二十六日）……一六三
永康县政府关于已破道路不得任意修复的布告（一九四五年一月二十七日）……一六四

二、慰劳军队

永康县政府与各区署等关于征募民国三十二年度新年及春节劳军款物的一组文书
（一九四二年十月二十六日至一九四四年六月五日） …… 一六九
陆军新编第二十一师步兵第六十三团关于征募一千五百双劳军鞋事致永康县政府的公函（一九四二年十月二十六日） … 一六九
浙江省第四区行政督察专员兼保安司令公署关于征募民国三十二年新年及春节劳军款物事致永康县政府的代电
（一九四二年十二月十一日） …… 一七〇
国民党永康县党部、永康县政府关于召开各机关法团代表会议商讨民国三十二年新年及春节劳军事宜的会议记录
（一九四二年十二月十六日） …… 一七二
四路口区署关于已劝募陆军新编第二十一师步兵第六十三团八百双布袜征募请免予再派劳军钱物事
致国民党永康县党部的公函（一九四二年十二月十七日） …… 一七四
清渭区署关于办理陆军新编第二十一师步兵第六十三团劳军黑布袜经过情形致永康县政府的呈
（一九四二年十二月十八日） …… 一七六
浙江省第四区行政督察专员兼保安司令公署关于催缴民国三十二年新年与春节劳军款物事致永康县政府的代电
（一九四二年十二月十九日） …… 一七八
永康县政府关于要求足额如期征募陆军新编第二十一师步兵第六十三团劳军黑布袜事致清渭区署的指令
（一九四二年十二月二十五日） …… 一七九
清渭区署关于已令各乡镇将陆军新编第二十一师步兵第六十三团征募劳军布袜送交方岩团部事
致永康县政府的呈（一九四二年十二月二十六日） …… 一八〇
国民党永康县党部、永康县政府关于赠送劳军款事致陆军新编第二十一师步兵第六十二、六十三团的公函
（一九四二年十二月三十一日） …… 一八二
陆军新编第二十一师步兵第六十三团黄君殊关于感谢永康县党部、永康县政府赠送劳军犒金的信
（一九四二年十二月三十一日） …… 一八四

永康县政府关于催缴劳军款物致各区署、县商会的代电（一九四二年十二月三十一日）……一八六
国民党国民革命军陆军新编第二十一师特别党部关于可酌量减少民众捐献布袜数目事致永康县政府的公函
（一九四三年一月三日）……一八七
方岩区署关于检报劳军布袜六百双收据致永康县政府的呈（一九四三年一月四日）……一九〇
附：陆军新编第二十一师步兵第六十三团收据……一九一
浙江省政府关于劳军款物解送省政府社会处事致永康县政府的电（一九四三年一月九日）……一九二
渠溪乡公所关于检送劳军捐款及军鞋收据致永康县政府的呈（一九四三年一月十五日）……一九三
附：劳军款、鞋收据……一九五
四路口区署关于筹办解送劳军袜至陆军新编第二十一师步兵第六十三团经过事致永康县政府的呈
（一九四三年一月三十一日）……一九六
附：陆军新编第二十一师步兵第六十三团收据……一九八
永康县政府关于对派募款物逾期未交的乡镇派员督缴事致各区署的训令（一九四三年二月十一日）……一九九
附：民国三十二年新年与春节劳军款额派募清单……二〇〇
六安乡公所关于解送春节劳军鞋三十双事致永康县政府的呈（一九四三年二月十六日）……二〇四
清渭区署关于德溪乡已交缴民国三十二年春节劳军款、转送收据两本事致永康县政府的呈
（一九四三年二月十六日）……二〇五
永康县商会关于完成劳军捐款祈鉴核发给收据并请示超额七百余元如何办理致永康县政府的呈
（一九四三年二月十八日）……二〇七
附：永康县商会征募民国三十二年春节劳军捐款清册……二〇九
永祥区署关于送缴民国三十二年春节部分劳军款和鞋其余正在催缴事致永康县政府的呈
（一九四三年二月十九日）……二一一
浙江省政府关于如期解缴新年及春节劳军款和鞋事致永康县政府的电（一九四三年二月二十日）……二一三

永康县政府关于催缴新年及春节劳军款和鞋事致各区署的代电（一九四三年二月二十二日）……二二四
浙江省第四区行政督察专员兼保安司令公署关于要求迅速解缴劳军款物事致永康县政府的代电
（一九四三年二月二十四日）……二二五
郭嵩祺关于奉令催缴各乡镇劳军款二千三百二十元事致永康县政府的报告（一九四三年二月二十五日）……二二六
石柱区历城乡公所关于划解春节劳军款事致永康县政府的呈（一九四三年二月二十六日）……二二八
石柱区署关于已缴清劳军布鞋一千双事致永康县政府的呈（一九四三年三月九日）……二三〇
附：代解陆军第八十八军新编第二十一师步兵第六十二团劳军布鞋清单……二三二
浙江省财政厅关于无款可垫春节劳军款致永康县政府的代电（一九四三年三月九日）……二三三
永康县政府关于请垫付春节劳军款一万四千六百六十三元事致浙江省财政厅的代电（一九四三年三月十三日）……二三四
四路口区署关于东岭乡民国三十二年元旦劳军袜已折价直缴驻军陆军新编第二十一师步兵第六十三团事
致永康县政府的呈及永康县政府的指令（一九四三年三月十三日至一九四三年三月十六日）……二三五
石柱区署关于解缴民国三十二年新年及春节劳军款四千零五十元五角事致永康县政府的呈（一九四三年四月三日）……二三七
附一：石柱区各乡缴解民国三十一年县区应变经费清单……二三九
附二：石柱区民国三十二年新年及春节劳军款额派募清单……二四〇
附三：石柱区署缴款收据单两张……二四一
永康县政府关于民国三十二年春节劳军款物结报在即特再派员守提事致各区署的训令（一九四三年四月十四日）……二四三
附：民国三十二年新年与春节劳军款额及劳军鞋派募清单……二四四
永康县政府关于民国三十二年新年及春节劳军短款额请在应领平粜施米款中抵扣事致浙江省政府社会处的电
（一九四三年四月二十二日）……二四八
方岩区方岩乡公所关于解缴民国三十二年新年春节劳军款收据事致永康县政府的呈（一九四三年七月七日）……二四九
石柱区四石乡公所关于报送劳军捐款物存根事致永康县政府的呈（一九四三年八月二十三日）……二五一
芝英镇公所关于已缴清春节劳军款物事致永康县政府的呈（一九四三年八月二十五日）……二五三

永康县政府关于办理民国三十二年新年与春节劳军捐款情形事致浙江省第四区行政督察专员兼保安司令公署的呈（一九四三年八月）……二五五
附一：永康县征募民国三十二年新年及春节劳军款物报告书……二五六
附二：永康县征募民国三十二年新年及春节劳军款额派募清单……二六〇
浙江省政府社会处关于同意以应拨田赋款抵扣一万四千二百一十五元劳军款事致永康县政府的代电（一九四三年九月十八日）……二六二
永康县政府关于补解民国三十二年新年及春节劳军款一万六千七百八十五元致浙江省政府社会处的呈（一九四三年十月五日）……二六三
益新乡公所关于已缴清春节劳军款一千五百七十元并报缴收据三本事致永康县政府的呈（一九四三年十月八日）……二六五
浙江省政府社会处关于催缴所欠春节劳军款暨鞋代金事致永康县政府的指令（一九四三年十月二十二日）……二六七
四路口区华麓乡公所关于交缴七百二十元劳军款和收据存根二本致永康县政府的呈（一九四三年十月二十三日）……二六九
永康县政府关于派员督办征募春节劳军款物及『一县一机』捐款事致各区署各乡镇公所的训令（一九四三年十一月九日）……二七一
附：各乡镇应办案件催报表和督办人员地区分配表……二七二
永康县政府关于补解民国三十二年新年及春节劳军款四千一百九十四元并请免缴鞋代金事致浙江省政府社会处的呈（一九四三年十二月六日）……二七四
浙江省财政厅关于转发民国三十二年劳军款收据事致永康县政府的训令（一九四四年六月五日）……二七六
附：浙江省政府社会处收据……二七七
丽云师管区司令部关于筹募新兵鞋袜事致永康县政府的指令（一九四三年三月六日）……二七八
永康县政府与各区署等关于民国三十三年元旦平价供应猪肉毛鸡及筹款慰问军队的来往文书（一九四三年十二月十三日至一九四四年七月十八日）……二七九
第三战区陆军第七十九师司令部军民合作总站关于要求元旦供应平价猪肉给驻军事致永康县政府的代电（一九四三年十二月十三日）……二七九

国民党浙江省永康县党部关于筹款一万元用于民国三十三年元旦慰劳驻军事致永康县政府的公函（一九四三年十二月十六日）……二八〇

永康县政府关于民国三十三年元旦平价供应猪肉给驻军事致永康县军民合作站指导分处的代电（一九四三年十二月十八日）……二八二

永康县政府关于每区携带一万元劳军款慰问驻军致各区署各乡镇公所的代电（一九四三年十二月二十一日）……二八三

永康县军民合作站指导分处关于供应陆军第七十九师第二三七团猪肉毛鸡事致各区署的训令（一九四三年十二月二十五日）……二八五

附：民国三十三年元旦驻军官兵会餐需用猪肉毛鸡分配各乡镇代购数量表及配购数量表……二八六

石柱区署关于已筹足劳军款一万元致永康县政府秘书室的函（一九四三年十二月二十五日）……二八八

永康县政府关于开展民国三十三年元旦慰问驻军相关事宜致各区署的代电（一九四三年十二月二十六日）……二八九

永康县政府关于供应驻军民国三十三年元旦猪肉毛鸡事致各区署的代电（一九四三年十二月二十六日）……二九一

四路口区署关于供应驻军元旦聚餐猪肉毛鸡以及捐款事致永康县政府的代电（一九四三年十二月三十日）……二九三

永康县政府城区办事处关于发放城区自卫队队士春节犒劳费事致永康县政府的呈（一九四四年二月一日）……二九四

附：永康县城区自卫队队士花名册及收据……二九五

永康县政府城区办事处关于慰劳驻军及垫支慰问款事致永康县政府的呈（一九四四年六月十六日）……三〇一

附一：吕梦卿川资收条……三〇二

附二：经办慰劳驻军物品细账单……三〇三

附三：陆军新编第二十一师步兵第六十二团收条……三〇四

永康县政府关于将所摊派劳军款即交城区办事处核收事致各区署的训令（一九四四年七月十八日）……三〇五

永康县慰劳抗战将士委员会成立及相关事项（一九四四年四月十四日至一九四四年五月二十六日）……三〇六

永康县慰劳抗战将士委员会成立会暨第一次委员会的会议记录（一九四四年四月十四日）……三〇六

浙江省第四区行政督察专员兼保安司令公署关于收到所报送慰劳抗战将士委员会会议记录等事致永康县政府的指令（一九四四年四月二十八日）……三一二

永康县政府关于报送慰劳抗战将士委员会组织概况报告表致浙江省政府社会处的呈（一九四四年四月二十八日）……三一三
附：浙江省永康县慰劳抗战将士委员会组织概况报告表……三一四
浙江省政府社会处关于核备所填报慰劳抗战将士委员会组织概况报告表致永康县政府的指令
（一九四四年五月二十六日）……三一五
永康县政府与各区署等关于筹募民国三十三年慰劳准备金和「一县一机」捐款的来往文书
（一九四四年四月二十一日至一九四四年十一月二十六日）……三一六
永康县政府关于筹募民国三十三年慰劳准备金事致各区署的训令（一九四四年四月二十一日）……三一六
附：各区筹募慰劳准备金分配清单……三一九
国民党浙江省执行委员会、浙江省政府关于催缴慰劳准备金事致永康县政府的代电（一九四四年五月十二日）……三二〇
永康县政府关于催缴慰劳准备金事致各区署的代电（一九四四年五月二十三日）……三二一
永康县政府城区办事处关于缴送崇道乡民国三十三年度慰劳准备金致永康县政府的呈（一九四四年五月二十五日）……三二二
附：崇道乡慰劳准备金派募清册……三二三
永康县政府关于筹募慰劳准备金情形事致浙江省第四区行政督察专员兼保安司令公署的代电
（一九四四年六月二十七日）……三二八
永康县政府关于要求足额克募慰劳准备金事致各区署各乡镇公所的代电（一九四四年七月十二日）……三二九
六安乡公所关于缓缴『一县一机』捐款暨慰劳准备金事致永康县政府的签呈（一九四四年七月二十三日）……三三〇
何樟东关于赴倪宅区各乡催收慰劳准备金和『一县一机』捐款情况致永康县政府的报告
（一九四四年七月三十一日）……三三二
浙江省第四区行政督察专员兼保安司令公署关于催促募集慰劳金事致永康县政府的电（一九四四年九月十九日）……三三四
中和乡公所关于派募慰劳准备金被前乡长吕紫祥携带潜逃事致永康县政府的呈及永康县政府的指令
（一九四四年十一月十日至一九四四年十一月十五日）……三三五

永康县政府关于呈报劝募慰劳金有关情形致浙江省第四区行政督察专员兼保安司令公署的代电
（一九四四年十一月十四日）……三三七
中和乡公所关于呈报前乡长吕紫祥所收缴慰劳准备金数额致永康县政府的呈（一九四四年十一月二十六日）……三三八
附：中和乡慰劳准备金各保派募交缴清单……三四〇
永康县政府与各区署各乡镇公所等关于为陆军新编第二十一师步兵第六十一团劝募鞋袜慰劳军队的来往文书
（一九四四年十二月七日至一九四五年七月九日）……三四二
陆军新编第二十一师步兵第六十一团关于劝募劳军鞋袜各一千双事致永康县政府的公函（一九四四年十二月七日）……三四二
永康县政府关于劝募鞋袜相关事宜致各区署各乡镇公所的代电（一九四四年十二月二十三日）……三四四
附：永康县各乡镇劝募陆军新编第二十一师步兵第六十一团士兵鞋袜分配表……三四六
太西乡公所关于解送陆军新编第二十一师劝募布鞋及国币事致永康县政府的呈（一九四五年二月五日）……三四八
附：何樟东接收国币六千元的收条……三五〇
何樟东关于赴清渭、古山各乡镇催收劳军鞋袜情况致永康县政府的报告（一九四五年二月七日）……三五一
松鹤乡公所关于已解交陆军新编第二十一师劳军鞋袜事致永康县政府的呈（一九四五年二月八日）……三五三
附：陆军新编第二十一师步兵第六十一团收条……三五四
方岩乡公所关于已送交陆军新编第二十一师步兵第六十一团劳军鞋袜事致永康县政府的呈（一九四五年二月八日）……三五五
石柱区署关于办理劝募陆军新编第二十一师步兵第六十一团劳军鞋袜相关事宜致永康县政府的呈
（一九四五年二月二十三日）……三五七
附：陆军新编第二十一师步兵第六十一团收条……三五八
陆军新编第二十一师步兵第六十一团关于回复劳军鞋袜及代金确数致永康县政府的公函（一九四五年三月七日）……三五九
永康县政府关于催报陆军新编第二十一师劳军鞋袜事致各区署各乡镇公所的训令（一九四五年三月十日）……三六一
松石镇公所关于已交清劳军鞋袜事致永康县政府的呈（一九四五年三月十四日）……三六二
中和乡公所关于劳军鞋袜已交清事致永康县政府的呈（一九四五年三月十六日）……三六三

华溪镇公所关于已悉数缴清陆军新编第二十一师劳军鞋袜事致永康县政府的呈（一九四五年三月二十一日收）……三六五
渠溪乡公所关于已将劳军鞋袜送交倪宅区署事致永康县政府的呈（一九四五年三月二十一日）……三六六
梅山乡公所关于悉数缴清陆军新编第二十一师劳军鞋袜事致永康县政府的呈（一九四五年三月二十三日）……三六七
古山区东岭乡公所关于送交劳军鞋袜事致永康县政府的呈（一九四五年三月二十七日）……三六八
古山区署关于报送益新等乡劳军鞋事致永康县政府的呈（一九四五年四月二日）……三六九
方岩乡公所关于解送陆军新编第二十一师步兵第六十一团劳军鞋袜事致永康县政府的呈（一九四五年四月四日）……三七〇
附：陆军新编第二十一师步兵第六十一团收条……三七二
三民乡公所关于解送陆军新编第二十一师步兵第六十一团劳军鞋袜事致永康县政府的呈（一九四五年四月四日收）……三七三
永康县政府关于填报陆军新编第二十一师劝募冬季鞋袜调查表事致各区署各乡镇公所的训令（一九四五年四月七日）……三七五
附：永康县各乡镇劝募陆军新编第二十一师劳军鞋袜调查表……三七七
益新乡公所关于已如数交缴所派劳军鞋袜事致永康县政府的呈（一九四五年四月九日）……三七八
太西乡公所关于解送陆军新编第二十一师劝募布鞋及代金事致永康县政府的呈（一九四五年四月十二日）……三八〇
附：太西乡劝募陆军新编第二十一师劳军鞋袜调查表……三八一
中和乡公所关于劝募陆军新编第二十一师劳军鞋袜调查表致永康县政府的呈（一九四五年四月十三日）
附：中和乡劝募陆军新编第二十一师劳军鞋袜调查表……三八二
松鹤乡公所关于报送陆军新编第二十一师劳军鞋袜调查表致永康县政府的呈（一九四五年四月十五日）……三八三
附：松鹤乡劝募陆军新编第二十一师劳军鞋袜调查表……三八四
古山镇公所关于报送陆军新编第二十一师劳军鞋袜调查表事致永康县政府的呈（一九四五年四月十五日）……三八五
俞溪头区署关于转呈武中乡解送陆军新编第二十一师步兵第六十一团劳军鞋袜应解未解明细表事致永康县政府的呈（一九四五年四月十六日）……三八六
附：武中乡劳军鞋袜应缴未缴数明细表……三八七

环城乡公所关于解送陆军新编第二十一师步兵第六十一团劳军鞋袜及代金经过事致永康县政府的代电（一九四五年四月十六日）……三八八

梅山乡公所关于填送劝募陆军新编第二十一师劳军鞋袜调查表事致永康县政府的呈（一九四五年四月十八日）……三八九

附：梅山乡劝募陆军新编第二十一师劳军鞋袜调查表……三九〇

古山区署关于转解唐先镇、中和乡慰劳陆军新编第二十一师军鞋五十双事致永康县政府的呈（一九四五年四月十九日）……三九一

仙义乡公所关于解交所欠劳军鞋袜代金事致永康县政府的呈（一九四五年四月二十日）……三九二

六安乡公所关于解缴劳军袜代金事致永康县政府的呈（一九四五年四月二十二日）……三九三

附：六安乡劝募陆军新编第二十一师劳军鞋袜调查表……三九四

陆军新编第二十一师政治部关于火速填报劳军鞋袜数事致永康县政府的代电（一九四五年四月二十三日）……三九五

永康县政府驻城办事处关于报送劝募陆军新编第二十一师步兵第六十一团鞋袜经过事致永康县政府的呈（一九四五年四月二十五日）……三九六

附：陆军新编第二十一师步兵第六十一团收据两张……三九八

历山乡公所关于报送劝募陆军新编第二十一师劳军鞋袜调查表致永康县政府的呈（一九四五年四月二十五日）

附：陆军新编第二十一师劝募劳军鞋袜调查表……四〇〇

历山乡公所关于已如数解缴劝募陆军新编第二十一师劳军鞋袜经过事致永康县政府的呈（一九四五年四月二十六日）……四〇二

永康县政府关于陆军新编第二十一师政治部调查步兵第六十一团劝募鞋袜的统计表（一九四五年四月）……四〇四

双桃乡公所关于报送劝募陆军新编第二十一师步兵第六十一团劳军鞋袜及代金经过致永康县政府的代电（一九四五年五月三日）……四〇六

中和乡公所关于已缴清所欠劳军鞋袜事致永康县政府的呈（一九四五年五月四日）……四〇八

俞溪头区署关于呈报经收劳军鞋袜事致永康县政府的呈（一九四五年七月九日）……四一〇

永康县政府与各区署等关于解缴石柱之战参战军队慰问款的来往文书
（一九四四年十二月二十六日至一九四五年一月四日） …… 四一一

永康县政府关于要求在十天内解清石柱之战劳军垫款事致四路口、倪宅、石柱、清渭区署的训令
（一九四四年十二月二十六日） …… 四一一

永康县政府关于催缴石柱之战劳军费事致方岩区各乡镇公所的训令（一九四四年十二月二十九日） …… 四一二

芝英镇公所关于解缴石柱之战摊派劳军款八百三十四元事致永康县政府的呈（一九四五年一月四日） …… 四一三

永康县政府、陆军暂编第十三师步兵第二团第三营关于筹借棉被供壮丁御寒的一组文书
（一九四四年十二月二十七日至一九四四年十二月二十九日） …… 四一五

陆军暂编第十三师步兵第二团第三营致永康县政府的公函（一九四四年十二月二十七日） …… 四一五

永康县政府致三民、方岩乡公所的代电（一九四四年十二月二十九日） …… 四一七

永康县政府与陆军突击总队第二突击队政治部等关于劝募劳军鞋袜的来往文书
（一九四五年一月五日至一九四五年三月二十五日） …… 四一八

陆军突击总队第二突击队政治部致永康县政府的公函（一九四五年一月五日） …… 四一八

永康县政府致各区署各乡镇公所的代电（一九四五年一月十八日） …… 四二〇

附：永康县各乡镇劝募突击队布鞋配额表 …… 四二一

渠溪乡公所致永康县政府的呈（一九四五年三月二十五日） …… 四二三

永康县政府关于由县统一安排慰劳军队事致各区署各乡镇公所各乡农会的训令（一九四五年七月十日） …… 四二四

浙江省慰劳抗战将士委员会关于公布所征募及配拨慰劳款收支情况致各县政府、党部、参议会的函
（一九四六年十一月四日收） …… 四二五

附：浙江省慰劳抗战将士委员会征募慰劳款项收支征信录 …… 四二六

附录《永康县兵要地志》

第三十二集团军兵站分监部关于按表查填《兵要地志》事致永康县政府的代电（一九四三年五月一日）……四三七
永康县政府与第三战区兵站总监部等关于催寄《兵要地志》的来往文书（一九四四年七月十三日至一九四四年十二月十五日）……四三八
第三战区兵站总监部致永康县政府的代电（一九四四年七月十三日）……四三八
永康县政府致第三战区兵站总监部、陆军突击总队、第四区行政督察专员兼保安司令公署的代电（一九四四年十二月十五日）……四三九
《永康县兵要地志》（一九四四年至一九四五年）……四四〇
后记

一、破路阻敌

永康县各区长、乡镇长关于限期破坏道路的保证书（一九四三年六月六日至一九四三年六月九日）

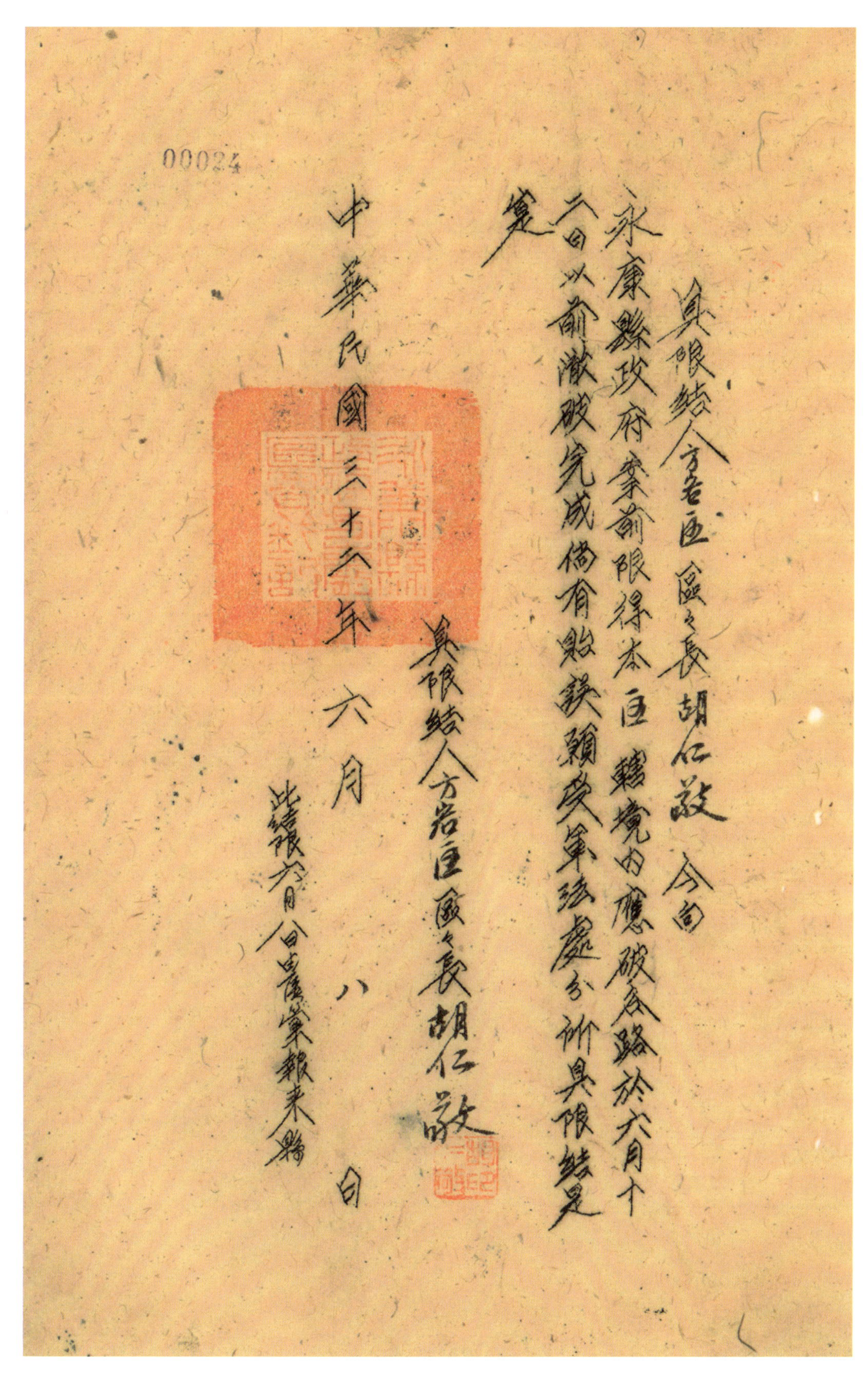

00024

具限結人方岩區區長胡仁敔 今向

永康縣政府案前限得本區轄境内應破各路於六月十二日以前澈破完成倘有貽誤願受軍法處分所具限結是實

具限結人方岩區區長胡仁敔

中華民國三十二年六月八日

此結限六月八日由盧棠報來縣

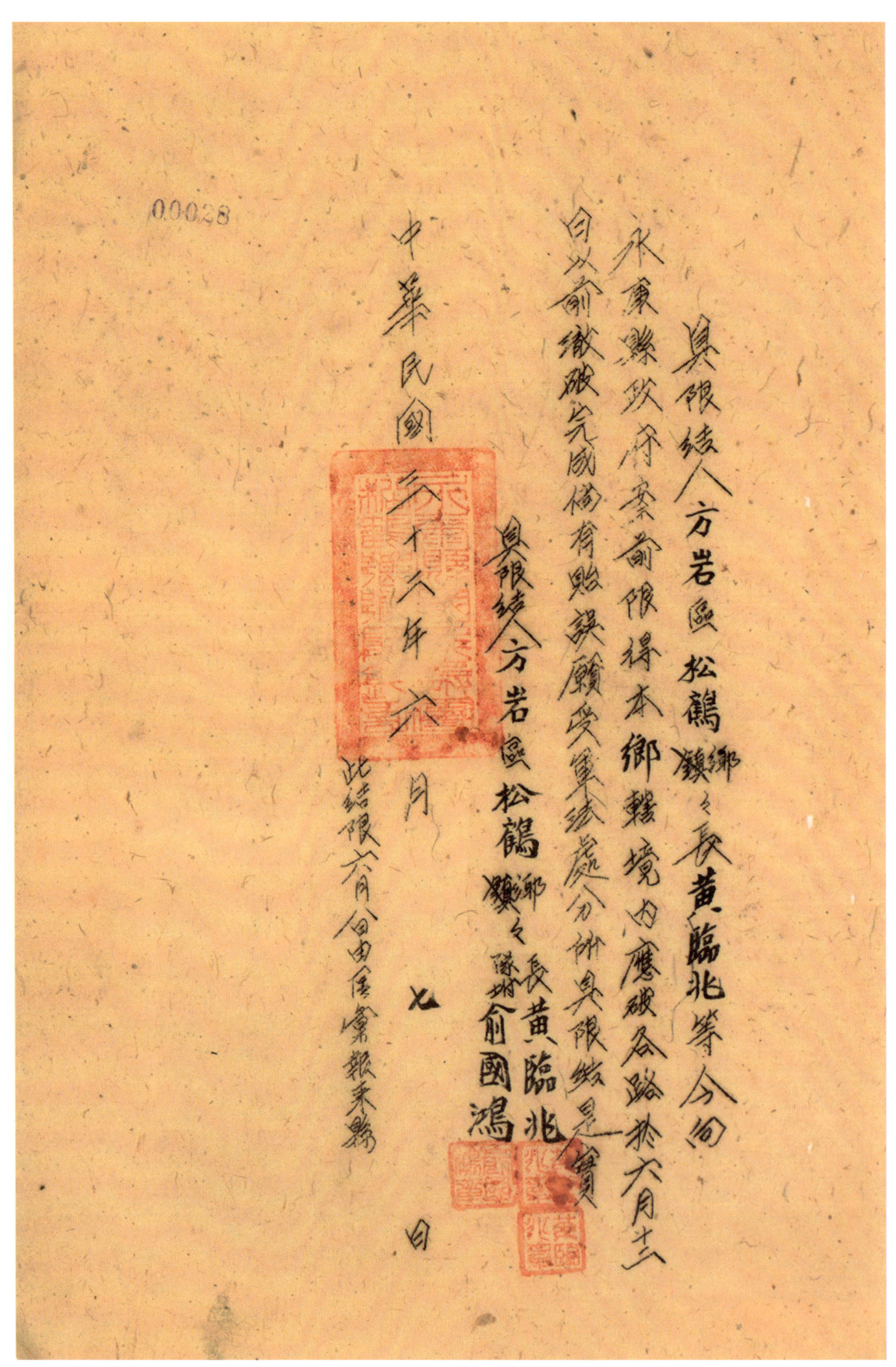
00028

具限結人方岩區松鶴鎮鄉々長黃臨兆等今向

永康縣政府案前限得本鄉轄境內應破各路於六月十二

日以前徹破完成倘有貽誤願受軍法處分所具限結是實

具限結人方岩區松鶴鎮鄉々長黃臨兆

隊附俞國鴻

中華民國二十八年六月七日

此結限六月八日由區彙報來縣

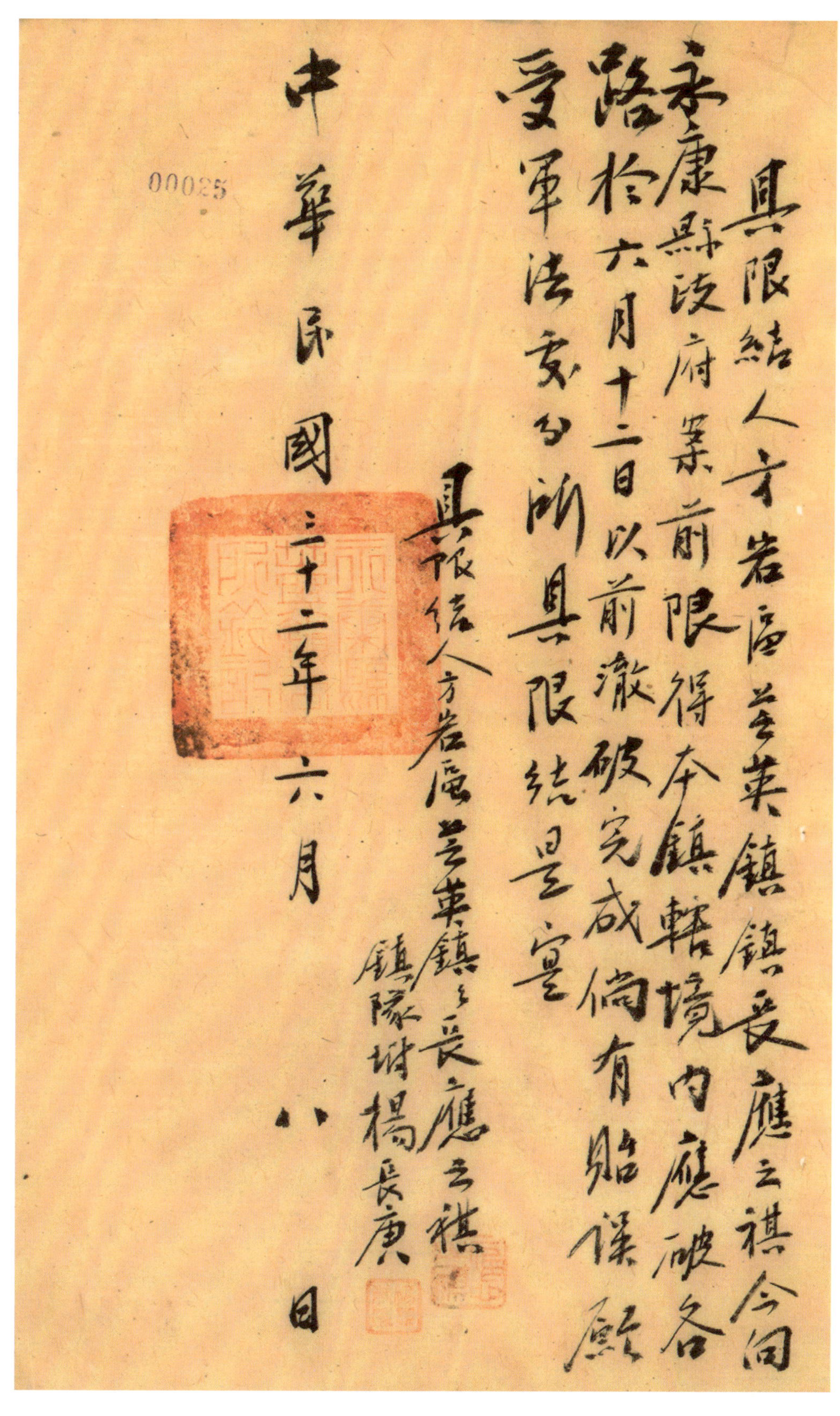

具限結人方岩區芸英鎮鎮長應之祺今向
永康縣政府案前限得本鎮轄境內應破各
路於六月十二日以前澈破完成倘有貽誤願
受軍法處分所具限結是實

具限結人方岩區芸英鎮鎮長應之祺
鎮隊附楊長庚

中華民國三十二年六月八日

00025

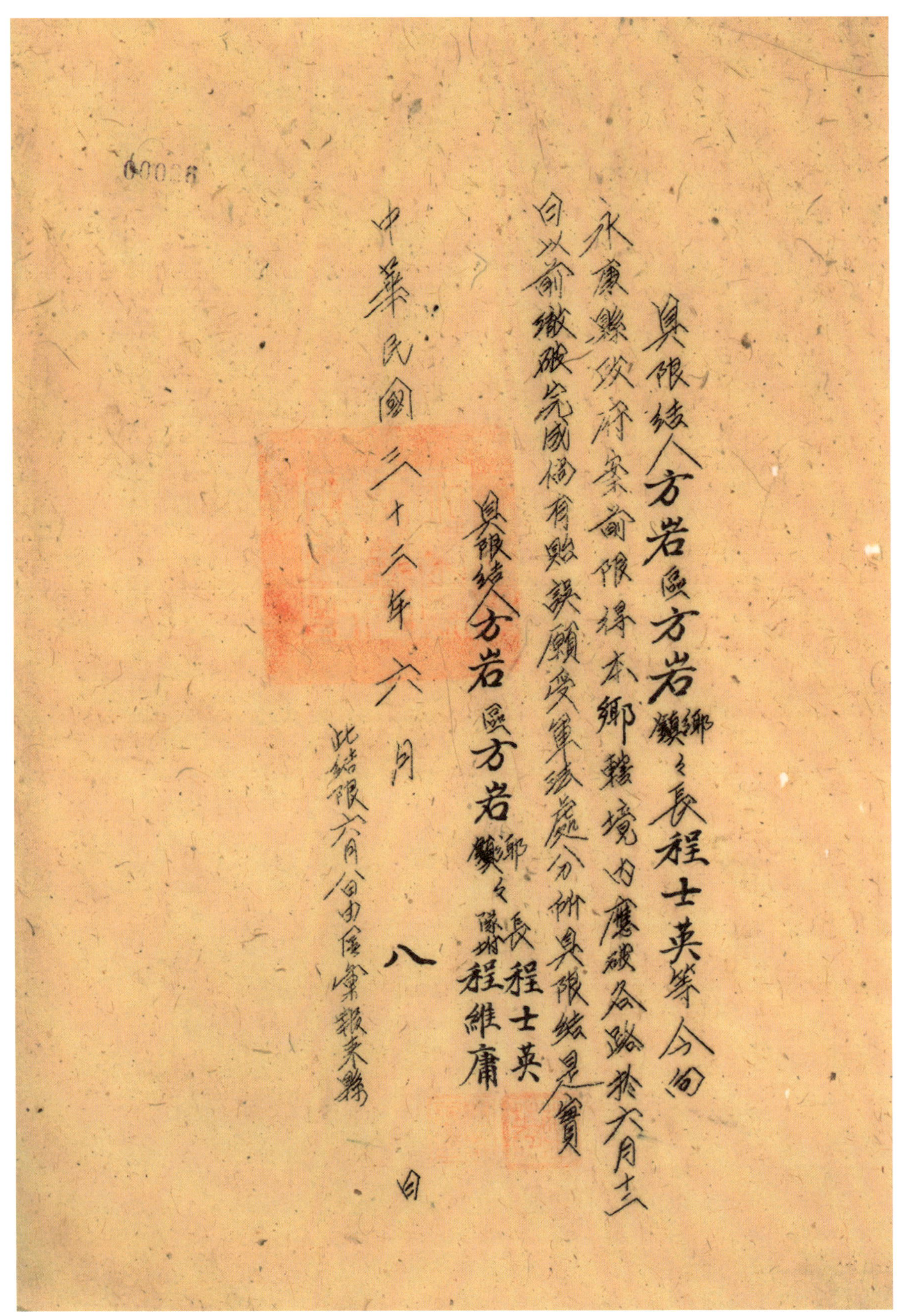

具限結人方岩區方岩鄉鎮長程士英等今向

永康縣政府案前限得本鄉鎮境內應破各路於六月十二

日以前徹破完成倘有貽誤願受軍法處分所具限結是實

具限結人方岩區方岩鄉鎮長程士英

鄉鎮隊附程維庸

中華民國三十六年六月　八　日

此結限六月八日由區彙報來縣

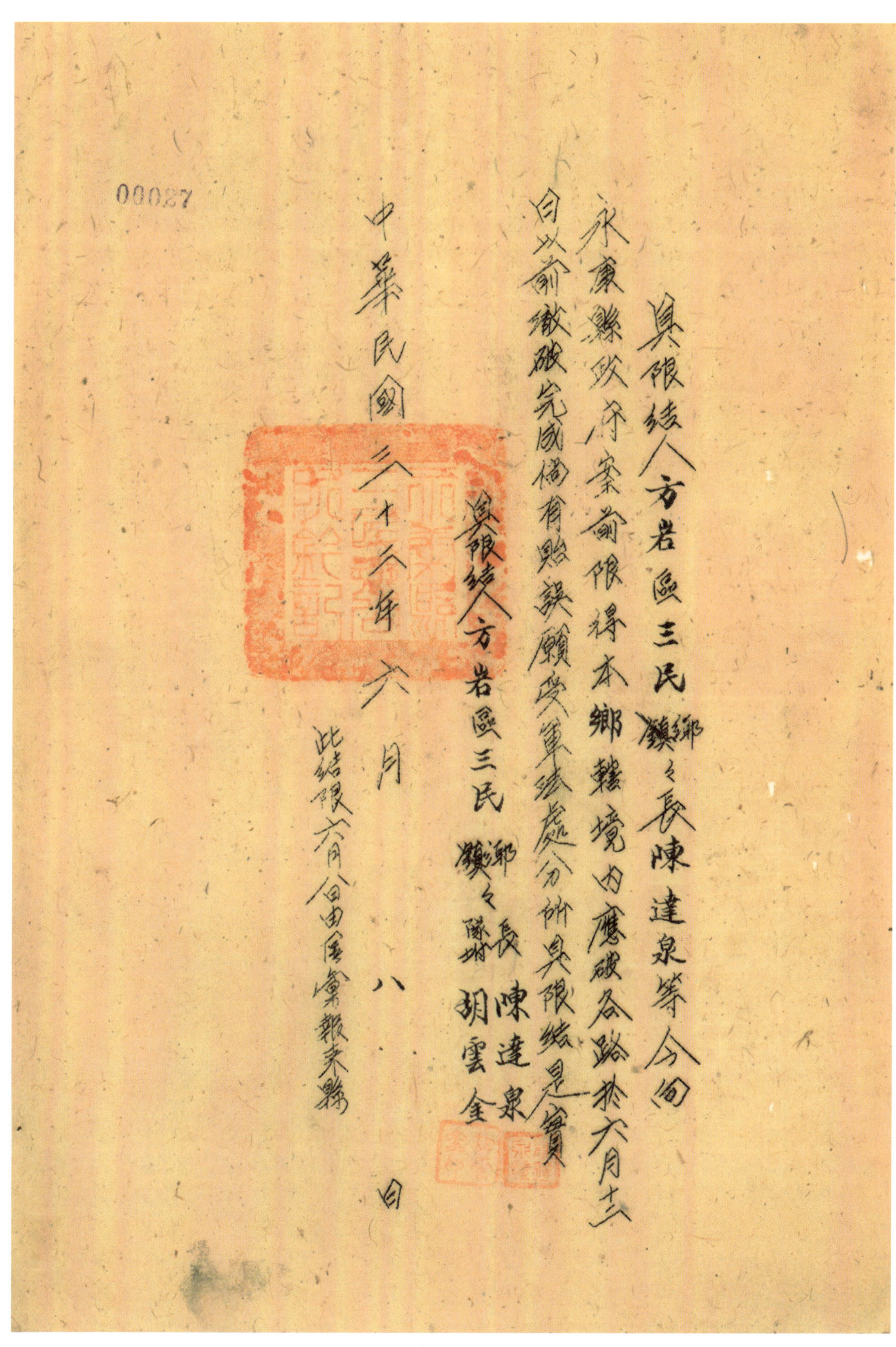
00027

具限結人方岩區三民鄉々長陳達泉等今因
永康縣政府案飭限得本鄉轄境內應破各路於六月十三
日以前徹破完成倘有貽誤願受軍法處分所具限結是實

具限結人方岩區三民鄉々長 陳達泉
隊附 胡雲全

中華民國三十八年六月八日

此結限六月八日由區署報來縣

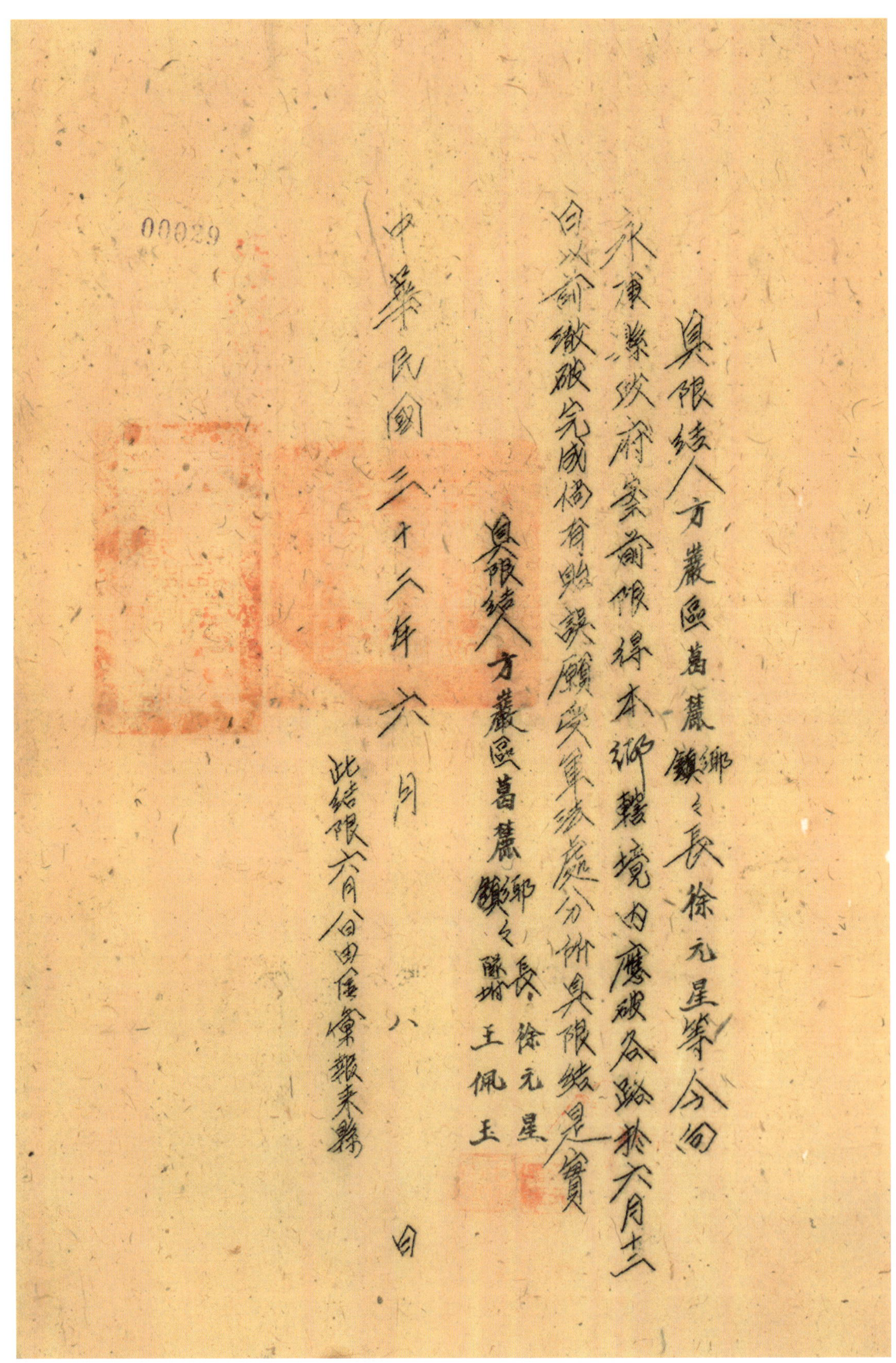
00029

具限結人方巖區葛藟鄉鄉長徐元星等今向

永康縣政府案前限得本鄉轄境內應破各路於六月十二

日以前徹破完成倘有貽誤願受軍法處分所具限結是實

具限結人方巖區葛藟鄉鄉長徐元星

隊附王佩玉

中華民國二十八年六月八日

此結限六月八日由保彙報來縣

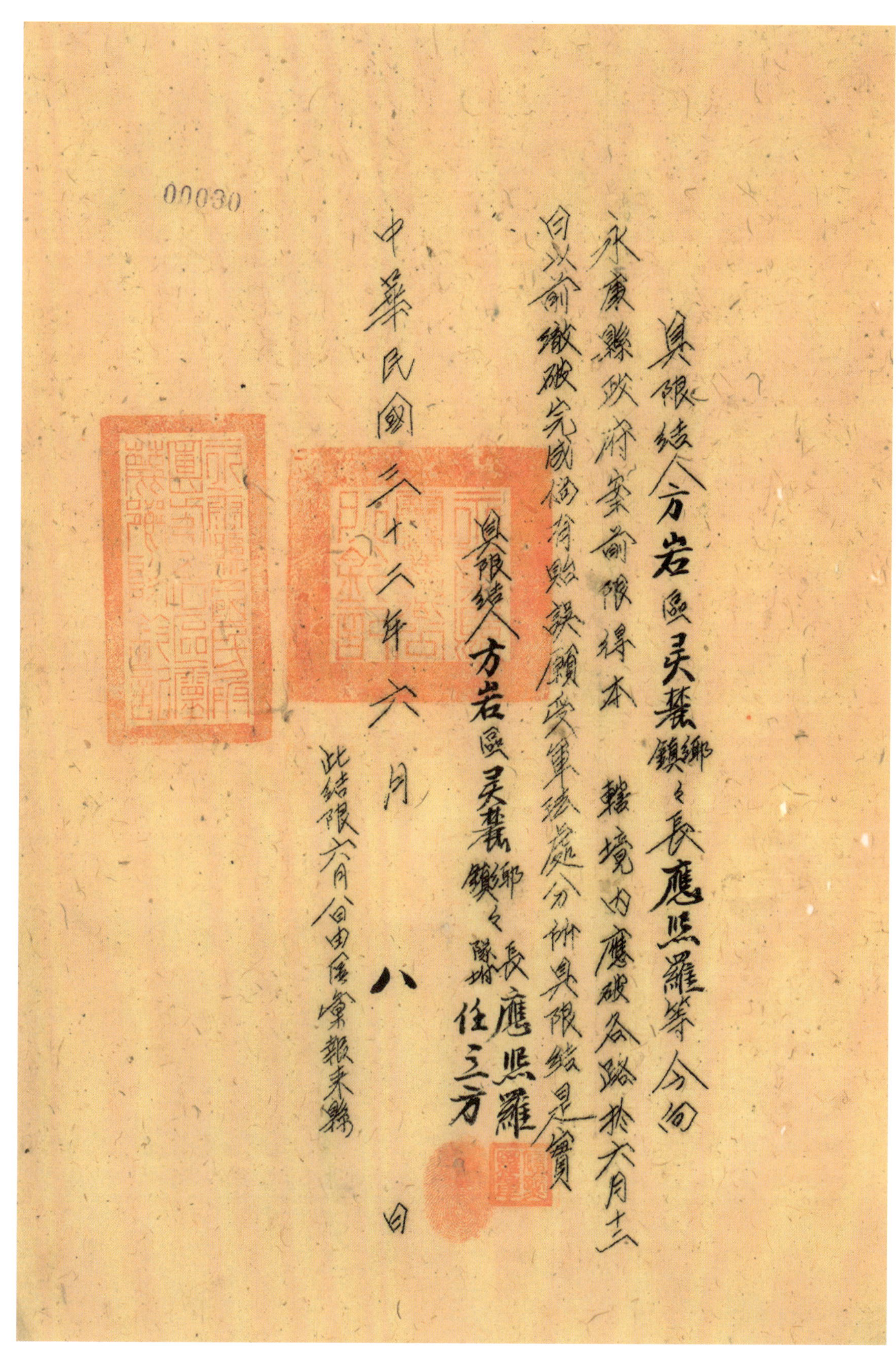

00030

具限結人方岩區吳蓁鄉鎮々長應熙羅等今向
永康縣政府案前限得本轄境內應破各路於六月十二
日以前徹破完成倘有貽誤願受軍法處分所具限結是實

具限結人方岩區吳蓁鄉鎮々長應熙羅
隊附任三方

中華民國三十八年六月八日

此結限六月八日由區彙報來縣

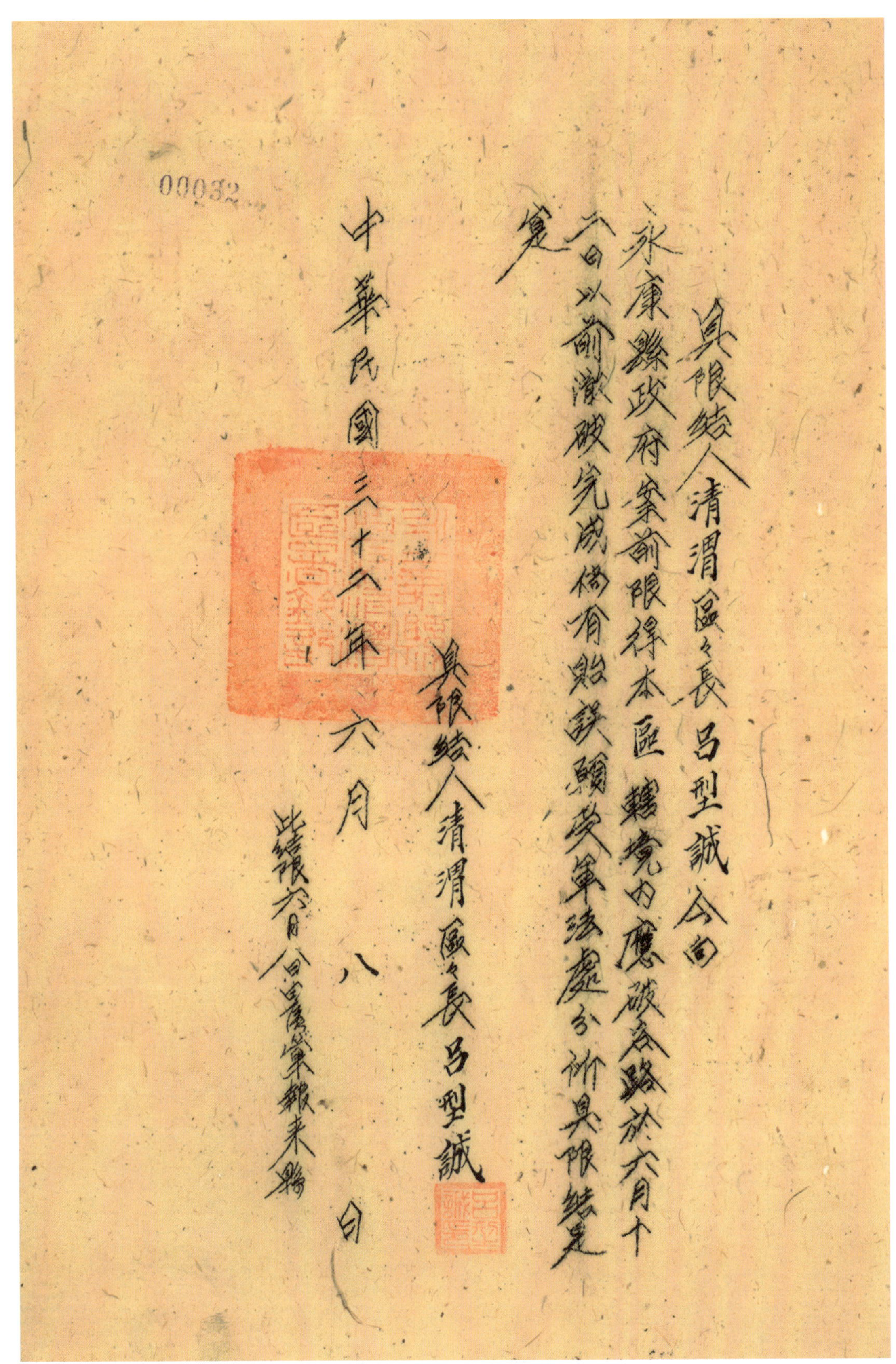

00032

具限結人清渭區々長呂型誠今向

永康縣政府案前限得本區轄境內應破各路於六月十八日以前澈破完成，倘有貽誤，願受軍法處分，所具限結是實。

具限結人清渭區々長呂型誠

中華民國三十八年六月八日

此結限六月八日完成業報來縣

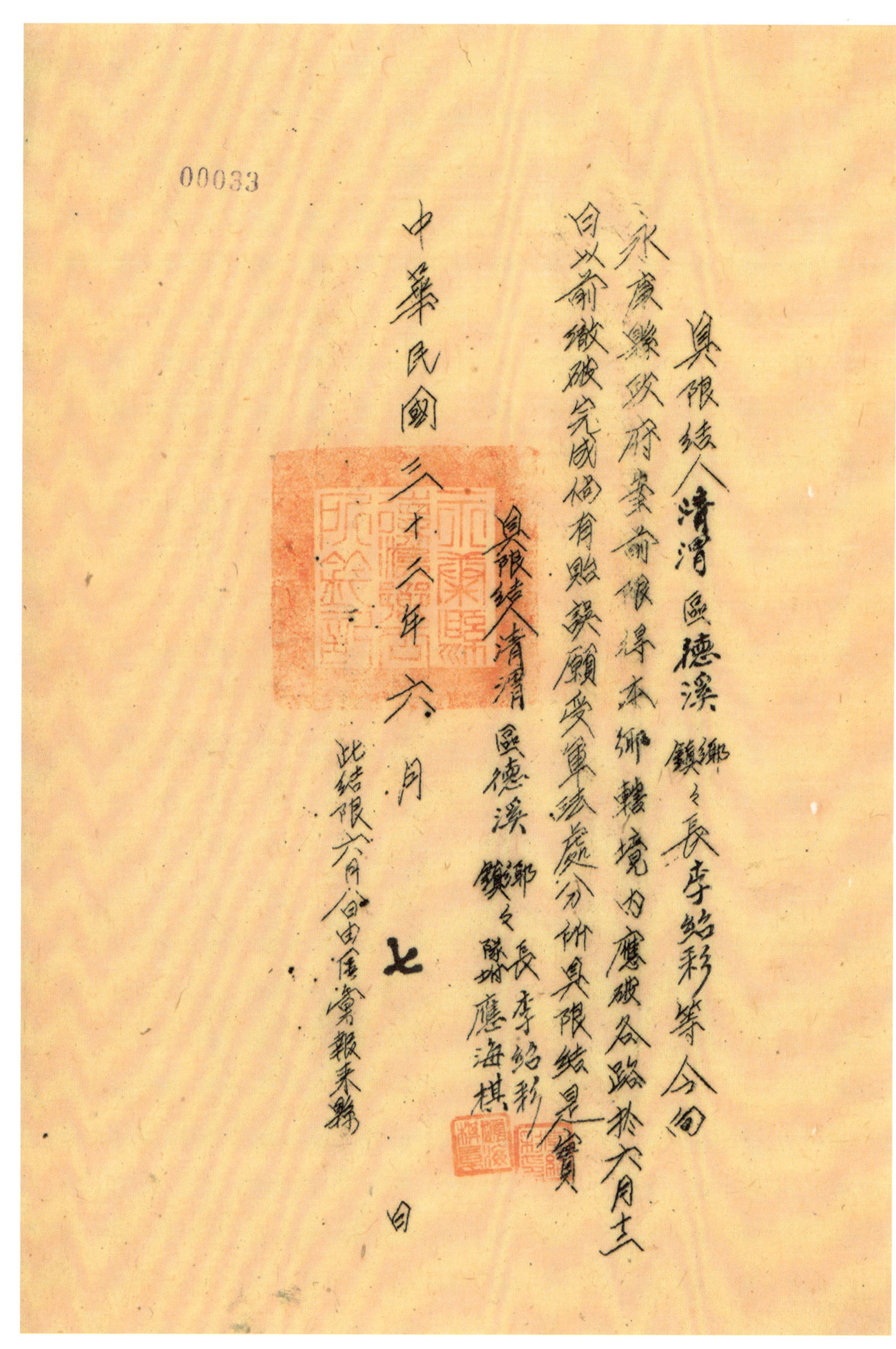

00033

具限結人清滑區德溪鄉鎮々長李紹彩等今向
永康縣政府案前限得本鄉轄境内應破各路於六月十三
日以前徹破完成倘有貽誤願受軍法處分所具限結是實

具限結人清滑區德溪鄉鎮々長李紹彩
隊附應海棋

中華民國三十八年六月七日

此結限六月八日由保賫報來縣

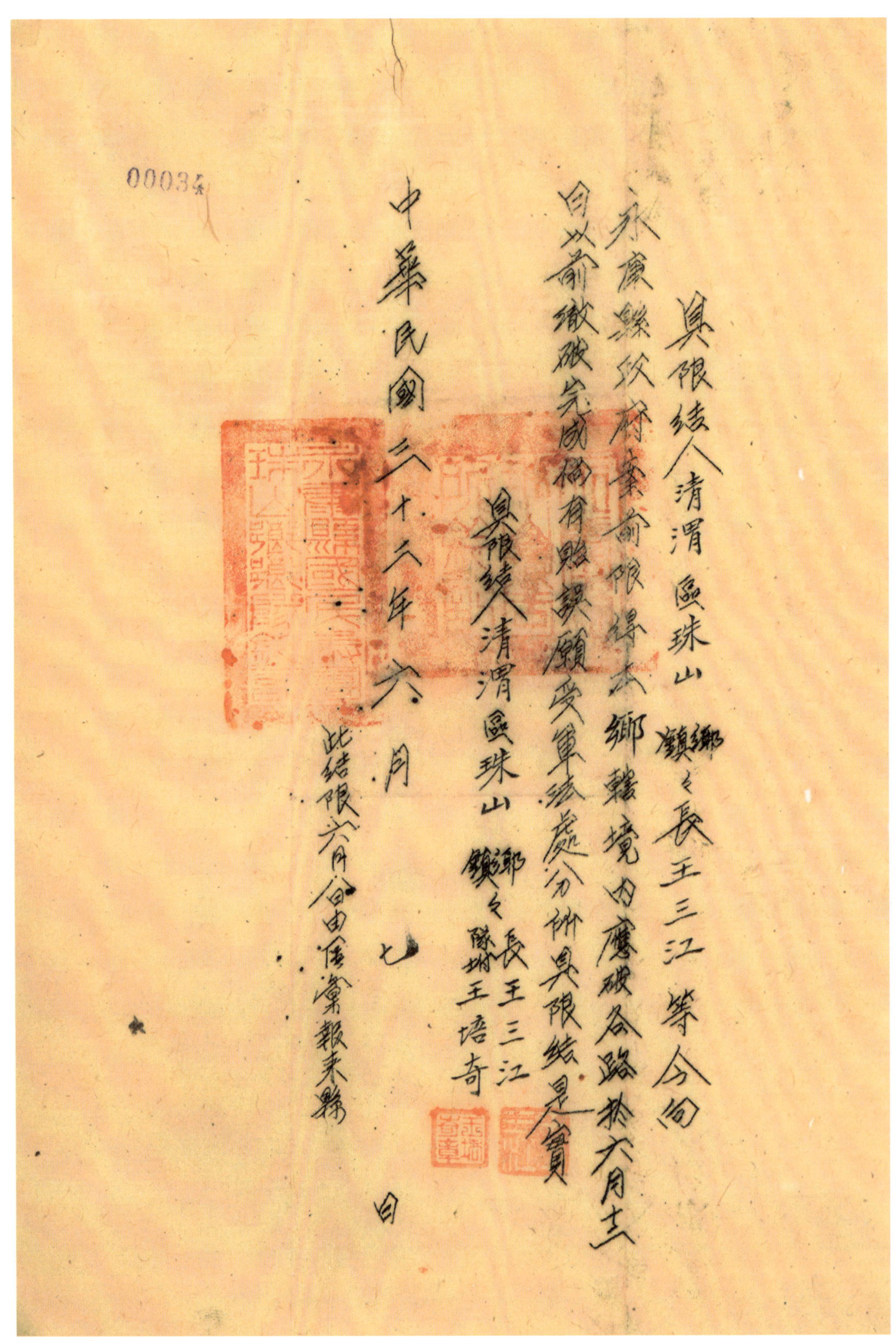

具限結人清渭區珠山鄉鎮ゝ長王三江等今向
永康縣政府案前限得本鄉轄境內應破各路於六月十二
日以前徹破完成倘有貽誤願受軍法處分所具限結是實
具限結人清渭區珠山鄉鎮ゝ長王三江
隊附王培奇
中華民國二十八年六月七日
此結限六月念日由保彙報來縣

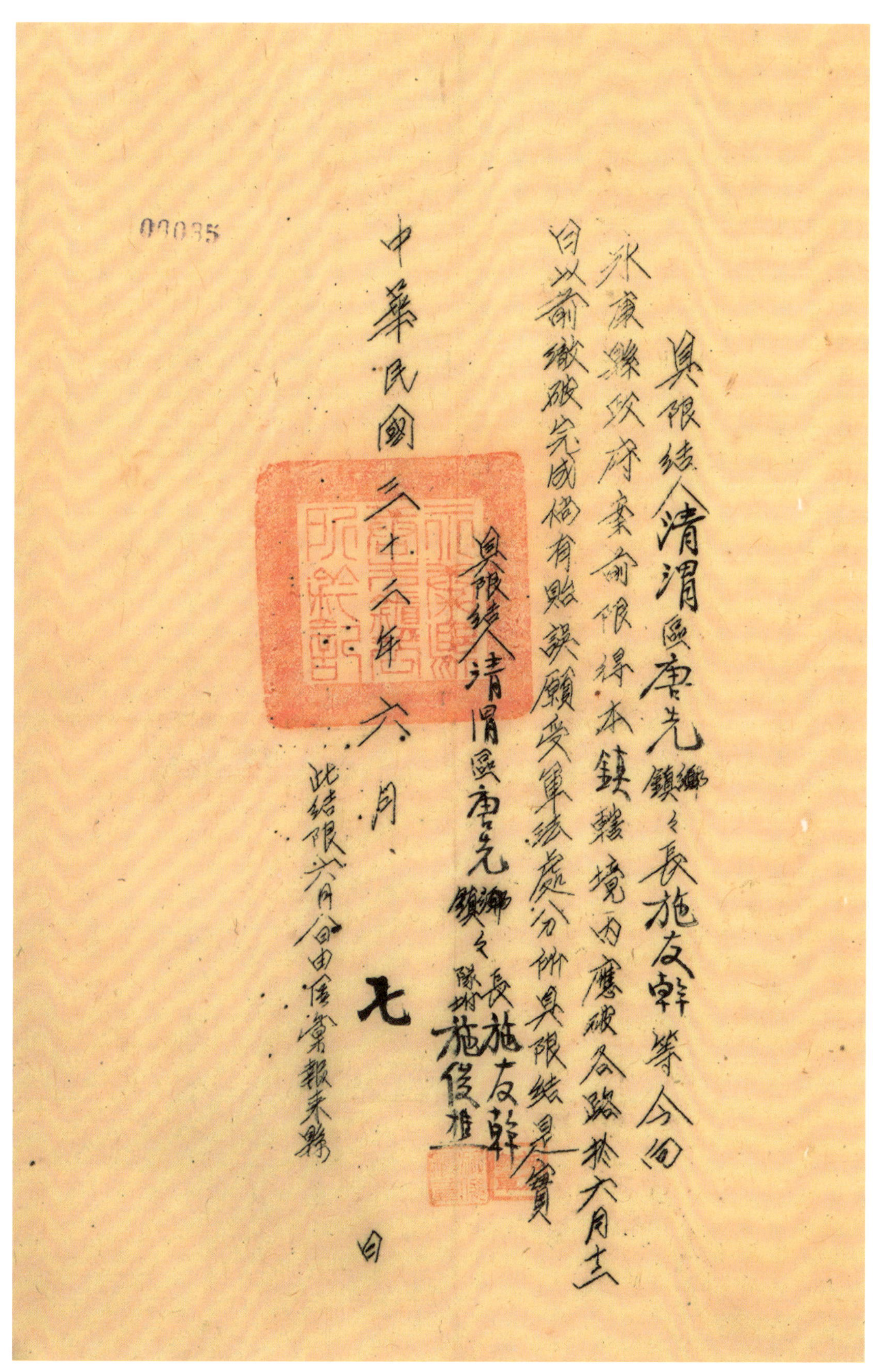

00035

具限結人清渭區唐先鎮鄉長施友韓等今向

永康縣政府案奉令限得本鎮轄境內應破各路於六月十八

日以前徹破完成倘有貽誤願受軍法處分所具限結是實

具限結人清渭區唐先鎮鄉長施友韓

隊附施俊椎

中華民國二十八年六月七日

此結限六月廿日由唐彙報來縣

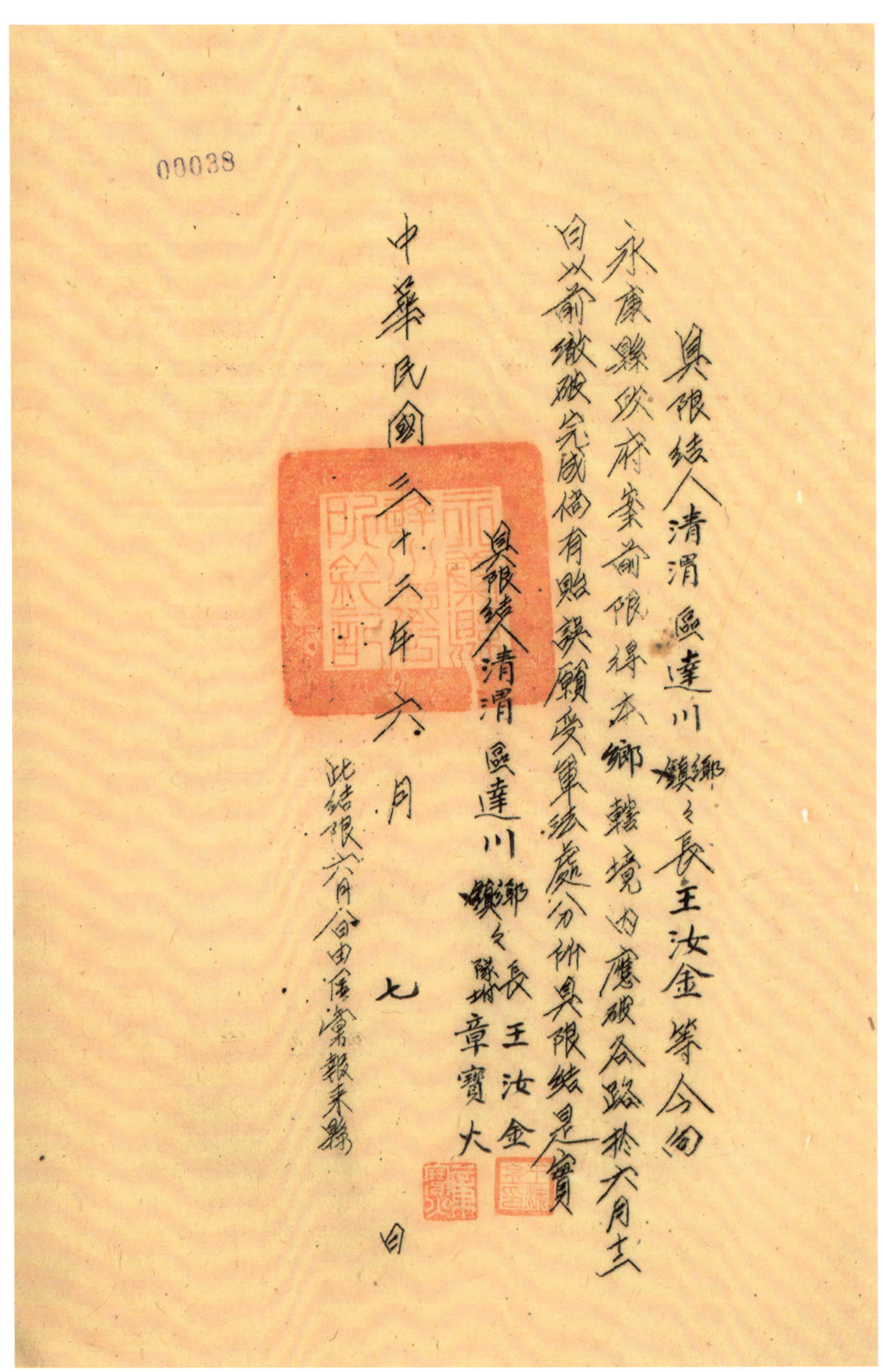
00038

具限結人清渭區達川鎮鄉〻長王汝金等今向

永康縣政府案前限得本鄉轄境內應破各路於六月十五

日以前徹破完成倘有貽誤願受軍法處分所具限結是實

具限結人清渭區達川鎮鄉〻長王汝金

隊附章寶大

中華民國三十二年六月七日

此結限六月份由原案報來縣

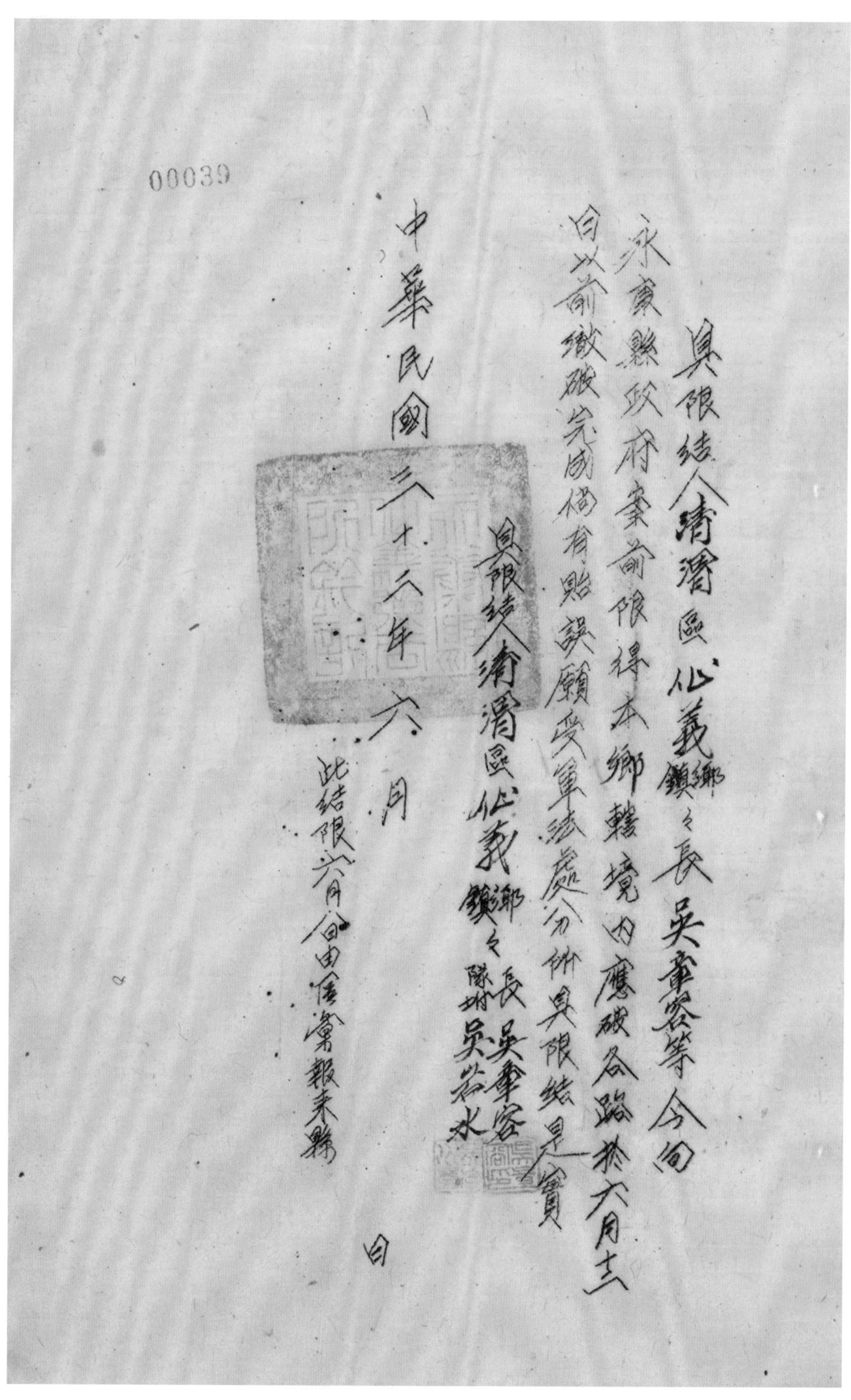
00039

具限結人清滑區仙義鄉鎮々長吳秉容等今向

永康縣政府案前限得本鄉轄境內應破各路於六月十二

日以前撤破完成倘有貽誤願受軍法處分所具限結是實

具限結人清滑區仙義鄉鎮々長吳秉容

隊附吳啟水

中華民國三十二年六月　日

此結限六月廿日由信黨報來縣

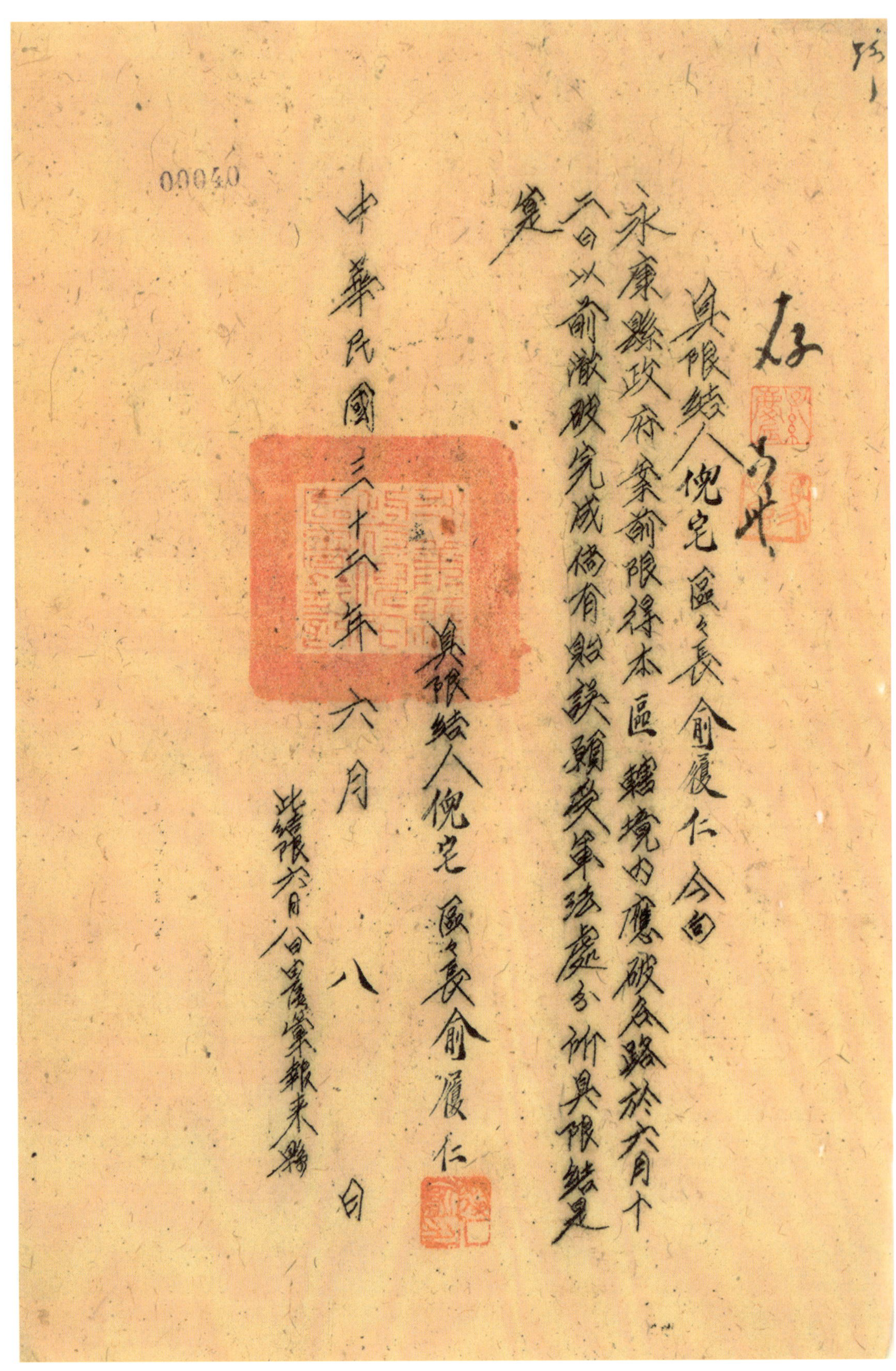

存

具限結人倪宅區々長俞履仁今向

永康縣政府案前限得本區轄境內應破各路於六月十

六日以前澈破完成倘有貽誤願受軍法處分所具限結是

寔

具限結人倪宅區々長俞履仁

中華民國三十二年六月八日

此結限六月八日由履業報來縣

00040

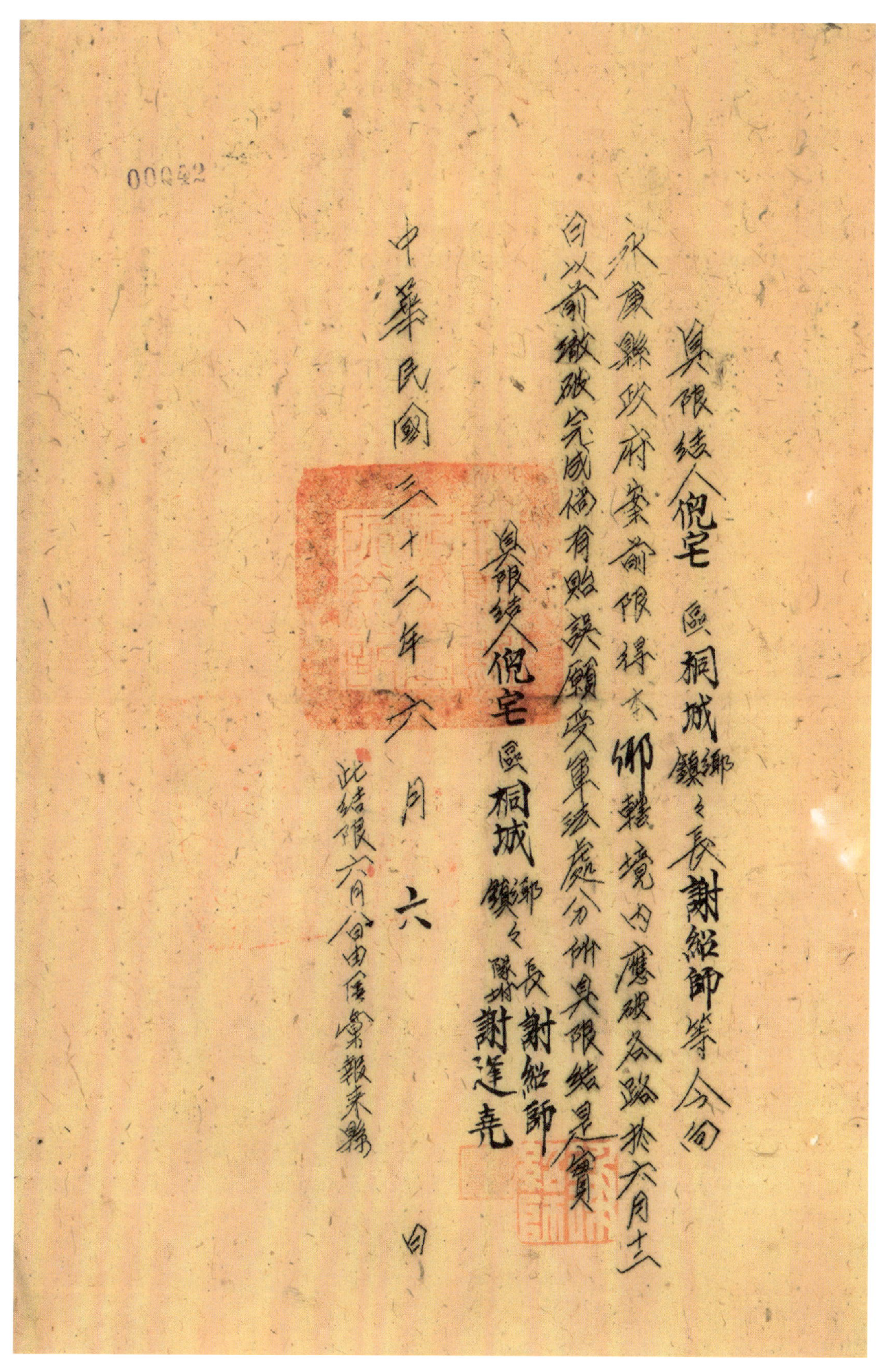

00042

具限結人倪宅區桐城鄉鎮々長謝紹師等今向

永康縣政府案前限得本鄉轄境內應破公路於六月十二

日以前徹破完成倘有貽誤願受軍法處分所具限結是實

具限結人倪宅區桐城鄉鎮々長謝紹師

隊附謝蓮堯

中華民國三十二年六月六日

此結限六月八日由倪黨報來縣

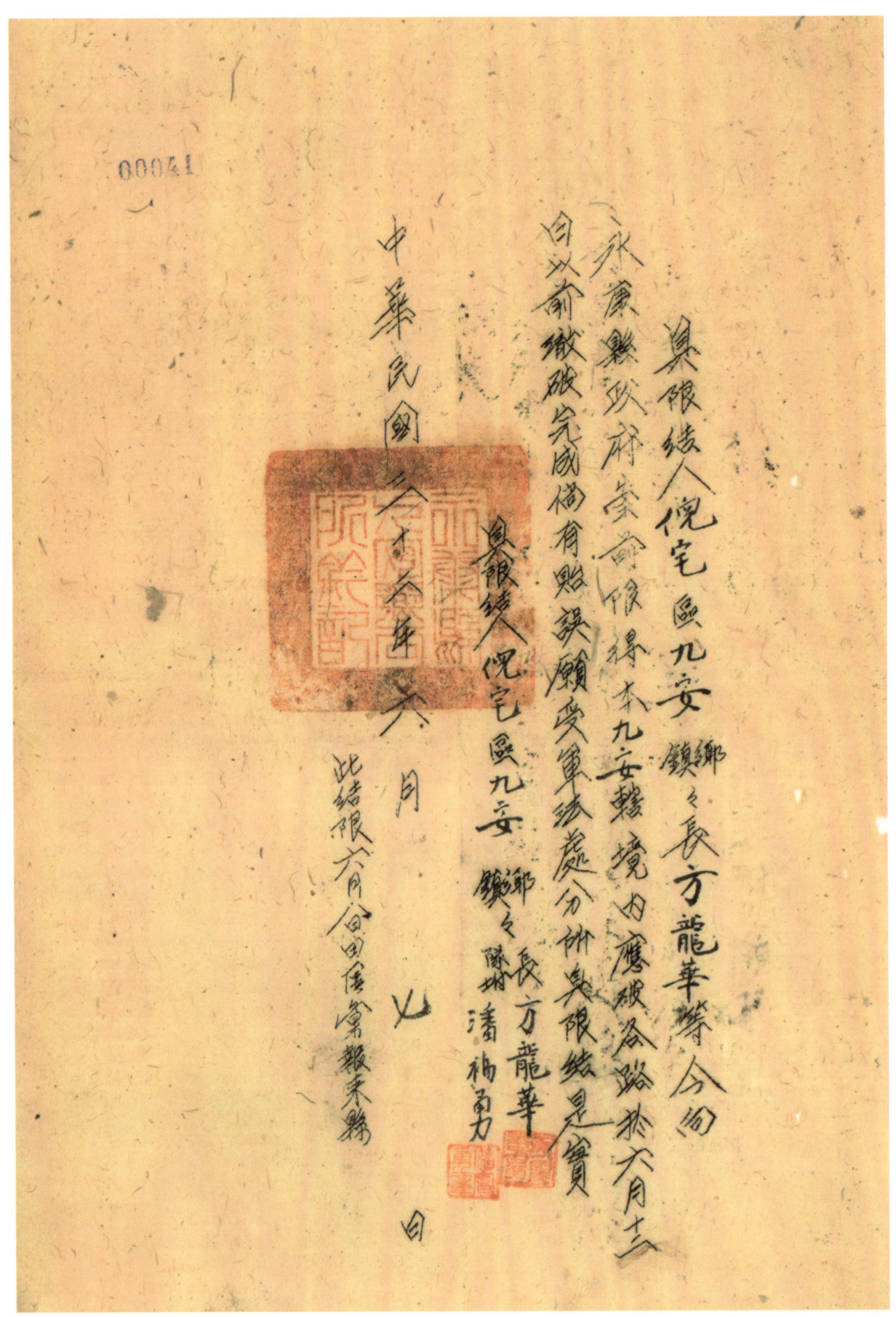

00041

具限結人倪宅區九安鄉鎮長方龍華等今向

永康縣政府案前限得本九安轄境内應破各路於六月十三

日以前徹破完成倘有貽誤願受軍法處分所具限結是實

具限結人倪宅區九安鄉鎮長方龍華

鄉鎮隊附潘福勇

中華民國三十一年六月九日

此結限六月念日由保彙報來縣

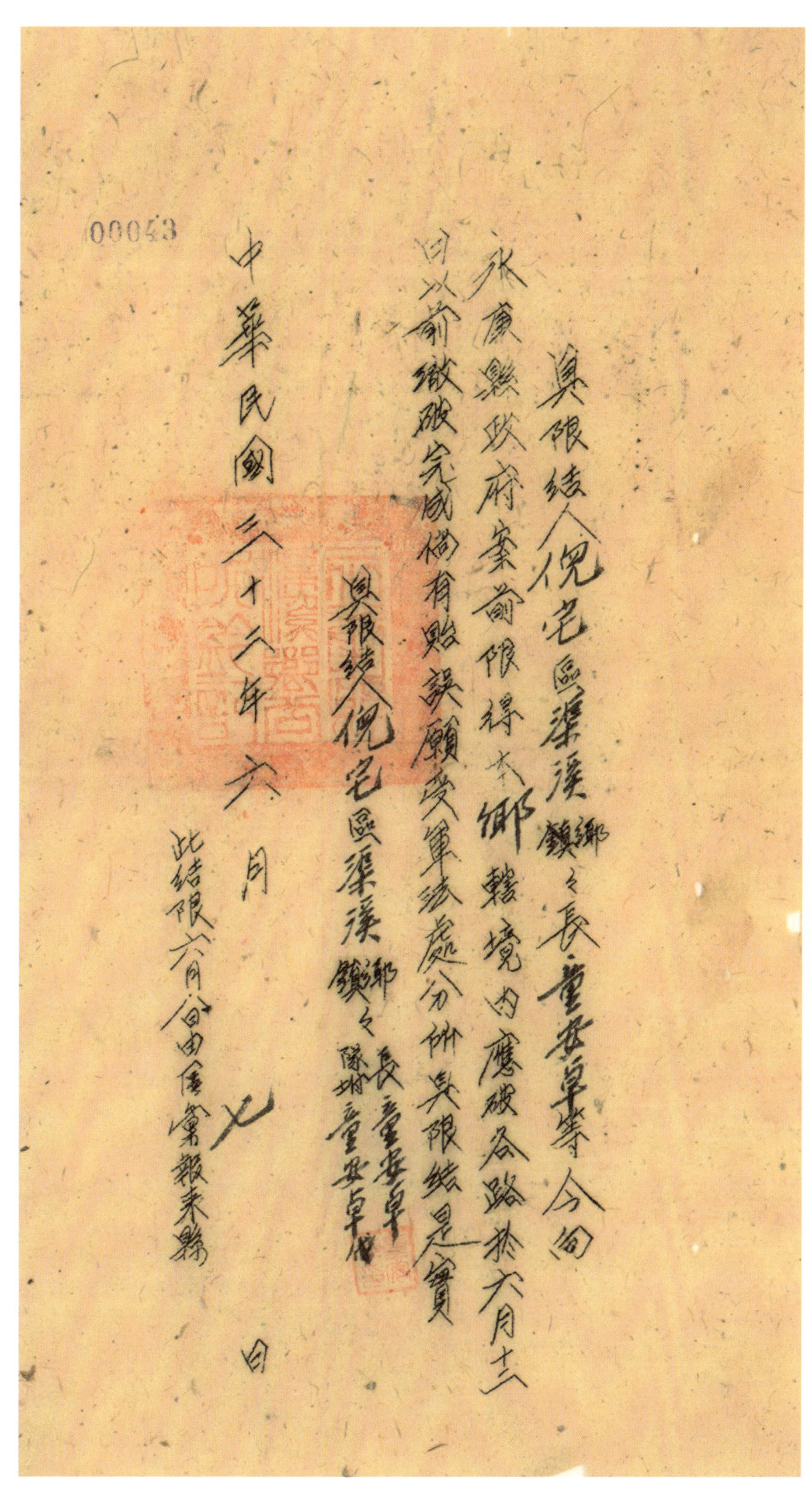

00043

具限結人倪宅區渠溪鎮鄉長董安卓等今因
永康縣政府案前限得本鄉轄境內應破各路於六月十二
日以前徹破完成倘有貽誤願受軍法處分所具限結是實
具限結人倪宅區渠溪鄉鎮長董安卓
隊附董安卓代
中華民國三十八年六月九日
此結限六月念日由區黨報來縣

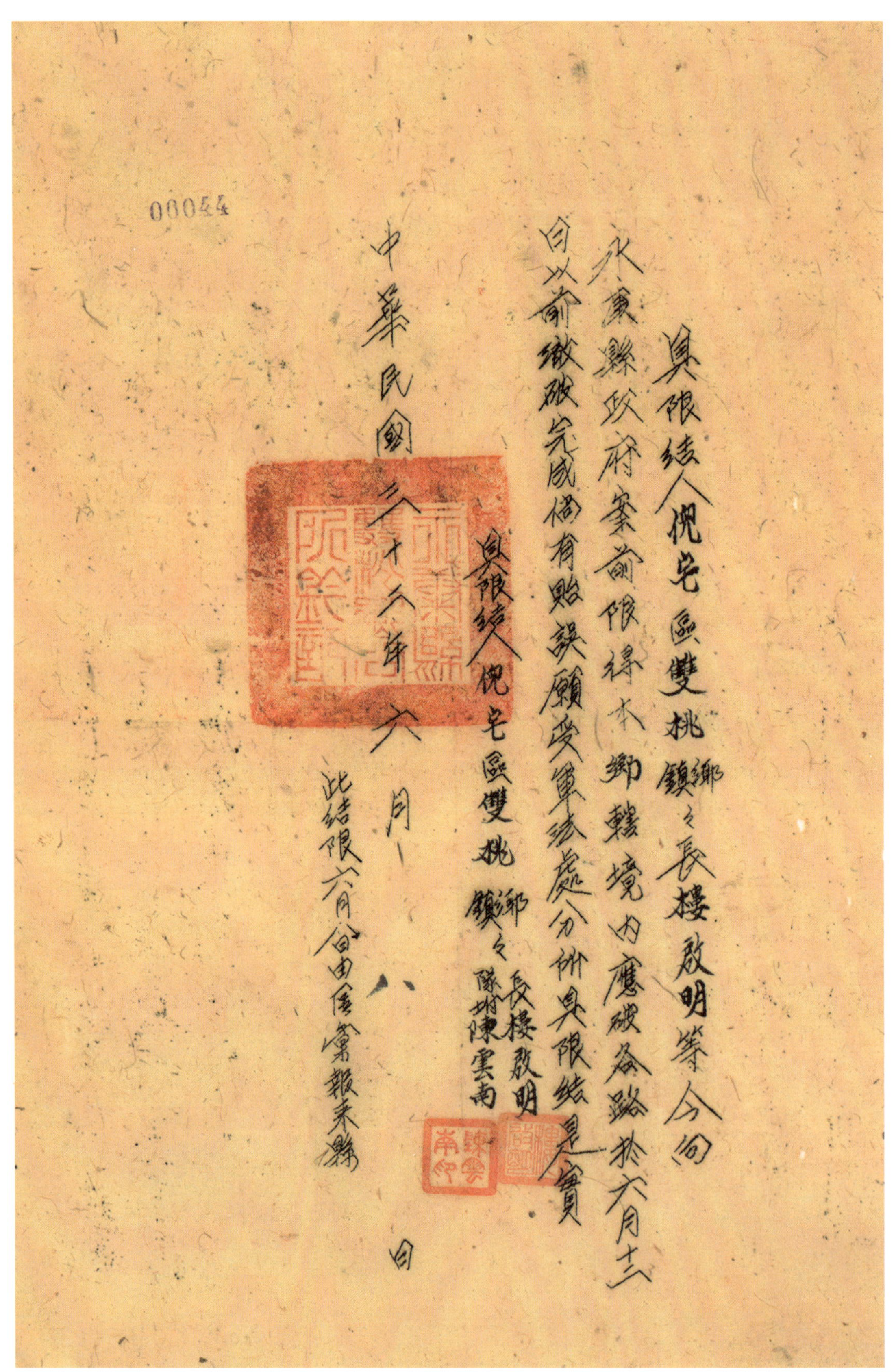

00044

具限結人倪宅區雙桃鎮鄉之長樓啟明等今向
永康縣政府案前限得本鄉轄境內應破公路於六月十二
日以前徹破完成倘有貽誤願受軍法處分所具限結是實

具限結人倪宅區雙桃鎮鄉之長樓啟明
鎮鄉之隊附陳雲南

中華民國二十八年六月　日

此結限六月念日由區彙報來縣

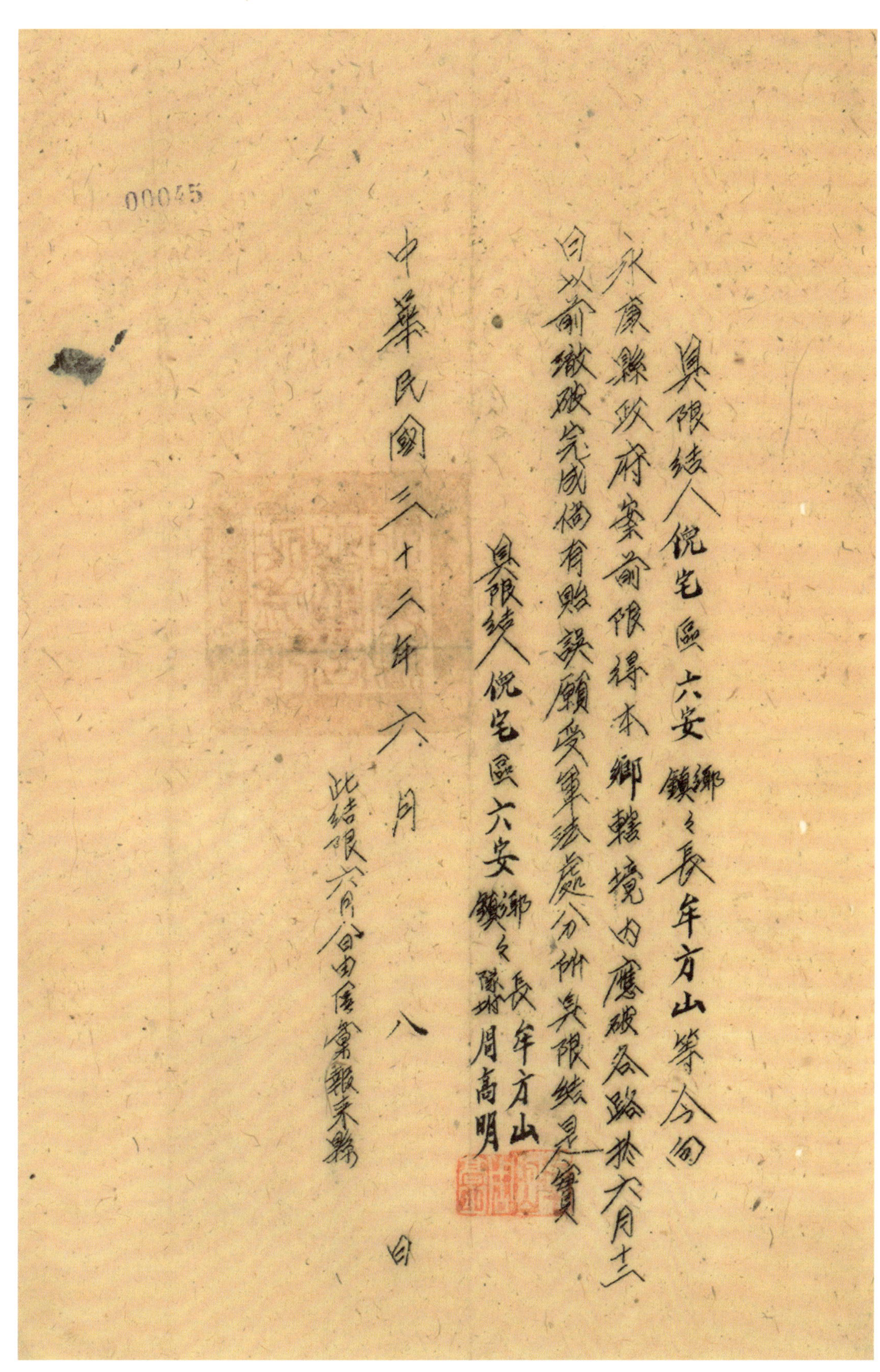

00045

具限結人倪宅區六安鎮鄉鄉長牟方山等今因

永康縣政府案諭限得本鄉轄境內應破各路於六月十二

日以前撤破完成倘有貽誤願受軍法處分所具限結是實

具限結人倪宅區六安鎮鄉鄉長牟方山

鎮鄉隊附周高明

中華民國三十八年六月八日

此結限六月十日由保常報來縣

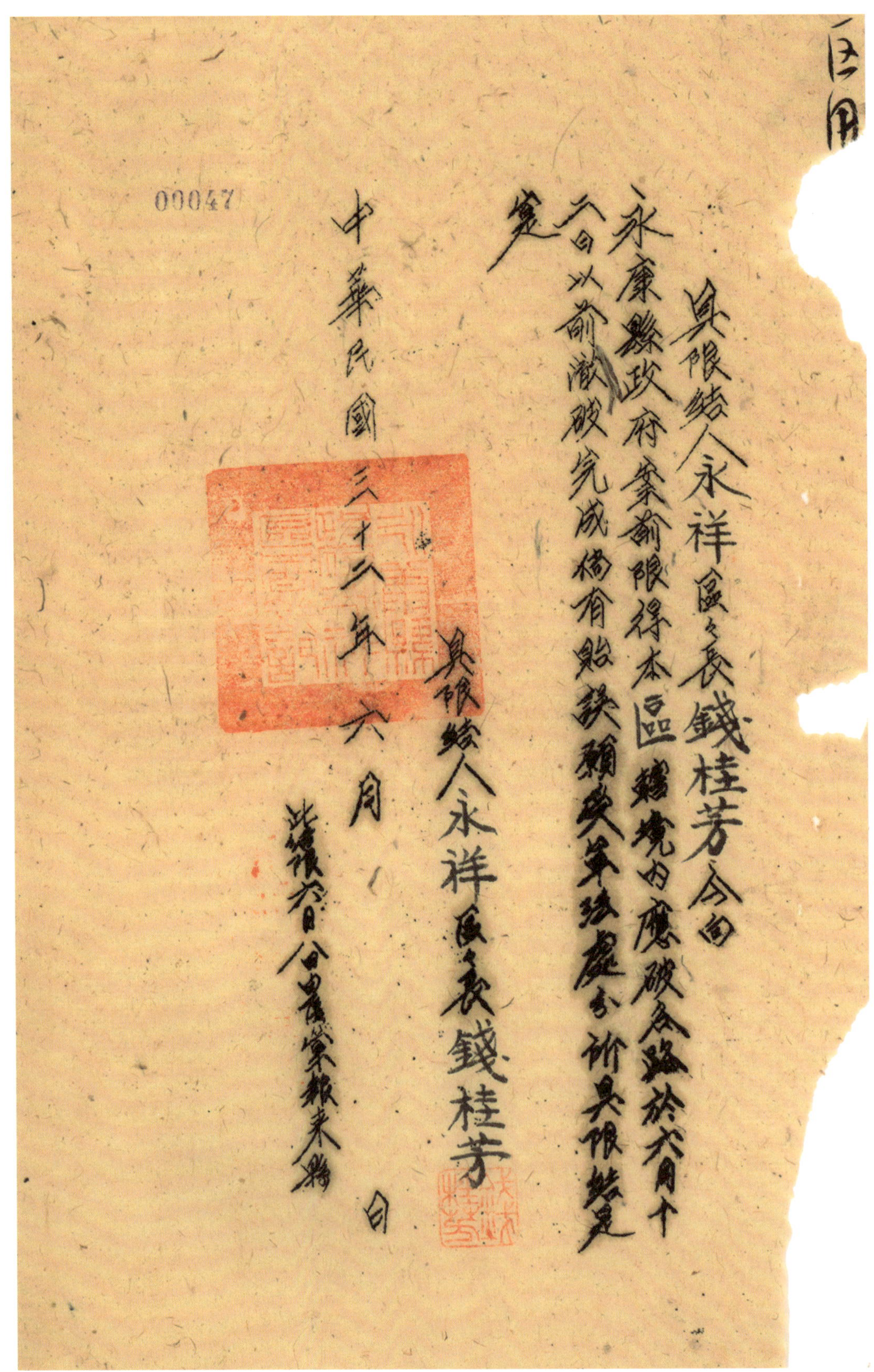

00047

具限結人永祥區區長錢桂芳今向

永康縣政府案前限得本區轄境內應破各路於六月十六日以前徹破完成倘有貽誤願受軍法處分所具限結是

實

具限結人永祥區區長錢桂芳

中華民國三十二年六月　日

此結限六月八日晨繳案報來縣

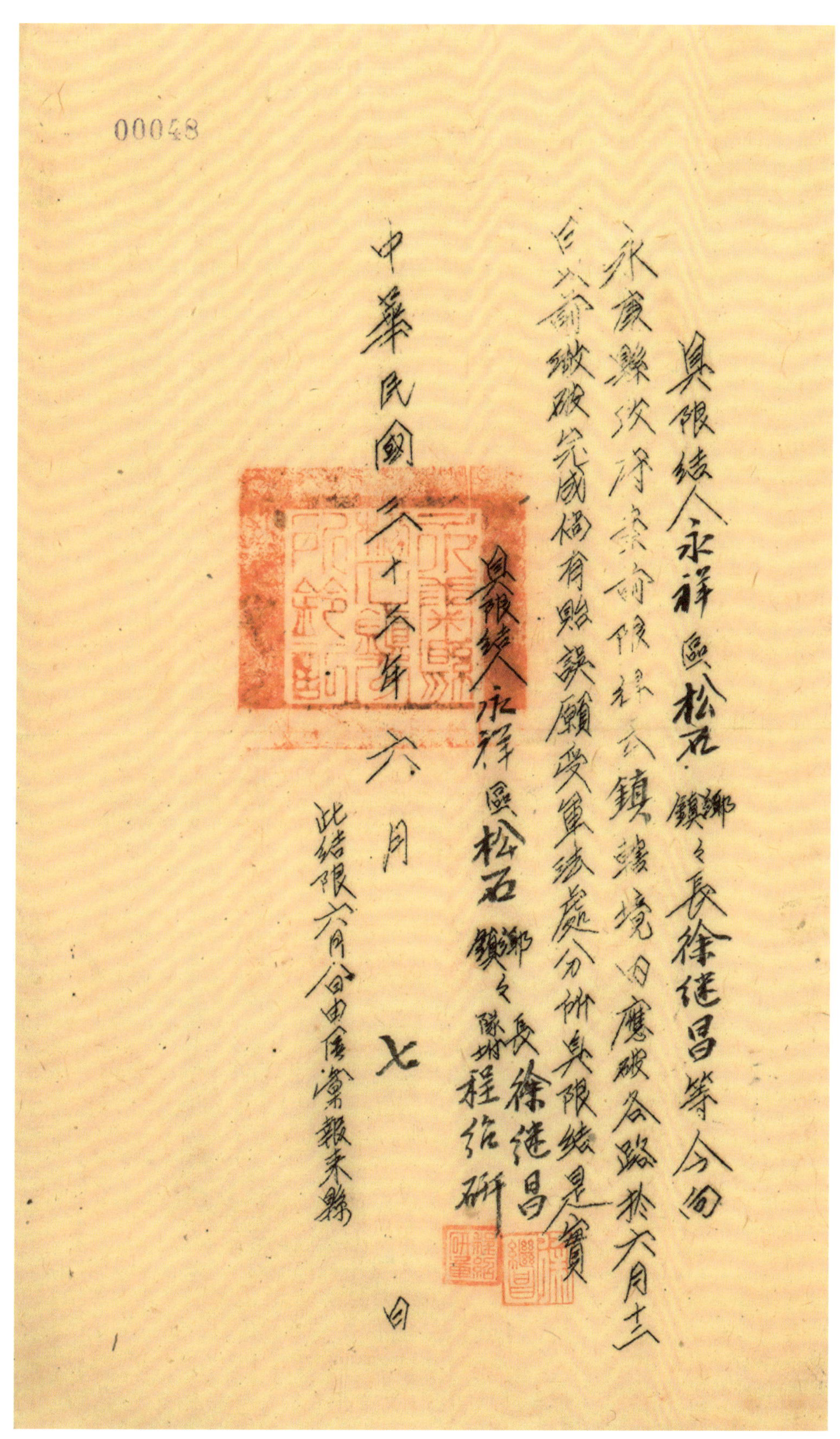

00048

具限結人永祥區松石鄉鎮鄉長徐繼昌等今向
永康縣政府奉諭限於本鎮轄境内應破各路於六月十二
日以前徹破完成倘有貽誤願受軍法處分所具限結是實

具限結人永祥區松石鄉鎮鄉長徐繼昌
鄉鎮隊附程紹研

中華民國二十八年六月七日

此結限六月十二日由原案報來縣

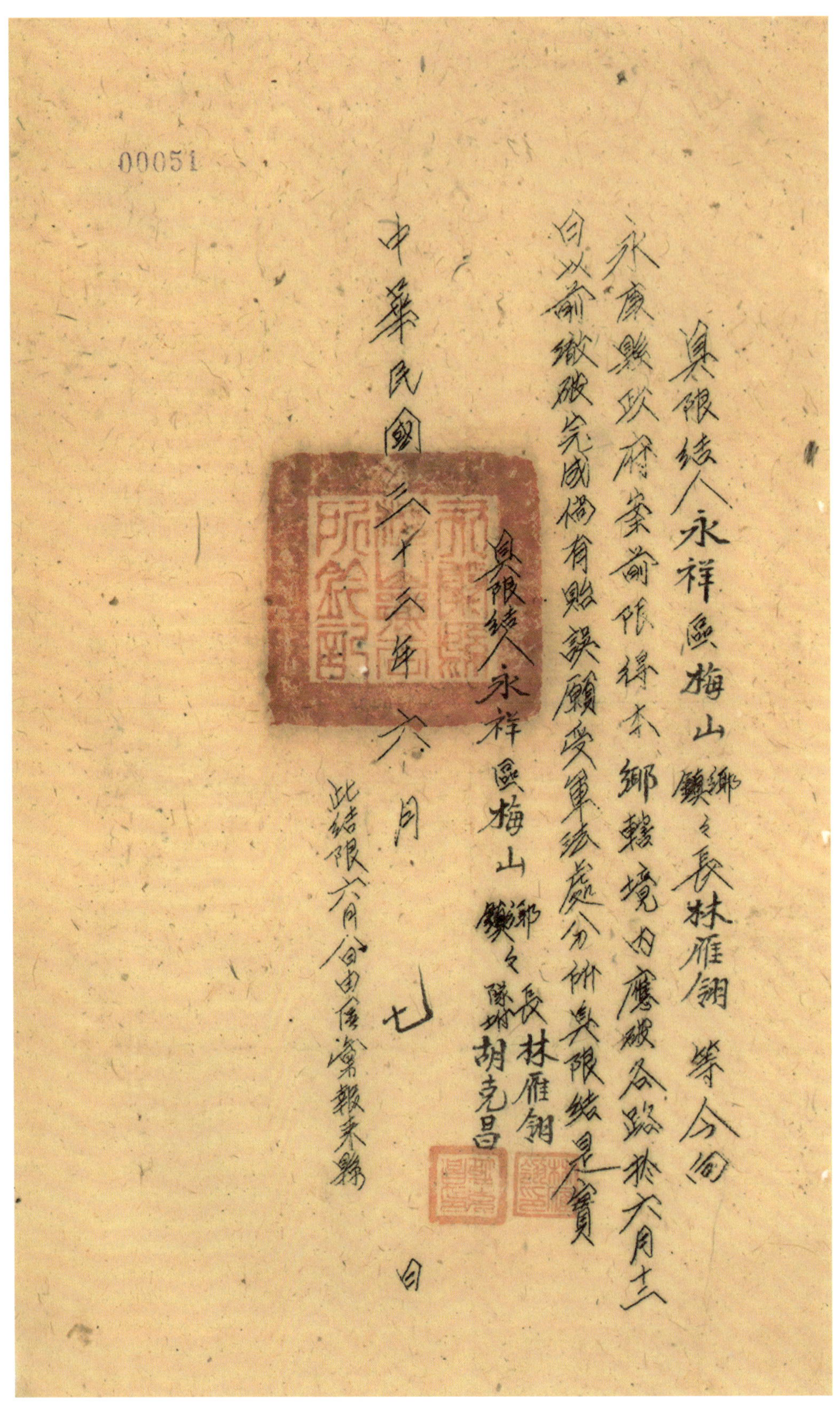

00051

具限結人永祥區梅山鎮鄉々長林雁翎 等今向

永康縣政府案前限得本鄉轄境內應破各路於六月十二

日以前徹破完成倘有貽誤願受軍法處分所具限結是實

具限結人永祥區梅山鎮鄉々長林雁翎

隊附胡克昌

中華民國三十二年六月七日

此結限六月八日由唐滄報來縣

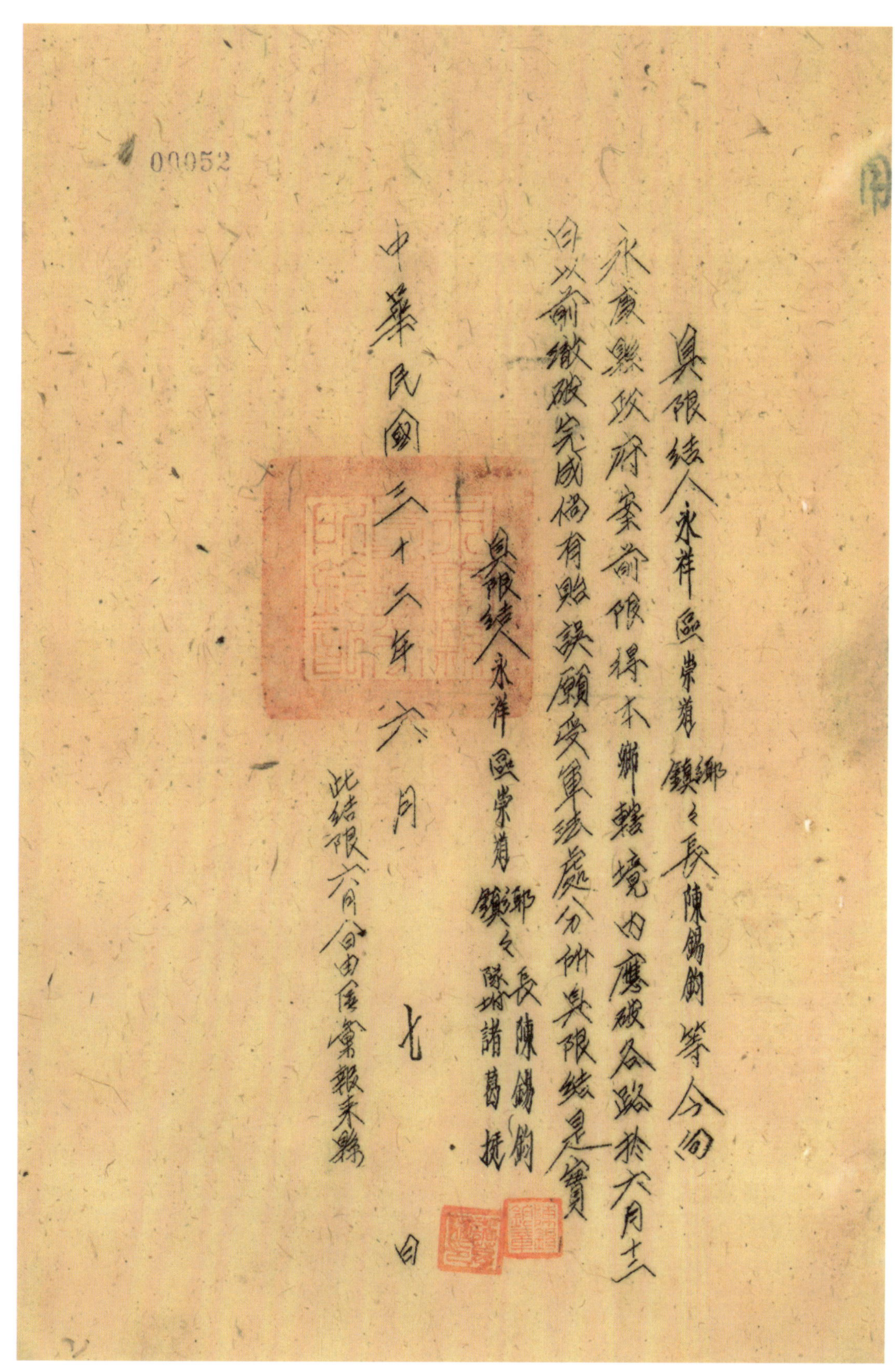
00052

具限結人永祥區崇義鎮鄉々長陳錫鈞等今向
永康縣政府案前限得本鄉轄境內應破各路於六月十二
日以前徹破完成倘有貽誤願受軍法處分所具限結是實
具限結人永祥區崇義鎮鄉々長陳錫鈞
隊附諸葛挺
中華民國二十八年六月七日
此結限六月十日由區彙報來縣

09053

具限結人永祥區歷山鄉鎮長朱紹元等今向
永康縣政府案前限得本鄉轄境內應破公路於六月十二
日以前徹破完成倘有貽誤願受軍法處分所具限結是實

具限結人永祥區歷山鄉鎮長朱紹元
鄉鎮隊附朱嘉福

中華民國三十二年六月　七　日

此結限六月十日由區彙報來縣

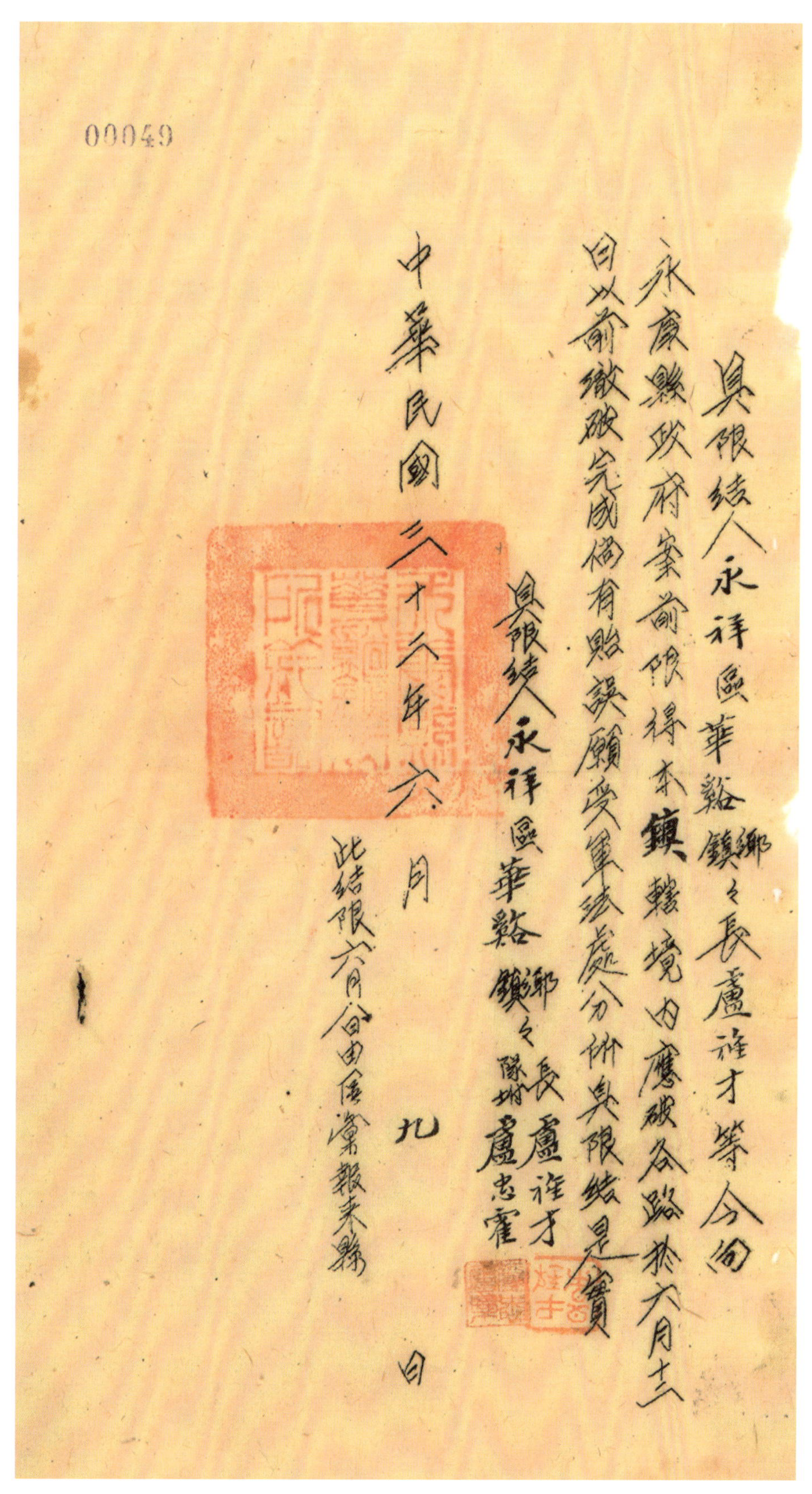

00049

具限結人永祥區華谿鎮鄉々長盧祥才等今向
永康縣政府案前限得本鎮轄境内應破各路於六月十三
日以前徹破完成倘有貽誤願受軍法處分所具限結是實

具限結人永祥區華谿鎮鄉々長盧祥才
隊附盧忠霍

中華民國三十八年六月九日

此結限六月十日由區隊報來縣

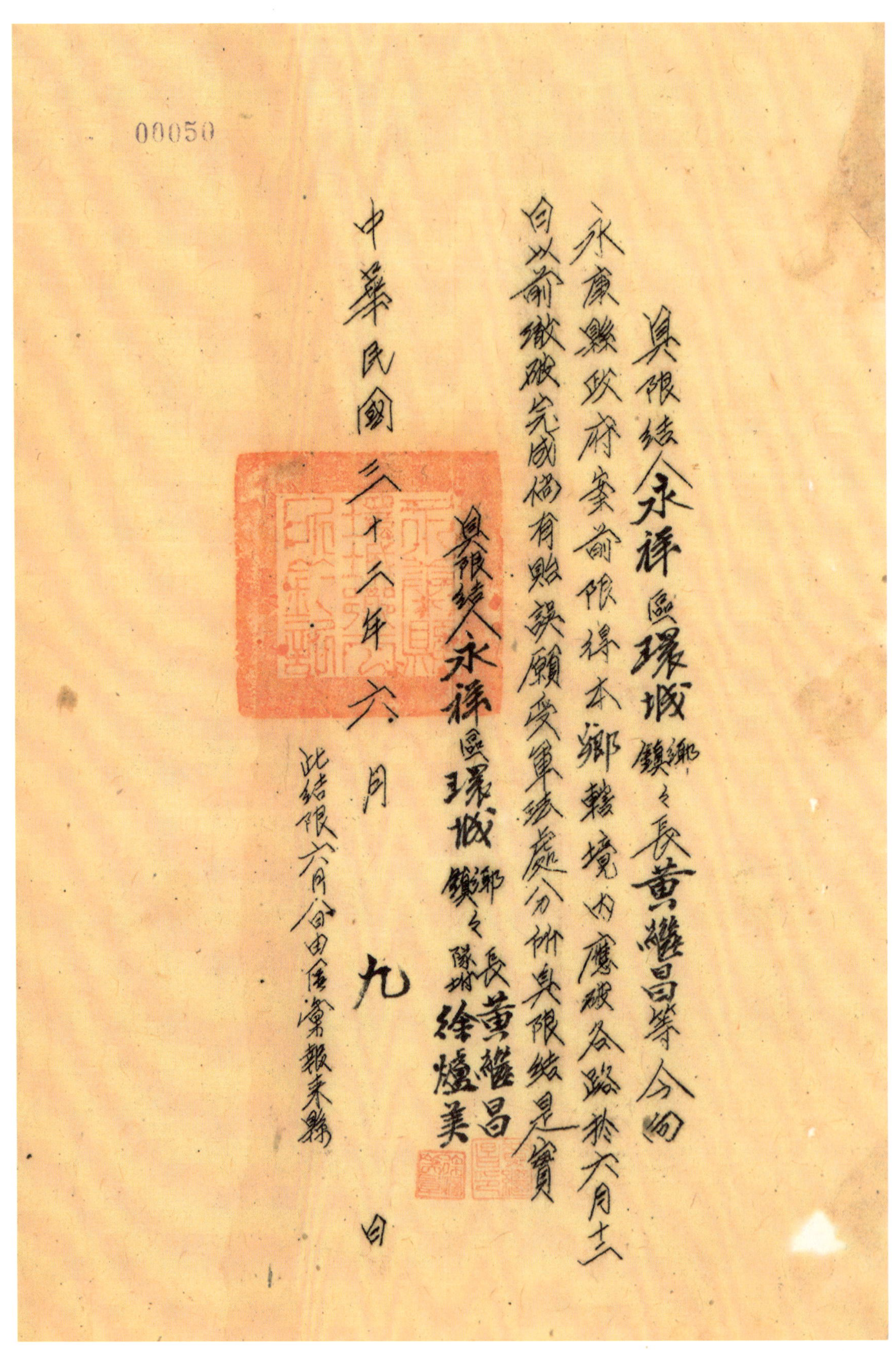

00050

具限結人永祥區環城鎮鄉々長黃繼昌等今向

永康縣政府案前限得本鄉轄境內應破各路於六月十二

日以前徹破完成倘有貽誤願受軍法處分所具限結是實

具限結人永祥區環城鎮鄉々長黃繼昌

隊附徐爐美

中華民國二十八年六月九日

此結限六月份由區黨報來縣

永康县政府与浙江省政府关于彻底破坏道路的来往文书（一九四三年六月十日至一九四三年六月十五日）

浙江省政府致永康县政府的电（一九四三年六月十日）

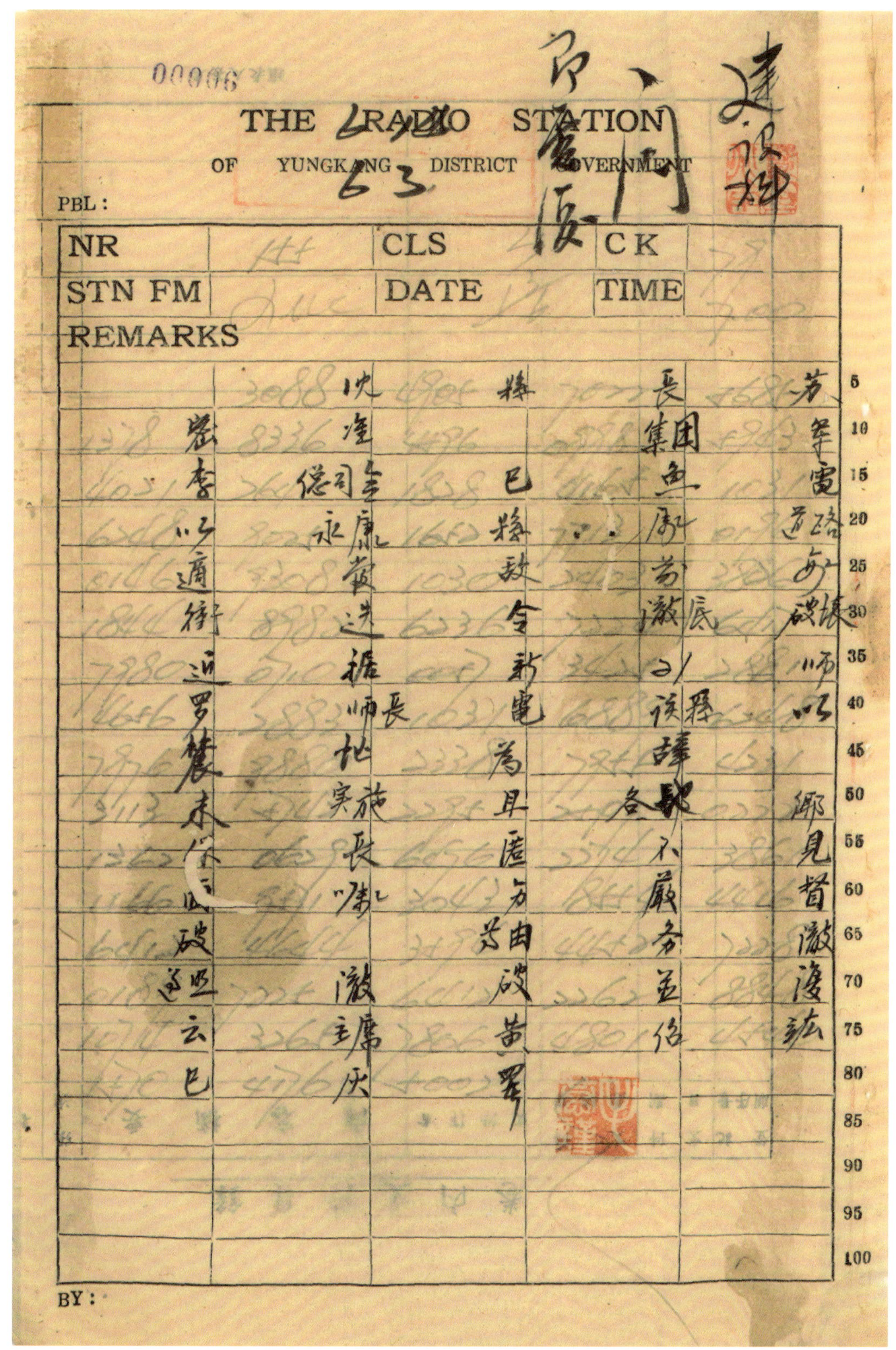

THE RADIO STATION

OF YUNGKANG DISTRICT GOVERNMENT

PBL:

NR		CLS		CK	
STN FM		DATE		TIME	

REMARKS

BY:

永康县政府致浙江省政府的电（一九四三年六月十五日）

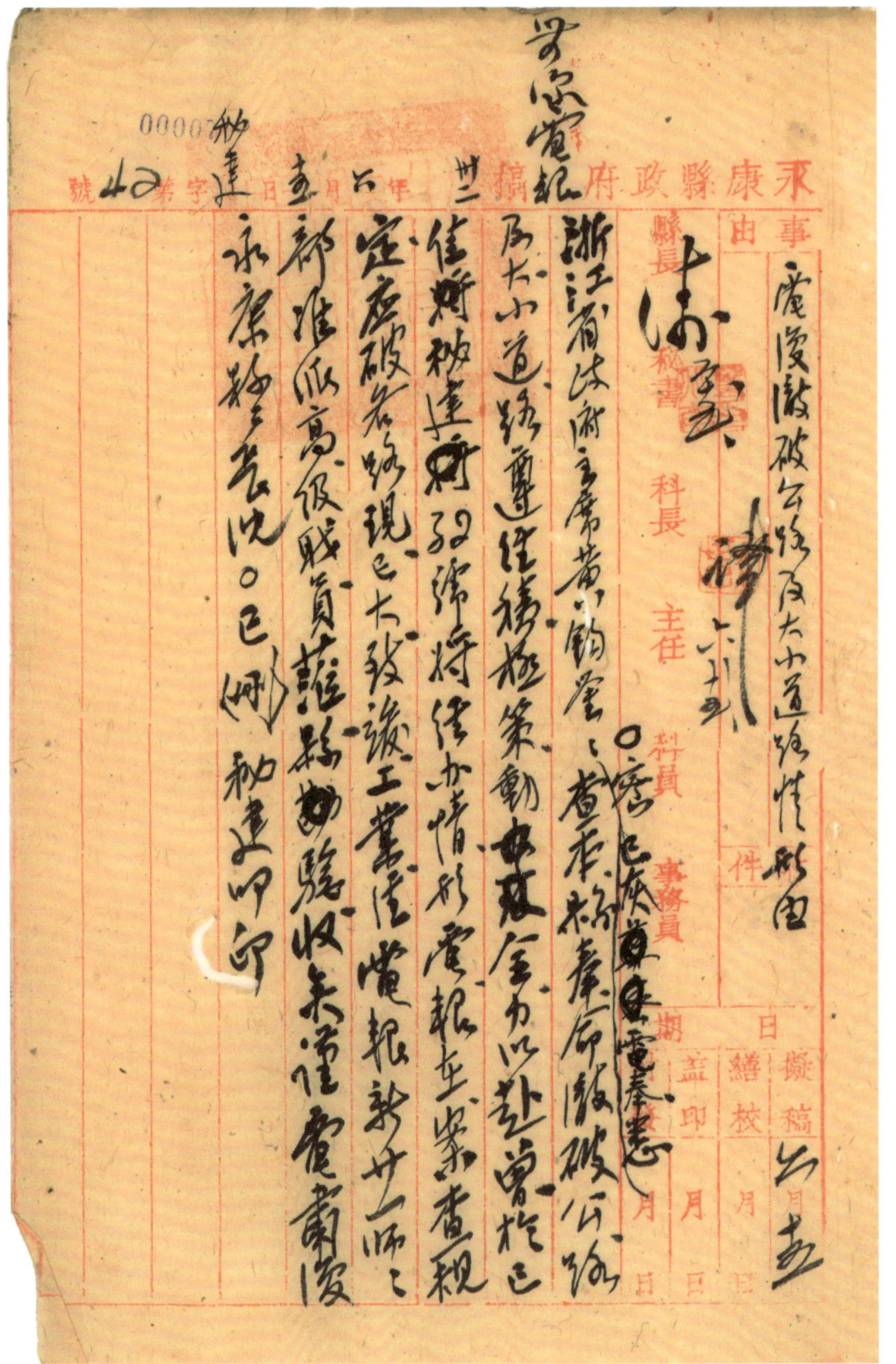

永康縣政府稿 卅二年六月十五日 秘建字第42號

事由：電復徵破公路及大小道路情形由

縣長 沈 秘書 科長

六月十五

浙江省政府主席黄：鈞鑒：〇密。巳灰首□電奉悉。查本縣奉命徵破公路及大小道路，業遵經積極策動，並發全力以赴，曾於巳佳將[illegible]召集[illegible]將經辦情形電報在案。查規定應破各路現已大致破竣，並經電報新廿一師部准派高級職員蒞縣協助驗收矣，謹電覆。永康縣長沈〇巳（刪）秘建印

永康县政府与四路口、倪宅区署关于各乡镇破坏道路实施情况的一组文书（一九四三年六月十二日至一九四三年六月十五日）

四路口区署致永康县政府的呈（一九四三年六月十二日）

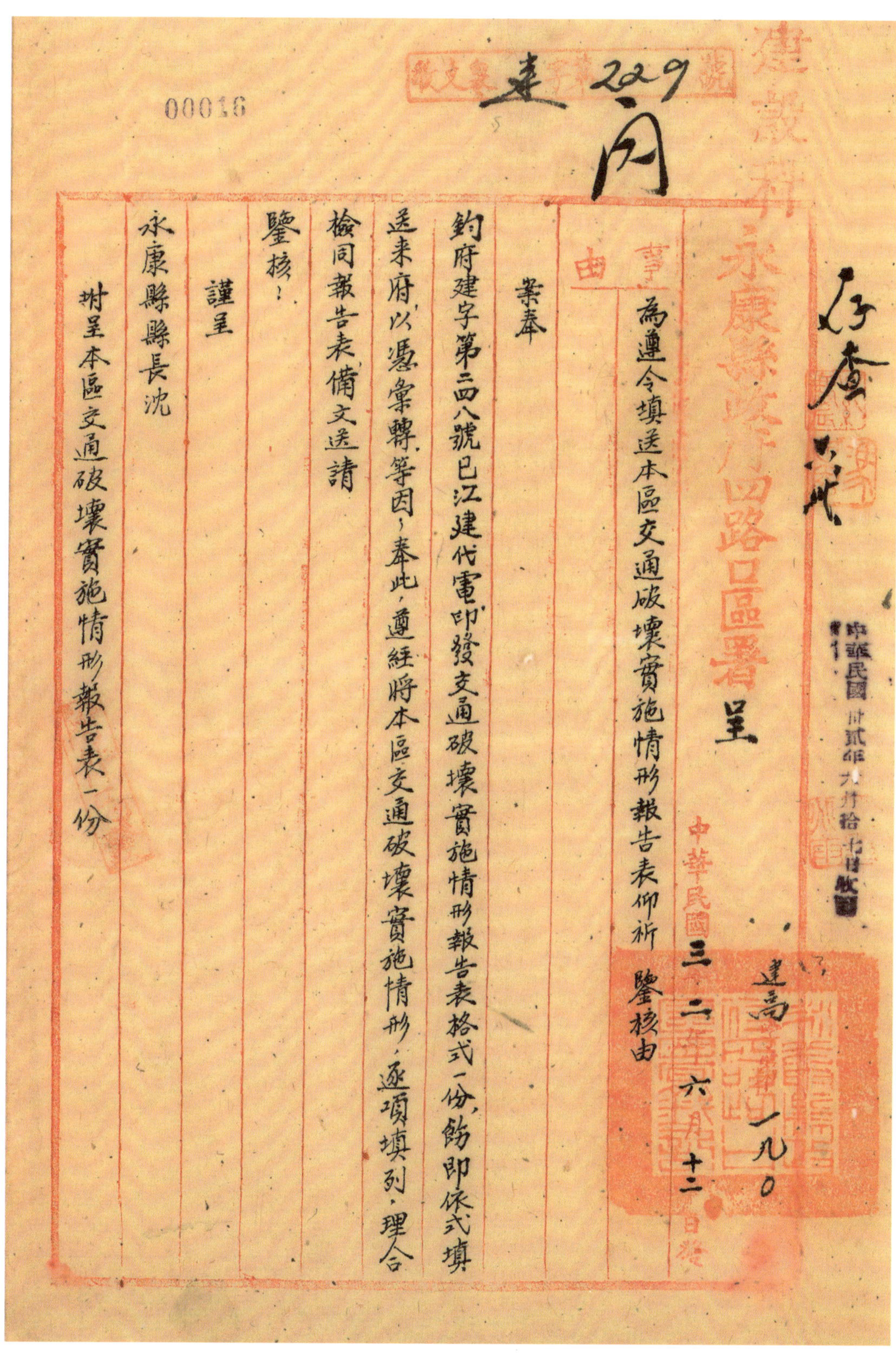

永康縣四路口區署　呈

事由：為遵令填送本區交通破壞實施情形報告表仰祈鑒核由

中華民國三二、六、十二　建高字第一九〇

案奉

鈞府建字第二四八號巳江建代電，即發交通破壞實施情形報告表格式一份，飭即依式填送來府以憑彙轉等因。奉此，遵經將本區交通破壞實施情形，逐項填列，理合檢同報告表備文送請

鑒核！

謹呈

永康縣縣長沈

附呈本區交通破壞實施情形報告表一份

永康縣政府四路口區署區長胡繼長

永康縣四路口區交通破壞實施情形報告表

區別	路別	起迄地點	里程	督破人員	實施破壞情形	負責徹破鄉鎮	備攷
四路口	公路	四路口至古山	20	胡繼長 馬有雲(區派) 李慧(廿師六團營連派)	化路為田	桐源孟新華麓古山	
	大道	四路口至方岩	30	何子奇 徐宝明(縣派) 胡硯璧 朱得所(區派)	第一次通令徑破第二次通令澈破化路為田	桐源青山華麓及方岩區之三民方岩	本區負責四路口至启隣段
	大道	四路口至唐先	20	馬有雲(區派) 何子奇(縣派)	第一次通令徑破第二次通令澈破化路為田	桐源鄉及清渭區之中和唐先	本區負責四路口至孔窑頭段
	大道	古山至唐先	20	胡硯璧(區派) 馮技士(縣派)	第一次通令徑破第二次通令澈破化路為田	古山鎮及清渭區之仙義唐先	本區負責古山至仙義鄉界
	大道	四路口至防軍	8	任清錢 胡繼長(區派)	化路為田	桐源鄉與東陽鄉鎮負責	本區負責四路口至界牌段
	大道	四路口至千祥	20	胡繼長 任清錢(區派)	化路為田	桐源鄉與東陽鄉鎮負責	本區負責四路口至界牌段
	大道	石江至壺山左	17	王佛倫 馬有雲(區派)	化路為田	青山東嶺	
	大道	西山至壺山左	15	王佛倫 馬有雲(區派)	化路為田	青山東嶺	

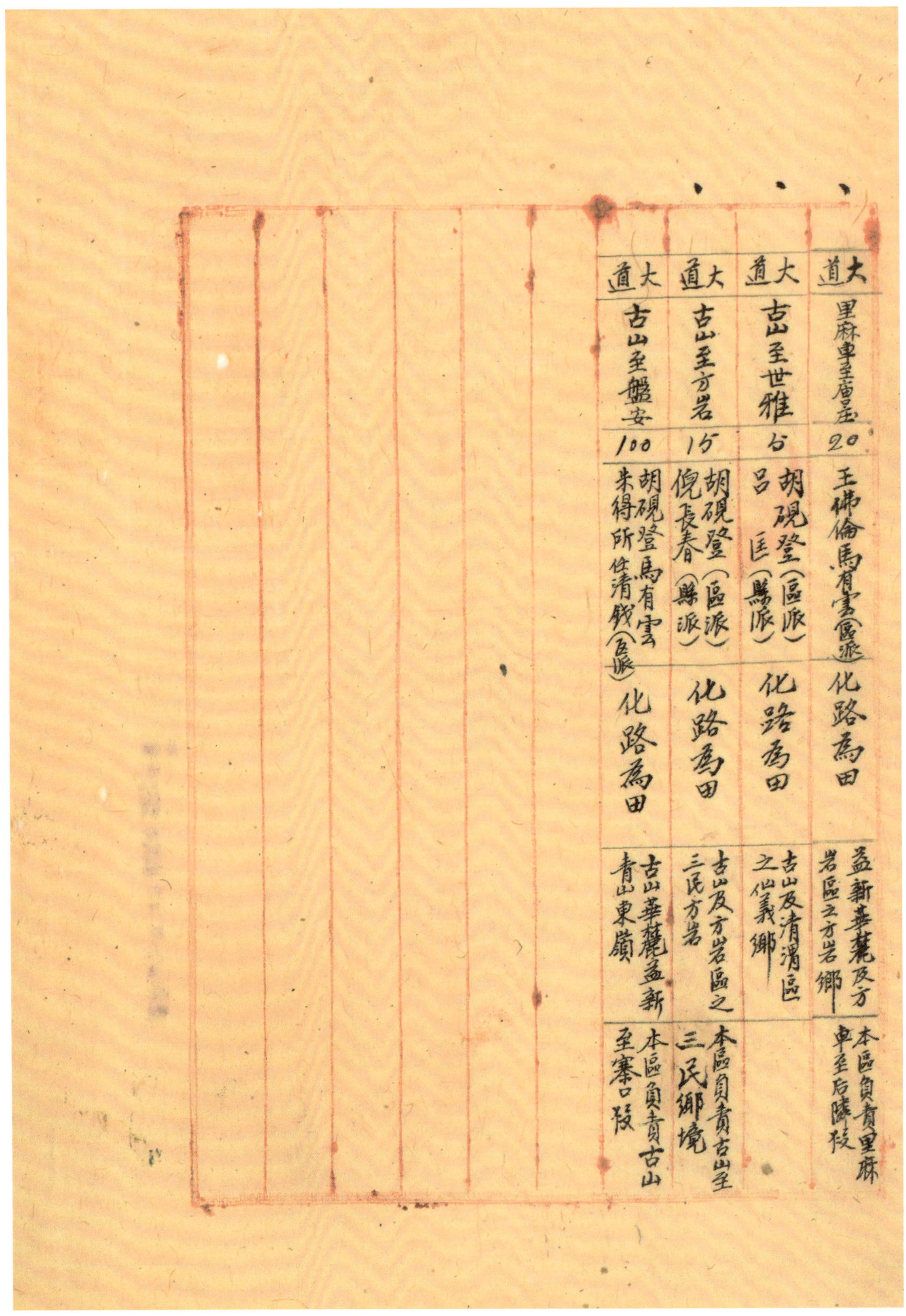

大道	里麻車至后崖	20	王佛倫 馬有雲（區派）	化路為田	益新華麓及方岩區之方岩鄉	本區負責里麻車至后陳段
大道	古山至世雅	台	胡硯登（區派） 呂 匡（縣派）	化路為田	古山及清渭區之仙義鄉	
大道	古山至方岩	15	胡硯登（區派） 倪長春（縣派）	化路為田	古山及方岩區之三民方岩	本區負責古山至三民鄉境
大道	古山至盤安	100	胡硯登 馬有雲 朱得所 徐清錢（區派）	化路為田	古山華麓益新青山東嶺	本區負責古山至寨口段

倪宅区署致永康县政府的呈（一九四三年六月十五日）

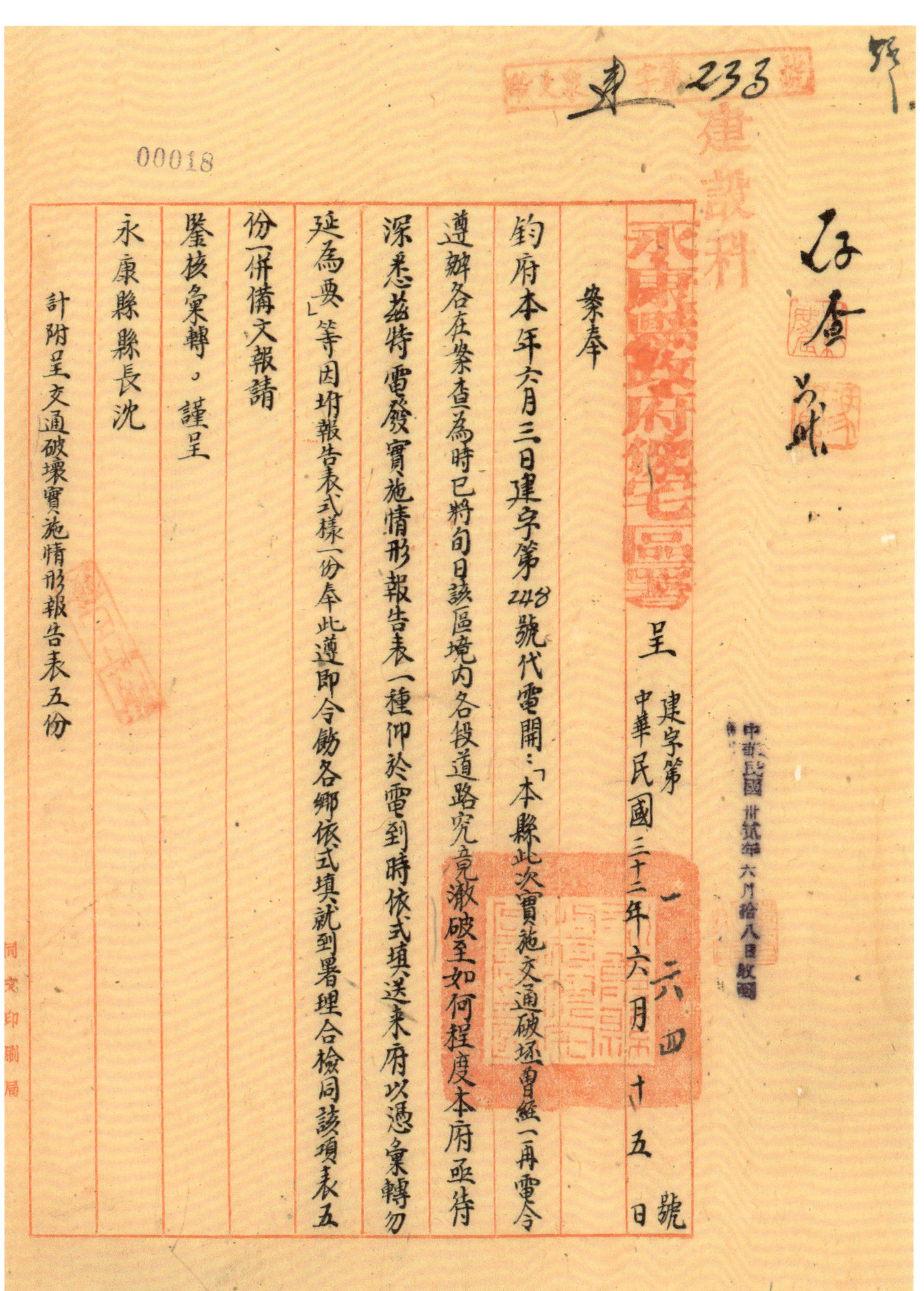

呈　建字第一六四號

中華民國三十二年六月十五日

案奉

鈞府本年六月三日建字第248號代電開：「本縣此次實施交通破壞曾經一再電令遵辦各在案查為時已將旬日該區境內各段道路究竟徹破至如何程度本府亟待深悉茲特電發實施情形報告表一種仰於電到時依式填送來府以憑彙轉勿延為要」等因附報告表式樣一份奉此遵即令飭各鄉依式填就到署理合檢同該項表五份一併備文報請

鑒核彙轉。謹呈

永康縣縣長沈

計附呈交通破壞實施情形報告表五份

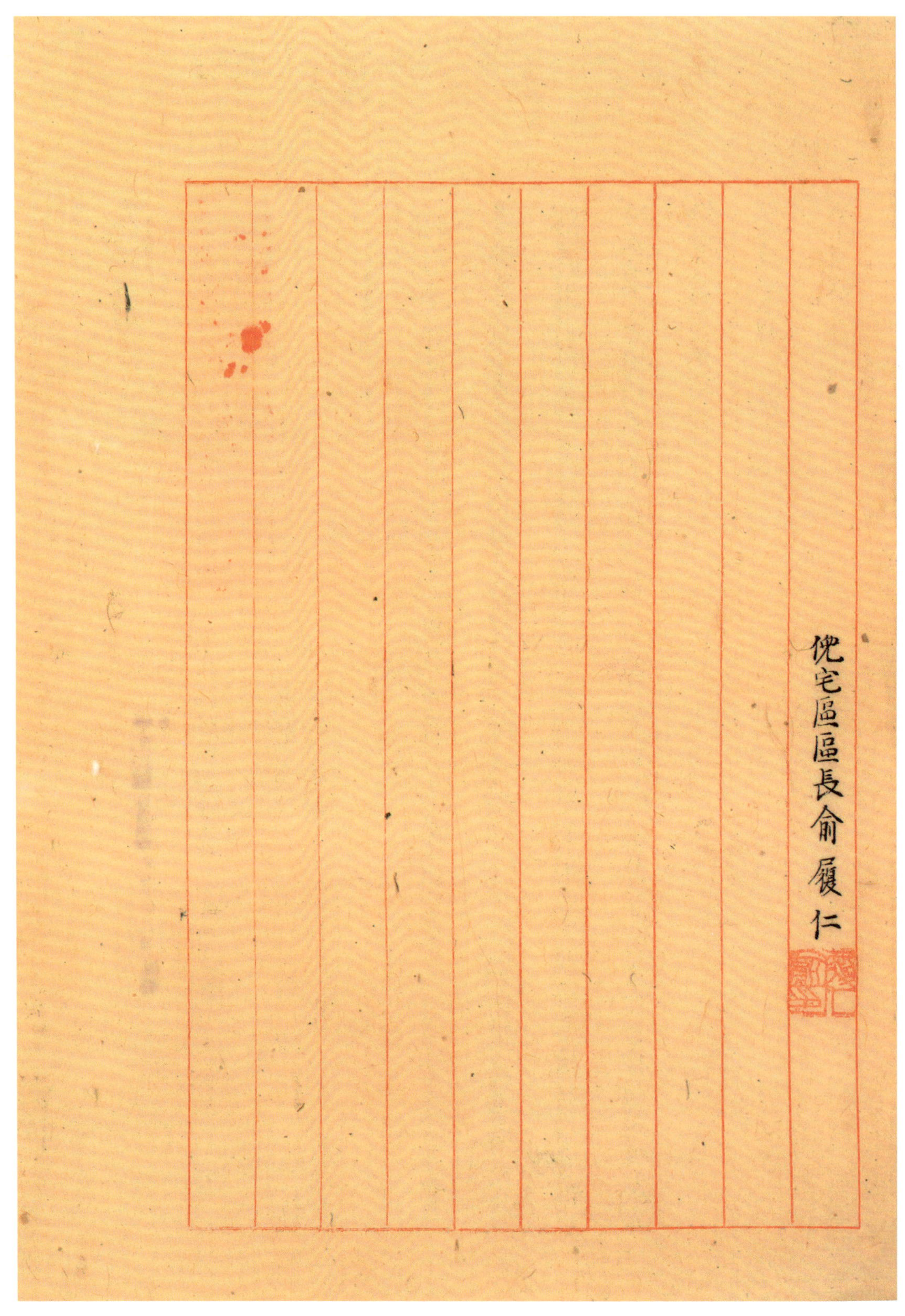

倪宅區區長俞履仁

永康縣渠溪鄉交通破坏情形報告表

鄉别	路别	起迄地点	里程	督破人員	実施破坏情形	負責徹破鄉鎮
渠溪	公路	七里經堂段	約計二公里	楊金寶 童章鸞	發動各保甲乙級壯丁実施澈破	渠溪鄉
仝	大路	藻塘至郎家	約計二公里	仝	仝	仝
仝	小路	藻塘至下呂	約計七公里	仝	仝	仝

附：渠溪、双桃、六安、九安、桐城乡交通破坏实施情形报告表

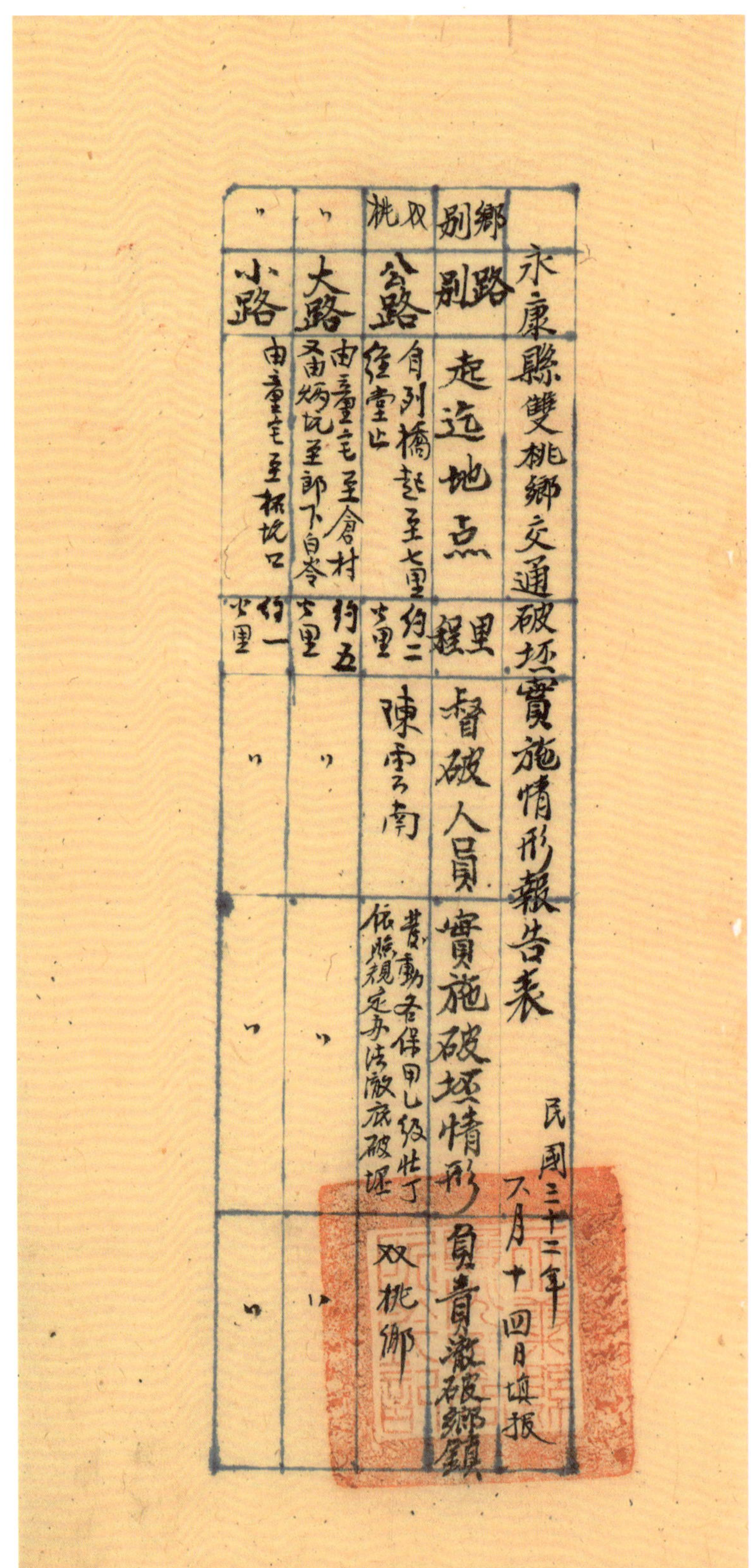

永康縣雙桃鄉交通破坏實施情形報告表

鄉别	路别	起迄地点	里程	督破人員	實施破坏情形	負責督破鄉鎮
双桃	公路	自列橋起至七里徑堂止	約二十里	陳雲南	發動各保甲乙級壯丁依照規定办法徹底破壞	双桃鄉
〃	大路	由童宅至倉村又由炳坑至郎下白岑	約五十里	〃	〃	〃
〃	小路	由童宅至栎坑口	約一十里	〃	〃	〃

民國三十二年六月十四日填报

永康縣六安鄉交通破壞實施情形[illegible]

鄉别	路别	起迄地点	里程	督破[illegible]	[illegible]情形	負責破壞鄉鎮
六安	公路	到橋頭會[illegible]至[illegible]縣界	十華里	方克仁 [illegible] 倪貽仁 倪鳳郎 [illegible] 周高明 牟方山 [illegible]	[illegible]	六安
	大路	大田背南塘園至下王山宅大倉脚止	廿華里	仝	〃 [illegible]八市尺	六安
	〃	叶杞塘至烏[illegible]坑[illegible]	十華里	牟培蘭 牟新淮	〃	六安
	小路	峻橋頭至[illegible]宅村下	〃	倪貽仁 倪鳳郎	〃	六安
	〃	田橋至下山宅	二華里	周高明	〃	六安
	〃	桐塘頭至后[illegible]塘	四華里	仝	〃	六安

00021

永康縣九安鄉交通破坏寔施情形報告表

鄉別	路別	起迄地點	里程	督破人員	寔施破坏情形	負責澈破鄉鎮
九安鄉	公路	由花街至楊公埘近	十二里	方龍華 潘富勇	澈破	九安
	大路	由大畀嶺頭至小畀嶺埘近	四	倪汶波	仝	仝
	小路	自望山亭至齊川鄉境地	二〇	方龍華	仝	仝
		自花川至桔間村	一〇	潘富勇	仝	仝
		自尚仆至賣川下時	五	方龍華	仝	仝
		自尚仆至大屋	六	倪汶波 潘德法	路面加狹	仝

永康縣桐城鄉交通破壞實施情形報告表

三十二年六月十五日填

鄉別	路別	起迄地點里程	督破人員	實施破壞情形	負責督破鄉鎮
九安	公路	長安鄉至前永安亭至三板橋	金步琛 全岳林 謝金朝 全福春 謝双枝	澈破完成	桐城鄉
六安	〃	馬家坟庵前下首府亭	陳子部 華尔康 李蔭棠 李蘭康 李友槐	仝	仝
桐城	大道	樟樹脚至官亭基	金步琛	〃	〃
〃	〃	水碓基一帶	金福春	〃	〃
〃	〃	前新屋一帶	全岳林	〃	〃
〃	〃	壇田坑至下草塔	謝双枝	〃	〃
〃	〃	下馬橋至后里橋頭	陳子部	〃	〃
〃	〃	鄉壇甪凉亭至下山橋頭	謝金朝	〃	〃
〃	〃	華村祠堂后至下馬橋	華尔康	〃	〃
〃	〃	草塔頭凉亭至小橋	李蔭棠	〃	〃
〃	〃	小橋至下山上首	李蘭康	〃	〃

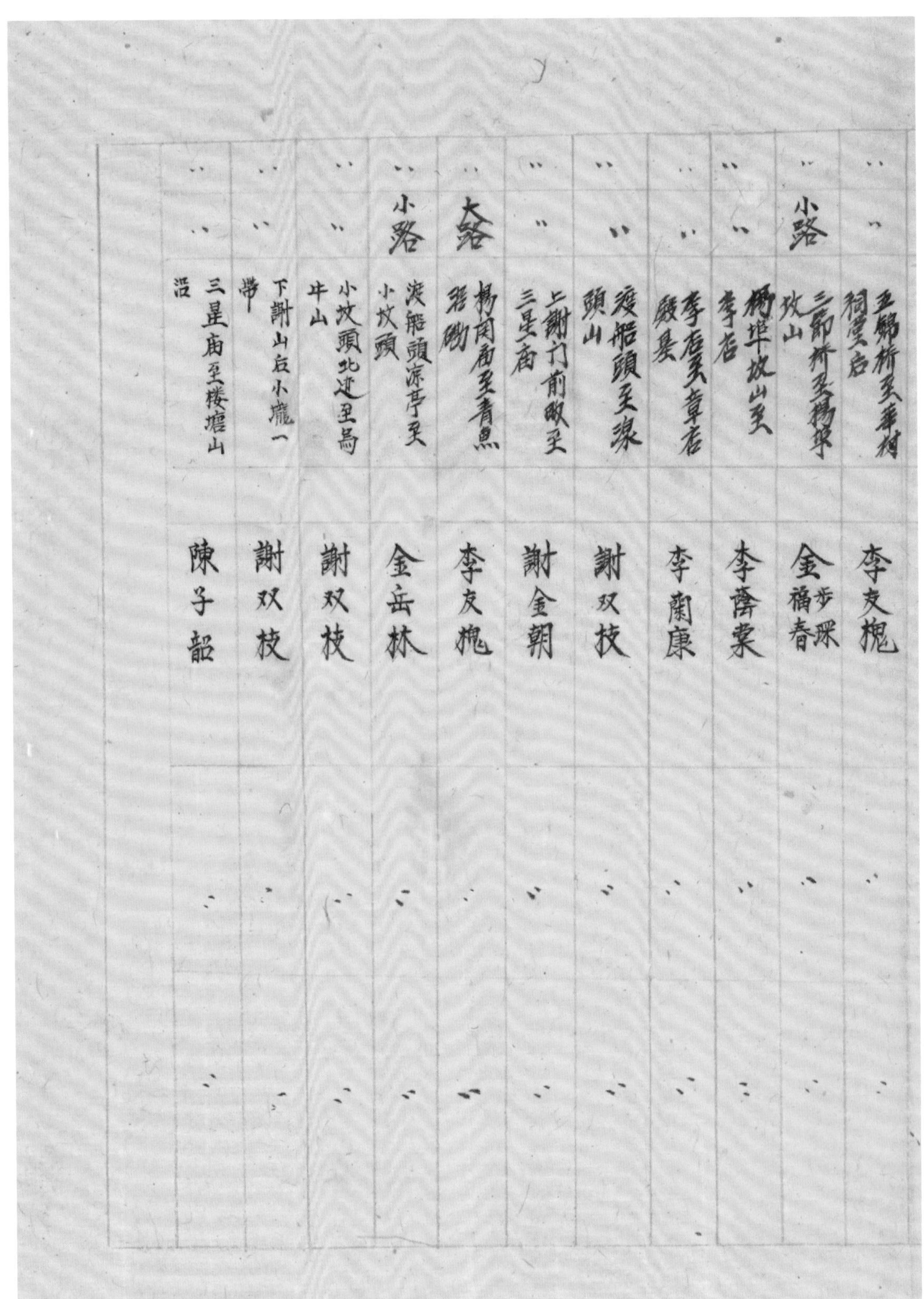

〃	〃	五鄉桥至華树祠堂后	李友槐		〃	〃
〃	小路	三節桥至楊埠坟山	金步琛 福春		〃	〃
〃	〃	楊埠坟山至李店	李齊棠		〃	〃
〃	〃	李店至章店殿基	李蘭康		〃	〃
〃	〃	渡船頭至湶頭山	谢双技		〃	〃
〃	〃	上谢门前畈至三星庙	谢金朝		〃	〃
〃	大路	楊関庙至青魚石磡	李友槐		〃	〃
〃	小路	渡船頭涼亭至小坟頭	金岳林		〃	〃
〃	〃	小坟頭北边至烏牛山	谢双枝		〃	〃
〃	〃	下谢山后小瀧一带	谢双枝		〃	〃
〃	〃	三星庙至楼塘山沿	陳子韶		〃	〃

三青团永康县战时服务队关于派员督查方岩、四路口、清渭三区破坏道路情况致永康县政府的公函（一九四三年六月十四日）

三民主義青年團浙江支團永康縣戰時服務隊

公函

中華民國三十二年六月十四日

受文者：永康縣政府

事由：函復破路經過即請查照

本文：案准貴府調用本隊隊員何子奇等四員督破方岩四路口清渭三區大小道路，茲據該何子奇等報稱業於本月十二日趕破完竣並各附報告紙（計四張）請即派員驗收等由，相應函達即請查照。

三民主義青年團浙江支團永康縣戰時服務隊隊長 徐立貞

附：方岩、四路口、清渭三区破坏道路情况的报告

報告 六月十三日 于方岩

事由：具報派破大小道路經過、

本文：竊職奉

鈞府調用為督破員負責督破世雅至泉珠大

小道路，其方式每隔三十公尺澈破八市尺深五市尺上架

一市尺小木橋。當于五月廿七日馳赴該線切實督導

各該鄉鎮發動民工限期達成任務，返隊之日又

奉徹底破壞化路為田之電，乃復即日冒雨趲程

督促各線所經「鎮」「鄉」督促偷破，乃于五日方認可

而回，復經隊長察看尚覺不夠，同時又奉續破泉

珠至渠縣、泉珠至唐先二路線，故于本月十日再啟

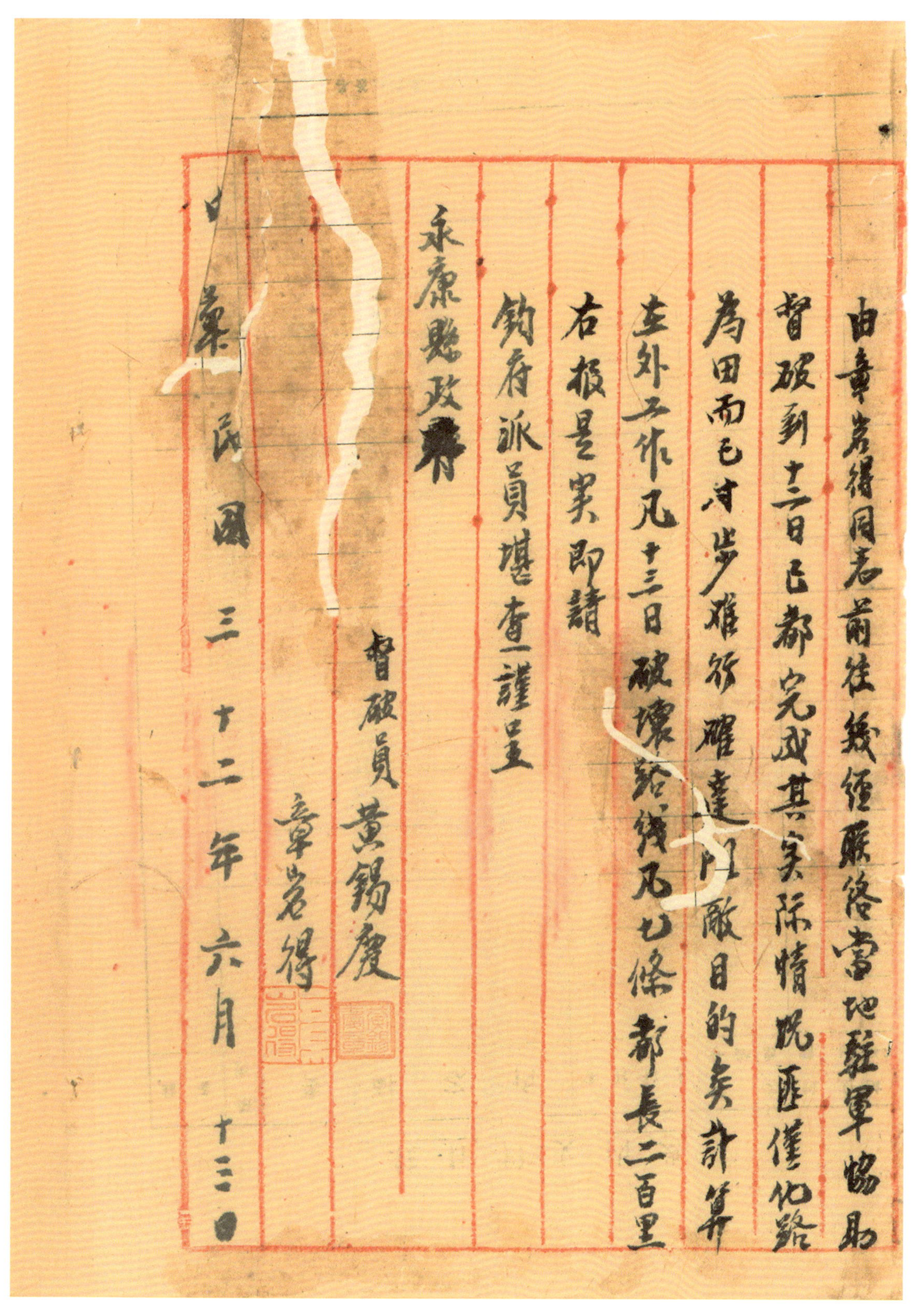

由章岩得同志前往幾經聯絡當地駐軍協助督破，到十二日已都完成。其實際情況，匪僅化路為田而已，寸步难行，確達阻敵目的矣。計算在外工作凡十三日，破壞路綫凡七條，都長二百里。右報是實，即請

鈞府派員堪查。謹呈

永康縣政府

督破員 黃錫慶

章岩得

中華民國三十二年六月十二日

00003

報告 六、十三日 于方岩

事由：具報奉派赴鄉督導破路經過情形

本人（錫勇）奉派督導唐先至古山、世雅、清渭各段大小道路，於五月廿七日出發，先至古山鎮公所，會合鎮長，面告破壞方式（每隔卅公尺破挖八市尺深五市尺上置一小木橋）後沿途視查地形，直趨唐先鎮，並如上述方式督告拖鎮長，尅日實行，當於廿八日各鄉鎮保長發動民工破挖完竣後，復又奉令改破，將前所餘三十公尺之段化路為田，撤底破壞，乃至古山、唐先、仙孝義各鄉鎮，詳加指導，並督促之，當再發動民工，並親臨各綫指導，因路綫綿長，非一日可完成，剋本月五日才完畢，後經隊長察看，尚覺不合要求，乃再於十日奉手令趕赴嚴加督促，要達撤底完成化路為田之要求，當于十二日完成任務，此行共計先後十三天將唐先至古山、世雅、清渭各段大小道路約百五十里完成化路為田要求，凡此具報是實，迅請

鈞府派員驗收，謹呈

永康縣政府

督導員楊榮耀（印：楊榮耀印）

中華民國卅二年六月　日

報告

六、十三、

事由：具報指定路綫破壞經過

本文：竊職此次奉派散破督導員，督導方岩至四路口沿途大小道路，當於廿七日晨出發，先到方岩四路口二區署面洽（方式每隔卅公尺澈破八市尺，深五市尺，上架濶一市尺小木橋）並沿途督促益新華麓二鄉，預期督破完竣，廿八日乃往青山垌阬二鄉督破，當日下午俱告完成，旋（五月廿九日上午）奉化路為田澈底破壞之命令當又發動民眾改破，因時困于大雨，路綫頗長，澈破匪易，直至六月四日方強差人意，忽又奉加破電令，同時督導青山口至壺山壯路綫（奉電增加），故當日下午又冒雨趕至東嶺鄉，翌晨即開始澈破，民眾甚為踴躍，惟綫依山臨水，澈破殊屬不易，直至八日

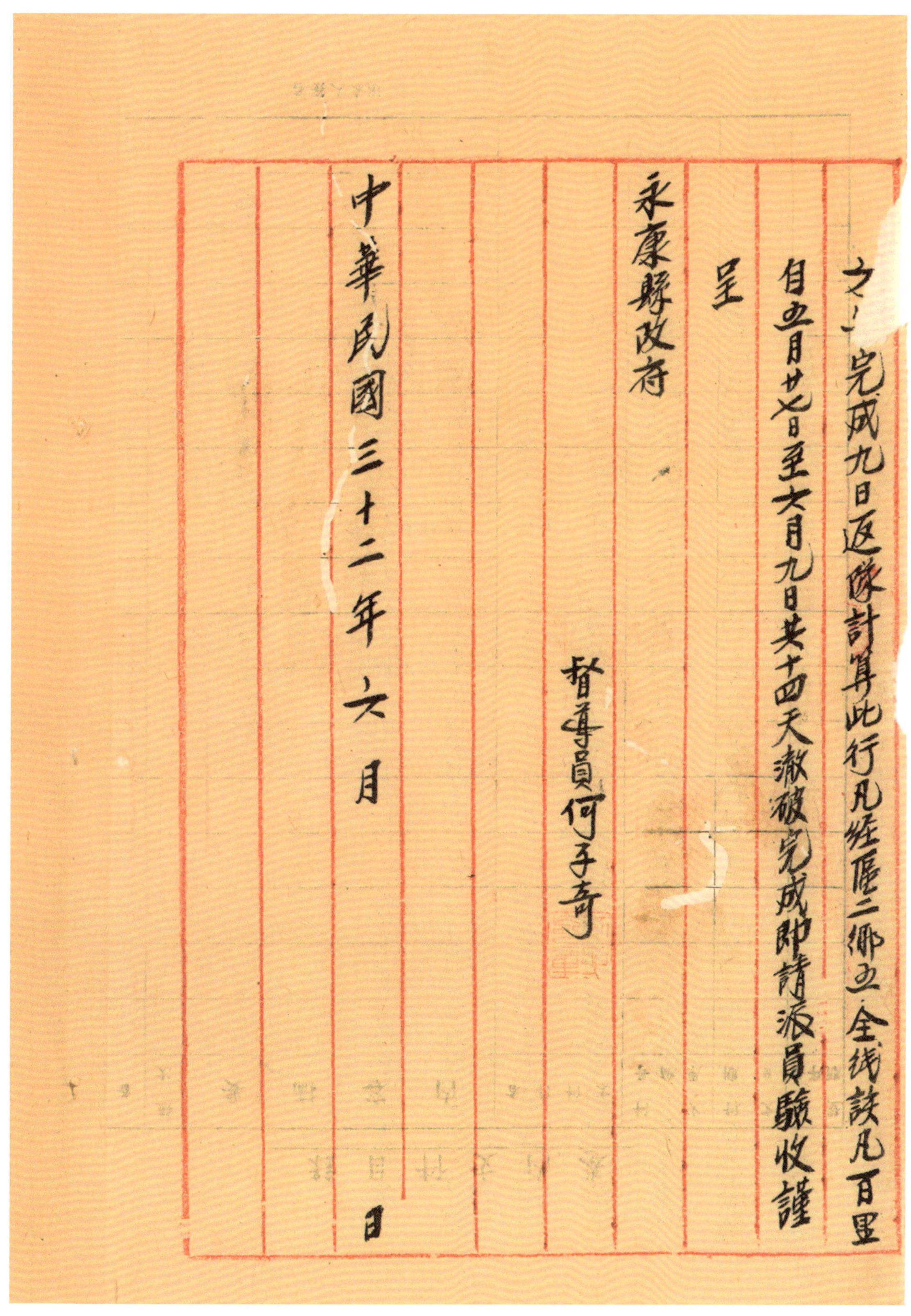

之之完成九日返隊計算此行凡經區二鄉五全綫該凡百里

自五月廿七日至六月九日共十四天澈破完成即請派員驗收謹

呈

永康縣政府

督導員何子奇

中華民國三十二年六月　日

报告

六、十二日 于方岩

事由：指定破壞大小道路經過

本文：竊職奉

鈞府派為破路督導員，督導之路線從桐阮鄉至清渭區。在廿七日晨趁着風雨出發，先到桐阮商洽（方式每隔卅公尺掘破八市尺深五市尺上架闊一市尺小木橋）後沿途督導中和、唐先、太西、達川等各鄉鎮，均預期督破完畢。五月廿九日又奉化路為田徹底破壞令，當日再沿途返中和、桐源二鄉發動民工加破，因時困兩路線鄉長徹破不易，直到六月五日又奉加破令，同時督導從太平至趙候廟之路線，而後共中和鄉等鄉隊附往各路線察看，以強

差可乃返隊後經隊長導察尚嫌不合要求，爻于本
月十日再赴飭各鄉鎮即日發動民工徹底破坯直十二日返
隊已確達徹底破壞目的計在外工作十三日凡路线四
条計長百里餘右具報是寔請
鈞府即日派員驗收謹呈
永康縣政府
督導員徐宝明
中華民國卅二年六月　日

永康县政府关于要求派员督促加破土山头至柿后一段道路致方岩区公所、自卫第一中队的代电

（一九四三年六月十五日）

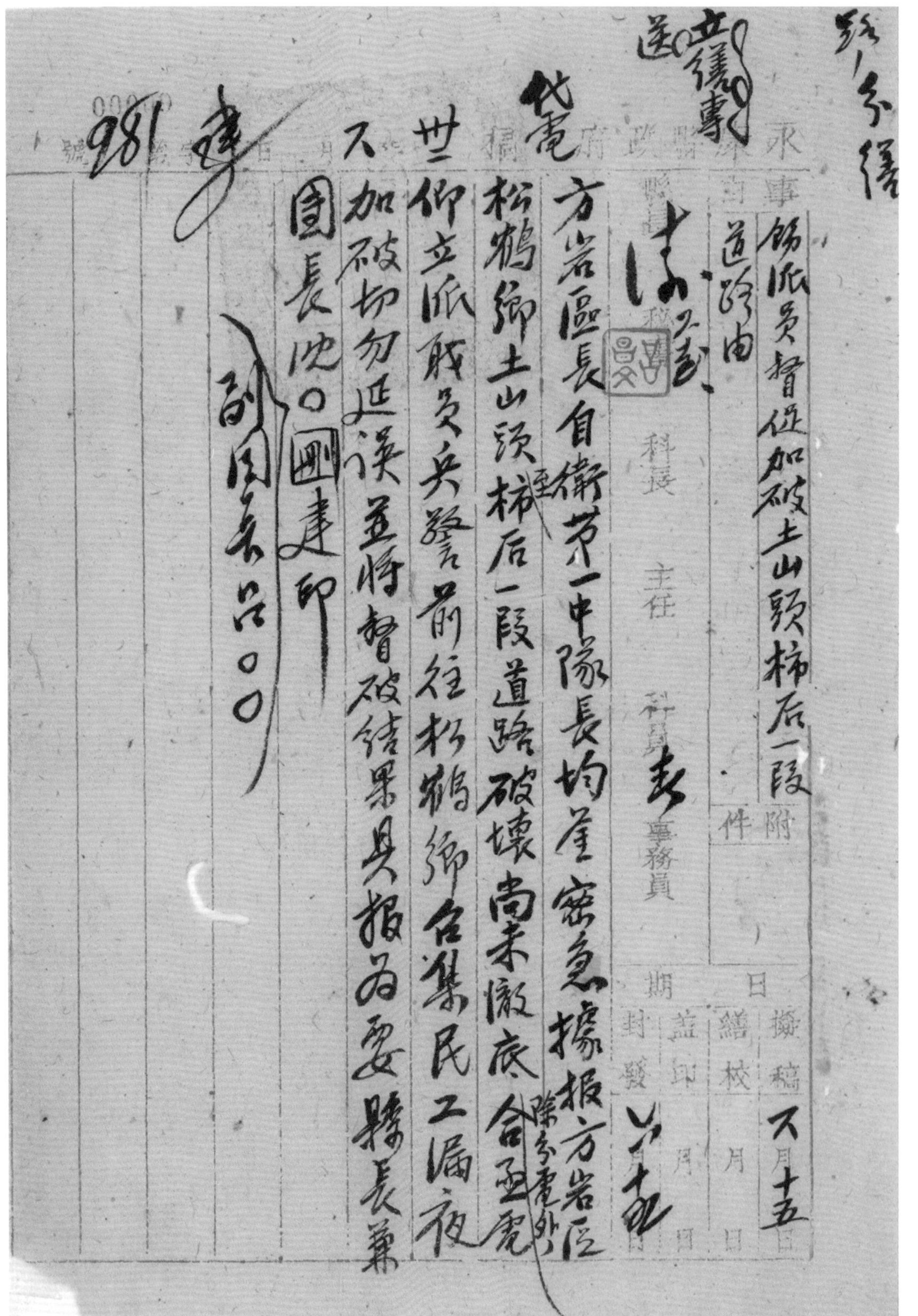

唐先镇公所关于请求给予破路出力人员传令嘉奖事致永康县政府的呈（一九四三年六月三十日）

来251

阅

永康县唐先镇镇公所 呈文

唐字第一七〇号

民国三十二年六月三十日

事由：为奉令破路，出力人员，拟请传令嘉奖由

案查本镇奉令破路，为抗敌锄奸之基层工作，不难旦夕奏功，乃三令五申，保甲长每心存观望，而能直前勇往，澈底破坏者，竟属寥寥，惟有第一保保长王邦䭾，第四保保长金长根，第五保甲长施法理，第十二保保长施敦位甲长施孝长，及镇队附施俊熊等，最为努力，有功必赏，泾渭须分，上列出力人员，拟请传令嘉奖，以资鼓励，而勉将来，是否有当，理合备文呈请，仰祈鉴核施行，实为公便！

谨呈

县长沈

唐先镇镇长施友干

永康县政府、陆军第七十九师关于加强破坏各道路的一组文书（一九四三年七月七日至一九四三年七月十九日）

陆军第七十九师关于要求加强破坏各道路事致永康县政府的代电（一九四三年七月七日）

代電

事由：為加強破壞貴縣各道路請轉飭鄉鎮保甲發動民工實施由

永康沈縣長勛鑒：查貴縣轄境內各通敵要道及山僻小徑，過去雖經新編第二十一師協同貴府從事督破，然因諸種關係未能實施盡善，以致各處道路網所表現者，阻敵不足，妨我有餘，似此情形不僅令破路要政等於具文，而虛糜民力，且便敵騎之長驅直入而貽害無窮。本部接防伊始，志存保障浙南道路之澈底破壞，雖不能完全阻敵深入，然足以遲滯敵人之行動。爰特根據過去新二十一師計劃，重加釐訂，凡應保留者酌予保留，仍須利用者破後即架搭便橋以資通行，其通敵要道則澈底破壞之。請轉飭所屬區鄉保甲長發動民工，指派專人率領，自本（七）月十五日起向本部第二三七團接洽實施。凡關于技術上者，請貴府另派專人從旁協助，其關於軍事上之着眼，則由本部督導部隊指示之。事關破路要政，應請切實實施，除電請有關各縣長同時轉飭有關區鄉保甲同時施工，并分令所屬第二三五、七兩團派員督導外，茲特隨電檢奉督破計劃及實施狀況對照表并道路破壞及橋梁實施法各壹份，即請查照實施至紉公誼。第七十九師師長段霖茂午虞參邦（附件如文併發）

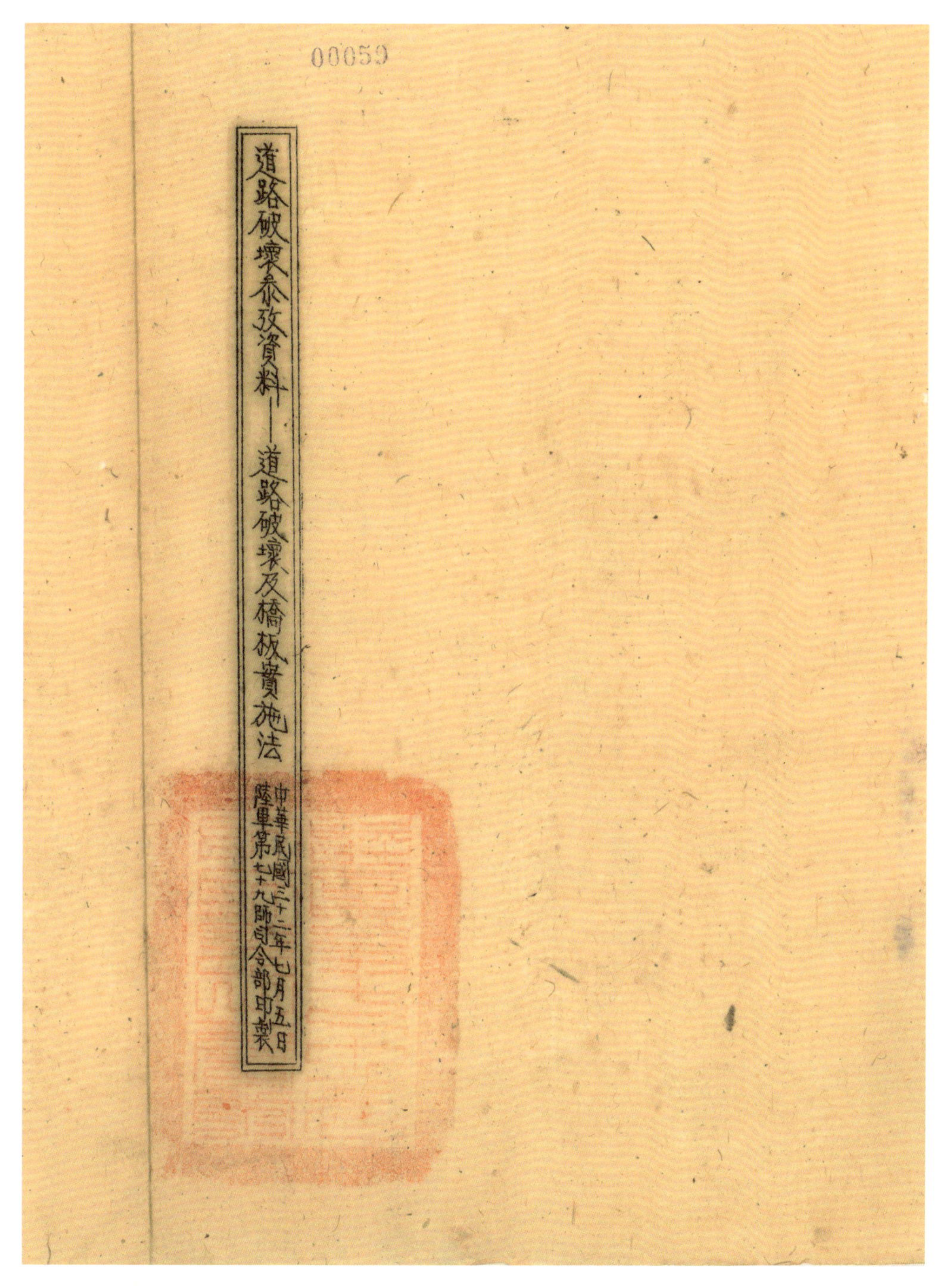

00059

道路破壞參攷資料——道路破壞及橋板實施法

中華民國三十二年七月五日
陸軍第七十九師司令部印製

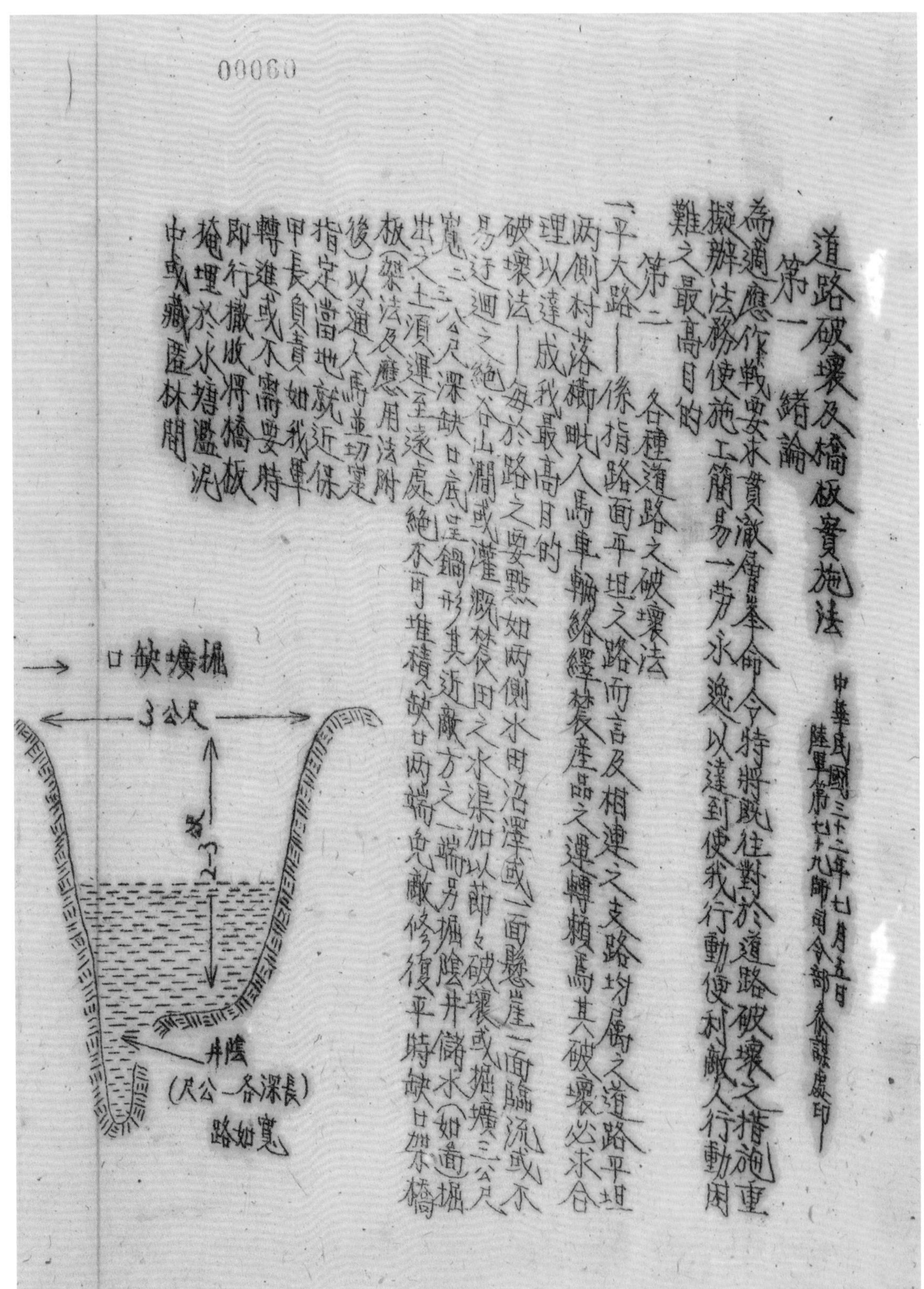

道路破壞及橋板實施法

中華民國三十二年七月五日
陸軍第七十九師司令部參謀處印

第一 緒論

為適應作戰要求貫徹層峯命令特將既往對於道路破壞之措施重擬辦法務使施工簡易一勞永逸以達到使我行動便利敵人行動困難之最高目的

第二 各種道路之破壞法

一、平大路——係指路面平坦之路而言及相連之支路均屬之道路平坦兩側村落鄉毗人馬車輛絡繹棼農產品之運轉賴焉其破壞必求合理以達成我最高目的

破壞法——每於路之要點如兩側水田沼澤或一面懸崖一面臨流或不易迂迴之絕谷山澗或灌溉棼農田之水渠加以節節破壞或掘壙三公尺寬三公尺深缺口底呈鍋形其近敵方之一端另掘陰井儲水（如圖）掘出之土須運至遠處絕不可堆積缺口兩端免敵修復平時缺口架木橋板（架法及應用法附後）以通人馬並切實指定當地就近保甲長負責如我軍轉進或不需要時即行撤收將橋板掩埋於水塘淤泥中或藏匿林間

F

缺口功用——

一、敵利用民間門板鋪設架橋，門板長約二公尺，左右缺口寬三公尺，使其無法利用，勢必臨時征用材料，耽延時間，以達成我滯遲敵人行動之目的

二、人馬高約一公尺七八，如人馬墜落缺口，深有二公尺，不易躍出，亦不易攀登

三、缺底成鍋形，減少除土而省作業力，人馬墜入即滑入鍋底，如於鍋底密置竹籤刺榛，更為有利

四、缺口儲水，使敵莫測其深遍，使架橋通過，消失其活力

二、堤埂——堤埂二字解釋，大者稱堤，小者稱埂，都是障水避水蓄水之用，故不能如普通法破壞，分述如左

反破壞法（即阻塞法）——

A、土堤——每距五十公尺左右積土成堆，傾斜陡峻，高厚約二公尺以上之立体，除一側留一市尺寬之小路以維交通外，其餘概行阻塞，如單事上認為絕對須阻塞者，不留小徑，可架旱橋（架法附后），並與土堤成為孤獨，即被敵用，左右絕緣，不易擴展正面，我以少數兵力即足以拒多數敵人

B、土埂——較堤為小，除用阻塞外，可用破壞法，務須池沼積水不致溢出為度，將埂面削成屋頂形（如圖），愈尖銳愈好，每處削尖約三公尺，如須通行，則架橋板

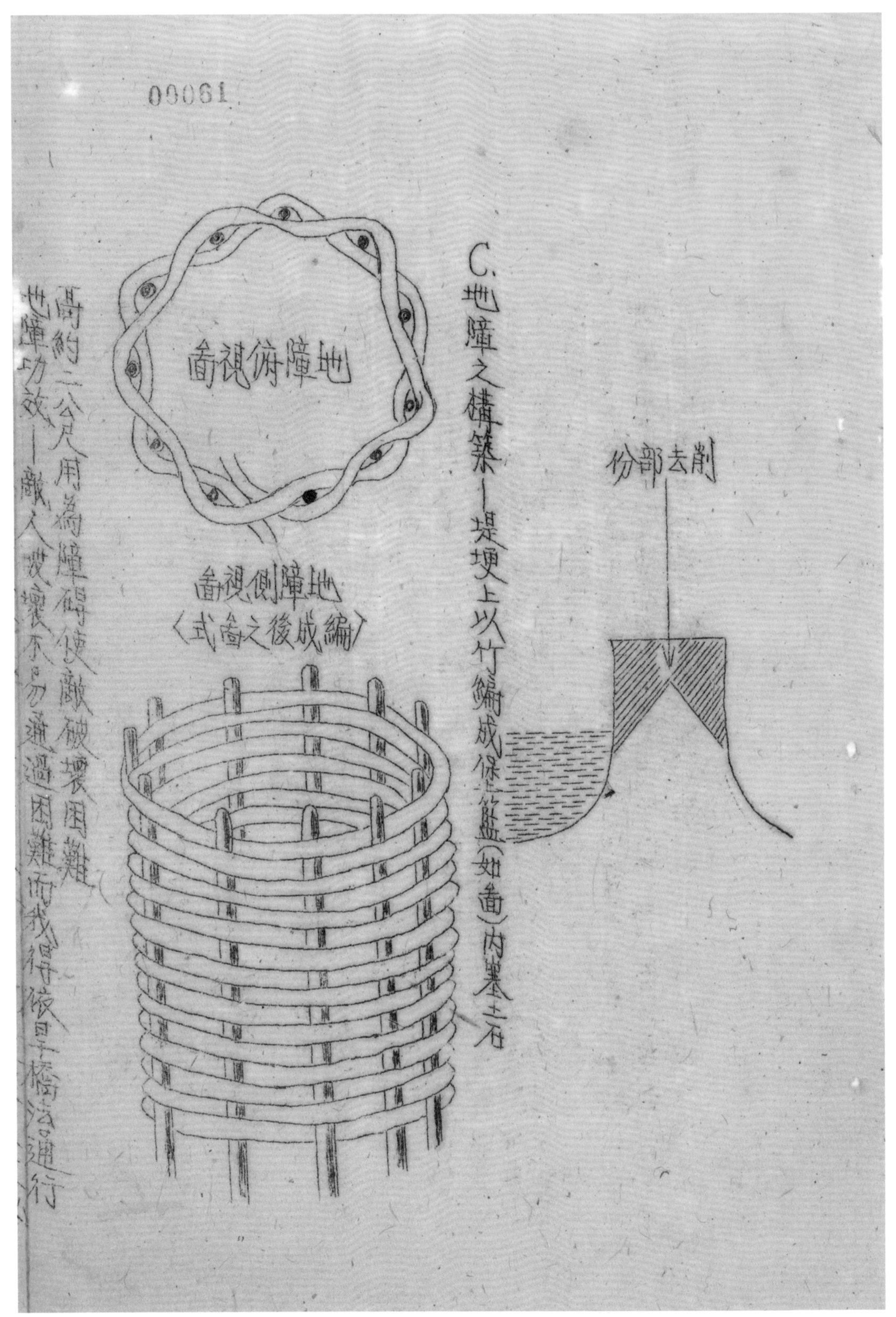
00061
C.地障之構築—堤埂上以竹編成堡籃(如圖)內塞土石
削去部份
地障俯視圖
地障側視圖
(編成後之圖式)
高約二公尺用為障碍使敵破壞困難
地障功效—敵人破壞不易通過困難而我得依旱橋洛通行

三、山麓道—山地起伏道路縱橫連亙部落務須普遍破壞使成脫離錯落到處障碍以達到孤山孤田孤村之目的

破壞法—山麓與平路銜接點即AB斜面近A處垂直掘下成為陡壁(如圖)

功用—山麓既成峭壁敵人無法攀登山成孤山得用為安全地區我方軍粮之屯儲任務隊之集結亦為我野戰軍突擊奇襲之根據地平時架橋以時撤收並利用携帶梯橋(圖如橋樑部)以備不及架設臨時應急之用

四、凹道—凹道施行破壞較難緣兩側土堤或山麓早予修理即可通過敵破壞點須擇于凹道進出口或兩旁土質堅寔不易掘開或兩側古木盤根或地形高峻不易另闢小路迂迴等處為良

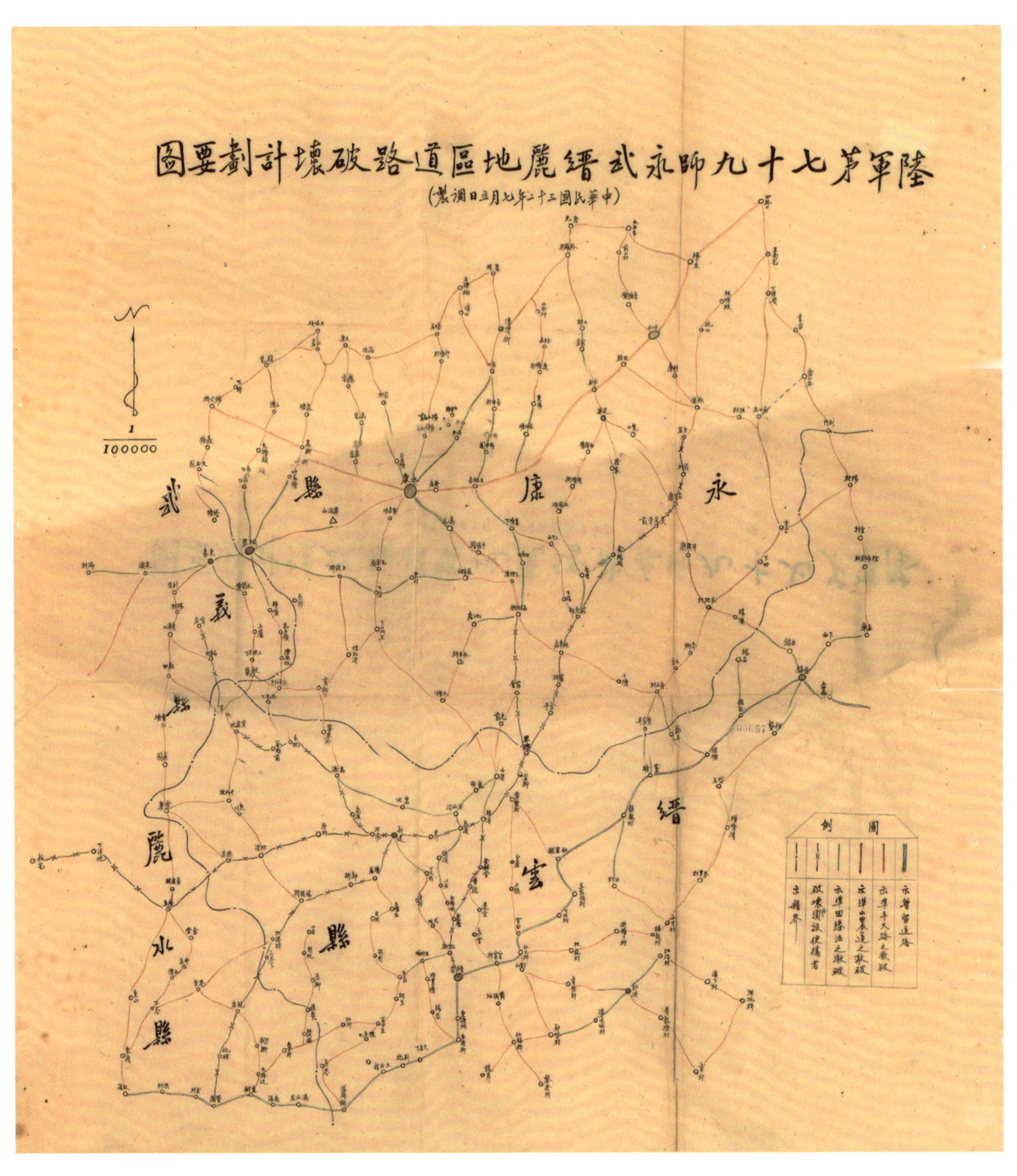

附二：陆军第七十九师永武缙丽地区道路破坏计划要图

附三：陆军第七十九师永康、武义、缙云、丽水地区道路指导计划及实施状况对照表

陸軍第七十九師暫就永康武義縉雲麗水地區道路指導計劃及實施狀況對照表　民國三十二年七月五日　師長段霖茂

類別	起訖地點	原來狀況	破壞方法	破壞程度（寬、長、深、距離）	破壞完成日期	動員工數	材料處置	備攷
公路	王沈李—世雅—古山	前破未徹底路幅寬三公尺至五公尺	按平大路要領徹破					
公路	世雅—泳溪—方岩							
大路	俞卯頭—芝英	前未加破幅寬約三公尺五	掘坑並化田					
大路	方岩—坑口							
大路	岩下應—壺山庄							
大路	唐先市—家珠—清渭—湖田園							
大路	唐先—太平—古山							
大路	前俞—清渭—山西	同右						
公路	四路口—祸下朱—古山	前破未徹底路幅三至大公尺						
大路	四路口—張谷口—太平	路幅約二公尺						
大路	南岸—下店—四路口—十祥	同右	化路為田					
大路	四路口—呂南宅—青山口—東山莊		化田并埋					
大路	界牌—麻車店—前宅郎—俞卯頭—毛山—下楊	路幅約三公尺五	仝右					
大路	麻車店—舟山—上方—岩塔腳—古竹樹		化田或掘坑					
小路	俞卯頭—上陳—舟山		仝右					
公路	界牌—館頭—前倉—石柱街	前破未徹底	化田掘坑					
大路	館頭—光瑶	路幅三公尺五	并大路掘坑					
大路	永康—黄泥山—桐琴	原路幅三至四公尺	照平大路徹破要領化田					
大路	永康—麻車頭—桐琴							
大路	桐琴—花街		掘坑					
大路	永康—清渭—泳珠—童宅							
公路	王沈李—永康—花街—楊公橋	原破未徹底此次係復破	照平大路要領徹底破化田					
公路	石柱—田譚		掘坑					
大路	裡虹湾—貢樹下—永祥	原路幅二三公尺						
小路	下山門—大陳—紫風岑	仝右	仝右					
大路	石柱街—孝介—前倉—光瑶	原路幅約二公尺	照陸法徹破					
大路	黄泥坑口村—谷雨前—馬象—戴宅—小岸—光瑶							
公路	石柱—下裡溪—永康	原破未徹底	照平大路要領徹破化田并掘坑					
大路	永康—下裡溪—張宅—泳程—毛車頭—五王渡橋	原路幅約二公尺						
大路	毛車頭—下店—石山門—里虹橋							
大路	石柱街—泗塘—下唐		照陸法徹破					

前規第　任任二　新陸三　編第七　第第

以上諸道路係浙江永康縣境

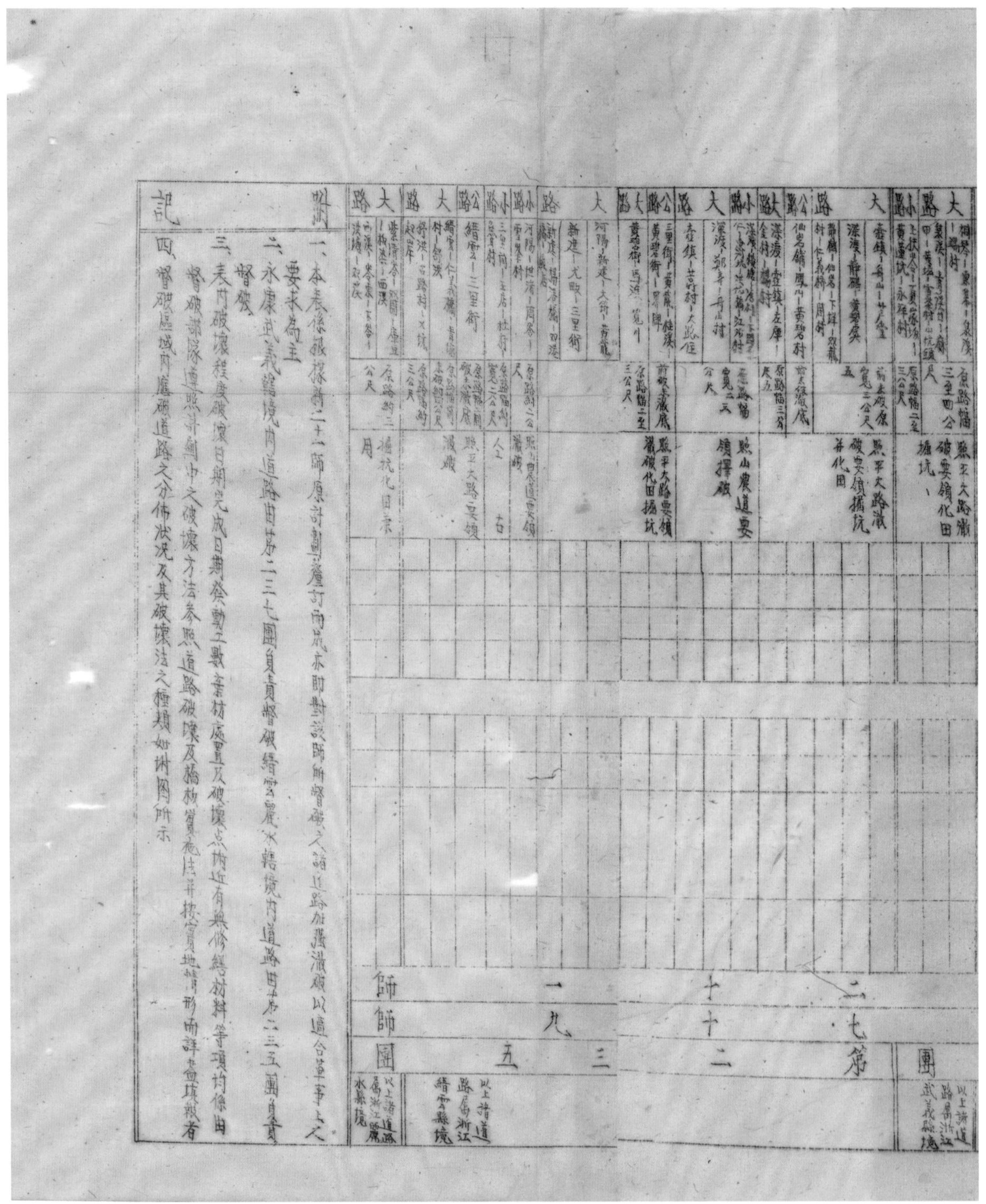

道路	起讫	现状	破坏要领
大路	桐琴—東亭—泉溪—塘村；泉溪—青溪—麻甲—黄塘—官塘村—山坑頭	原路幅三至四公尺	照五大路徹破要領化田壙坑、
小路	上伏—下夏塘—黄塘坑—永祥村	原路幅二至三公尺	
大路	壺鎮—舟山—芝堂；溁渡—前碑—黄碧岩；和—仙岩—下洋—双龍村—仁義橋—周村	前未破原寬三公尺五	照平大路徹破要領掘坑并化田
公路	仙岩鋪—厚山—黄碧村	前未徹底	
大路	溁渡—壺鎮—左庫—金村—塘村	原路幅三公尺五	
小路	溁渡—橫塘—塘村—下□—仁□—□□—江□村		
大路	溁渡—鄭宅—舟山村；壺鎮—苦竹村—大路任	原路幅寬二至三公尺	照山農道要領擇破
公路	三里街—黄龍—桂溪—黄碧街—界牌	前未徹底	照平大路要領徹破化田掘坑
大路	黄碧街—馬漢—寬川	原路幅二至三公尺	
大路	河陽—新建—大街—黄龍；新建—尤畈—三里街；新建—□□—□港橋—双港—巖店		
小路	河陽—世清—周營—雪峰村	原路約二公尺	照小農道要領徹破
小路	三里街—官店—杜村—□堂村	原路幅約寬二公尺	仝右
公路	縉雲—三里街	原路幅約破未徹底	照五大路要領徹破
大路	縉雲—仁岸橋—壺鎮—村—舒洪；舒洪—石路村—大坑—起山岸	原路幅約四公尺；原路幅約三公尺	
大路	紫清寺—双園—康豆—枫木—西溪；西溪—岑東—下岩—洪塘—双溪	原路約三公尺	掘坑化田或用

第二十一師　第十九師　第二三五團

以上諸道路屬浙江武義縣境　以上諸道路屬浙江縉雲縣境　以上諸道路屬浙江麗水縣境

附記

一、本表係根據第二十一師原計劃釐訂而成，亦即對該師所督破之諸道路加強徹破，以適合軍事上之要求為主。

二、永康、武義轄境內道路由第二三七團負責督破，縉雲、麗水轄境內道路由第二三五團負責督破。

三、表內破壞程度、破壞日期、完成日期、發動工數、棄材處置及破壞点附近有無修繕材料等項，均係由督破部隊遵照計劃中之破壞方法，參照道路破壞及橋梁實施法并按實地情形而詳查填報者。

四、督破區域內應破道路之分佈狀況及其破壞法之種類如附圖所示。

永康县政府关于遵照陆军第七十九师通知所定日期方式征工实施加破或改破道路事致各区署各乡镇公所的代电（一九四三年七月十九日）

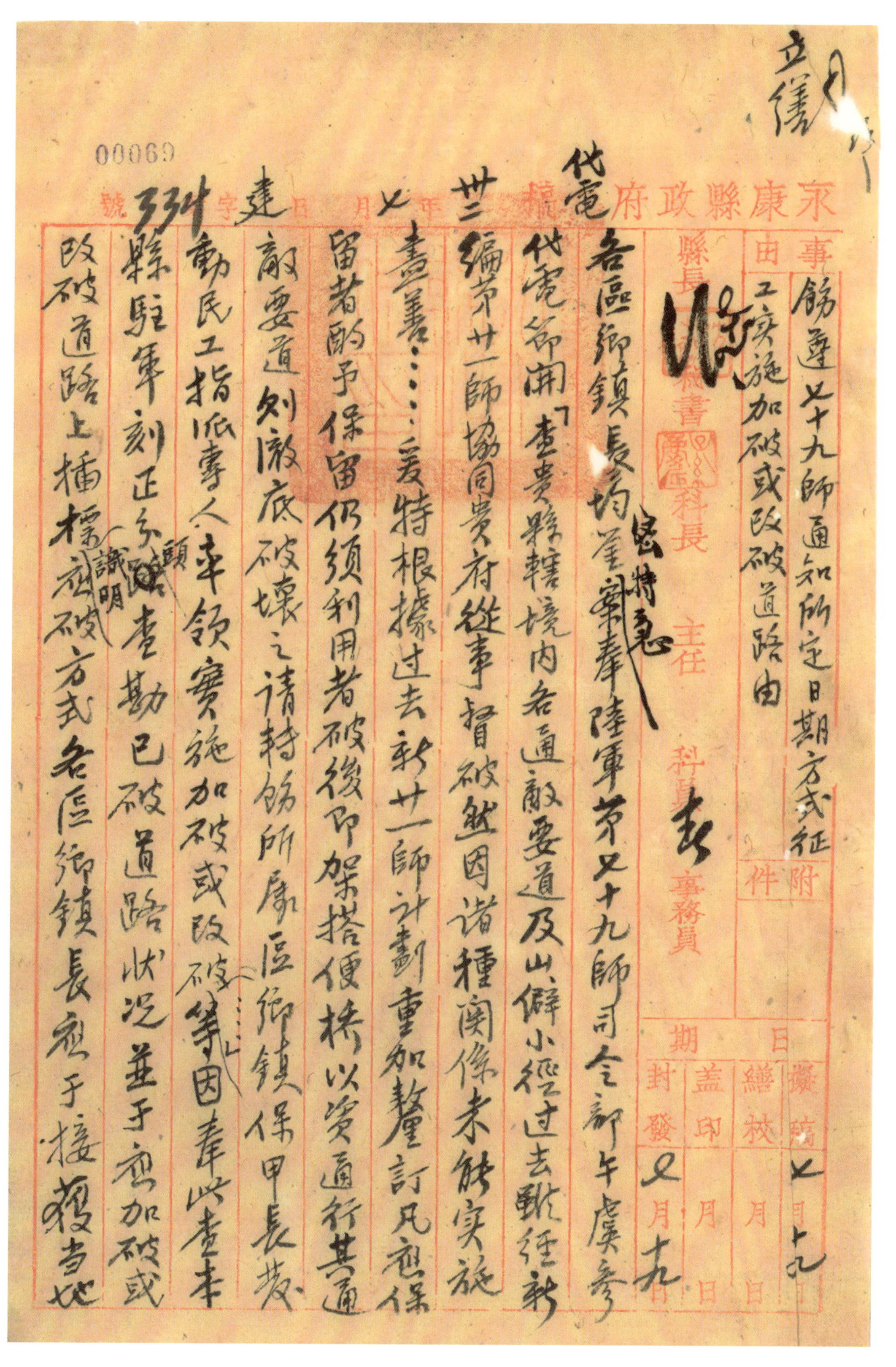

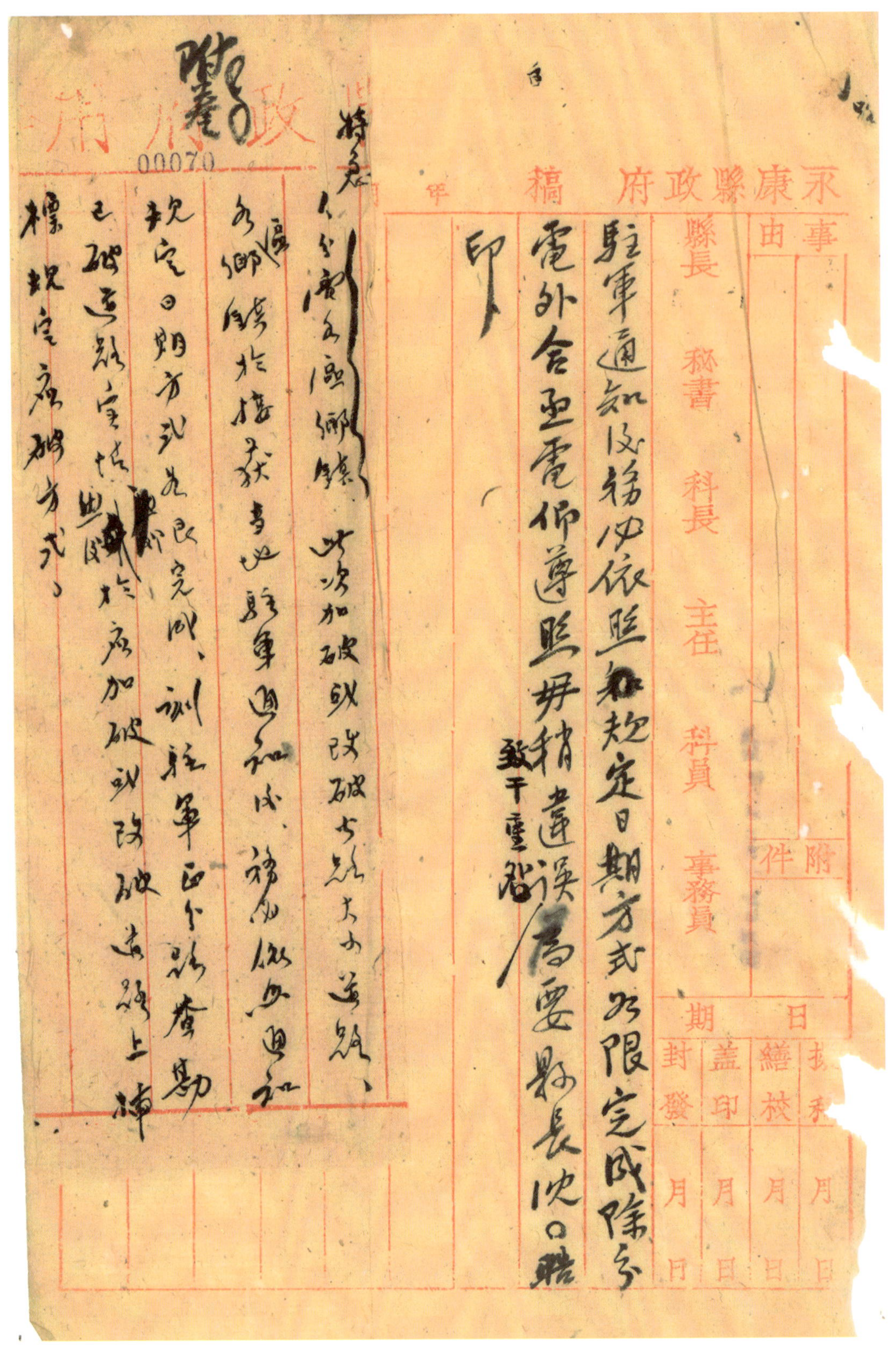

附卷

00070

特急

全縣各區鄉鎮：此次加破或改破公路大小道路，限各鄉鎮於接獲本電後，即通知駐軍，通知後務必依照規定日期方式先行完成，以便駐軍再行查勘。已破道路亦應於應加破或改破道路上標規定應破方式。

永康縣政府稿

事由

縣長　秘書　科長　主任　科員　事務員

駐軍通知後務必依照各規定日期方式如限完成，除分電外，合亟電仰遵照，毋稍違誤為要。縣長沈□

印

附件

日期　擬稿　繕校　蓋印　封發

月　日

浙江全省保安司令部办公厅关于每三个月填报一次破坏道路情形致永康县政府的代电
（一九四三年七月十五日）

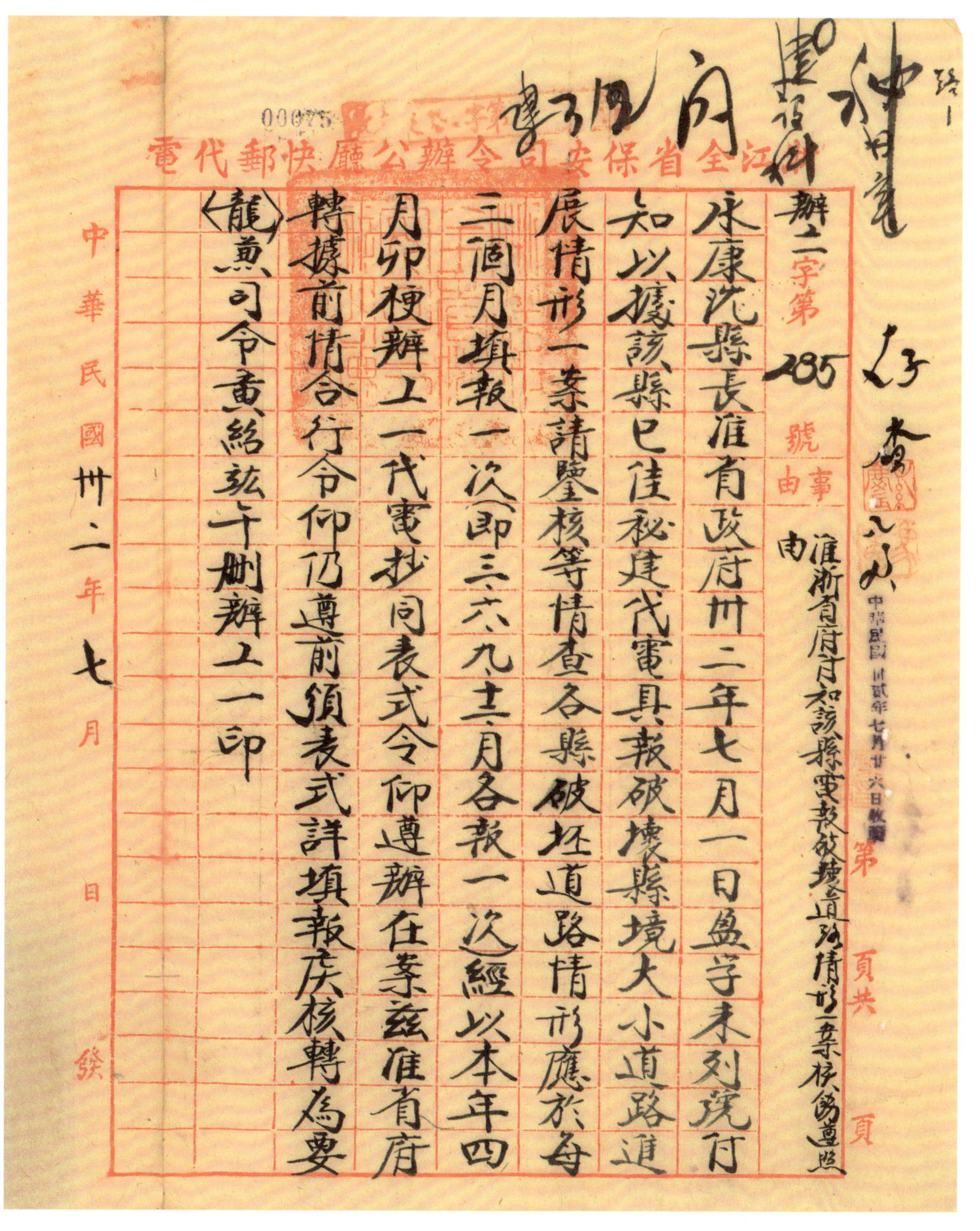
浙江全省保安司令部辦公廳快郵代電
辦二字第285號
事由 准浙省府寸知該縣應報破壞道路情形一案仰遵照
永康沈縣長准省政府卅二年七月一日盈字未列寬付知以據該縣已往秘建代電具報破壞縣境大小道路道展情形一案請鑒核等情查各縣破坏道路情形應於每三個月填報一次（即三、六、九、十二月各報一次）經以本年四月卯梗辦工一代電抄同表式令仰遵辦在案茲准省府轉據前情合行令仰仍遵前頒表式詳填報府核轉為要
〈龍〉黄司令黄紹竑午刪辦工一印
中華民國卅二年七月　日發

永康县政府与华溪镇公所等关于缓破西津桥、仁政桥、望春桥的来往文书（一九四三年七月二十六日至一九四三年八月十五日）

华溪镇公所致永康县政府的呈（一九四三年七月二十六日）

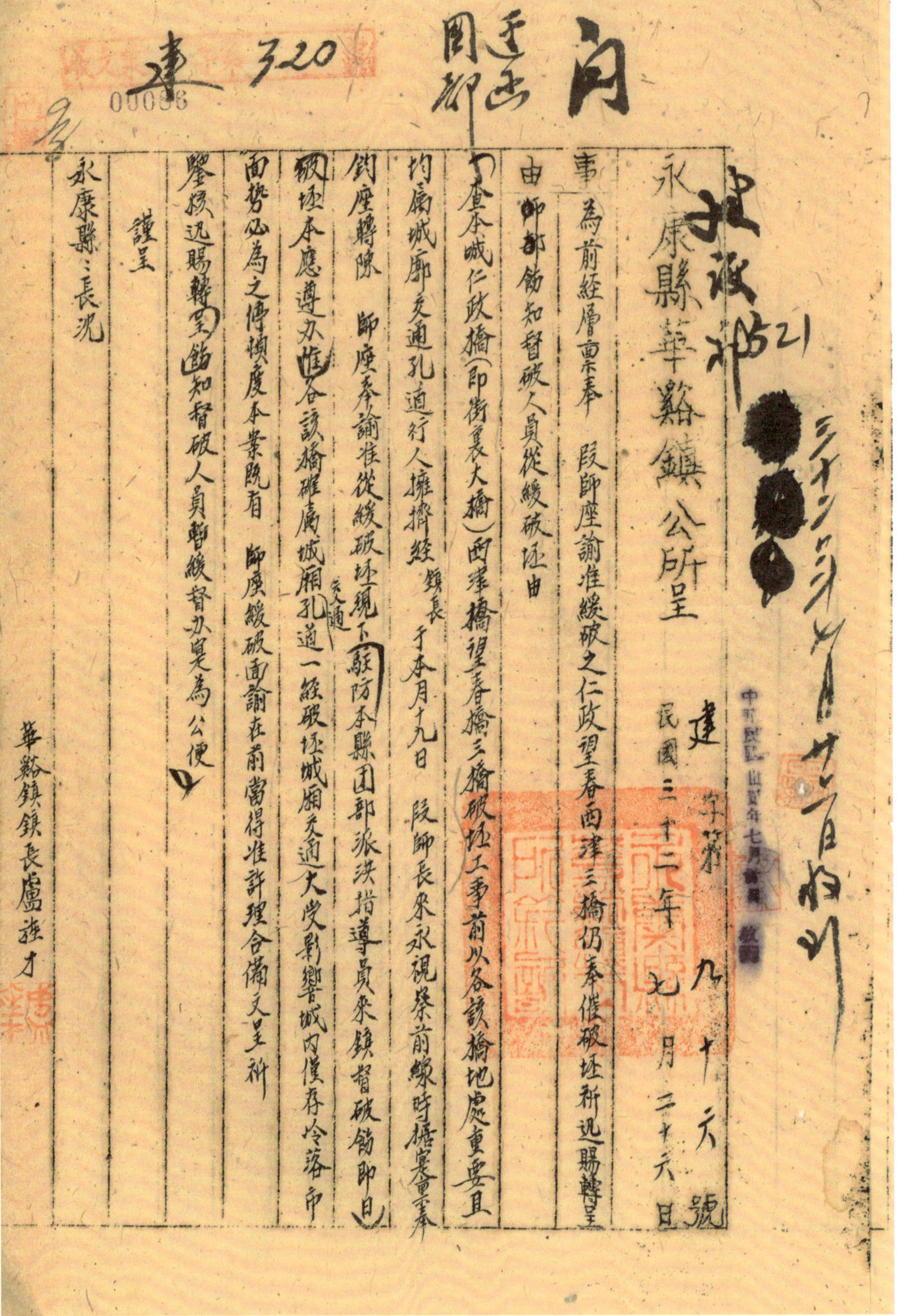

永康縣華谿鎮公所呈　建字第九十六號　民國三十二年七月二十六日

事由：為前經層奉　段師座諭准緩破之仁政望春西津三橋仍奉催破壞祈迅賜轉呈　師部飭知督破人員從緩破壞由

查本城仁政橋（即街底大橋）西津橋望春橋三橋破壞工事前以各該橋地處重要且均屬城廂交通孔道行人擁擠經　鎮長于本月九日　段師長來永視察前線時據實面奉　鈞座轉陳　師座奉諭准從緩破壞現下駐防本縣團部派洪指導員來鎮督破飭即日破壞本應遵辦惟各該橋確屬城廂孔道交通一經破壞城廂交通大受影響城內僅存冷落市面勢必為之停頓度本案既有　師座緩破面諭在前當得准許理合備文呈祈

鑒核迅賜轉呈　師部飭知督破人員暫緩督辦實為公便

謹呈

永康縣縣長沈

華谿鎮鎮長盧旌才

永康县政府致陆军第七十九师第二三七团的公函（一九四三年八月九日）

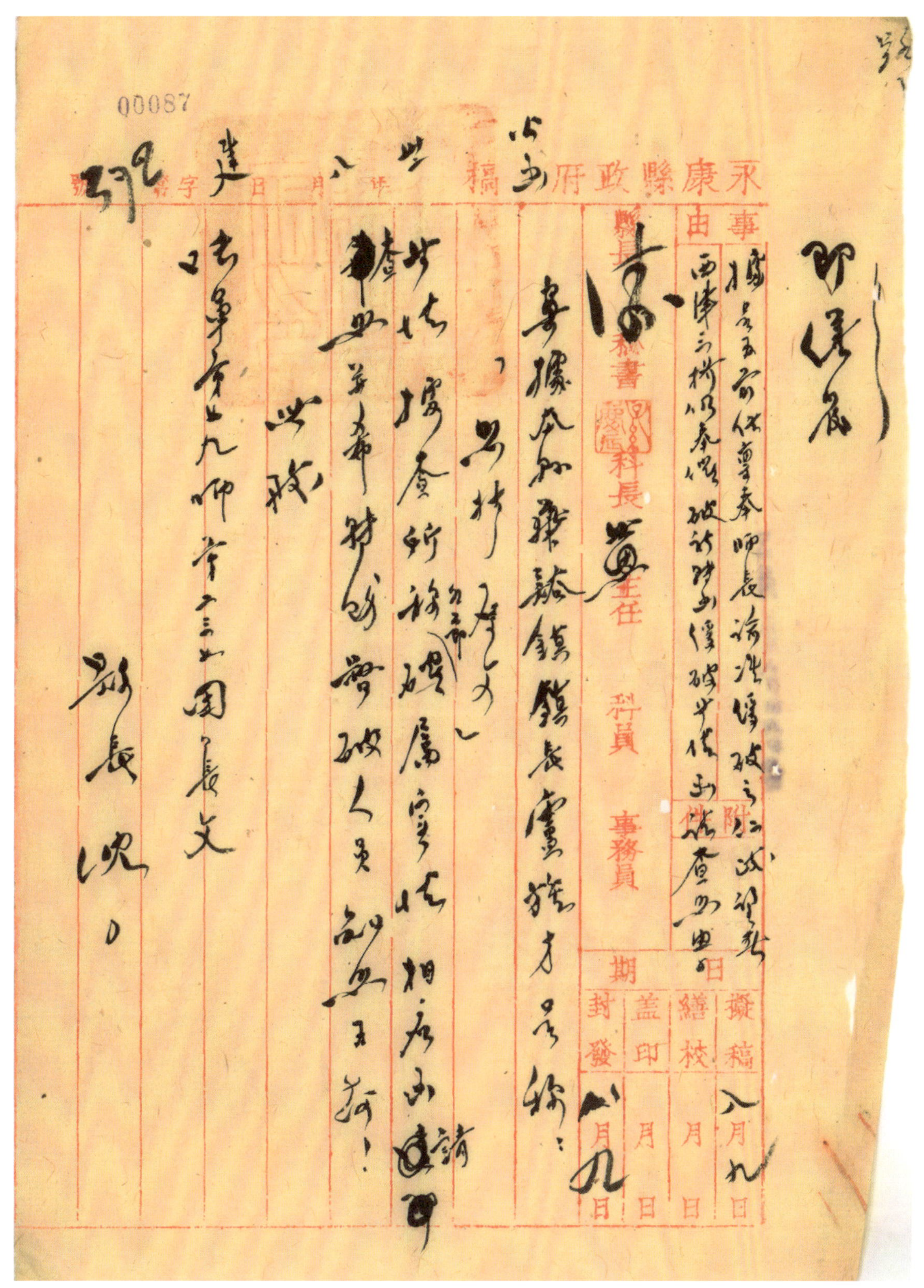

永康縣政府稿　　字第　　號　　年　　月　　日

事由	縣長	秘書	科長	主任	科員	事務員

附件

日期			
擬稿	繕校	蓋印	封發
八月九日	月　日	月　日	八月九日

陆军第七十九师第二三七团致永康县政府的公函（一九四三年八月十五日）

東 368

00090

事由：為函覆仁政西津溪春等三橋暫緩破壞由

擬辦：存查 八、十八

批示：

附件

陸軍第七十九師第二百三十七團團本部公函

中華民國三十二年八月十五日 發自永康溪垻 字第0一四一號

案准

貴府本年八月九日建字第372號公函開：「案據本縣華谿鎮鎮長盧旌才呈稱：『查本城仁政橋（即衙裏大橋）西津橋、溪春橋三橋破壞工事前以各該橋地處重要且均為城鄉交通孔道行人擁擠經鎮長

中華民國卅二年八月拾七日收到

641

于本月十九日段師長來永視察前綫時據寔禀奉鈞座轉陳師座
奉諭准從緩破壞現下各該橋確屬城厢交通孔道一經破壞城厢交通
大受影響城內僅存冷落市面勢必爲之停頓查本案既有師座緩破
面諭在前當得准許理合備文呈祈鑒核迅賜轉知督破人員暫緩
督毀寔爲公便等情據此查所稱各節確屬實情相應函請查照并
希轉飭督破人員知照爲荷等由除已飭第二營李營長轉
飭督破人員從緩破壞外相應函覆
查照此致
永康縣政府縣長沈

團長 [簽名]

永康县交通破坏实施报告表（一九四三年七月三十一日）

00084

永康縣交通破壞實施報告表

區別	路別	起訖路綫	里程	實施概況：破壞方法	負責機關	民工數量	開工日期	完成日期	破壞成果
永祥區	大路	永康—黄泥山—桐琴	20	徹破	桐城鄉、崇道鄉	六〇〇	23/5	14/6	徹底破壞
〃	〃	永康—[illegible]頭—桐琴	20	〃	崇道鄉	六〇〇	23/5	14/6	仝
倪宅區	小路	桐琴—花街	15	〃	桐城、九安鄉	四五〇	23/5	14/6	仝
〃	公路	桐公—花街—永康	35	擇要破	大安、九安、[illegible]	一〇五〇	23/5	14/6	仝
〃	小路	永康—馬宅—歷宅	15	徹破	大安鄉	四五〇	23/5	14/6	仝
永祥區	公路	永康—高九—石柱	25	〃	華溪、[illegible]	七五〇	23/5	31/5	仝
石柱區	公路	石柱—前倉—林畔	20	間斷破	德正、武中鄉	六〇〇	28/5	31/5	仝
永祥區	小路	下店—泄宅—石柱	20	徹破	崇道、歷城鄉	六〇〇	28/5	31/5	仝
〃	〃	下山門頭—大陳—前倉	25	〃	崇道、歷城、武中鄉	七五〇	2/6	12/6	仝
石柱區	〃	泄宅—學仁—前倉	10	〃	歷城、武中鄉	三〇〇	31/5	2/6	化路爲田

永祥區	大路	永康—清滑—泉珠	30	澈破	泉塘、達輝、珠山、梅山、德演	九〇〇〇	27/5	16/6	澈底破壞
清滑	小路	泉珠—童宅	15	〃	珠山源、演双桃	四五〇〇	2/6	16/6	仝
〃	大路	泉珠—唐先	10	〃	珠山太西、唐先	三〇〇〇	27/5	16/6	仝
〃	大路	清滑—唐先—四路口	35	〃	達川太西、唐先中和、[illegible]	一〇五〇〇	27/5	12/6	仝
〃	小路	唐先—古山 /世雅	15 15	〃	唐先仙、弟古山	九〇〇〇	27/5	12/6	化路為田
〃	小路	市口—蓮塘村—前衛	10	〃	達青能義	三〇〇〇	2/6	12/6	澈底破壞
〃	小路	蓮塘村—王城里	15	〃	達川德、演梅山	四五〇〇	2/6	12/6	仝
四路口區	公路	四路—古山—世雅—土嶺	40	〃	桐源、英新、華鶴、吉山、三民、[illegible]	一二〇〇〇	23/5	12/6	化路為田
方岩區	公路	世雅—方岩	15	〃	方岩、三民、仙異	四五〇〇	23/5	12/6	澈底破壞
〃	〃	土嶺—王城李—永康	20	擇要澈破	松鶴、梅山、環城、華[illegible]	六〇〇〇	23/5	10/6	仝
四路口區	大路	四路—呂南宅—方岩	30	澈破	桐源、青溪、華稚、英新、吉山、三民、方岩	九〇〇〇	27/5	12/6	化路為田
〃	小路	西山—青山口	5	〃	青山	一五〇〇	2/6	10/6	仝
〃	小路	里麻車—唐口庄	15	〃	益新華、麓方岩	四五〇〇	2/6	12/6	仝

00085

方岩區	大路	芝英—古山	10		〃	芝英、三民、古山	三〇〇〇	23/5	8/6	澈底破壞
〃	大路	芝英—法福湖—俞溪尾	25		〃	芝英、四石、龍溪	七五〇〇	2/6	9/6	仝
〃	小路	[illegible]—葛塘下—麻車店—前倉	35		〃	梅山、德西、武中	一〇五〇〇	2/6	12/6	仝
〃	大路	方岩—两頭門—芝英	15		〃	方岩、三民、芝英	四五〇〇	23/5	9/6	仝
〃	大路	方岩—岩下應—俞溪頭	25		〃	方岩、灵義溪	七五〇〇	23/5	31/5	仝
〃	大路	方岩—壷鎮	30		〃	葛麓支、麓方岩	九〇〇〇	23/5	3/6	仝
〃	大路	方岩—古山	15		〃	方岩、三民、古山	四五〇〇	23/5	12/6	化路為田
〃	大路	方岩—胡庫	10		〃	三民、方岩	三〇〇〇	23/5	12/6	澈底破壞
〃	大路	芝英—上山頭	8		〃	芝英、松鶴	二四〇〇	23/5	7/6	仝
〃	大路	溆溪—獨松—壷山庄	20		〃	方岩、東嶺	六〇〇〇	4/6	7/6	仝
〃	大路	獨松—銅山—大棋田	15		〃	方岩、葛麓	四五〇〇	4/6	8/6	仝
四路口區	小路	青山口—壷山庄	5		〃	青山、東嶺	一五〇〇	4/6	12/6	仝
倪宅區	大路	章宅—顏宅—楊公	25		〃	双桃、大安、九安、丹川	七五〇〇	4/6	12/6	仝

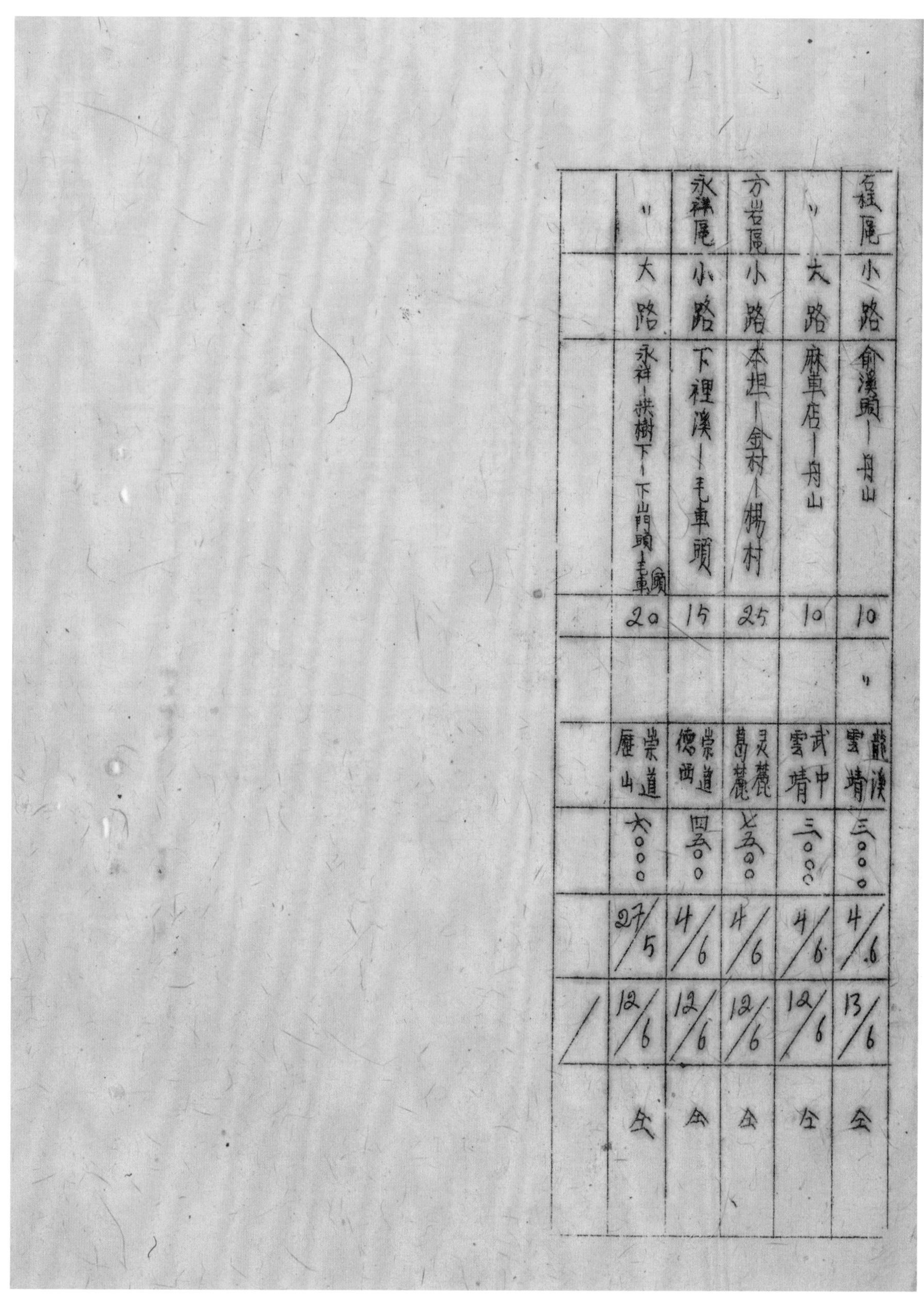

石柱尾	小路	俞溪頭—舟山	10	〃	龍溪 雲晴	三〇〇	4/6	13/6	仝
〃	大路	麻車店—舟山	10		武中 雲晴	三〇〇	4/6	12/6	仝
方岩尾	小路	本坦—金村—楊村	25		灵麓 葛麓	七五〇	4/6	12/6	仝
永祥尾	小路	下裡溪—毛車頭	15		崇道 德西	四五〇	4/6	12/6	仝
〃	大路	永祥—洪樹下—下峃頭—車團	20		崇道 歷山	六〇〇	27/5	12/6	仝
								/	

永康县政府与各区署各乡镇公所等关于各区各乡镇破坏道路情形的来往文书（一九四三年八月十四日至一九四五年四月十八日）

浙江省政府关于核备所报彻破境内大小道路经过详情及相关图表事致永康县政府的指令（一九四三年八月十四日）

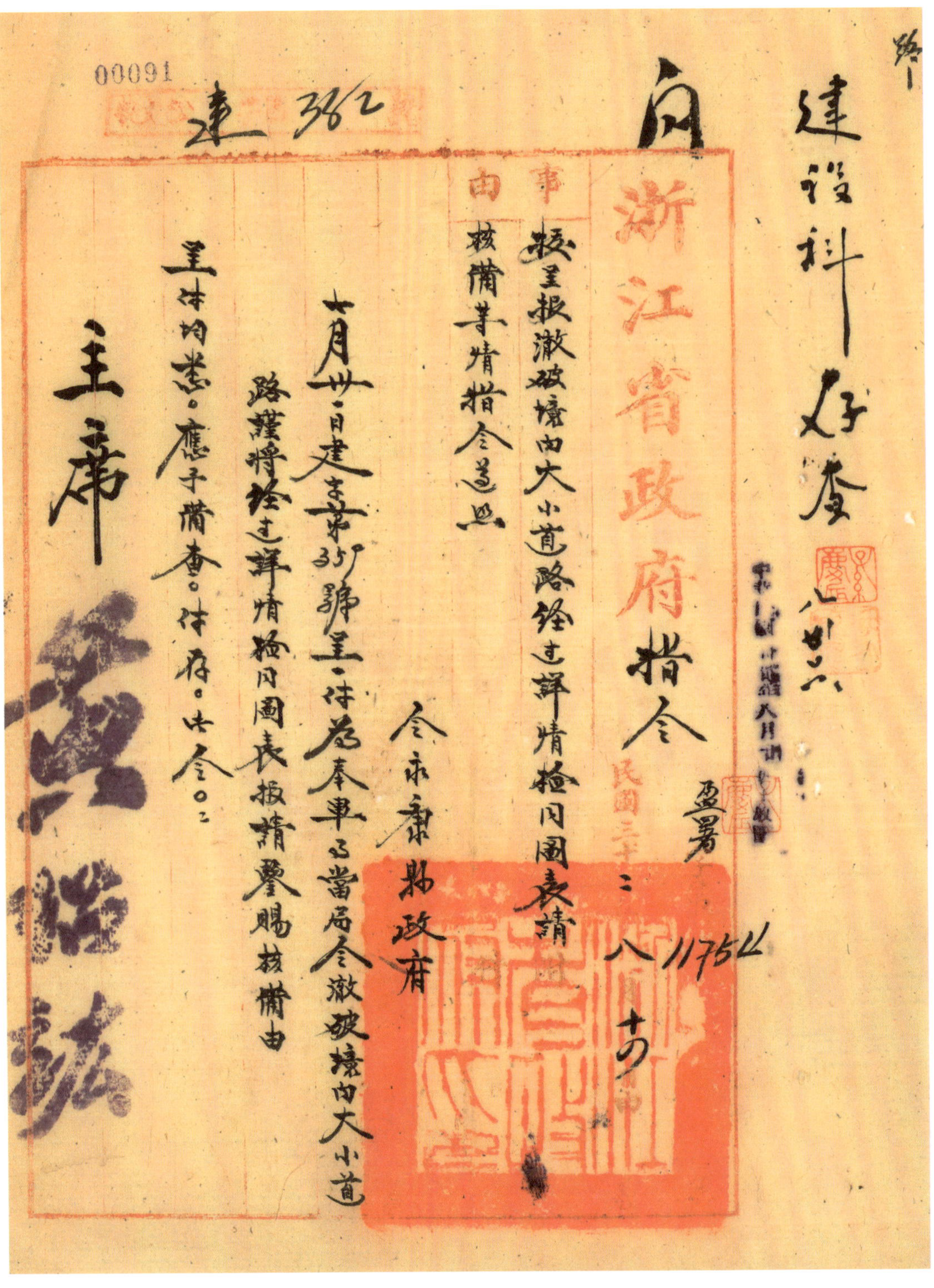

建设科 存查 八廿六

浙江省政府指令

事由：据呈报彻破境内大小道路经过详情检同图表请核备等情指令遵照

令永康县政府

七月卅一日建字第35号呈一件，为奉当局令彻破境内大小道路经过详情检同图表报请鉴赐核备由

呈件均悉。应予备查。件存。此令。

主席 黄绍竑

監印任熙之
校對蔡達琛

四路口区署关于转送桐源等乡镇加破境内大小道路报告表致永康县政府的呈（一九四三年八月三十日）

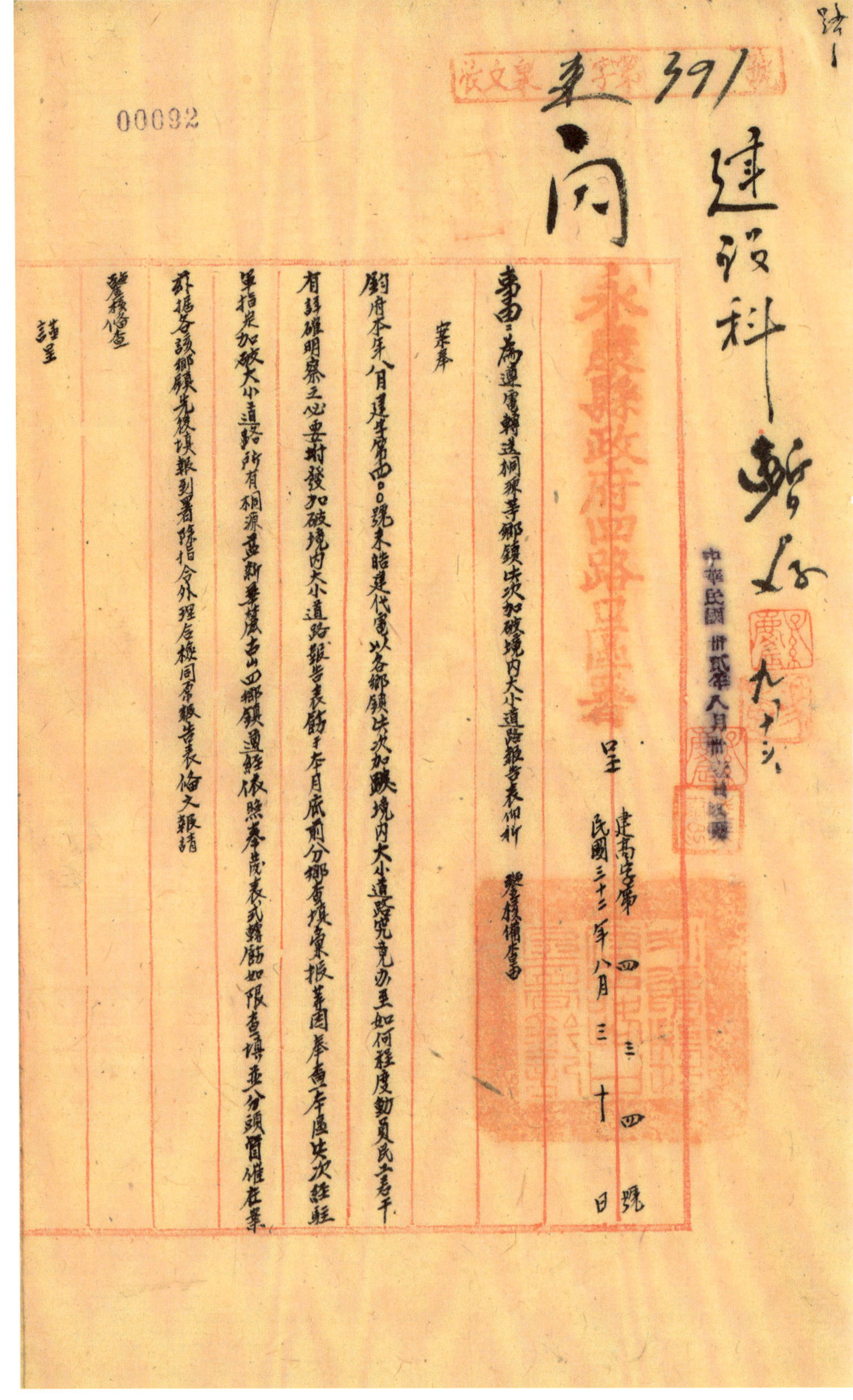

永康縣政府四路口區署　呈　建字第四三四號　民國三十二年八月三十日

事由：為遵電轉送桐源等鄉鎮此次加破境内大小道路報告表仰祈　鑒核備查由

案奉

鈞府本年八月建字第四〇號未皓建代電以各鄉鎮此次加破境内大小道路究竟劢至如何程度動員民工若干有詳確明瞭之必要附發加破境内大小道路報告表飭于本月底前分鄉查填彙報等因奉查本區此次經駐軍指定加破大小道路所有桐源孟新華溪古山四鄉鎮遵經依照奉發表式轉飭如限查填並分頭督催在案茲據各該鄉鎮先後填報到署除指令外理合檢同原報告表備文報請

鑒核備查

謹呈

永康縣縣長沈

謹呈送桐源孟新華麓吉山等鄉鎮加破境內大小道路調查一表各一份

永康縣政府四路口區署區長胡繼長

附：桐源、益新、华麓、古山等乡镇加破境内大小道路报告表（一九四三年八月二十八日）

00093

永康县四路口区华麓乡加破大小道路报告表

三十二年八月廿八日

区别	乡镇别	路别	起讫地点	里程	实施概况				
					破坏方法	民工数量	开始日期	完成日期	破坏成果
四路口区	华麓乡	乡道	前黄庙至小溪格	二里	劈断破	三十余人	七月廿日	七月廿一日	依七九师所指示深度尚符

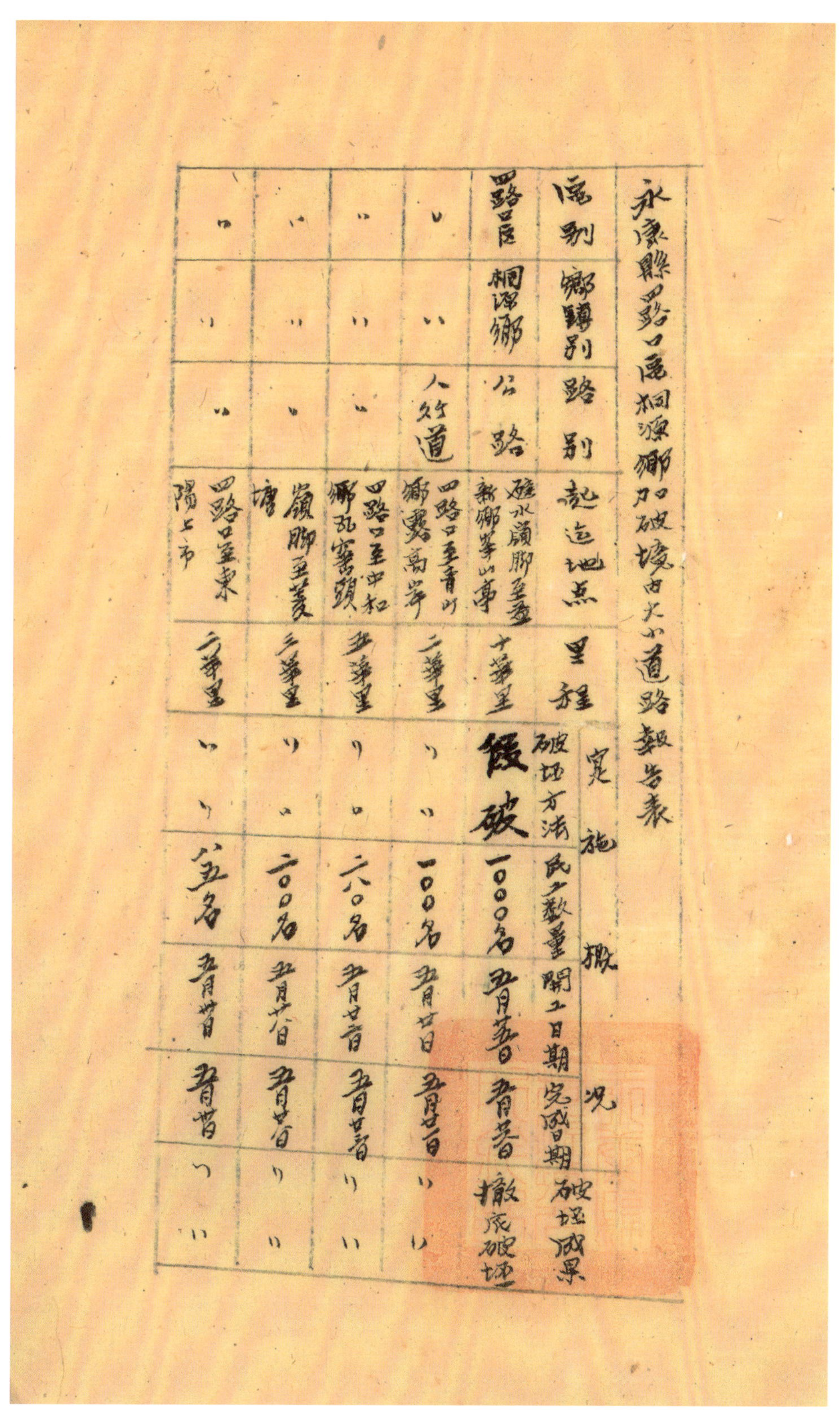

永康縣四路口區桐源鄉加破壞由大小道路報告表

區別	鄉鎮別	路別	記述地點	里程	實施概況：破壞方法	民工數量	開工日期	完成日期	破壞成果
四路口區	桐源鄉	公路	硿水嶺脚至孟新鄉峯山亭	十華里	段破	一〇〇〇名	五月廿三日	五月廿三日	撤底破壞
〃	〃	人行道	四路口至青山鄉霧高岸	二華里	〃	一〇〇名	五月廿日	五月廿日	〃
〃	〃	〃	四路口至中和鄉九寨頭	五華里	〃	二八〇名	五月廿六日	五月廿三日	〃
〃	〃	〃	嶺脚至菱塘	三華里	〃	二〇〇名	五月廿八日	五月廿八日	〃
〃	〃	〃	四路口至東陽上市	二華里	〃	八五名	五月廿一日	五月廿一日	〃

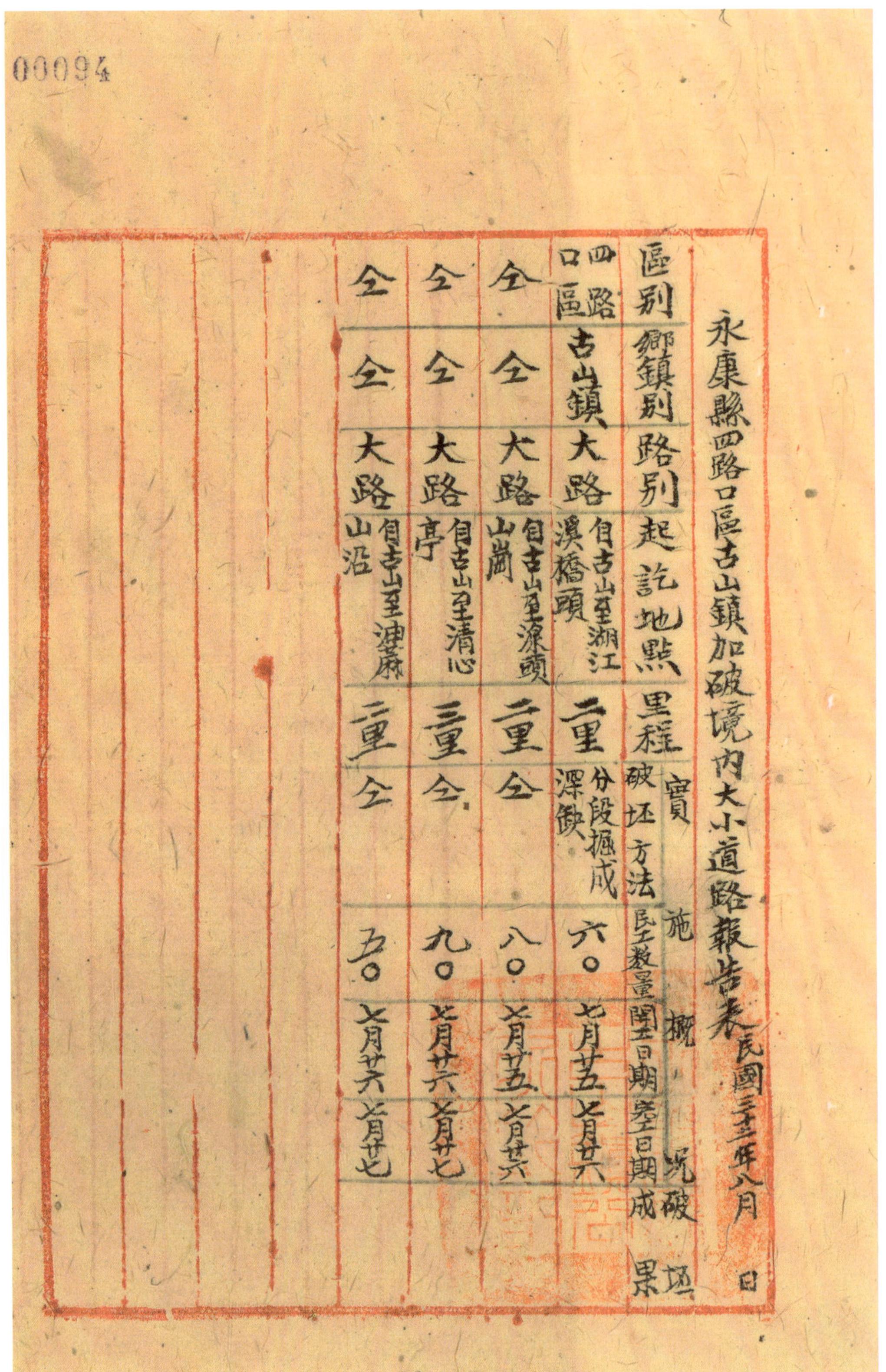

永康縣四路口區古山鎮加破境內大小道路報告表　民國三十三年八月　日

區別	鄉鎮別	路別	起訖地點	里程	實施破坏概况：破坏方法	民工数量	開工日期	完工日期	破坏成果
四路口區	古山鎮	大路	自古山至湖江溪橋頭	二里	分段掘成深缺	六〇	七月廿五	七月廿六	
仝	仝	大路	自古山至源頭山嶺	二里	仝	八〇	七月廿五	七月廿六	
仝	仝	大路	自古山至清心亭	三里	仝	九〇	七月廿六	七月廿七	
仝	仝	大路	自古山至坤麻山沿	二里	仝	五〇	七月廿六	七月廿七	

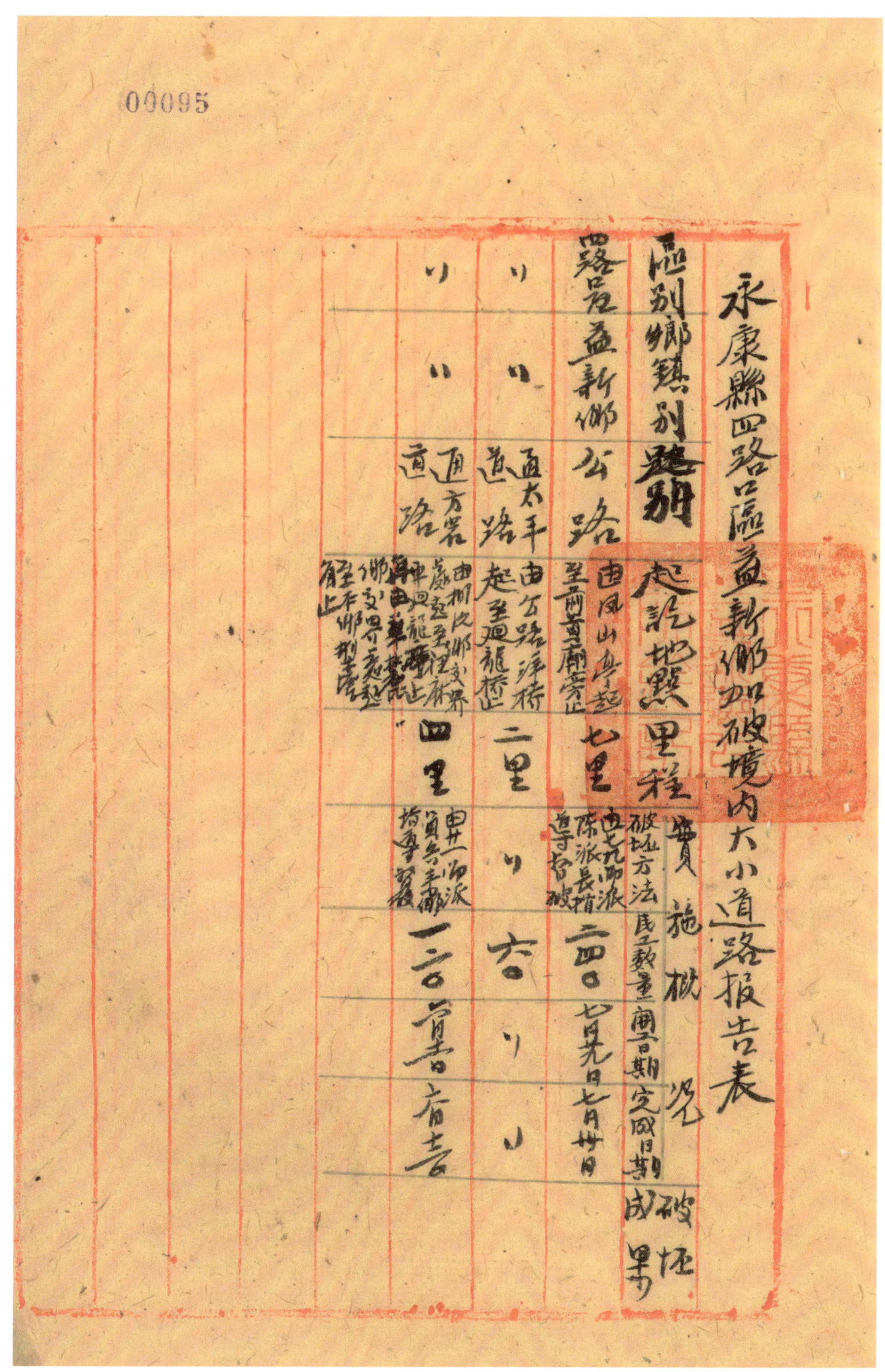

永康縣四路口區益新鄉加破境內大小道路報告表

區別鄉鎮別	路別	起訖地點	里程	實施概況：破壞方法	民工數量	開工日期	完成日期	破壞成果
四路口區益新鄉	公路	由風山亭起至前黃廟旁止	七里	由七九師派陳派長指導爆破	二四〇	七月廿九日	七月卅日	
〃〃	通太平道路	由公路淨橋起至通龍潭止	二里	〃	六〇	〃	〃	
〃〃	通方岩道路	由柳陂鄉交界處起至[illegible]止，又由[illegible]鄉交界處起至平鄉[illegible]止	四里	由廿一師派員參加指導爆破	一二〇	八月十四日	八月十七日	

四路口区署关于转报益新乡彻底破坏道路经过情形致永康县政府的呈（一九四四年八月十二日）

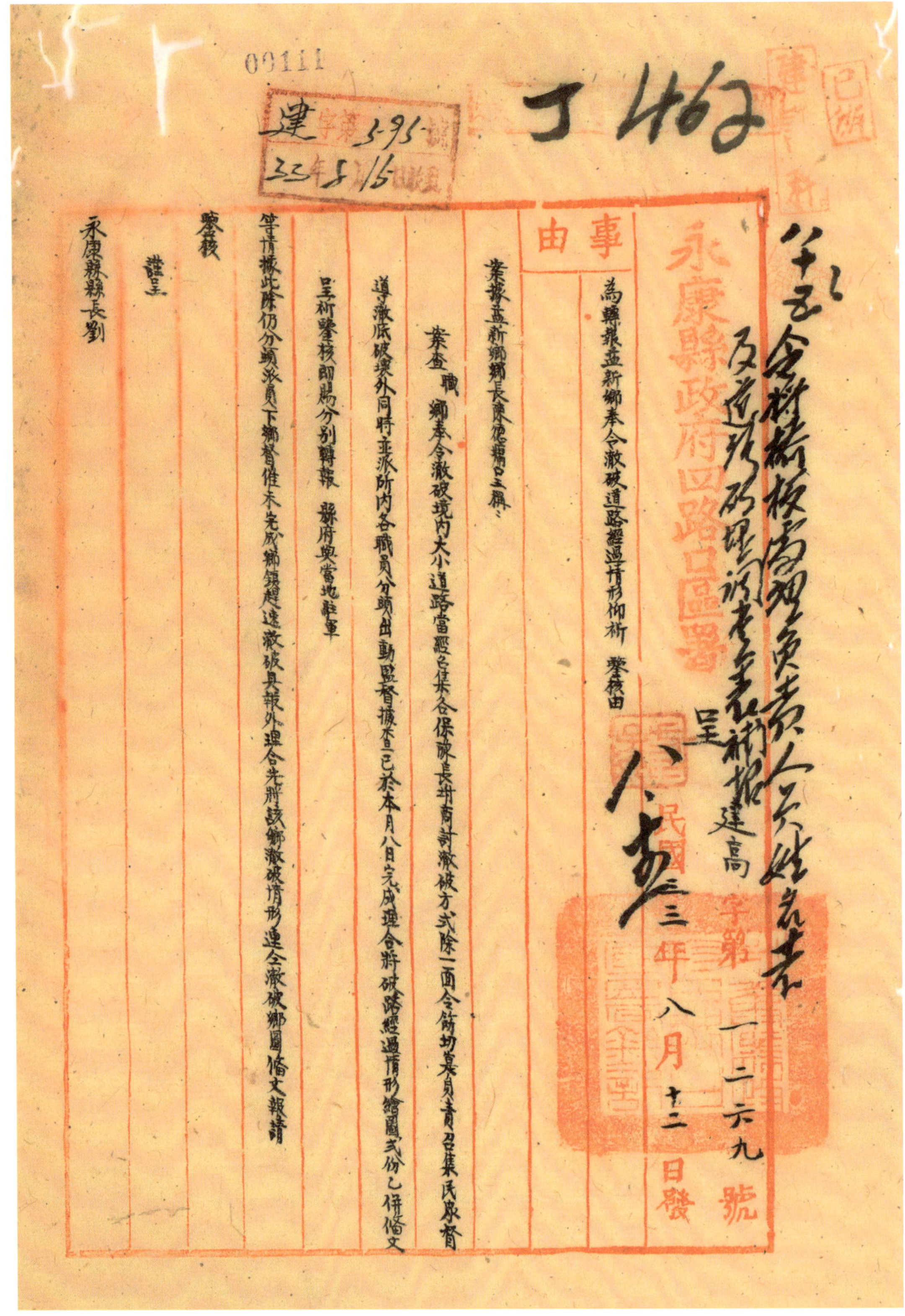

永康縣政府四路口區署呈

建高字第一二六九號

民國三十三年八月十二日發

事由：為轉報益新鄉奉令澈破道路經過情形仰祈鑒核由

案據益新鄉鄉長陳德輝呈稱：「案查職鄉奉令澈破境內大小道路，當經召集各保保長商討澈破方式，除一面令飭切實負責召集民眾督導澈底破壞外，同時並派所內各職員分頭出動監督，據查已於本月八日完成，理合將破路經過情形繪圖弍份乙併備文呈祈鑒核，仰賜分別轉報縣府與當地駐軍」等情。據此，除仍分頭派員下鄉督催未完成鄉鎮趕速澈破具報外，理合先將該鄉澈破情形連仝澈破鄉圖備文報請鑒核。

謹呈

永康縣縣長劉

附呈撤破鄉圖弍份

永康縣政府西路口區署區長胡繼長

附：益新乡彻破道路图

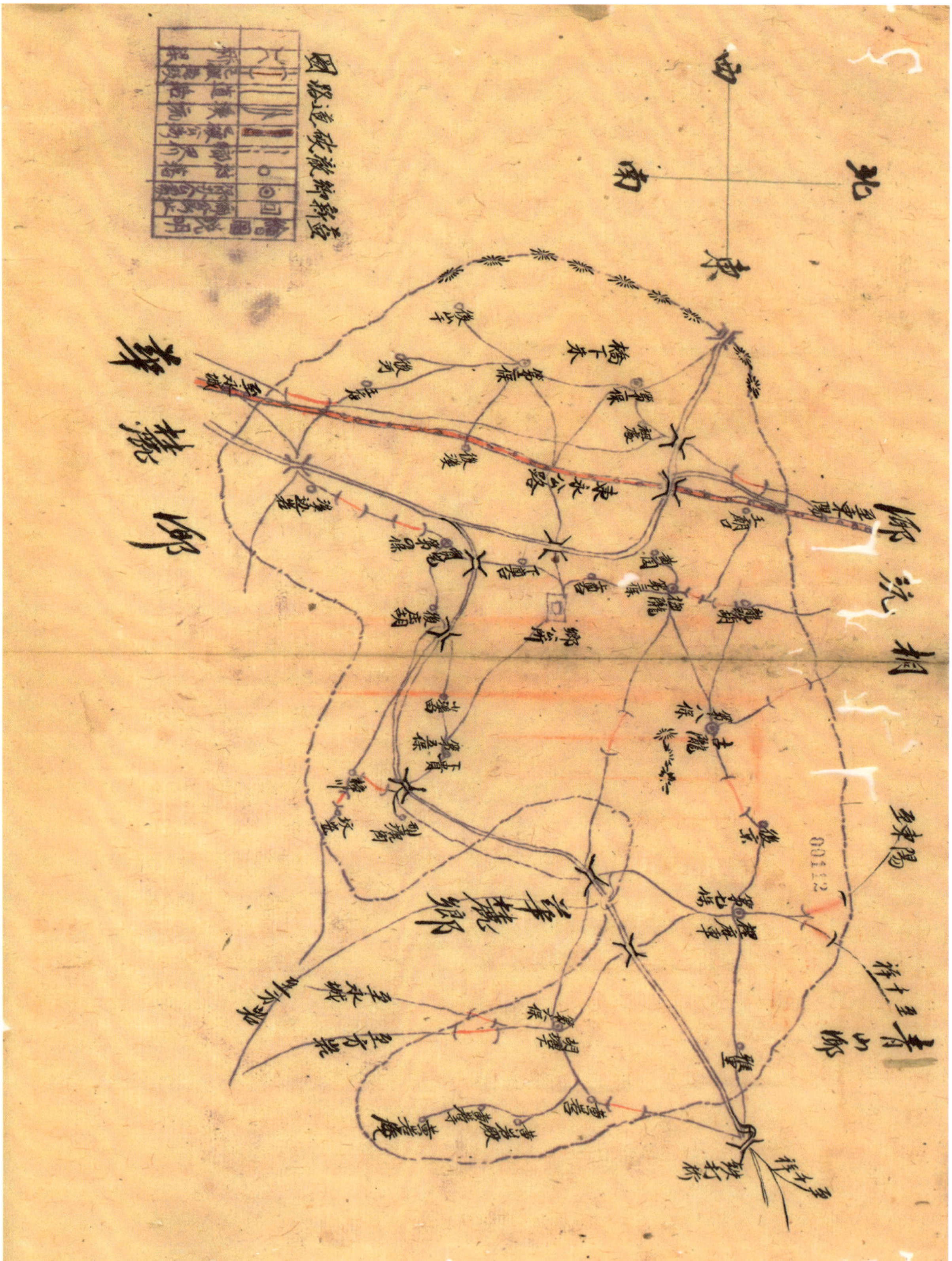

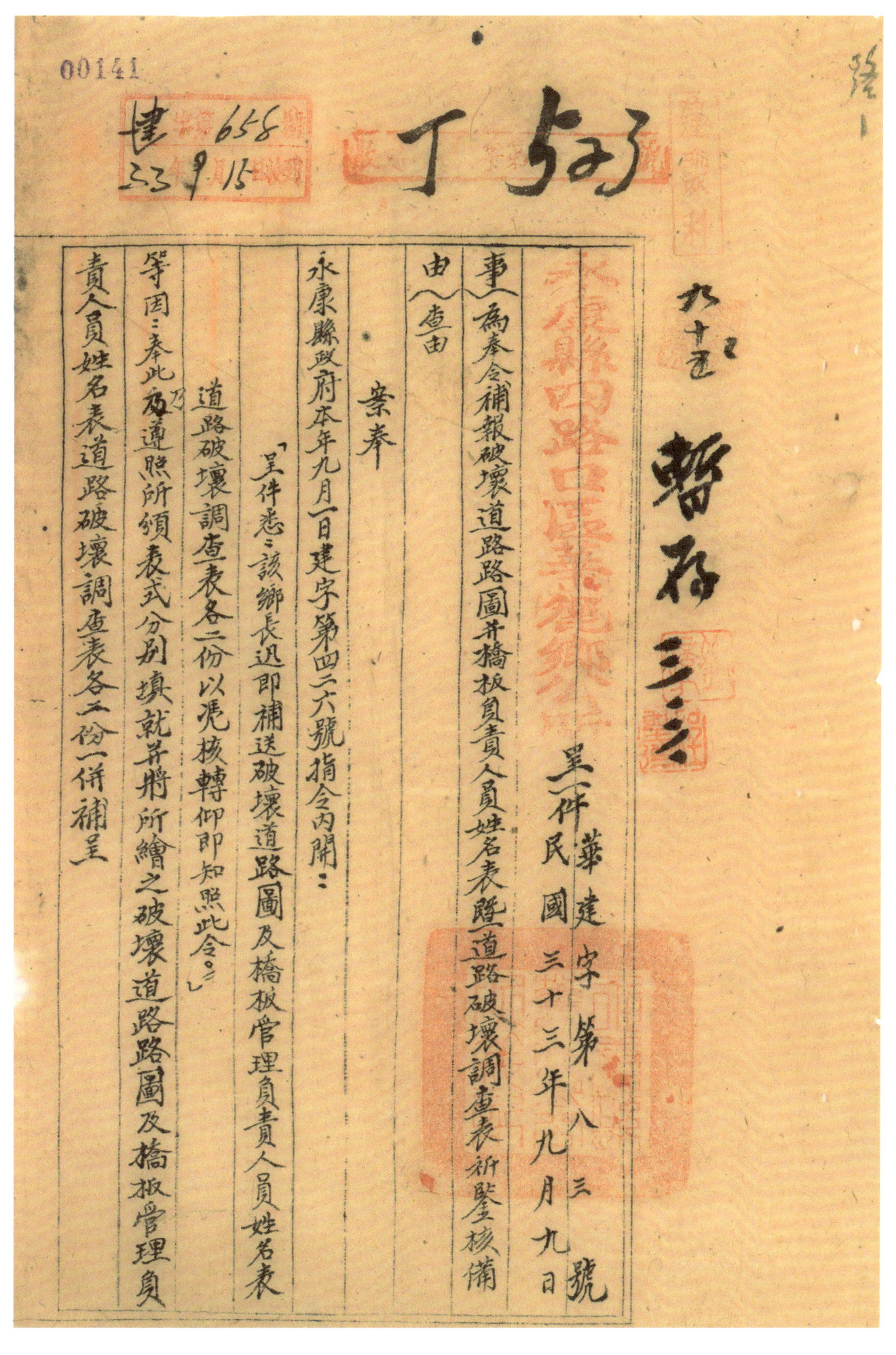
呈 建字第八三號
中華民國三十三年九月九日

事由：為奉令補報破壞道路路圖并橋板負責人員姓名表暨道路破壞調查表祈鑒核備查由

案奉

永康縣政府本年九月一日建字第四二六號指令內開：

「呈件悉。該鄉長迅即補送破壞道路圖及橋板管理負責人員姓名表、道路破壞調查表各二份以憑核轉，仰即知照，此令。」

等因；奉此，茲遵照所頒表式分別填就，並將所繪之破壞道路路圖及橋板管理負責人員姓名表、道路破壞調查表各二份一併補呈

四路口区华麓乡公所关于补报破坏道路路图与桥板负责人员姓名表暨道路破坏调查表致永康县政府的呈（一九四四年九月九日）

鑒核備轉
謹呈
永康縣政府
計補呈：破壞道路路圖二份
橋板管理負責人員姓名表二份
道路破壞調查表二份
鄉長朱章華

永康縣四路口區華麓鄉道路破壞調查表

民國三十三年　月　日填報

保別	開始日期	完成日期	動員人數	破壞程度：能供騾馬通行之路綫	破壞程度：能供徒步通行之路綫（棧道）	破壞程度：田塍	破壞程度：完全阻絶道路	民衆截長木料之處置	警報設備	民衆對敵動作演習次數	一般觀感	視察委員批評及意見
一	八月十八日	八月十九日	五〇人	自后林鳴泉橋起至亭塘村斋五塘足長二里已破壞三分之一（即方岩至四路口路）	已破道路左右之田塍可徒步通行	二分之一已破	×	因已破道路二旁均係平坦田地故未設木橋	警鑼	曾經敵流竄四次曾演習四次	已沉着隨机疏散	
二	〃	〃	一一〇人	自亭塘斋五塘口至金城坑水溪口止長二里半已破去三分之一（路同右）	〃	〃	×	〃	〃	〃	〃	
三	〃	〃	四五人	自長江山沿起至益新凌塘角箫處止長半里已破去分之一（路同右）	〃	〃	×	〃	〃	〃	〃	
四	〃	〃	一二八人	自金城坑水溪口起至長畴山沿止長一里已破去二分之一（路同右）	〃	〃	×	〃	〃	〃	〃	

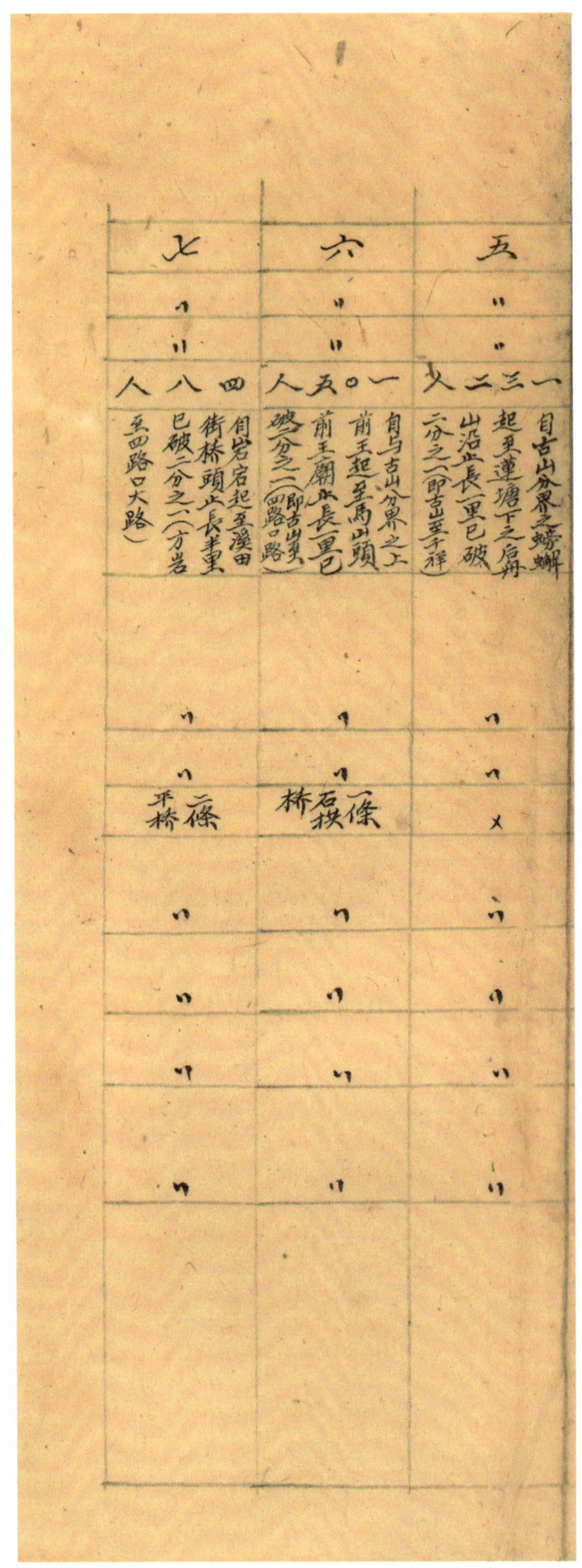

五	〃	〃	一三二人	自古山分界之螃蟹起至蓮塘下之后舟山沿止長一里已破二分之一（即古山至千祥）	〃	〃	ㄨ	〃	〃	〃	〃	
六	〃	〃	一〇五人	自与古山分界之上前王起至馬山頭前王廟止長一里已破三分之一（即古山至四路口路）	〃	〃	一條石拱橋	〃	〃	〃	〃	
七	〃	〃	四八人	自岩宕起至溪田街橋頭止長一里已破二分之一（方岩至四路口大路）	〃	〃	二條平橋	〃	〃	〃	〃	

永康縣四路口區華麓鄉破路圖
北
西
東
南
華
麓
鄉
記號
鄉界
路綫
橋梁
溪流
山脈

附三：华麓乡道路彻破完成图

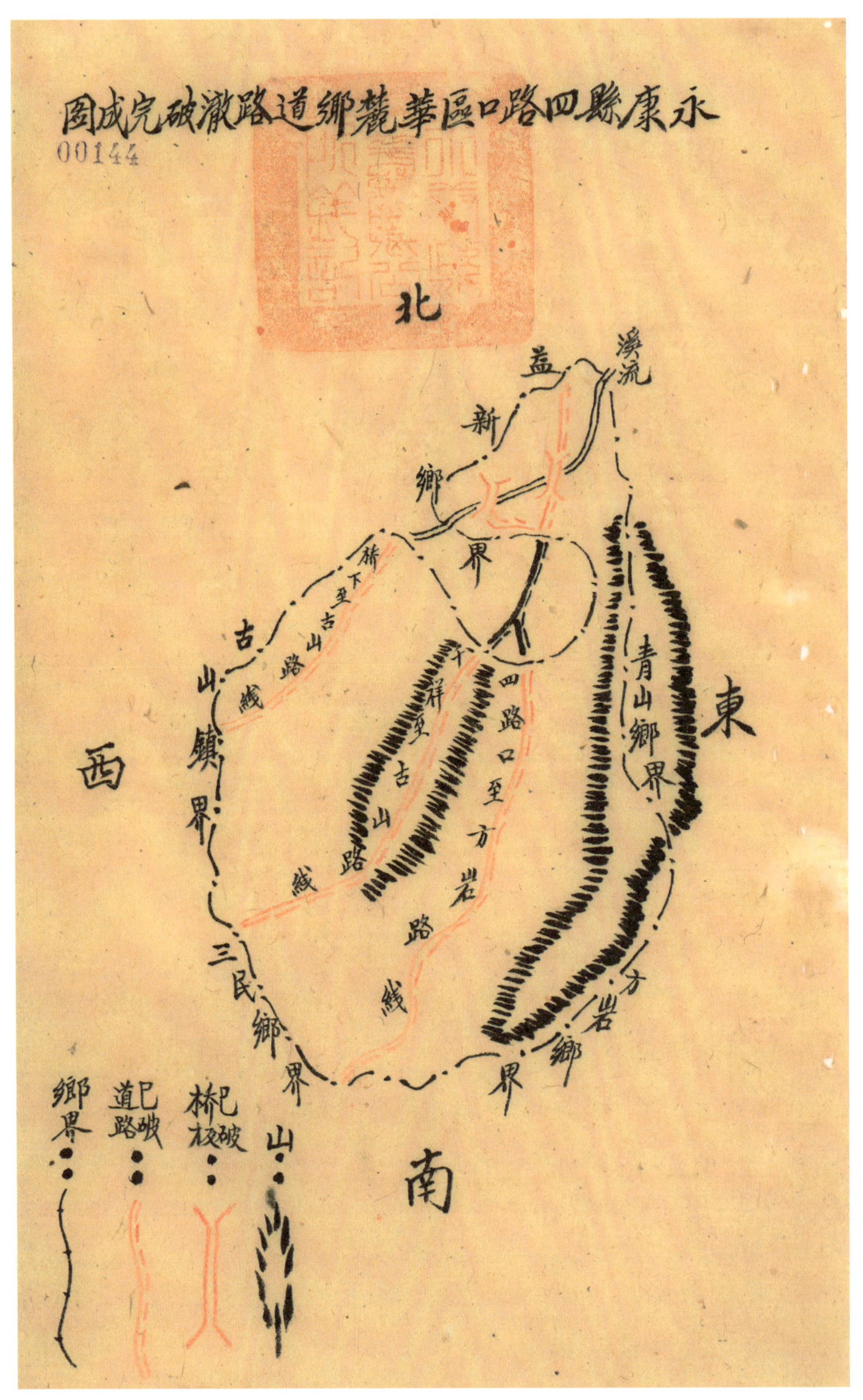

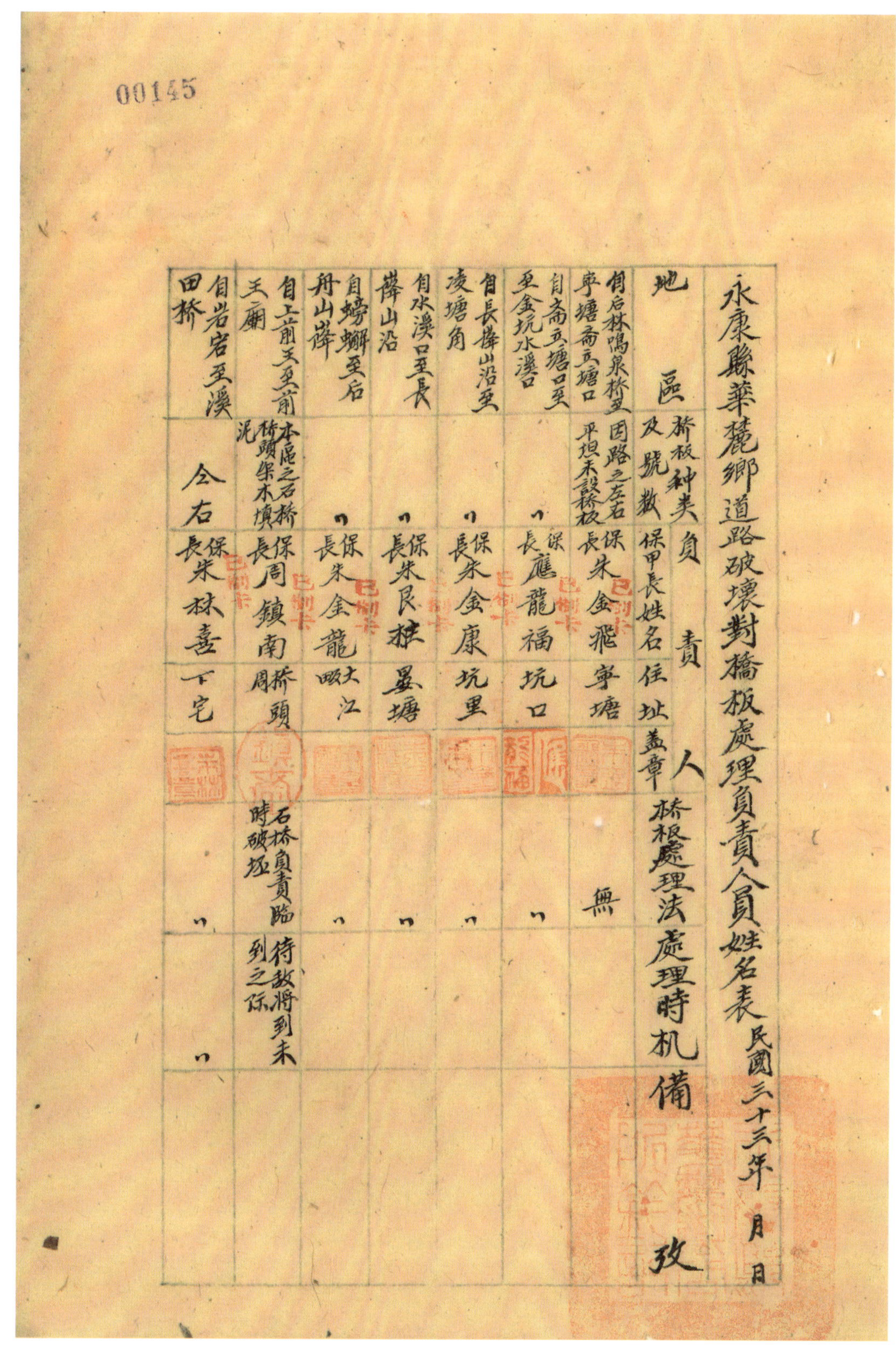

00145

永康縣華麓鄉道路破壞對橋板處理負責人員姓名表 民國三十三年 月 日

地區	橋板种类及號數	負責人：保甲長姓名	負責人：住址	負責人：蓋章	橋板處理法	處理時机	備攷
自后林鳴泉桥至寧塘斎五塘口	因路之左右平坦未設橋板	保長朱金飛	寧塘		無		
自斎五塘口至金坑水溪口	〃	保長應龍福	坑口		〃		
自長蒔山沿至凌塘角	〃	保長朱金康	坑里		〃		
自水溪口至長蒔山沿	〃	保長朱艮根	墨塘		〃		
自螃蟖至后舟山蒔	〃	保長朱金龍	大江暇		〃		
自上前王至前王廟	本區之石桥桥頭架木填泥	保長周鎮南	桥頭周		石桥負責臨時破壞	待敌將到未到之際	
自岩宕至溪田桥	仝右	保長朱林喜	下宅		〃	〃	

清渭区署关于奉令查报该区各乡镇加破境内大小道路报告表事致永康县政府的呈（一九四三年十月三日）

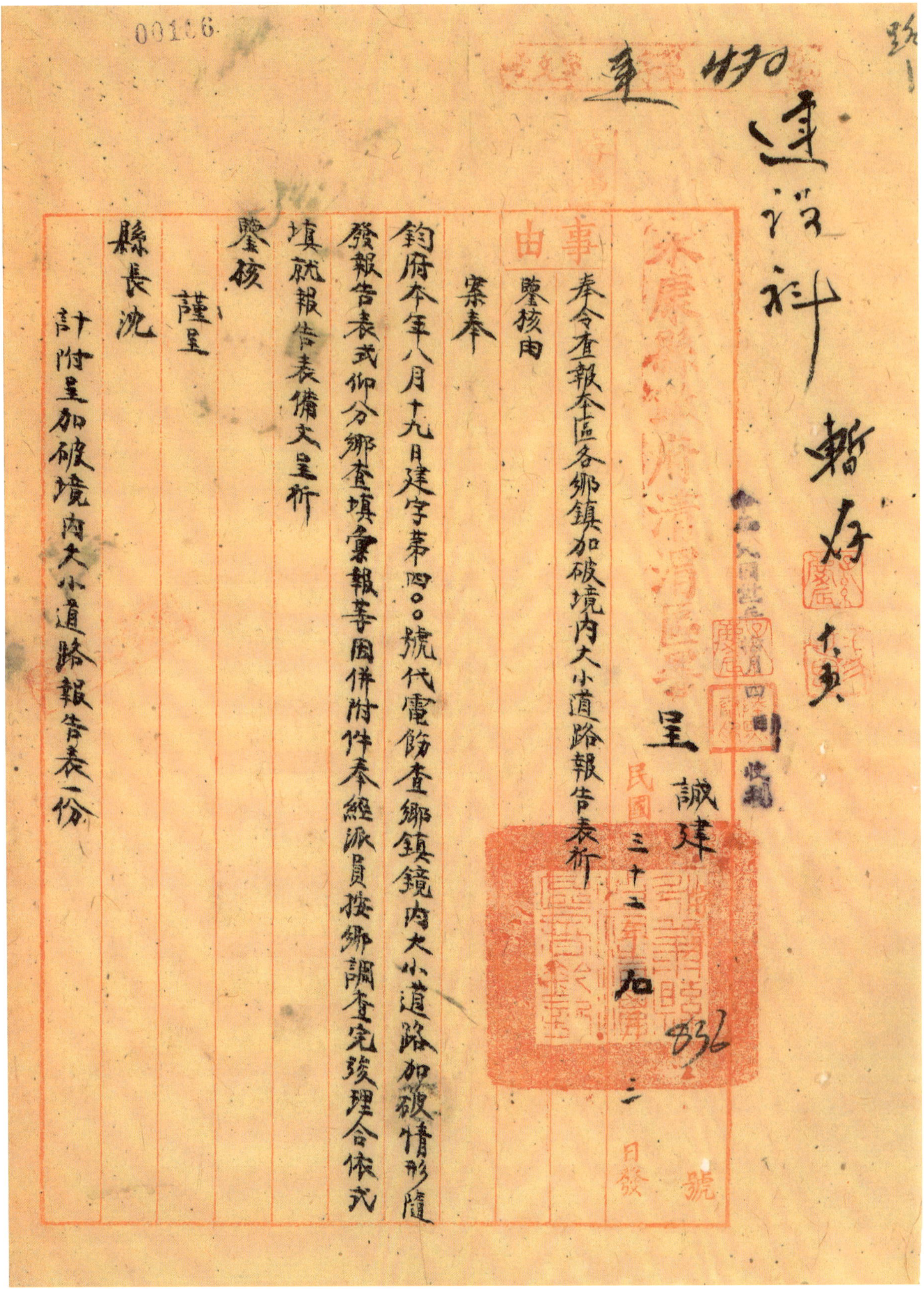

00136

建 4470

建设科 暂存

事由 奉令查报本区各乡镇加破境内大小道路报告表祈鉴核由

案奉

钧府本年八月十九日建字第四〇〇號代電飭查鄉鎮境內大小道路加破情形隨發報告表式仰分鄉查填彙報等因併附件奉經派員按鄉調查完竣理合依式填就報告表備文呈祈

鑒核

謹呈

縣長沈

計附呈加破境內大小道路報告表一份

永康縣清渭區署 呈 誠建 民國三十二年九月二日發 836號

永康縣政府清渭區署區長呂型誠

附：清渭区署各乡镇加破境内大小道路报告表

永康縣清渭區各鄉鎮加破境內大小道路報告表

區別	鄉鎮別	路別	起訖地點	里程	實施概況：破坯方法	實施概況：民工數量	實施概況：開工日期	實施概況：完成日期	破坯成果
清渭	達川	縣道	清渭街至朱明畈	一〇	全路破成單人路線并每隔三公尺掘深五市尺長八市尺路溝上架木橋其原有石橋上增設障碍物以阻交通	六〇〇	八月二日	八月四日	車馬不能行
〃	太西	鄉道	泉珠至嚴後	五		二〇〇	八月十五日	八月十六日	〃
〃	德溪	縣道	曹園至長城	三		二〇〇	七月廿二日	七月廿四日	〃
〃	仙義	公路	世雅至古山黄家菴	一〇		四〇〇	七月廿五日	七月廿七日	〃
〃	仙義	鄉道	上徐店至世雅	五		三〇〇	七月廿八日	七月廿九日	〃
〃	珠山	〃	九里口至河西寺	五	〃	四〇〇	七月十日	七月十一日	〃
〃	珠山	〃	九里口至塘里坑寺口	一〇	〃	八〇〇	七月十二日	七月十三日	〃
〃	唐先	〃	唐先至太平	五	〃	一〇〇〇	七月十日	七月十一日	〃
〃	唐先	〃	唐先至清渭	五	〃	一〇〇〇	七月十日	七月十一日	〃
〃	中和	〃	太平至清渭四路唐先長湖坑	二五	〃	一三五〇	八月五日	八月七日	〃

00222

建 81 520 34.4.20

永康縣清渭區梅山鄉公所 呈 建字第一五一號 民國三十四年四月十八日

事由：為遵令繪製破壞道路情形圖表祈鑒核施行由

案奉

鈞府訓令建字第一二號内略開

案准陸軍第八八軍司令部本年二月五日明德字第一一號代電略開：希將貴縣道路破壞情形繪製圖表報部備查，并候本部派員勘察為荷等由，准此，查此案前經本府再三令催各鄉鎮造報在案，迄今除華麓、德西、壁城、益新、桐源、九安、東苓、琭城、双桃、大安、渠溪、桐城、松鶴、芝英等十四鄉鎮已繪報者外，其餘各鄉鎮延未遵辦，殊屬玩忽，仰于文到三日内繪製圖表報府以憑彙製送部，勿稍違延，切切，此令。

等因，遵將奉令破壞道路情形繪製略圖備文呈送，仰祈

鈞長鑒核施行。

謹呈

清渭区梅山乡公所关于报送该乡道路破坏情形绘制图致永康县政府的呈（一九四五年四月十八日）

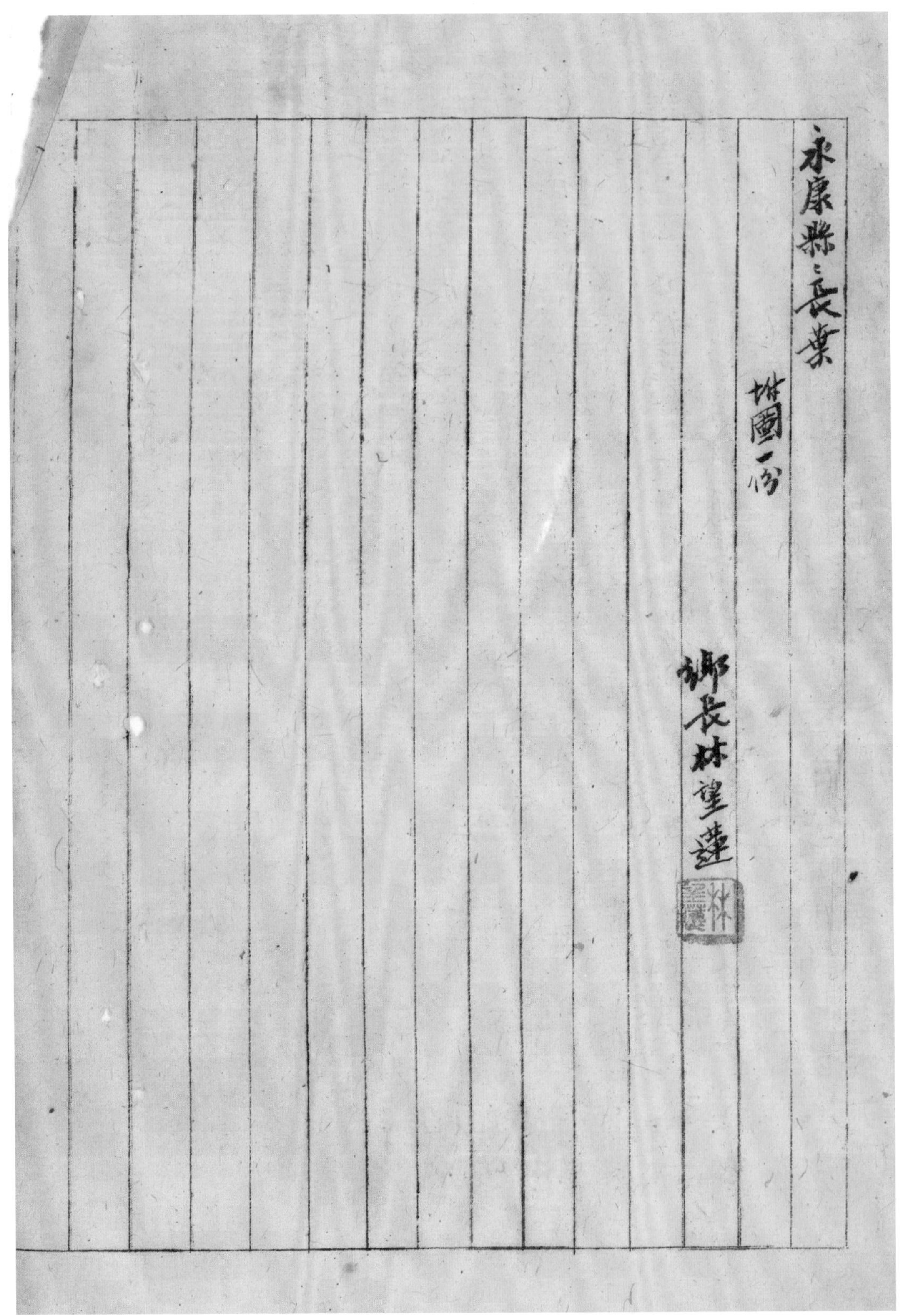

永康縣縣長葉

附圖一份

鄉長林望達

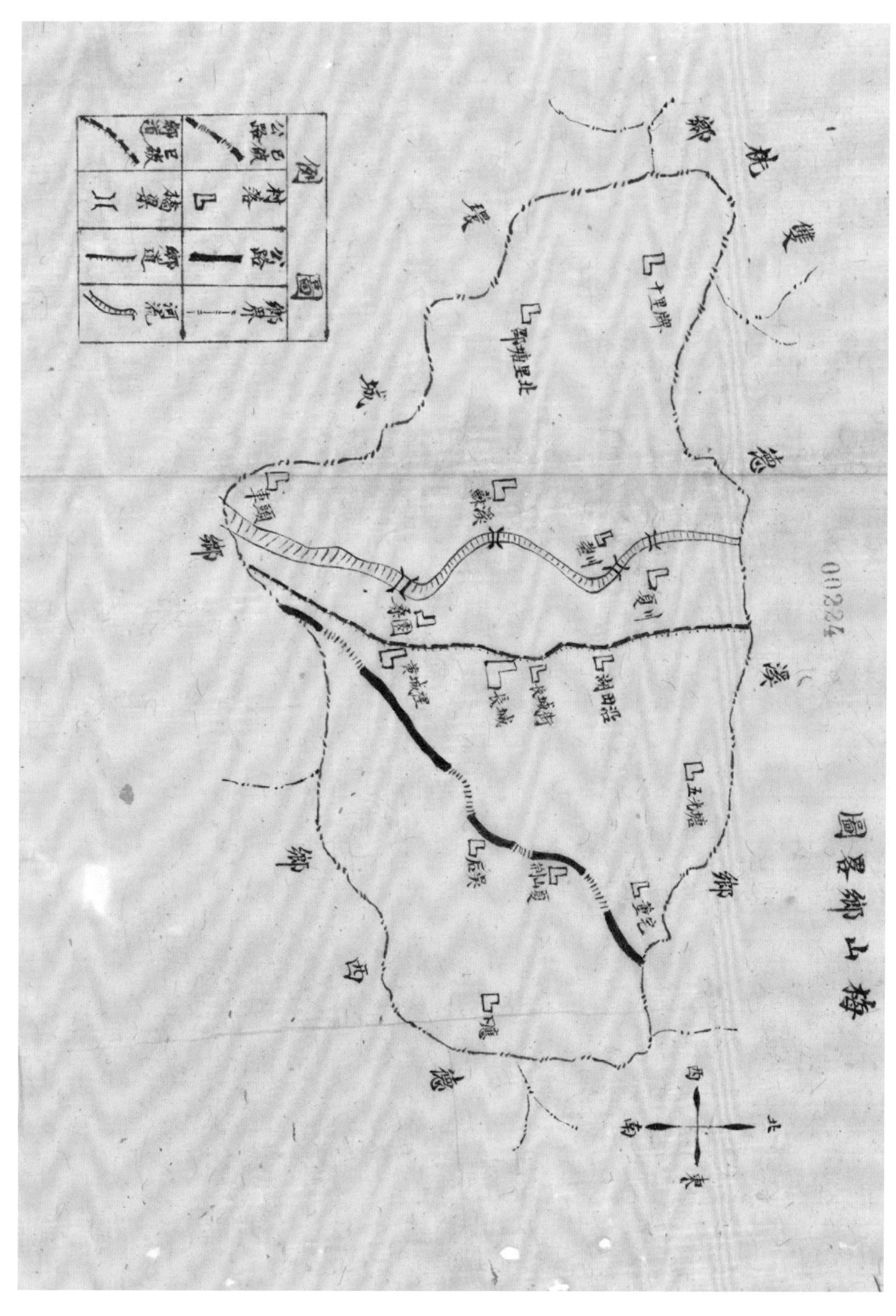
梅山鄉界圖
圖例
鄉界
河流
公路
鄉道
村落
橋梁
公路已破
鄉道已破

石柱区历城乡公所关于报送破坏道路情形致永康县政府的呈（一九四四年十月十二日）

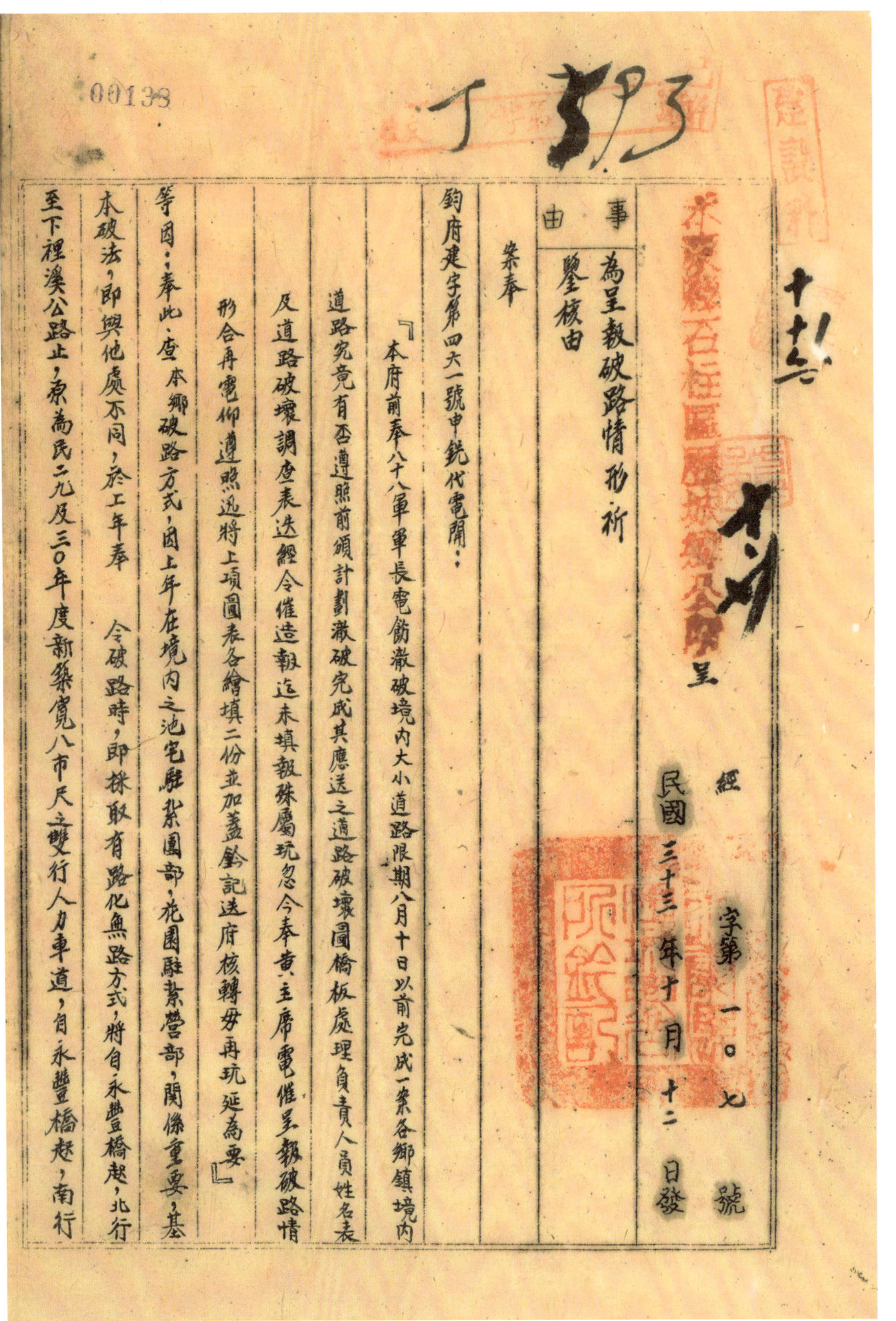
00138

永康縣石柱區歷城鄉公所 呈

經 字第一〇七號

民國三十三年十月十二日發

事由：為呈報破路情形祈
鑒核由

案奉
鈞府建字第四六一號申銑代電開：
『本府前奉八十八軍軍長電飭澈破境內大小道路限期八月十日以前完成一案各鄉鎮境內道路究竟有否遵照前頒計劃澈破完成其應送之道路破壞圖橋板處理負責人員姓名表及道路破壞調查表迭經令催造報迄未填報殊屬玩忽今奉黃主席電催呈報破路情形合再電仰遵照迅將上項圖表各繪填二份並加蓋鈐記送府核轉毋再玩延為要』
等因；奉此，查本鄉破路方式，因上年在境內之池宅駐紫園部，花園駐紫營部，關係重要，基本破法，即與他處不同，於上年奉令破路時，即採取有路化魚路方式，將自永豐橋起，北行至下裡溪公路止，原為民二九及三〇年度新築寬八市尺之雙行人力車道，自永豐橋起，南行至石雅止，原爲民二九及三〇年度新築寬五市尺之單行人力車道，自池宅厚仁東南行至百吉嶺以通前倉，原爲民二九及三〇年度新築寬七市尺之雙行人力車道，自郎村東行至石柱，原爲民三〇及三一年度新築寬五市尺之單行人力車道，均完全徹破爲田，僅留一尺許之田塍，以資稻田蓄水而已」。故此次奉　令破路，仍在有路化無路之原則下，儘量計劃消滅路之痕迹，不照所頒辦法，破缺架橋恐反形成路之標幟，將北境入口與德西交界之交溪橋（亦稱塘墩橋）后頂橋完全撤廢，儘將橋石撤搬南岸隱蔽處所，連同橋樁一併拔去，亦不另架木橋，水涸時涉水而過，水漲時須迂迴石柱市經過石柱大橋，在塘墩村下傾斜坡路，削與低處水平，堆土高坡，使形爲橫截之高壩，消滅路之痕迹，並將塘墩村邊之架刪石橋及池宅村下之架刪石橋，均撤去之，亦不另架木橋，村民往來迂迴另覓田塍僻道通過，並將西通崇道鄉百埡里之柿山橋，亦完全破毁，斷絕交通，水涸涉水，水漲須沿溪迂迴通過池宅小橋（該橋在茂林叢密之處外人驟難發現故留資繞越不毁），厚仁村西之厚仁橋，亦完全破毁，水涸涉水，水漲迂迴過永豐橋，后盛村下之後坑橋，亦完全破毁並拔去橋樁，水涸涉水，水漲迂迴過荆州橋，惟東境由武中入口之后吴橋，爲通前倉之要津，后吴

人烟稠密，往来不絕，村人不忍完全撤毀，僅在橋心撤去三節，架設木橋，由保長吳華全
吳金錢負責管理，待事勢緊急時撤去之。西境與崇道鄉交界，係為石城山脈，中間有
大虎皮、翼堅、園三嶺，均於懸崖削壁處，深破缺口各五節，不架木橋，因該處四無人烟，無
人負責管理，往來之人亦鮮，故逕予斷絕交通。鄰近熟識之人可以爬山各自覓路。南境
與縉雲交界之紫風嶺亦同。中間僅留永豐、荊州二大橋未破，因該橋工程浩大，且為交
通樞紐，兼在本鄉腹心之地，四圍既已消滅路之痕迹，留之亦似無碍大勢。綜合本鄉如此
破法，收效亦宏。日前石柱戰役，適在交溪水漲，因交溪石項二橋撤破，敵人無從越過，
故駐軍得在石柱苦戰阻敵。此次敵從麗水退出，一股竄擾莘畈本扎宿營，來時從東山
頭爬山而至，去時亦從三龍坑爬山以赴石柱，從未覓到路徑，且僅為步兵，騎兵均留阻前倉
染塘，卒不得至，此本鄉破路之大概情形及效果也。奉電前因，理合繪具破路圖備文呈報

仰祈

鈞長鑒核。○二

謹呈

永康縣縣長劉

計呈送

破路圖二紙

歷城鄉鄉長李競雄

石柱区德西乡公所关于报送破坏道路地段图暨桥板负责人姓名表致永康县政府的呈（一九四四年十月十八日）

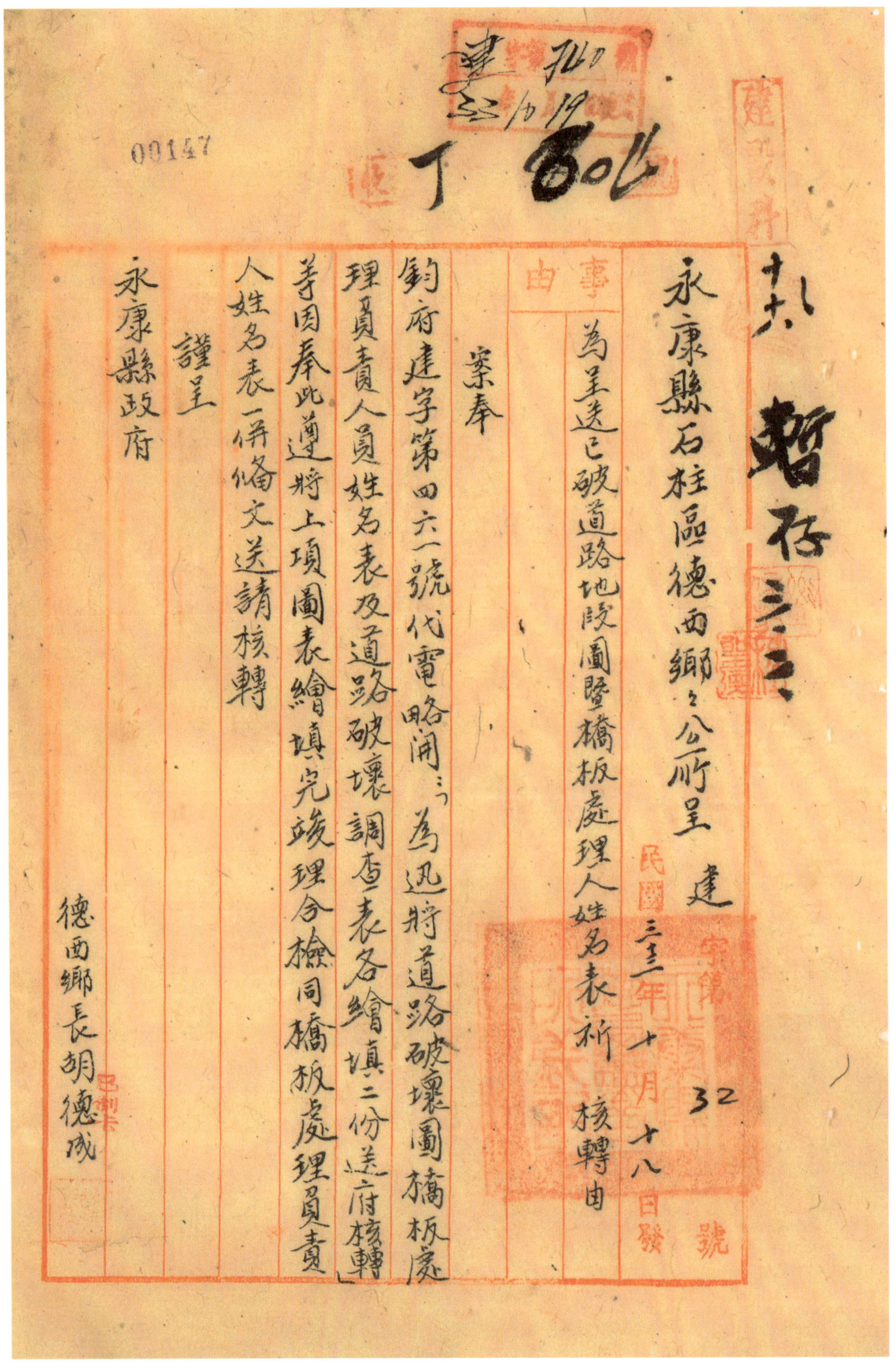

永康縣石柱區德西鄉鄉公所呈 建

事由：為呈送已破道路地段圖暨橋板處理人姓名表祈核轉由

民國三十三年十月十八日發 字第 號

案奉

鈞府建字第四六一號代電略開：「為迅將道路破壞圖、橋板處理負責人員姓名表及道路破壞調查表各繪填二份送府核轉」等因，奉此，遵將上項圖表繪填完竣，理合檢同橋板處理員責人姓名表一併備文送請核轉。

謹呈

永康縣政府

德西鄉長 胡德城

計附已破道路地段圖二份
橋板處理員夫人姓名表乙份

附一：德西乡公所已破道路地段图

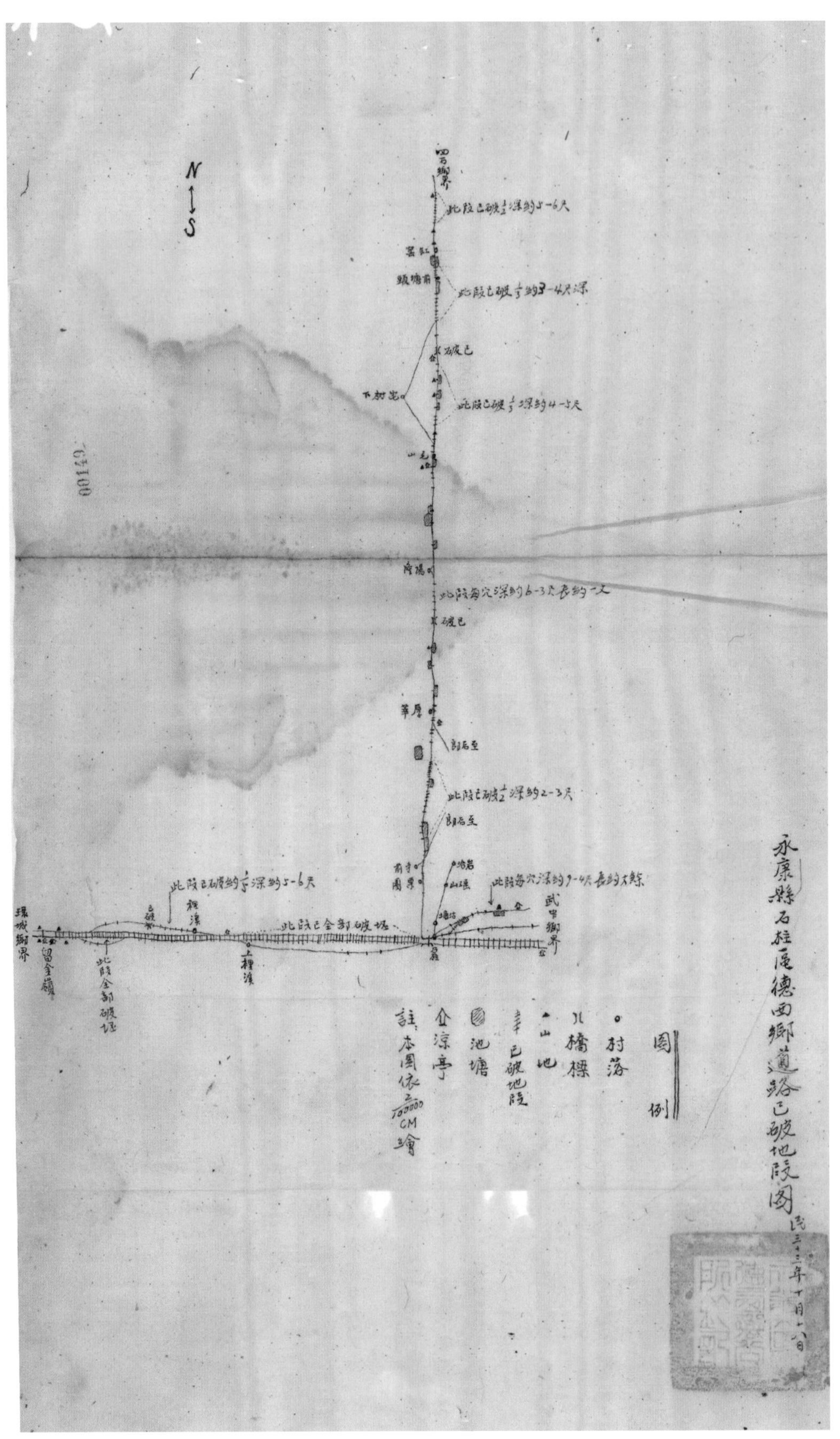

附二：缙云至永康段道路桥板处理负责人姓名表

00150

縉雲至永康段道路橋板處理負責人姓名表

地區	橋板種類及號次	負責人 保甲長姓名	負責人 住址	負責人 蓋章	橋板處理法	備考
石柱	石板橋	應美桃	石柱	[印]		
		甲長 周永清	石柱橋頭	[印]		

附記

一、負責人員應就橋板架設位置就近指定保甲長負責，就近無保甲長者就近指定居民負責之，並切實指示對該橋板之處理方法及時機。

二、本表務須切實詳細填查之。

三、本表以地區大小可斟酌伸之。

石柱区历城乡公所关于报送破坏道路地段图暨桥板负责人姓名表致永康县政府的呈（一九四四年十一月八日）

事由：為遵令填報道路橋板處理負責人員姓名表祈鑒核由

案奉

鈞府建字第五一七號指令為呈報破路情形祈鑒核由內開：「呈暨附圖悉。該鄉所破道路尚合，仰仍照前頒計劃負責管理已破地區，不得任意修復，其橋板處理負責人員姓名表，仰即補送二份，此令」等因；奉此，遵經依式填具道路橋板處理負責人員姓名表，奉指前因，理合備文呈報，仰祈

鈞長鑒核！

謹呈

永康縣縣長劉

永康縣石柱區歷城鄉公所呈

民國三十三年十一月八日發

經字第一二四號

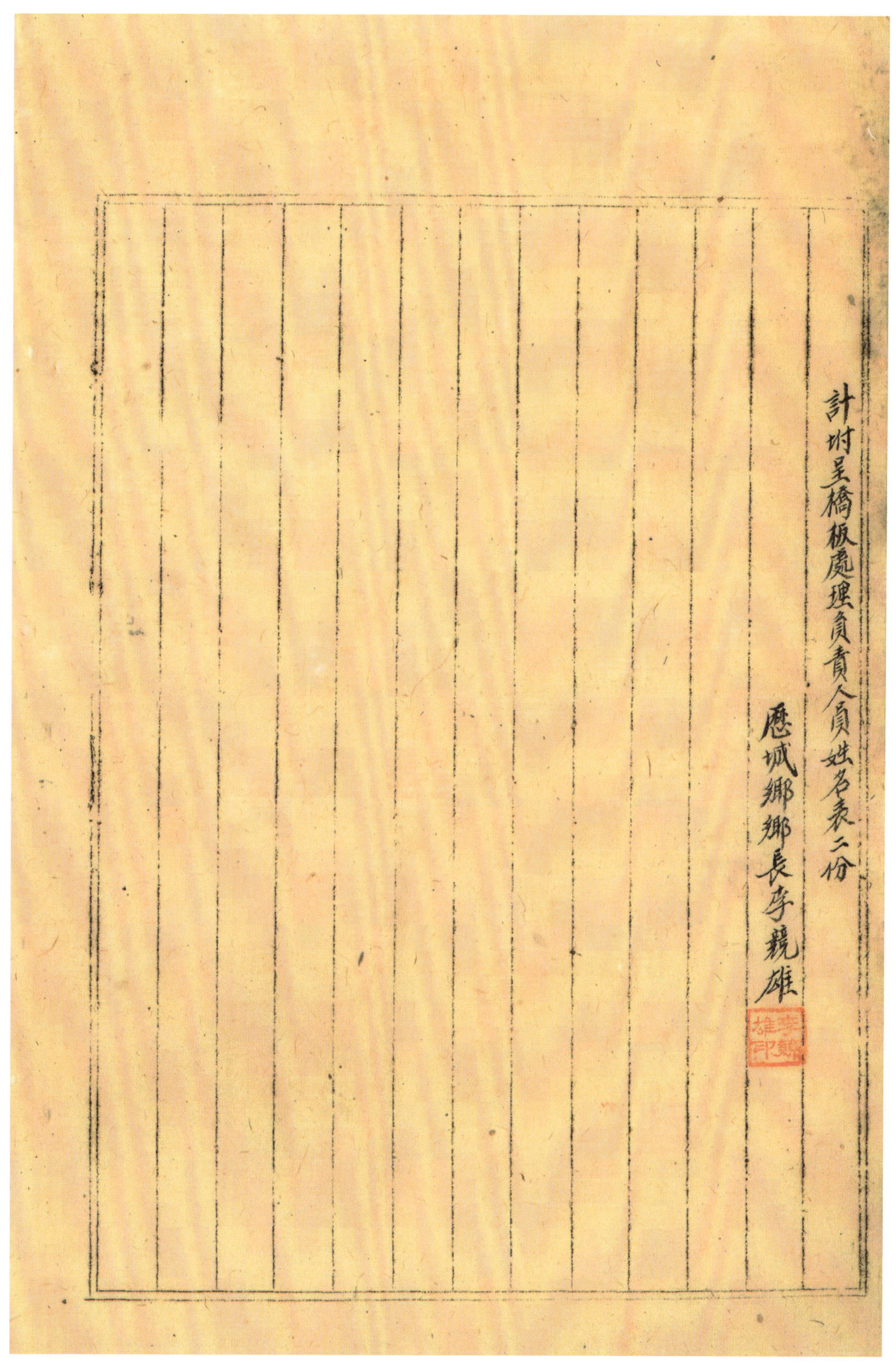
計𤇆呈橋板處理員責人員姓名表二份

歷城鄉鄉長李競雄

李競雄印

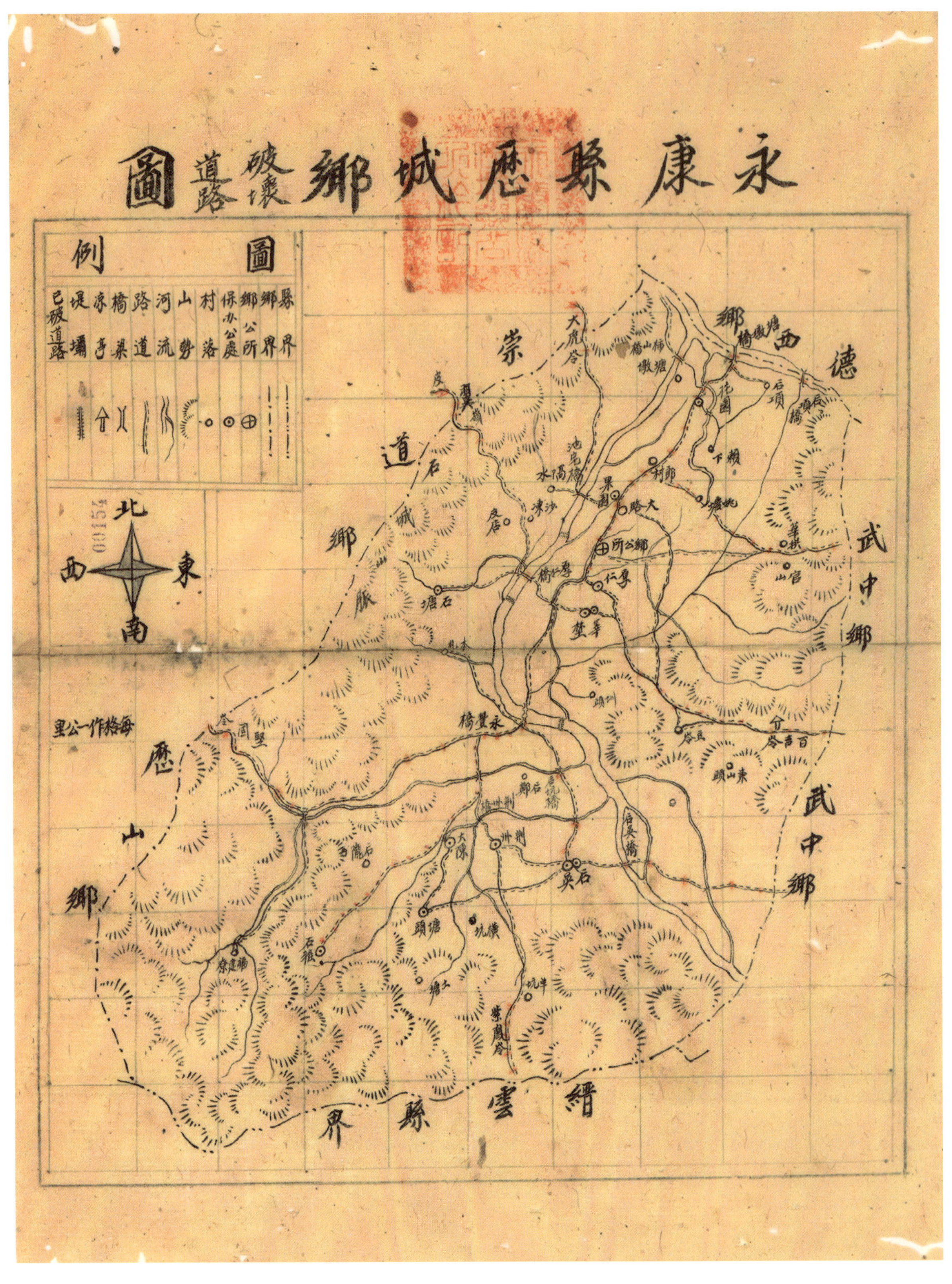
永康縣歷城鄉破壞道路圖
圖例
縣界
鄉界
鄉公所
村落
山勢
河流
路道
橋梁
堤壩
已破道路
北
東
南
西
每格作一公里
崇道鄉
德西鄉
武中鄉
武中鄉
歷山鄉
縉雲縣界

附一：历城乡破坏道路图

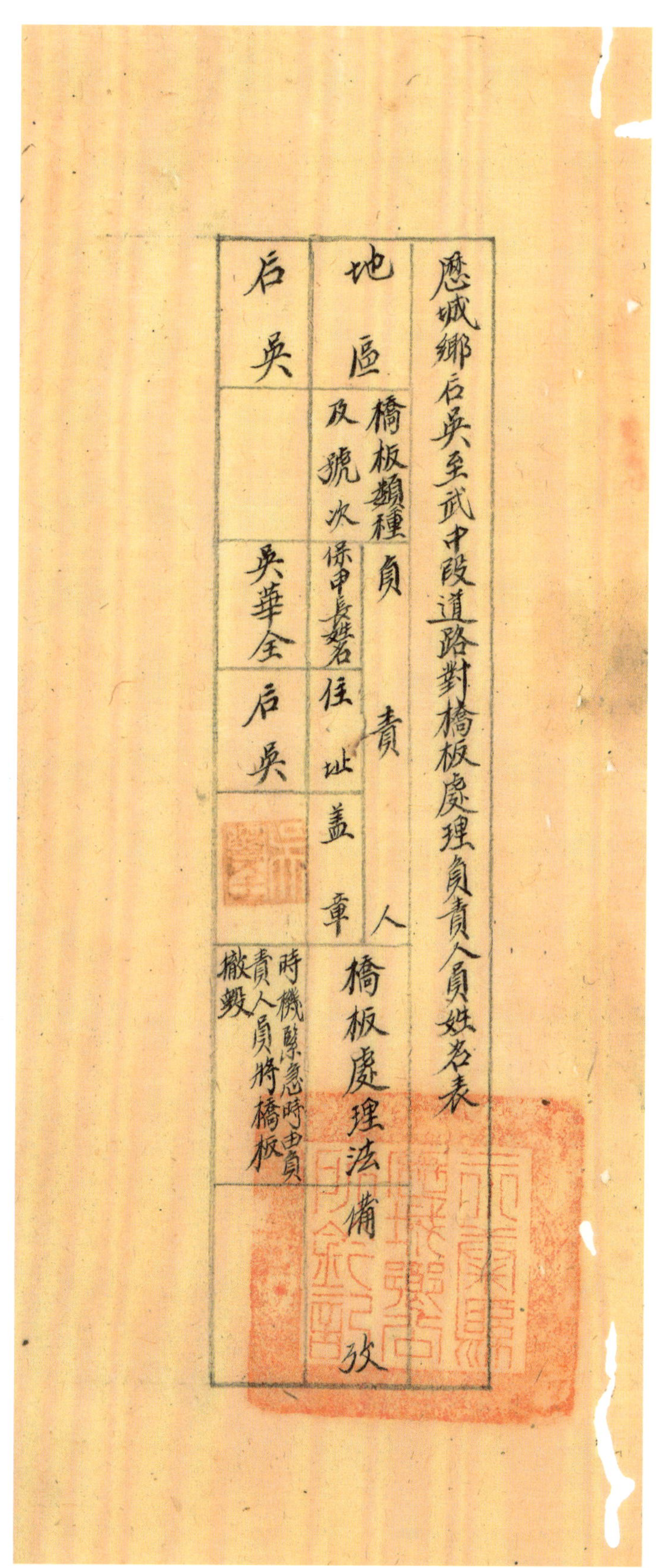

歷城鄉后吳至武中段道路對橋板處理負責人員姓名表

地區	橋板類種及號次	負責人保甲長姓名	住址	蓋章	橋板處理法	備攷
后吳		吳華全	后吳		時機緊急時由負責人員將橋板撤毀	

附二：历城乡后吴至武中段道路桥板处理负责人姓名表

倪宅区署关于报送该区各乡镇彻底破坏大小道路完工图表致永康县政府的呈（一九四五年一月十八日）

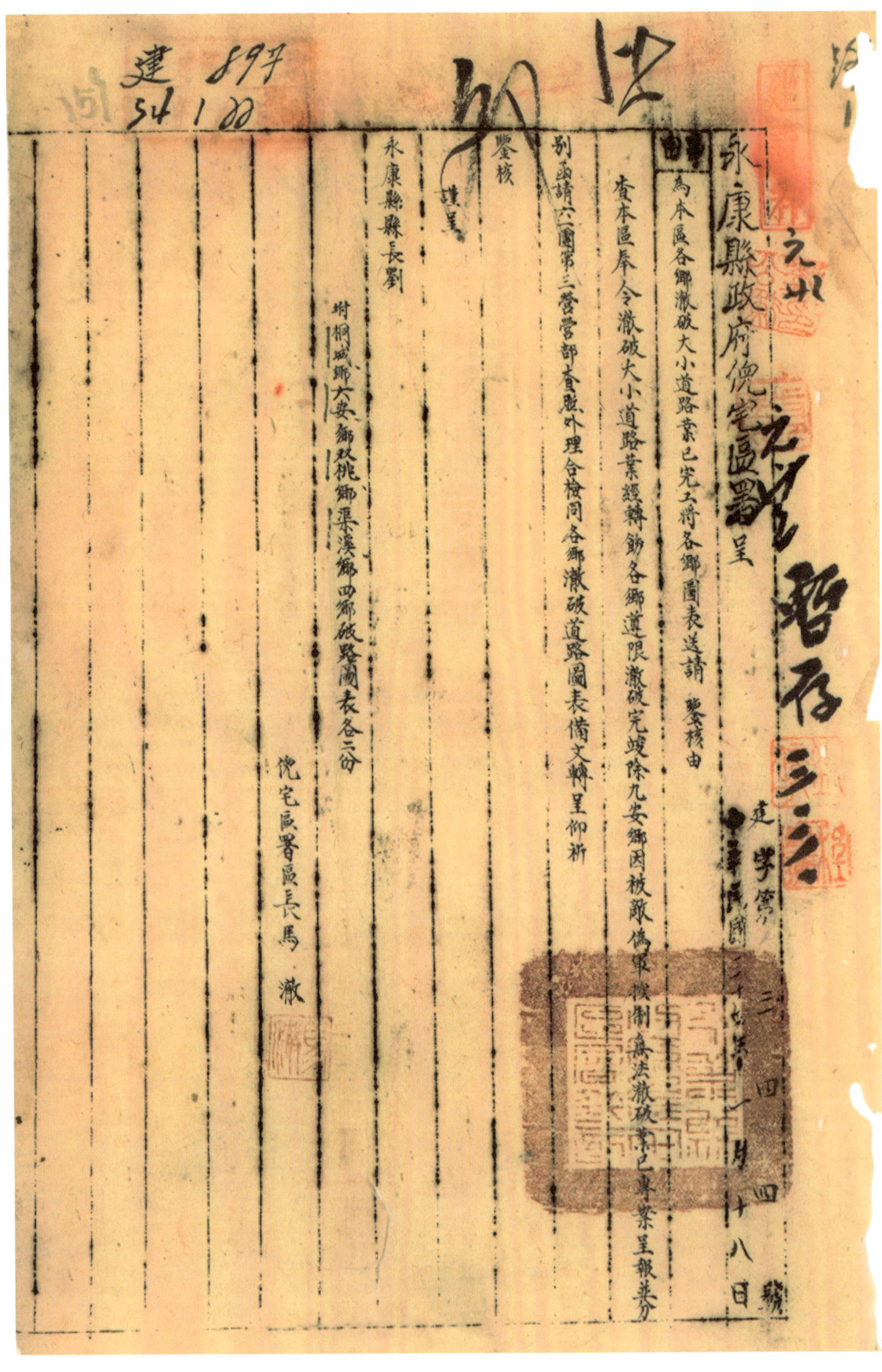
永康縣政府倪宅區署 呈

建字第 號

中華民國三十四年一月十八日

為本區各鄉澈破大小道路業已完工將各鄉圖表送請 鑒核由

查本區奉令澈破大小道路業經轉飭各鄉遵限澈破完竣除九安鄉因被敵偽軍控制無法澈破業已專案呈報並分別函請六二團第三營營部查照外理合檢同各鄉澈破道路圖表備文轉呈仰祈

鑒核

謹呈

永康縣縣長劉

附桐城鄉大安鄉双桃鄉渠溪鄉四鄉破路圖表各二份

倪宅區署區長馬 澈

附：双桃、六安、渠溪、桐城乡彻底破坏道路区域地图及桥板处理人姓名表

00160

永康縣俔宅區双桃鄉澈破道路區域及負責橋板處理人姓名表 三四、一、一〇

保别	破壞區域	橋板負責人姓名	備攷
一	一 柄坑橋頭	一 陳有圭	
	二 五叉神殿下	二 吳國珍	
	三 大支頭桥	三 吳松蘭	
	四 大塘頭下	四 呂思恭	
二	五 茶亭下	五 王扶長	
	六 仙洞門	六 鄭章來	
	七 牛欄坑口	七 王兆丹	
三	八 上王边	八 胡章時	
	九 岩頭坑口	九 錢長根	
	十 永義亭下	十 錢銀新	
	十一 大塘沿	十一 楼連雲	

四	十二 廊下桥頭	十二 陳恠良
	十三 下畈塆	十三 姚火根
五	十四 趙店門前	十四 周桂双
	十五 大塘下	十五 趙汝揚
	十六 黄公山沿	十六 周火欽
六	十七 千央桥	十七 胡禄雲
	十八 山下門前上桥	十八 王有根
	十九 上楝	十九 胡養南
七	二〇 神殿下	二〇 童新朝
	二一 大圩下	二一 童荣生
	二二 經堂桥	二二 童紹昌

双桃鄉鄉長王猷芳

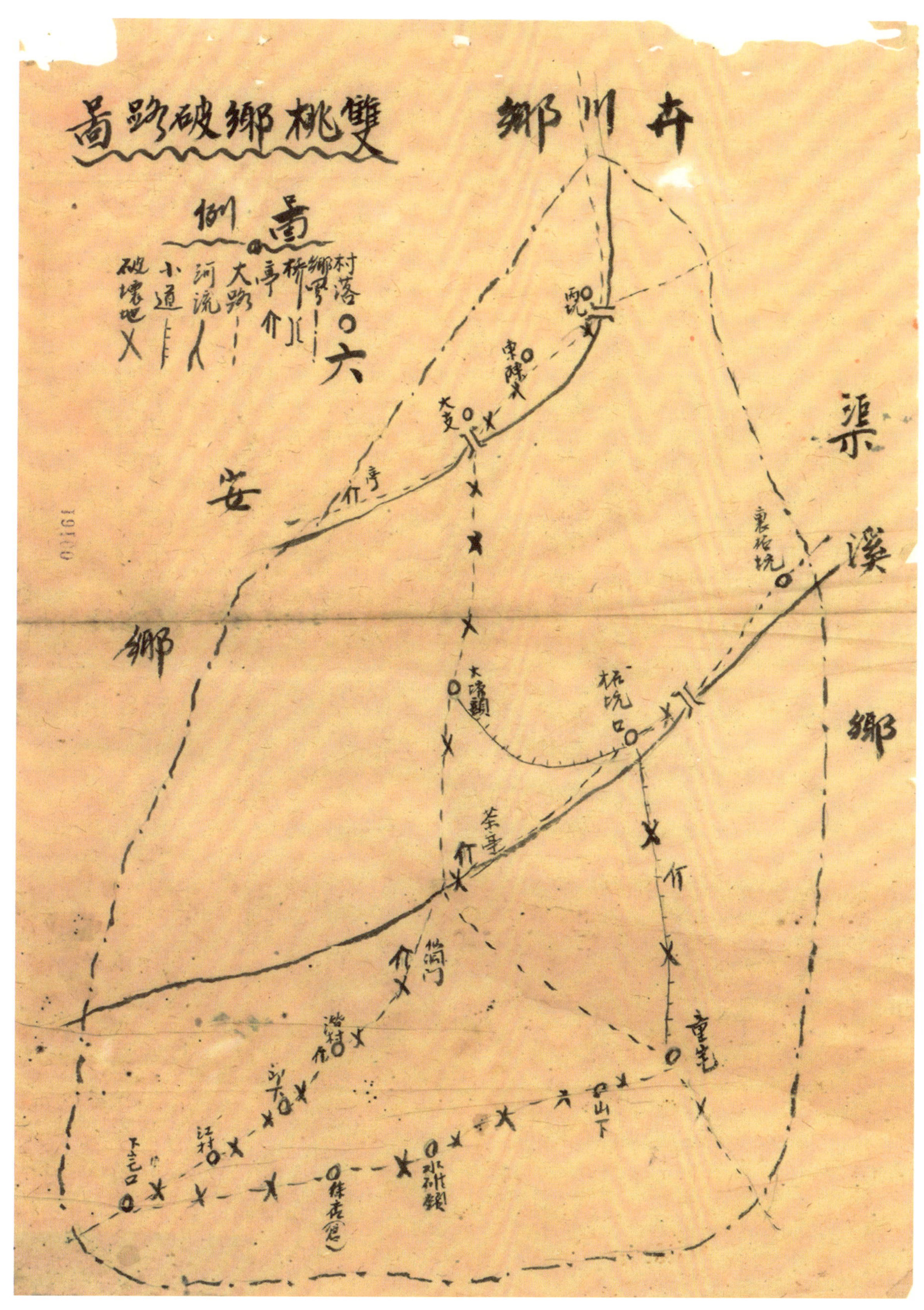

雙桃鄉破路圖
圖例
村落
鄉公所
橋
亭
大路
河流
小道
破壞地
井川鄉
渠溪鄉
安鄉
東陽
茶亭
山下

00162

永康縣倪宅尾六安鄉公所各保大小道路撤破表

製 民國卅四年一月十一日

保别	路線	路段起訖	負責破路人	備
第一保	董坑至縣城路	自下王起至高裘止	保隊長裘春富 保隊附裘其水	該保境受敵偷擾制去法拆破
第二保	仝	自上裘至由坑止	保隊長吳登蓮 保隊附吳振圖	仝
第三保	董坑至城尾至倪宅路	自油坑起至倉口金堂	保隊長方新秋 保隊附裘子声	仝
第四保	董坑至城尾路	自倉口金堂至溪邊汪橋頭止	保隊長楊樟樹 保隊附吳文火	鐵十八丁 土墩三丁
第五保	應宅至城尾路	自應宅至橫析止	保隊長陳全銀 保隊附吳龍溪	鐵十六丁 土墩二丁

永康縣六安鄉公所鈐記　張

保别	区域	四至	保队长	备注
第六保	横桥至城扈路	自横桥至金大塘北首止	保队长俞嘉寿 坿邵金根	缺十四户 桥断
第七保	倪宅至烈桥路	自烈桥至望山亭九安乡界止	保队长倪茂荟 坿翁大生	土墩一户 缺八户
第八保	桐城路	自桐坊玡至上坟山庵止	保队长徐章鸿 坿楼国基	土墩一户 缺九户
第九保	田桥至城扈路	自下田桥至富贵坑亭环城乡界止	保队长王敦福 坿王啟泰	土墩二户 缺十一户
第十保	田桥至下宅	自上田桥至下宅金堂止	保队长田寿祺 坿田仁和	土墩五之户 缺六户

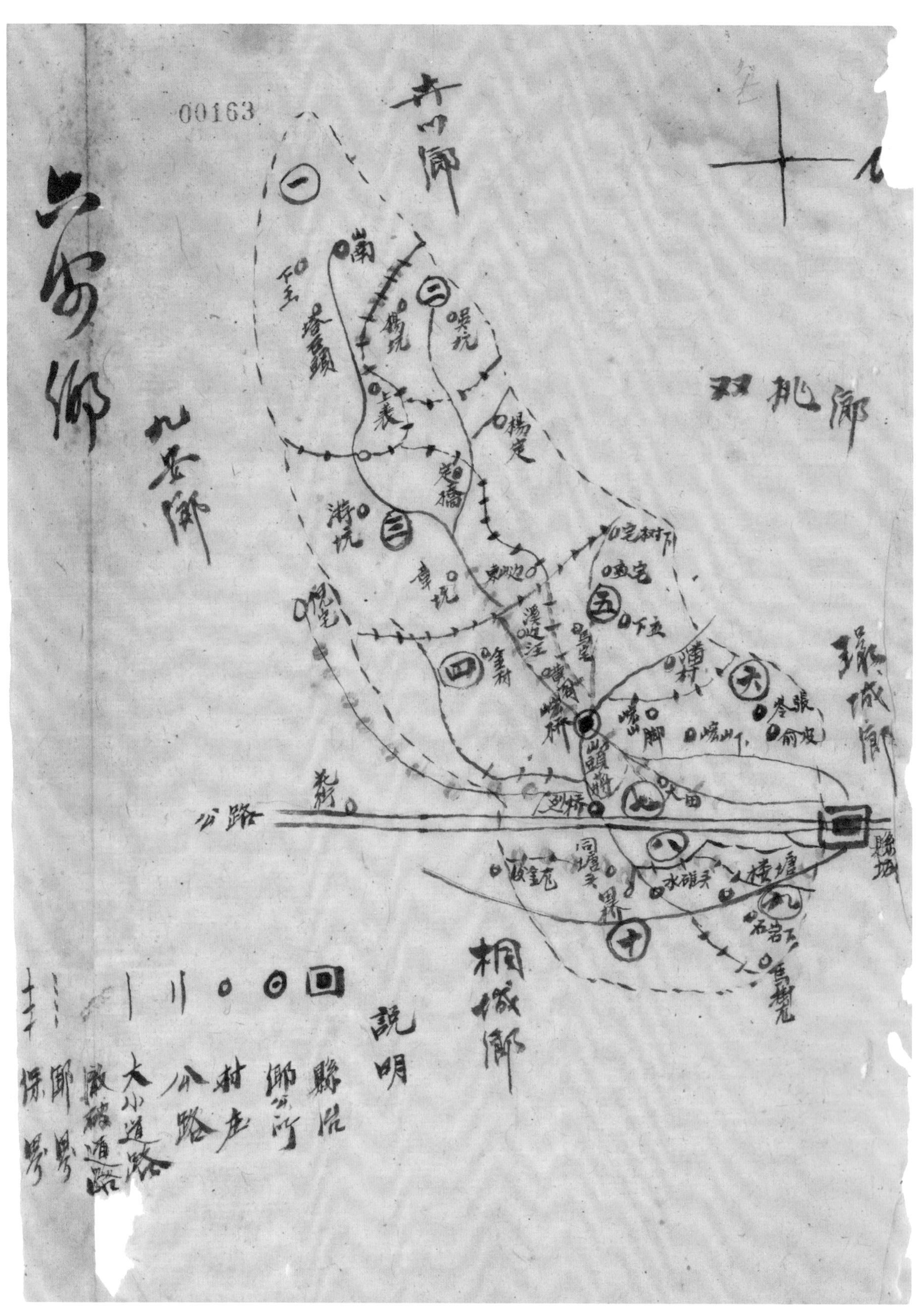
00163
公路
桐城鄉
說明
縣治
鄉公所
村庄
公路
大小道路
敵破道路
鄉界
保界

永康縣倪宅區渠溪鄉藏破道路區域及負責撬板處理人姓名表　三四、一、一〇

保别	破壞區域	撬板負責人姓名	備攷
一	一、楓岑頭 二、金済桥頭 三、冷水湾	一、金長周 二、金思林 三、陳金昌	
二	四、庵頭桥 五、苦竹坑山堪 六、前山壟塘边堪	四、吕貽謀 五、吕吟子 六、吕貽彔	
三	七、横渡桥头 八、石烏龟 九、上桥 十、楊坑岑夫	七、吕头隆 思鄒 八、吕树松 端起 九、吕沾水 丑木 十、吕振目 振順	
四	十一、下桥头 十二、下炭庙桥头 十三、黄泥潭湾 十四、進常山脚	十一、切七金 七名 十二、切凤驛 十三、切文玄 子榛 十四、切大玄 章切	

五	六	七	八
十五、乌堪岩 十六、磜石桥头 十七、庙下祠堂前 十八、溪边桥头	十九、朱明亭边 廿、黄清山头桥 廿一、郑坟垄山头	廿二、庙下桥头 廿三、枯桥圳岸 廿四、六头塘	廿五、中心校前塘缺 廿六、下田园小桥 廿七、俞家桥
十五、胡长生 十六、胡金台 十七、胡海福 十八、胡广生	十九、许宝康 童振之 廿、胡金科 童树仁 廿一、童德之 童新垣	廿二、黄明聪 廿三、黄根初 廿四、黄文修	廿五、徐同声 廿六、曹长根 廿七、徐章龙

乡长童荣孫

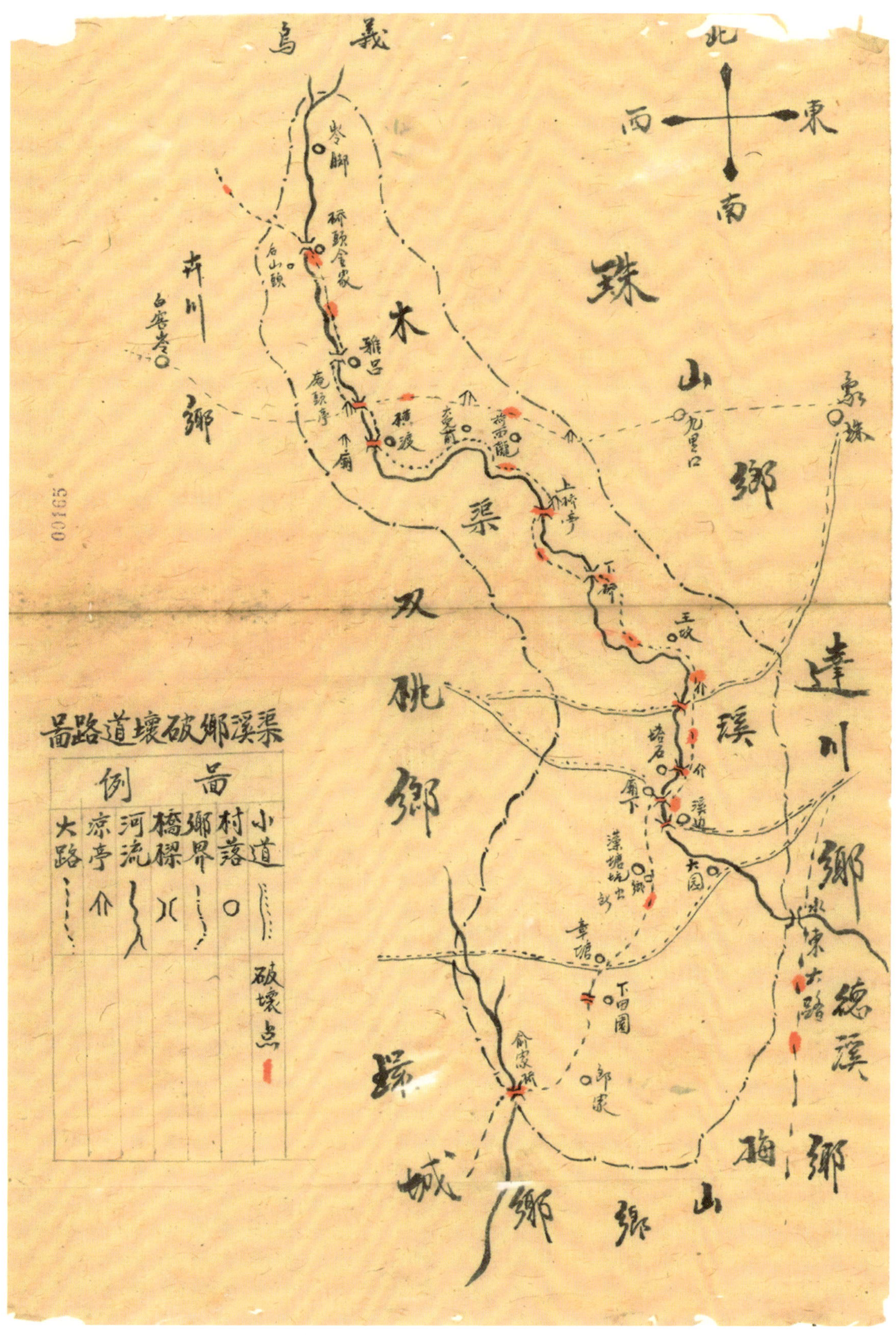

渠溪鄉破壞道路圖
圖例
小道
村落
鄉界
橋樑
河流
凉亭
大路
破壞点
義烏
北
東
西
南
珠山鄉
達川鄉
總溪鄉
九里口
下田園
郎家
00165

永康縣桐城鄉各保大小道路撤破表

保別	路別	路段起訖	負責撤破人	備攷
第一保	城桐路	自僊坑蓋東頭山腳起至浮橋頭止	保隊長金春魁 副金杏宝 已制卡	橋丈根撤破 缺六個 破一個 城桐路即永城至桐琴
第二保	仝	自浮橋頭起至水碓壩止	保隊長金福春 副劉德水 已制卡	破弍個 缺三個
第三保	李桐路	自王蓊橋起至楊埠坡山止	保隊長金岳林 副金耀青 已制卡	破弍個 缺三個 李桐路即李店至桐琴
第四保	城桐路	自水碓壩起至草塘頭亭止	保隊長謝双枝 副謝礼儀	破一個 缺四個
第五保	仝	自草塘頭亭起至柳塘角止	保隊長謝金朝 副謝道起 已制卡	破二個 缺五個

第六保	仝	自柳塘角起至后里桥止	保隊長 陳子韶 副 陳振水	礅二個 缺一個
第七保	仝	自后里桥起至五棉桥止	保隊長 華福 副 華耀康	礅二個 缺四個
第八保	李桐路	自楊埠坟山起至慎祠止	保隊長 李顯双 副 李長範	礅二個 缺一個 神壇橋板澈
第九保	城李路	自双廟口起至章居殿基止	保隊長 李忠貽 副 李拱衛	缺四個
第十保	城桐路	自下山下起至馬宅坟山止	保隊長 黄炳蔚 副 吴寶康	礅一個 缺六個

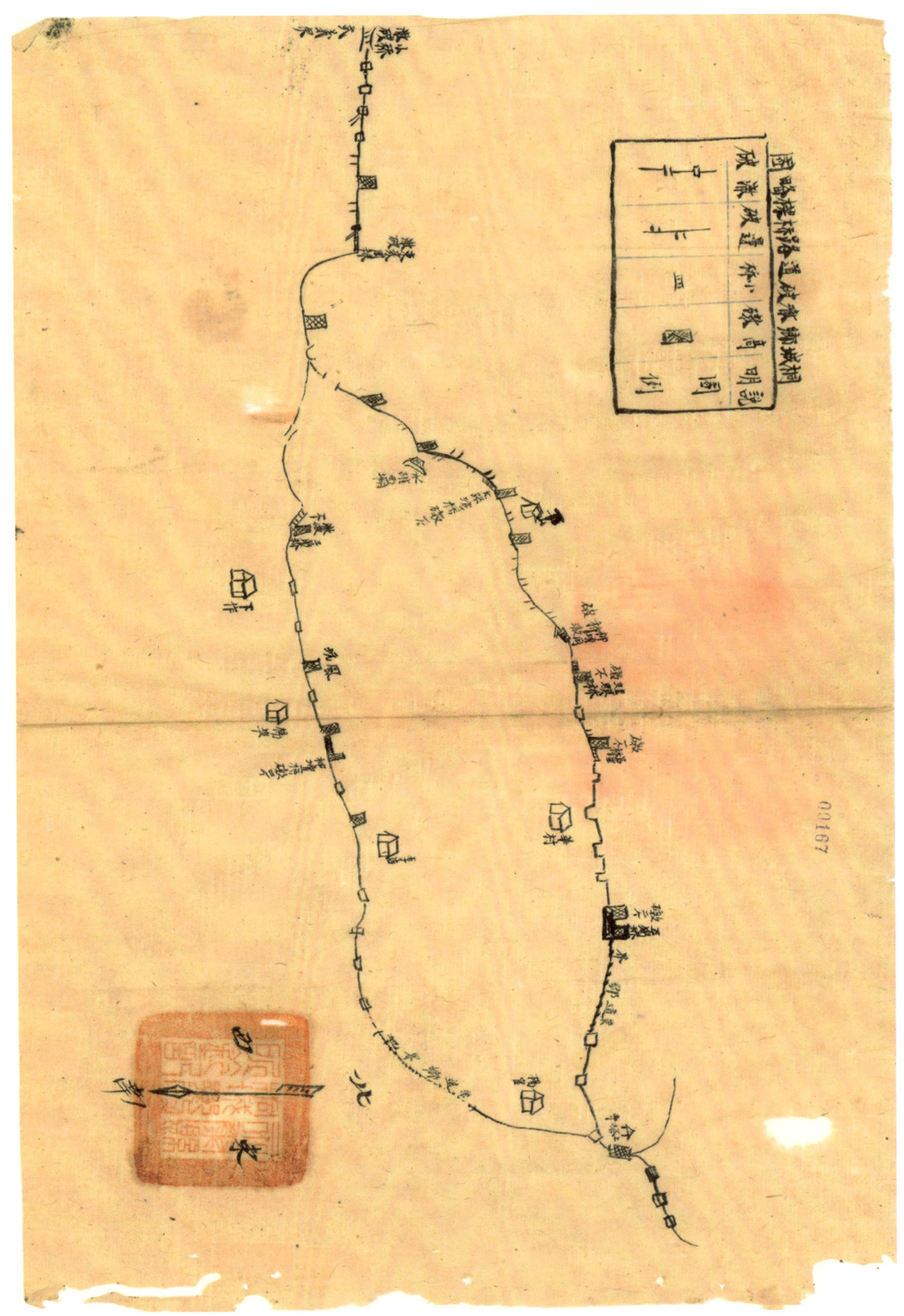

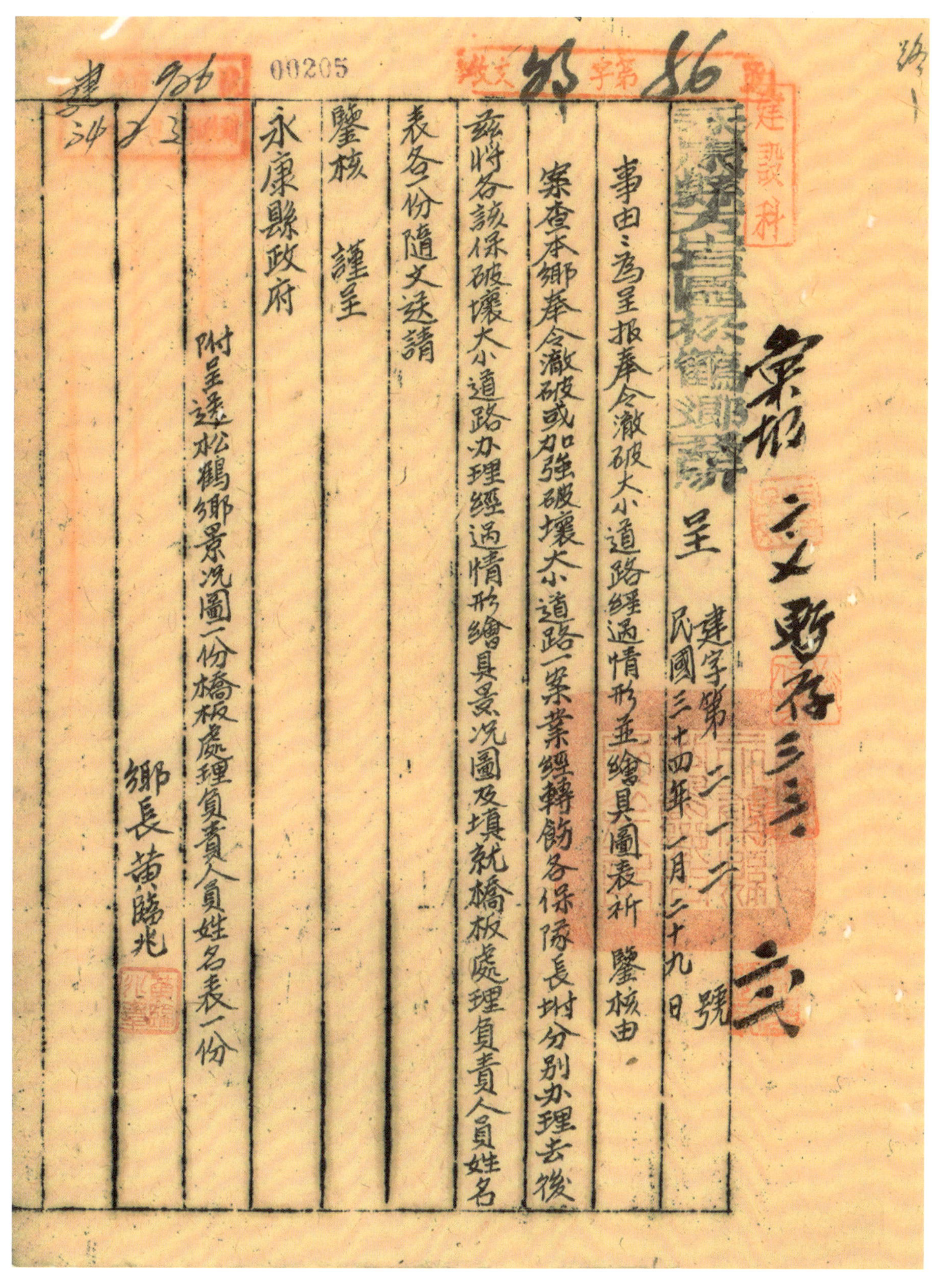

永康縣方岩區松鶴鄉公所 呈

建字第二一二號

民國三十四年一月二十九日

事由：為呈報奉令澈破大小道路經過情形並繪具圖表祈鑒核由。

案查本鄉奉令澈破或加強破壞大小道路一案業經轉飭各保隊長剋分別办理去後茲將各該保破壞大小道路办理經過情形繪具景况圖及填就橋板處理負責人員姓名表各一份隨文送請

鑒核

謹呈

永康縣政府

附呈送松鶴鄉景况圖一份橋板處理負責人員姓名表一份

鄉長 黃賜兆

方岩区松鹤乡公所关于报送彻底破坏大小道路经过情形与图表致永康县政府的呈（一九四五年一月二十九日）

附一：松鹤乡土山头至柿后段、芝英段公路、道路桥板处理负责人姓名表

00206

永康縣松鶴鄉土山頭至柿後段公路道路对橋板處理負責人員姓名表

地區	橋板种類及號次	負責人：保甲長姓名	負責人：住址	負責人：蓋章	橋板處理法	備攷
第九保 馬坊	板橋	甲長楊汝有	馬坊		有必要時拆毀之責	
第七保 南川	〃	甲長应文浪	南川		〃	
第八保 溪岸	〃	甲長胡昌從	溪岍		〃	

永康縣松鶴鄉土山頭至芝英段道路对橋板處理負責人員姓名表

地區	橋板种類及號次	負責人：保甲長姓名	負責人：住址	負責人：蓋章	橋板處理法
第五保 土山頭	石橋	甲長杜和南	土山頭		有必要時搬移或拆毀之责
第一保 宅口	板橋	甲長杜植卿	宅口		有必要時移毀之責
第一保 黄店	〃	甲長黄桂芳	黄店		有必要時拆毀之責

附二：松鹤乡景况图

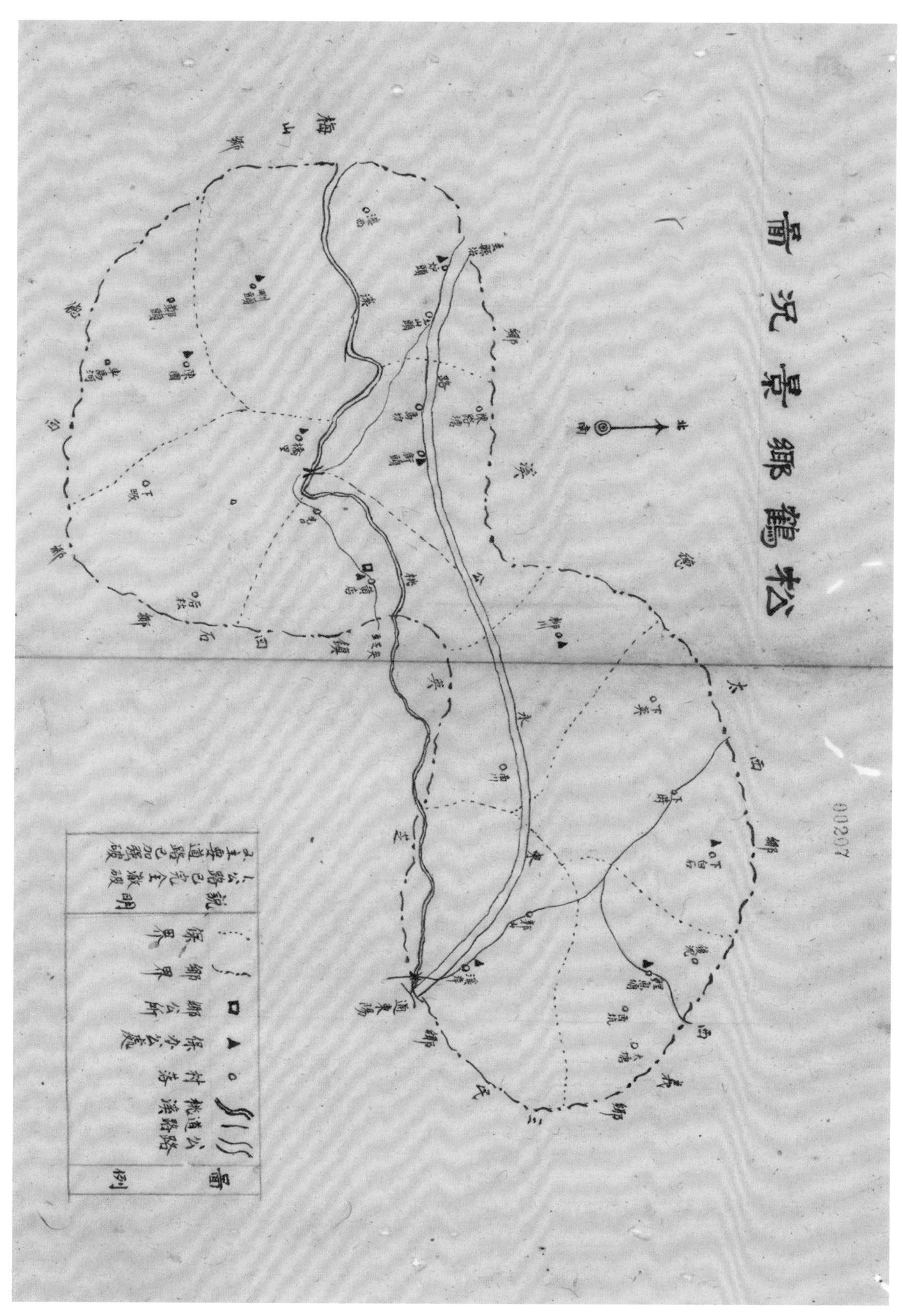

芝英镇公所关于破坏道路地段图暨桥板负责人员致永康县政府的呈（一九四五年二月三日）

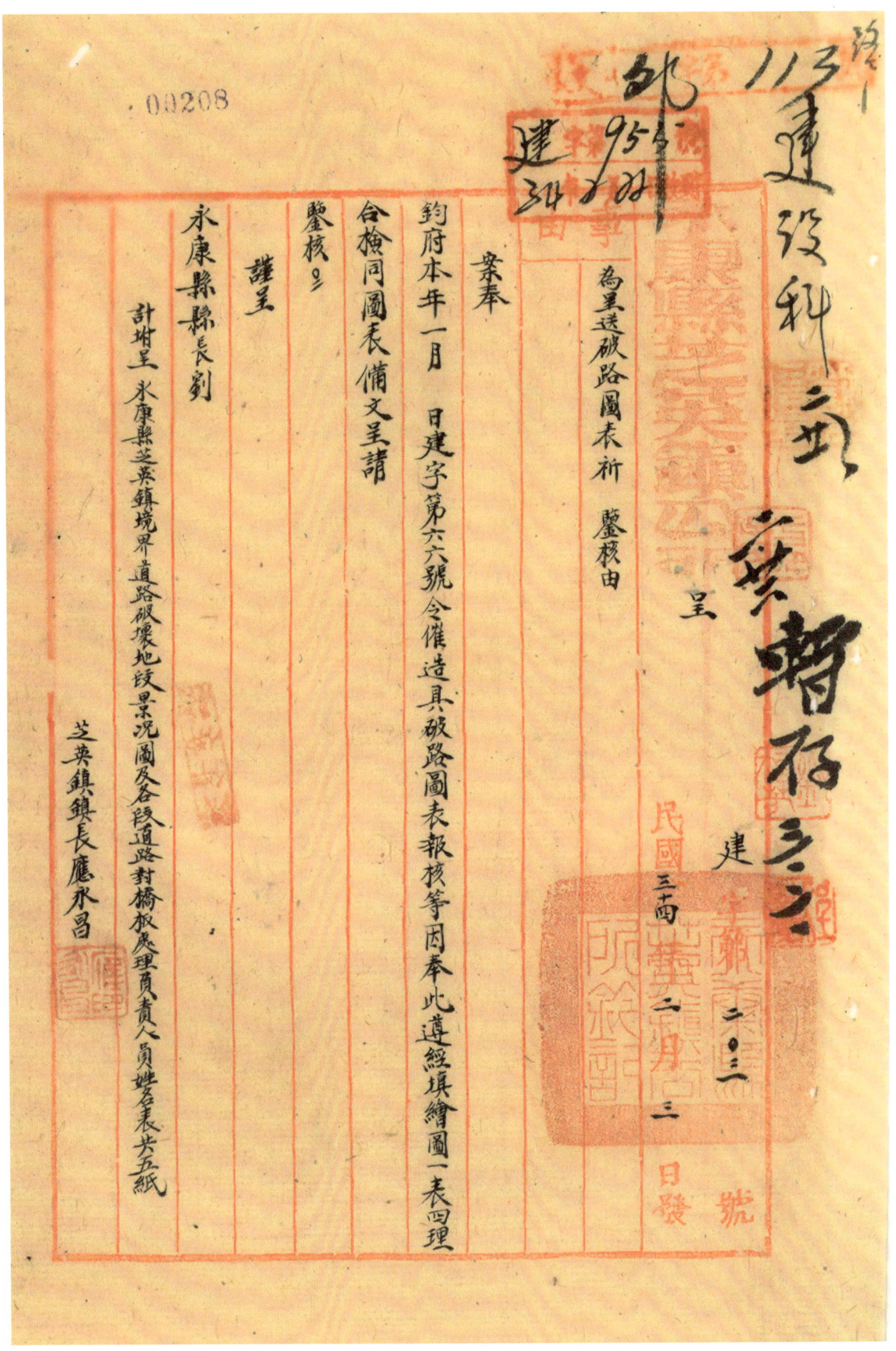

为呈送破路图表祈鉴核由

呈 建

案奉

钧府本年一月 日建字第六六号令催造具破路图表报核等因奉此遵经填绘图一表四理合检同图表备文呈请

鉴核。

谨呈

永康县县长刘

计附呈：永康县芝英镇境界道路破坏地段景况图及各段道路封桥板处理负责人员姓名表共五纸

芝英镇镇长应永昌

民国三十四年二月三日发

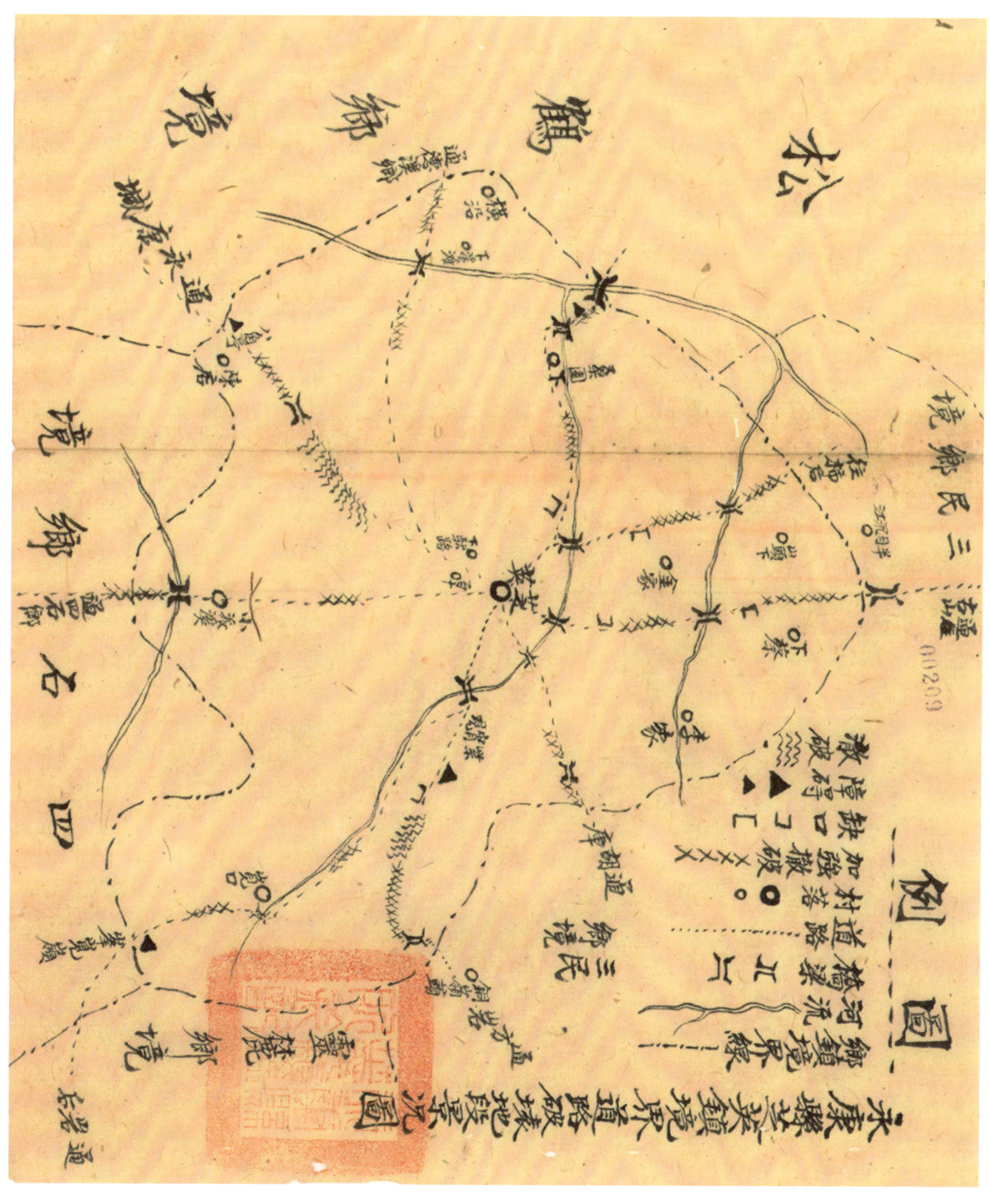

附一：芝英镇境界道路破坏地段景况图

附二：芝英至古山、四石乡段道路对桥板处理负责人姓名表

00210

芝英至古山段道路對橋板處理負責人員姓名表

地區	橋板類種及號次	負責人 保甲長姓名	住址	蓋章	橋板處理法	備攷
芝英鎮至半月沉江通古山道路	小溪橋及塘沿路	應文廣	下蔡		橋俟乘機負責移撤 塘沿路段成缺口	道路已加破
		應金壽	芝英			
		應鳳儀	芝英			

芝英至四石鄉段道路對橋板處理負責人員姓名表

地區	橋板類種及號次	負責人 保甲長姓名	住址	蓋章	橋板處理法	備攷
芝英鎮至小派溪、小派溪通四石鄉道路	一小派溪橋 二木架棧橋	應壽初	芝英		小派溪橋及木架棧橋俟必要時負責尽撤或燒燬之	道路已加破
		應豪				

附三：芝英至岩后、三民、松鹤段道路对桥板处理负责人姓名表

芝芝至岩后段道路對橋板處理負責人員姓名表

地區	橋板類種及號次	負責人 保甲長姓名	住址	蓋章	橋板處理法	備攷
芝英鎮至峯覍嶺通岩后路	一、蜈蚣橋	呂章新	覍口	[印]	一、負責隨時移散	道路加破禁止人
	二、峯覍嶺	應德松	芝英	[印]	二、築壘障碍	民修復

芝英至三民、松鶴段道路對橋板處理負責人員姓名表

地區	橋板類種及號次	負責人 保甲長姓名	住址	蓋章	橋板處理法	備攷
芝英鎮至眠犬通三民鄉屌胡庫道路	一、清河畈小橋 二、清河亭北塘沿路	應金文	芝英	[印]	負責隨時移撤小橋	路已加強破壞
芝英鎮至英南溪橋通松鶴鄉境路	一、溪沿岸 二、英南溪橋	應金陵	下猷路	[印]	負責隨時撤毀橋梁	路已加強破壞

附四：方岩至永城段道路对桥板处理负责人姓名表

00212

方岩至永城段道路對橋板處理負責人員姓名表

地區	橋板類種及號次	負責人 保甲長姓名	負責人 住址	負責人 蓋章	橋板處理法	備攷
芝英鎮騎龍山至八角亭下一段	陳店殿前北首圳橋及各塘傾斜塘岸路	應德松	芝英	[印]	必要時負責撤毀或築壘	道路業經加破絕對禁止人民修復
		應壽初	芝英	[印]		
		應　豪	芝英	[印]		
		應金陵	下馱路	[印]		
		應熊飛	芝英	[印]		

方岩至永城段道路對橋板處理負責人員姓名表

地區	橋板類種及號次	負責人 保甲長姓名	住址	蓋章	橋板處理法	備考
自紫宵觀至銅峯頭一段	水甽臨時板橋在銅峯頭村西南方面	應德治	芝英	[印]	必要時負責移撤及築壘障碍或完全拆除	道路業經加破絕對禁止人民修復
		應鳳儀	芝英	[印]		
		應金壽	芝英	[印]		
		應金文	芝英	[印]		
		應文廣	下蔡	[印]		
		呂章新	峴口	[印]		

俞溪头区云靖乡公所关于报送该乡道路破坏情形绘制图致永康县政府的呈（一九四五年四月七日）

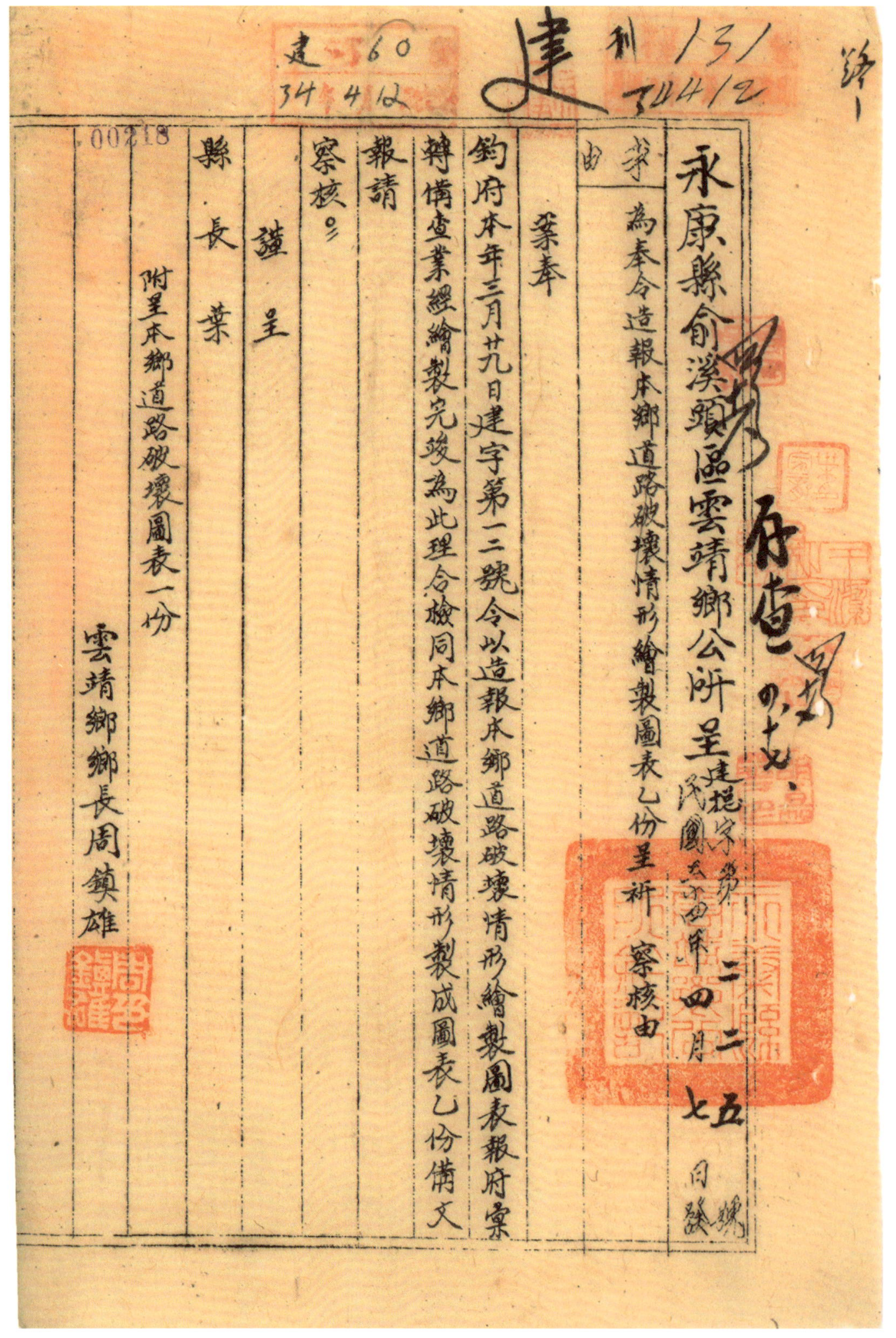
永康縣俞溪頭區雲靖鄉公所呈 建提字第 號 民國三十四年四月七日發

事由：為奉令造報本鄉道路破壞情形繪製圖表乙份呈祈 察核由

案奉

鈞府本年三月廿九日建字第一二號令以造報本鄉道路破壞情形繪製圖表報府案轉備查業經繪製完竣為此理合檢同本鄉道路破壞情形製成圖表乙份備文

報請

察核。

謹呈

縣長 葉

附呈本鄉道路破壞圖表一份

雲靖鄉鄉長周鎮雄

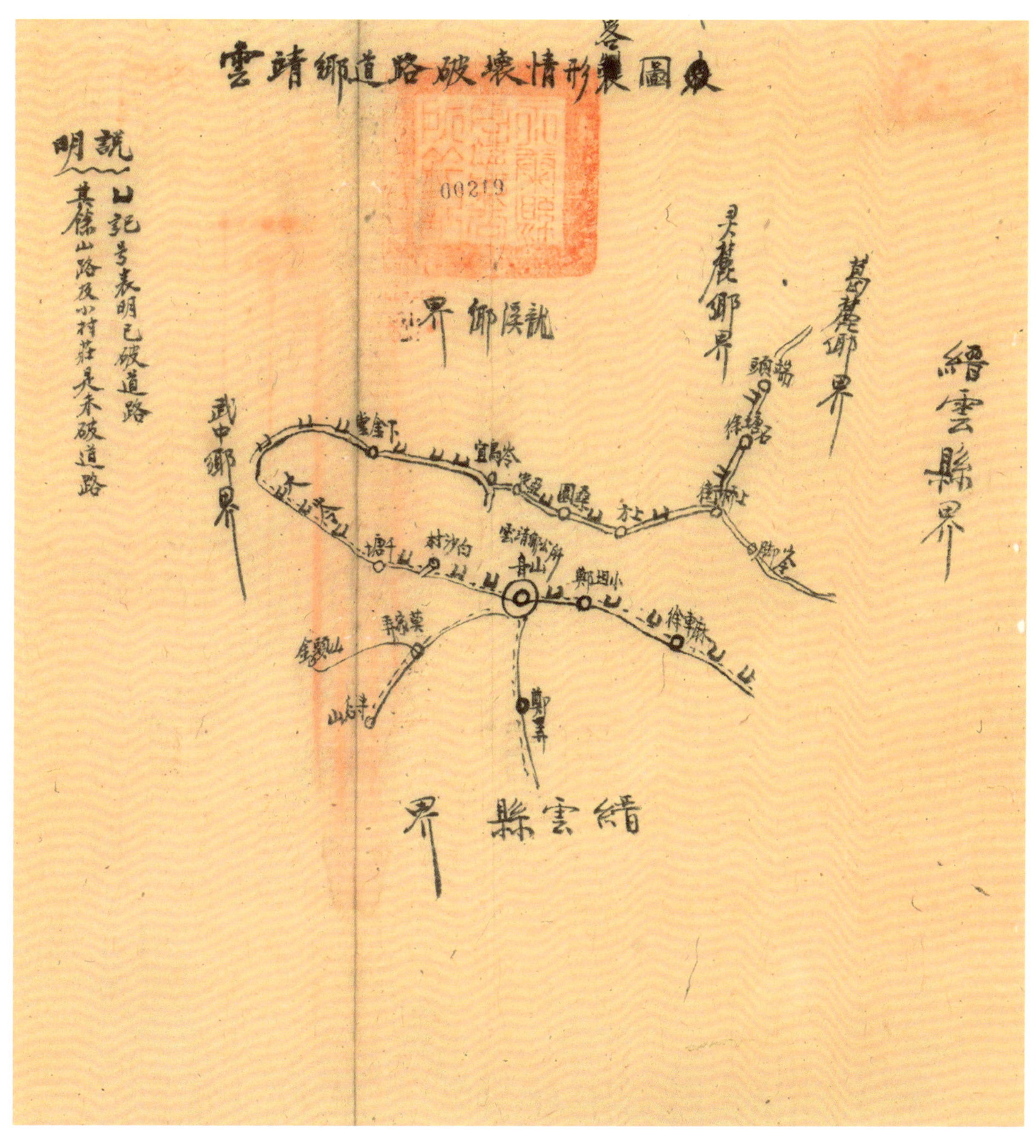
雲靖鄉道路破壞情形畧圖
說明
山記号表明已破道路
其餘山路及小村莊是未破道路
龍溪鄉界
吳麓鄉界
葛麓鄉界
武中鄉界
縉雲縣界
縉雲縣界

附：云靖乡道路破坏略图

中和乡公所关于报送破坏道路地段图致永康县政府的呈（一九四五年四月九日）

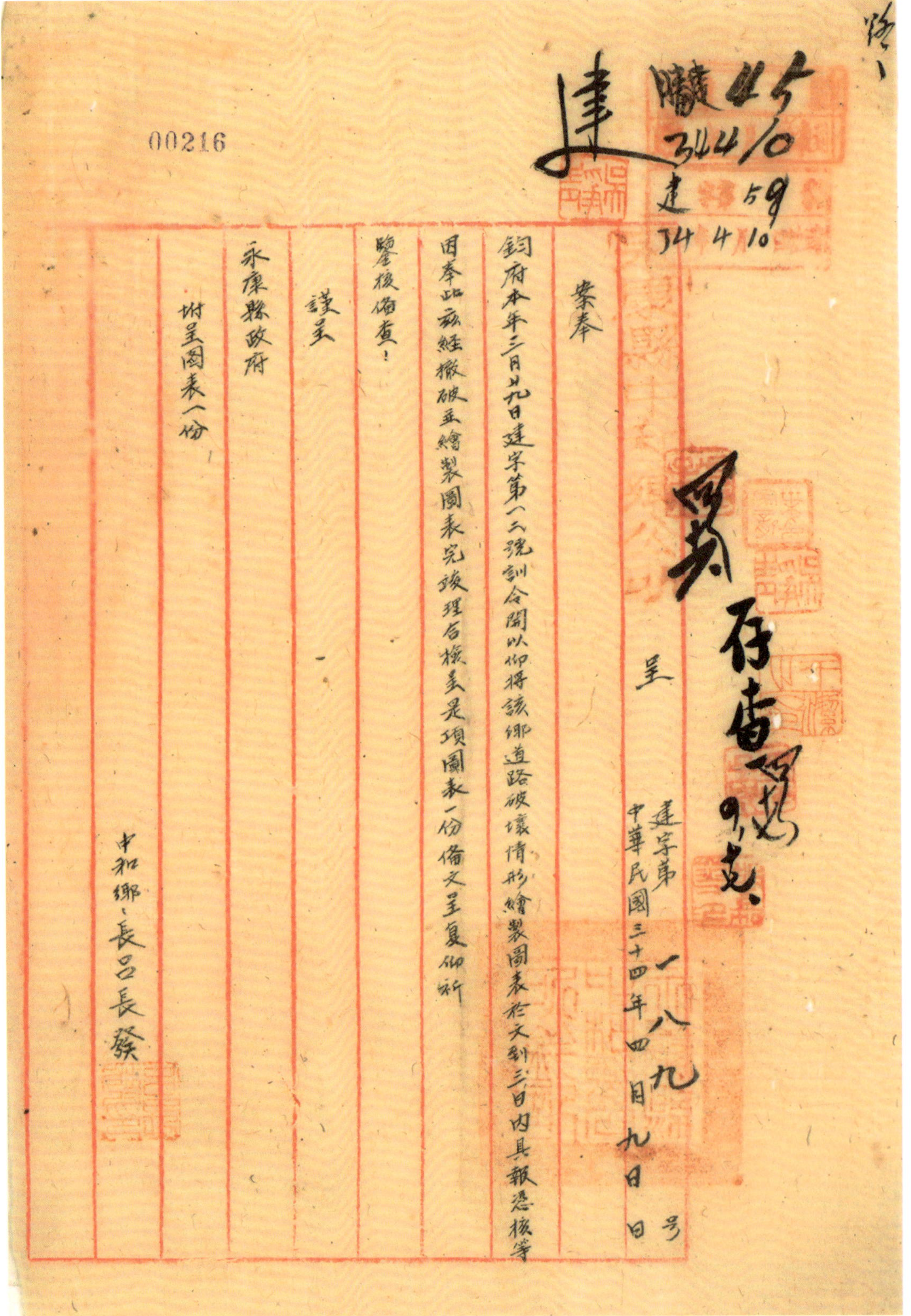

00216

呈　建字第一八九号

案奉

钧府本年三月廿九日建字第一二号训令，闻以仰将该乡道路破坏情形绘制图表于文到三日内具报凭核等因，奉此，兹经撤破并绘制图表完竣，理合检送是项图表一份备文呈复，仰祈

鉴核备查！

谨呈

永康县政府

附呈图表一份

中和乡乡长吕长发

中华民国三十四年四月九日

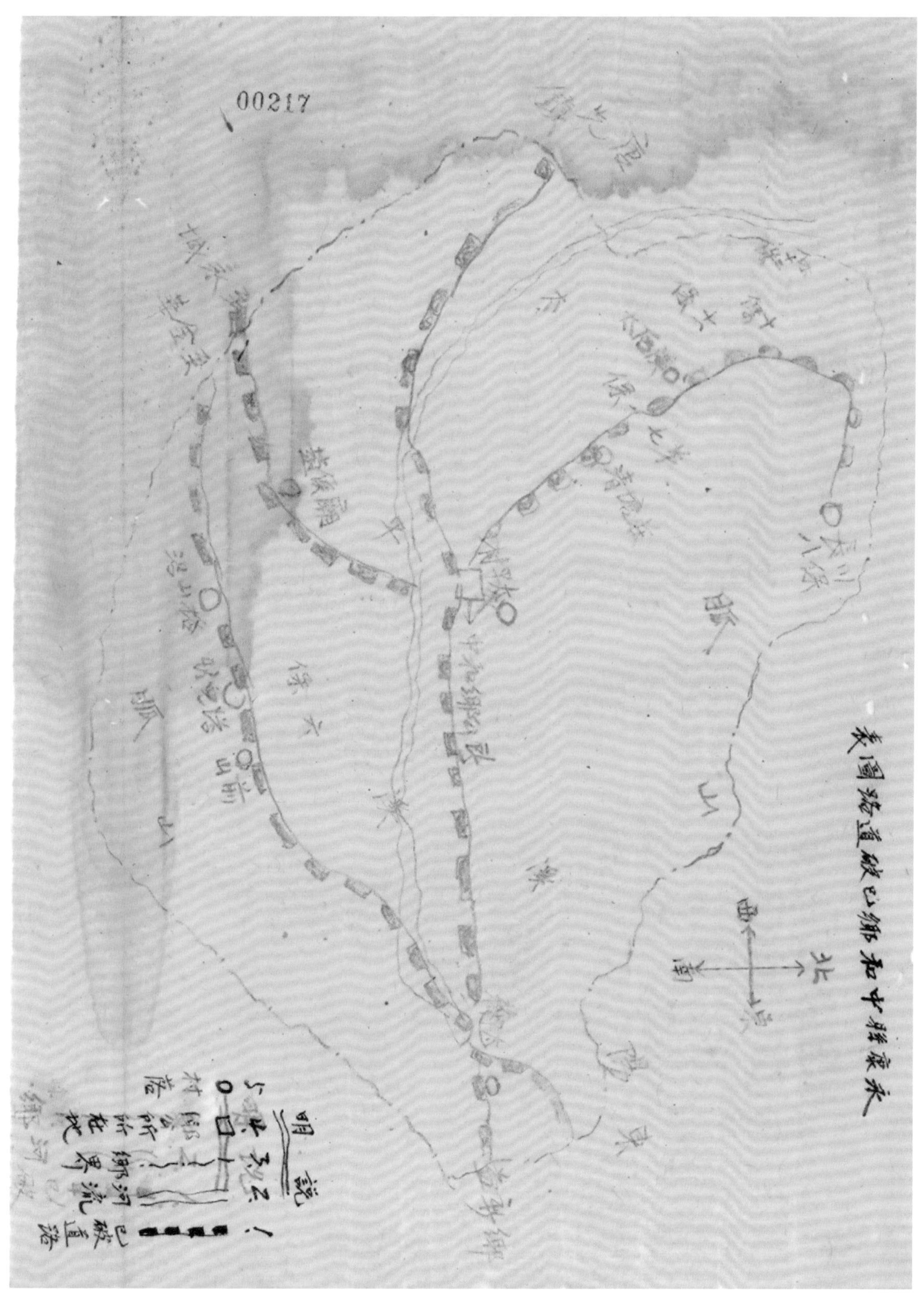
來鳳縣中和鄉已破道路圖表
說明
已破道路
河流
鄉界
鄉公所所在地
村落

仙义乡公所关于补报该乡道路破坏情形绘图致永康县政府的呈（一九四五年四月十七日）

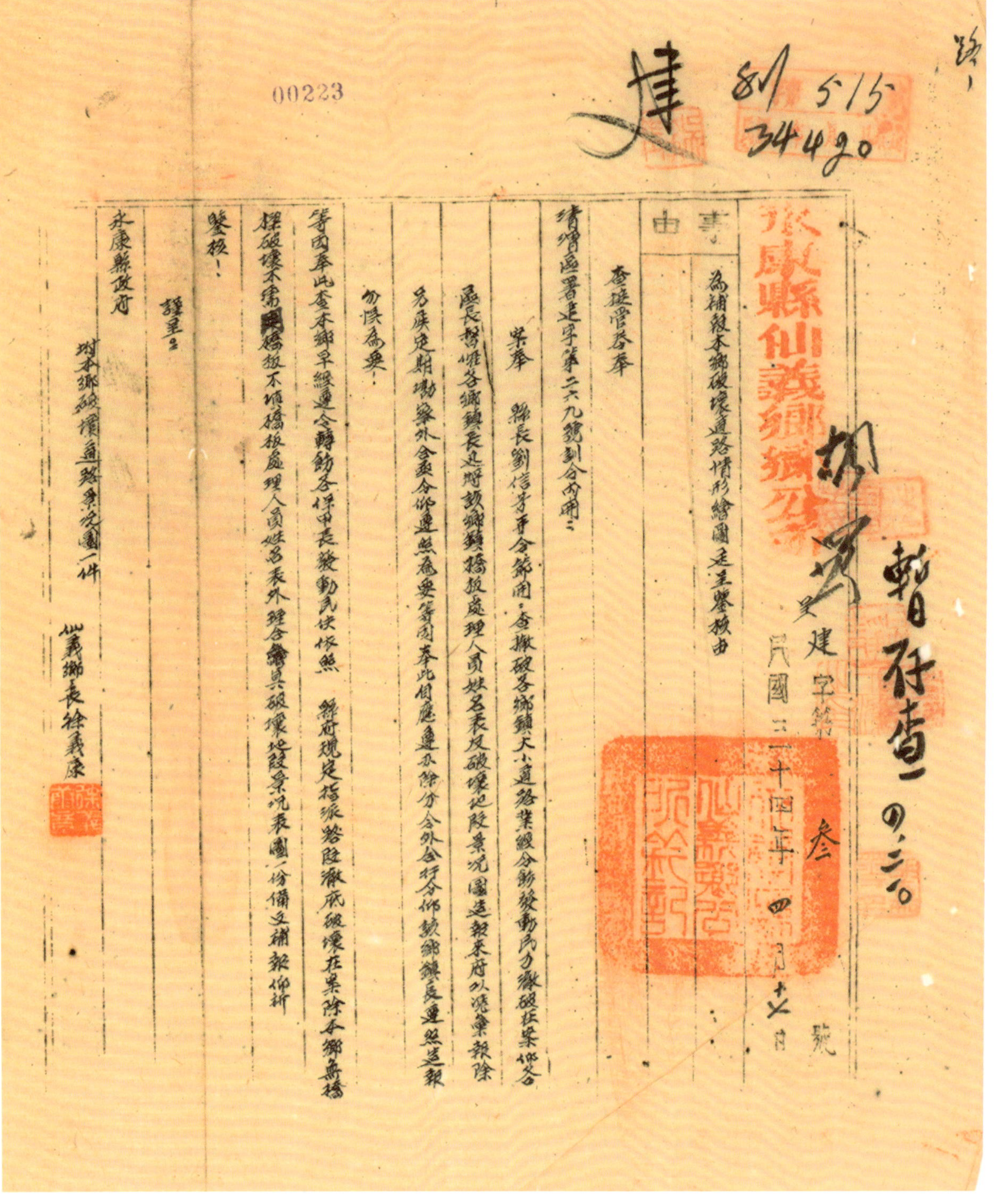

事由：為補報本鄉破壞道路情形繪圖送呈鑒核由

建字第叁號

民國三十四年四月十七日

查案曾奉

貴縣政府署建字第二六九號訓令內開：

案奉 縣長劉信芳手令節開：查撤破各鄉鎮大小道路業經分飭發動民力徹破在案，仰各區長督催各鄉鎮長遵將該鄉鎮橋拆處理人員姓名表及破壞地段景況圖造報來府，以憑彙報，除另展定期動參外，合亟令仰遵照為要。等因，奉此，自應遵辦，除分令外，合行令仰該鄉鎮長遵照造報勿誤為要！

等因，奉此，查本鄉早經遵令轉飭各保甲長發動民伕依照 縣府規定指派路段徹底破壞在案，除本鄉無橋樑破壞不需橋拆，不填橋拆處理人員姓名表外，理合繪具破壞地段景況表圖一份，備文補報，仰祈

鑒核！

謹呈

永康縣政府

附本鄉破壞道路景況圖一件

仙義鄉鄉長徐義康

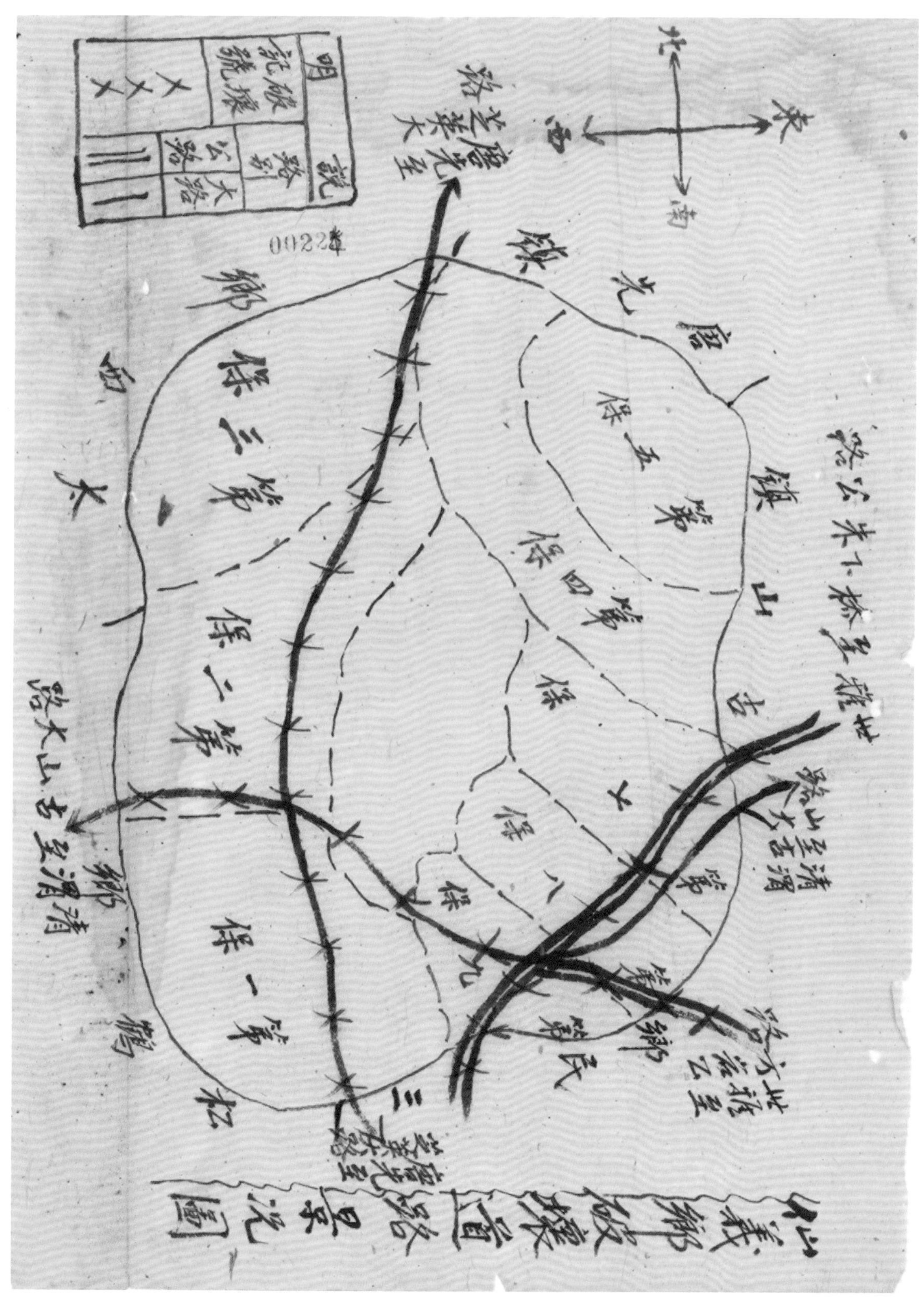

附：仙义乡破坏道路景况图

陆军第三十二集团军总司令部关于要求加强破坏道路致永康县政府的代电（一九四三年九月六日）

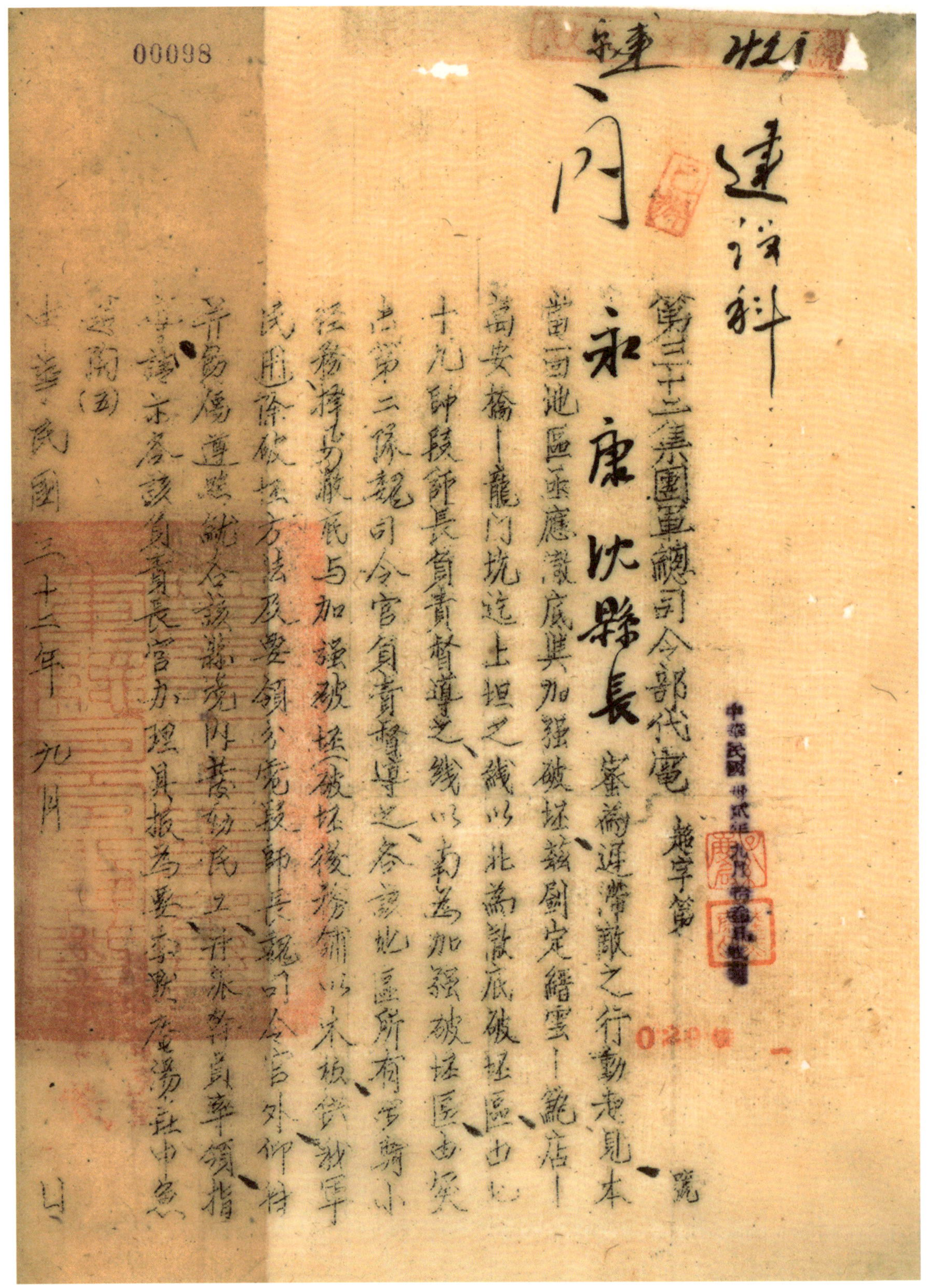

速送科

第三十二集團軍總司令部代電　越字第　號

永康沈縣長鑒：為遲滯敵之行動起見，本部當面地區亟應澈底與加強破壞，茲劃定縉雲—新店—高安橋—龍門坑迄上坦之線以北為澈底破壞區，由七十九師段師長負責督導之；線以南為加強破壞區，由突擊第二隊魏司令官負責督導之。各該地區所有公路小徑，務擇要澈底與加強破壞（破壞後務鋪以木板、鐵釘、竹簽），除破壞方法及要領分電段師長、魏司令官外，仰即飭屬遵照，就令該縣境內發動民工，并派幹員率領指導，並將各該負責長官辦理具報為要。李默庵[illegible]

遵開（五）

中華民國三十二年九月　日

永康县政府关于请给予指示彻破道路方法和要领致陆军第七十九师的代电（一九四三年九月十八日）

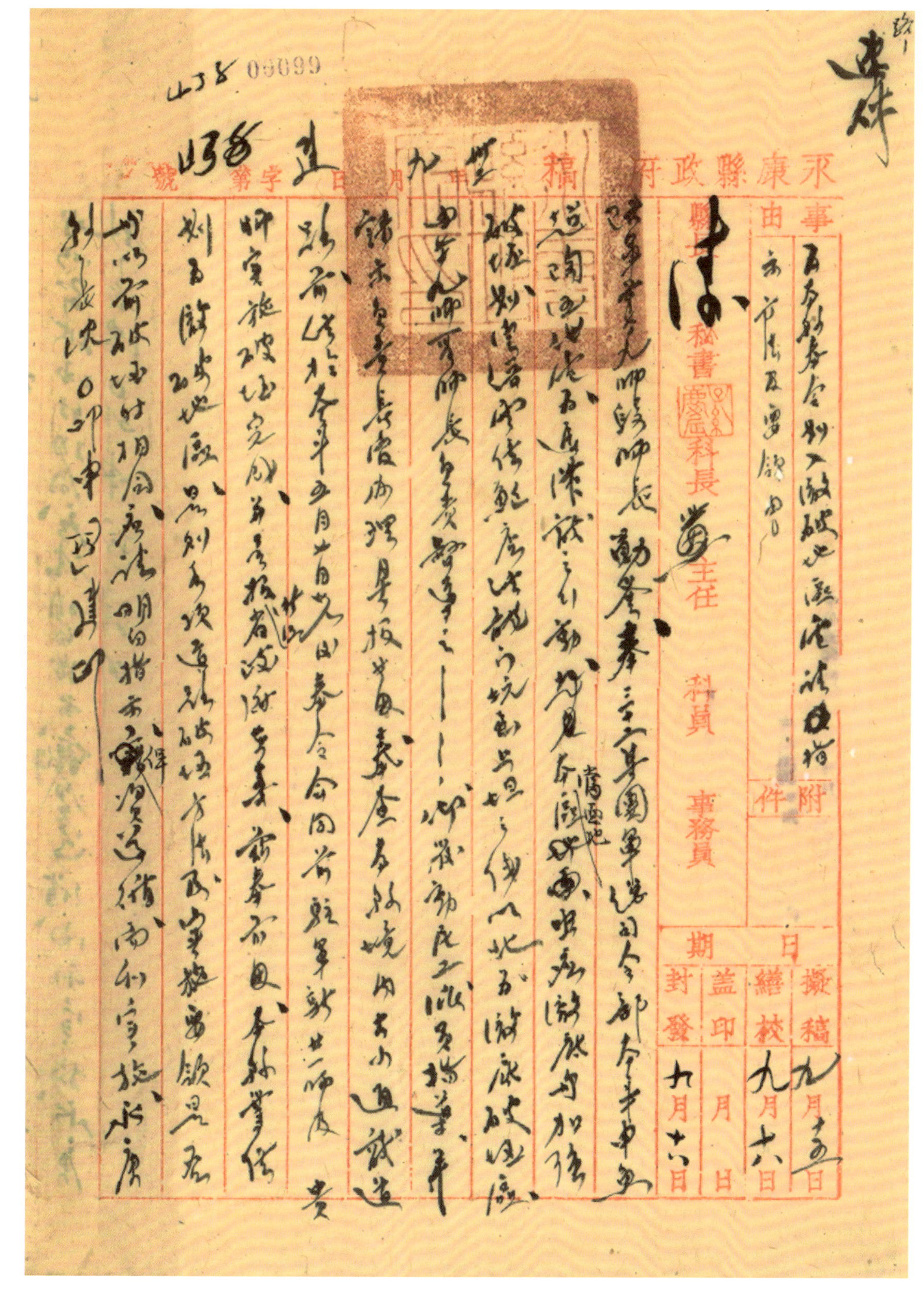
永康縣政府稿　年　月　日　字第　號

事由

附件

秘書　科長　主任　科員　事務員

日期　擬稿　繕校　蓋印　封發

永康县政府与陆军第八十八军、陆军第七十九师第二三七团关于秋收后放水犁田以妨害敌之行动的一组文书

（一九四三年九月二十四日至一九四三年十月四日）

陆军第八十八军司令部关于转发规定蓄水区域及办法致永康县政府的代电（一九四三年九月二十四日）

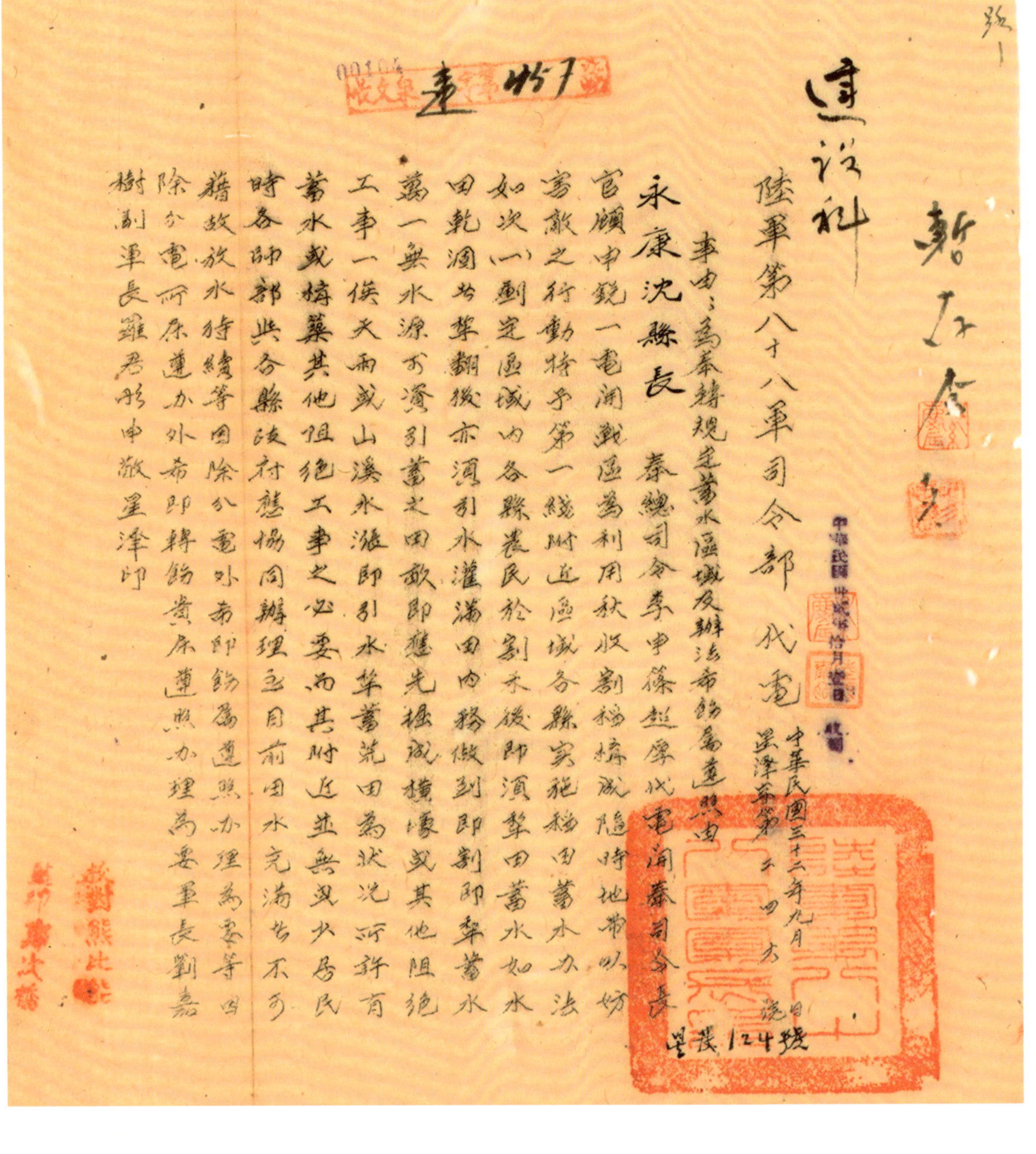

暫存
建設科

陸軍第八十八軍司令部代電

中華民國三十二年九月二十四日發
星澤參第　號

事由：為奉轉規定蓄水區域及辦法希飭屬遵照由

永康沈縣長：奉總司令李申篠超參代電開：奉司令長官顧申銑一電開：戰區為利用秋收割稻稼隱時地帶以妨害敵之行動，特予第一綫附近區域各縣實施稻田蓄水辦法如次：（一）劃定區域內各縣農民於割禾後即須犁田蓄水，如水田乾涸者犁翻後亦須引水灌滿田內，務做到即割即犁蓄水。萬一無水源可資引蓄之田畝，即應先掘成橫壕或其他阻絕工事，一俟天雨或山溪水漲即引水犁蓄。荒田為狀況所許有蓄水或構築其他阻絕工事之必要，而其附近並無兵力居民時，各師部與各縣政府應協同辦理。至目前田水充滿者不可藉故放水，特續等因。除分電外，希即飭屬遵照辦理為要等因。除分電所屬遵辦外，希即轉飭貴屬遵照辦理為要。軍長劉嘉樹、副軍長羅君彤申敬星澤印

陆军第七十九师第二三七团关于秋收后放水犁田以妨害敌之行动致永康县政府的公函（一九四三年十月四日）

4774

事由	函為奉轉蓄水犂田以妨害敵之行動辦法希查照辦理由
擬辦	
批示	
附件	

陸軍第七十九師第二百三十七團團本部公函 中華民國三十二年十月四日發 禮書字第〇一五六號 自漢坦團部

逕啟者：案奉敝師師長段申卅瀋峯參戰贊字第四四六號代電開：「奉司令長官顧申銑一電開：『戰區為利用秋收割稻構成隨時隨地帶以妨害敵之行動，特予第一線附近區域各縣實施稻田蓄水辦法如次：㈠劃定區域內各縣農民於割禾後即須犂田蓄水，如水田乾涸者犂翻後不須引水瀦滿田内務做到即割即犂即蓄水萬一無水源可資引蓄之田畝即應先掘成横壕或其他阻絶工事一俟天雨或山溪水漲即引水犂蓄荒田為狀况所許有蓄水或構築其他阻絶工事之必要而其附近並無或少居民時各師部與各縣政府應協同辦理至目前田水充滿者不可藉故放水」等因希即遵照辦理為要等因奉此除令飭所屬各部照以前指定破壞道路地區加以督導民衆犂田蓄水切實遵照實施外相應函達即希

查照並請　貴府詳訂办法劃定區域轉飭各區鄉保甲遵照實施並先將辦法及劃定區域函覆以便轉飭各部協同督導為荷

此致

永康縣政府

團長

陆军第七十九师第二三七团关于加强破坏道路有关事项致永康县政府的代电（一九四三年十月七日）

代電　禮專字第零二三號

沈縣長勛鑒：頃接貴府448號代電節開：「茲奉前電關於現時規定破壞方式是否與本縣以往實施情形相同，本府急需明瞭，以資辦理，特此電請查照，希將破壞時應行規定及技術上各項細部問題迅速詳復，俾利進行」等由，准此。查本部奉師長段轉奉總司令李申麻超閩代電節開：「為遲滯敵之行動起見，各該破壞地區既多小徑，務擇要發動鄉保民工徹底加強破壞（破壞後務架以木板，供我軍民之用），其應注意之點摘示如下：（一）破壞口宜深長，使敵修復不易；（二）破壞口之泥土石塊勿置於近傍；（三）在我撤退時，即將其橋板器材等作有計劃埋藏，藉供我軍反攻時之用；（四）破壞口之選定，以在其附近無法搜索資材，盡量增大其修復時間為準則；（五）破壞點務在通敵數道路之匯合點，且其近旁易為十字交叉之處，力禁無價值之廣泛破壞，本件全文即注意『擇要』二字」以上數項，除分令各有關縣長盡力督導民工協助外，仰即遵照迅予辦理為要等由

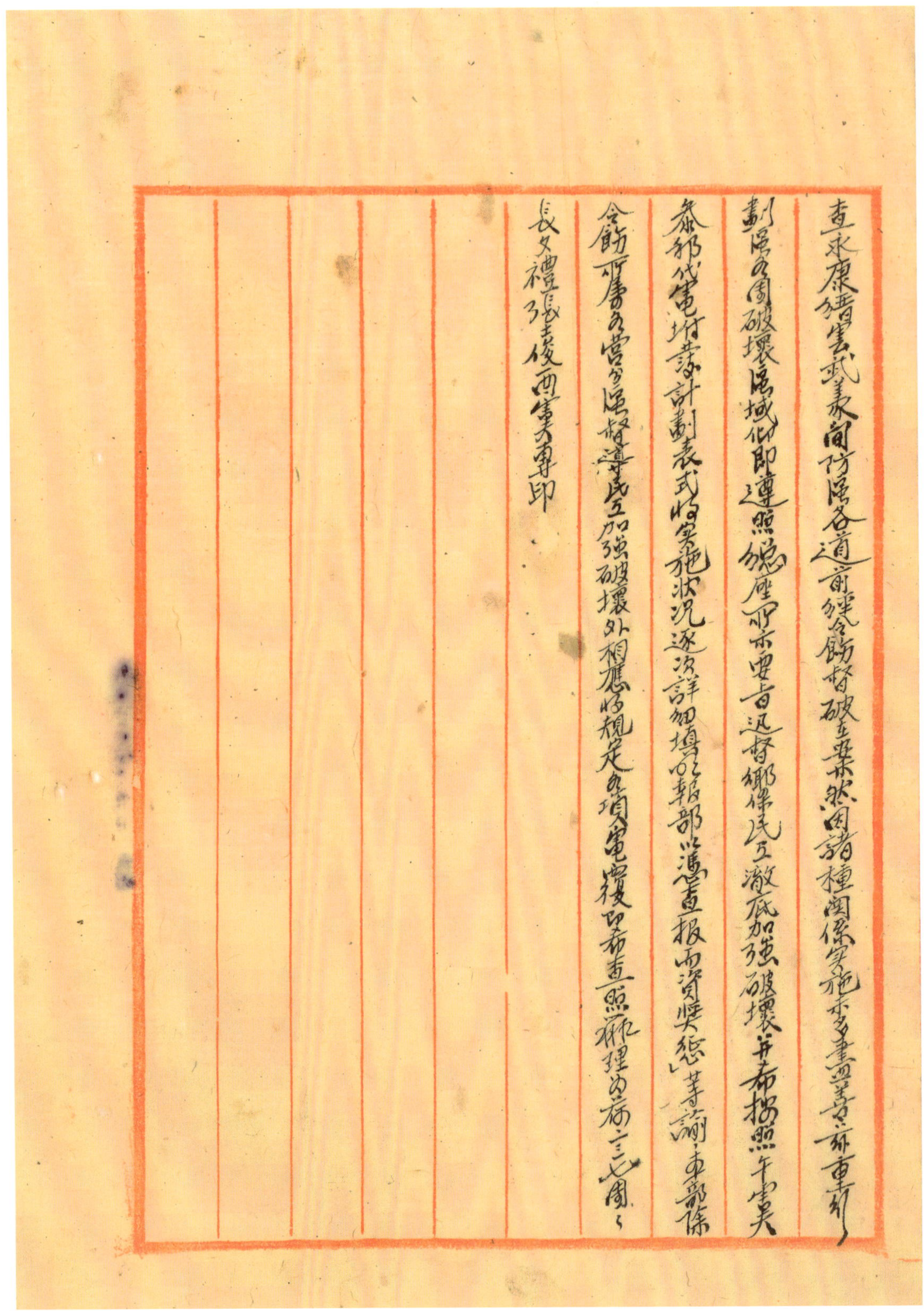
查永康縉雲武義永間防區各道前經令飭督破在案，然因諸種關係，實施未盡妥善，茲重新
劃定各區破壞區域，仰即遵照總座所示要旨，迅督鄉保民工澈底加強破壞，并希按照午寅
參部代電附發計劃表式將實施狀況逐次詳細填呈報部，以憑查報而資獎懲」等諭，奉此，除
令飭所屬各營分區督導民工加強破壞外，相應將規定各項電達，即希查照辦理為荷。三七周
長文禮巳支後西第三專印

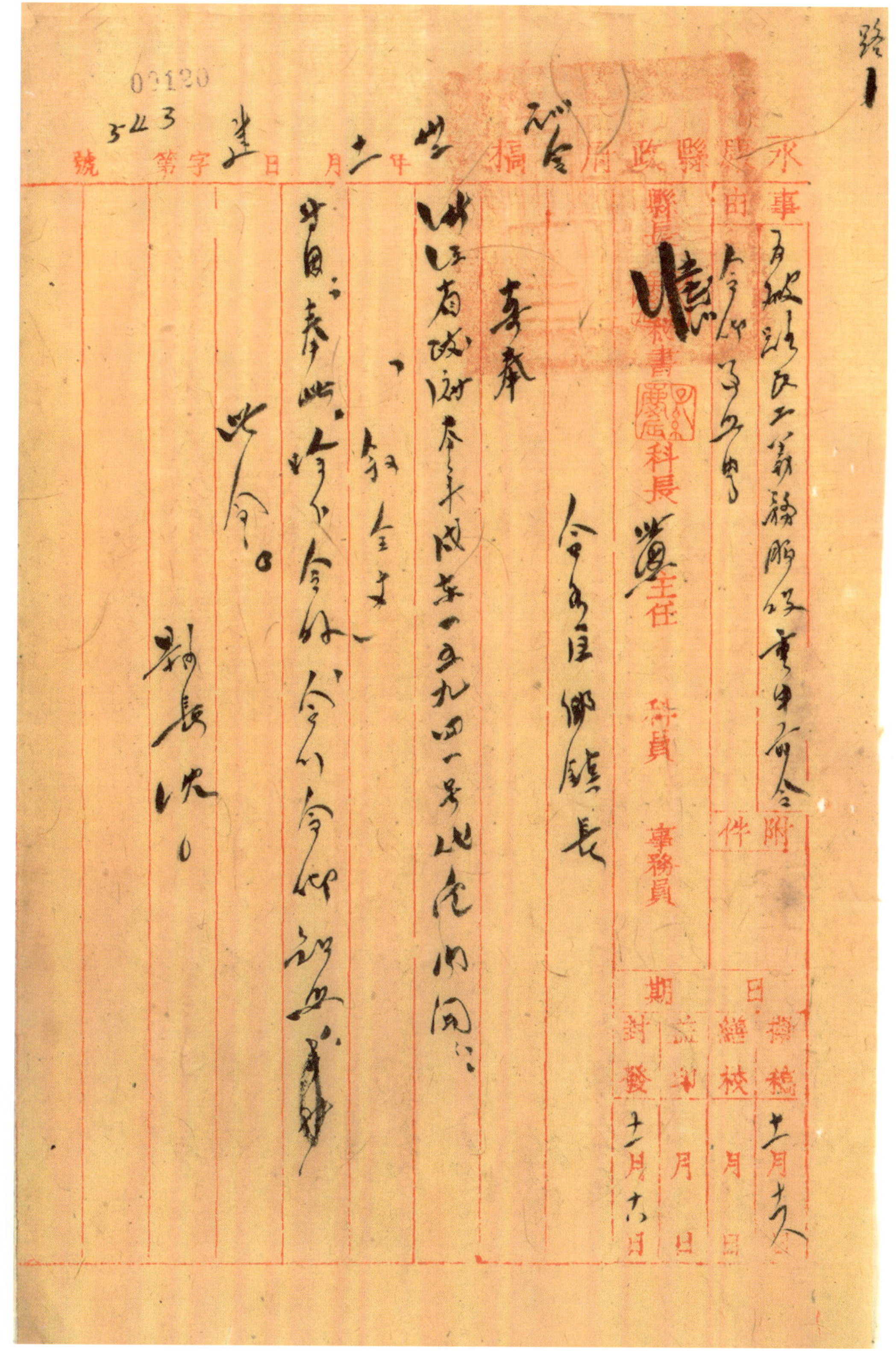

永康县政府关于奉令重申破路民工为义务服役致各区署各乡镇公所的训令（一九四三年十一月十八日）

永康县政府关于发动民工彻底破坏道路事致各区署各乡镇公所的代电（一九四四年五月十三日）

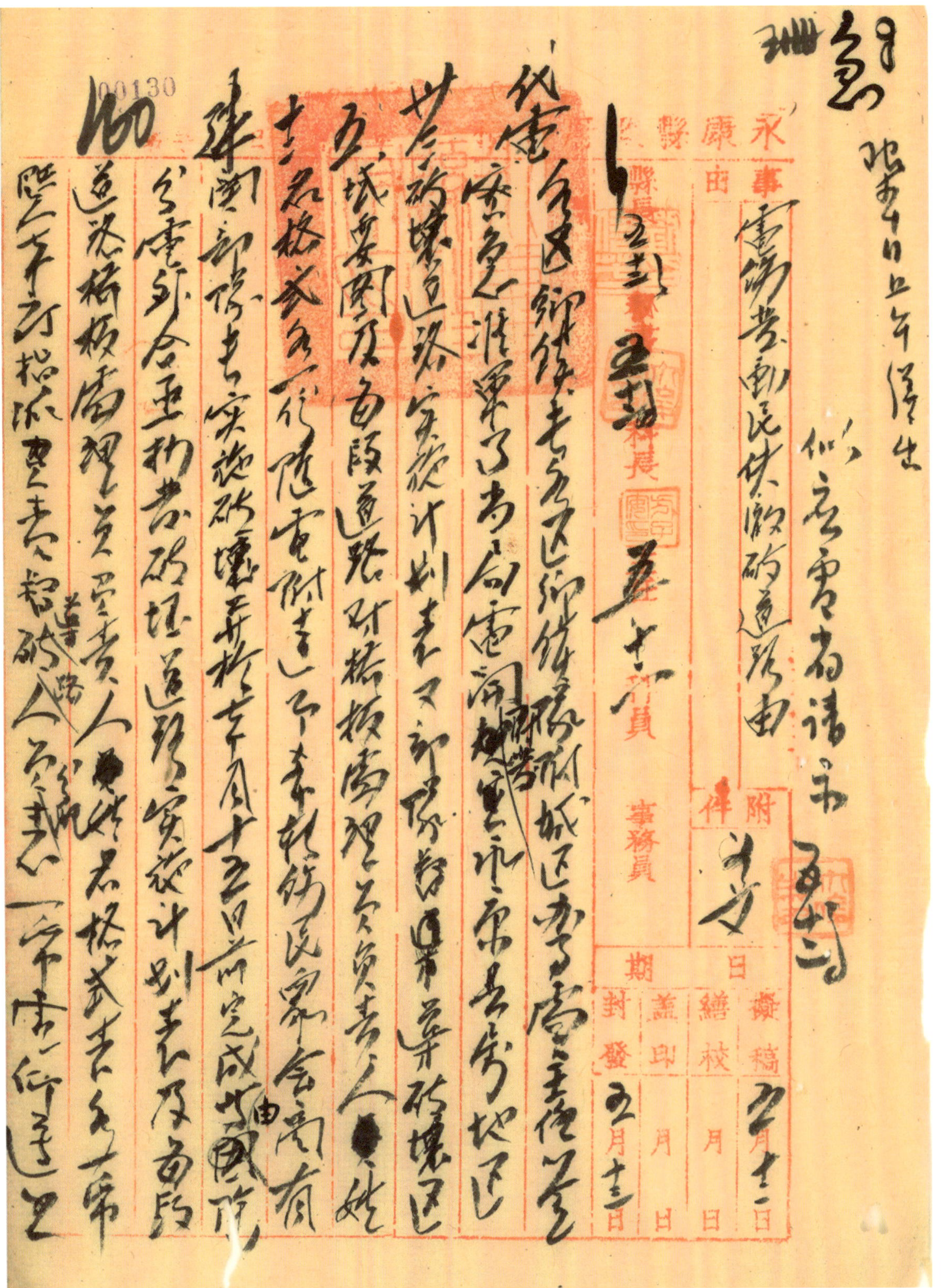

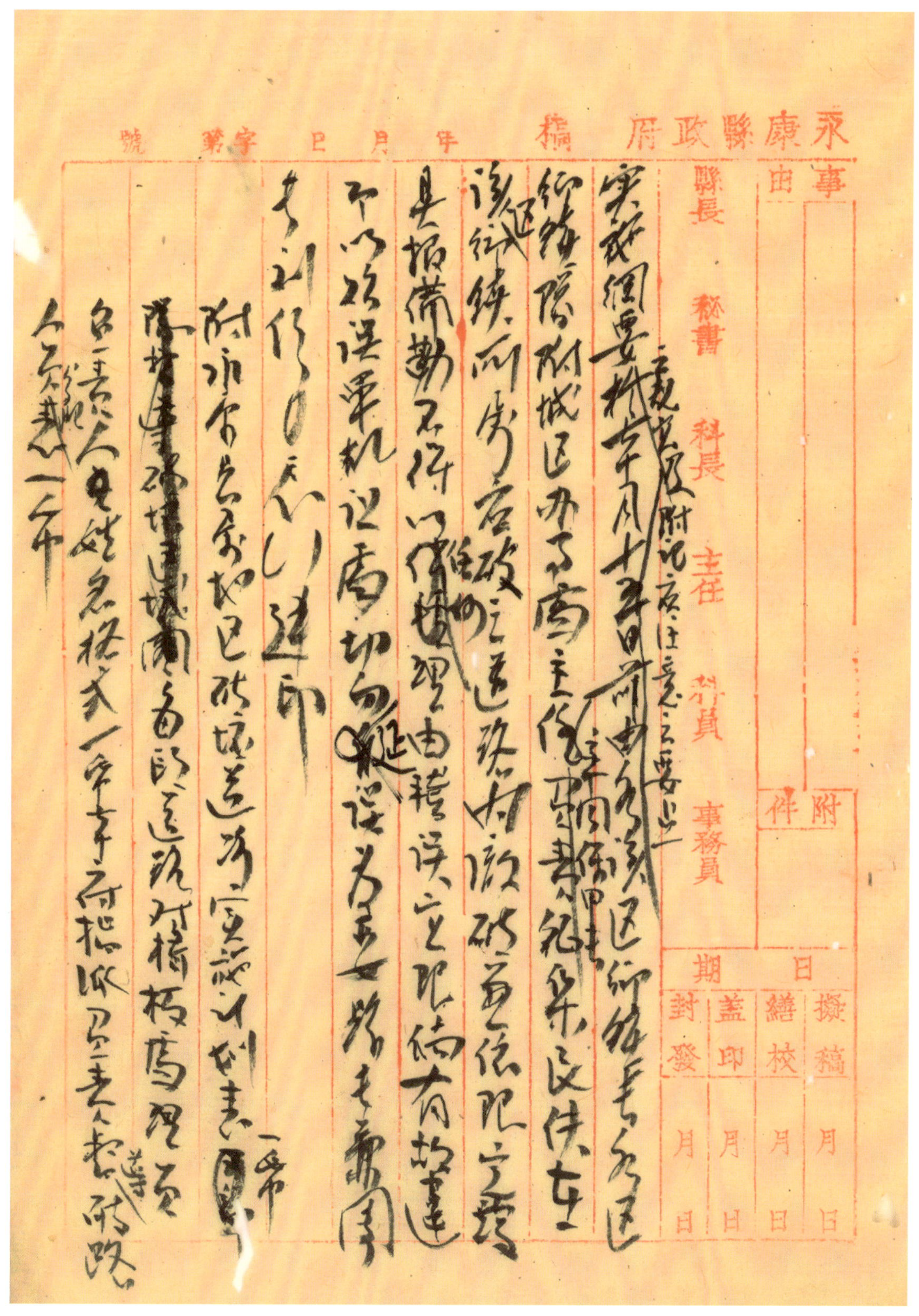

永康縣政府稿　年　月　巳　字第　號

事由

縣長　秘書　科長　主任　科員　事務員

附件

日期：擬稿　月　日；繕校　月　日；蓋印　月　日；封發　月　日

永康县政府关于派员洽商破路事宜致陆军新编第二十一师搜索连的代电（一九四四年五月十三日）

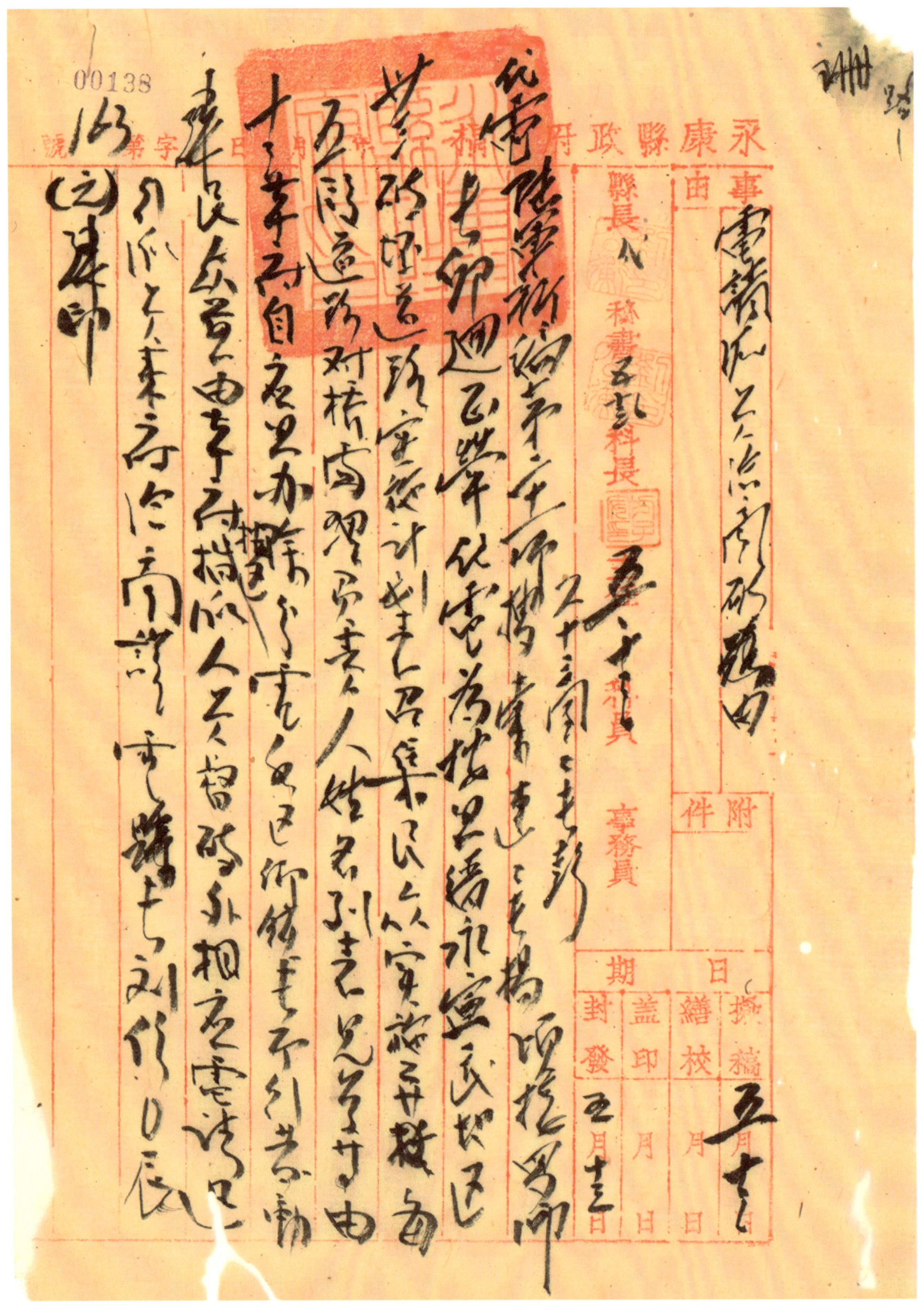
00138

永康縣政府稿 字第 號

事由

縣長

秘書

科長

科員

事務員

附件

日期

擬稿 月 日

繕校 月 日

蓋印 月 日

封發 月 日

浙江省第四专区区署关于陆军第八十八军在丽水召开破路会议事致永康县政府的电（一九四四年七月五日）

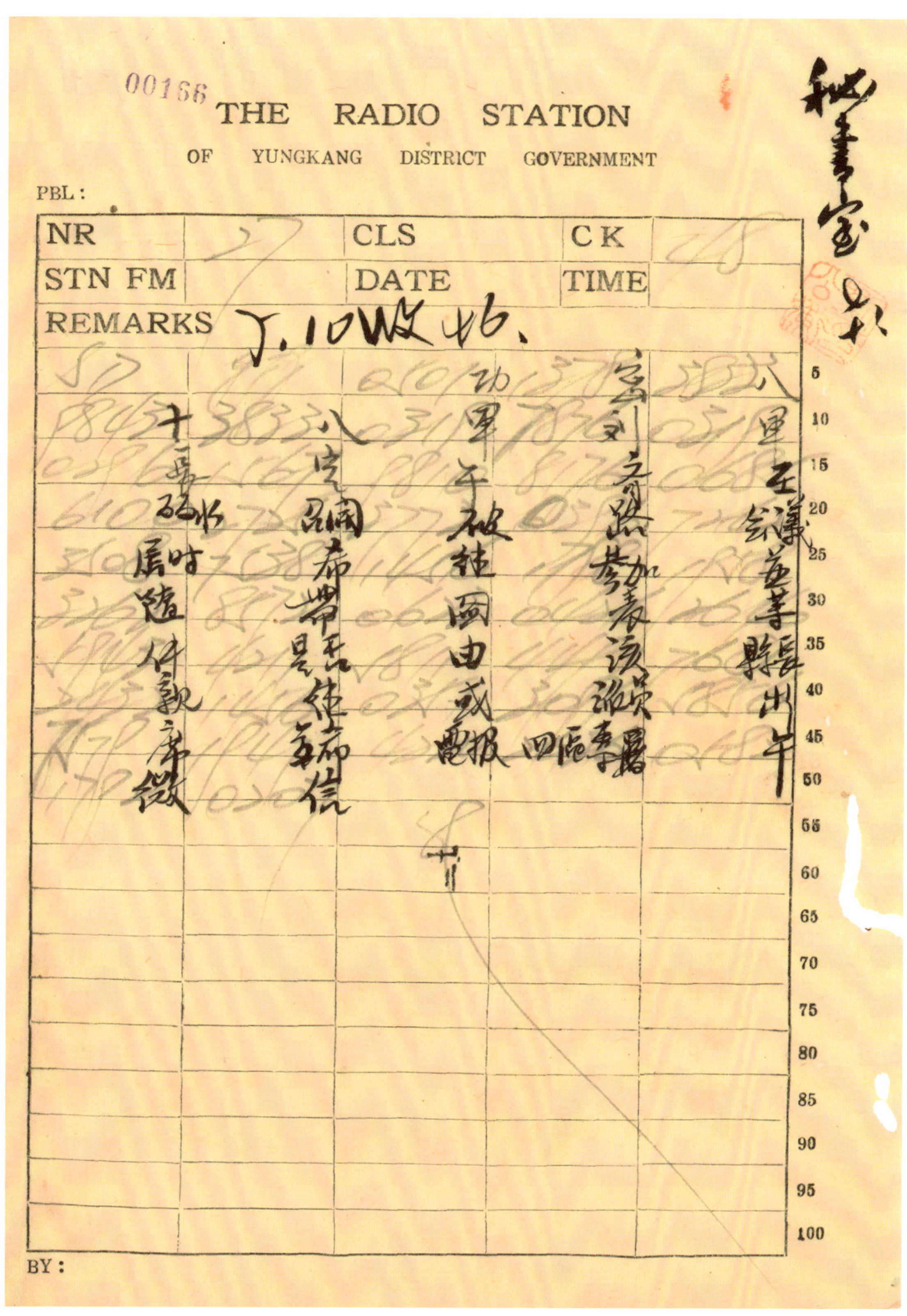

00166

THE RADIO STATION
OF YUNGKANG DISTRICT GOVERNMENT

PBL:

NR		CLS		CK	
STN FM		DATE		TIME	
REMARKS					

BY:

永康县政府与陆军第八十八军关于破路实施情形的来往文书（一九四四年七月十四日至一九四四年七月二十二日）

陆军第八十八军致永康县政府的电（一九四四年七月十四日）

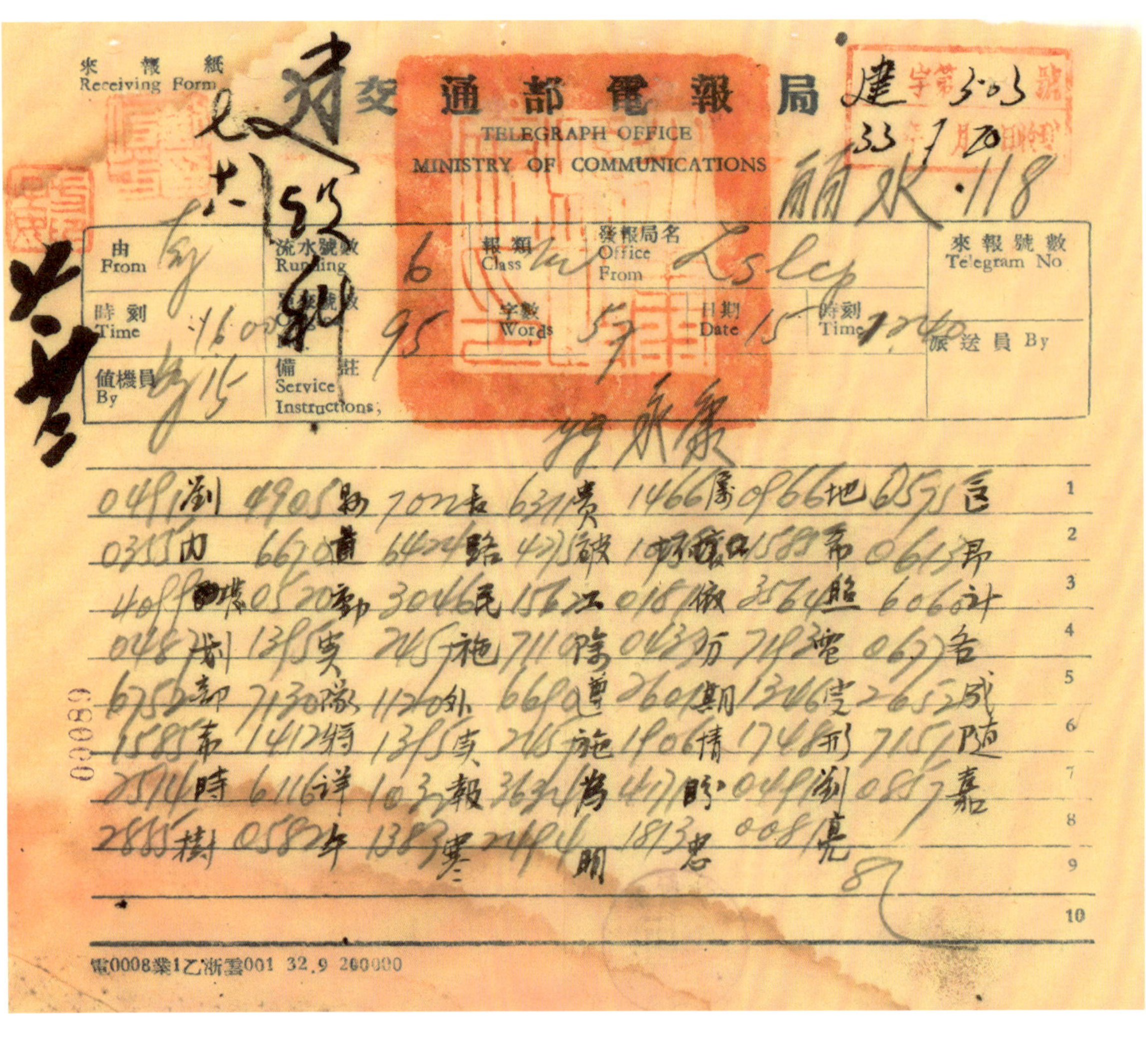

來報紙 Receiving Form

交通部電報局
TELEGRAPH OFFICE
MINISTRY OF COMMUNICATIONS

由 From	流水號數 Running	報類 Class	發報局名 Office From	來報號數 Telegram No
時刻 Time	號數	字數 Words	日期 Date	時刻 Time
值機員 By	備註 Service Instructions			派送員 By

電0008業1乙浙雲001 32.9 200000

永康县政府致陆军第八十八军的电（一九四四年七月二十二日）

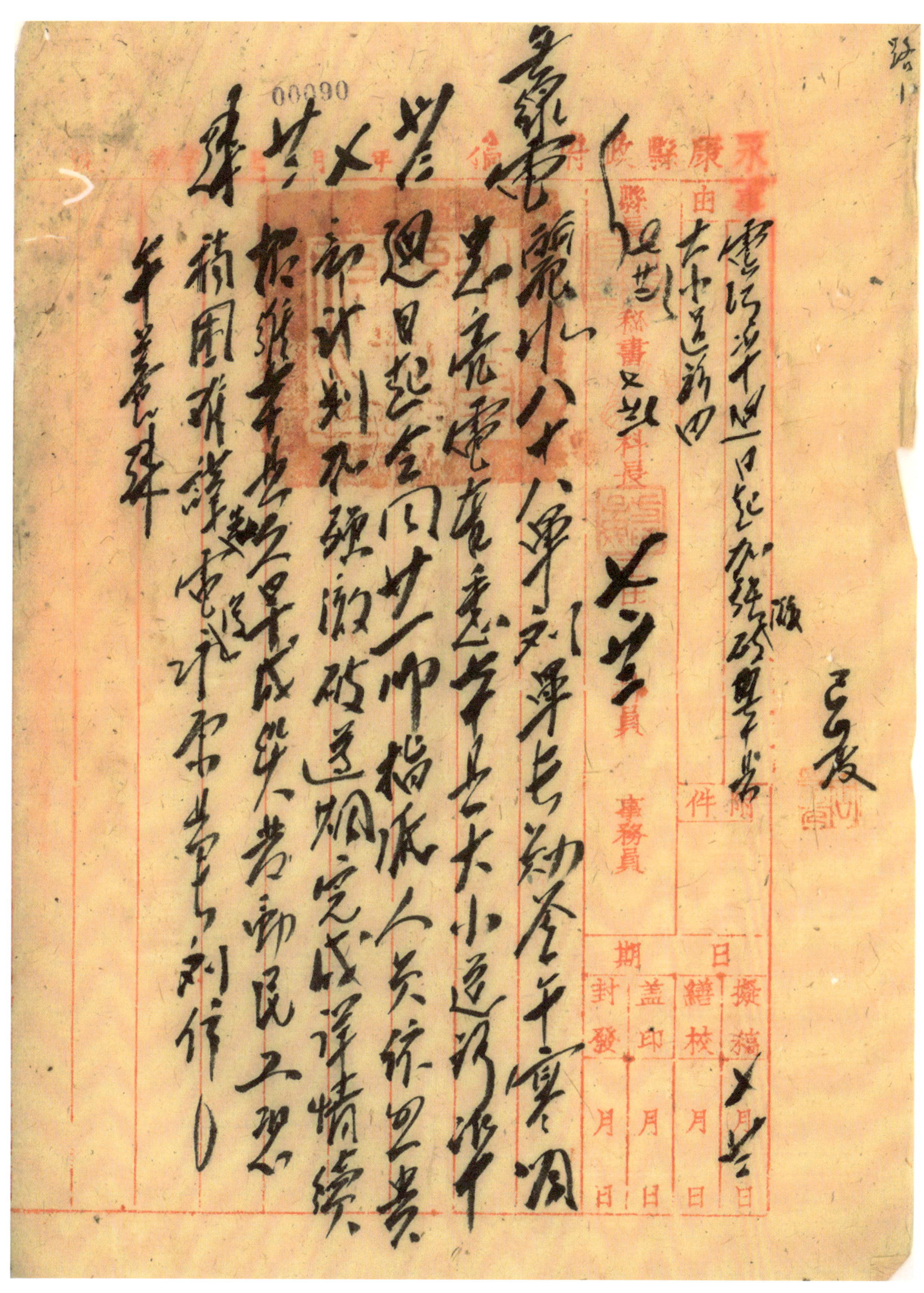

永康县政府关于召开破坏道路会议的通知及记录（一九四四年七月十九日至一九四四年七月二十日）

永康县政府关于请出席破坏道路会议事致县党部的函（一九四四年七月十九日）

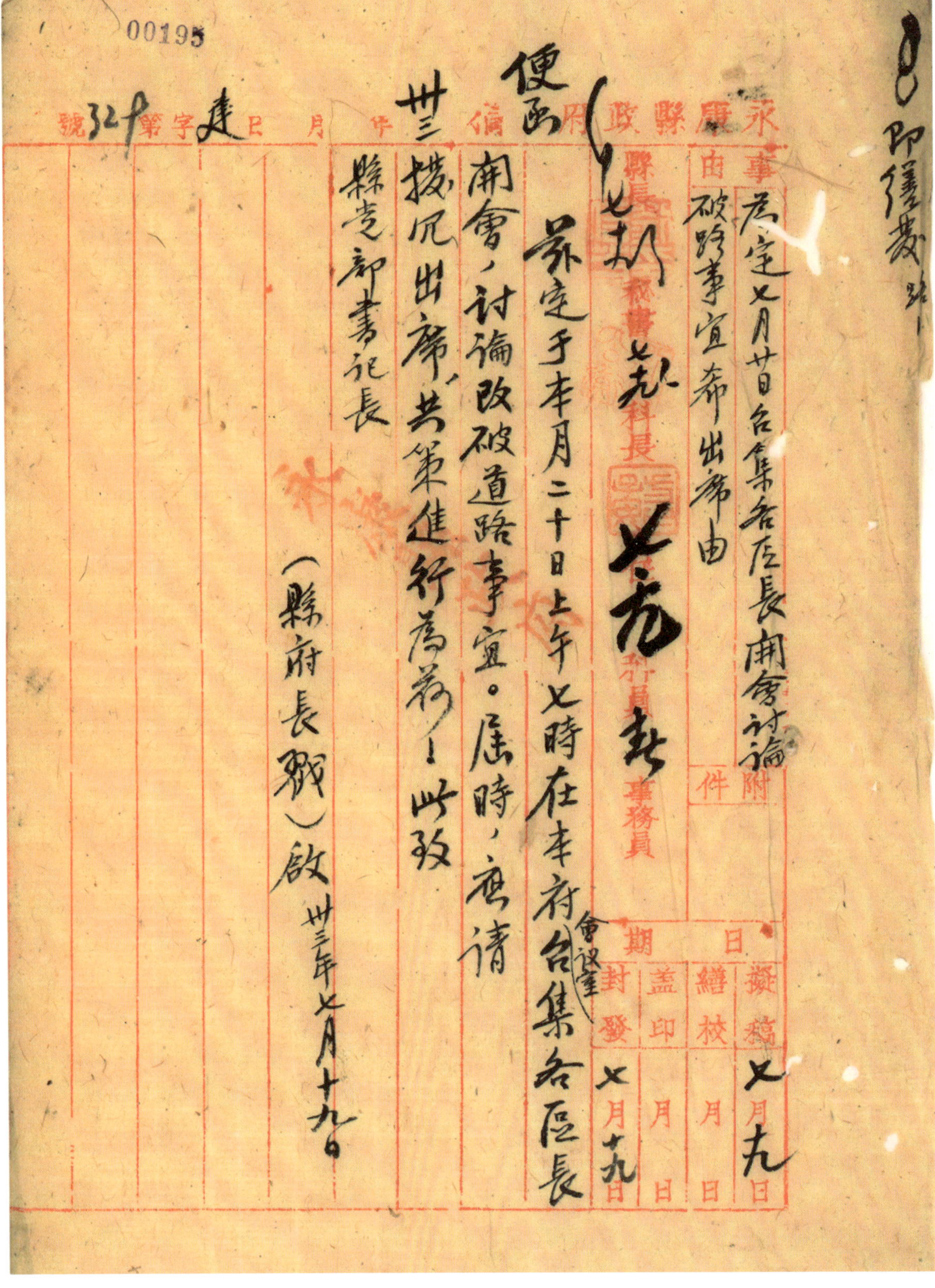

00195

永康县政府稿 年 月 日 建字第324号

事由：定七月廿日召集各区长开会讨论破路事宜希出席由

便函

兹定于本月二十日上午七时在本府召集各区长开会，讨论破坏道路事宜。届时，应请卅三拨冗出席，共策进行为荷！此致

县党部书记长

（县府长衔）启 卅三年七月十九日

即缮发

永康县政府关于召集各区长讨论破坏道路事宜的会议记录（一九四四年七月二十日）

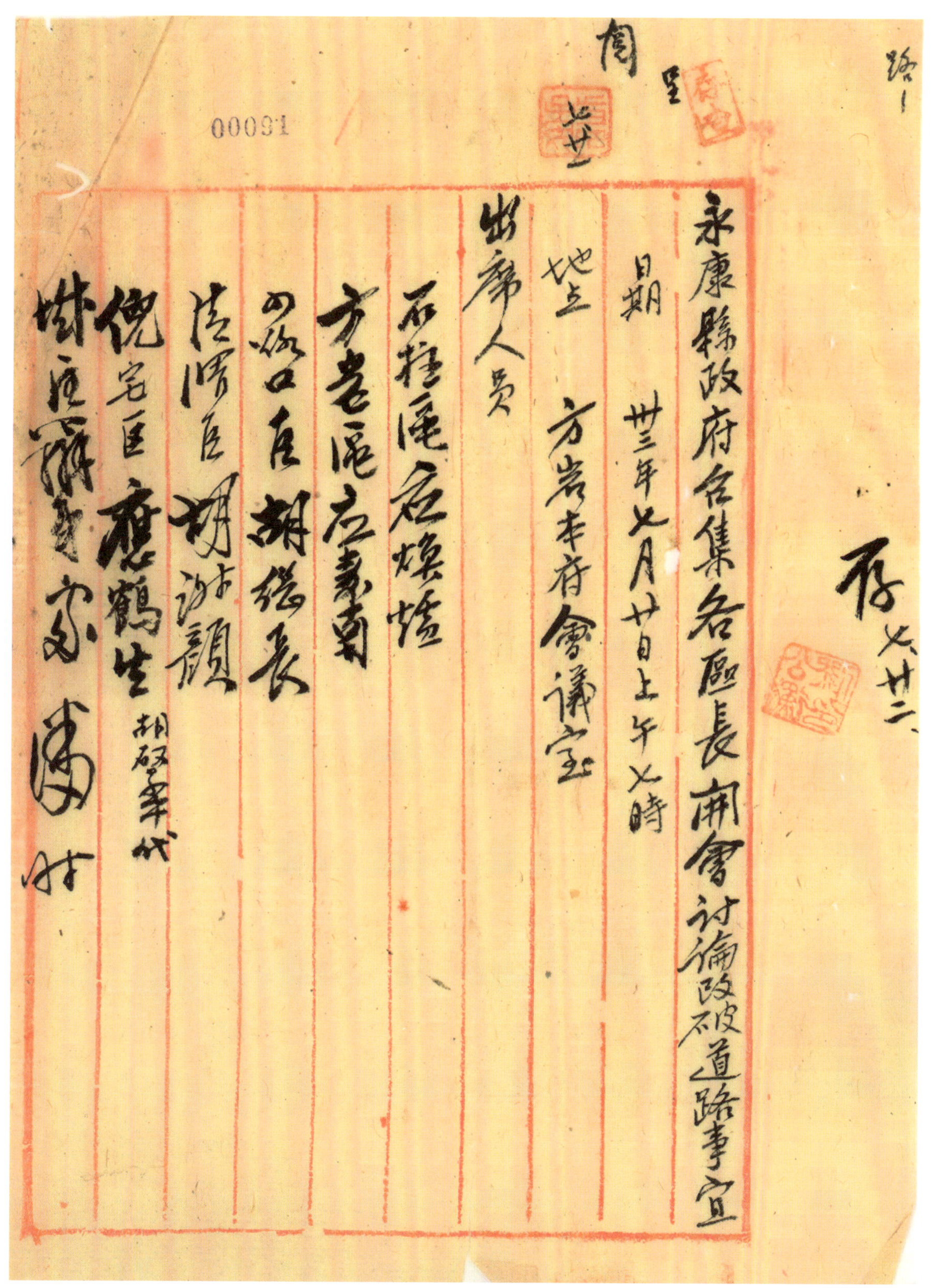

路1

閲 呈 七廿一

存 七廿二

00091

永康縣政府召集各區長開會討論破壞道路事宜

日期 卅三年七月廿日上午七時

地点 方岩本府會議室

出席人員

石柱區 應煥墻

方岩區 應素蕑

四路區 胡經長

清溪區 胡鴻顏

俄宅區 應鶴生 胡碧峯代

城[illegible]

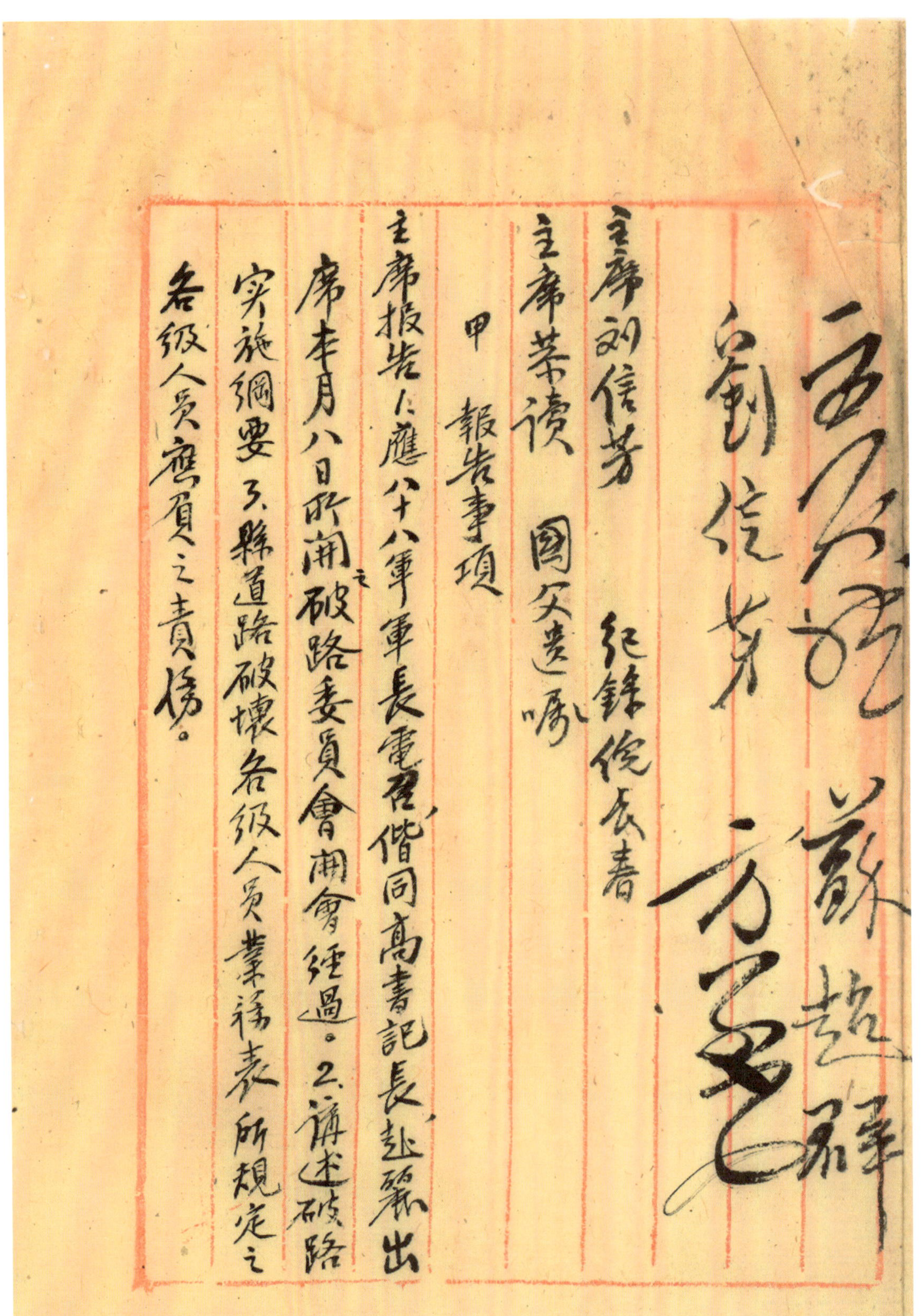

[illegible]　蘇超群

劉信芳　[illegible]

主席劉信芳　紀錄倪長春

主席恭讀　國父遺囑

甲　報告事項

主席報告1、應八十八軍軍長電召偕同高書記長赴麗出席本月八日所開破路委員會之開會經過。2、講述破路實施綱要　3、縣道路破壞各級人員業務表所規定之各級人員應負之責任。

高書記長報告，破路之舉，實施已經多次，因為工程繁鉅急迫，指導難周。破壞以後，或因不合式樣，或因不甚澈底，或因軍事上之變動，或因民眾之私行修築，再三改破或加破，民力浪費，人皆厭惡。但這次破壞路，在時勢環境軍事及程度上之要求，比以往各次意義均為重大。故這次破路，務須做到盡善盡美之境界，研究不厭求詳，執行必須澈底。各區召集鄉保長開會，及各區闢設破路示範場，甚為重要云云。

乙、討論事項

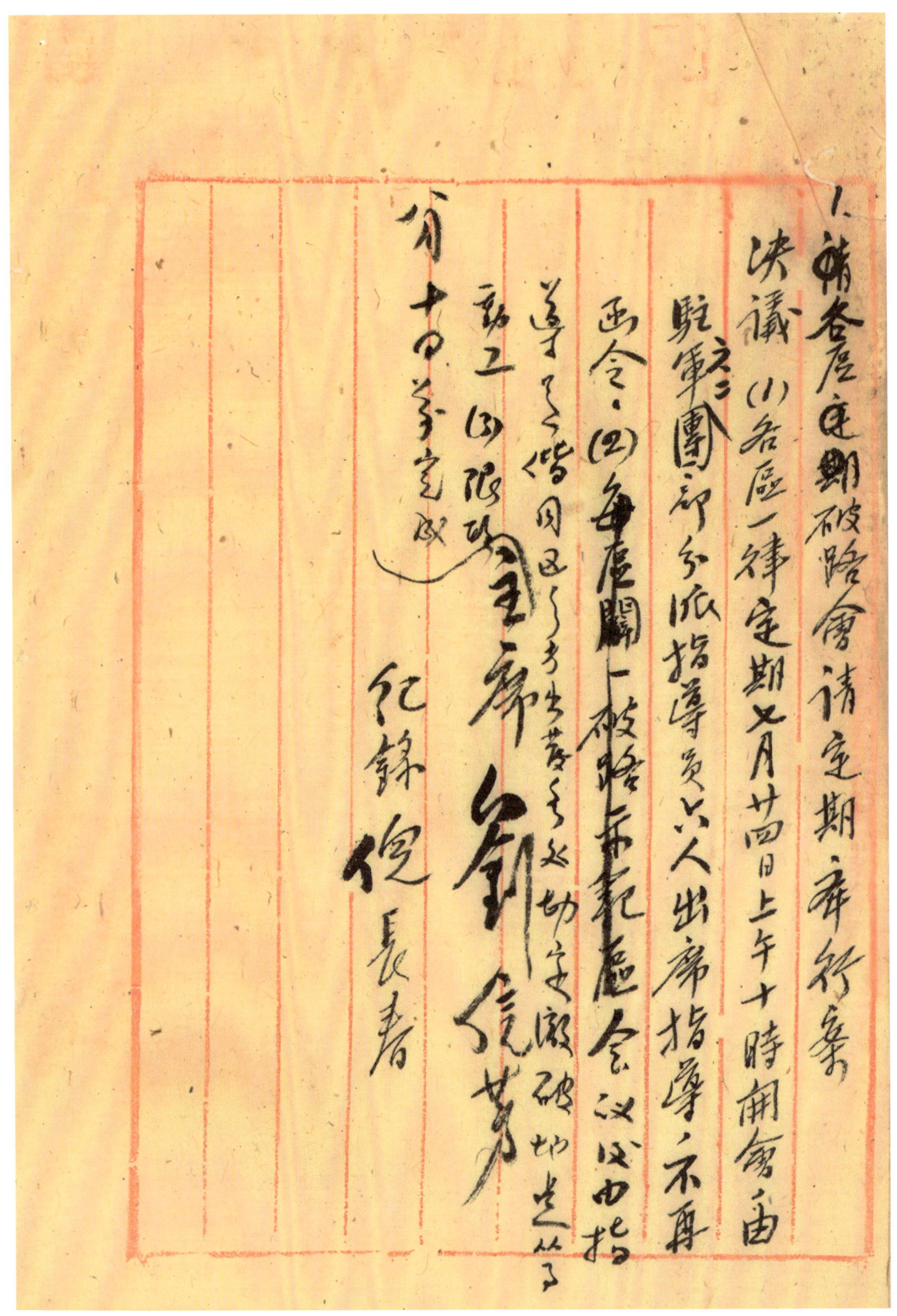

1、請各區定期破路會請定期舉行案

決議　(1)各區一律定期七月廿四日上午十時開會由駐軍六二團部分派指導員六人出席指導，不再函令。(2)每區開一破路佈置區會議，以由指導員召集該區鄉長保長等決定破路之籌款工。(3)限期月十四日前完成

主席　劉億芳

紀錄　倪長春

永康县政府、陆军第八十八军关于派文绍山前来勘察破路实况的一组文书（一九四四年十二月十四日至一九四五年一月三日）

陆军第八十八军司令部致永康县政府的代电（一九四四年十二月十四日）

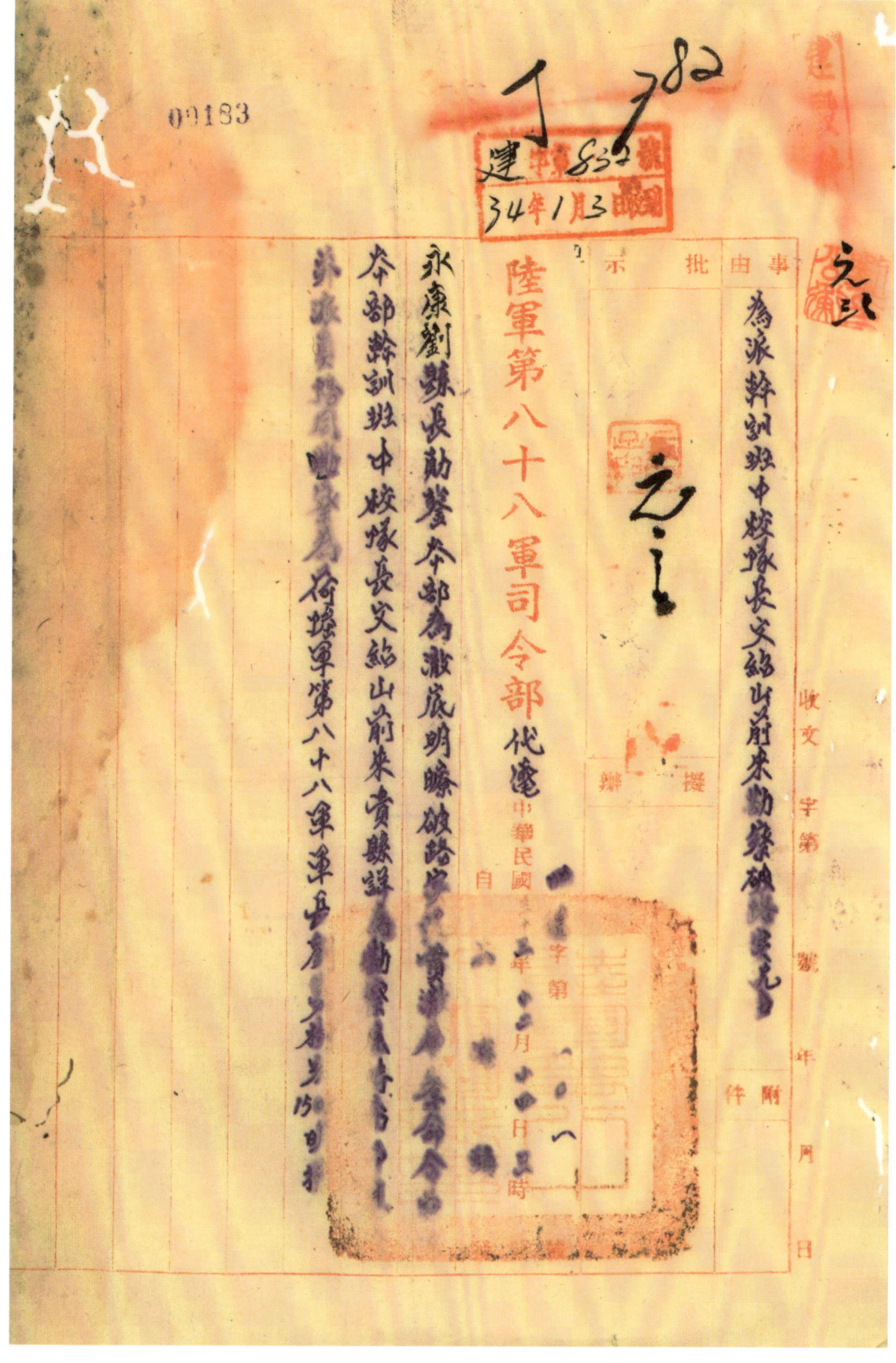
陸軍第八十八軍司令部代電

事由：為派幹訓班中校隊長文紹山前來勘察破路實況

永康劉縣長勛鑒：本部為澈底明瞭破路實況，奉命令派本部幹訓班中校隊長文紹山前來貴縣詳細勘察，希予協助為荷。陸軍第八十八軍軍長何紹周……

中華民國三十三年十二月十四日

永康县政府致各区署各乡镇公所的代电（一九四五年一月三日）

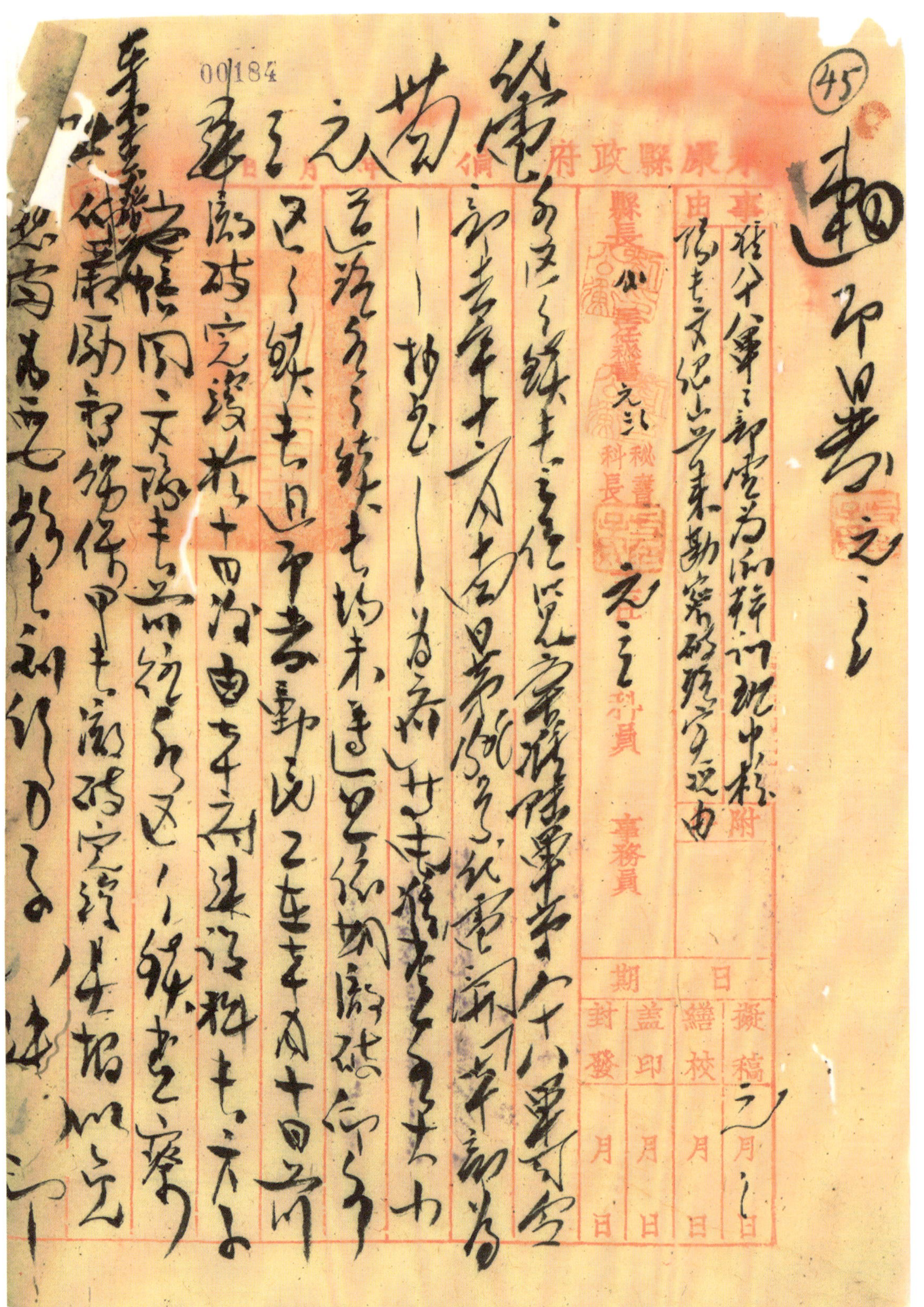

陆军第三十二集团军司令部关于已饬第八十八军派兵出击掩护破路致永康县政府的代电（一九四五年一月四日）

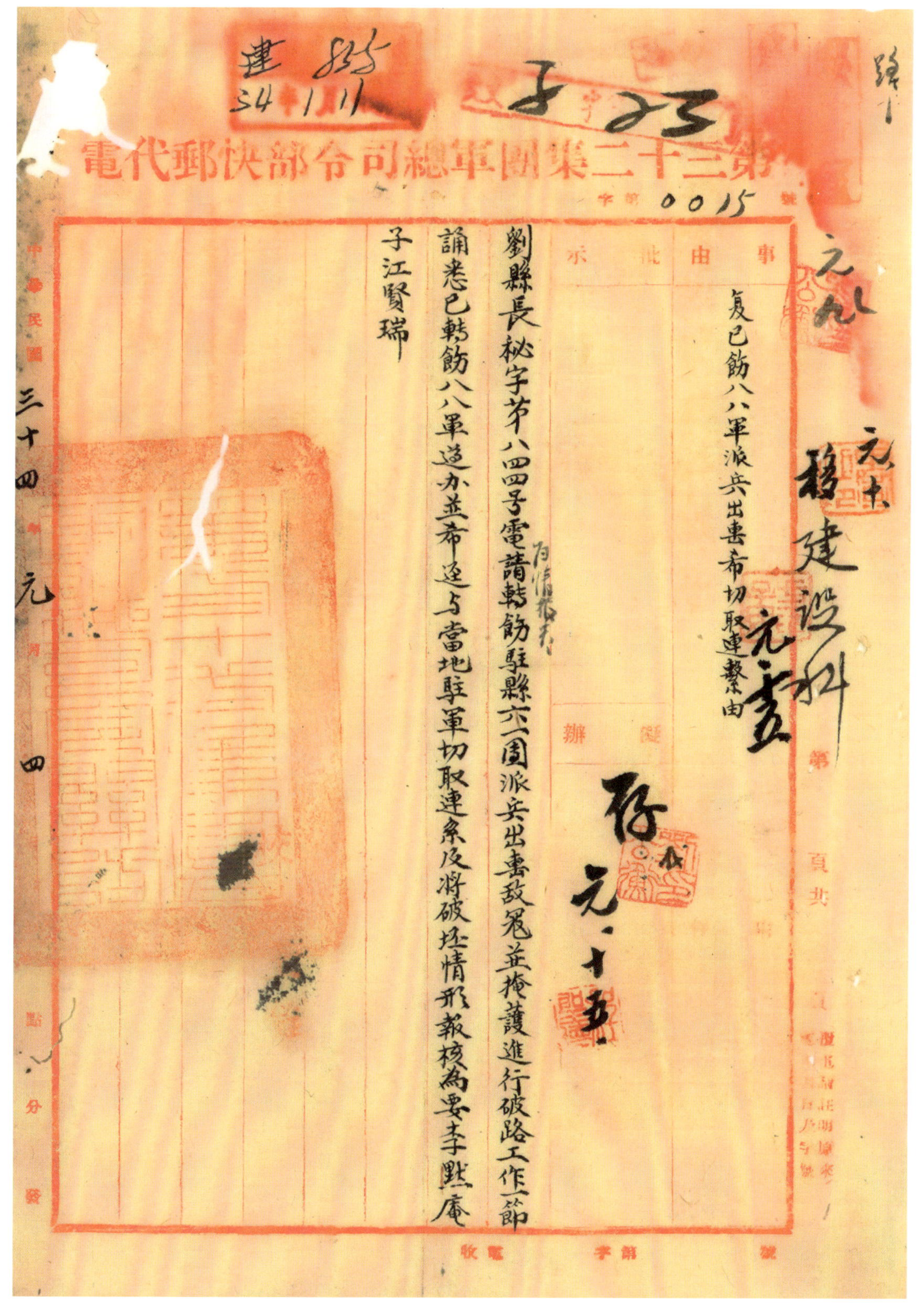
第三十二集團軍總司令部快郵代電

事由：復已飭八八軍派兵出擊布切取連繫由

劉縣長秘字第八四四号電請轉飭駐縣六一團派兵出擊致冤並掩護進行破路工作一節誦悉已轉飭八八軍遵办並希迳与當地駐軍切取連系及將破坏情形報核為要。李默庵子江賢瑞

中華民國三十四年元月四日

历山乡公所关于该乡彻破道路完工请派员勘察事致永康县政府的呈（一九四五年一月十三日）

呈 建字第三六四號
民國三十四年一月十三日

案奉
鈞府本年一月　日建字第[illegible]號代電開：「以准陸軍第八十八軍司令部去年十二月十四日[illegible]號代電：為明瞭破路寔況，貫澈峯令，派文隊來縣勘察各鄉鎮大小道路破壞情形等由，飭各鄉鎮長嚴飭各保甲長於本年一月十日前澈破完竣，將破壞情形具報，免處為要」等因。奉此，遵經本鄉公所於去年十二月間迭令嚴飭各保長，併將應破地區定期集合壯丁寔行澈破，並由本所派員寔地督破在案。茲查各保業已如期發動民伕破壞完工，有否合於破壞要求，理合備文呈報，仰祈
核賜派員覆勘。
謹呈

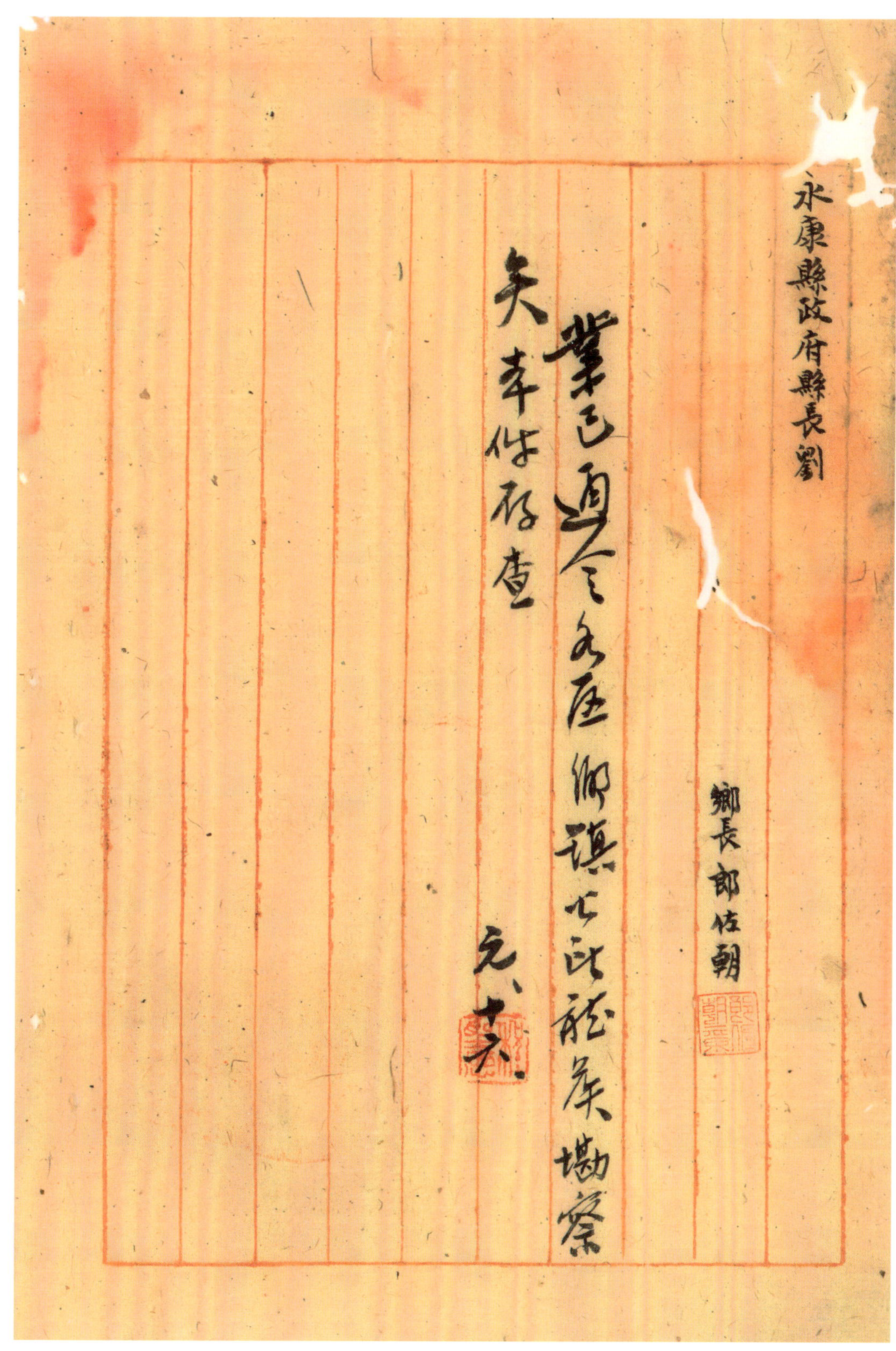

永康縣政府縣長劉

鄉長郎佐朝

業已通令各區鄉鎮公所祗遵勘察

矣，奉件存查

元、十六

永康县政府与倪宅区署关于九安乡地属敌伪势力控制破路不易的来往文书（一九四五年一月十七日至一九四五年一月二十六日）

倪宅区署致永康县政府的呈（一九四五年一月十七日）

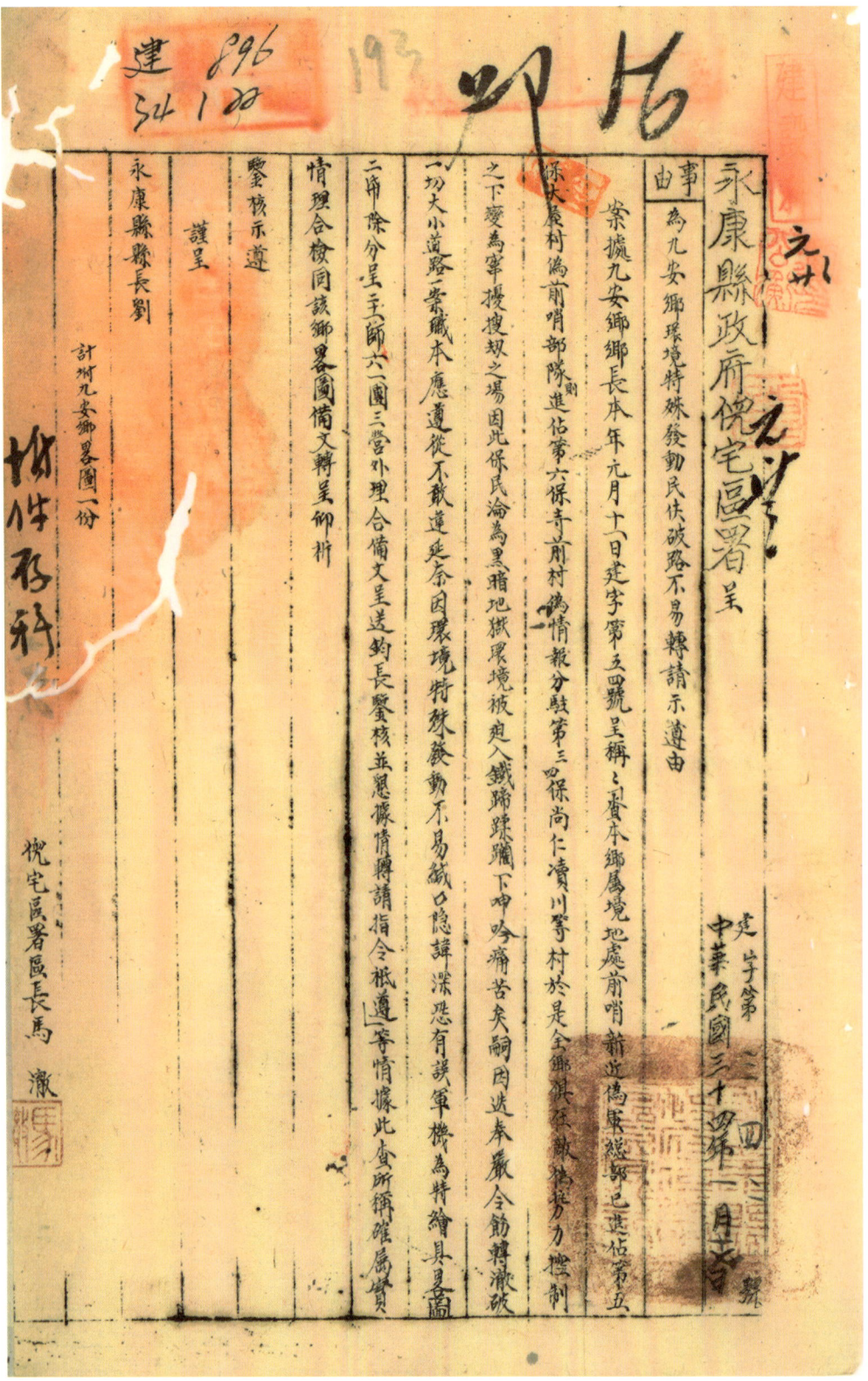

事由：為九安鄉環境特殊發動民伕破路不易轉請示遵由

永康縣政府倪宅區署 呈

建字第二四號

中華民國三十四年一月十七日

案據九安鄉鄉長本年元月十八日建字第五四號呈稱：「查本鄉屬境地處前哨，新近僞軍總部已進佔第五保大處村，僞前哨部隊則進佔第六保寺前村，僞情報分駐第三四保尚仁、潰川等村，於是全鄉俱在敵僞勢力控制之下，變為寇擾搜刧之場，因此保民淪為黑暗地獄，環境被廹入鐵蹄蹂躪下呻吟痛苦矣。嗣因迭奉嚴令飭轉澈破一切大小道路，業職本應遵從，不敢違延，奈因環境特殊，發動不易，緘口隱諱，深恐有誤軍機，為特繪具略圖二幅，除分呈王師六一團三營外，理合備文呈送鈞長鑒核，並懇據情轉請指令祇遵」等情。據此，查所稱確屬實情，理合檢同該鄉略圖備文轉呈仰祈

鑒核示遵。

謹呈

永康縣縣長劉

計附九安鄉略圖一份

倪宅區署區長馬澈

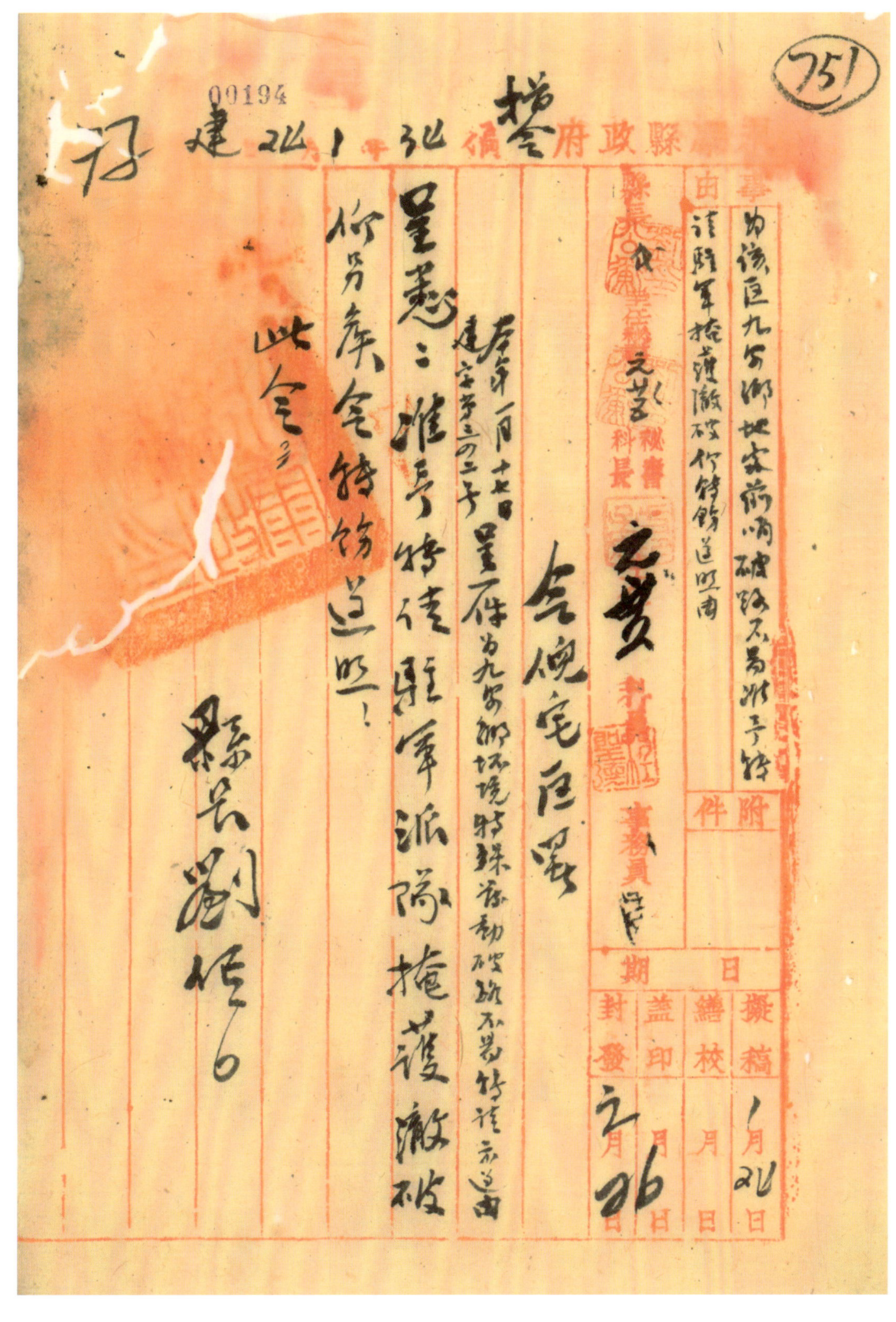

751

00194

永康縣政府指令稿

存 建二 1 號

事由：為該區九安鄉地處前線，破路不易，准予轉請駐軍掩護徹破，仰轉飭遵照由

令倪宅區署

卅四年一月十七日建字第三〇二號呈一件，為九安鄉地境特殊，發動破路不易，特請示遵由。

呈悉。准予轉請駐軍派隊掩護徹破，仰即轉飭遵照！

此令。

縣長 劉佐

縣長 秘書 科長 事務員

附件

日期：擬稿 1月26日 繕校 月 日 蓋印 月 日 封發 1月26日

永康县政府关于已破道路不得任意修复的布告（一九四五年一月二十七日）

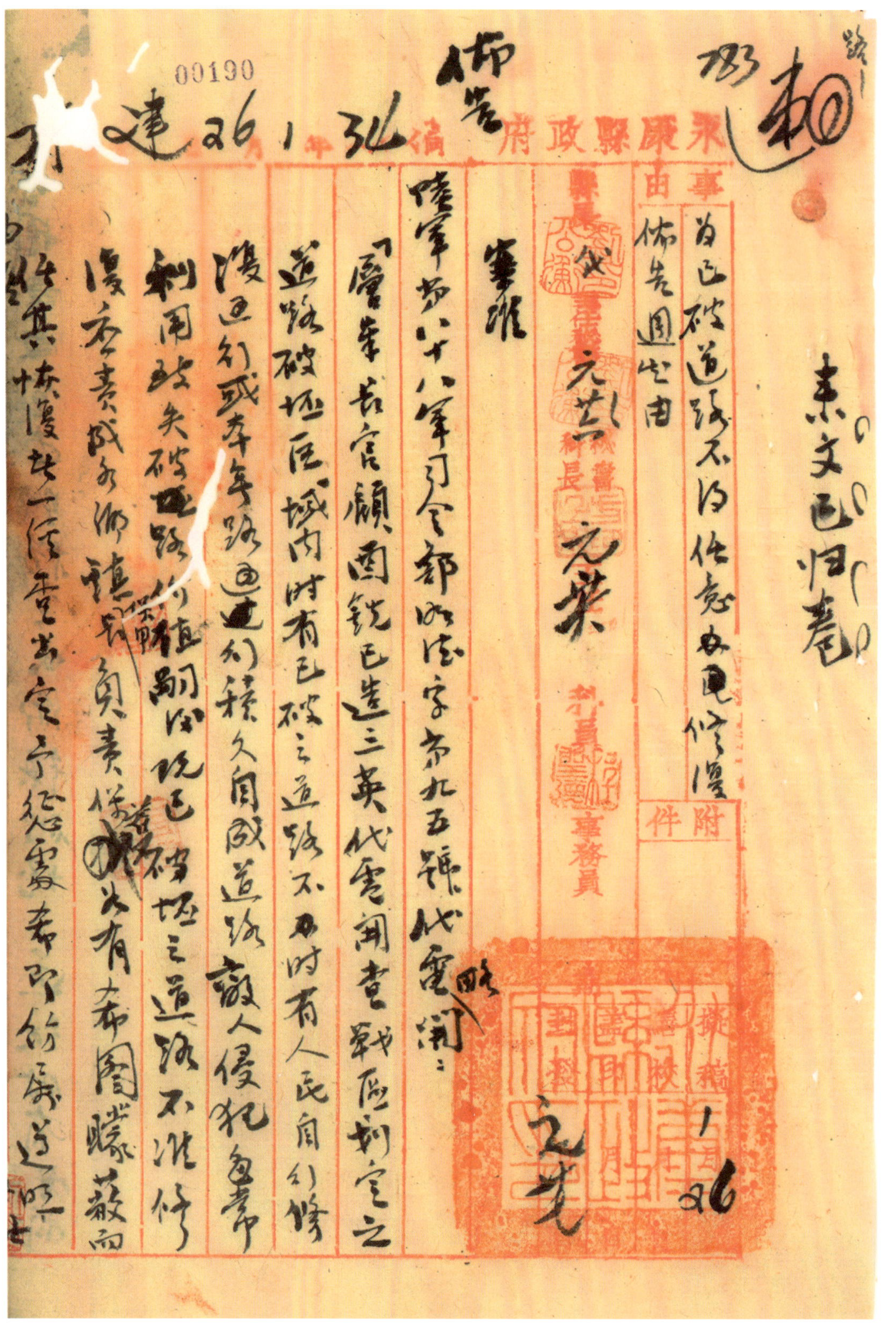

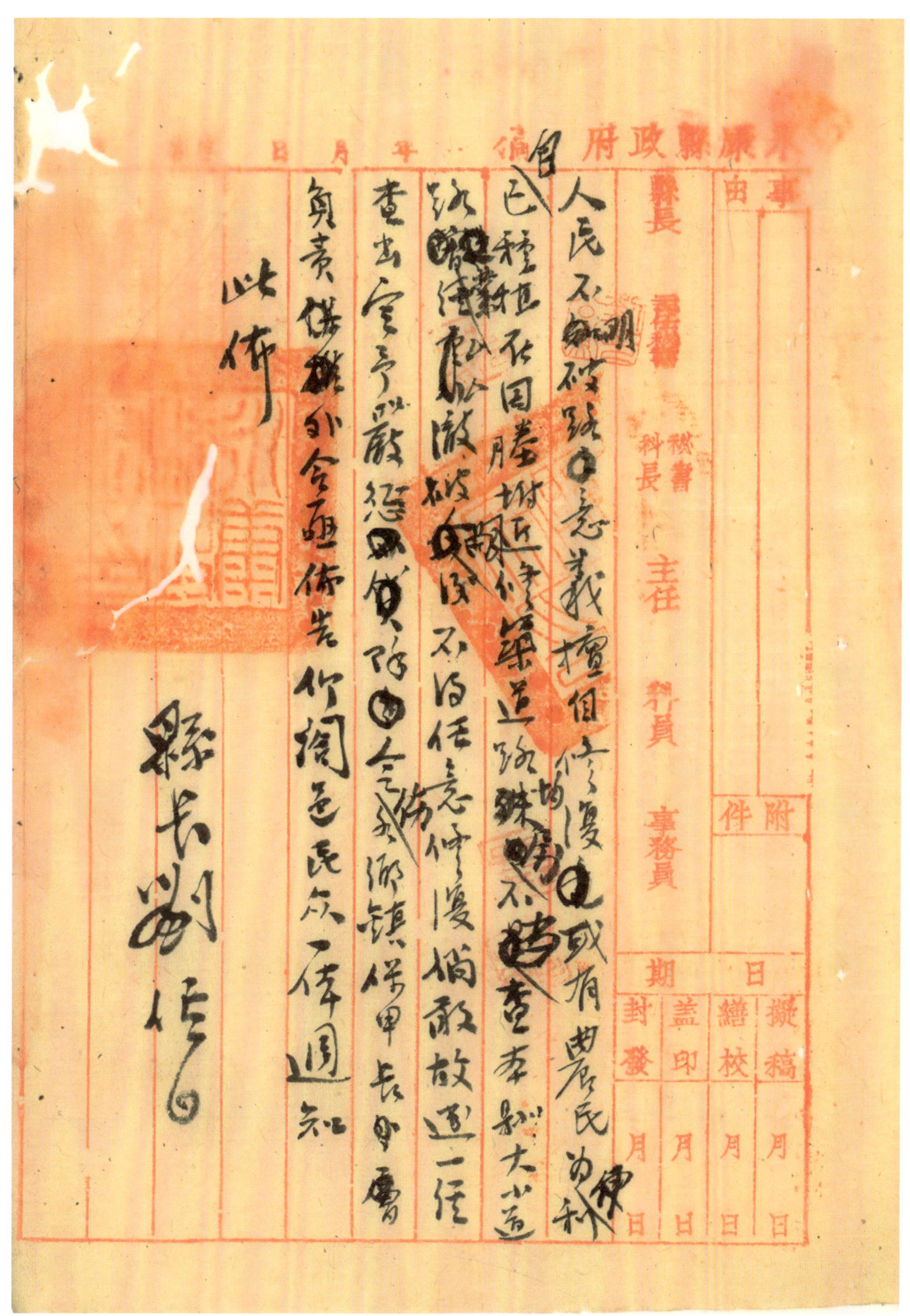

□□縣政府 稿 年 月 日 發

事由	
縣長	
秘書 科長	
主任	
科員	
事務員	
附件	

日期	
擬稿	月 日
繕校	月 日
蓋印	月 日
封發	月 日

人民不明破路意義，擅自修復，或有農民為私便，自己種植，在田塍堤邊修築道路，殊屬不合。查本縣大小道路業經徹底破壞，以防敵人，不得任意修復，倘敢故違，一經查出，定予以嚴懲，並責成各鄉鎮保甲長負責[illegible]令，合亟佈告，仰闔邑民眾一体周知。

此佈

縣長 劉[illegible]

二、慰劳军队

永康县政府与各区署等关于征募民国三十二年度新年及春节劳军款物的一组文书
（一九四二年十月二十六日至一九四四年六月五日）

陆军新编第二十一师步兵第六十三团关于征募一千五百双劳军鞋事致永康县政府的公函
（一九四二年十月二十六日）

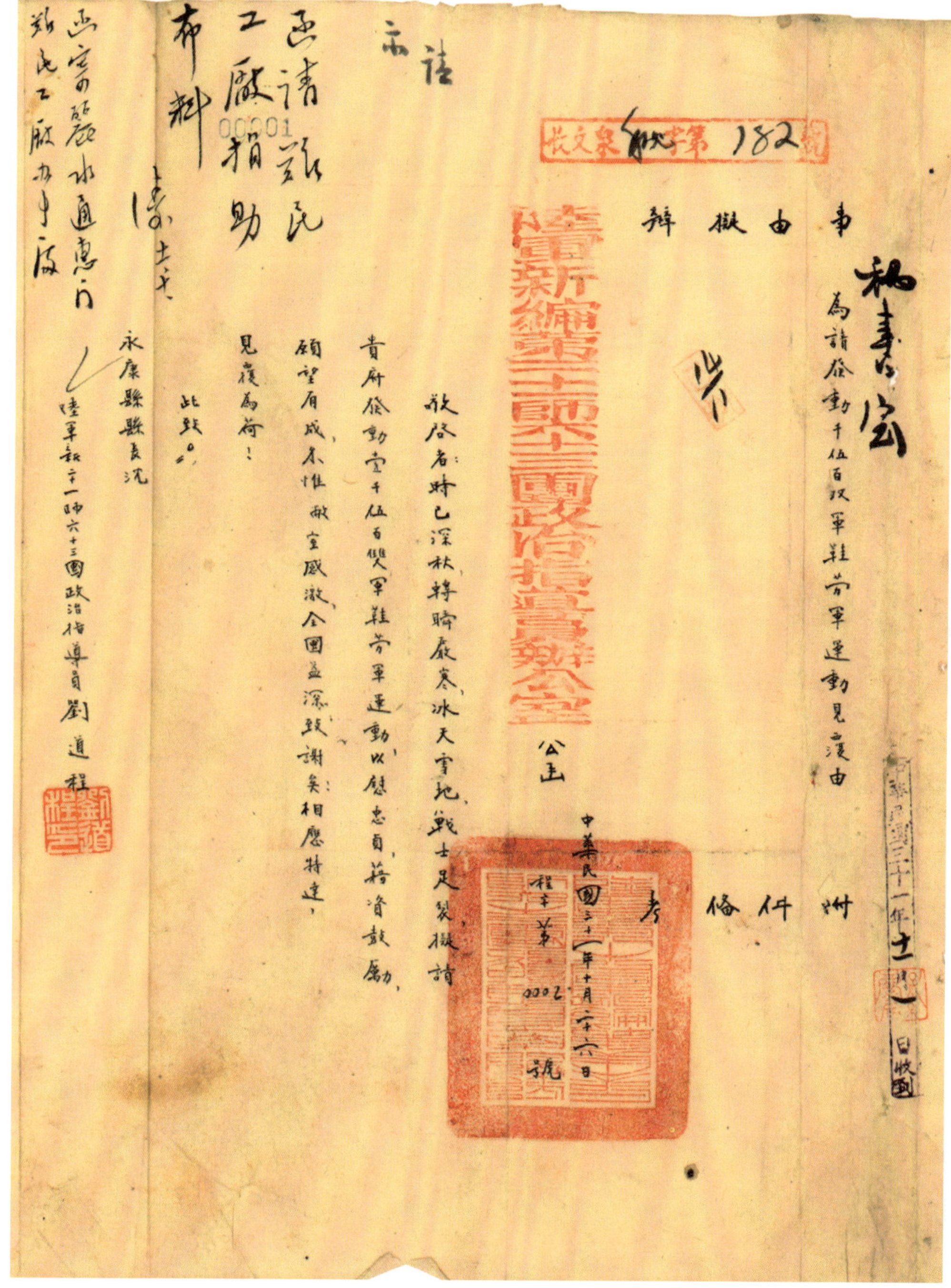
事由：為請發動千伍百双軍鞋勞軍運動見復由

擬辦

附件

備考

敬啓者：時已深秋，將臨嚴寒，冰天雪地，戰士足裂，擬請

貴府發動壹千伍百雙軍鞋勞軍運動，以慰忠勇，藉資鼓勵，

碩望有成，不惟敝室感激，全團並深致謝矣。相應特達，

見復為荷！

此致

永康縣縣長沈

陸軍新二十一師六十三團政治指導員劉道程

陸軍新編第二十一師六十三團政治指導員辦公室

中華民國三十一年十月二十六日

程字第0002號

浙江省第四区行政督察专员兼保安司令公署关于征募民国三十二年新年及春节劳军款物事致永康县政府的代电（一九四二年十二月十一日）

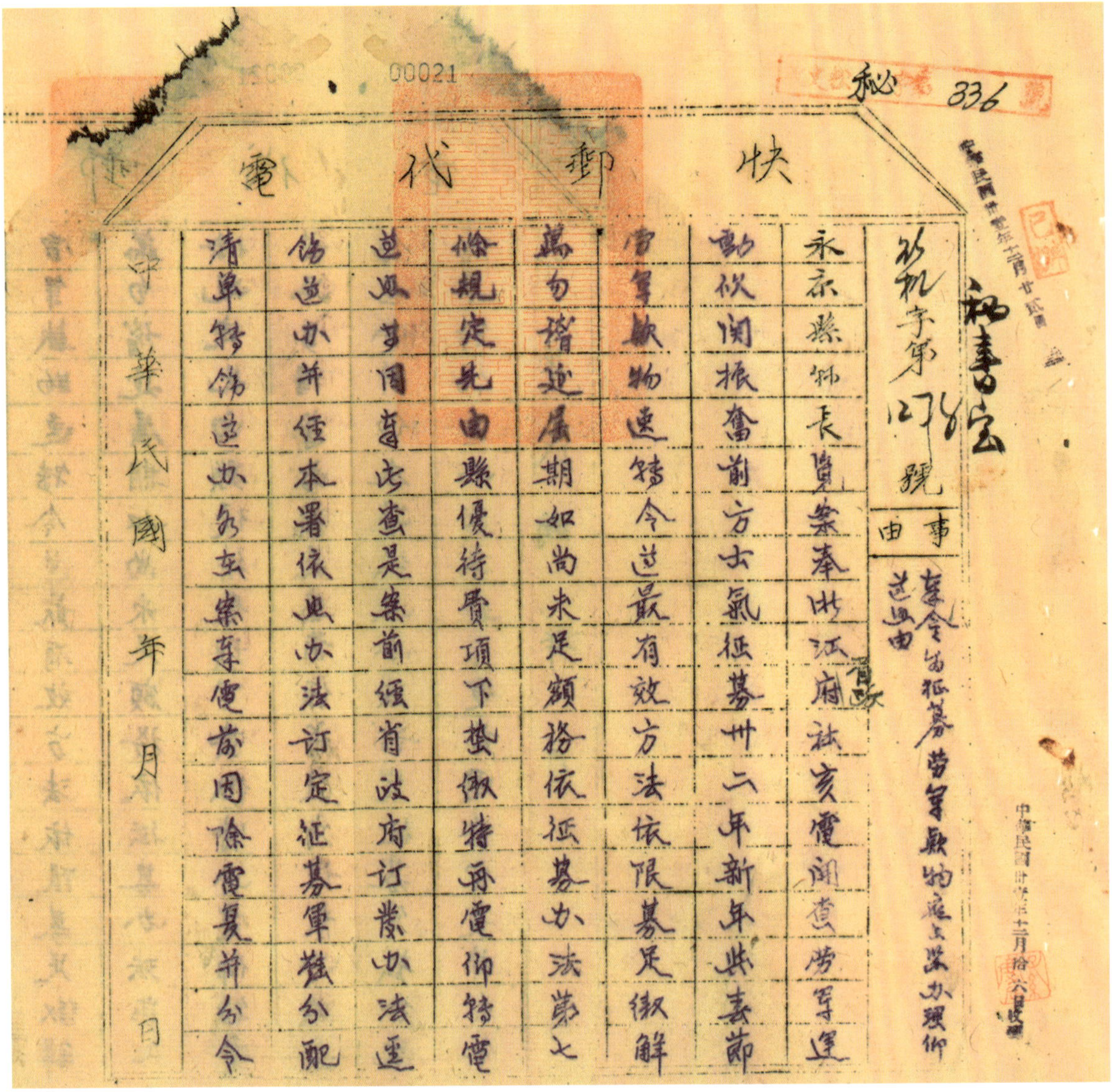

00021

秘 336

快郵代電

秘字第　號

事由：奉令為征募勞軍款物希迅速辦理仰遵照由

永康縣縣長覽案奉浙江省府社亥電開查勞軍運動攸關振奮前方士氣征募卅二年新年與春節勞軍款物速轉令遵最有效方法依限募足繳解萬勿稽延屆期如尚未足額務依征募辦法第七條規定先由縣優待費項下墊繳特再電仰轉電遵照等因查是案前經省政府訂發辦法速飭遵辦并經本署依照辦法訂定征募單擬分配清單轉飭遵辦各在案茲電前因除電呈并分令

中華民國　年　月　日

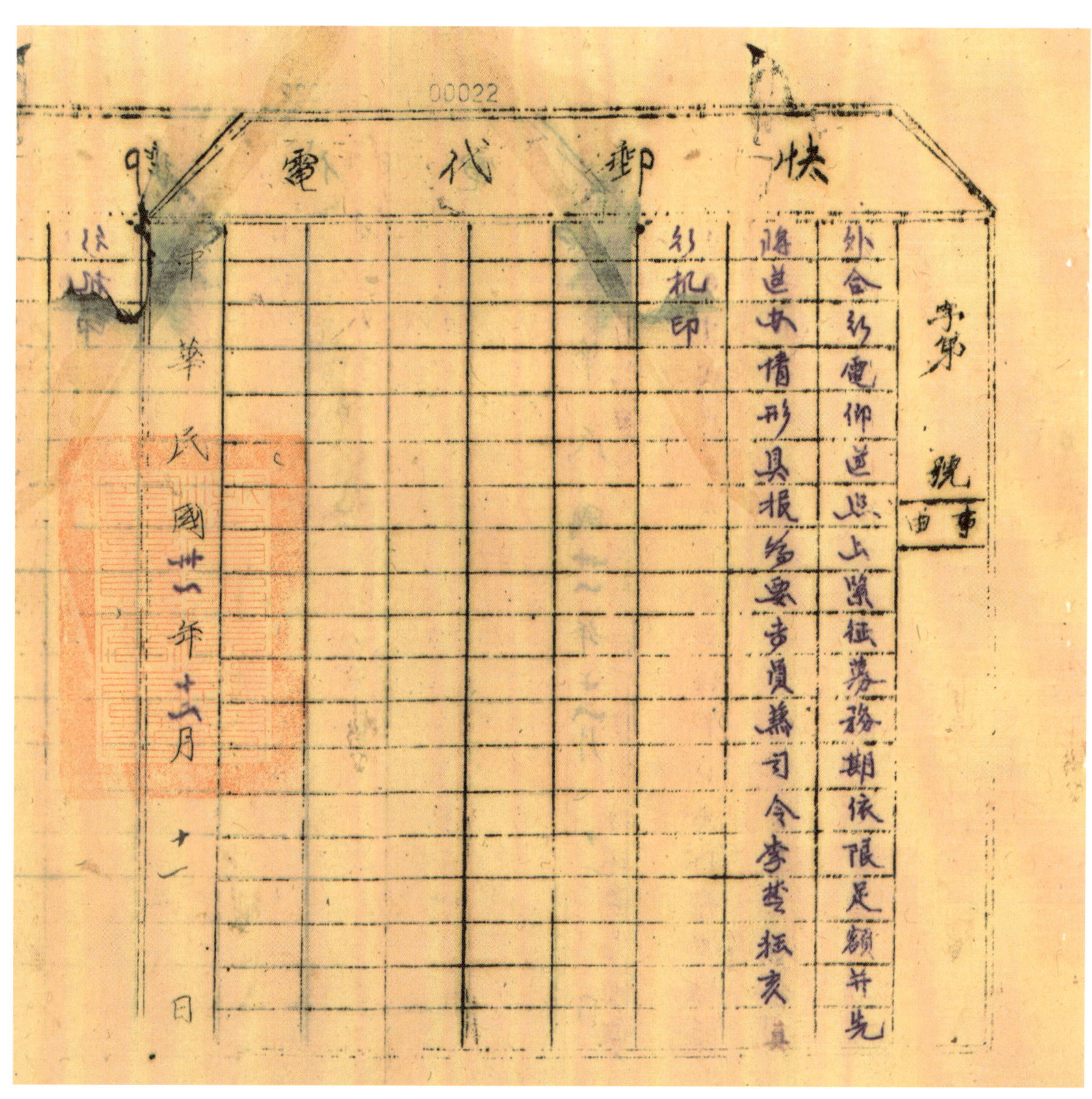

快郵代電

字第　　號

事由

外合行電仰遵照上開征募務期依限足額并先將遵辦情形具報爲要專員兼司令李藝抵亥真

行机印

中華民國廿二年十二月十一日

国民党永康县党部、永康县政府关于召开各机关法团代表会议商讨民国三十二年新年及春节劳军事宜的会议记录
（一九四二年十二月十六日）

00014

永康縣黨部政府召開各機關法團代表會議商討三十二年新年及春節勞軍會議紀錄

日期　三十一年十二月十六日下午二時
地點　永康縣政府會議室
出席者　管箴　苑榮堂　周獻祿　胡繼長　馬有雲代　田竹心　王嫡袁代
程式　吳兆庚　高宗龍　錢桂芳　孫慶辰　應聞淑
胡輔高
主席　孫慶辰　紀錄　李光燕

開會如儀

主席報告

宣讀奉令征募三十二年新年及春節勞軍獻物辦法闡述勞軍意義上次廿一師六十三團政治指導室函請籌募布鞋勞軍經過

討論事項

（一）案奉第三戰區司令長官部令飭發動征募三十二年新年及春節勞軍各一次每次每官兵拾元兩次共貳拾元派定本縣勞軍捐款為六萬元在十二月底籌齊究應如何分攤派募案

決議：1、縣商會負責籌募四千元

2、撥照鄉鎮平均分攤本縣計三十七鄉鎮除芹川一鄉劃入盤[illegible]無法派募外其餘三十六鄉鎮每鄉鎮各分攤壹千五百六十

元仍由各區就該區應募總額依各鄉財力自行轉配茲將各該區鄉鎮應募額分配于后：

城區計六鄉鎮 9360元　石柱計六鄉鎮 9360元　傀宅計五鄉鎮 7800元

方岩計五鄉鎮 7800元　四路口計六鄉鎮 9360元　清渭計八鄉鎮 12480元

3、清渭因接近敵區環境特殊減少八鄉鎮派額石柱區因駐軍過多且另行負責籌募布鞋八千双准減八鄉鎮半派額是項不足之數由縣党部婦女會勸募足額餘照決議通過

(二) 奉令配定本縣應派軍鞋二千双如何籌措請公決案

決議：1、石柱區已准新編廿八師特別党部公函經第六次區政會議決定由各鄉鎮分攤負責解繳八千双

2、派定城區六百双　傀宅四百双　四路口　方岩　清渭三區另派布袜鞋准免派

(三) 淮陵軍廿八師特別党部以奉上峯令飭函請籌募布襪八八〇〇双應如何分攤請公決案

決議：由清渭區負責籌募壹千双　方岩區六百双　四路口區八百双。

（以上三區已准廿八師特別党部公函分攤各鄉鎮積極籌募中）

散會

主席　孫慶辰代

紀錄　李光華

四路口区署关于已劝募陆军新编第二十一师步兵第六十三团八百双布袜征募请免予再派劳军钱物事致国民党永康县党部的公函（一九四二年十二月十七日）

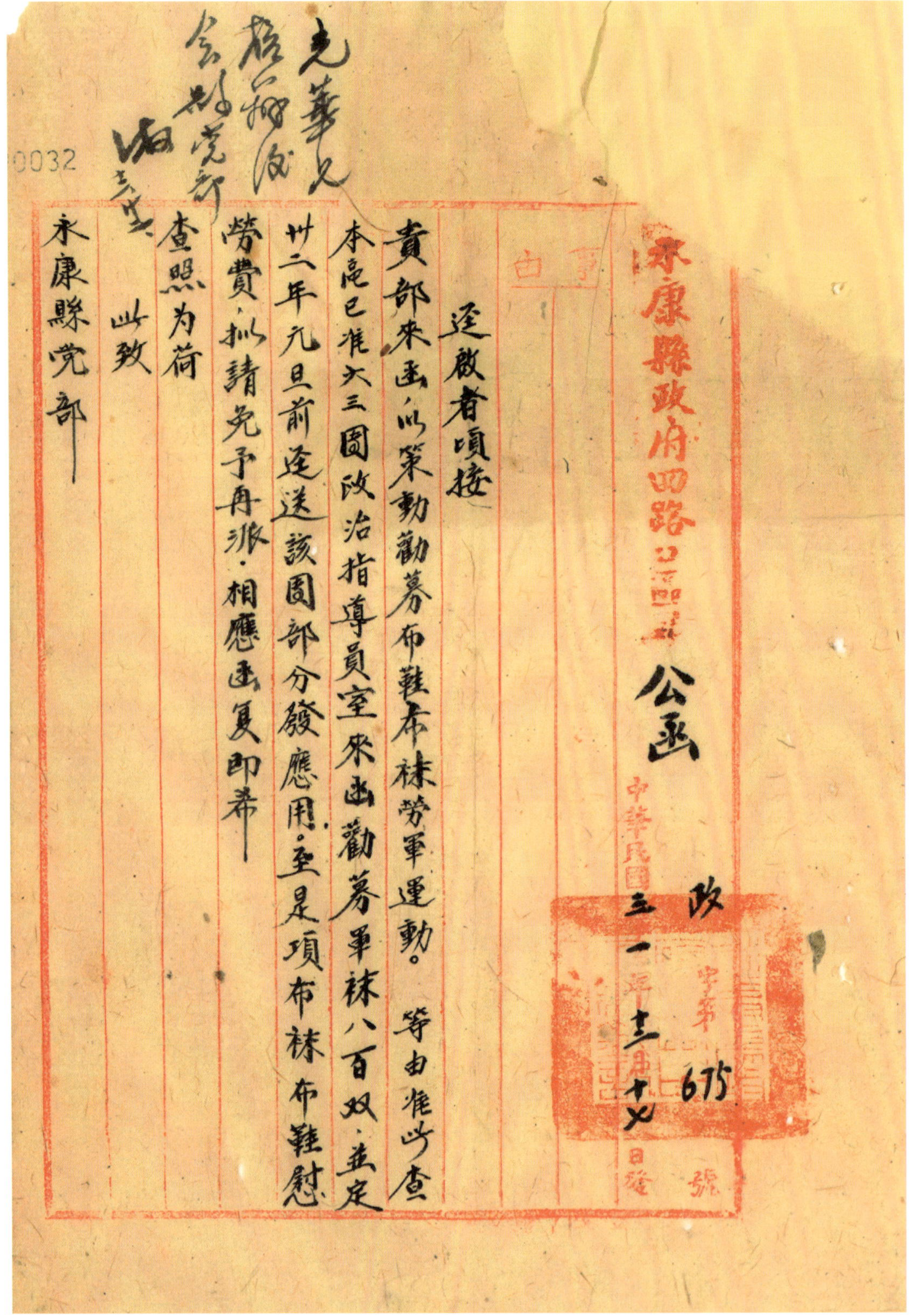

永康縣政府四路口區署 公函

中華民國三一年十二月十七日發 政字第675號

事由

逕啟者頃接

貴部來函以策動勸募布鞋布袜勞軍運動。等由准此查

本區已准六三團政治指導員室來函勸募軍袜八百双、並定

卅二年元旦前逕送該團部分發應用。至是項布袜布鞋慰

勞費，擬請免予再派，相應函復即希

查照為荷

此致

永康縣党部

四路口區々長

清渭区署关于办理陆军新编第二十一师步兵第六十三团劳军黑布袜经过情形致永康县政府的呈（一九四二年十二月十八日）

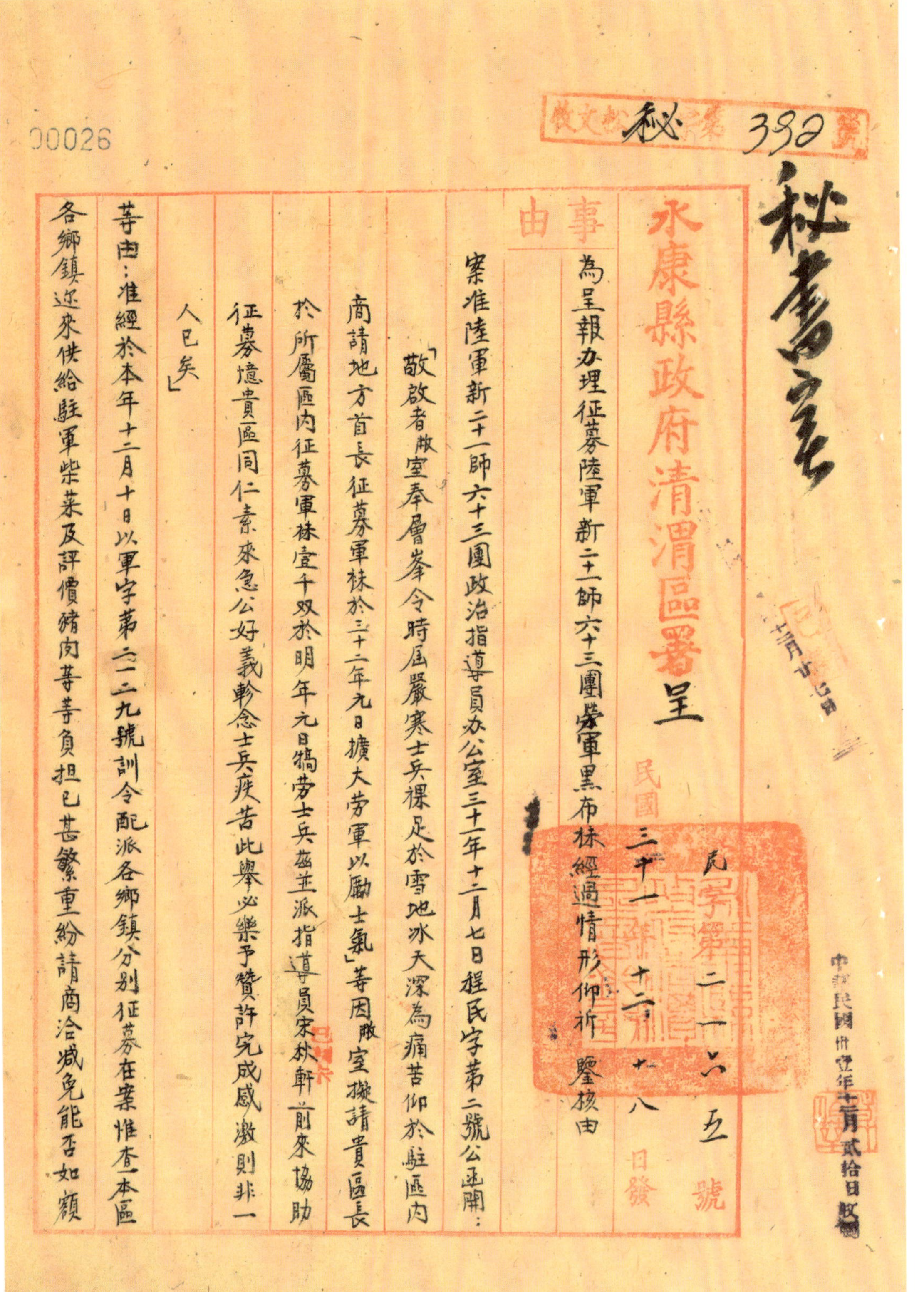
00026

秘 332

秘書室

永康縣政府清渭區署 呈

民字第二一六五號

民國三十一年十二月十八日發

事由：為呈報办理征募陸軍新二十一師六十三團勞軍黑布袜經過情形仰祈鑒核由

案准陸軍新二十一師六十三團政治指導員办公室三十一年十二月七日程民字第二號公函開：

「敬啟者：敝室奉層峯令，時屆嚴寒，士兵裸足於雪地冰天，深為痛苦，仰於駐區內商請地方首長征募軍袜，於三十二年元日擴大勞軍，以勵士氣」等因，敝室擬請貴區長於所屬區內征募軍袜壹千双，於明年元日犒勞士兵，並派指導員宋秋軒前來協助征募，憶貴區同仁素來急公好義，軫念士兵疾苦，此舉必樂予贊許，完成感激則非一人已矣」

等由：准經於本年十二月十日以軍字第二二九號訓令配派各鄉鎮分別征募在案。惟查本區各鄉鎮迭來供給駐軍柴菜及評價豬肉等等負担已甚繁重，紛請商洽減免，能否如額

中華民國卅壹年十二月貳拾日收到

籌募尚難逆料除繼續督催征募外理合將办理情形備文報請

鑒核祗遵

謹呈

永康縣縣長沈

永康縣政府清渭區署區長胡繼長

浙江省第四区行政督察专员兼保安司令公署关于催缴民国三十二年新年与春节劳军款物事致永康县政府的代电（一九四二年十二月十九日）

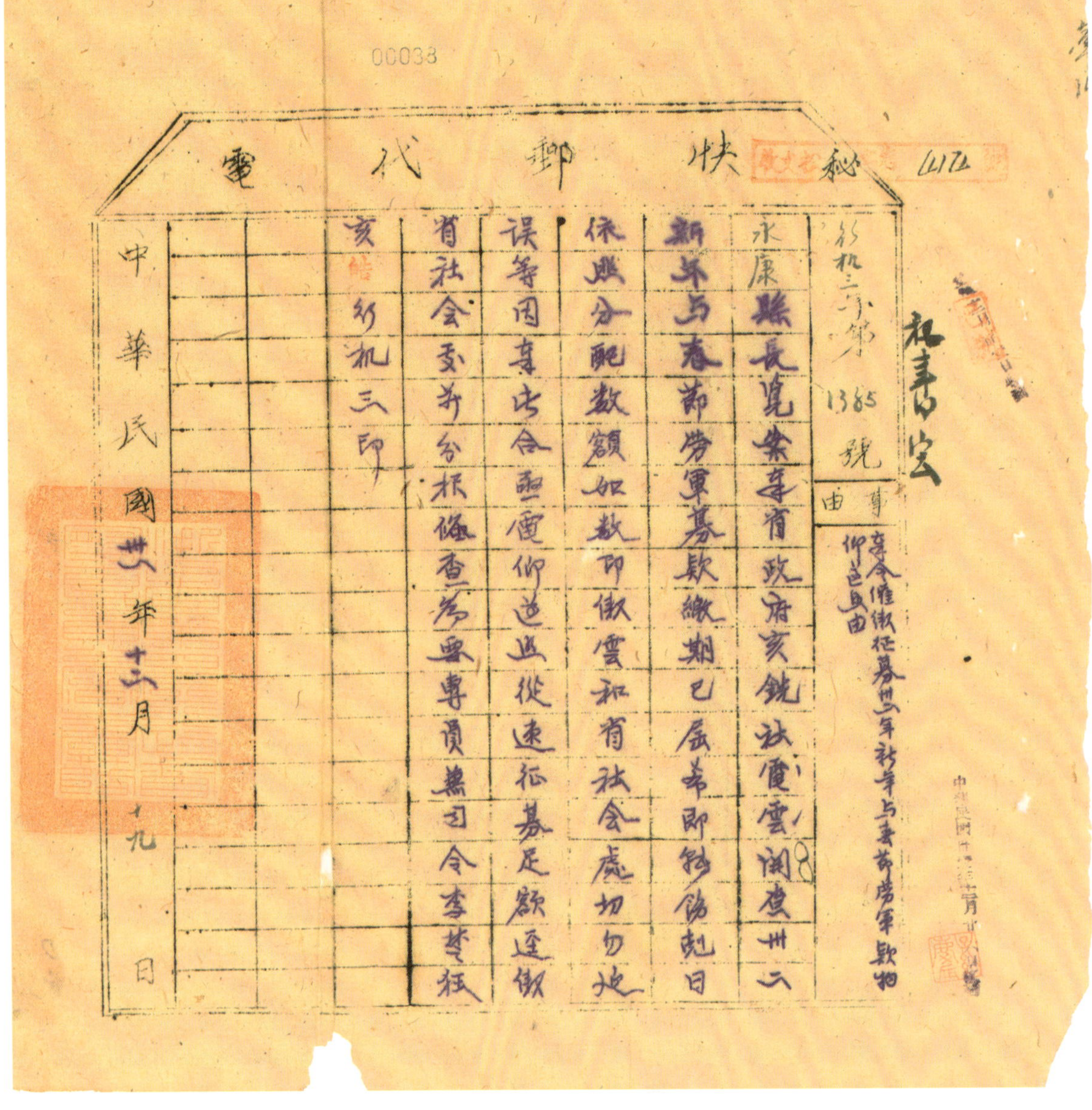

快郵代電 秘 4112

衍机三十一第1365號

事由：奉令催繳征募卅二年新年與春節勞軍款物仰遵照由

永康縣長覽：案奉省政府亥銑社電開：查卅二年新年與春節勞軍募款繳期已屆，希即飭趕日依照分配數額如數即繳雲和省社會處，切勿延誤等因。奉此，合亟電仰遵照從速征募足額速繳省社會處，並分報備查為要。專員兼司令李楚狂。亥皓。衍机三印

中華民國卅一年十二月十九日

永康县政府关于要求足额如期征募陆军新编第二十一师步兵第六十三团劳军黑布袜事致清渭区署的指令
（一九四二年十二月二十五日）

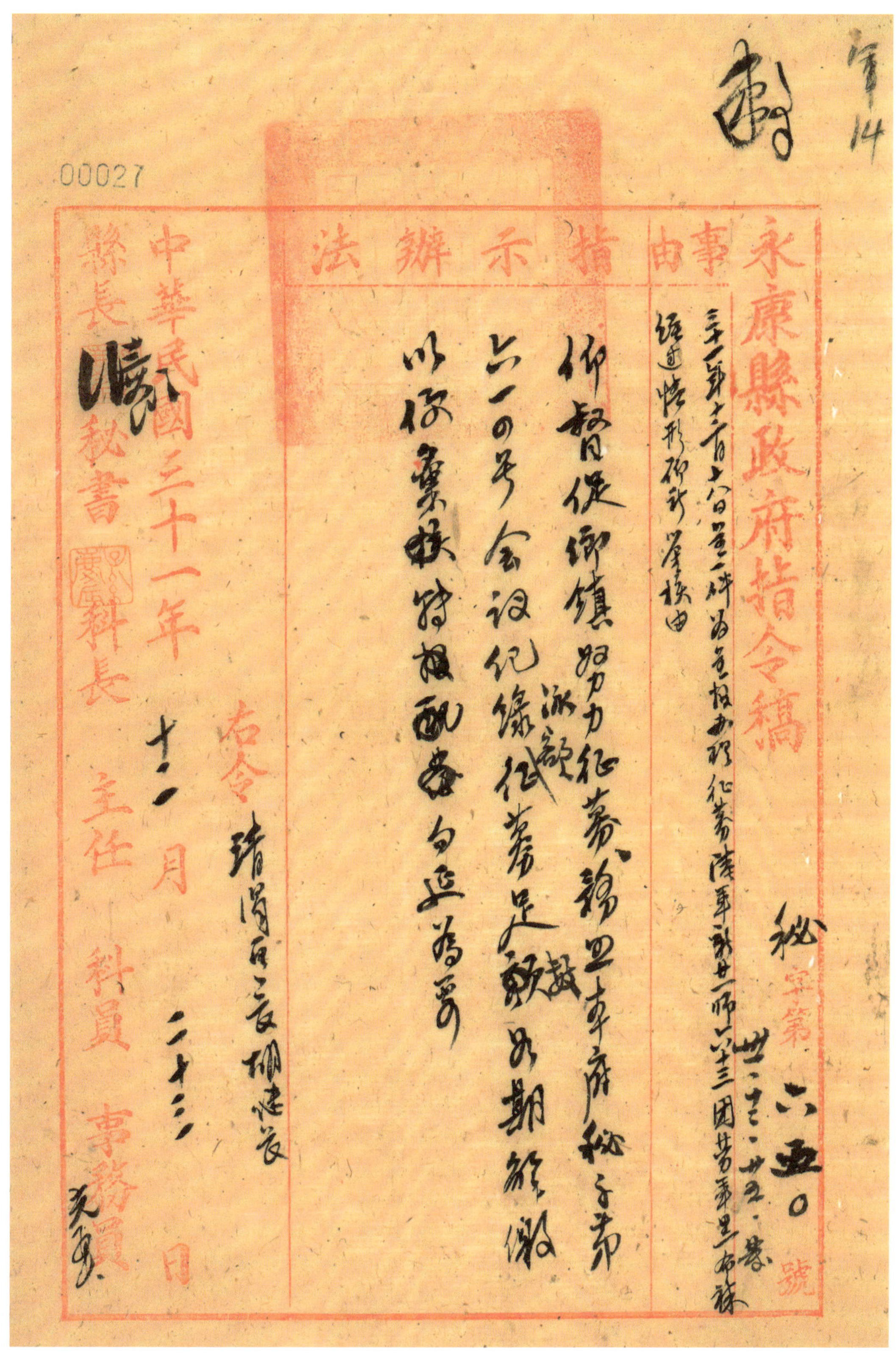
00027

永康縣政府指令稿

秘字第卅一.十二.廿三.寄 六五〇號

事由：三十一年十二月十六日呈一件為呈報承辦征募陸軍新廿一師六十三團勞軍黑布袜經過情形仰祈鑒核由

指示辦法：

仰督促鄉鎮努力征募，務照本府秘字第六一〇号令設紀錄派額征募足額，如期解繳，以便彙核轉報配發為要。

右令

清渭區區長樓健安

中華民國三十一年十二月二十三日

縣長　秘書　科長　主任　科員　事務員

清渭区署关于已令各乡镇将陆军新编第二十一师步兵第六十三团征募劳军布袜送交方岩团部事致永康县政府的呈（一九四二年十二月二十六日）

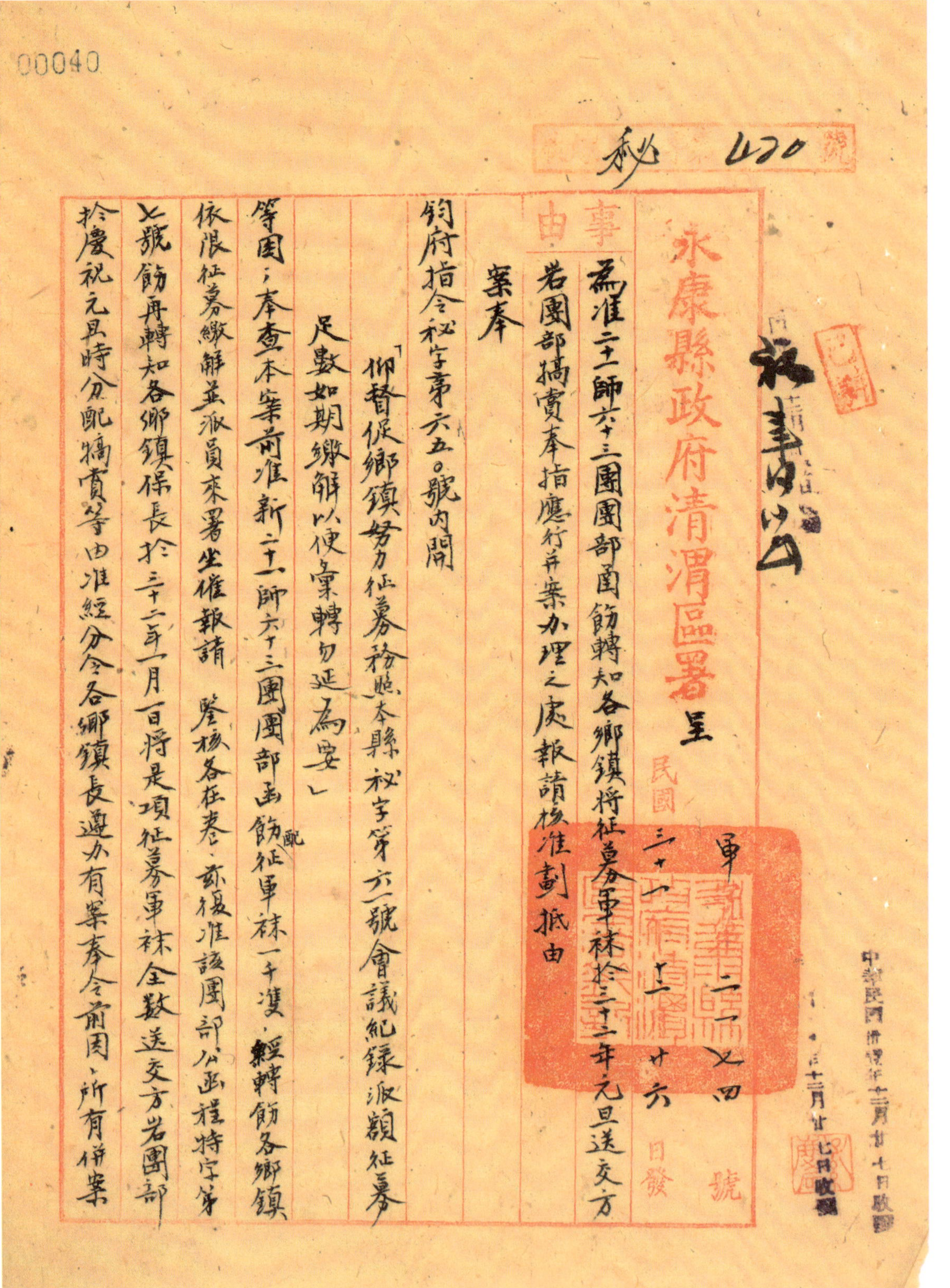

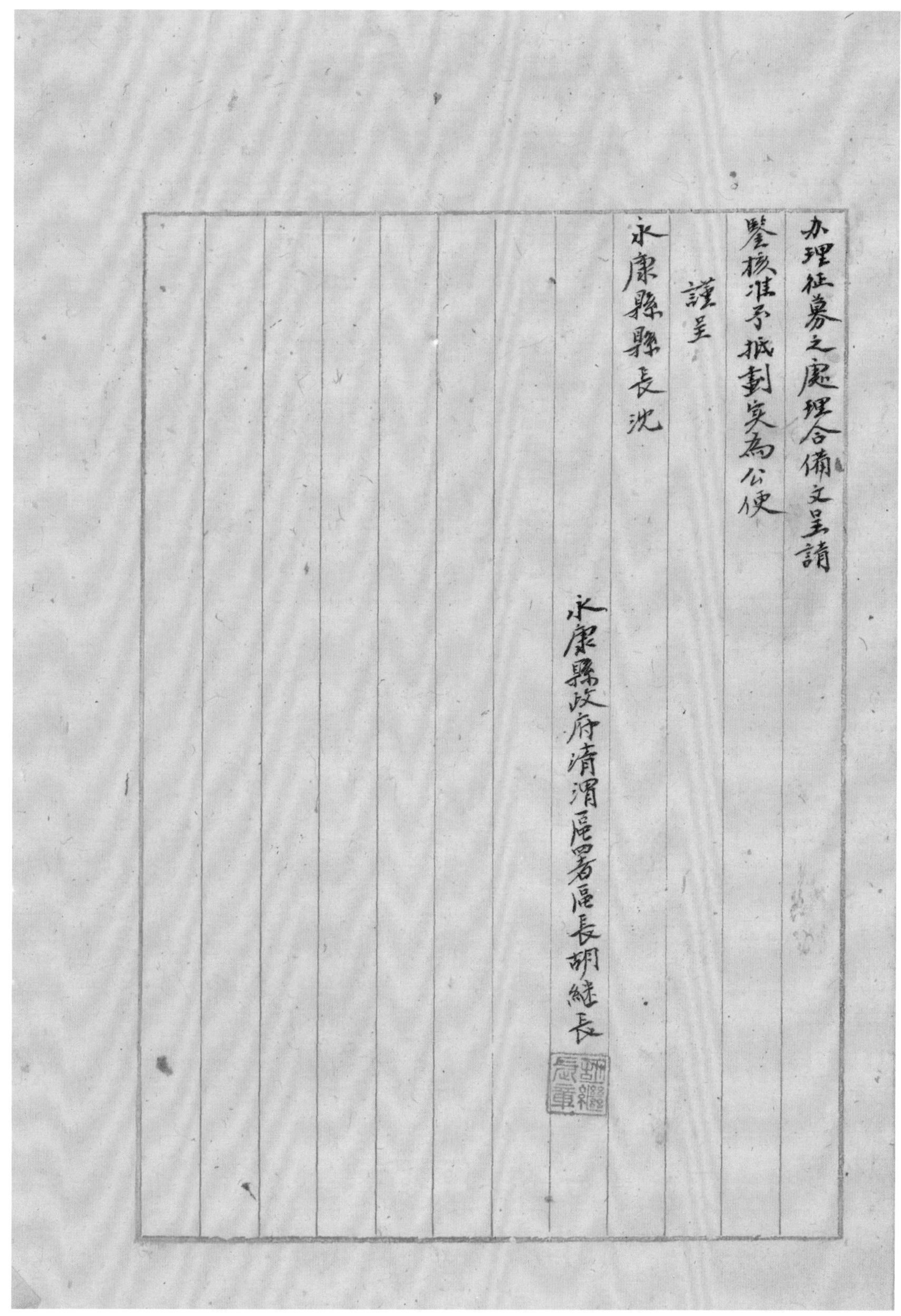

办理征募之處理合備文呈請

鑒核准予抵劃實為公便

謹呈

永康縣縣長沈

永康縣政府清渭區署區長胡繼長

国民党永康县党部、永康县政府关于赠送劳军款事致陆军新编第二十一师步兵第六十二、六十三团的公函

（一九四二年十二月三十一日）

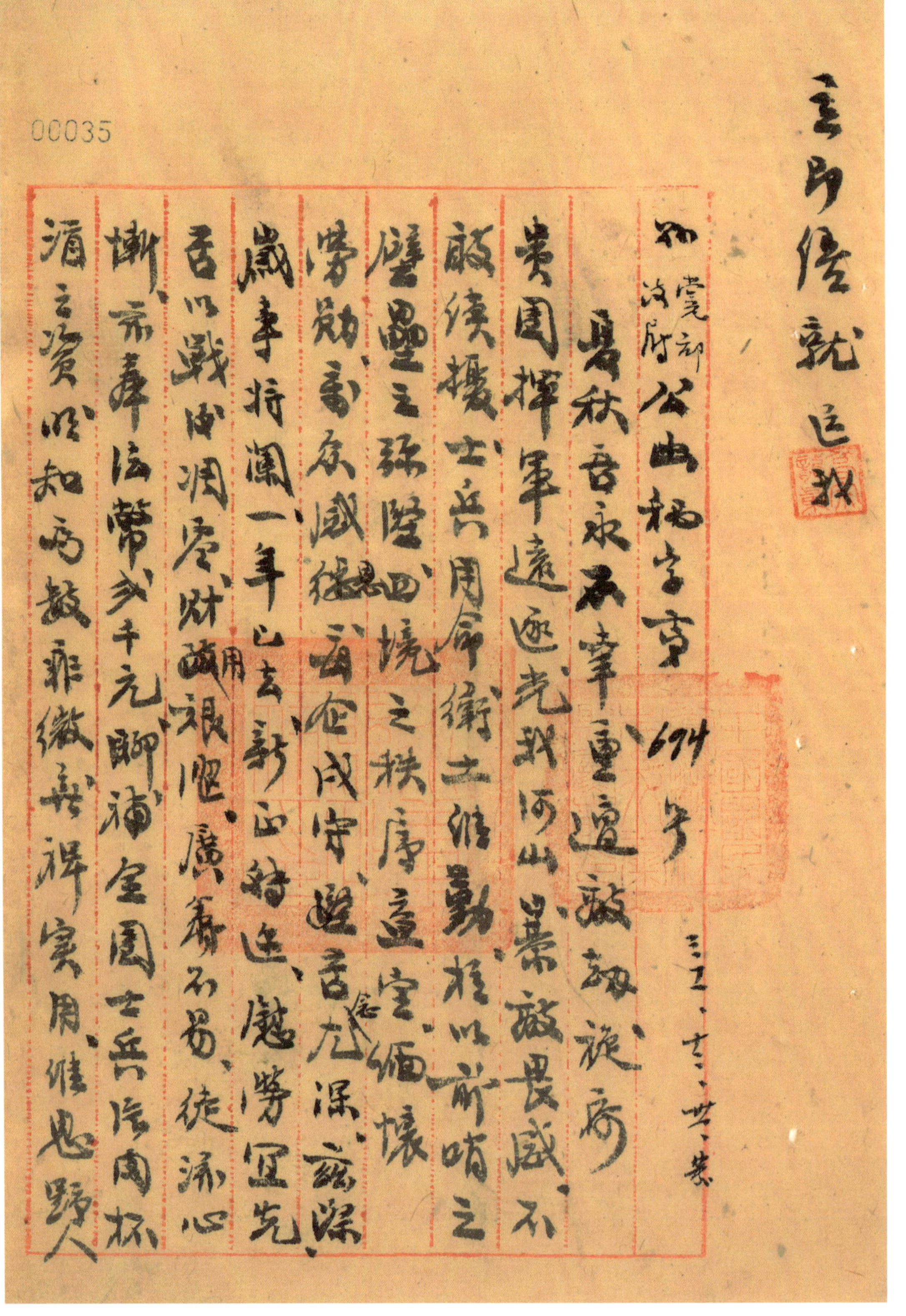

00035

主任信就

党部
政府 公函 稿字第674号

三一、十二、卅一 发

是秋吾永不幸重遭敌踪，旋荷
贵团挥军远逐，光我河山，暴敌畏威，不
敢续扰。士兵用命，卫土维勤，驻以前哨之
壁垒之强，坚四境之秩序，益宝怀
劳勋，高感。继又值戍守，盛念尤深，兹届
岁事将阑，一年已去，新正将近，馈劳宜先。
吾以战时凋零，财用艰涩，广筹不易，徒沾心
惭，爰筹法币贰千元，聊补全团士兵肉杯
酒之资，明知为数菲微，聊将实用，维忠骄人

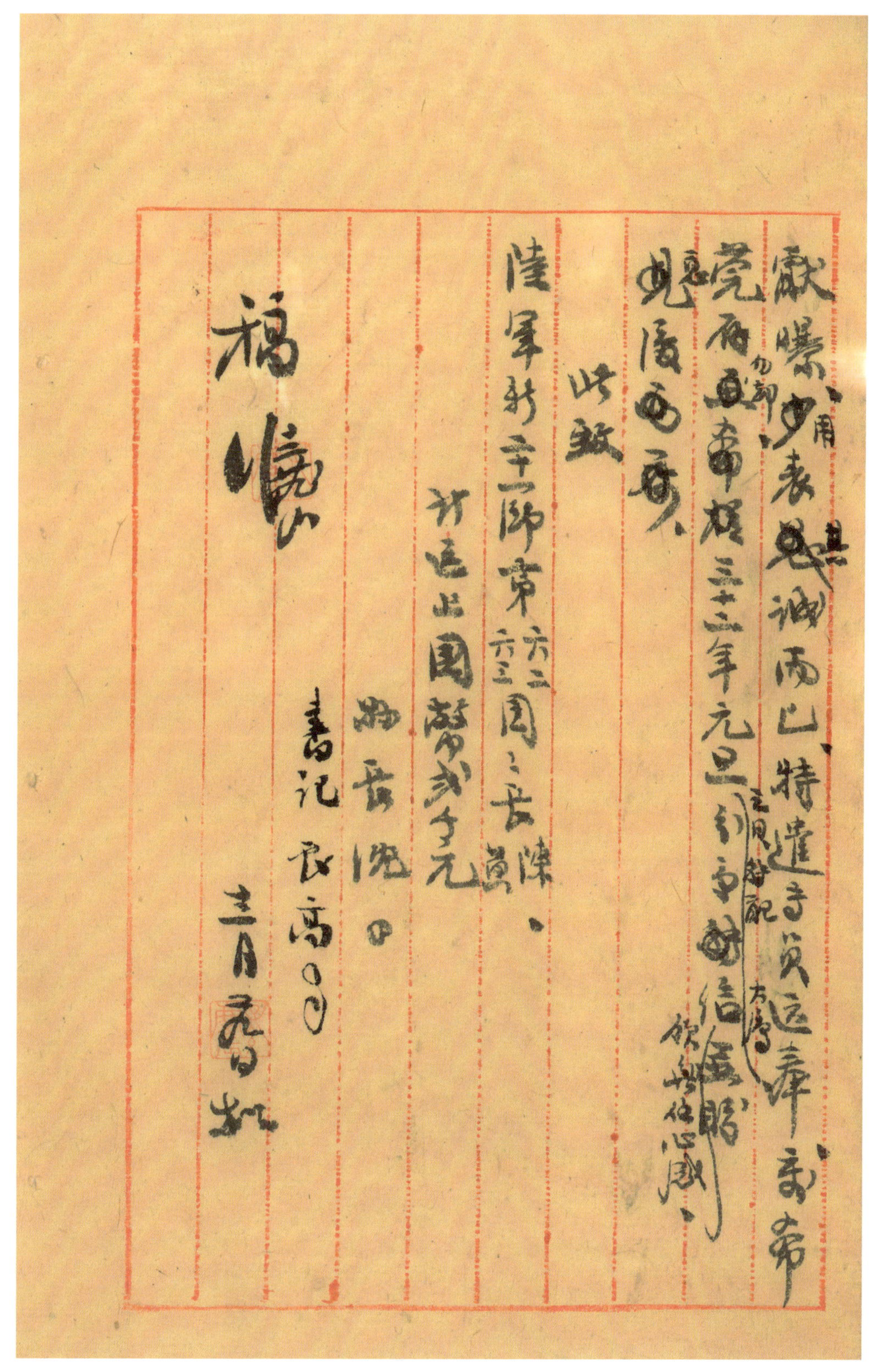

獻曝，用少表其愚誠而已，特遣專員送奉貳帝
覺府（加部），再奉於三十三年元旦（主日分配大隊）犒賞，飲水作心感，
惠鑒後再奉，
此致
陸軍新二十一師第六二（六三）團之吳陳、
計送出國幣貳千元
物品洗口
書記長高○○
福安
三月　日 啟

陆军新编第二十一师步兵第六十三团黄君殊关于感谢永康县党部、永康县政府赠送劳军犒金的信（一九四二年十二月三十一日）

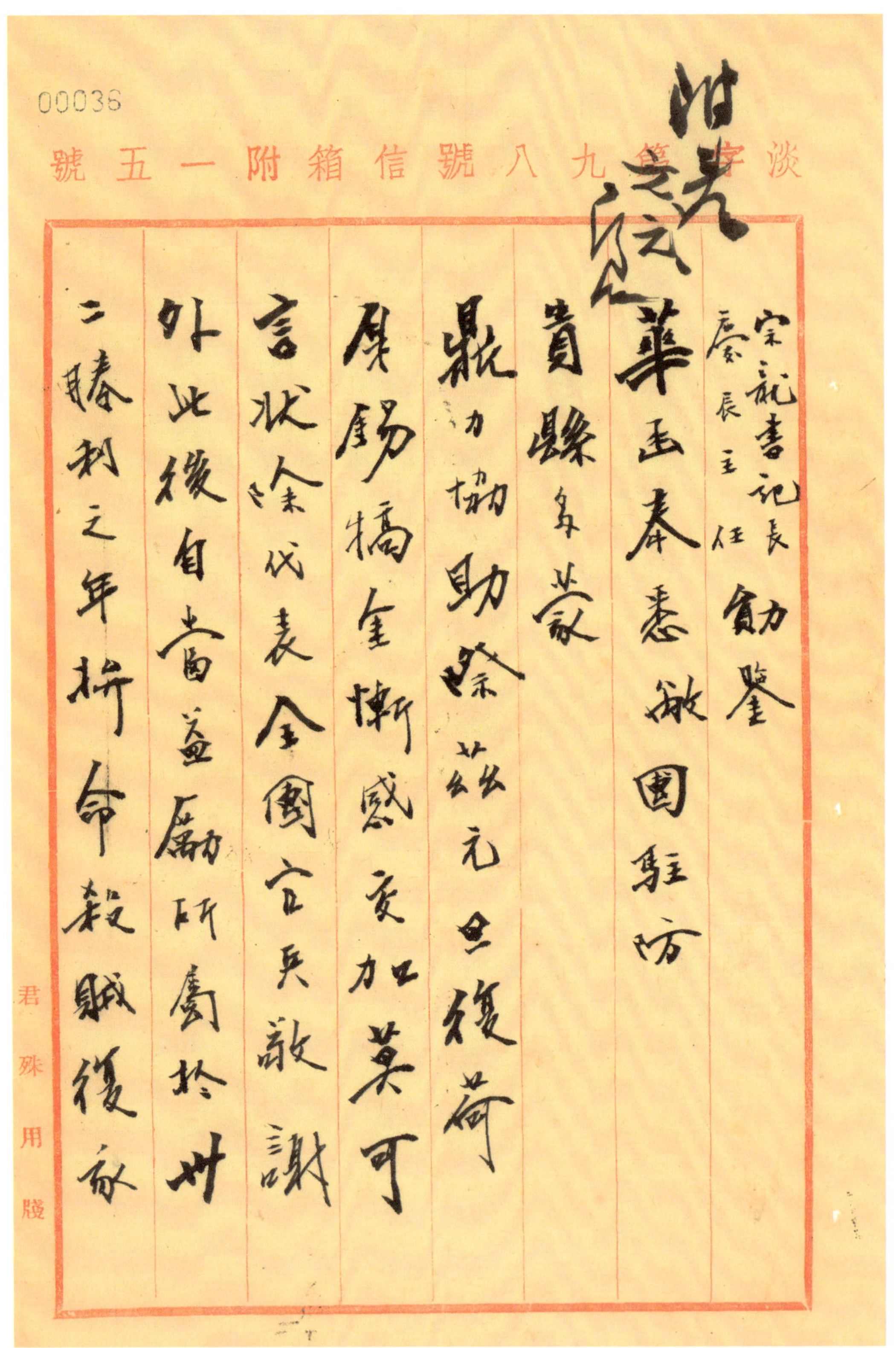

00036

淡字第九八號信箱附一五號

宗龍書記長
彦參長主任　勛鑒

華函奉悉　敝團駐防
貴縣　多蒙
鼎力協助　茲元旦復荷
厚賜犒金　慚感交加　莫可
言狀　除代表全團官兵敬謝
外　此後自當益勵所屬　於卅
二勝利之年　拚命殺賊　復命

君殊用箋

00037

淡字第九八號信箱附一五號

國土用申謝意肅函復敬祝

時祺並賀

新禧

弟黄君殊

十二月三十日

君殊用牋

永康县政府关于催缴劳军款物致各区署、县商会的代电（一九四二年十二月三十一日）

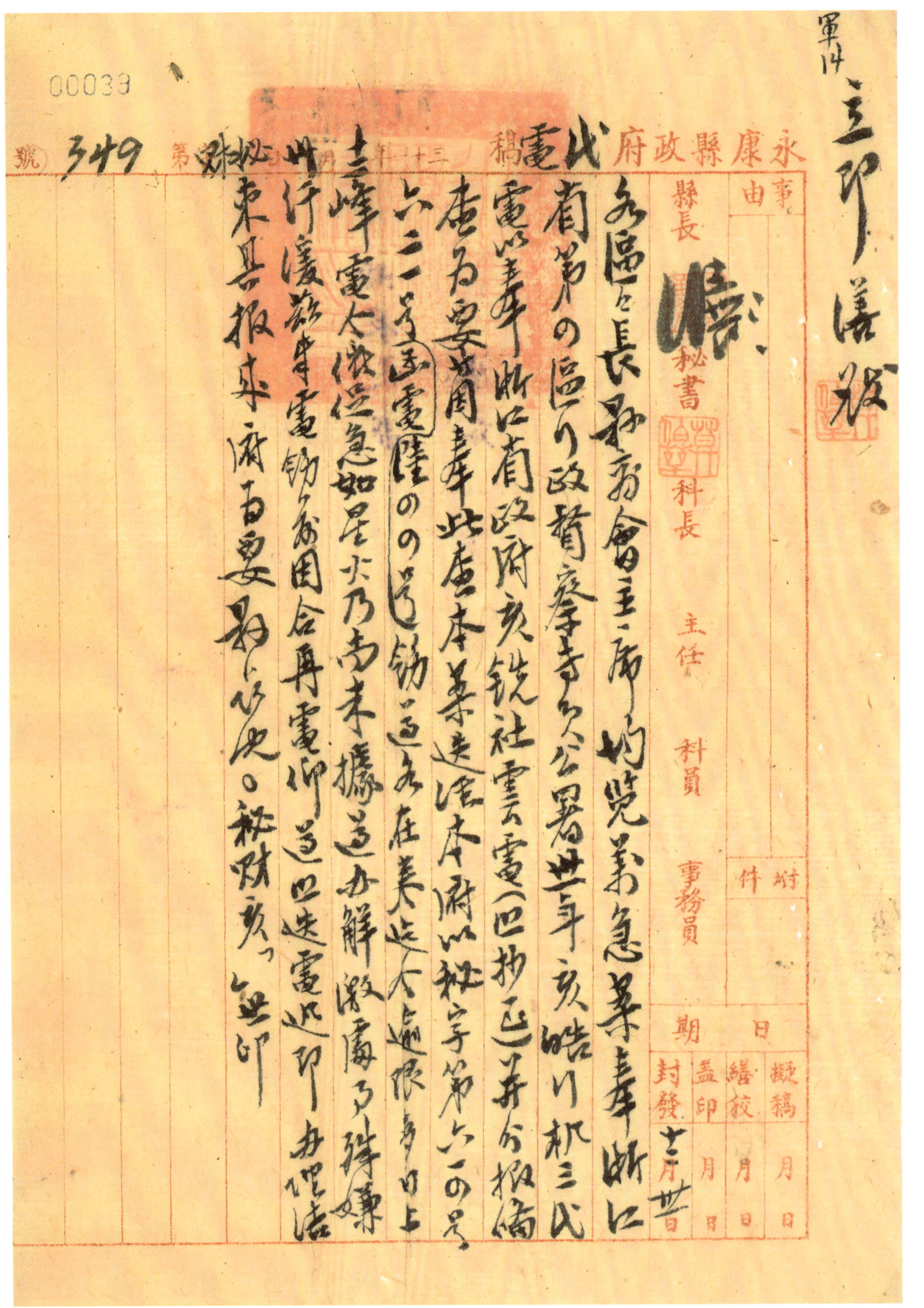

永康縣政府代電稿 三十一年 月 日 第 號 349

事由

縣長

秘書

科長

主任

科員

事務員

附件

日期

擬稿 月 日

繕校 月 日

蓋印 月 日

封發 十二月卅日

国民党国民革命军陆军新编第二十一师特别党部关于可酌量减少民众捐献布袜数目事致永康县政府的公函
（一九四三年一月三日）

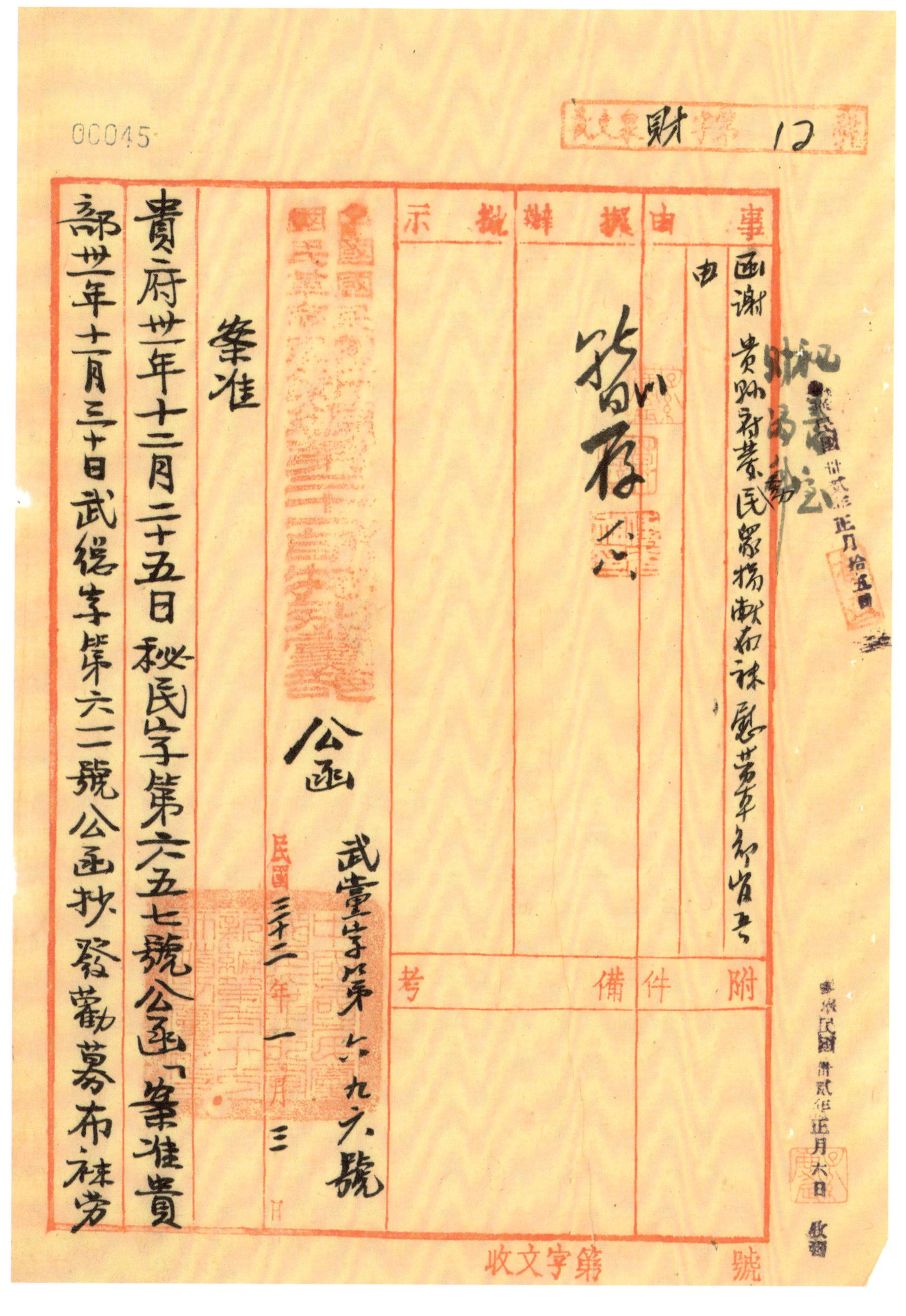
财字第 12 号

事由：函谢贵縣府募集民衆捐献布袜，感荷革命省兵由

拟办：姑存

公函

武台字第六九六號

民國三十二年一月三日

贵府卅一年十二月二十五日秘民字第六五七號公函「案准贵部卅一年十一月三十日武總字第六二號公函抄發勸募布袜劳

附件

備考

收文字第 號

軍運動草案，囑查照酌量地方情形辦理等由，准經於本年十二月十六日下午二時会同縣黨部召開征募三十三年新年及春節勞軍會議，商討僉以未奉召開會議之先，已由石柱、清渭、方岩等區，准貴部第六二、六三兩函，積極籌募在案，適值敵寇環伺，社會動蕩不安之際，設再另征，無異重床疊架，民力深恐不勝應，請移數作抵，既免紛歧，軍勞民困，傳示兼顧，除呈報浙江省政府及第四區行政督察專員公署核備外，相應檢同会議録一份，函復查照為荷。等由

貴縣府發動民衆捐獻布襪不遺餘力，深為感荷，如

貴縣民情困難請將數目酌量減少除飭六二六三兩團遵照會同收繳外特代表本部官兵黨員致謝并

請

查照為荷！

此致

永康縣政府

特派員 羅君彤

書記長 甄紹武

方岩区署关于检报劳军布袜六百双收据致永康县政府的呈（一九四三年一月四日）

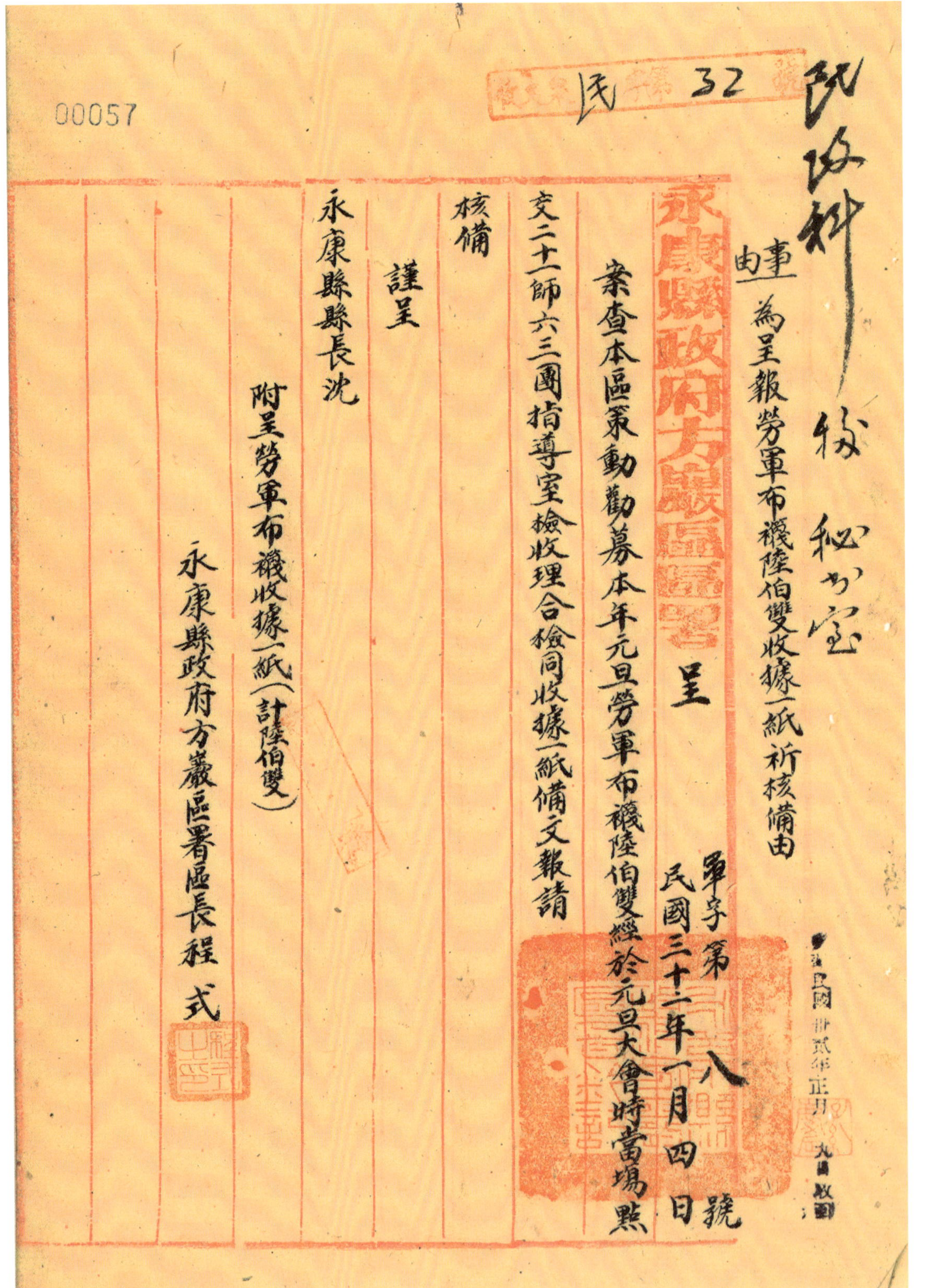

00057

民 32

民政科 核 秘书室

永康縣政府方巖區署 呈

民國三十二年一月四日 單字第八號

事由 為呈報勞軍布襪陸佰雙收據一紙祈核備由

案查本區策動勸募本年元旦勞軍布襪陸佰雙經於元旦大會時當場點交二十一師六三團指導室檢收理合檢同收據一紙備文報請

核備

謹呈

永康縣縣長沈

附呈勞軍布襪收據一紙（計陸佰雙）

永康縣政府方巖區署區長程 式

附：陆军新编第二十一师步兵第六十三团收据

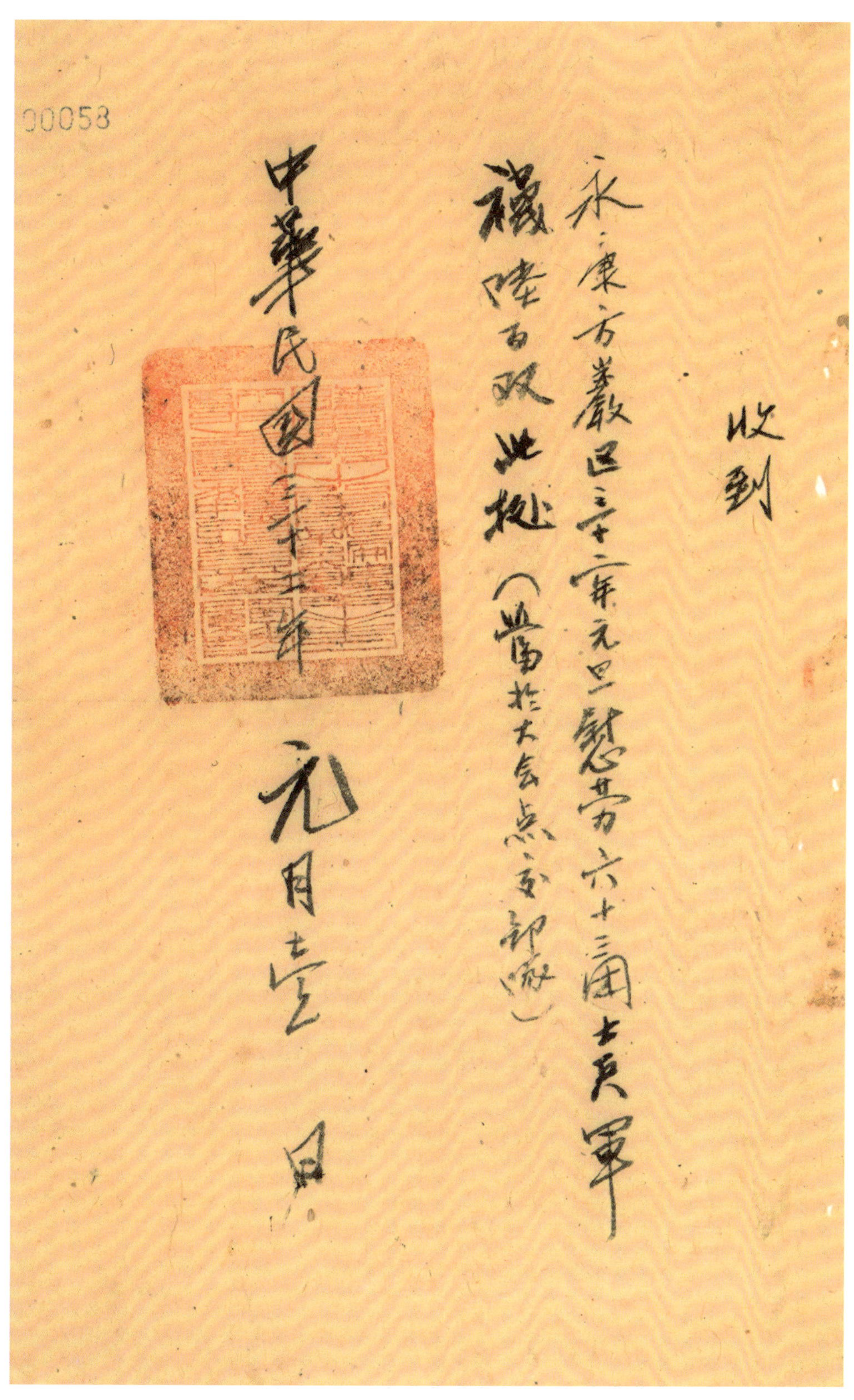

00058

收到

永康方巖區三十三年元旦慰勞六十三團士兵軍襪陸百雙此據（當於大會點交部隊）

中華民國三十三年元月壹日

浙江省政府关于劳军款物解送省政府社会处事致永康县政府的电（一九四三年一月九日）

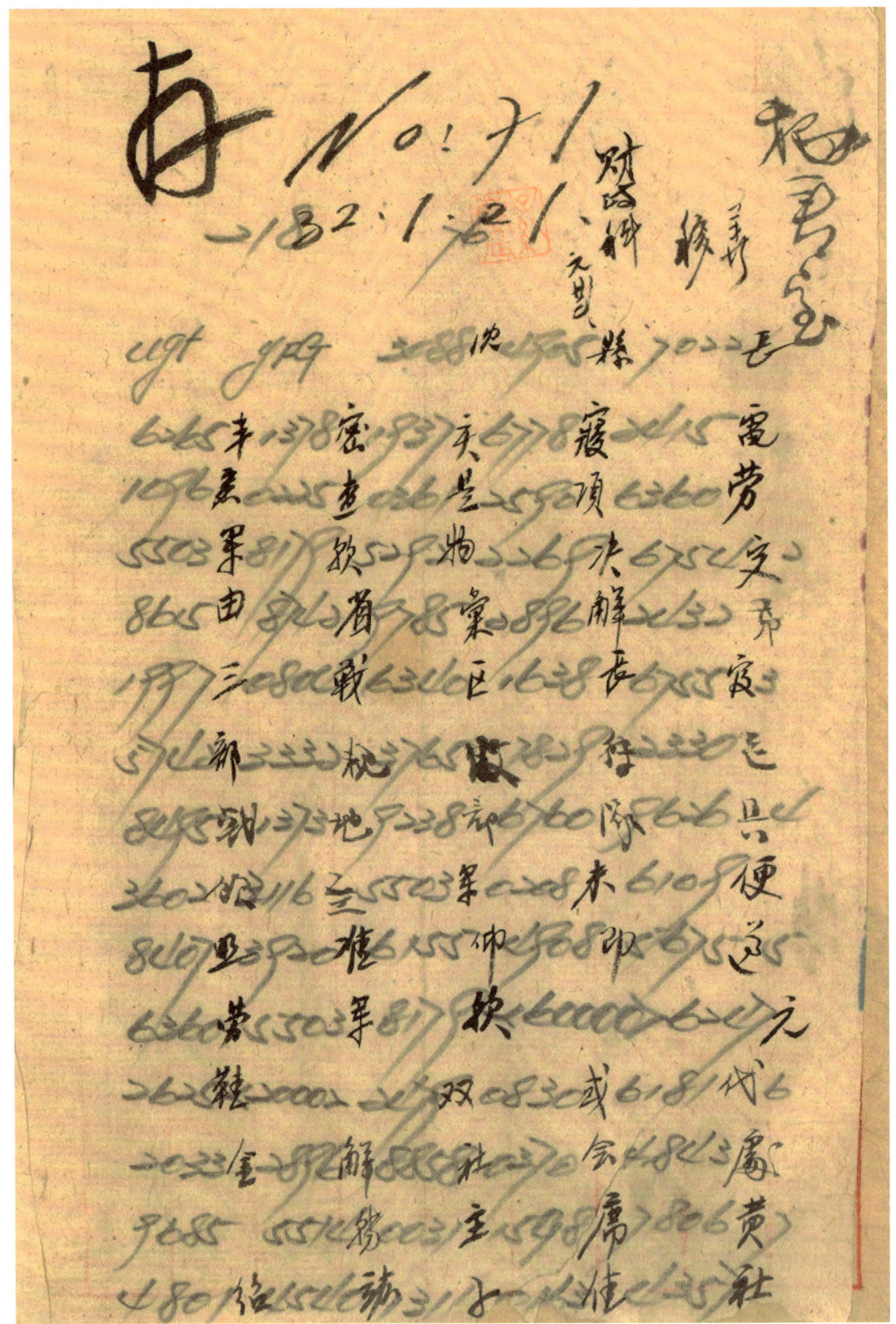

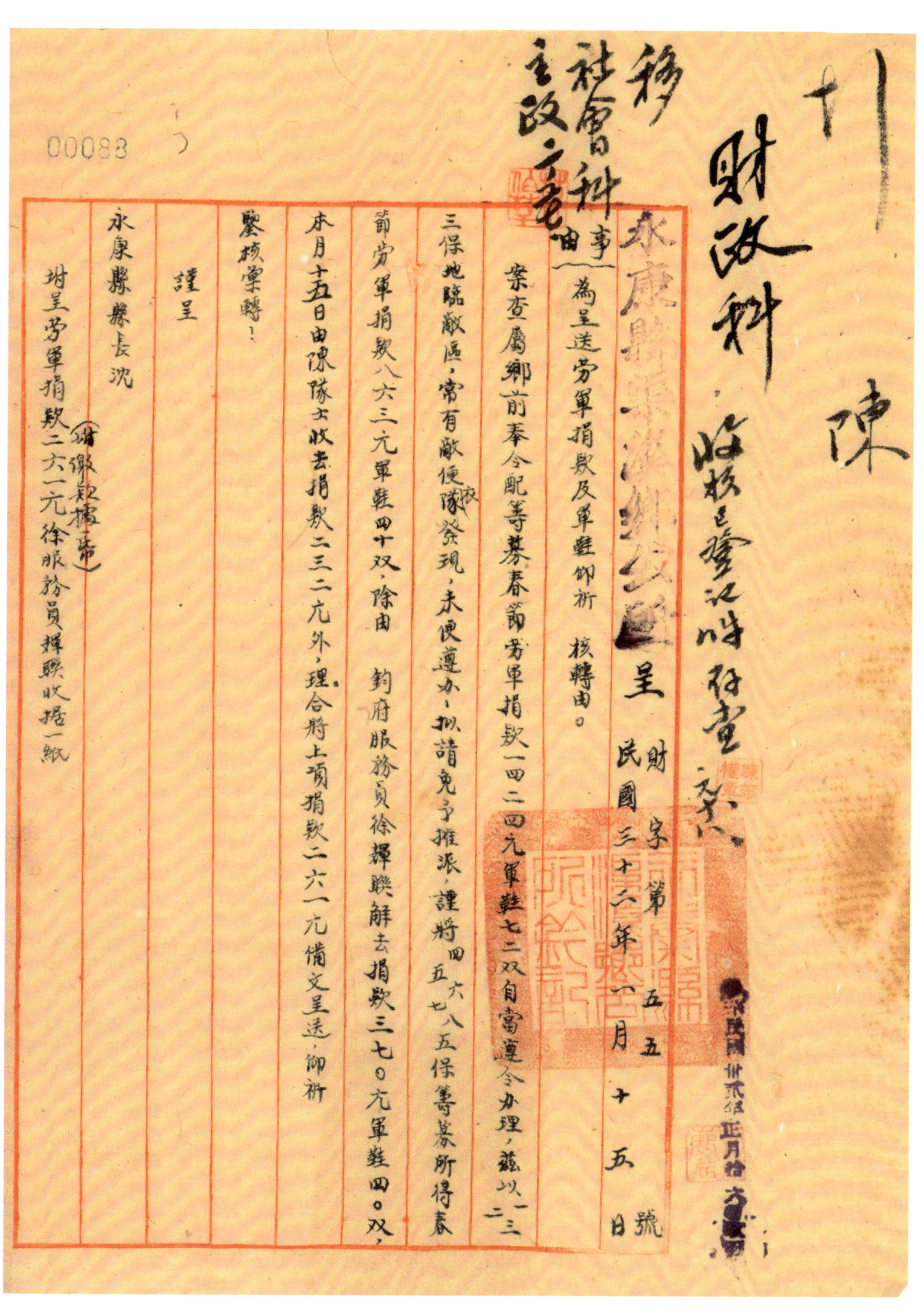
永康縣渠溪鄉公所 呈 財字第五五號 民國三十二年一月十五日

事由：為呈送勞軍捐款及軍鞋仰祈 核轉由。

案查屬鄉前奉令配籌募春節勞軍捐款一四二四元、軍鞋七二双，自當遵令办理，茲以一二三保地臨敵區，常有敵便衣隊發現，未便遵办，擬請免予攤派，謹將四五六七八五保籌募所得春節勞軍捐款八六三元、軍鞋四十双，除由 鈞府服務員徐揮瞬解去捐款三七〇元、軍鞋四〇双，本月十五日由陳隊士收去捐款二三二元外，理合將上項捐款二六一元備文呈送，仰祈

鑒核彙轉！

謹呈

永康縣縣長沈

附呈勞軍捐款二六一元徐服務員揮瞬收据一紙（附繳款據一紙）

渠溪乡公所关于检送劳军捐款及军鞋收据致永康县政府的呈（一九四三年一月十五日）

倪宅區渠溪鄉鄉長董安卓

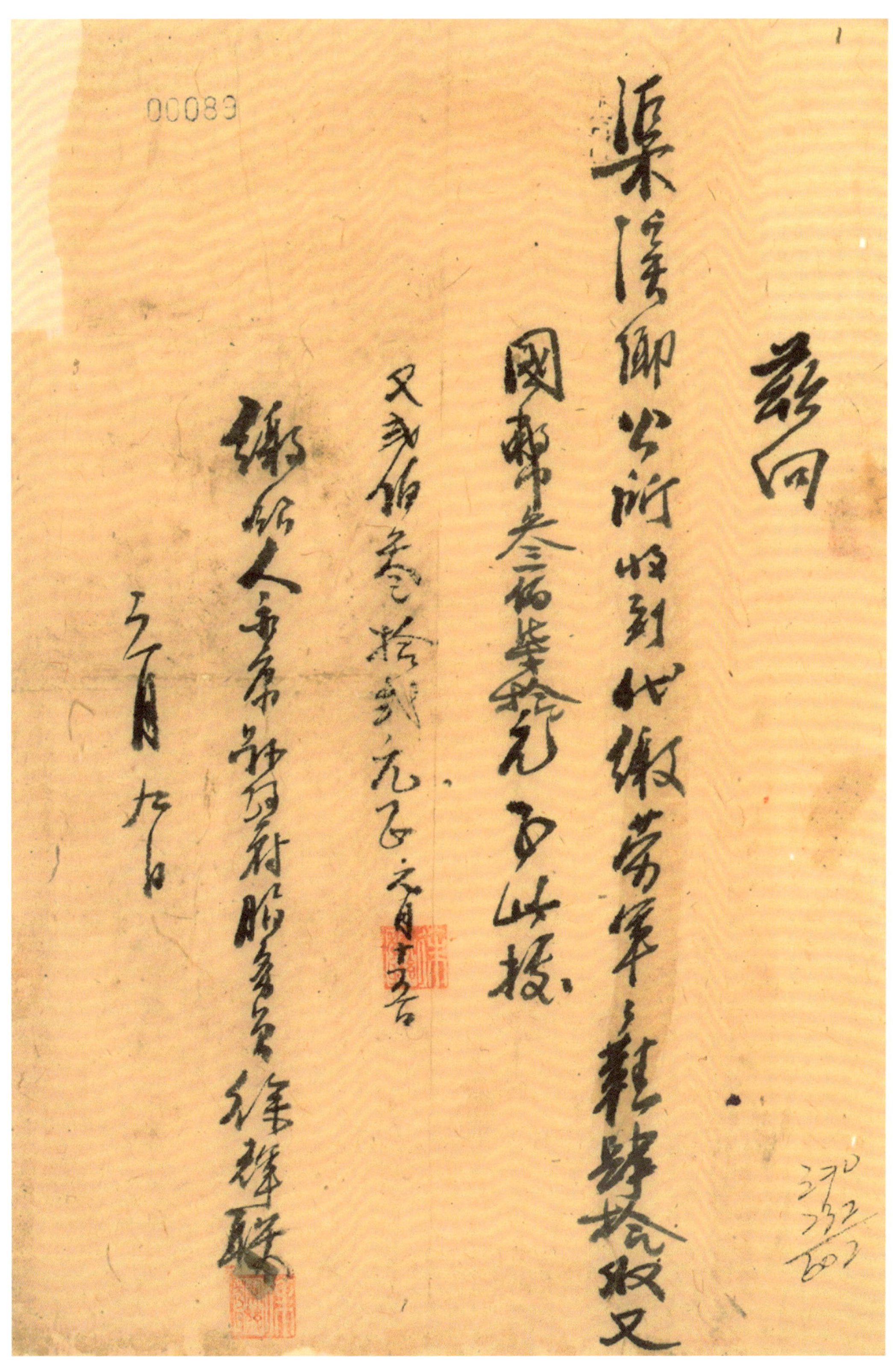

00089

茲向
渠溪鄉公所收到代繳勞軍鞋肆拾雙又
國幣叁佰柒拾元正此據
又貳佰叁拾貳元正 六月十六日
經收人重慶新村聯合會 徐祥麟
六月九日

四路口区署关于筹办解送劳军袜至陆军新编第二十一师步兵第六十三团经过事致永康县政府的呈
（一九四三年一月三十一日）

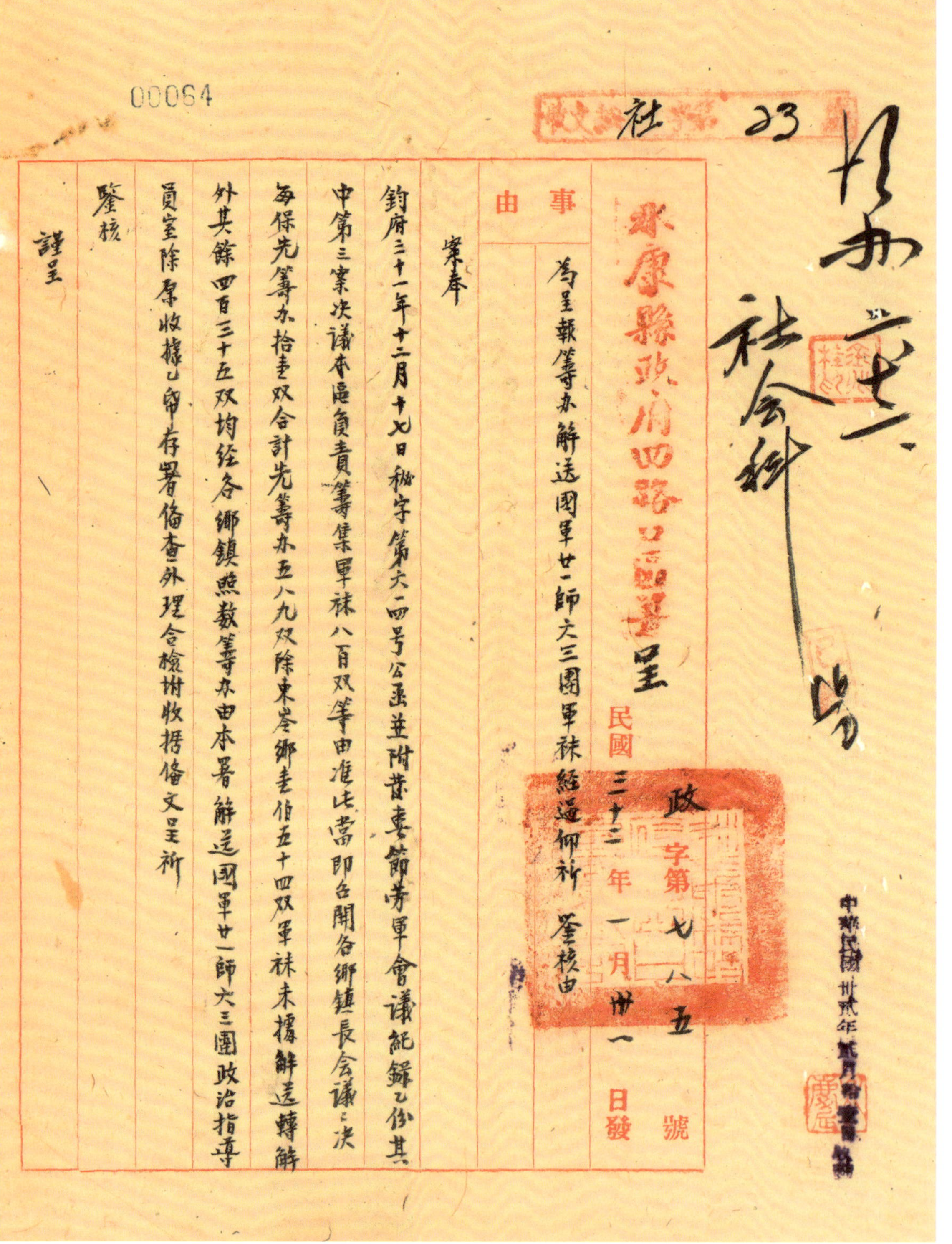

永康縣長沈

計附收據乙紙

四路口區區長胡岩青

附：陆军新编第二十一师步兵第六十三团收据

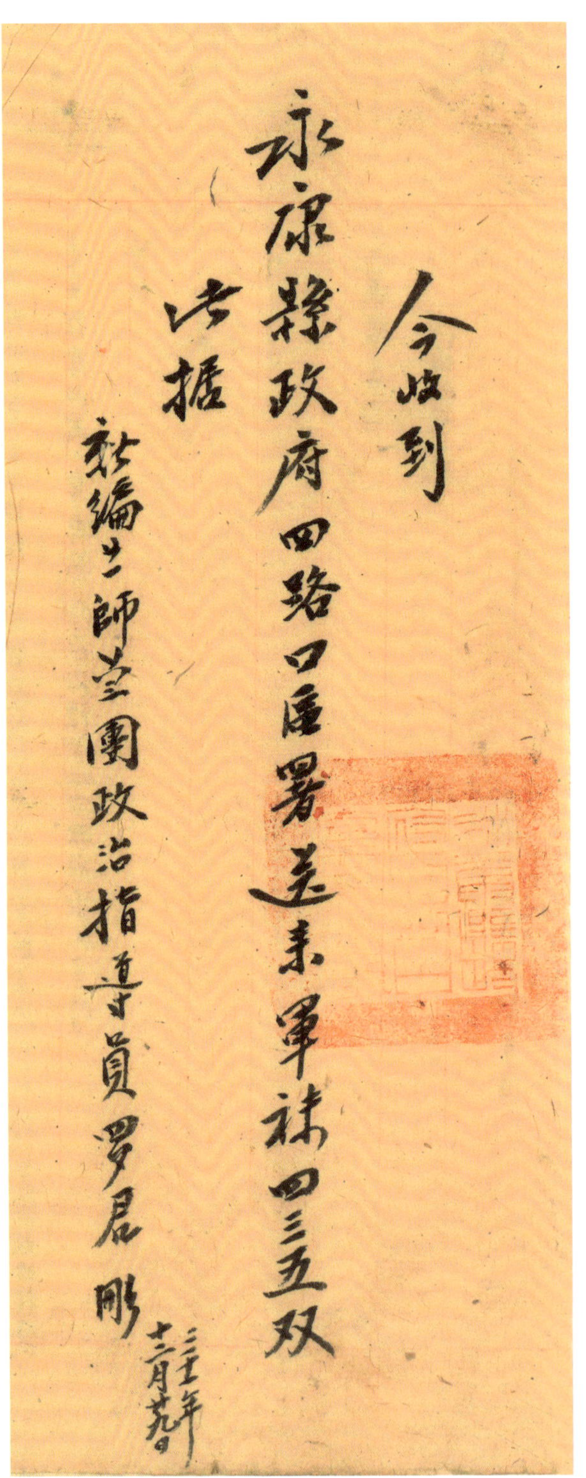

今收到

永康縣政府四路口區署送来草鞋四三五双

此据

新編廿一師六三團政治指導員罗君彤

三十二年十二月廿九日

永康县政府关于对派募款物逾期未交的乡镇派员督缴事致各区署的训令（一九四三年二月十一日）

公事務股

請注意附件款物數額並各區已繳否備列[illegible]

永康縣政府訓令稿　32年2月10日社字第20號

事由：為派募款物逾限已久特派員守提並印發款物清單令仰遵照以憑辦理由。

附件：款物清單一紙

縣長　[signature]

科長　二、十

科員　胡國助

期日：擬稿　二月十日；繕校　月　日；蓋印　月　日；封發　二月十一日

令各區長

查本縣征募三十二年新年春節勞軍款物迭經本府電令催繳在案，現限期已逾，是項派募款物解繳本府者為數甚甚，有完全尚未解繳者，殊屬不合。茲特派○○○前來該區守提，仰迅督促該屬鄉鎮迅照派額征募足數，務于四日內繳交專員帶府彙轉。除分令外，合亟印發派募款物清單一紙，令仰遵照辦理，毋得再延誤為要！

此令。

附發派募款物清單一紙

縣長　沈○

附：民国三十二年新年与春节劳军款额派募清单

军廿

缮成 印 八份

00061

三十二年新年与春节劳军款额派募清单

区别	派额	乡镇别	派额	已收数	欠额	备注
永祥	九，三〇〇元	松石				各乡镇派额未据呈报
		华溪				
		崇道				
		壶山		一〇〇元		
		瑶城		二〇〇元		
		梅山				
俭宅	七，八〇〇元	桐城	•	一，二七〇元		各乡镇派额未据呈报
		九安				

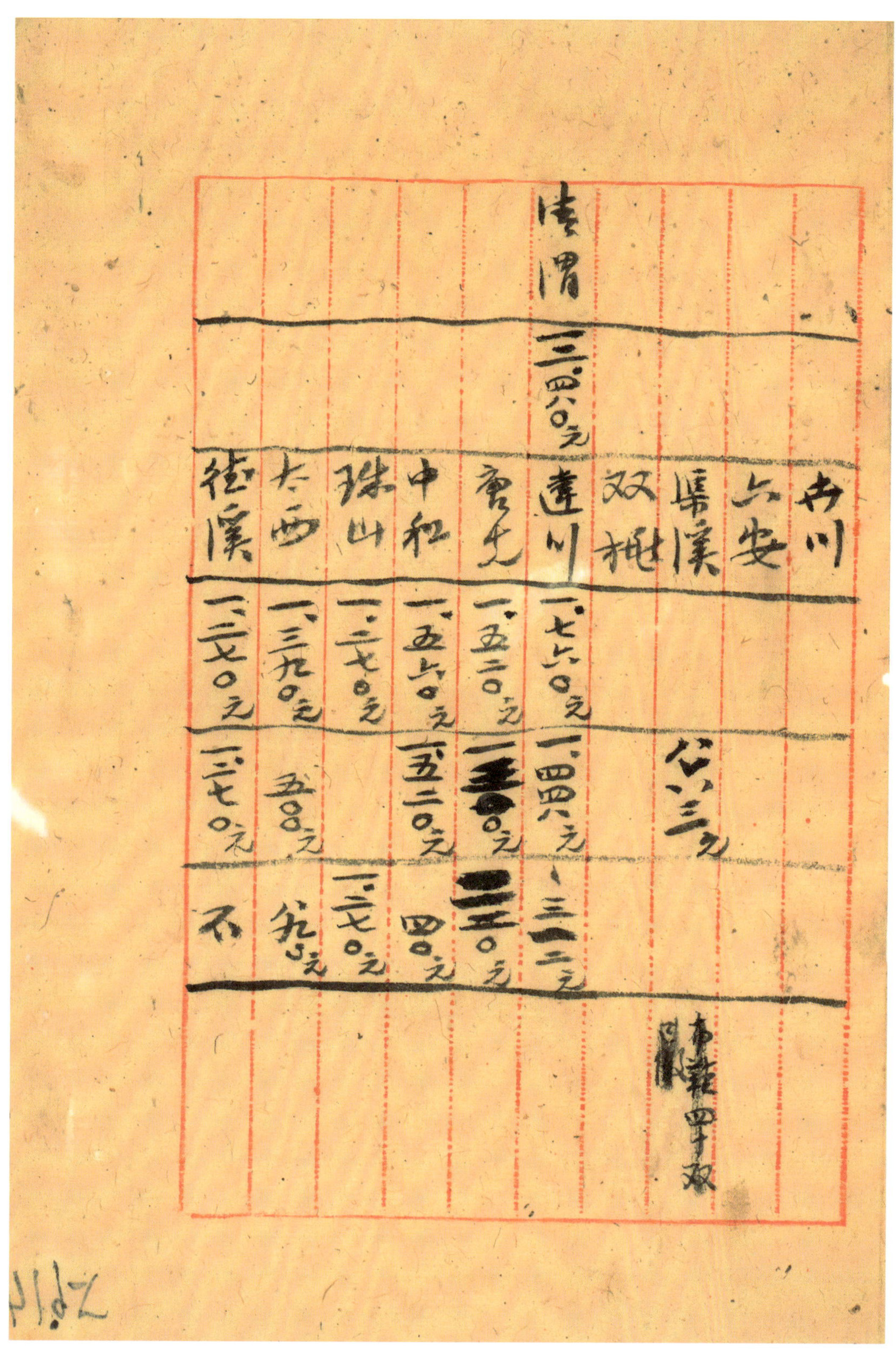

涪渭	一三.四六〇元		
南川			
六安			
渠溪		八.三元	
双桃			
達川	一.七六〇元	一.四四八元	、三一二元
會元	一.五二〇元	[illegible]〇元	[illegible]〇元
中和	一.五六〇元	一五二〇元	四〇〇元
珠山	一.二七〇元		一.二七〇元
太西	一.三九〇元	五〇〇元	九五元
徐溪	一.二七〇元	一.二七〇元	不

南鞋四十双

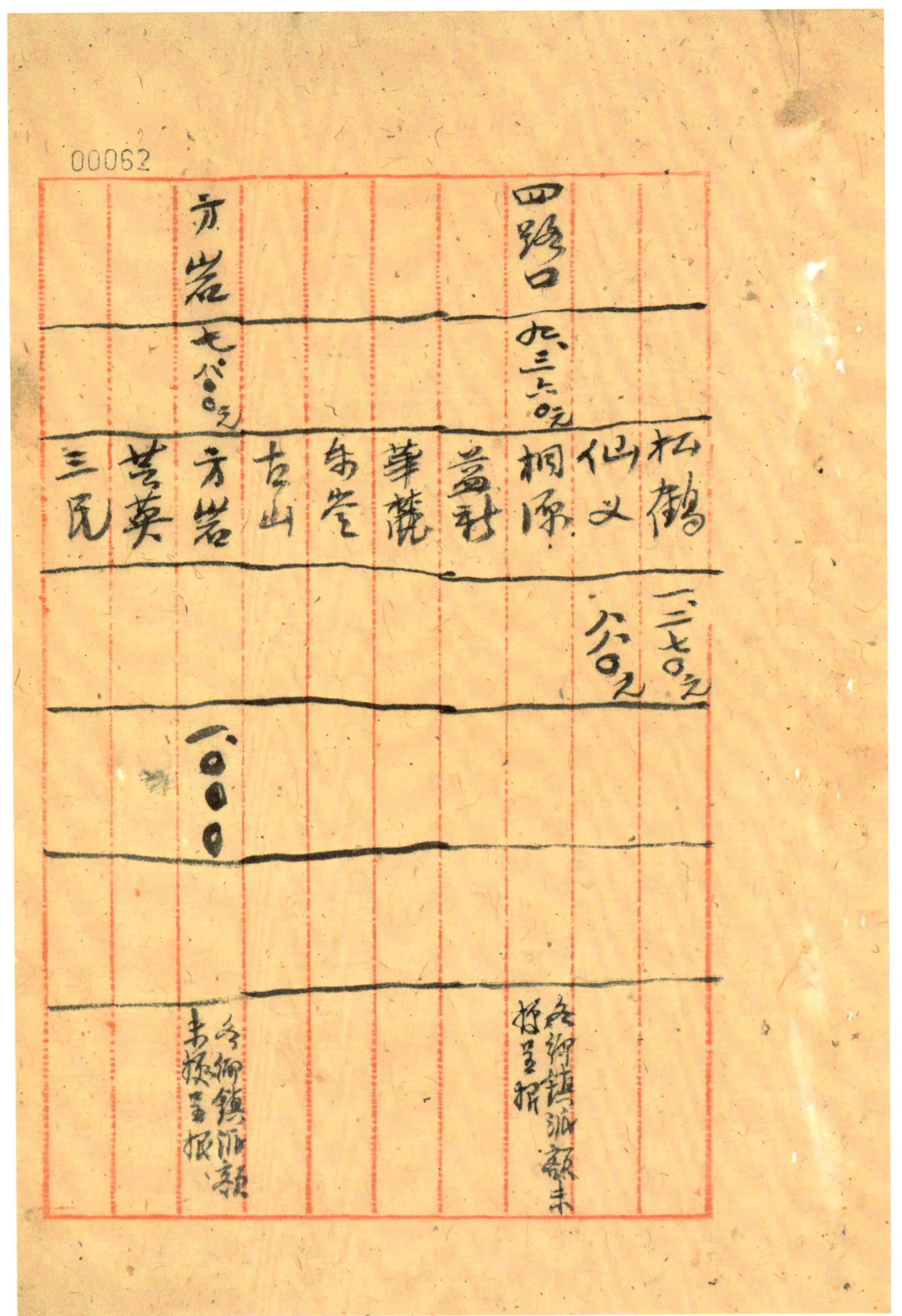

00062

		松鹤	一三七〇〇元		
		仙义	八〇〇〇元		
四路口	九三六〇元	桐源			各乡镇派额未据呈报
		蒿村			
		华麓			
		[illegible]			
		古山			
方岩	七八〇〇元	方岩		一八〇〇〇	各乡镇派额未据呈报
		芝英			
		三民			

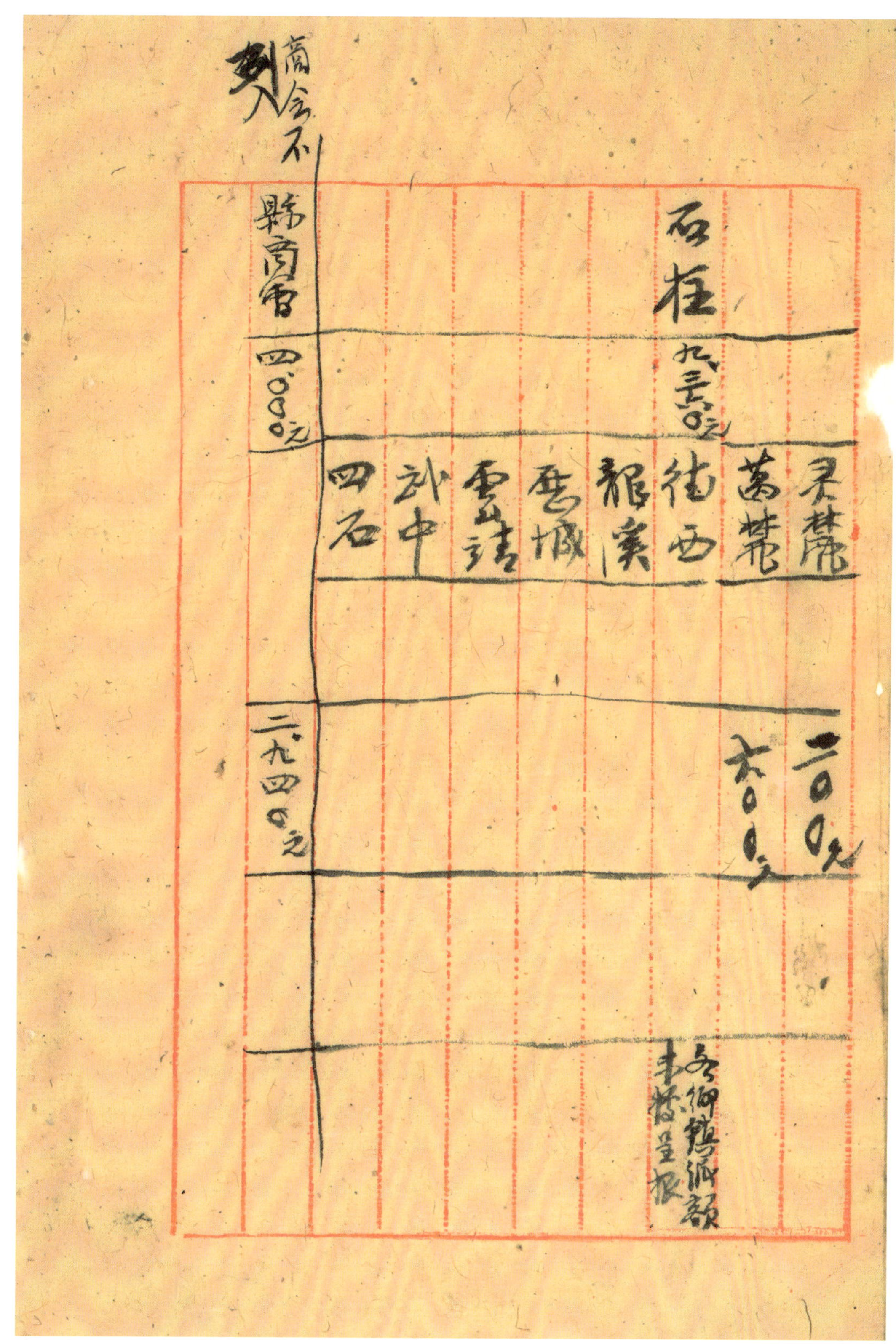

石柱

九、三五〇元

[illegible]
萬[illegible]
[illegible]西
龍溪
[illegible]城
雲靖
沙中
四石

二〇〇元
六〇〇元

各鄉鎮派額
李楷呈報

縣商會
四〇〇〇元
二、九四〇元

商会不列入

六安乡公所关于解送春节劳军鞋三十双事致永康县政府的呈（一九四三年二月十六日）

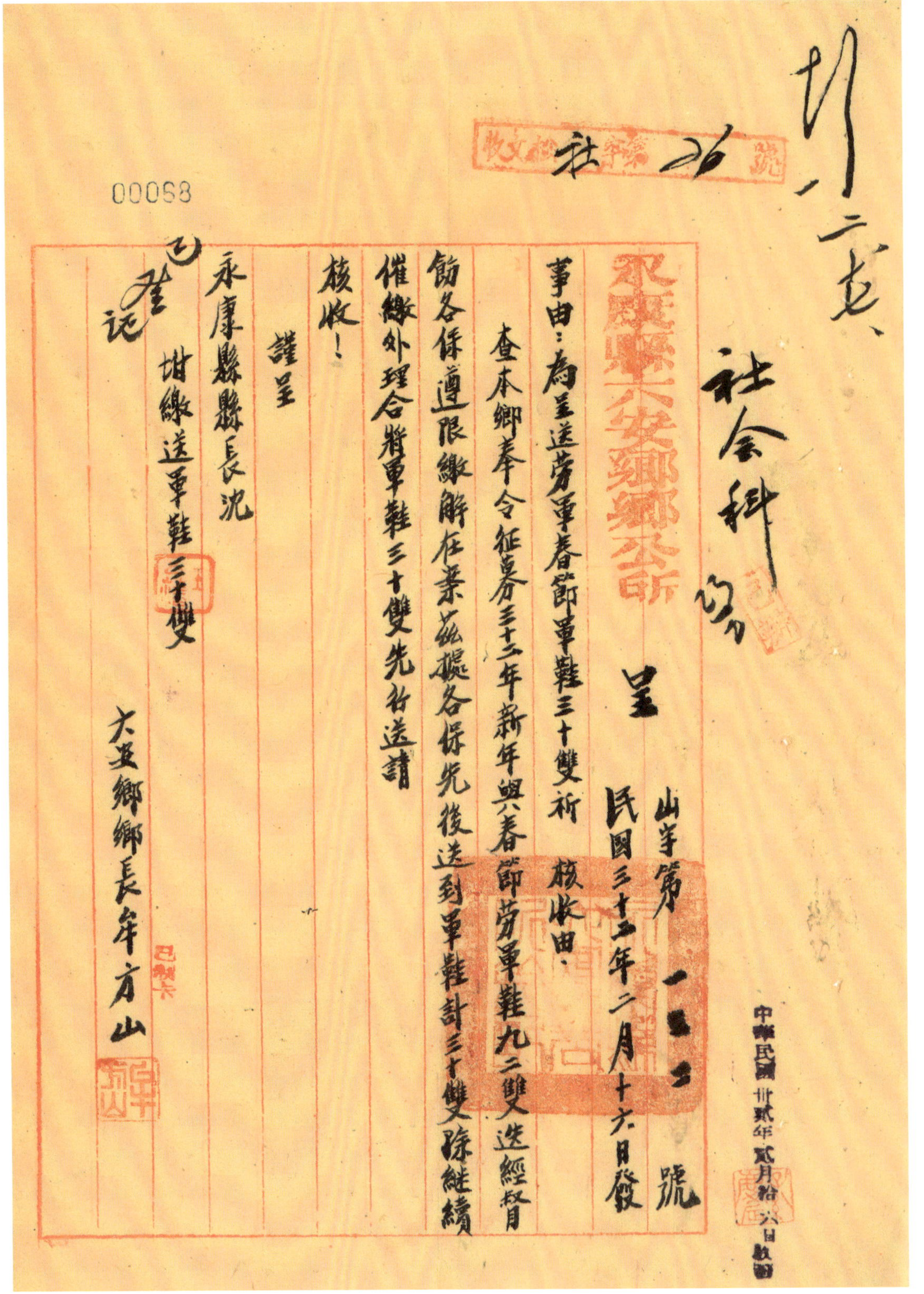

永康縣六安鄉鄉公所 呈

民国三十二年二月十六日發 山字第一三三號

事由：為呈送劳軍春節軍鞋三十雙祈核收由。

查本鄉奉令征募三十二年新年與春節劳軍鞋九二雙，迭經督飭各保遵限繳解在案。茲據各保先後送到軍鞋計三十雙，除繼續催繳外，理合將軍鞋三十雙先行送請核收！

謹呈

永康縣縣長沈

附繳送軍鞋三十雙

六安鄉鄉長牟育山

清渭区署关于德溪乡已交缴民国三十二年春节劳军款、转送收据两本事致永康县政府的呈（一九四三年二月十六日）

號 收文 社 31

閱 二九

社會科

00072

事由 為轉送三十二年春節勞軍捐收據二本祈鑒核由

永康縣政府清渭區署 呈

民國三十二年二月十六日 財字第九十二號

案據德溪鄉彩字第三〇號呈稱：「案查前何鄉長移交案件內以本鄉奉令應派募三十二年春節勞軍捐計國幣壹仟弍百柒拾元，檢同空白收據弍本移請接办等由，業經按保派募收繳清訖，其應募解款國幣壹仟弍百柒拾元已於三十二年一月十八日掃數手交縣政府服務員沈祖英具領，理合檢還春節勞軍捐收據二本，已用自九四一號起至九五〇號止計拾張，未用自九五一號起至九八〇號止計三〇張，隨文呈繳，仰祈層轉」等情。據此，查屬實，理合備文轉呈，仰祈

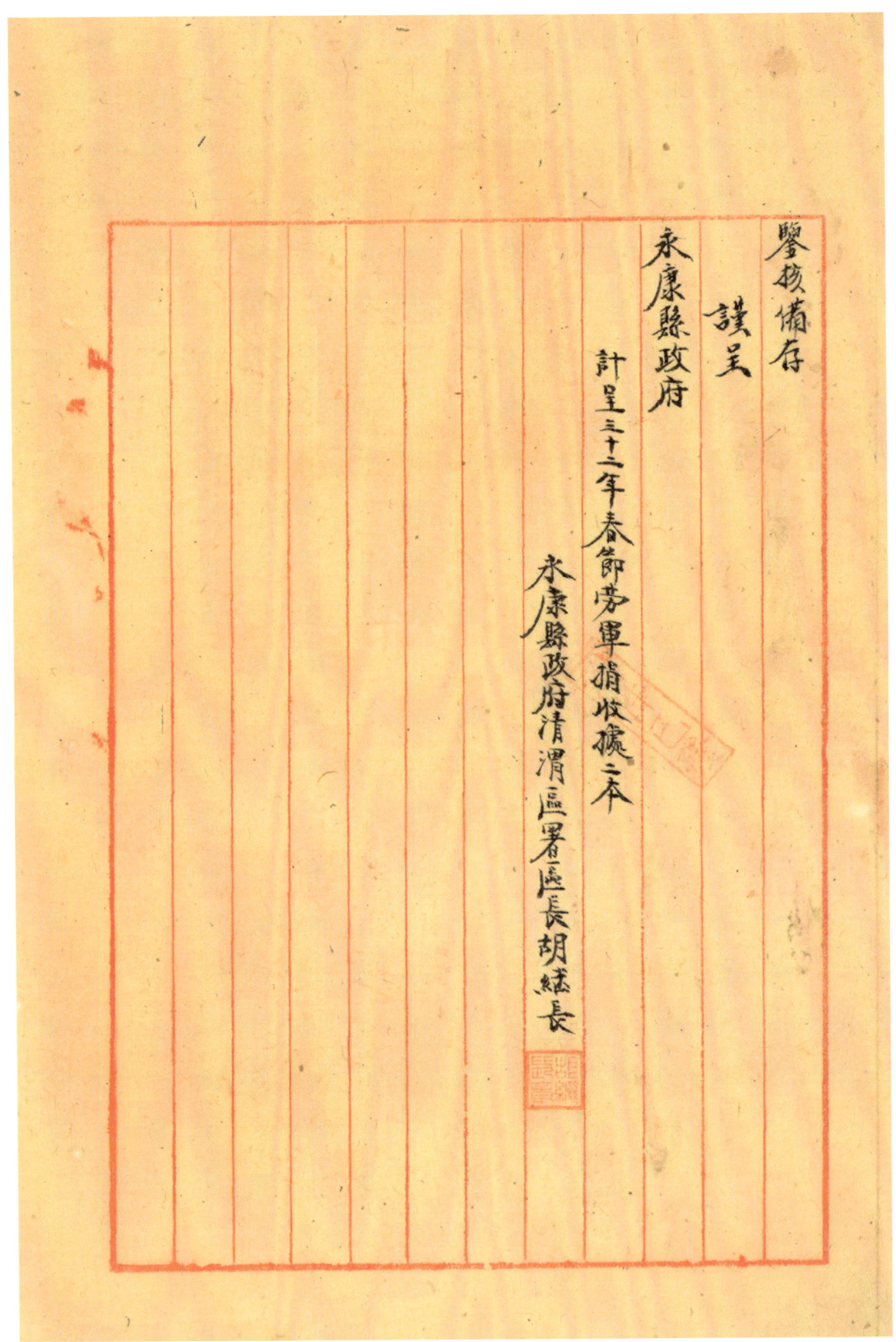
鑒核備存
謹呈
永康縣政府
計呈三十二年春節勞軍捐收據一本
永康縣政府清渭區署區長胡紘長

00070

社 32

閱

社會科 二·廿八

事由 為呈送勞軍捐款祈鑒核發給收據由

呈為呈送勞軍捐款事竊奉

鈞府發下征募三十二年新年及春節勞軍捐款收據拾伍本自一號至一二零號及自一八二一號至二零零零號業經征募完竣發出收據自一號至一二零號及自一八二一號至一九零八號此內有二四至二六號三張因錯填作廢共計募得捐款叁千伍百零捌元曾經繳交事務股王出納員藩弍千元及徐輝聯先生壹千五百元尚存有八元理合造具征募清冊檢同上項收據拾伍本及繳款收條四紙並國幣八元備文呈送仰祈

鑒核發給收據再查是案由各機關法團代表會議決議縣商會負責籌募四千元嗣奉

鈞府代電社字第一零號會奉 省政府代電照分配數七折滙解等示本會繳額已超過分配數柒伯餘元應如何辦理併請 示遵實為公便謹呈

中華民國卅貳年貳月 日

永康县商会关于完成劳军捐款祈鉴核发给收据并请示超额七百余元如何办理致永康县政府的呈（一九四三年二月十八日）

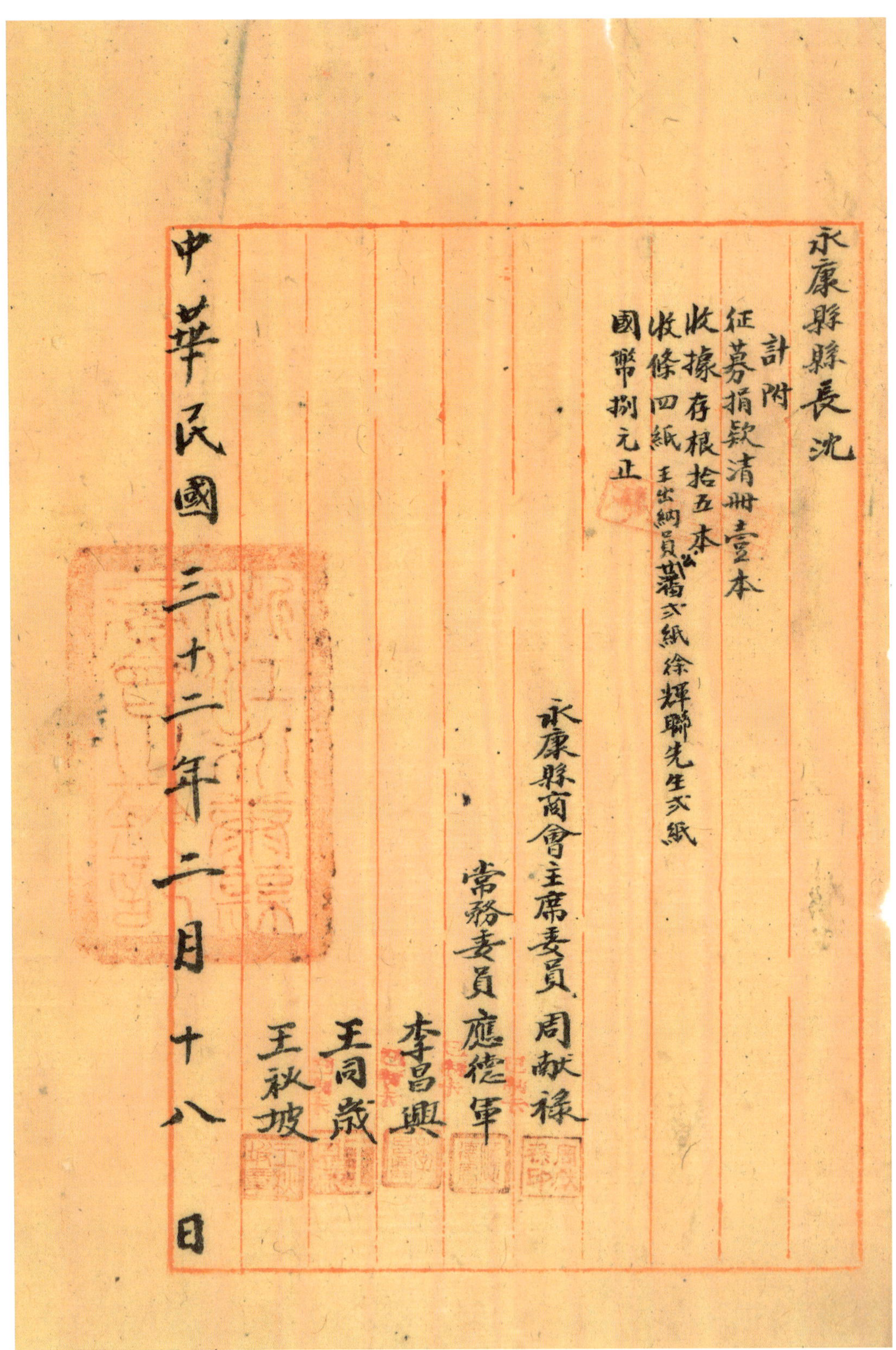

永康縣縣長沈

計附

征募捐款清册壹本

收據存根拾五本

收條四紙　王出納員以蕃弍紙　徐輝聯先生弍紙

國幣捌元正

永康縣商會主席委員　周猷禄

常務委員　應德軍

李昌興

王同歲

王秋坡

中華民國三十二年二月十八日

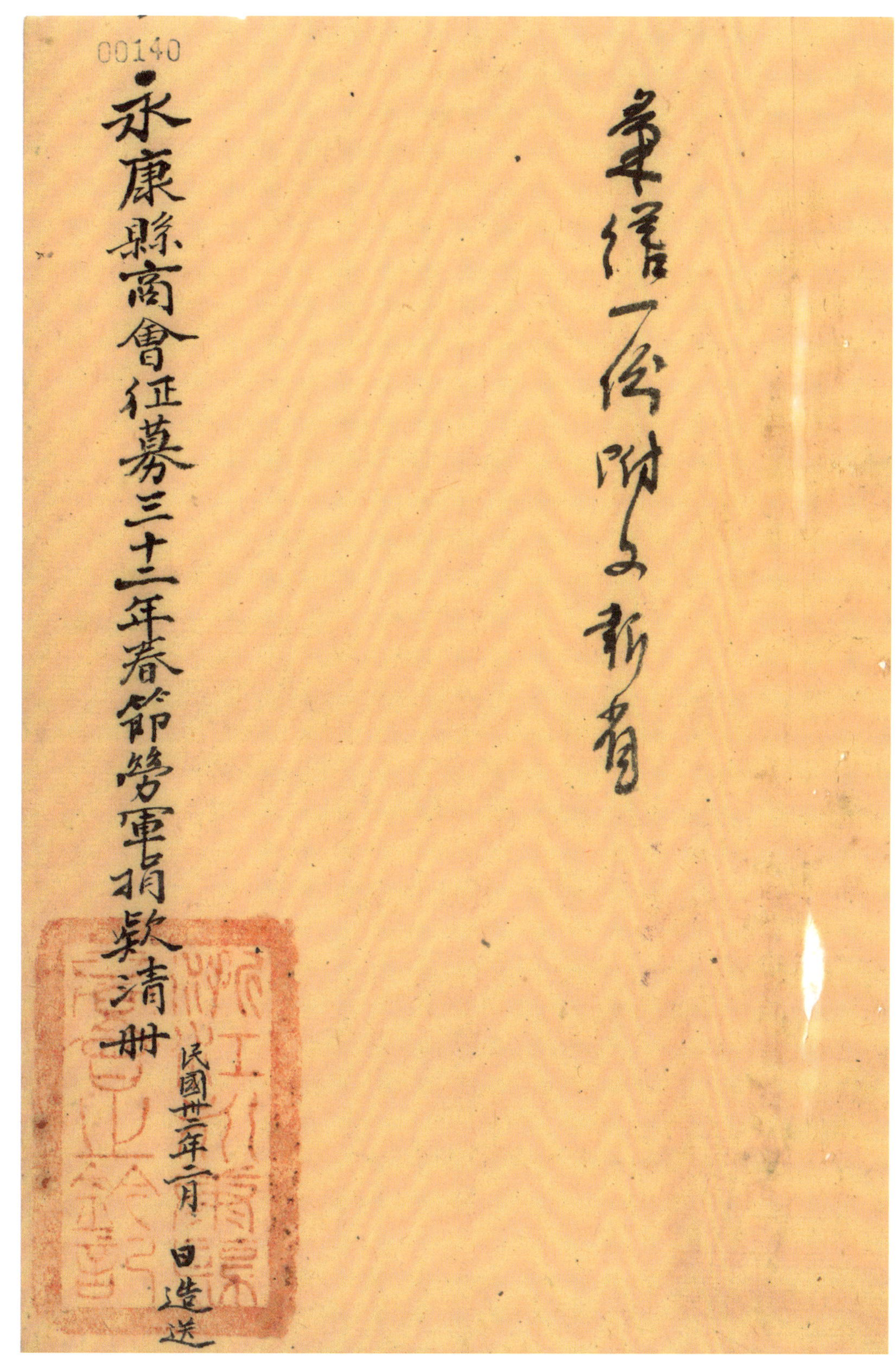

00140

再繕一份附文報省

永康縣商會征募三十二年春節勞軍捐款清冊

民國卅二年二月　日造送

永康縣商會征募三十二年春節勞軍捐款清册

捐户姓名	捐款數目	收據號數	捐户姓名	捐款數目	收據號數
王莜恭	二〇元	一號	柯延齡	一〇元	二號
周瑞龍	二〇	三	陳紹清	一〇	四
陳德修	一〇	五	應純和	一〇	六
施長生	一〇	七	應大升	一〇	八
沈成張	一〇	九	應汝財	一〇	一〇
傅令書	一〇	一一	應保力	一五	一二
沈龍起	一〇	一三	呂臨台	一〇	一四
徐哉新 徐志凡	一〇	一五	陳鳳大	一〇	一六

陳寶槐	一〇	一七	陳寶藏	一〇	一八
王其昌	一〇	一九	呂天龍	一〇	二〇
天香樓	三〇	二一	徐景南	二〇	二二
元豐潤	二〇	二三	錯填作廢	/	二四
錯填作廢	/	二五	錯填作廢	/	二六
林協成	三〇	二七	成壽記	二〇	二八
大順畢坊	二〇	二九	郭福仁	一〇	三〇
胡仁興	一〇	三一	麗華	二〇	三二
俞順泰	一五	三三	邵元利	一〇	三四
仁和堂	三〇	三五	豐大	五〇	三六

姓名	金额	号数
震升	二五	三七
應和泰	二〇	三九
程啟盛	一〇	四一
沈耀先	一〇	四三
金章祿	一〇	四五
黃振泰	一〇	四七
葉氏	一〇	四九
馮長慶	一〇	五一
徐寶欽	一〇	五三
呂章水	一〇	五五
義和	三〇	三八
范加康	一五	四〇
陳小生	一〇	四二
賈龍雪	一〇	四四
蔡吉生	一〇	四六
徐章祿	一〇	四八
管伯良	一五	五〇
徐章金	一〇	五二
項双科	一〇	五四
徐德祿	一〇	五六

姓名	數	號
項加福	一〇	五七
林逢春	五	五八
陳金棠 周之謀	一〇	五九
林壽福	五	六〇
陶炳銓	二〇	六一
汪元東	二〇	六二
徐振清	一〇	六三
鄭良高	二〇	六四
應德明	一〇	六五
鄭金時叨	二〇	六六
翁建有	五	六七
沈廷岳	一〇	六八
沈廷如	一〇	六九
沈敦爾	一〇	七〇
陳洪度	三〇	七一
王順生	一〇	七二
呂茂新	一〇	七三
沈桂芬	一〇	七四
呂振岩	一〇	七五
龍有 永昌	一五	七六

姓名	金额	编号
陳龍漢	一〇	七七
陳龍欽 金齊	一〇	七九
長保	二〇	八一
葉新起	一〇	八三
漏填	五	八五
樓倍昌	五	八七
林茂新	五	八九
王作牙	五	九一
胡岩起	五	九三
陳鳳球	一〇	九五
陳鳳山 鳳梧	一〇	七八
漏填	五	八〇
陳有通	一〇	八二
胡漢文	一〇	八四
沈振江	五	八六
周鳳生 達洪	五	八八
應德興	五	九〇
沈廷署	五	九二
春溪	五	九四
李世完	一〇	九六

姓名	金額	頁
應汝法	八	九七
瞻春椿	五	九九
樓尚云	五	一〇一
義利飯店	五	一〇三
榮記飯店	五	一〇五
徐和興	一〇	一〇七
應小春	五	一〇九
王蘭菁	五	一一一
周達邦	五	一一三
田龍云	五	一一五

姓名	金額	頁
方發起	一〇	九八
陳惠泉	五	一〇〇
鄭林火	五	一〇二
徐壽之	五	一〇四
胡文禹	一〇	一〇六
徐啟來	五	一〇八
金同江	五	一一〇
同壽	五	一一二
杜華松	五	一一四
田花奶	五	一一六

姓名	数	号	姓名	数	号
胡松錢	五	一一七	謝桂洪	八	一一八
田章水	五	一一九	王濟康	一〇	一二〇
鄭廷奎	五	一八二一	傅恒豐	四	一八二二
程源隆	五	一八二三	華昌東	五	一八二四
應文棋	五	一八二五	應文韶	五	一八二六
沈純康	五	一八二七	陳金書	五	一八二八
應熙生	五	一八二九	陳順昌	三	一八三〇
永華	二〇	一八三一	時和	一〇	一八三二
聚生	七	一八三三	元升祥	一五	一八三四
呂華記	二〇	一八三五	永裕	一三〇	一八三六

名稱	數	號
胡元昌	三〇	一八三七
華英照相館	二〇	一八三九
陳義生	六〇	一八四一
萬源信	五〇	一八四三
美味	二〇	一八四五
周永升	三五	一八四七
福記菜館	二〇	一八四九
源泰喜	五〇	一八五一
蕙勤	四〇	一八五三
仁裕	三〇	一八五五

名稱	數	號
江東	二〇	一八三八
大達	一五	一八四〇
萬泰仁	五〇	一八四二
王傳理	一五	一八四四
徐洪泰	一〇	一八四六
美大順	三〇	一八四八
協泰	二〇	一八五〇
萬潤昌	四〇	一八五二
同昌升	一〇	一八五四
元利分	二〇	一八五六

姓名	金额	编号	姓名	金额	编号
童聚和	二〇	一八五七	美華	二〇	一八五八
復興	五	一八五九	柯泰美	五〇	一八六〇
周綠記	二〇	一八六一	董得啟	二〇	一八六二
肉業公會	一〇〇	一八六三	王廷庚	一〇	一八六四
義豐	五〇	一八六五	鄭霖篪	一〇	一八六六
生生堂	二〇	一八六七	徐春盛	一五	一八六八
采芝齋	一〇	一八六九	王升記	一〇	一八七〇
王咸家	一〇	一八七一	陳長云	一〇	一八七二
朱小清	一〇	一八七三	胡達華	一〇	一八七四
胡趙見	一〇	一八七五	胡有庚	一〇	一八七六

名號	數	年
程漢招	一〇	一八七七
周安龍	一〇	一八七八
徐同美	三〇	一八七九
許金元	一五	一八八〇
華記罘廠	三〇	一八八一
正大	一〇	一八八二
永昌	一〇	一八八三
稻香村	二〇	一八八四
徐鼎豐	一五	一八八五
源利裕	三〇	一八八六
源利明	三〇	一八八七
源豐	四〇	一八八八
大中	八	一八八九
琴記	三〇	一八九〇
振昌	一〇	一八九一
勤益昌	八〇	一八九二
永利	一〇	一八九三
元新慶	二〇	一八九四
震源	一〇〇	一八九五
同文	三〇	一八九六

公信成	一五	一八九七	王同泰	一〇〇	一八九八
福源永	一〇〇	一八九九	張壽春	一〇〇	一九〇〇
公和	一〇	一九〇一	新新	一〇	一九〇二
正豐昌	二〇	一九〇三	永安旅社	一〇	一九〇四
吴振高	一五	一九〇五	萬興	四〇	一九〇六
福茂	四〇	一九〇七	義春	四〇	一九〇八
合計	三五〇八		止	止	止

永祥区署关于送缴民国三十二年春节部分劳军款和鞋其余正在催缴事致永康县政府的呈
（一九四三年二月十九日）

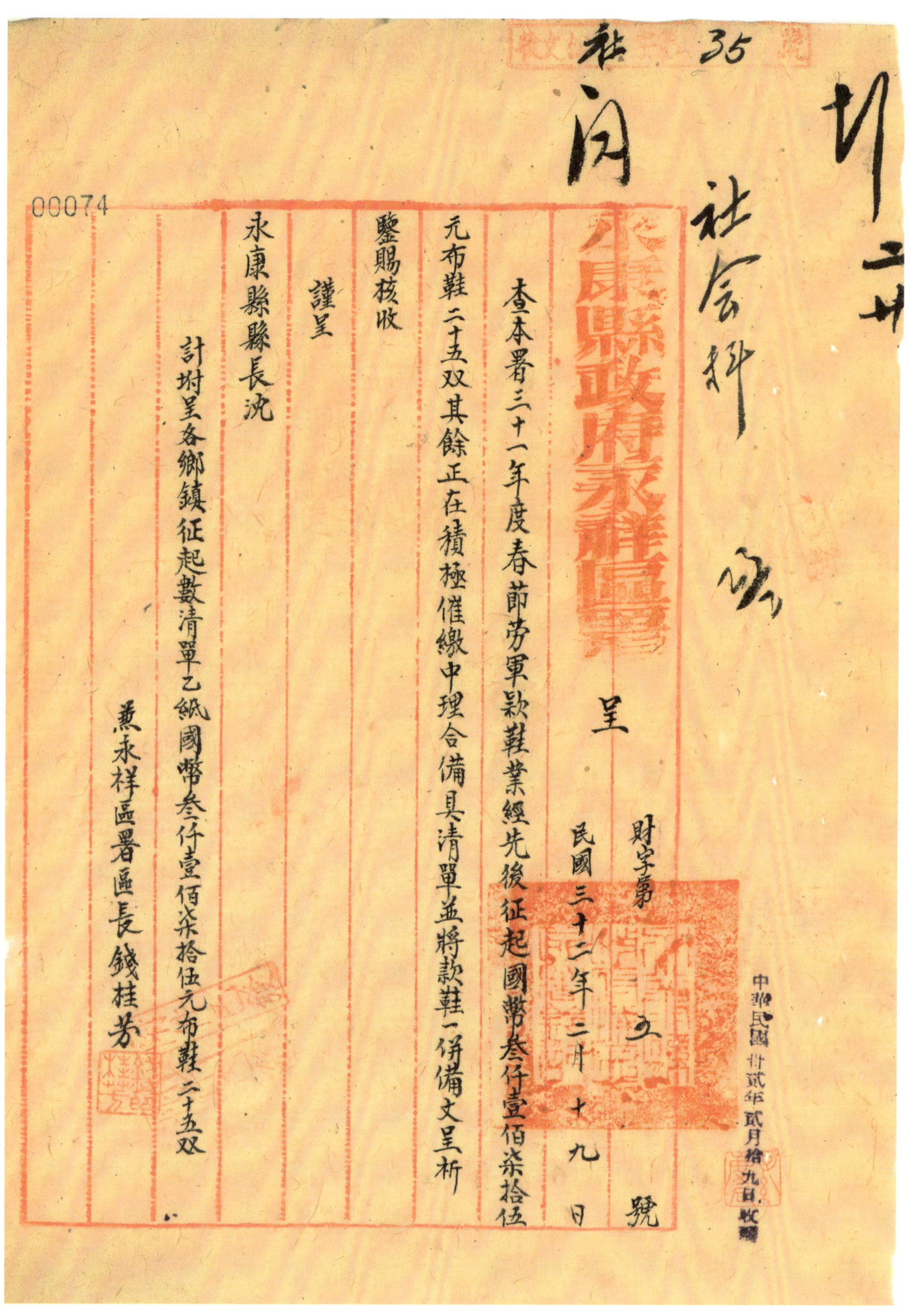
永康縣政府永祥區署 呈

財字第 五 號

民國三十二年二月十九日

查本署三十一年度春節勞軍款鞋業經先後征起國幣叁仟壹佰柒拾伍元布鞋二十五双其餘正在積極催繳中理合備具清單並將款鞋一併備文呈祈

鑒賜核收

謹呈

永康縣縣長沈

計坿呈各鄉鎮征起數清單乙紙國幣叁仟壹佰柒拾伍元布鞋二十五双

兼永祥區署區長錢桂芳

鄉鎮別	征起款数	征起鞋数	備攷
松石鎮	七〇〇〇〇		
崇道鄉	五九〇〇〇	一六双	
環城鄉	五三五〇〇	二双	
梅山鄉	一三五〇〇〇	七双	
合計	三一七五〇〇	二五双	

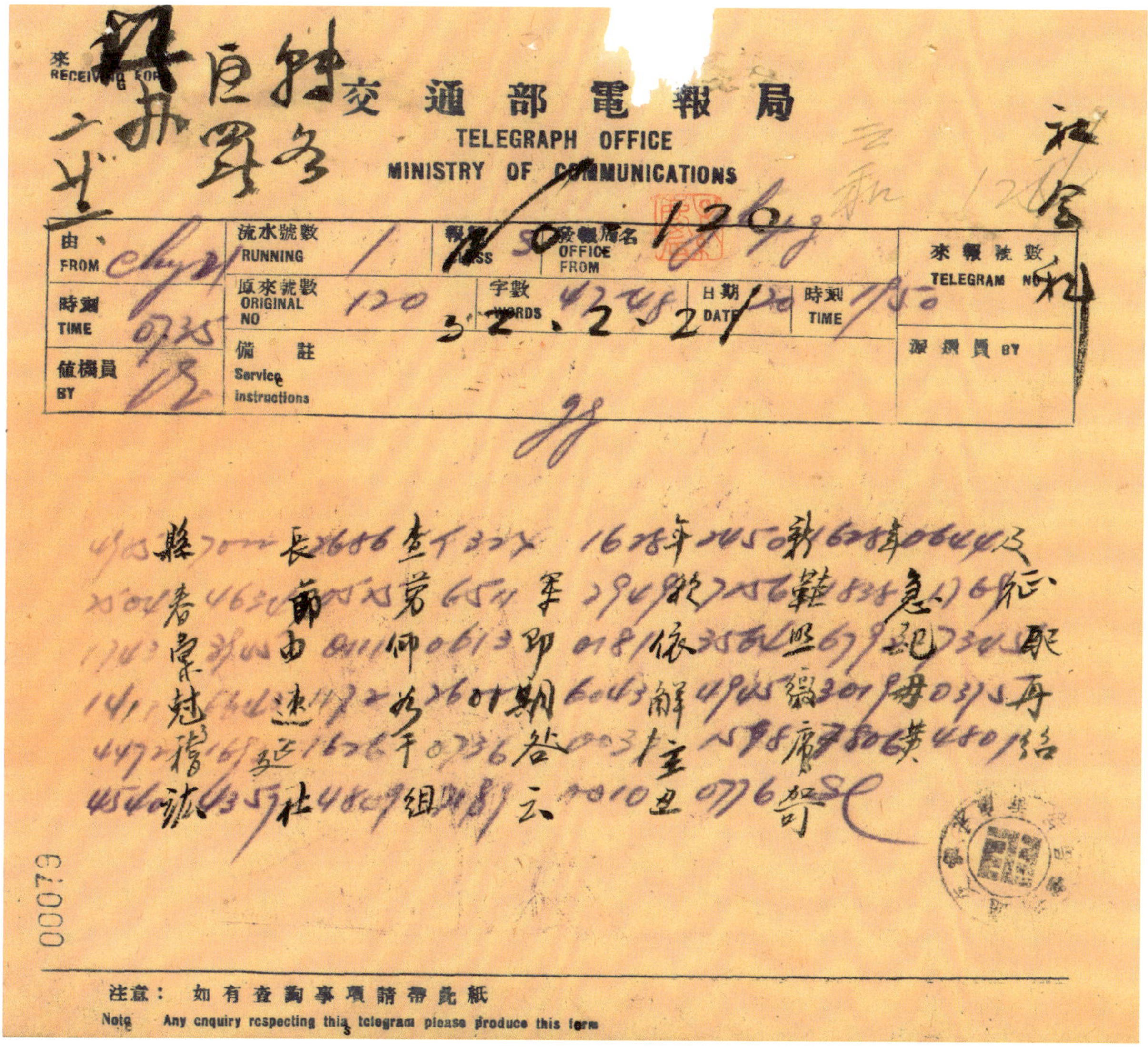

交通部電報局
TELEGRAPH OFFICE
MINISTRY OF COMMUNICATIONS

由 FROM	流水號數 RUNNING	報類 CLASS	發報局名 OFFICE FROM	來報號數 TELEGRAM NO
時刻 TIME	原來號數 ORIGINAL NO	字數 WORDS	日期 DATE	時刻 TIME
值機員 BY	備註 Service instructions			譯報員 BY

00079

注意：如有查詢事項請帶此紙
Note Any enquiry respecting this telegram please produce this form

浙江省政府关于如期解缴新年及春节劳军款和鞋事致永康县政府的电（一九四三年二月二十日）

永康县政府关于催缴新年及春节劳军款和鞋事致各区署的代电（一九四三年二月二十二日）

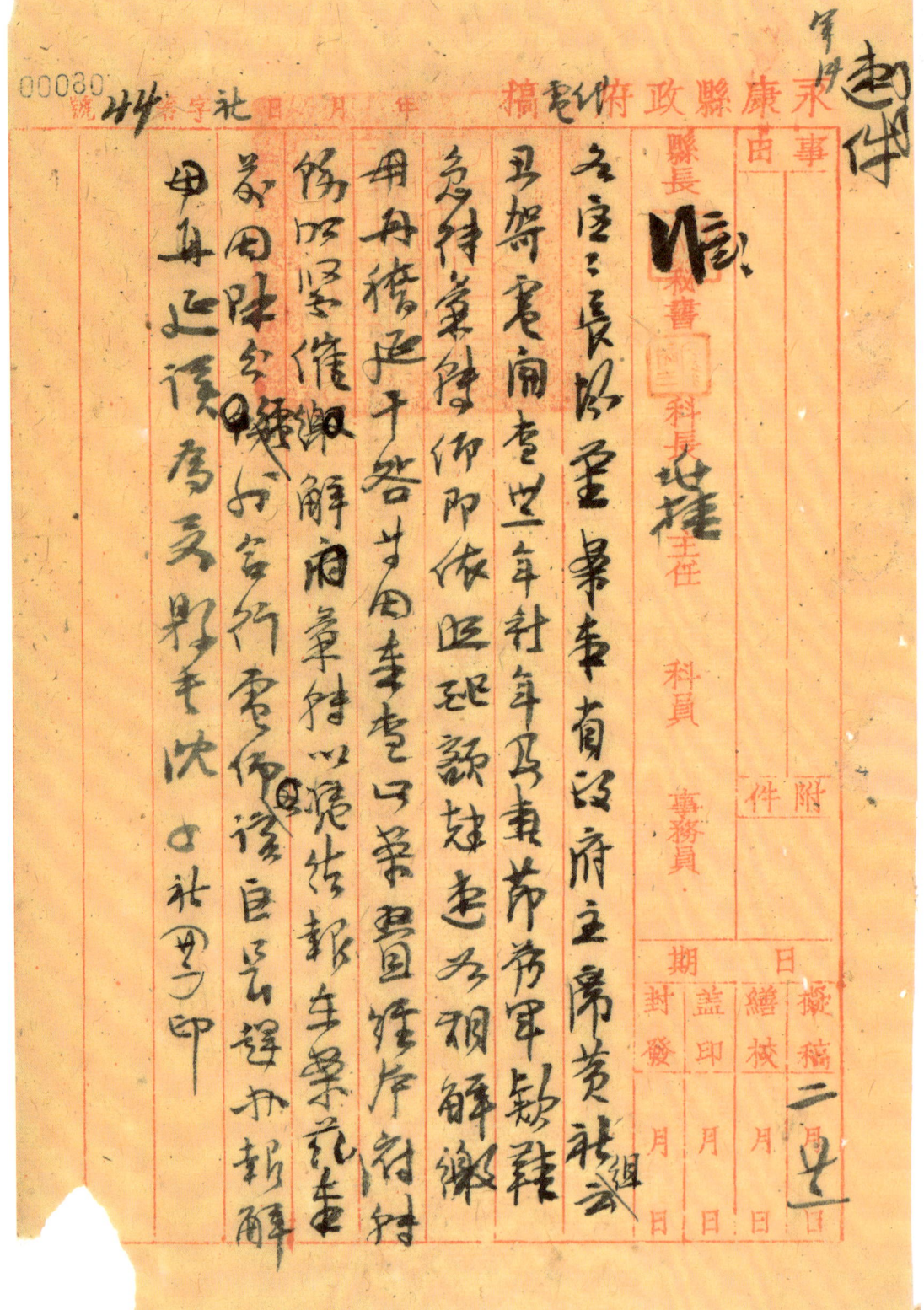

件

永康縣政府代電稿　年　月　日　社字第44號

事由	縣長	秘書	科長	主任	科員	事務員	附件

日期	擬稿	繕校	蓋印	封發
	二月廿二日	月　日	月　日	月　日

各區區長勛鑒：案奉省政府主席黃社組丑哿電開：查卅二年新年及春節勞軍款鞋急待彙解，仰即依照配額，趕速如數解繳，毋再稽延干咎。等因；奉此。查本案早經府飭務必緊催解府彙轉，以憑結報，年案款鞋茲因限令已逾，合行電仰該區迅即趕辦報解，毋再延誤為要。縣長沈○社（卅二）印

浙江省第四区行政督察专员兼保安司令公署关于要求迅速解缴劳军款物事致永康县政府的代电

（一九四三年二月二十四日）

收文社字第56號

快郵代電

行机三字第2060號

事由：為奉電轉飭速將勞軍款物尅速繳解並分報備查由

永康縣縣長覽：奉省主席黄社組防丑哿電開：查卅二年新年及春節勞軍款鞋急待彙繳，仰即督飭所屬各縣依照配額尅速如數解繳，毋再稽延干咎。等因。奉查此案前經本署一再電催解繳在案，茲奉前因，合再電仰遵照前電尅速征募足額逕解省處彙轉；如未募有成數，仰即參照原辦法第六七兩條規定先行墊解，报署備查，毋再延誤為要。專員兼司令李楚狂丑迥行机三印

中華民國卅二年二月廿四日

校對 李德明

郭嵩祺关于奉令催缴各乡镇劳军款二千三百二十元事致永康县政府的报告（一九四三年二月二十五日）

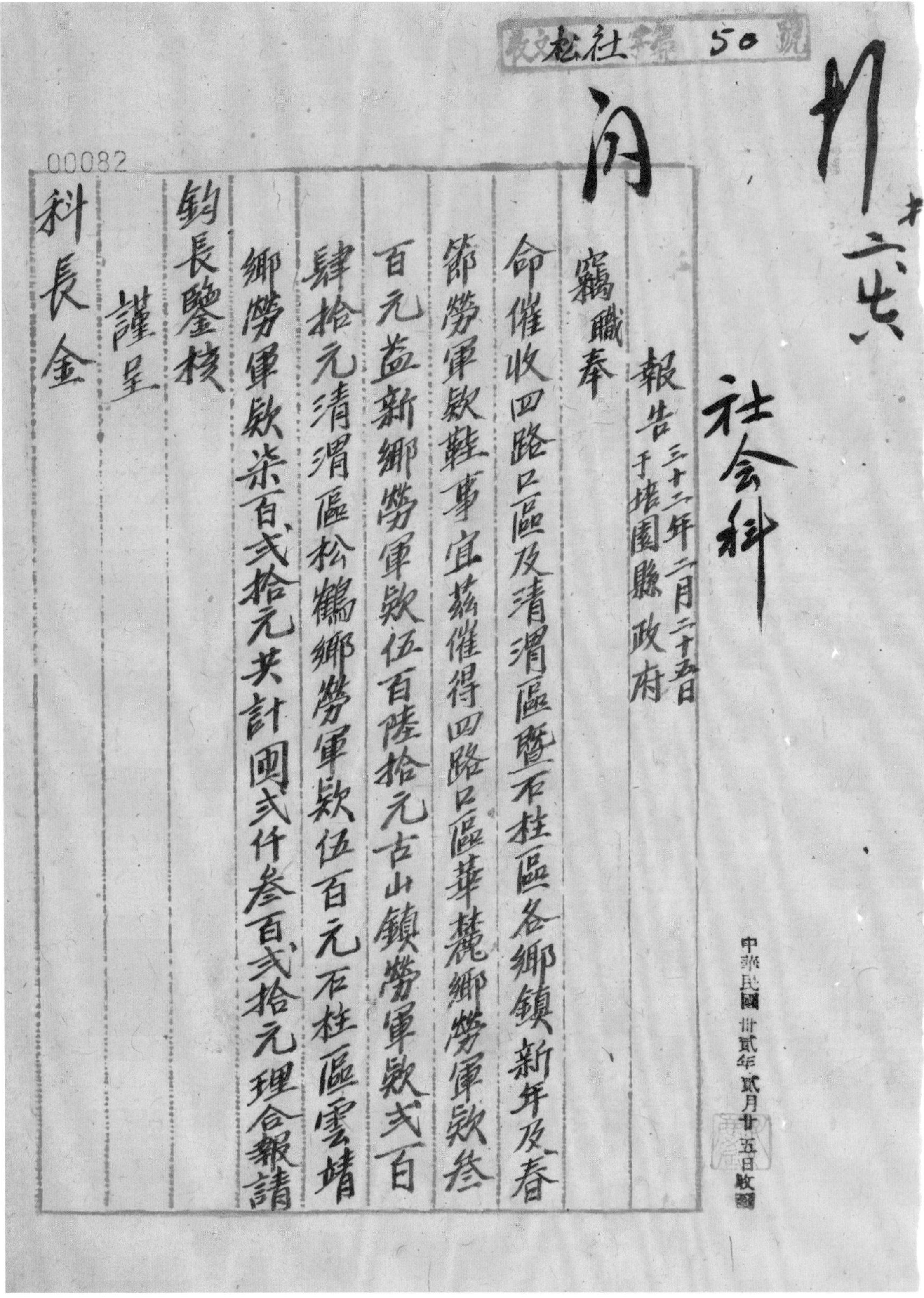

社字第50號

00082

社会科

報告 三十二年二月二十五日 于塘園縣政府

竊職奉

命催收四路口區及清渭區暨石柱區各鄉鎮新年及春節勞軍款鞋事宜茲催得四路口區華麓鄉勞軍款叁百元益新鄉勞軍款伍百陸拾元古山鎮勞軍款弍百肆拾元清渭區松鶴鄉勞軍款伍百元石柱區雲靖鄉勞軍款柒百弍拾元共計國幣弍仟叁百弍拾元理合報請

鈞長鑒核

謹呈

科長金

中華民國卅貳年貳月廿五日收

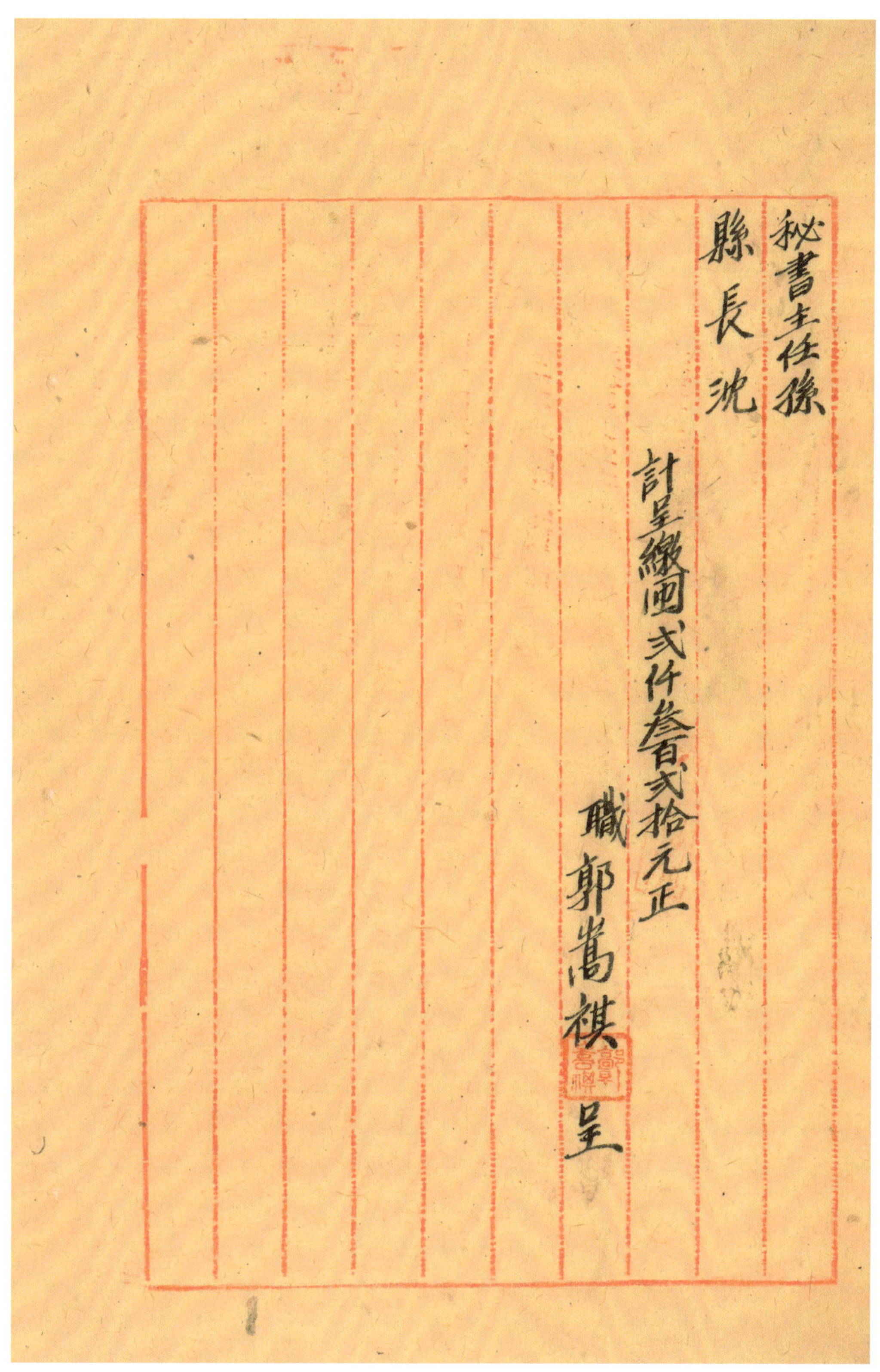

秘書主任孫
縣長沈
計呈繳國弍仟叁百弍拾元正
職郭嵩祺呈

石柱区历城乡公所关于划解春节劳军款事致永康县政府的呈（一九四三年二月二十六日）

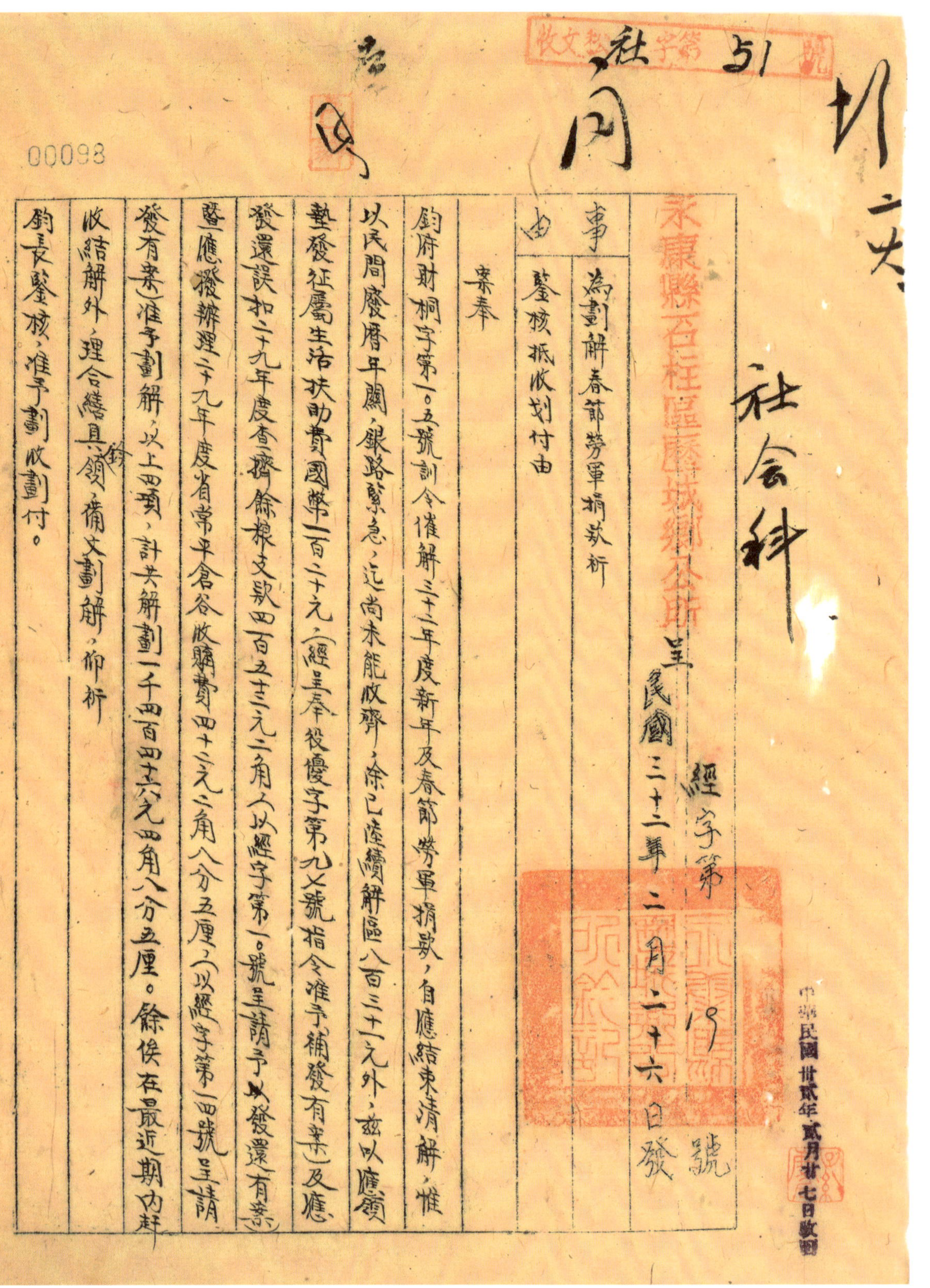

永康縣石柱區歷城鄉公所 呈 經字第　號

民國三十二年二月二十六日發

事由：為劃解春節勞軍捐款祈鑒核抵收划付由

案奉

鈞府財桐字第一〇五號訓令催解三十二年度新年及春節勞軍捐款，自應結束清解。惟以民間疲憊年關，銀路緊急，迄尚未能收齊。除已陸續解區八百三十一元外，茲以應領墊發征屬生活扶助費國幣一百二十元（經呈奉役優字第九七號指令准予補發有案）及應發還誤扣二十九年度查獲餘糧文款四百五十三元二角（以經字第一〇號呈請予以發還有案）暨應發辦理二十九年度省常平倉谷收購費四十二元二角八分五厘（以經字第一四號呈請發有案）准予劃解。以上四項，計共解劃一千四百四十六元四角八分五厘。餘俟在最近期內赶收結解外，理合繕具領、備文劃解，仰祈

鈞長鑒核，准予劃收劃付。

中華民國卅貳年貳月廿七日收到

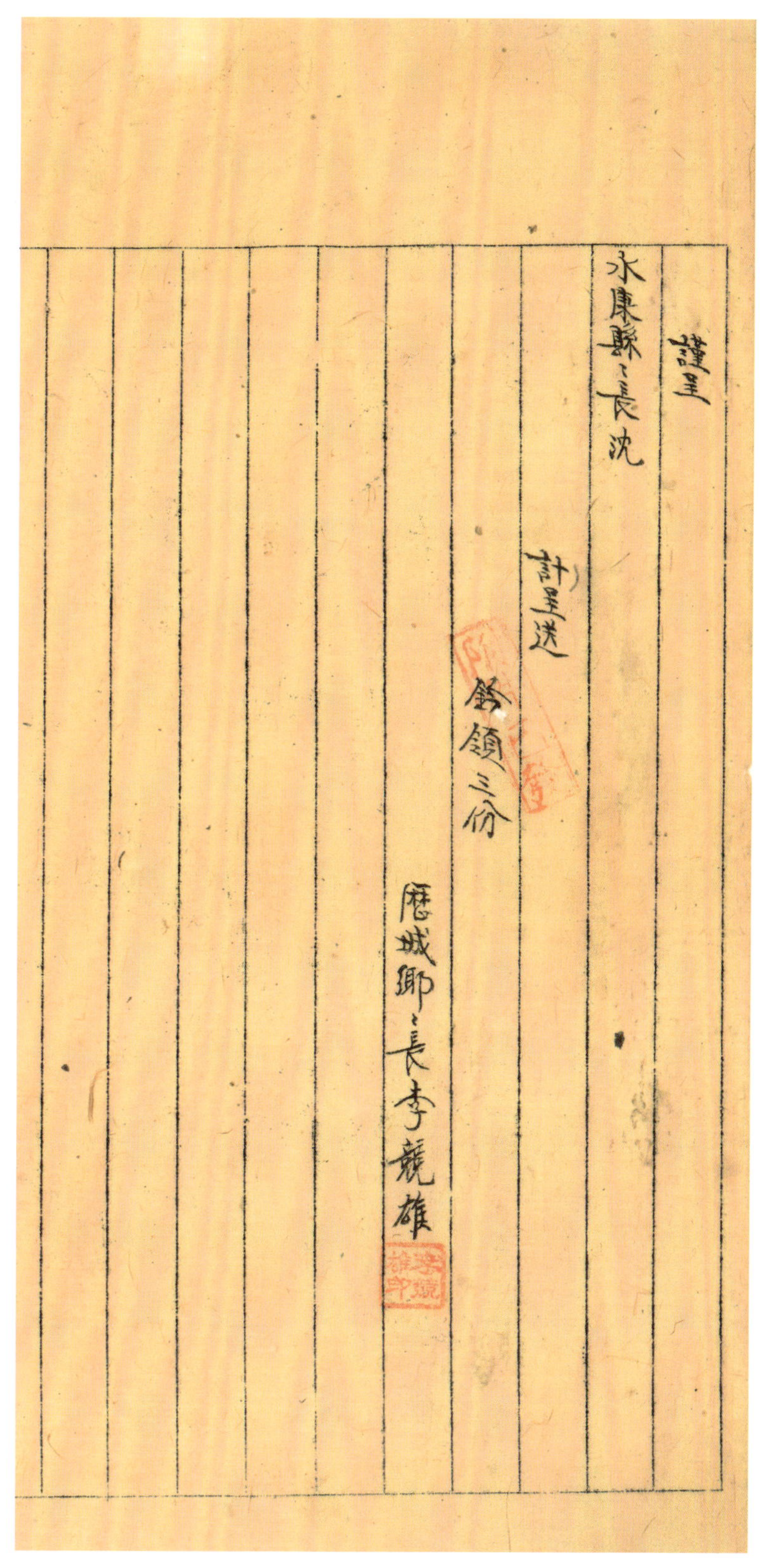
謹呈
永康縣縣長沈
計呈送
鈐領三份
歷城鄉鄉長李競雄

石柱区署关于已缴清劳军布鞋一千双事致永康县政府的呈（一九四三年三月九日）

社会科

社松文收 社字第 65 號

00105

永康縣政府石柱區署

事由：送呈送春節勞軍布鞋一千双由

附件：如文

卅二年三月九日 總字第4號
自永康縣政府石柱區署發

閱

案奉
鈞府本年三月六日社字第五九號訓令附發征募春節勞軍捐欵物清單一份暨社寅虞代電一件飭尅日將勞軍捐欵軍鞋解齊以憑結報等因奉查本區勞軍捐欵除已飭警盡力催繳外茲檢齊陸續代解廿一師六二團部軍鞋九百五十八双收據五紙連同布鞋四十弍双湊足壹仟双繳清了訖理合先行備文結報乞請
鑒核俯賜指遵

謹呈

永康縣縣長沈

中華民國卅貳年叁月九日 收到

計附解卅一師六二團部收據伍紙

清單一紙 抵解軍鞋九百五十八双

布鞋四十弍双

已登記

石柱區署區長吳兆庚

附：代解陆军第八十八军新编第二十一师步兵第六十二团劳军布鞋清单

00106

代解陸軍第八十八軍新編第二十一師第六二團勞軍布鞋清單

代解日期	布鞋双数	收鞋憑証	備攷
三十二年一月十一日	四〇〇双	團部軍需室收条[illegible]已	
三十二年一月廿九日	三〇〇双	仝	仝
卅二年二月二日	一〇〇双	仝	仝
卅二年二月三日	一〇〇双	仝	仝
卅二年三月六日	五八双	仝	仝
合計	九五八双		共收条五紙

浙江省财政厅关于无款可垫春节劳军款致永康县政府的代电（一九四三年三月九日）

社字第109號
社收文

00104

浙江省財政廳快郵代電

事由 據電請暫墊卅二年春節勞軍款由

永康縣沈縣長鑒丑灰代電悉查該縣應領三十一年度各項補助款均已撥訖三十二年度各項補助款中央並無撥到已無款可墊是項勞軍款仰自行延解可也云財政廳長黄祖培寅佳三印

中華民國三十二年三月日發

中華民國卅二年三月十六日收到

永康县政府关于请垫付春节劳军款一万四千六百六十三元事致浙江省财政厅的代电（一九四三年三月十三日）

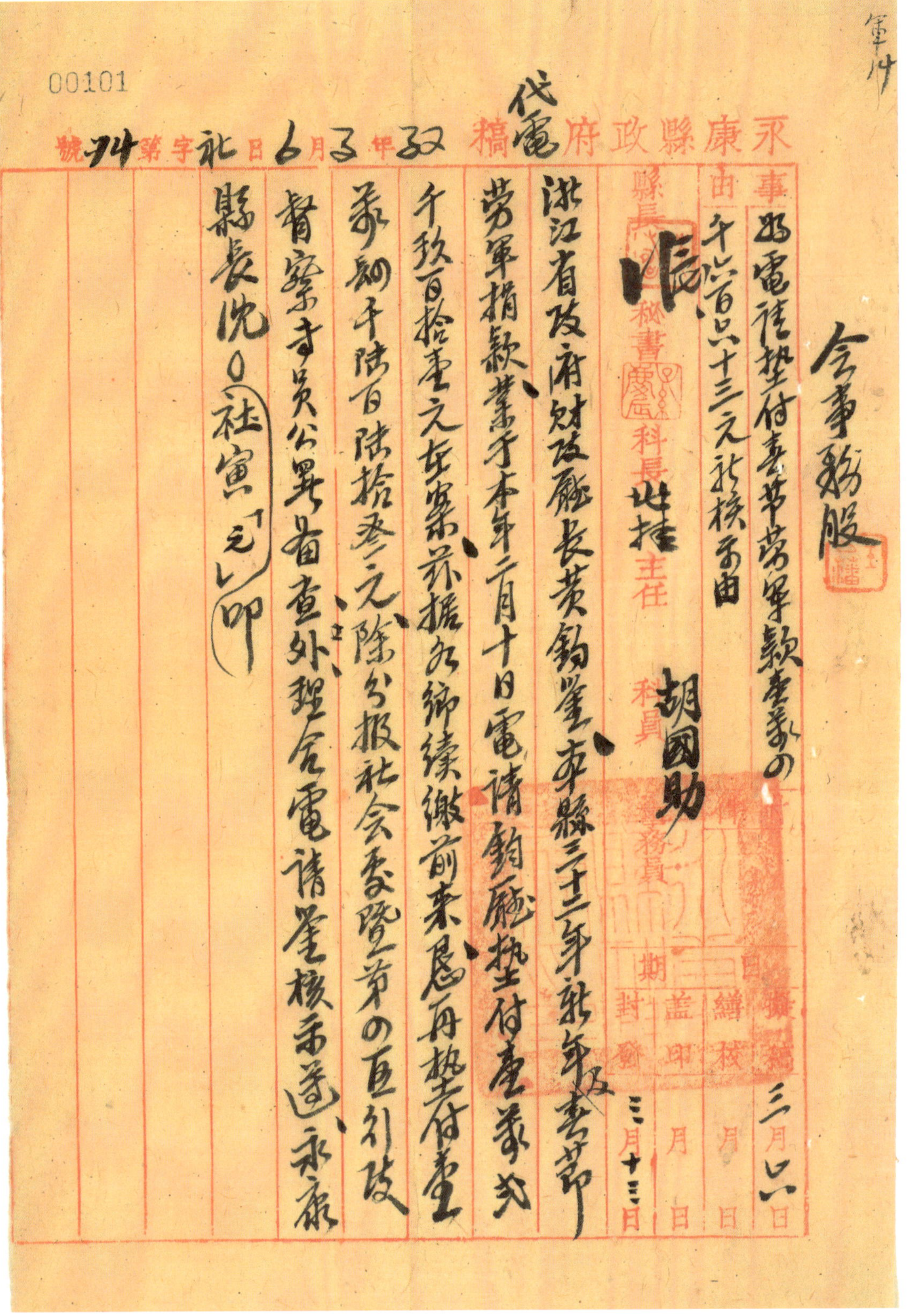
00101

永康縣政府代電稿　叁年3月6日　社字第74號

事由：為電請墊付春節勞軍款壹萬肆千陸百陸拾叁元祈核示由

縣長　秘書　科長 此桂　主任　科員 胡國助

會事務股

擬稿 三月六日　繕校 月 日　蓋印 月 日　封發 三月十三日

浙江省政府財政廳長黃鈞鑒：本縣三十二年新年及春節勞軍捐款，業于本年二月十日電請鈞廳墊付壹萬叁千玖百拾壹元在案。茲據各鄉續繳前來，懇再墊付壹萬肆千陸百陸拾叁元，除分報社會處暨第四區行政督察專員公署查照外，理合電請鑒核示遵。永康縣長沈○社寅（元）叩四路口区署关于东岭乡民国三十二年元旦劳军袜已折价直缴驻军陆军新编第二十一师步兵第六十三团事致永康县政府的呈及永康县政府的指令（一九四三年三月十三日至一九四三年三月十六日）

社會科

判

內

永康縣第四路口區署 呈 軍字第八四五號

民國三十二年三月一三日發

事由：為據情轉呈東嶺鄉應募三十一年元旦勞軍軍襪業已折價直繳駐軍第六三團轉請鑒核由、

案據東嶺鄉長俞克棠呈稱：「案奉鈞署本年三月五日訓令軍字第八三八號內開：「案奉永康縣政府本年二月二十一日社字第四二號訓令開：該鄉應募軍襪迄未送區轉解，殊屬非是，着迅即征齊解區轉縣等因，奉此，自應遵辦。仰該鄉長迅即將未足額催募齊全繳報到署，以憑彙轉，毋延為要」等因。奉查是項軍襪當以定購手續及方發生誤會，致未能遵期送勞，迄至月杪該陸軍六三團羅指導員先傑親自來所取領，職以軍需關係，恐誤機宜，當即折價給與，取有領據一帋存核。」等情。據此，是否可行，理合據情呈請

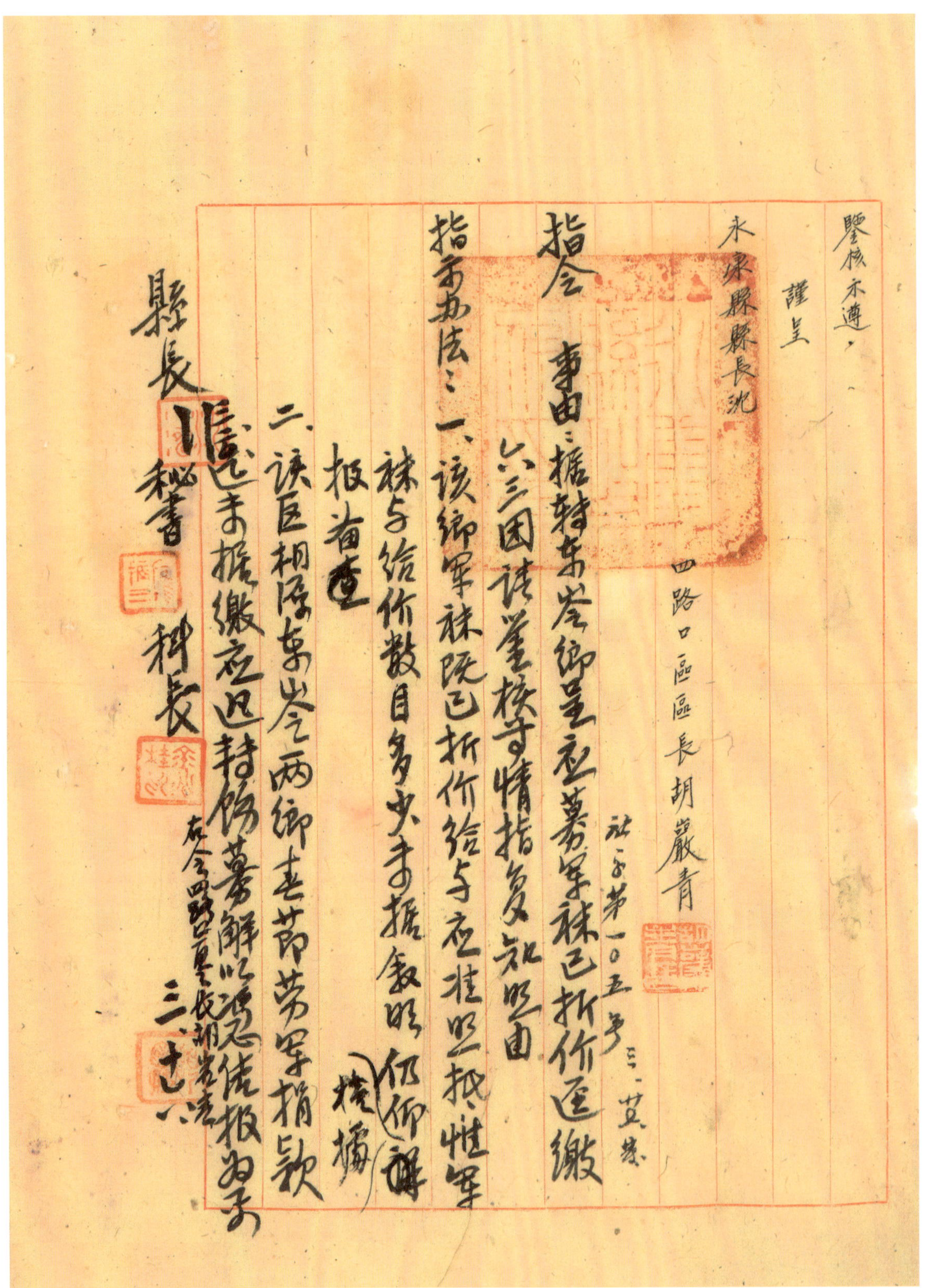

鑒核示遵。

謹呈

永康縣縣長沈

四路口區區長胡巖青

社字第一〇五号 三一 艾 [illegible]

指令

事由：據轄東岑鄉呈募軍襪已折價匯繳，六三團請鑒核等情，指復知照由

指示辦法：一、該鄉軍襪既已折價給與應征壯丁抵償軍襪，與給價數目多少，未據叙明，仍仰詳報備查。

二、該區相隣東岑二兩鄉春節勞軍捐款，該區未據繳，應迅轉飭募解，以憑結報為要。

縣長沈 秘書 科長

右令四路口區區長胡巖青

三十一 [illegible] 八

石柱区署关于解缴民国三十二年新年及春节劳军款四千零五十元五角事致永康县政府的呈（一九四三年四月三日）

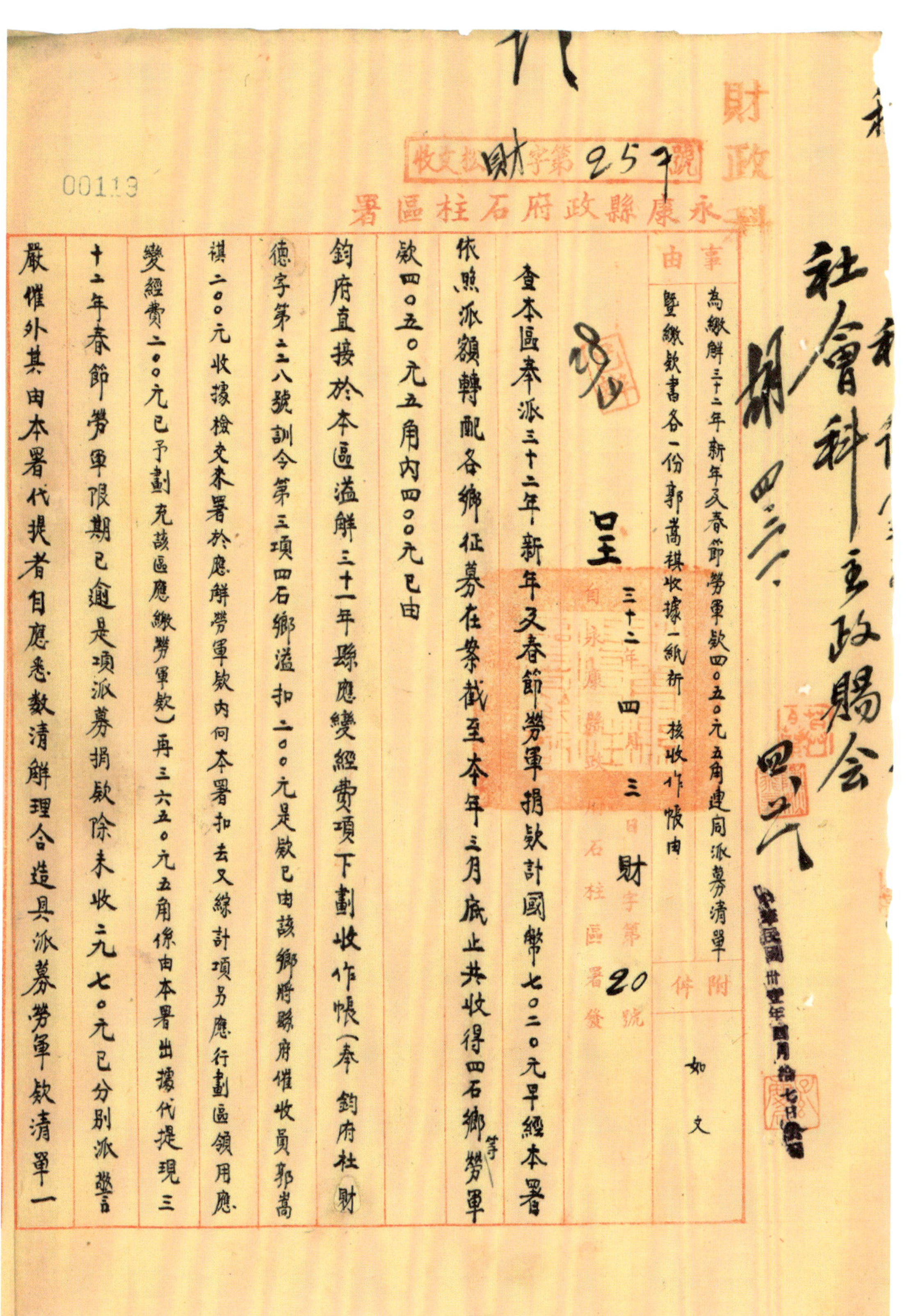
永康縣政府石柱區署

事由：為繳解三十二年新年及春節勞軍款四〇五〇元五角連同派募清單暨繳款書各一份郭嵩祺收據一紙祈核收作帳由

呈　三十二年四月三日　財字第20號

查本區奉派三十二年新年及春節勞軍捐款計國幣七〇二〇元，早經本署依照派額轉配各鄉征募在案，截至本年三月底止共收得四石鄉等勞軍款四〇五〇元五角，內四〇〇〇元已由鈞府直接於本區溢解三十一年縣應變經費項下劃收作帳（奉鈞府杜財德字第二二八號訓令第三項四石鄉溢扣二〇〇元是款已由該鄉將縣府催收員郭嵩祺二〇〇元收據檢交來署，於應解勞軍款內向本署扣去，又據計項另應行劃區領用應變經費二〇〇元已予劃充該區應繳勞軍款）再三六五〇元五角係由本署出據代提現三十二年春節勞軍限期已逾，是項派募捐款除未收二九七〇元已分別派警嚴催外，其由本署代提者自應悉數清解，理合造具派募勞軍款清單一

附件：如文

中華民國卅二年四月七日

份連同郭嵩祺收據一紙繳款書一份現款三六五〇九五角備文呈解仰祈

核收作帳

謹呈

永康縣縣長沈

計附呈 春節勞軍派募清單一份

勞軍款四〇五〇元五角（現款三六五〇元五角奉令抵解額四〇〇元）

繳款書一份

郭嵩祺出具四石郷卅一年縣應變經費二〇〇元收據一紙

石柱區各郷繳解卅一年縣應變經費清單一份

石柱區署區長吳兆庚

[illegible]

石柱區各鄉繳解三十一年縣區應變經費清單

鄉別	原派額解縣数	解區数	溢解縣府数	備註
歷城鄉	三〇〇〇〇〇	三〇〇〇〇〇	〇	〇	繳解縣應變經費係前列收春節勞軍款有關故附呈此單備查
武中鄉	二〇〇〇〇〇	二〇〇〇〇〇	〇	〇	
德西鄉	二〇〇〇〇〇	二〇〇〇〇〇	〇	〇	
雲清鄉	三〇〇〇〇〇	五〇〇〇〇	二五〇〇〇〇	二〇〇〇〇	
四石鄉	二〇〇〇〇〇	二二〇〇〇〇	〇	二〇〇〇〇	
龍溪鄉	一〇〇〇〇〇	七〇〇〇〇	三〇〇〇〇	〇	
合計	一三〇〇〇〇〇	一〇四〇〇〇〇	二八〇〇〇〇	四〇〇〇〇	

附二：石柱区民国三十二年新年及春节劳军款额派募清单

00121

石柱區三十二年新年及春節勞軍款額派募清單

鄉別	派額		已收數		欠額		備註
居城鄉	一五八四元	〇〇	八三一元	〇〇	七五三元	〇〇	
武中鄉	一二四四	〇〇	一一一九	五〇	一二四	五〇	
德西鄉	一五二七	〇〇	七七一	〇〇	七五六	〇〇	
寰清鄉	九二〇	〇〇	—		九二〇	〇〇	
四石鄉	九二六	〇〇	九二六	〇〇	—		上列已收數內有二〇〇元係由縣府於溢扣該鄉縣應變經費划收今坿上郭葛祺二〇〇元收據划解
龍溪鄉	八一九	〇〇	四〇三	〇〇	四一六	〇〇	
合計	七〇二〇	〇〇	四〇五〇	五〇	二九六〇	五〇	上列已收數合計內四〇〇元奉鈞府社財德字第二二八號訓令划解

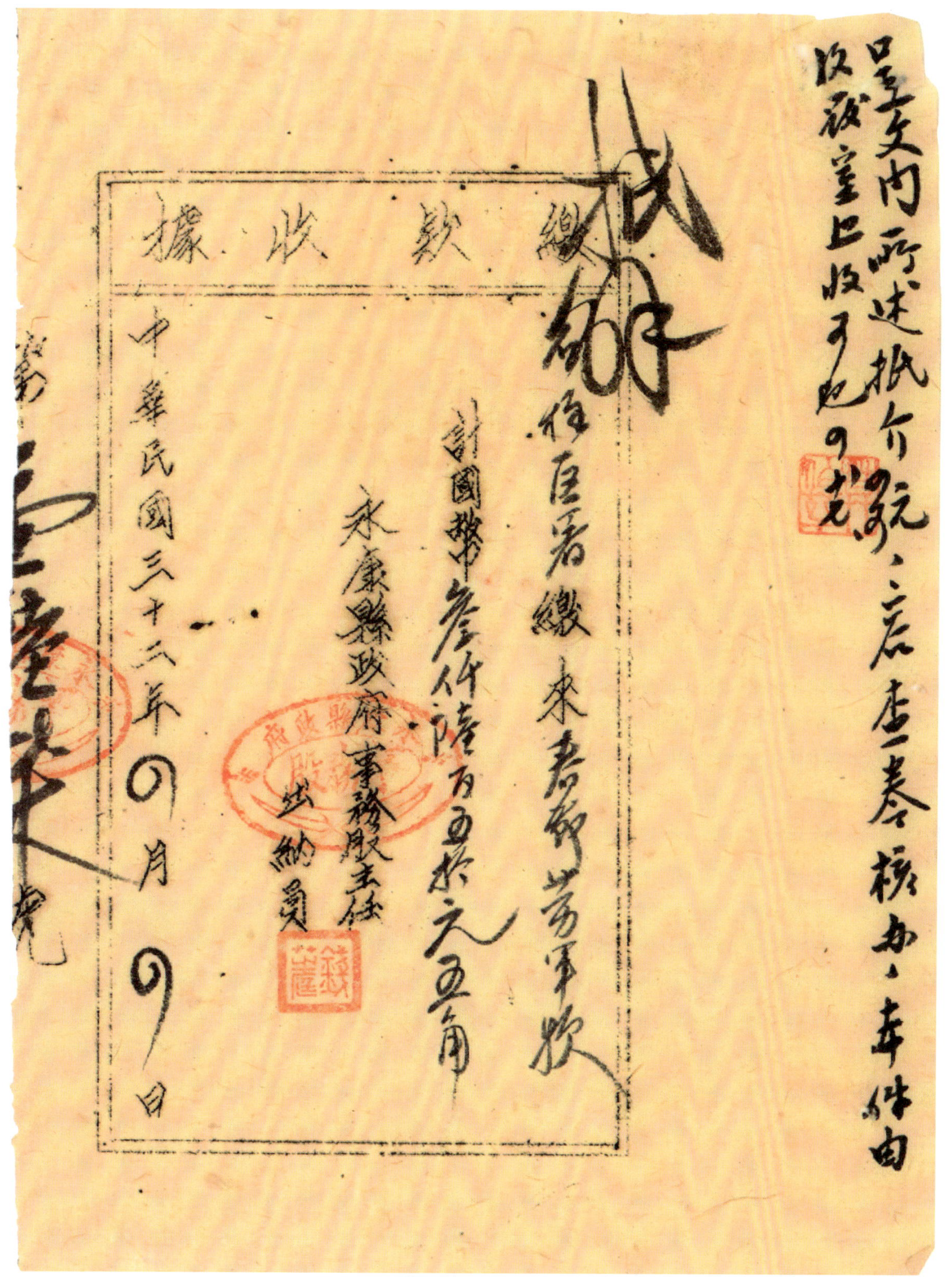

繳款收據

茲收到石柱區署君繳來春節勞軍款

計國幣叁仟陸佰五拾元五角

永康縣政府事務股主任

出納員

中華民國三十六年四月九日

附三：石柱区署缴款收据单两张

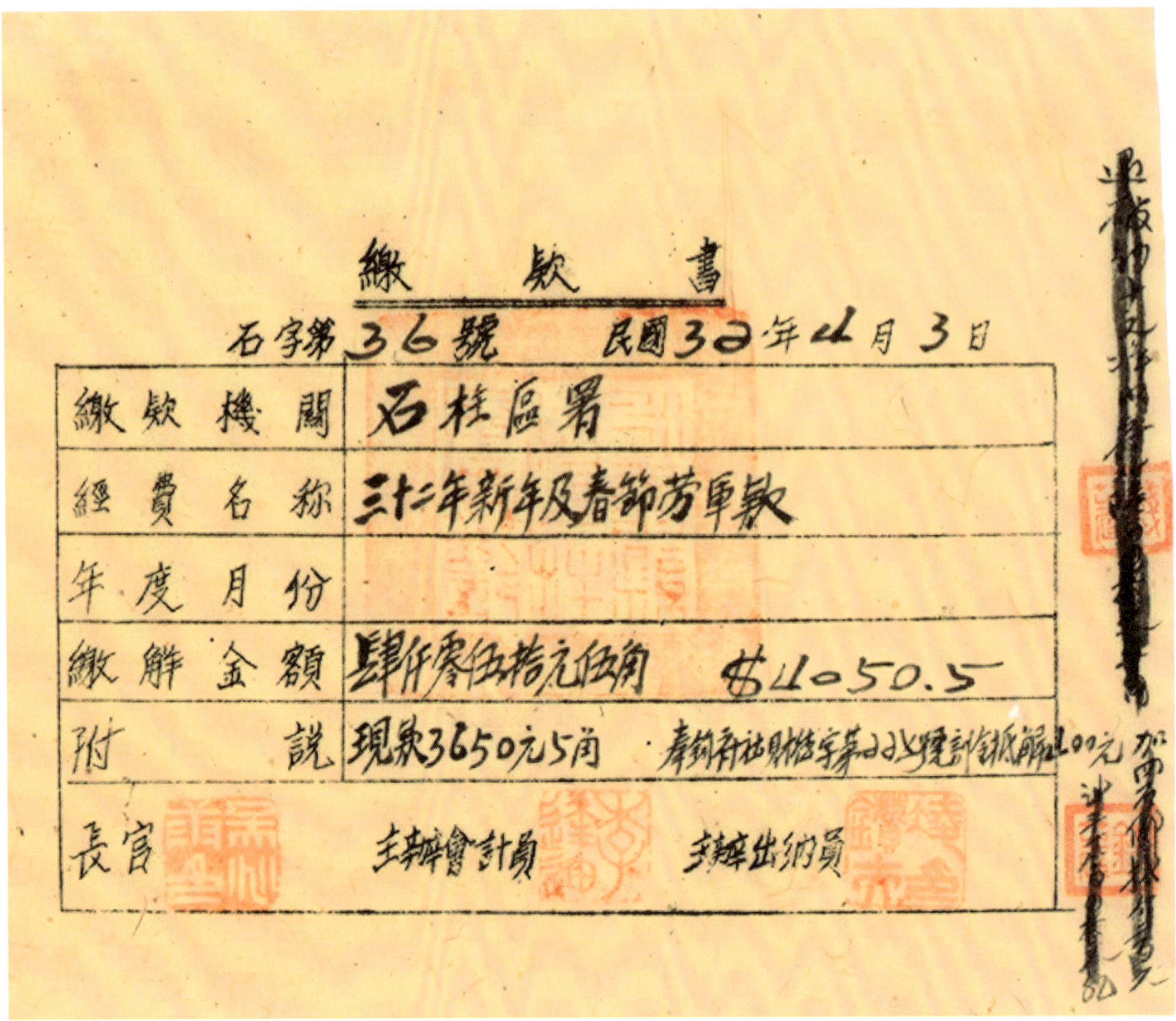

繳款書

石字第36號　民國32年4月3日

繳款機關	石柱區署
經費名稱	三十二年新年及春節勞軍款
年度月份	
繳解金額	肆仟零伍拾元伍角　$4050.5
附說	現款3650元5角　奉鎮府社財務字第227號訓令抵解400元
長官	主辦會計員　主辦出納員

永康县政府关于民国三十二年春节劳军款物结报在即特再派员守提事致各区署的训令
（一九四三年四月十四日）

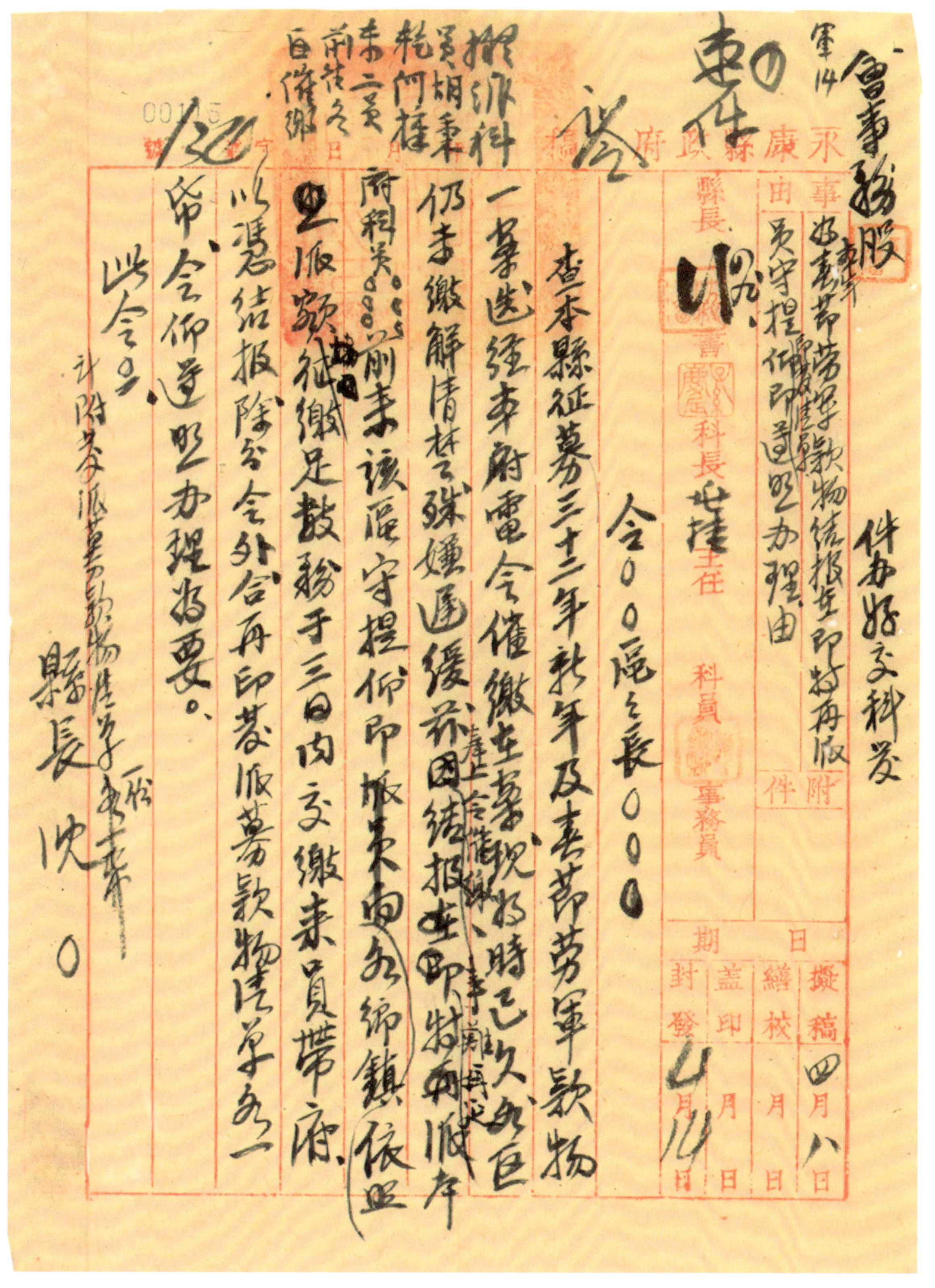

永康縣政府稿

事由：為春節勞軍款物結報在即特再派員守提仰即遵照辦理由

令〇〇區區長〇〇〇

查本縣征募三十二年新年及春節勞軍款物一案，迭經本府電令催繳在案，現為時已久，各區仍未繳解清楚，殊屬延緩。茲因結報在即，特再派員前來該區守提，仰即派員向各鄉鎮依照已派額徵繳足數，務于三日內交繳來員帶府，以憑結報。除分令外，合再印發派募款物清單各一份，令仰遵照辦理為要。

此令。

計附發派募款物清單一份

縣長 沈〇

附：民国三十二年新年与春节劳军款额及劳军鞋派募清单

已收 2453528　未收 3362472

00116

三十二年新年与春节劳军款额派募清单

区镇别　项目	派额	已收款数	尚欠款数	备註
永祥区	九三六〇〇〇	四五五四〇〇	四八〇六〇〇	
松石镇		七六九〇〇		
华溪镇				
崇道乡		五九〇〇〇		
历山乡		二一〇〇〇〇		
环城乡		七四五〇〇		
梅山乡		一三五〇〇〇		
倪宅区	七八〇〇〇〇	二一三三〇〇	五六六七〇〇	
桐城乡		一二七〇〇〇		
九安乡				
六安乡				
渠溪乡		八六三〇〇		
双桃乡				
井川乡				
清渭区	一二四八〇〇〇	六五三八〇〇	五九四二〇〇	

蓬川乡		一四四八〇〇	
唐先镇		一三〇〇〇〇	
中和乡		一五二〇〇〇	
瑞山乡			
太西乡		五〇〇〇〇	
陈溪乡		一二七〇〇〇	
杉鹤乡		五〇〇〇〇	
仙义乡			
四路口区	九三六〇〇〇	二三二〇〇〇	七〇四〇〇〇
相溪乡			
益新乡		一三八〇〇〇	
华丰乡		三〇〇〇〇	
东岭乡		四〇〇〇〇	
古山镇		二四〇〇〇	
方岩区	七〇〇〇〇〇	六六〇〇〇〇	一二〇〇〇〇 [illegible]三千元係由财政科划[illegible]
方岩乡		三〇〇〇〇〇	
芝英镇		一三〇〇〇〇	

00117

三十二年春節勞軍派募勞軍鞋清單

三民鄉		一五〇〇〇〇	
灵叢鄉		二〇〇〇〇	
葛叢鄉		六〇〇〇〇	
石柱區	九三六〇〇〇	八八二二八	八四七七七二
清西鄉			
龍溪鄉			
歷城鄉		一六二二八	
雲靖鄉		七二〇〇〇	
武中鄉			
四石鄉			
縣商会	四〇〇〇〇〇	三五〇八〇〇	四九二〇〇
秘書室	一〇〇〇〇〇	一〇〇〇〇〇	清

區鎮別＼項目	派額	已收鞋數	尚欠鞋數	備註
永祥區	六○○双	一一七双	四八三双	
松石		一六双		
崇通		一六双		
歷山		一○双		
環城		四二双		
梅山		七双		
華谿		二六双		
德宅區	四○○双	一二三双	二七七双	
相城		五三双		
長溪		四○双		
六安		三○双		
石桂區	一○○○双	一○○○双	清	

永康县政府关于民国三十二年新年及春节劳军短款额请在应领平粜施米款中抵扣事致浙江省政府社会处的电（一九四三年四月二十二日）

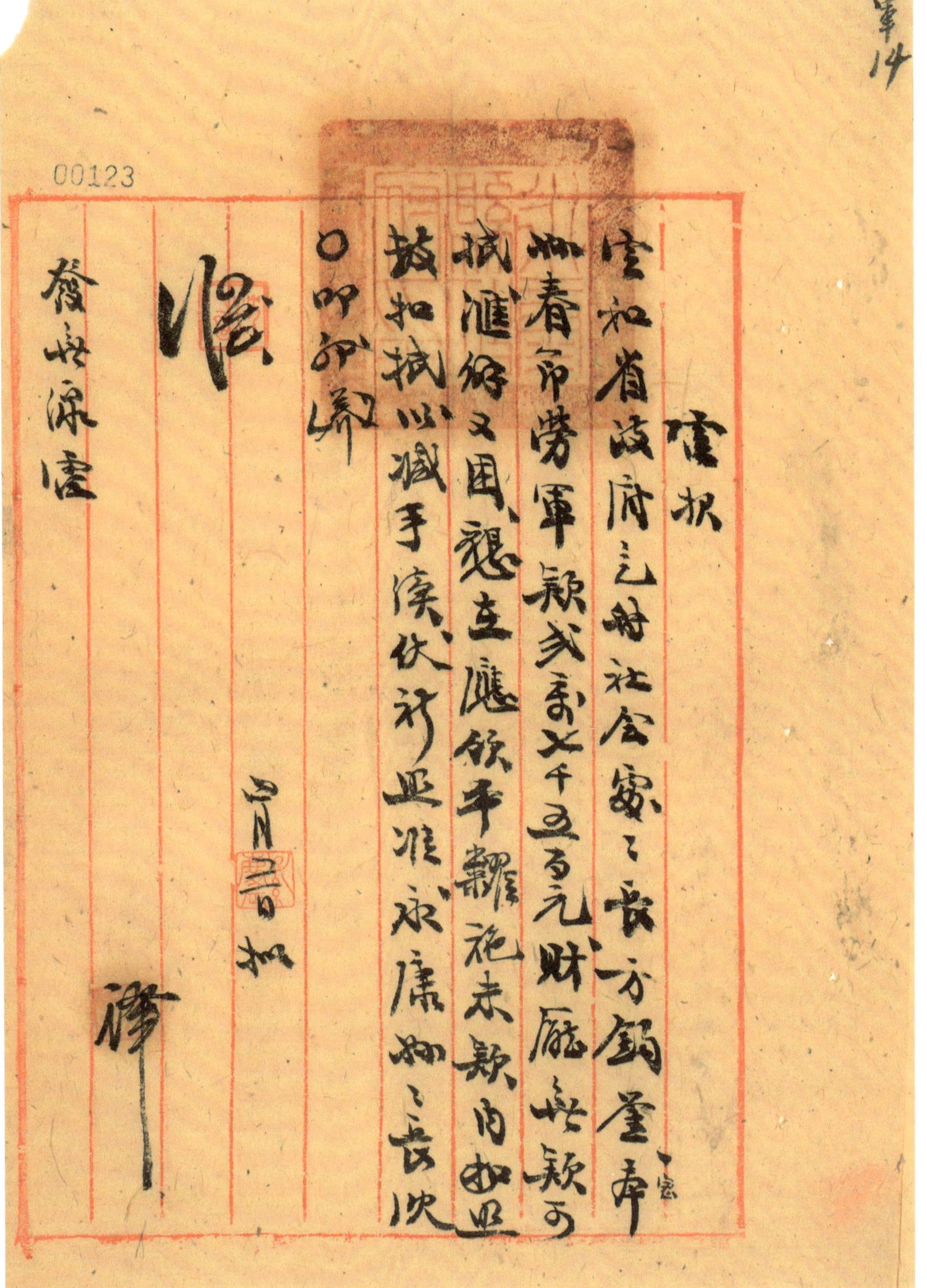

軍14

00123

電抄

雲和省政府之射社會處處長方鈞鑒：本

卅春節勞軍款貳萬七千五百元，財廳無款可

撥匯，縣又困，懇查應領平糶施米款內如數

撥扣抵，以減手續，伏祈照准。永康縣長次

〇叩卯印

四月二十二日擬

繕

發永康處

方岩区方岩乡公所关于解缴民国三十二年新年春节劳军款收据事致永康县政府的呈（一九四三年七月七日）

社件 例

402 社

17/7

永康縣方岩區方岩鄉公所

呈 財字第 十 號

民國三十二年七月七日

事由 為呈繳三十二年新年及春節勞軍原據並經收情形祈核備由

案奉

鈞府本年六月廿三日社字第三七八號代電略開以征募三十二年新年及春節勞軍款物一案電催限日依照清單查對清繳并將捐據連同款物一併报府以憑結報等因附發已收未繳款物清單一份奉此查接管卷內奉方岩區署財字第二九八號代電以鄉鎮長會議決議本鄉應募上項捐款國幣一千叁佰元並附發收據自1361号起至1400號止計式本遵經照办在案其款经于一月間交由沈服務員祖英繳府茲奉前因除原據自1361號至1400號止一本完全未用呈繳外理合檢同已填第二聯报查式

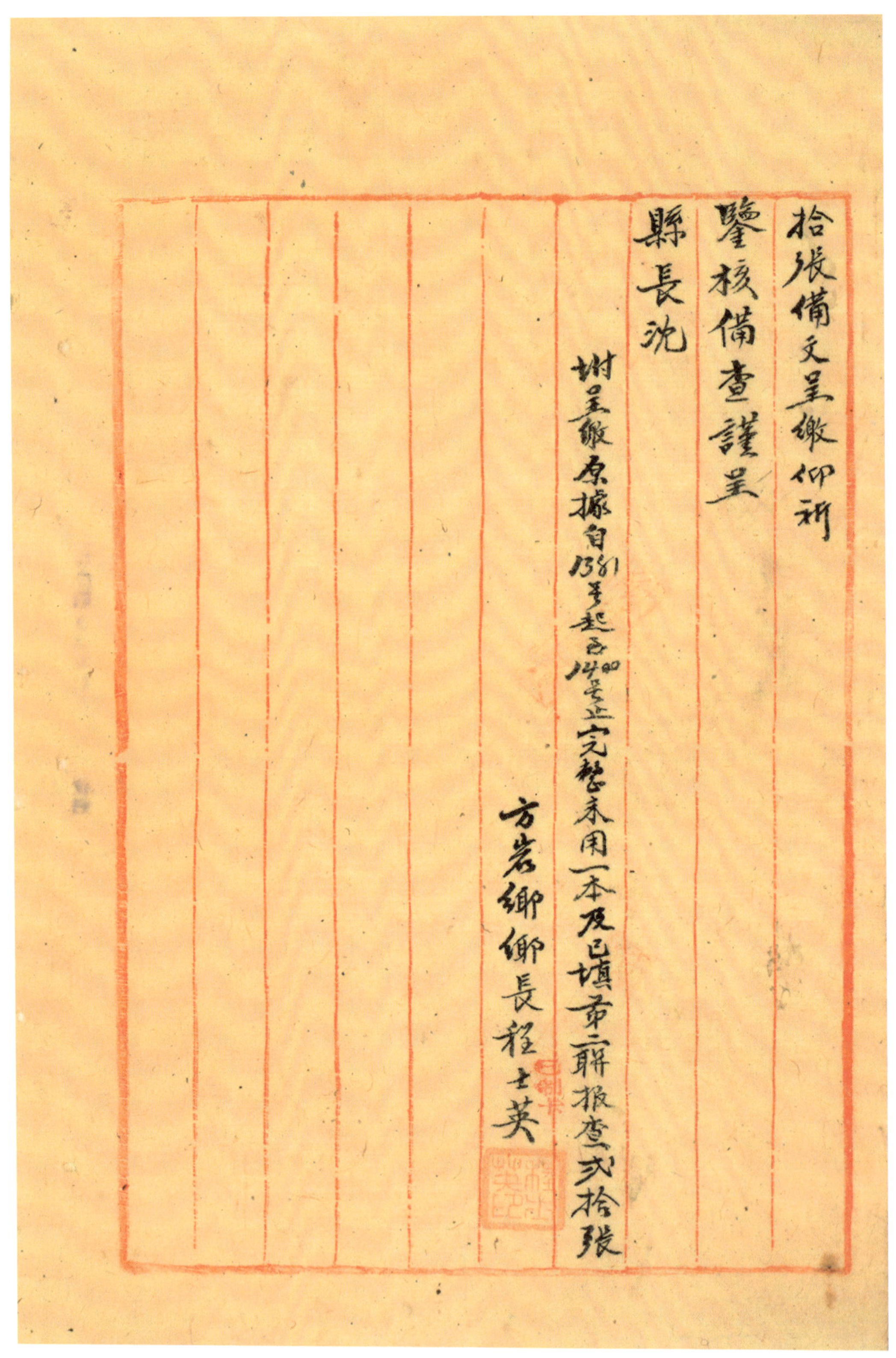

拾張備文呈繳仰祈

鑒核備查謹呈

縣長沈

附呈繳原據自1381号起至1440号止完整未用一本及已填第二聯根查式拾張

方岩鄉鄉長程士英

石柱区四石乡公所关于报送劳军捐款物存根事致永康县政府的呈（一九四三年八月二十三日）

永康縣石柱區四石鄉公所呈　社字第40號

中華民國三十二年八月二十三日

事由：為呈送春節勞軍捐款存根報請仰祈鑒備由

件

頃奉

永康縣政府訓令社字第四五〇號本鄉征募春節勞軍捐款國幣玖佰念陸元及勞軍布鞋三百三十三双業經早已繳解清楚在案再其勞軍布鞋二十二双未收繳在據滿捐據存根延遲至今尚未呈報理合將征募經過情形檢同勞軍捐款存根式本及勞軍布鞋存根叁本一併備文報請仰祈

鑒核備案是為公便

謹呈

縣長沈

計附呈春節勞軍捐存根式本　勞軍布鞋存根叁本

四石鄉鄉長 胡喬生

芝英镇公所关于已缴清春节劳军款物事致永康县政府的呈（一九四三年八月二十五日）

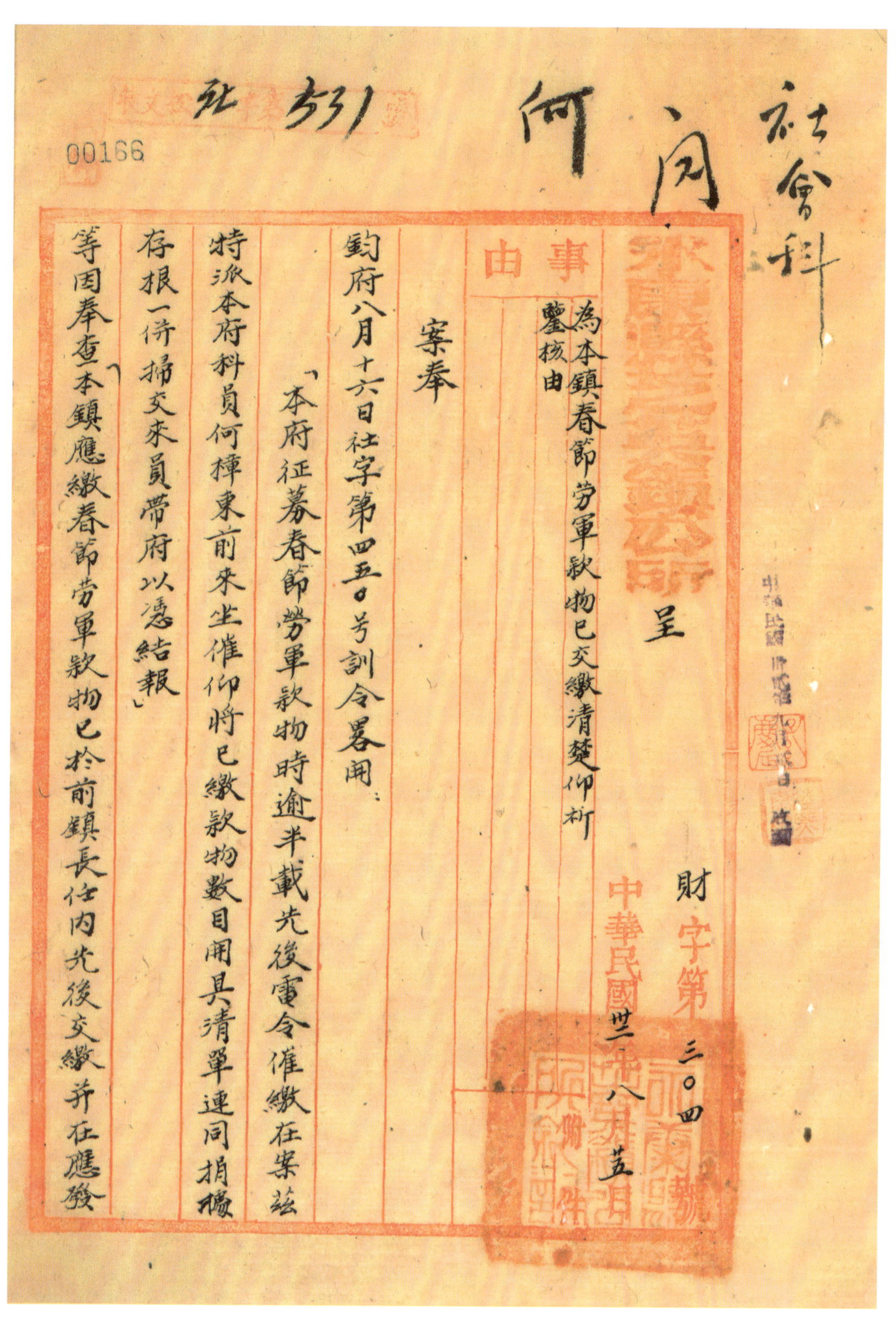

社會科

閲

何

社 531

00166

永康縣芝英鎮公所 呈

財字第三〇四號

中華民國卅二年八月廿五日

事由：為本鎮春節劳軍款物已交繳清楚仰祈鑒核由

案奉

鈞府八月十六日社字第四五〇号訓令略開：

「本府征募春節勞軍款物時逾半載先後電令催繳在案茲特派本府科員何棣東前來坐催仰將已繳款物數目開具清單連同捐欵存根一併插交來員帶府以憑結報」

等因奉查本鎮應繳春節劳軍款物已於前鎮長任内先後交繳并在應發

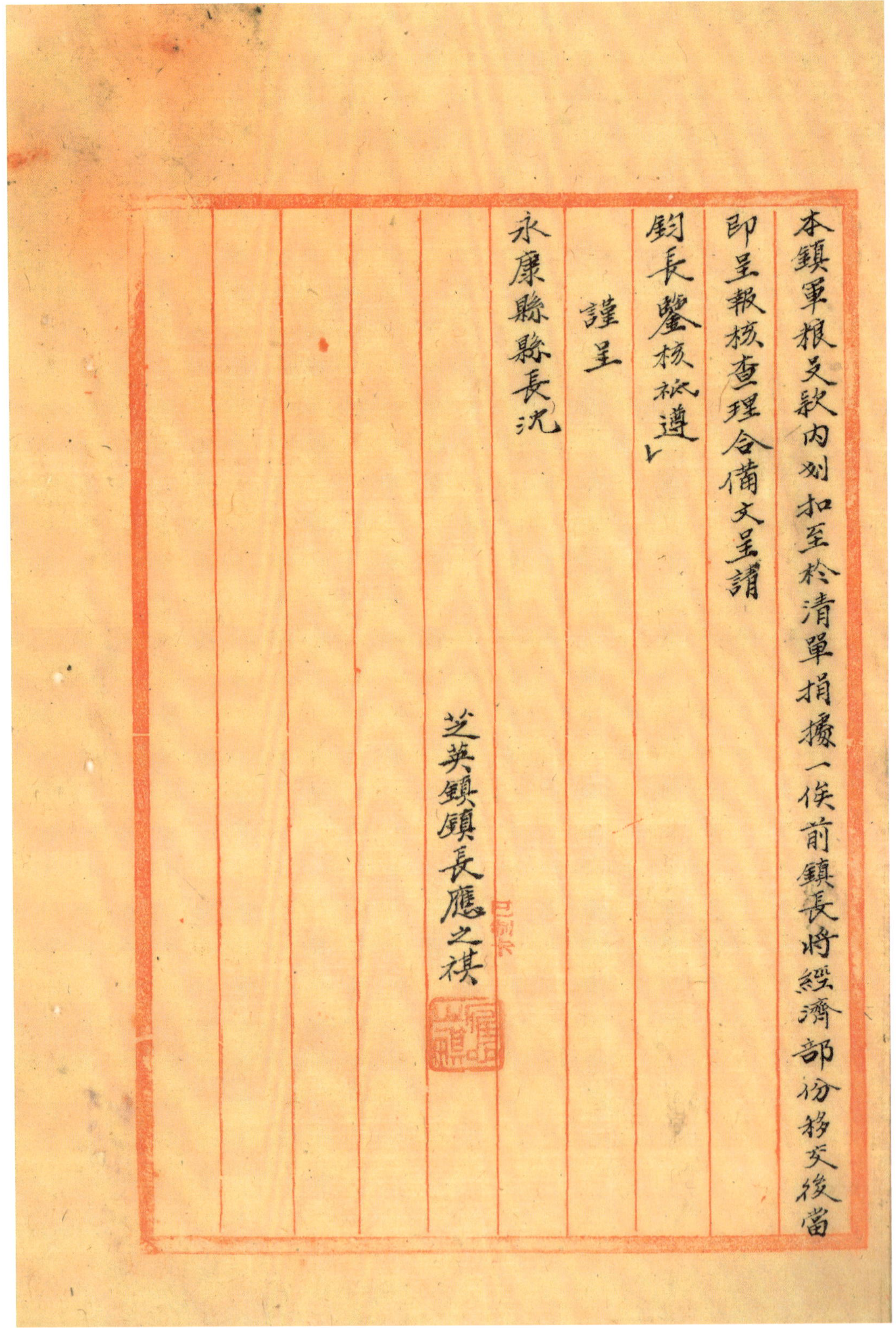
本鎮軍粮叒欵内划扣至於清單捐據一俟前鎮長將經濟部份移交後當
即呈報核查理合備文呈請
鈞長鑒核祇遵
謹呈
永康縣縣長沈
芝英鎮鎮長應之祺

永康县政府关于办理民国三十二年新年与春节劳军捐款情形事致浙江省第四区行政督察专员兼保安司令公署的呈（一九四三年八月）

永康縣政府呈

浙江省第四區行政督察專員兼保安司令公署

事由：[illegible]

呈 自 三十二年八月 日 社字第 號

永康縣政府發

附件：如文

查本縣三十二年新年及春節勞軍已徵捐款前經電請 財政廳墊付並分報

鈞署暨省社會處核備各在案。茲奉

浙江省財政廳寅佳三代電以本縣三十二年度各項補助款中央並無撥到，無款可墊，飭自行逕解等因。奉此，自應遵辦。理合將已征捐款叁萬壹千元由縣庫滙解，檢呈解單暨報告書具文報請

鑒賜核收，指令祇遵。再其餘欠額貳萬九千元乞准免予募解，合併呈明。

謹呈

浙江省第四區行政督察專員兼保安司令李

計附呈勞軍捐款叁萬壹千元捐獻人名冊一份報告書一份

永康縣縣長沈濤

附一：永康县征募民国三十二年新年及春节劳军款物报告书

00137

永康县征募三十二年新年及春节劳军款物报告书

一、筹备经过

本县于上年十二月三日奉

令征募三十二年新年与春节劳军款物[illegible]

县额二千[illegible]当即会同县党部暨有关各

法定团体召开各机关法团代表会议协商进

行，并决定征募办法，依照省[illegible]起，额由县

会负责筹募四千元，其余由各乡镇[illegible]

（开川乡为敌骚扰[illegible]）并由自斟酌各乡镇

情形自行斟酌，兹[illegible]于后：

1、军粮配额

A、永祥区 九三六0元　B、石柱区 九三六0元

C、方岩区 七八00元　D、四路口区 九三六0元

E、倪宅区 七八00元。F、清渭区 一三四八0元

2、军鞋配额

A、永祥区 六000双　B、倪宅区 四000双

C、石柱区 一000双

3、军袜配额

A、方岩区 六000双　B、四路口区 八000双

C、清渭区 一000双

二、征募情形

本县劳军捐输三十三年十二月二十日通饬各区向辖

征募，以本县地方民众尚能勉力应募，但因去岁敌寇侵

扰，地方糜烂，财力支绌，更以国军频境，供应数

繁，[illegible]各界作表率，以地方情况

未爰经请核减，并另行民国前令征得数

拟就征募额表附后

三、汇解情形

本县已征劳军捐款，曾于本年一月十日电

请财政厅转饬金库收解，计共贰千玖百十一元

经

三月十三日复电请刘戡垫付壹万四千陆百

陆十三元之款经先后分拨

郑雯暨第四区川以联合会肆万元刘核

前方生业期生　刘戡电复以本部三十

二年度各项补助款中央并无拨到美款

可垫付款目刘垂敬当日荒旱青年

难民五百五十九名经已解乡陈年二十三师办理

另补壹千零三十五名

今御南年难民壹千零二名另待解乡六百余名

刘以所需旅费三万壹千元由救济库准拨

经指献人名册及收据暨报核

附二：永康县征募民国三十二年新年及春节劳军款额派募清单

00133

永康縣三十二年新年及春節勞軍款額派募清單

區別	派額	鄉鎮別	派額	已收數	尚欠數	備註
永祥	九三六〇.〇〇	松石		七六九.〇〇		
		華谿				
		崇直		五九〇.〇〇		
		歷山		一一〇〇.〇〇		
		環城		七四五.〇〇		
		梅山		一三五〇.〇〇		
俛宅	七八〇〇.〇〇	桐城	一七八〇.〇〇	一二七〇.〇〇		
		九安	一五七〇.〇〇			
		六安	一七八〇.〇〇			
		集溪	一四二四.〇〇	八六三.〇〇		
		双桃	一三四六.〇〇			
清渭	一二四〇〇.〇〇	達川	一七六〇.〇〇	一四四八.〇〇		
		唐先	一五二〇.〇〇	一三〇〇.〇〇		
		中和	一五六〇.〇〇	一五二〇.〇〇		
		珠山	一二七〇.〇〇			
		太西	一三九〇.〇〇	五〇〇.〇〇		
		陸溪	一二七〇.〇〇	一二七〇.〇〇		
		松鶴	一二七〇.〇〇	五八〇.〇〇		
		仙義	八八〇.〇〇			

四路口	九三六〇.〇〇	相源		
		益新		一三六〇.〇〇
		華蕤		三〇〇.〇〇
		東嶺		四〇〇.〇〇
		古山		二四〇.〇〇
方岩	七八〇〇.〇〇	方岩		一三〇〇.〇〇
		芝英		三〇〇〇.〇〇 以上三千元係由財政科划來
		三民		一五〇〇.〇〇
		靈蕤		二〇〇.〇〇
		葛蕤		六〇〇.〇〇
石柱	九三六〇.〇〇	陸西	一五二七.〇〇	七七八.〇〇
		龍溪	八一九.〇〇	四〇三六.〇〇
		歷城	一五八四.〇〇	九九三.二八
		雲請	九二〇.〇〇	七二〇.〇〇
		武中	一三四四.〇〇	一一九.〇〇
		四石	九二六.〇〇	九二六.〇〇
縣商会 章双喜等	四〇〇〇.〇〇			三五〇八.〇〇
				一〇〇.〇〇
合計派額				實收數清支數

浙江省政府社会处关于同意以应拨田赋款抵扣一万四千二百一十五元劳军款事致永康县政府的代电

（一九四三年九月十八日）

浙江省社會處快郵代電

字第4886號

事由：准財政所劃撥該縣春節勞軍款〈14215〉元填發收據仰查收由

永康縣政府：准財政所未陷節代電，任應撥該縣本年七八月份田賦款項下划撥該縣應繳春節勞軍款〈14215〉元，填送仁直字第〈1138〉號撥款通知書一份過處等由，款已飭庫洽領足收，茲填發勞字第玖拾玖號收據一紙，仰查收。其尚短欠之款數，應即悉數清解，以資結束，併仰遵照。

浙江省社會處申巧家印　附件如文

中華民國卅二年九月　日發

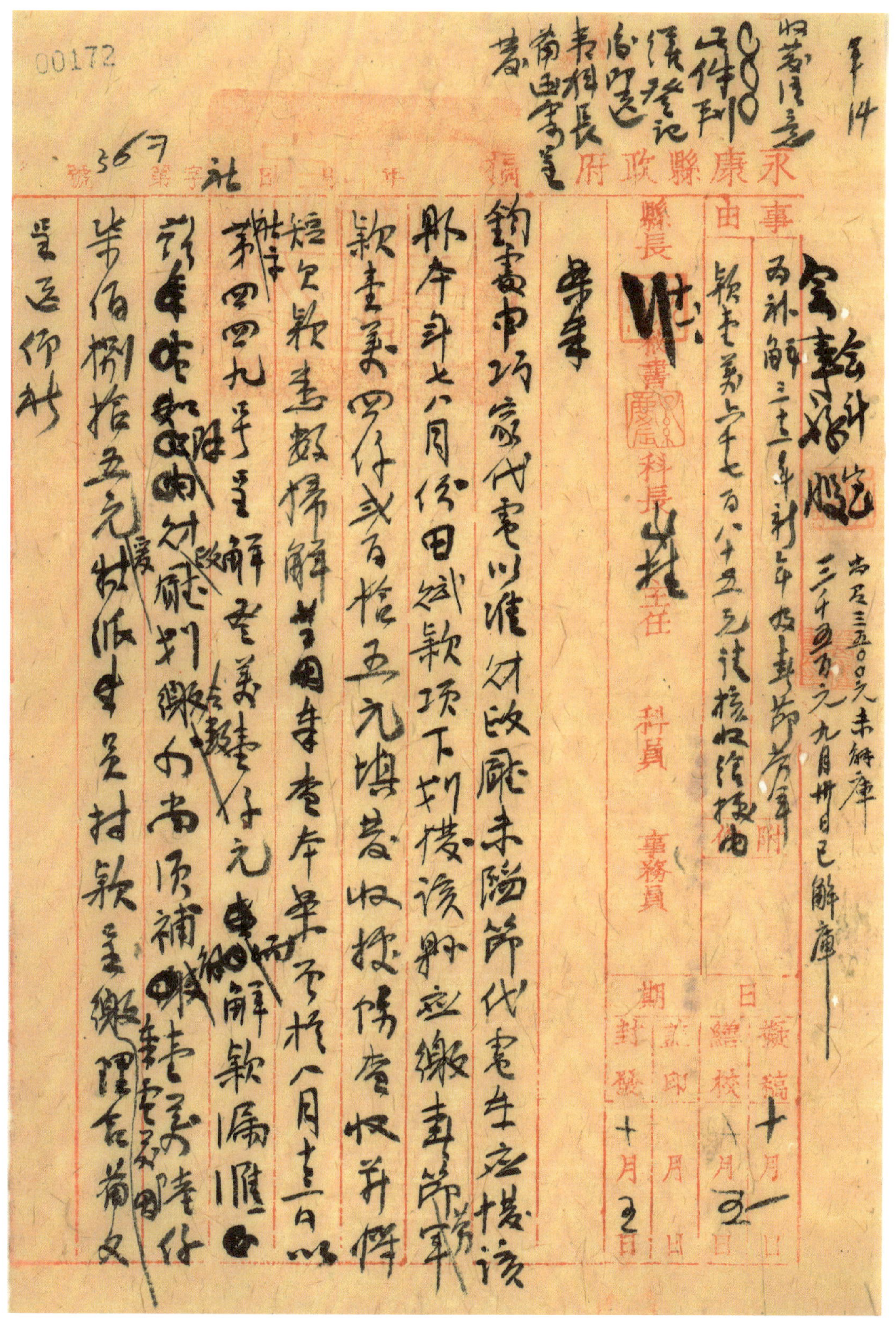

00172

永康縣政府稿　　年　月　日　社字第567號

事由

縣長

秘書

科長

主任

科員

事務員

附

日期：擬稿十月一日　繕校十月　日　監印　月　日　封發十月五日

永康县政府关于补解民国三十二年新年及春节劳军款一万六千七百八十五元致浙江省政府社会处的呈（一九四三年十月五日）

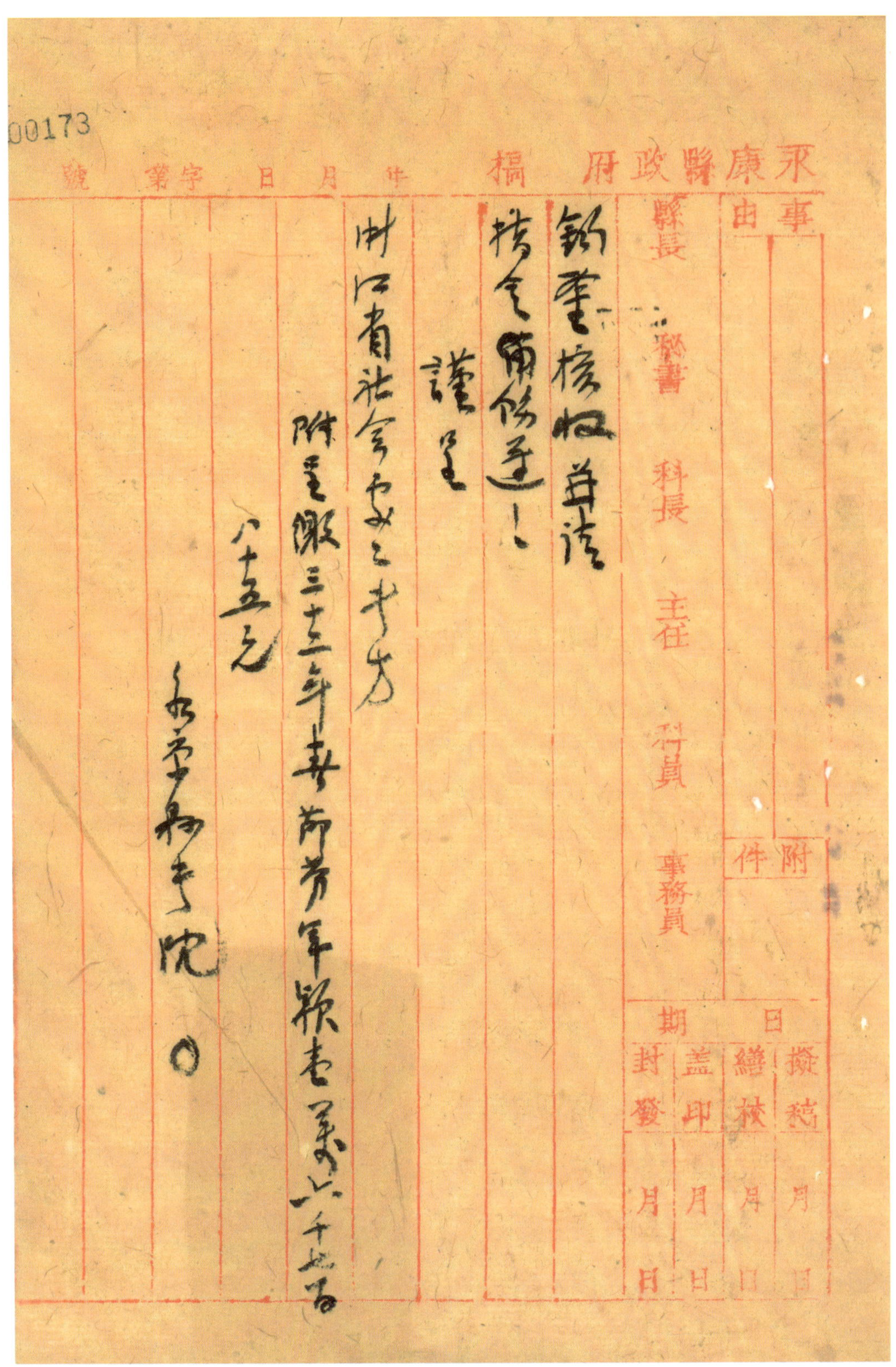

00173

永康縣政府 稿 年 月 日 字第 號

事由

附件

縣長 秘書 科長 主任 科員 事務員

日期：擬稿 月 日 繕校 月 日 蓋印 月 日 封發 月 日

鈞處核收并請
核令備案示遵
謹呈
浙江省社會處處長方
附呈繳三十三年春節勞軍獻金壹萬六千八百八十五元
永康縣縣長沈○

益新乡公所关于已缴清春节劳军款一千五百七十元并报缴收据三本事致永康县政府的呈（一九四三年十月八日）

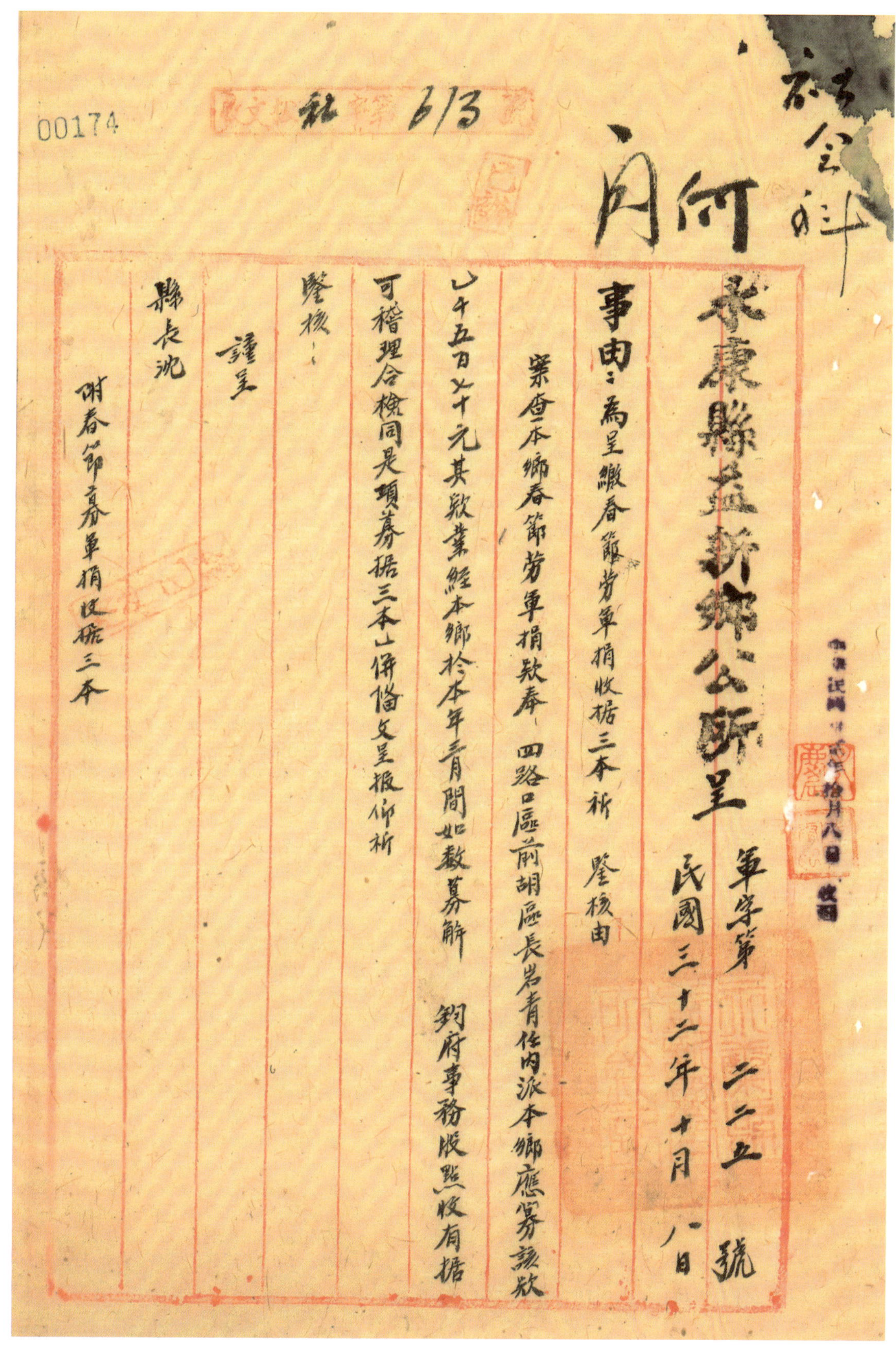

永康縣益新鄉公所呈　事字第二二五號
民國三十二年十月八日

事由：為呈繳春節勞軍捐收据三本祈　鑒核由

案查本鄉春節勞軍捐款奉令四路口區前胡區長岩青任內派本鄉應募該款一千五百七十元其款業經本鄉於本年春間如數募解鈞府事務股照收有据可稽理合檢同是項募据三本備文呈報仰祈
鑒核！
謹呈
縣長沈

附春節勞軍捐收据三本

鄉長陳德墉

浙江省政府社会处关于催缴所欠春节劳军款暨鞋代金事致永康县政府的指令（一九四三年十月二十二日）

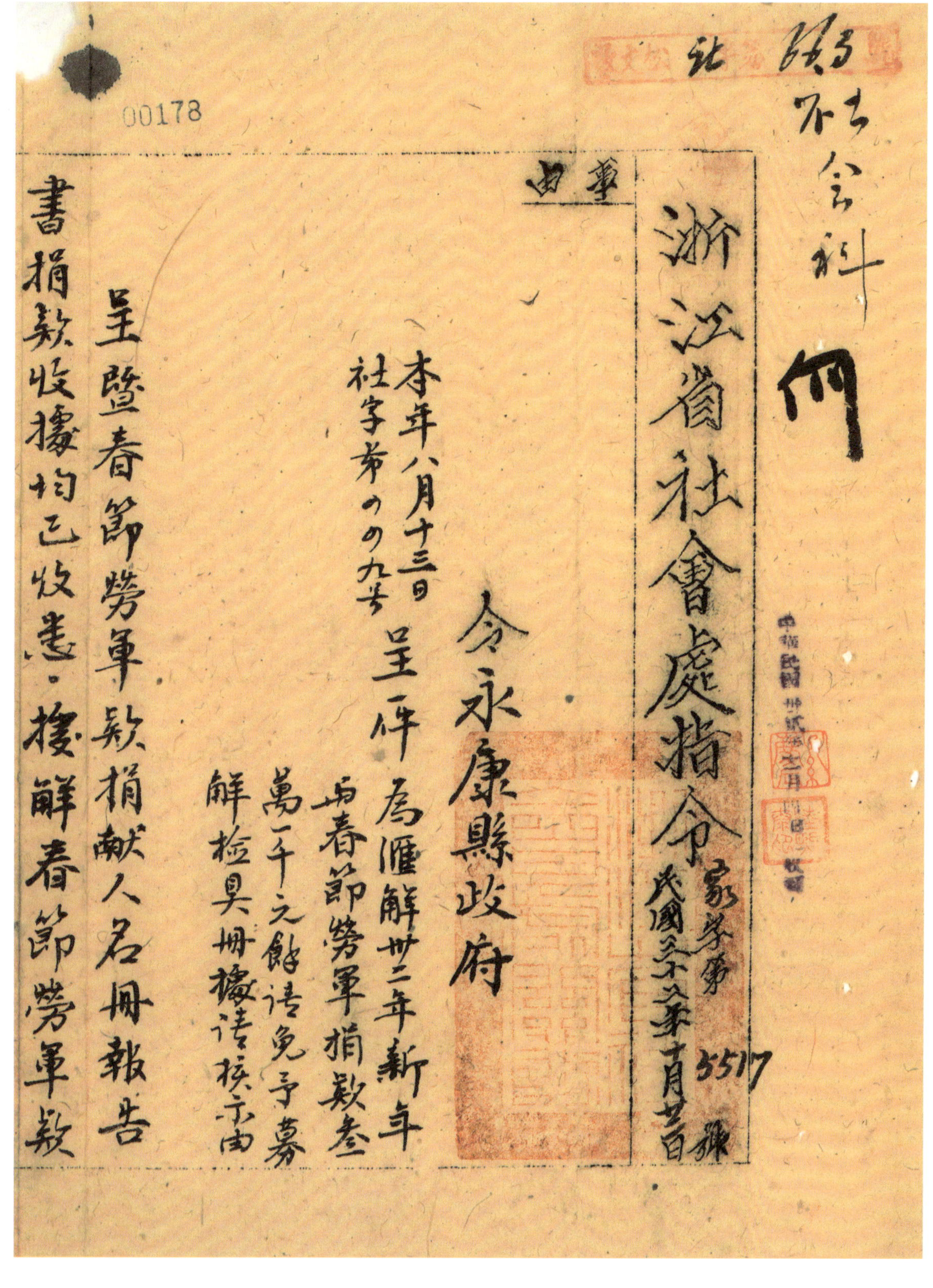

00178

浙江省社會處指令 社字第5517號 民國三十二年十月廿二日

事由

令永康縣政府

本年八月十三日社字第〇〇九號呈一件為匯解卅二年新年與春節勞軍捐款叁萬一千元餘請免予募解檢具册據請核示由

呈暨春節勞軍款捐獻人名册報告書捐款收據均已收悉。據解春節勞軍款

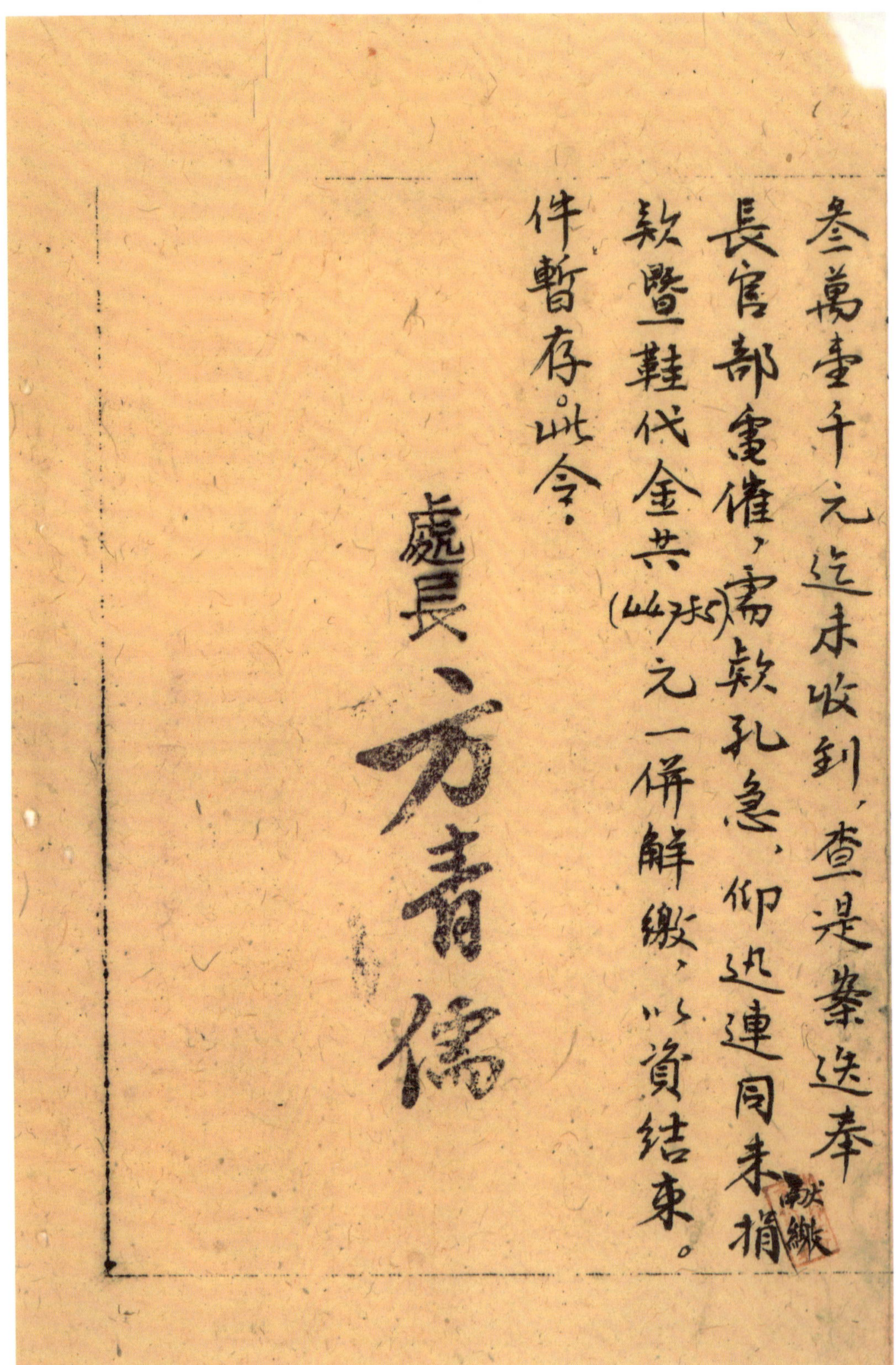

叁萬壹千元，迭未收到，查是案迭奉
長官部電催，需款孔急，仰迅連同未捐
款暨鞋代金共(44750)元一併解繳，以資結束。
件暫存。此令。

處長 方青儒

四路口区华麓乡公所关于交缴七百二十元劳军款和收据存根二本致永康县政府的呈（一九四三年十月二十三日）

永康縣四路口區華麓鄉公所 呈

總字第一乂大號

民國三十二年十月廿三日

為呈繳事竊職鄉前奉

鈞令催繳春節勞軍款項特派科員何章東前來坐催並仰將已繳未繳款物數目開具清單連同捐據存根一併掃交帶府為要等因奉此職鄉地瘠民貧一時難繳捐款未克遵令履行現已共催繳壹仟捌佰念弍元前已解交柒佰元尚有壹佰拾伍元未克照繳茲附繳捐款柒佰念弍元及捐據存根二本理合備文呈繳仰祈

鑒核示遵

謹呈

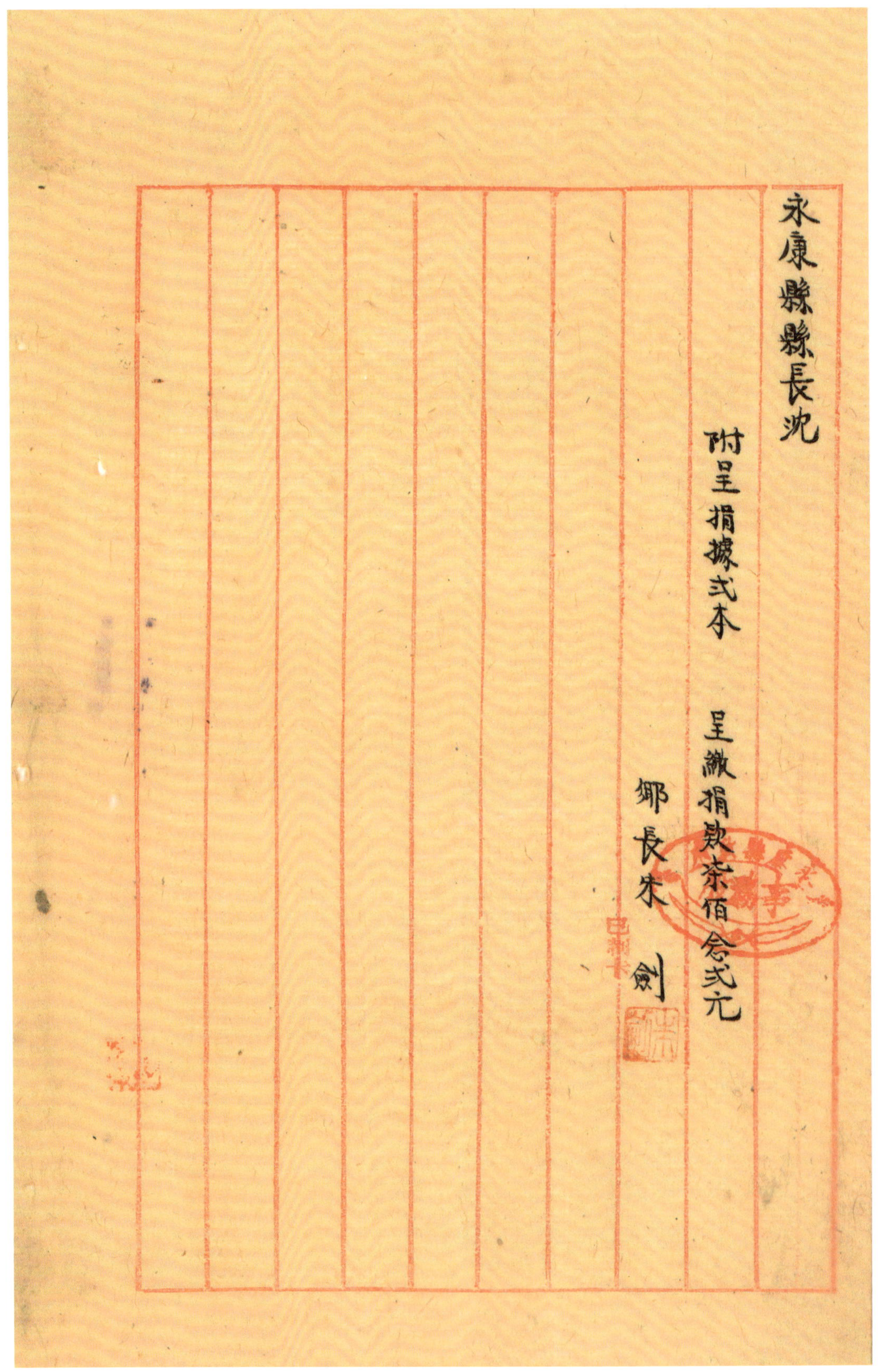

永康縣縣長沈

附呈捐據弍本

呈繳捐款柒佰念弍元

鄉長朱劍

永康县政府关于派员督办征募春节劳军款物及『一县一机』捐款事致各区署各乡镇公所的训令（一九四三年十一月九日）

永康縣政府訓令稿

事由：為派本府前来督办征募各項款物令仰照遵由

縣長 准　科長　主任　科員　事務員

令各區區長各鄉鎮長

案查關於奉令辦理各項征募勞軍款物及一縣一机捐款業經本府先後電令並限期分別繳報各在案茲為依期办理竣事以符功令起見特派本府指導員黄元明科員何樟東王猷芳等分區前来督辦除七十九師征募勞軍鞋襪應照本府社字第一七二一號代電办理外其餘一縣一機捐款悉數繳交来員帶府以憑彙解案關特飭毋違延除分令外合行抄附各鄉鎮應办案件催報表暨督办人員地區分配表各一紙令仰遵照办理具報為要此令

附永康縣各鄉鎮應办案件催報表督办人員地區分配表各一份

縣長 沈

擬稿 十一月三日　繕校 月 日　蓋印 月 日　封發 十一月九日

附：各乡镇应办案件催报表和督办人员地区分配表

永康縣各鄉鎮應辦案件催報表

項目	發文日期及其字號	繳清期限	備註
春節勞軍捐獻	三十一年十二月二日 社字第六三七號	三十一年十二月十五日以前	
七十九鞋袜	十月十五日 社字第五七五號	文到半月内	派額每鄉鎮鞋袜各一百双
一縣一機	九月二十四日 社字第五四三號	本年底前	派額除俊宝區三一八七五元外其餘各區一律四四六二五元
太西鄉農會	八月十六日 社字第四五八號	一個月内	發起人代表童化南等
歷山鄉農會	九月七日 社字第五三三號	一個月内	發起人代表朱紹元等
崇道鄉農會	九月二十二日 社字第五三六號	一個月内	發起人代表徐擇鄰等
雲靖鄉農會	十月二十八日 社字第五九七號	一個月内	發起人代表厲彥宣等
九安鄉農會	十月二十六日 社字第六〇一號	一個月内	發起人代表倪勤宣等
六安鄉農會	十一月六日	仝前	發起人代表李方山等

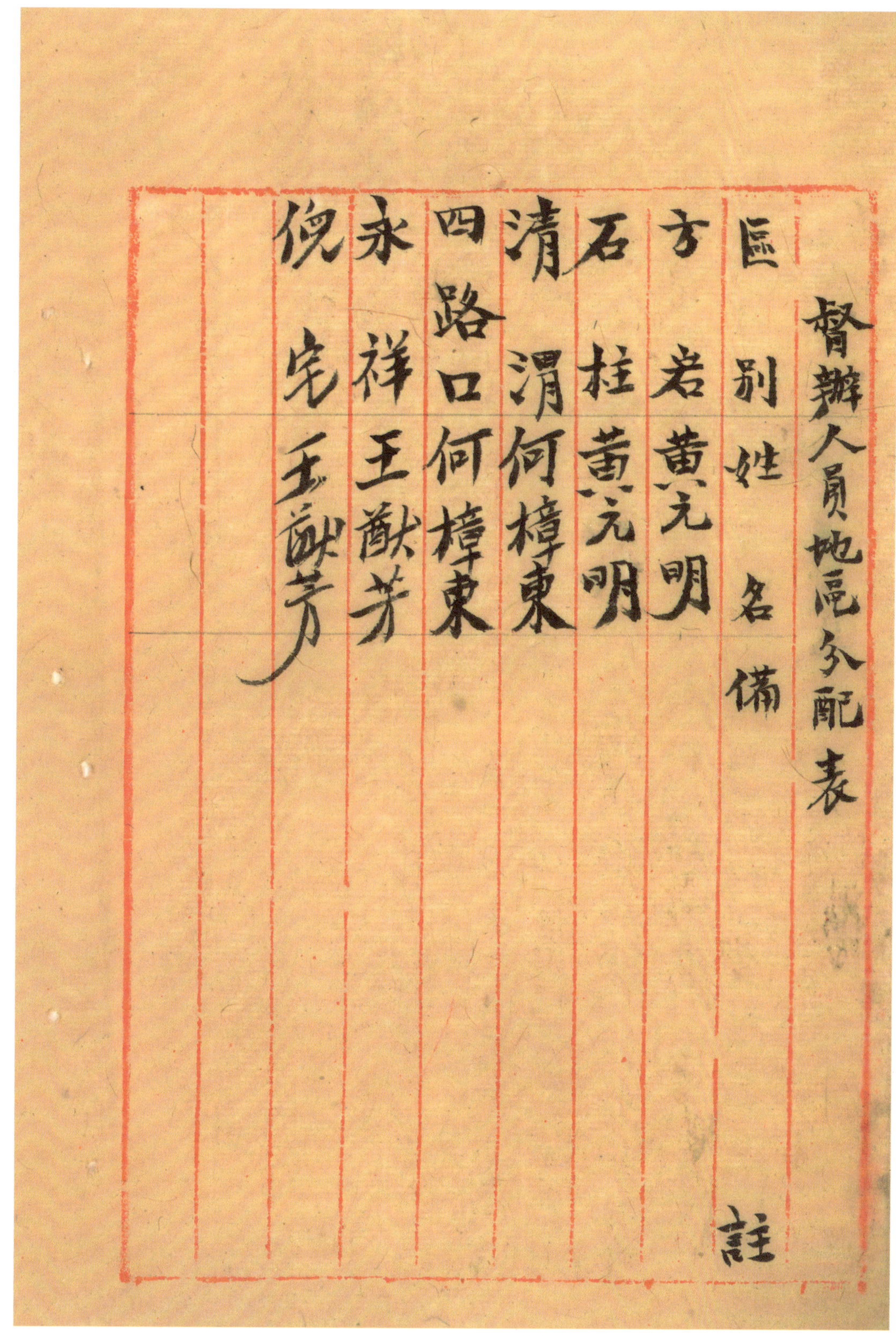

督辦人員地區分配表

區別	姓名	備註
方岩	黃元明	
石柱	黃元明	
清渭	何樟東	
四路口	何樟東	
永祥	王獻芳	
倪宅	王獻芳	

永康县政府关于补解民国三十二年新年及春节劳军款四千一百九十四元并请免缴鞋代金事致浙江省政府社会处的呈（一九四三年十二月六日）

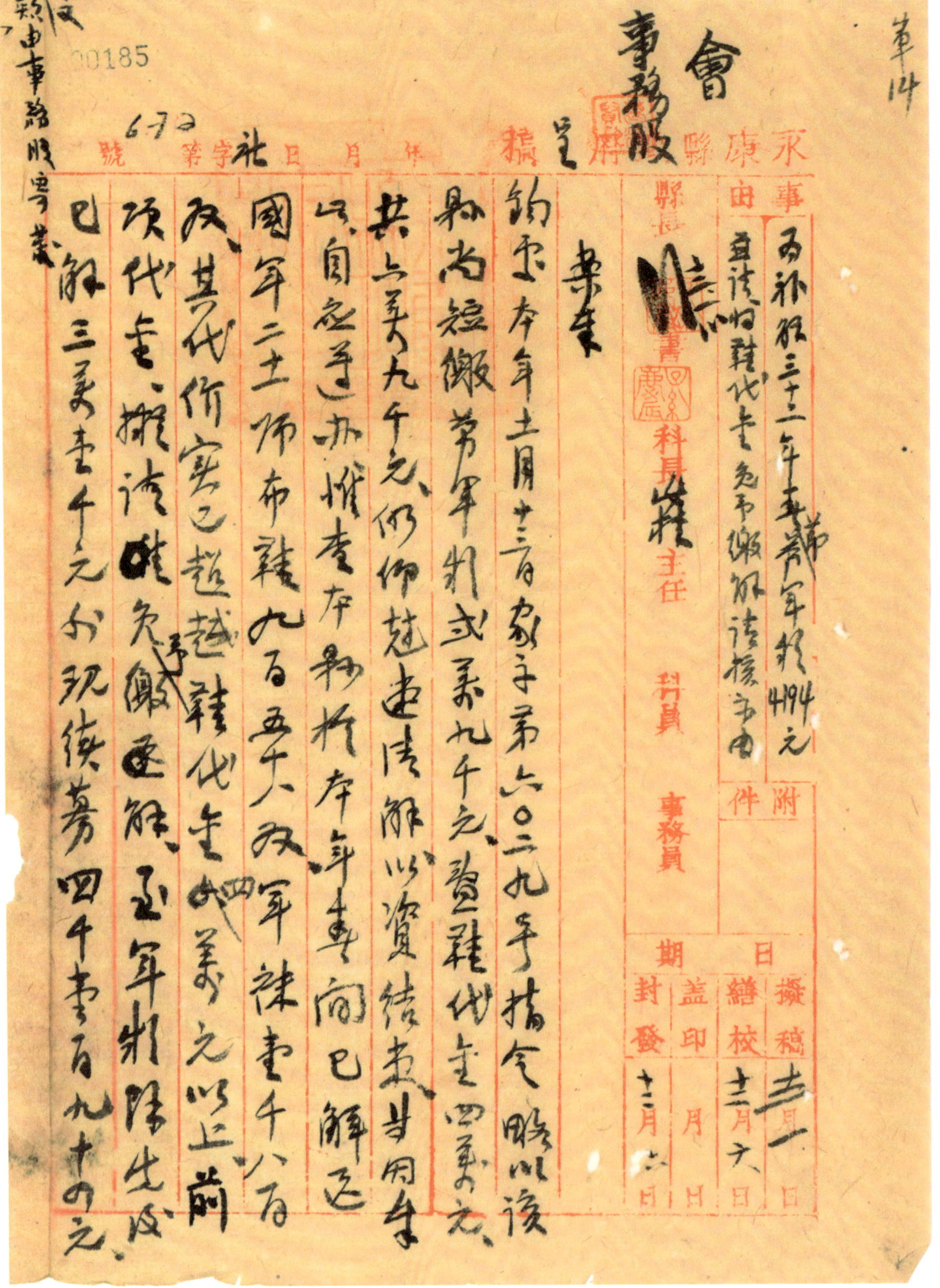

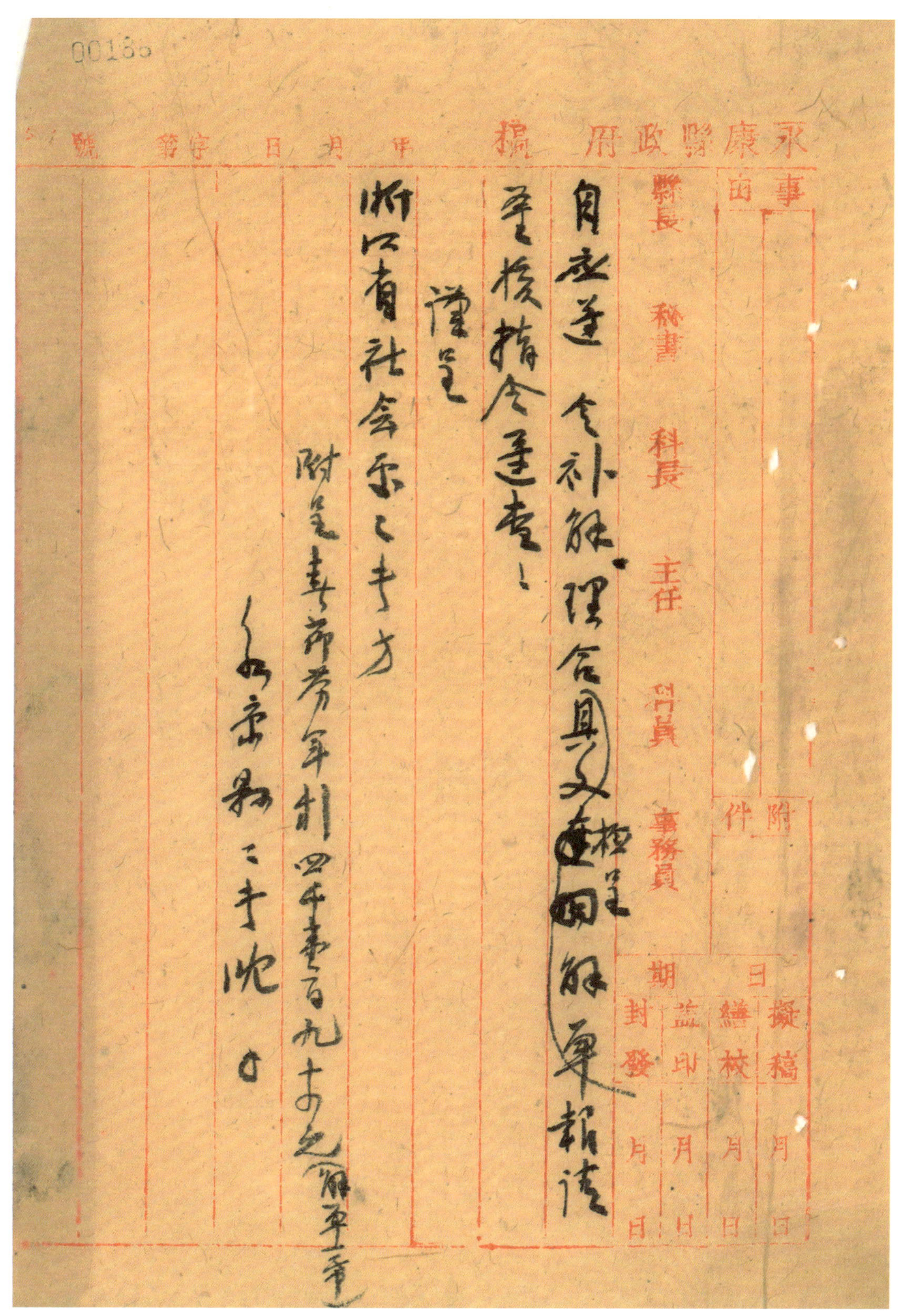
00185

永康縣政府稿　年　月　日　字第　號

事由

縣長　秘書　科長　主任　科員　事務員

附件

日期　擬稿　月　日　繕校　月　日　監印　月　日　封發　月　日

自應遵令補解。理合具文檢呈解單報請

鑒核指令遵查。

謹呈

浙江省社會處處長方

附呈春節勞軍捐四千壹百九十元（解單一張）

永康縣縣長沈○

浙江省财政厅关于转发民国三十二年劳军款收据事致永康县政府的训令（一九四四年六月五日）

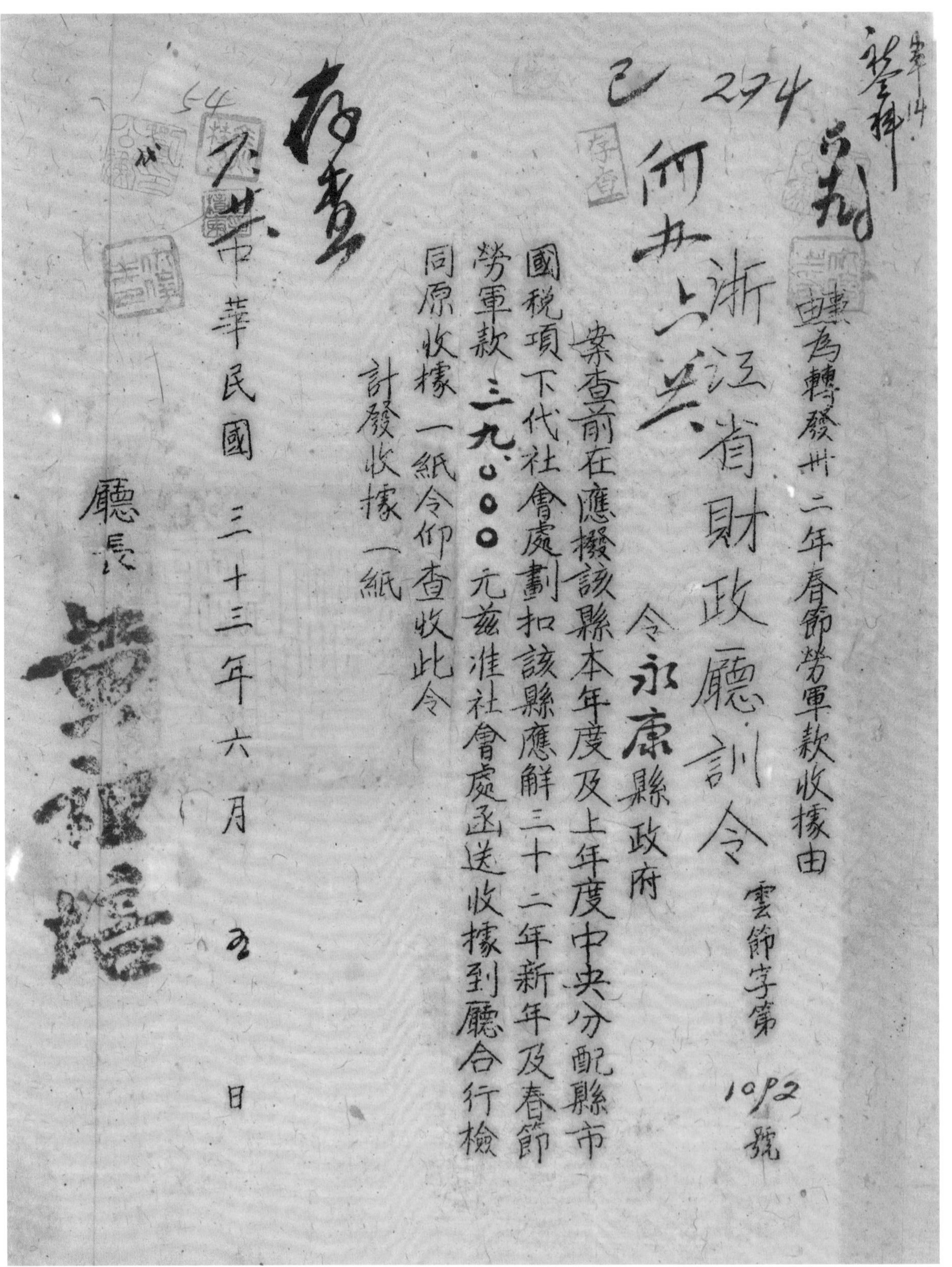

事由：為轉發卅二年春節勞軍款收據由

浙江省財政廳訓令　雲節字第1082號

令永康縣政府

案查前在應撥該縣本年度及上年度中央分配縣市國稅項下代社會處劃扣該縣應解三十二年新年及春節勞軍款三九，〇〇〇元茲准社會處函送收據到廳合行檢同原收據一紙令仰查收此令

計發收據一紙

中華民國三十三年六月五日

廳長

附：浙江省政府社会处收据

浙江省社會處
三十二年新年及春節勞軍捐款收據

茲收到
永康縣政府繳來三十二年新年及春節勞軍
捐款國幣叁萬玖仟元正
此據

浙江省社會處
處長方青儒
會計主任尹錫章
出納魏遵烈

中華民國三十二年三月十二日

字第壹叁陆叁號

丽云师管区司令部关于筹募新兵鞋袜事致永康县政府的指令（一九四三年三月六日）

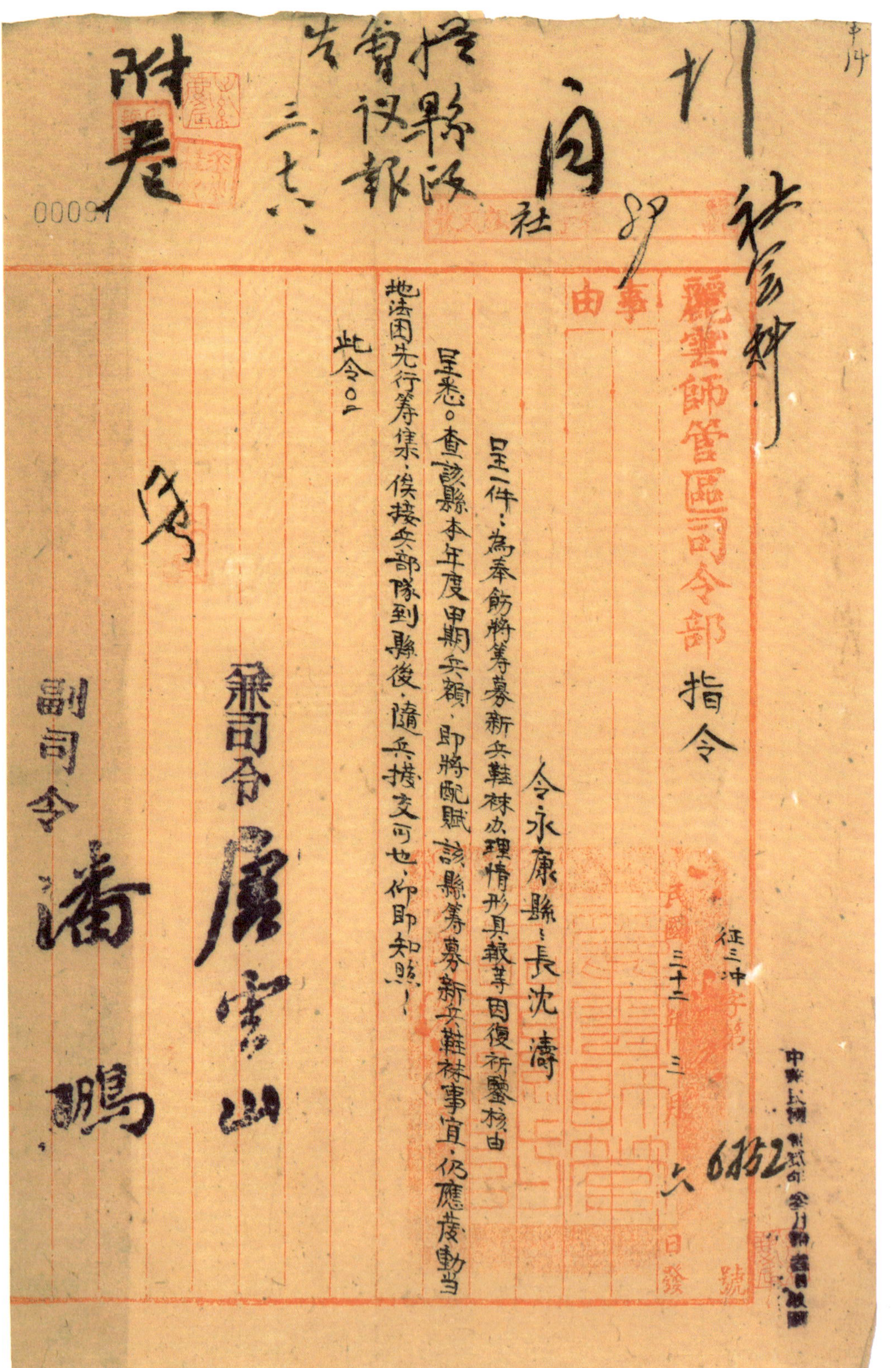

麗雲師管區司令部 指令

征三沖字第　號

民國三十二年三月六日發

事由

令永康縣縣長沈濤

呈一件：為奉飭將籌募新兵鞋袜办理情形具報等因復祈鑒核由

呈悉。查該縣本年度甲期兵額，即將配賦，該縣籌募新兵鞋袜事宜，仍應発動當地法團先行籌集，俟接兵部隊到縣後，隨兵撥交可也。仰即知照！

此令。

兼司令 唐雲山

副司令 潘鵬

永康县政府与各区署等关于民国三十三年元旦平价供应猪肉毛鸡及筹款慰问军队的来往文书

（一九四三年十二月十三日至一九四四年七月十八日）

第三战区陆军第七十九师司令部军民合作总站关于要求元旦供应平价猪肉给驻军事致永康县政府的代电

（一九四三年十二月十三日）

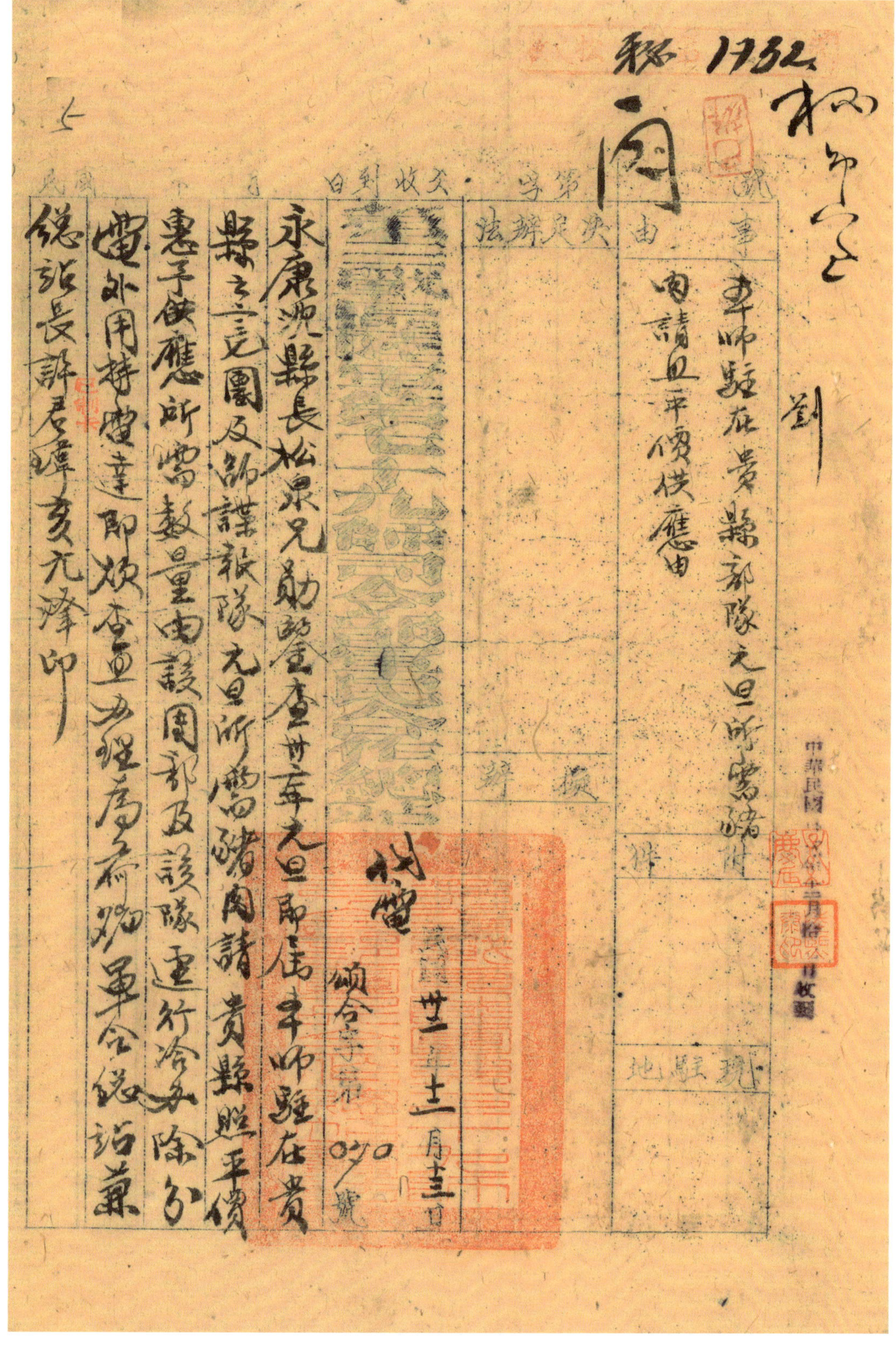

事由：本師駐在貴縣部隊元旦所需豬肉請照平價供應由

永康洪縣長松泉兄勛鑒：查卅三年元旦即屆，本師駐在貴縣之三團及師諜報隊元旦所需豬肉，請貴縣照平價惠予供應，所需數量由該團部及該隊逕行洽商，除分電外，用特電達，即煩查照辦理為荷。總站長許君瑋亥元蓬印

民國卅二年十二月十三日

順合字第0?0號

国民党浙江省永康县党部关于筹款一万元用于民国三十三年元旦慰劳驻军事致永康县政府的公函

（一九四三年十二月十六日）

中國國民黨浙江省永康縣黨部公函

事由：為函請籌撥慰勞金壹萬元祈查照由

擬辦

批辦

查慶祝三十三年元旦本部曾奉省黨部政府會字第五瓦號代電飭舉行勞軍運動一次本部業於本月十三日召開籌備會議對于如何籌集慰勞金一案經決定請縣政府籌撥慰勞金壹萬元由各單位派代表組織慰勞隊本月廿九日携帶慰勞金出發慰

中華民國三二年十二月十六日發

發文宣字第一〇九四號

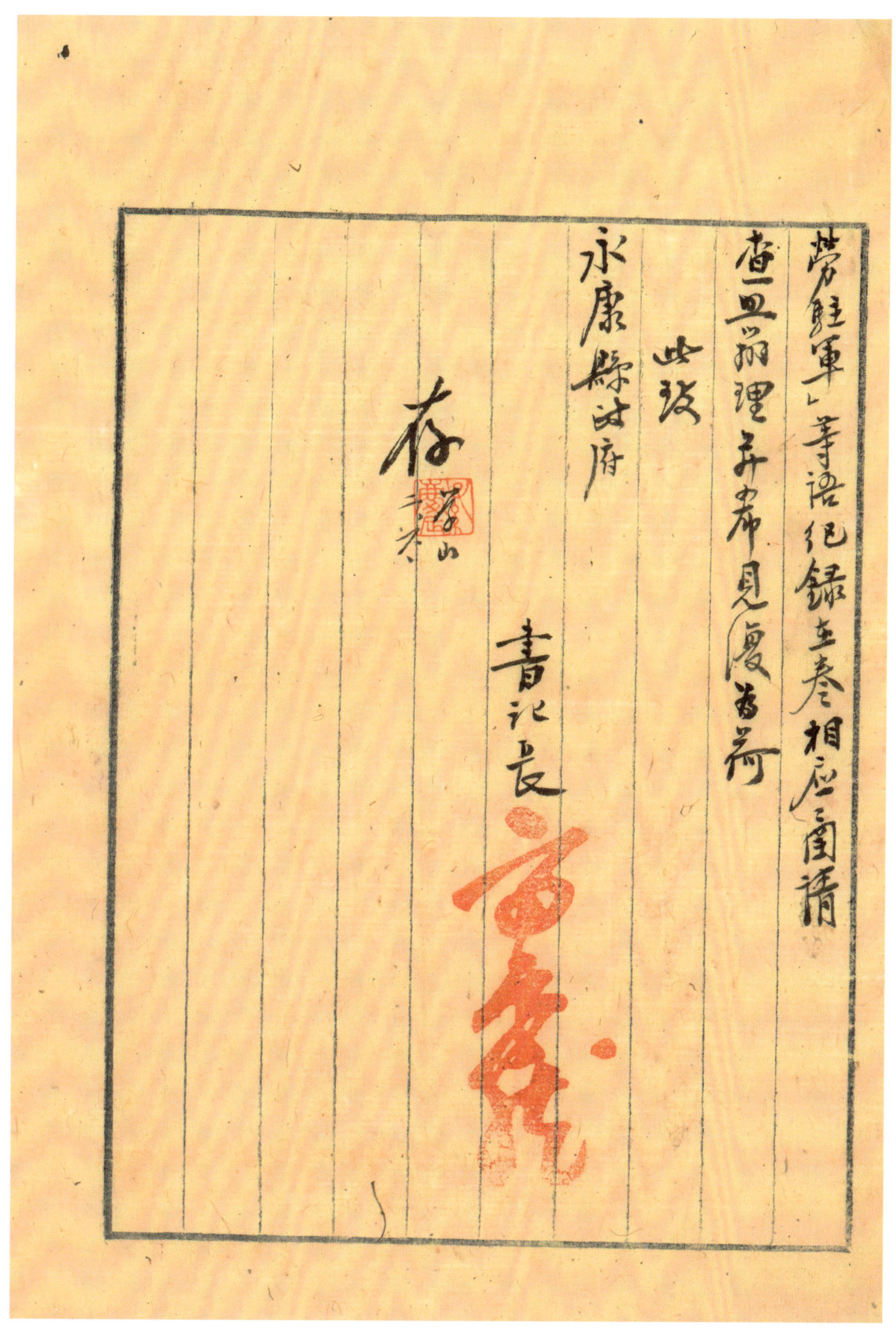

勞駐軍之等語紀錄在卷相應函請

查照辦理并希見復為荷

此致

永康縣政府

書記長

存

永康县政府关于民国三十三年元旦平价供应猪肉给驻军事致永康县军民合作站指导分处的代电（一九四三年十二月十八日）

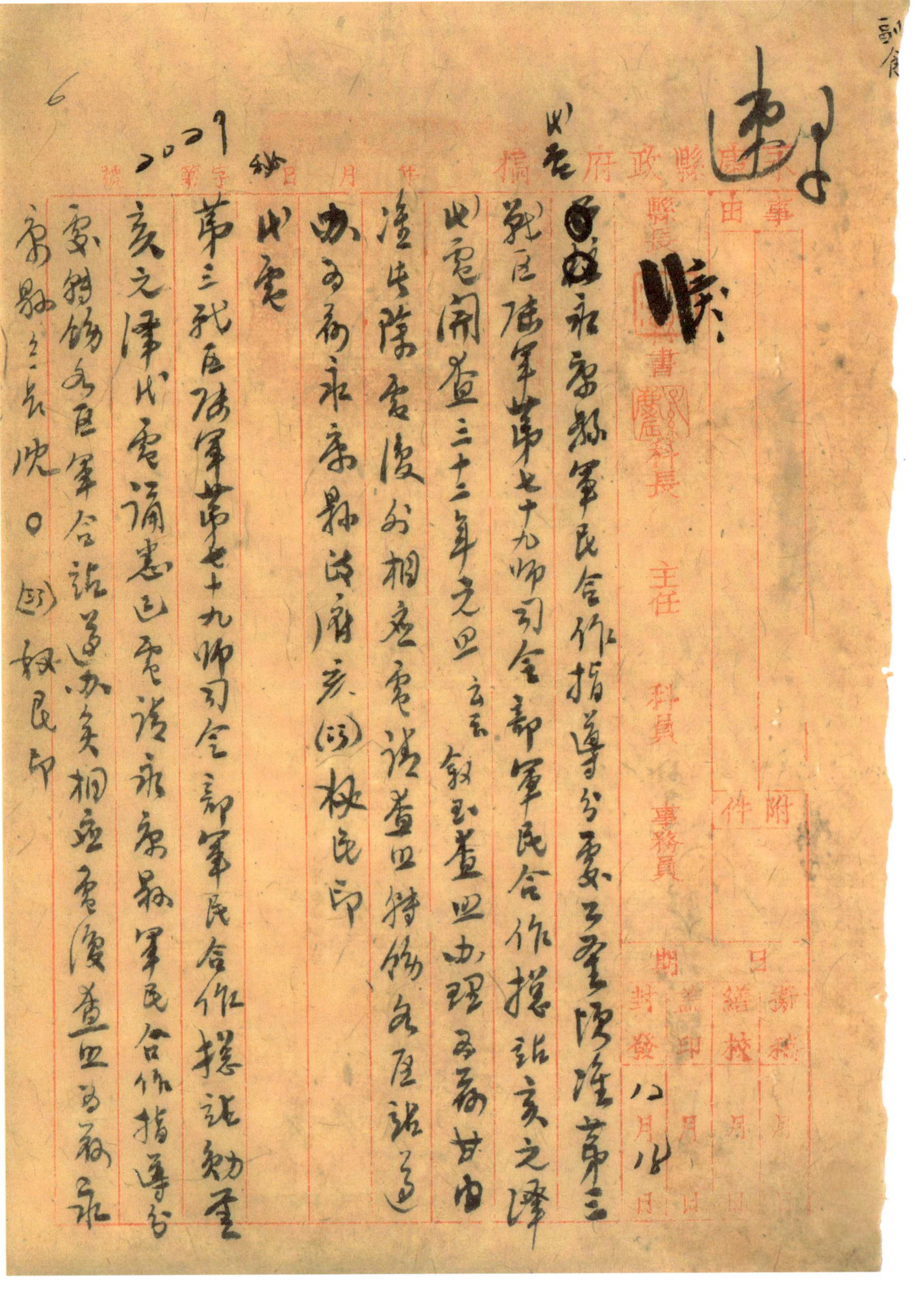

永康縣政府稿 件 年 月 日 第2027字 號 秘

事由

縣長 秘書 科長 主任 科員 事務員

附件

日期 擬稿 繕校 蓋印 封發 12月18日

代電

永康縣軍民合作指導分處暨陸軍第三戰區陸軍第七十九師司令部軍民合作總站亥之譯代電開：查三十三年元旦 云云 叙至 查照辦理為荷 等由，准此，除電復外，相應電請查照轉飭分站遵辦為荷。永康縣政府亥（巧）秘民印

代電

第三戰區陸軍第七十九師司令部軍民合作總站：亥之譯代電誦悉。已電請永康縣軍民合作指導分處轉飭分站遵辦矣，相應電復查照為荷。永康縣縣長 （巧）秘民印

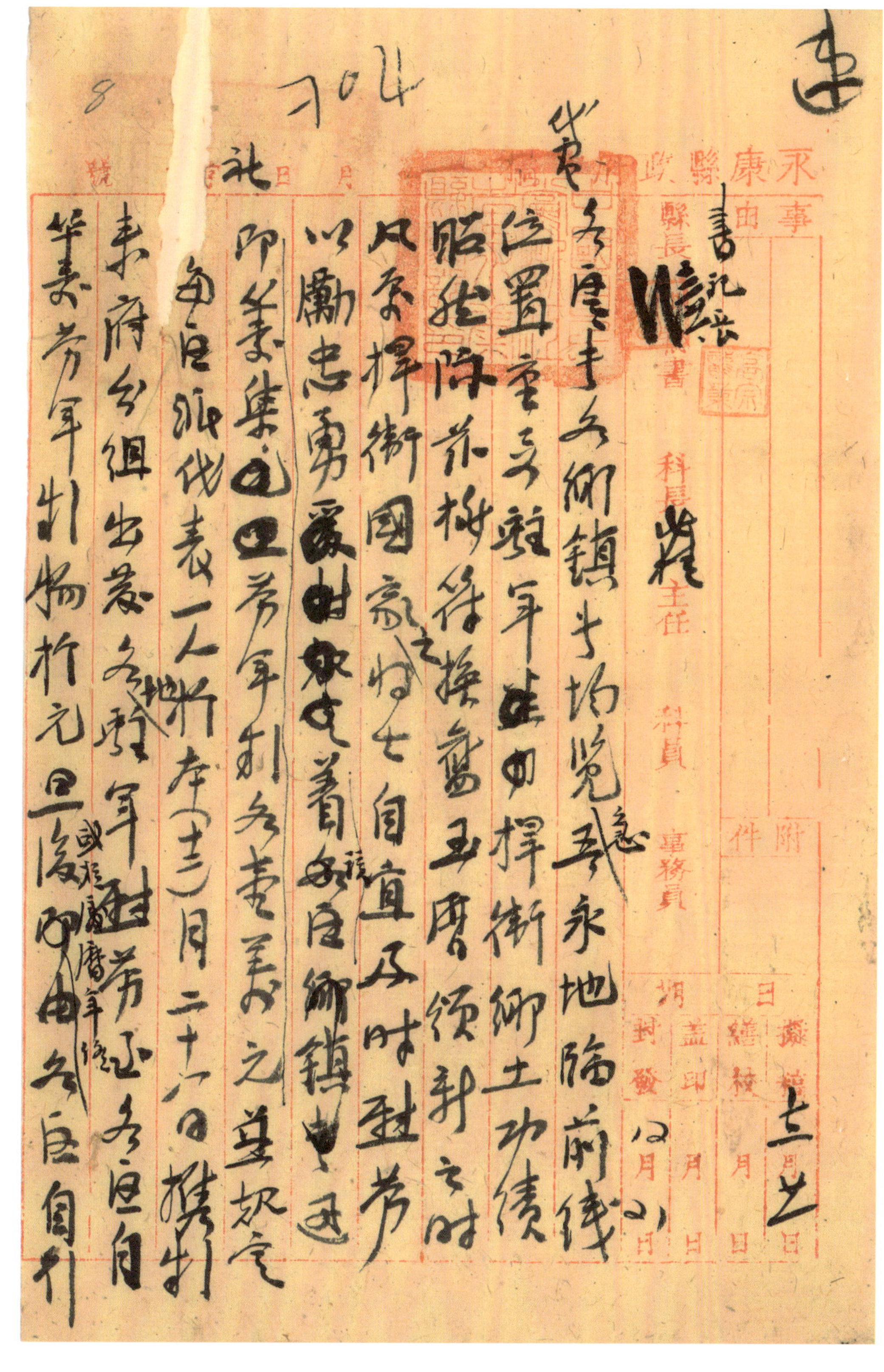

永康县政府关于每区携带一万元劳军款慰问驻军致各区署各乡镇公所的代电（一九四三年十二月二十一日）

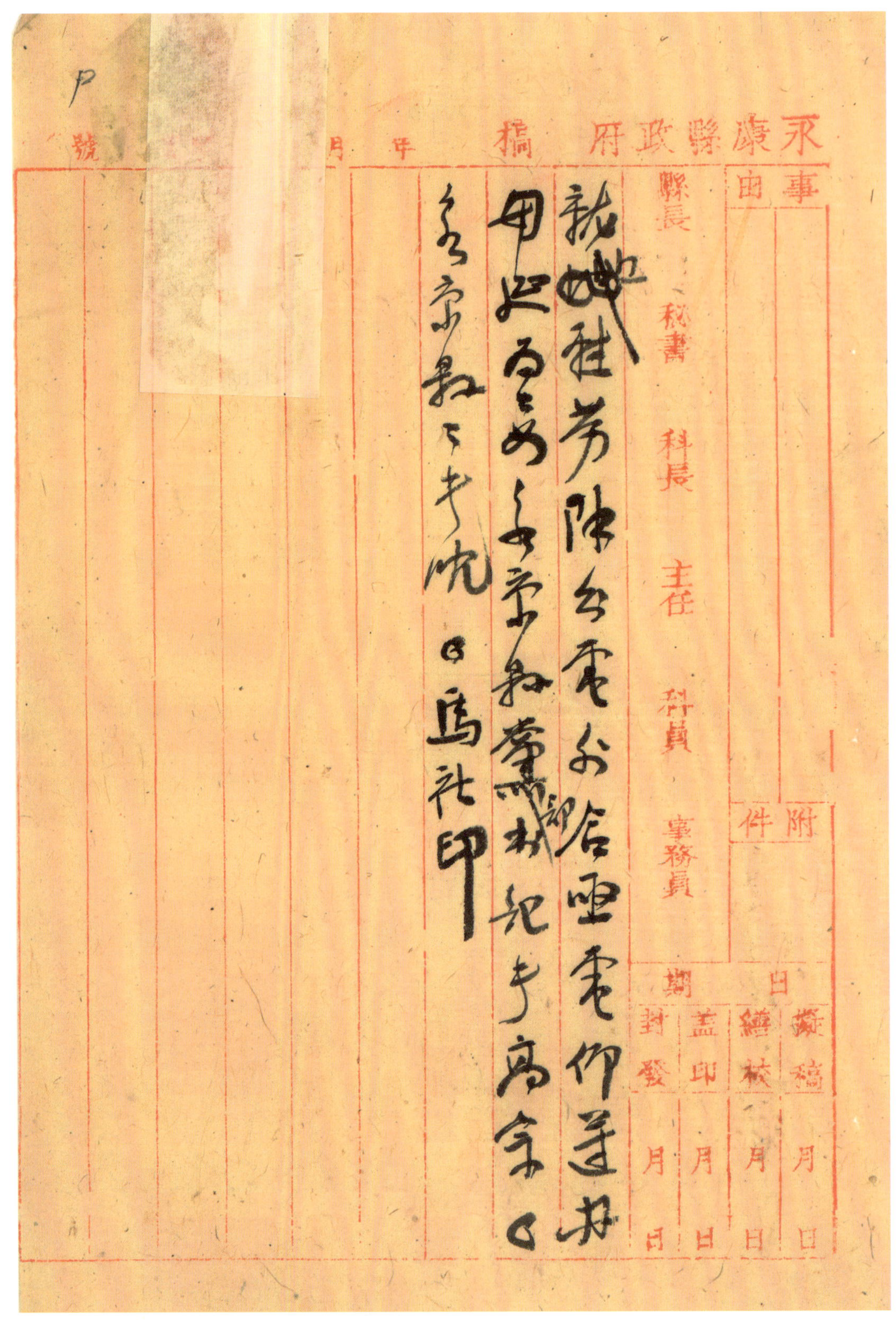

永康縣政府稿　年　月　號

事由

附件

縣長　秘書　科長　主任　科員　事務員

日期：擬稿　月　日｜繕校　月　日｜蓋印　月　日｜封發　月　日

[illegible]

永康县军民合作站指导分处关于供应陆军第七十九师第二三七团猪肉毛鸡事致各区署的训令
（一九四三年十二月二十五日）

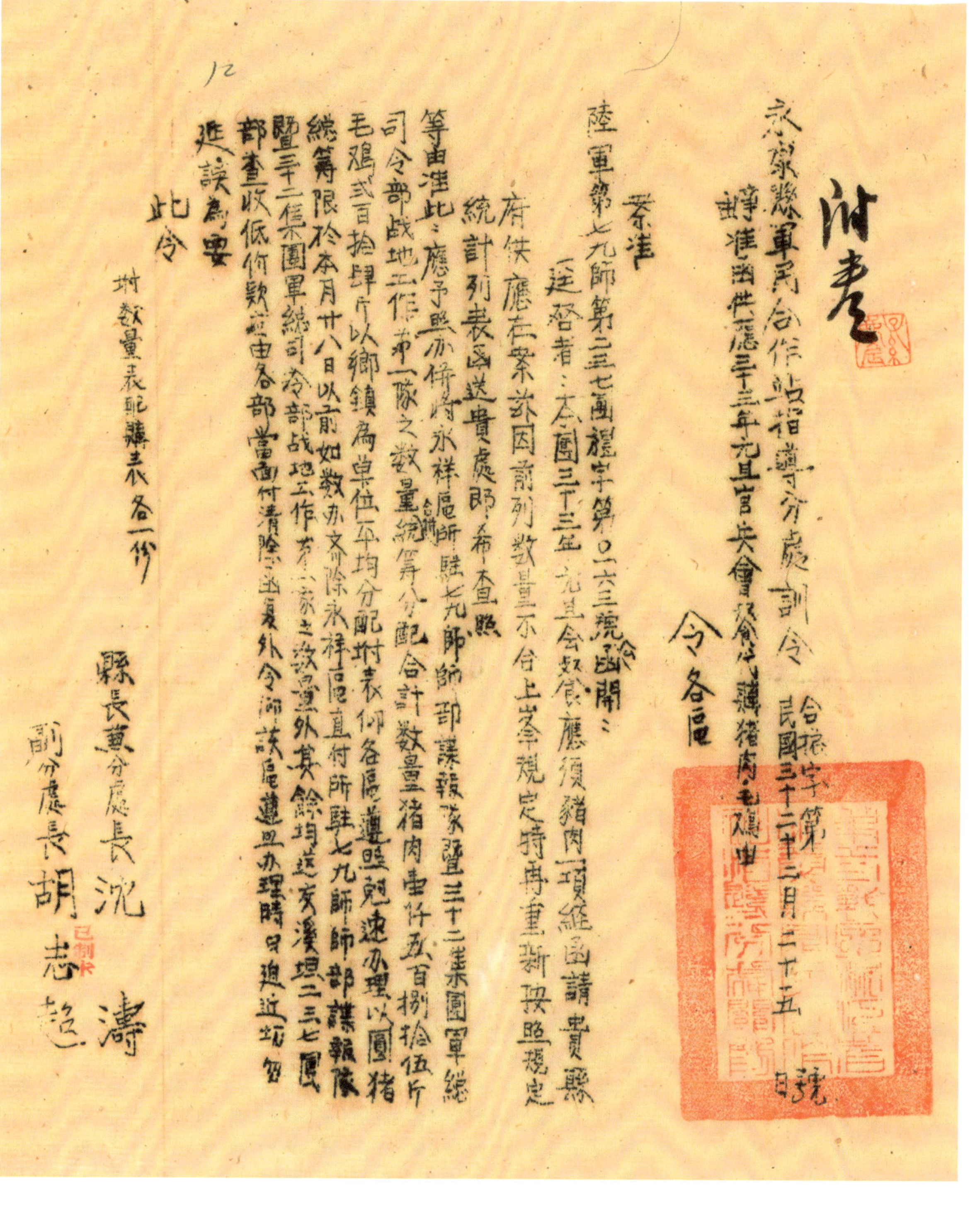

附表

永康縣軍民合作站指導分處訓令　合總字第　號　民國三十二年十二月二十五日

事由：准函供應三十三年元旦官兵會餐所需豬肉、毛鷄由

令各區

案准

陸軍第七九師第二三七團程字第〇一六三號公函開：

逕啓者：本團三十三年元旦會餐飲食應須豬肉一項，經函請貴縣府供應在案，茲因前列數量不合上峯規定，特再重新按照規定統計列表函送貴處，即希查照

等由，准此，應予照辦。除將永祥區所駐七九師師部諜報隊暨三十二集團軍總司令部戰地工作第一隊之數量統籌分配，合計數量豬肉壹仟五百捌拾伍斤、毛鷄弍百拾肆斤，以鄉鎮為單位平均分配，附表仰各區遵照，迅速辦理，以圖豬總籌，限於本月廿八日以前如數辦齊，除永祥區直付所駐七九師師部諜報隊暨三十二集團軍總司令部戰地工作第一隊之數量外，其餘均送交溪坦二三七團部查收，低價款應由各部當面付清。除函復外，令仰該區遵照辦理，時日迫近，切勿延誤為要。

此令

附數量表副鈔表各一份

縣長兼分處長　沈濤

副分處長　胡志超

附：民国三十三年元旦驻军官兵会餐需用猪肉毛鸡分配各乡镇代购数量表及配购数量表

抄發

民國三十三年元旦駐軍官兵會餐需用猪肉毛鷄分配各區鄉鎮代購數量表

區別	鄉數	猪肉數量	毛鷄數量	備攷
永祥	六	二六四〇	三六〇	
石柱	六	二六四〇	三六〇	
方巖	六	二六四〇	三六〇	
清渭	七	三〇八〇	四二〇	
四路口	六	二六四〇	三六〇	
倪宅	五	二二〇〇	三〇〇	

附記

1. 猪肉毛鷄數量均以鄉為單位所分配
2. 猪肉每鄉四拾四市斤壹兩毛鷄陸市斤
3. 永祥所配各數量除直屬諜報隊暨戰地工作第二隊數量外其餘均送溪埠團部統籌分發

民國三十三年元旦駐軍官兵會餐需用猪肉毛鷄配購數量表：

部別	猪肉數量	毛鷄數量	備攷
三三七團全團暨配屬部隊	一,四六五.〇〇	二〇〇.〇〇	
諜報隊	一〇〇.〇〇	一〇.〇〇	
三十二集團軍總司令部戰地工作第一隊	二〇.〇〇	四.〇〇	
合計	一,五八五.〇〇	二一四.〇〇	

石柱区署关于已筹足劳军款一万元致永康县政府秘书室的函（一九四三年十二月二十五日）

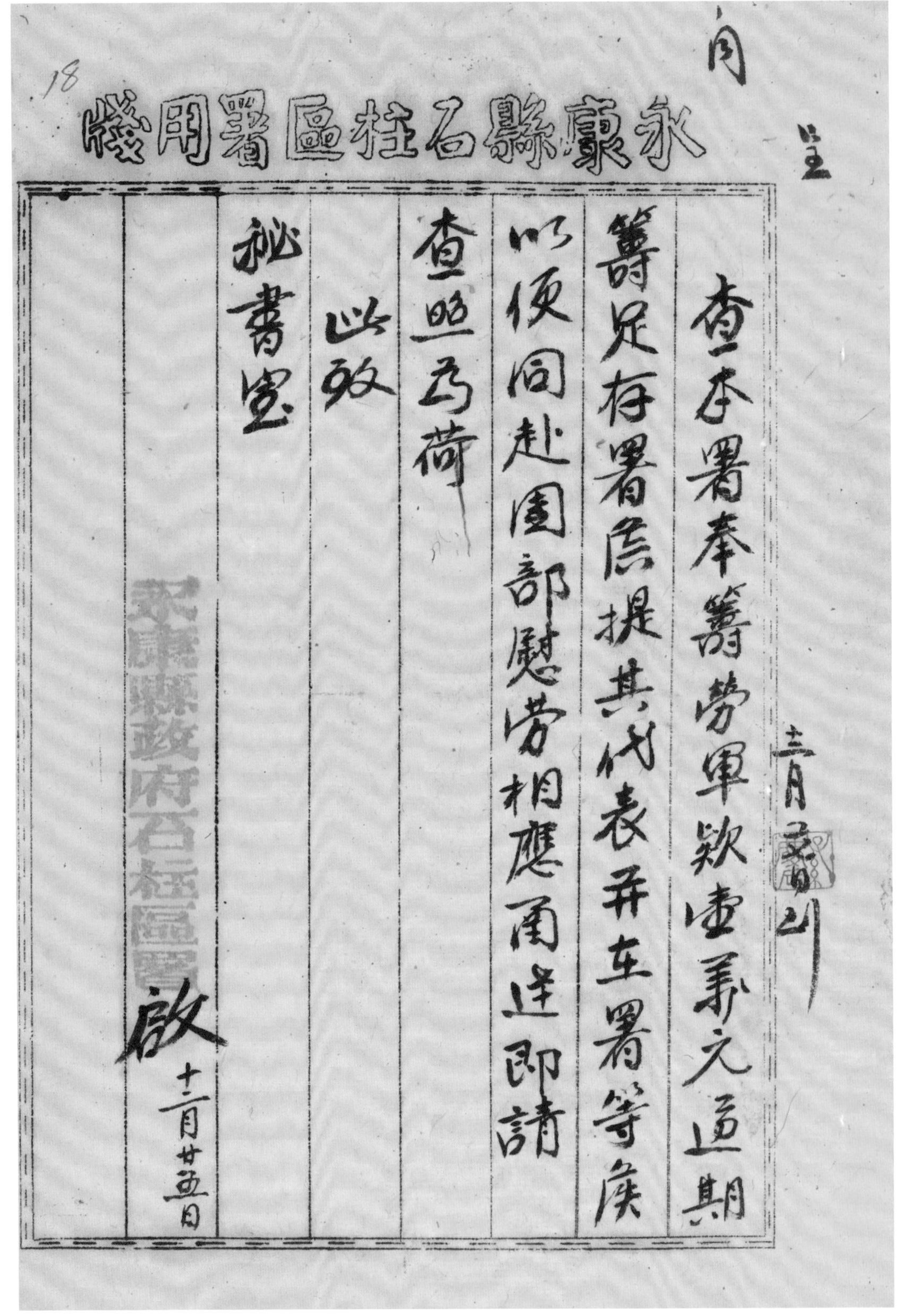

18

內

呈

永康縣石柱區署用箋

查本署奉籌勞軍款壹萬元適期籌足存署應提其代表并在署等候以便同赴團部慰勞相應函達即請

查照為荷

此致

秘書室

永康縣政府石柱區區署啟

十二月廿五日

十二月廿五日

永康县政府关于开展民国三十三年元旦慰问驻军相关事宜致各区署的代电（一九四三年十二月二十六日）

16

速

代电 秘字2038号 十二月廿六日 発

各区区长鉴：查前以胜利来临，战士多劳，新年特迎慰必宜犒慰，经本府于本月二日以社字第七〇四号代电饬由该区筹集现款壹万元，限日解府，以便慰劳在案。兹因国军七十九师二三七团来电，另须购买元旦犒军猪肉一千五百八十五斤、毛鸡二百一十四斤，均係低价给款，是款拨支非细，为劳军恤民兼筹并顾计，经会同党部决定减免该区应缴劳军国币叁千元。除分电外，合亟电仰该区长迅速设法筹集，务于本月二十九日以前照数拨缴府

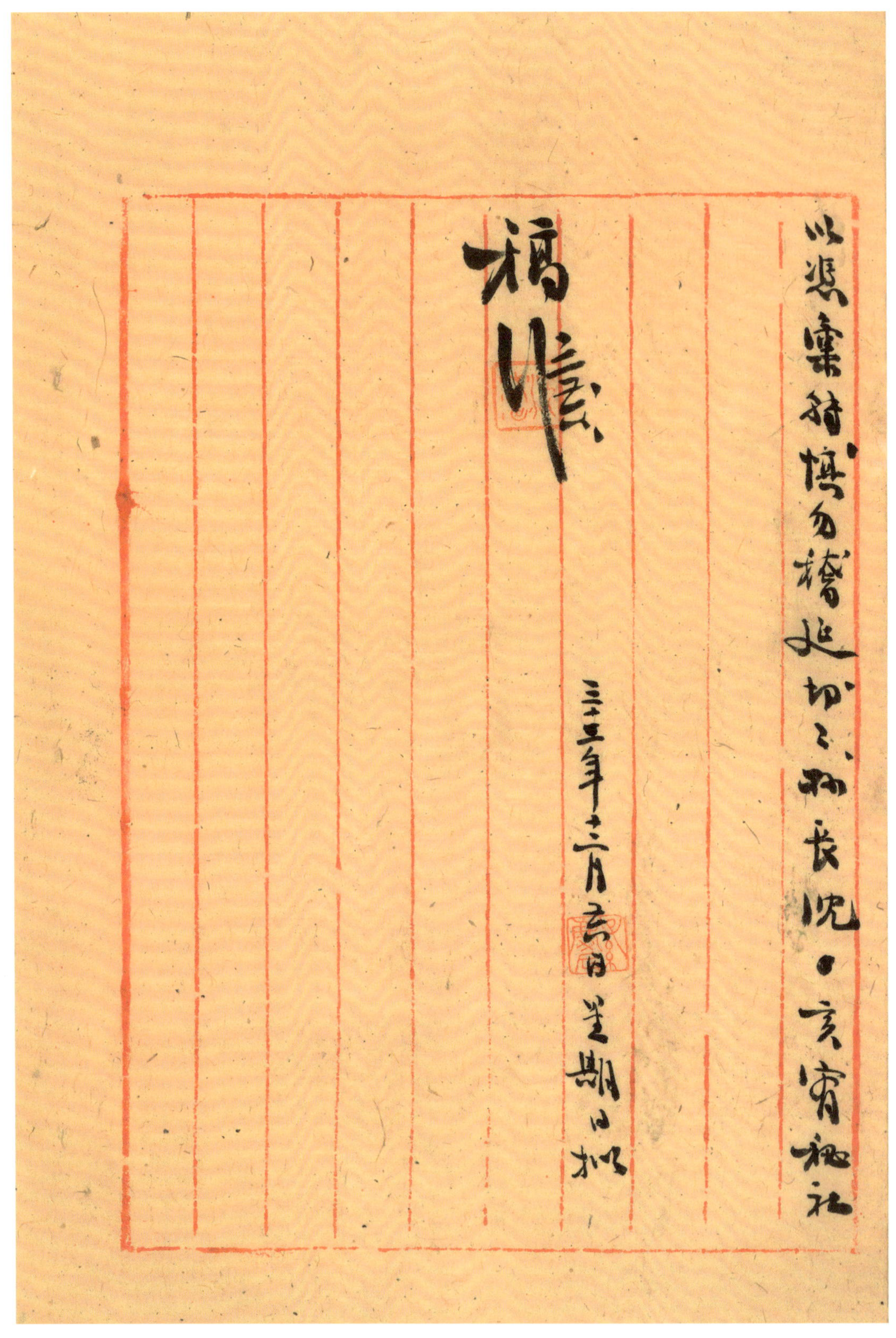

以憑彙轉，俾勿稽延，切切。此致財長沈。亮宵秘社

楊川儀

三十三年十二月廿六日 星期日擬

永康县政府关于供应驻军民国三十三年元旦猪肉毛鸡事致各区署的代电（一九四三年十二月二十六日）

代電　　　秘字2067号　十二、廿六、發

各區區長鑒：頃准陸軍第八十八師二三七團副字第〇一六二號公函開：准該師軍民合作總站合字第〇七〇號代電開：查本團三十三年元旦需用猪肉二三五〇斤，以便分發各部等由，正核辦間，又接師部電話另需毛鷄二百十斤，請予一併照購，[illegible]查二三七團請求部隊元旦聚餐所需猪肉，前准師部軍合總站代電，即經本府於本月廿五日以秘字第二〇二九號電飭照辦在案，茲准前由，復經電話團部商洽，既另供應毛鷄，減猪肉供數

量为壹十五万八千五斤，除由本县军民合作站指导分发龙宅乡农会区救目另令饬外，合亟令仰该农会遵照迅速备齐（并数）妥，于本月廿六日以前运送溪坦园部（永祥乡区横路村部队）查收，领款应由（应有收据备）接收部队照付，事关急要，勿得延误，切切。附去猪肉、毛鸡配备数量表一份，并仰查照为要。县长

沈〇京（寝）秘 附表一份

楼怀

三十三年十二月十六日拟

四路口区署关于供应驻军元旦聚餐猪肉毛鸡以及捐款事致永康县政府的代电（一九四三年十二月三十日）

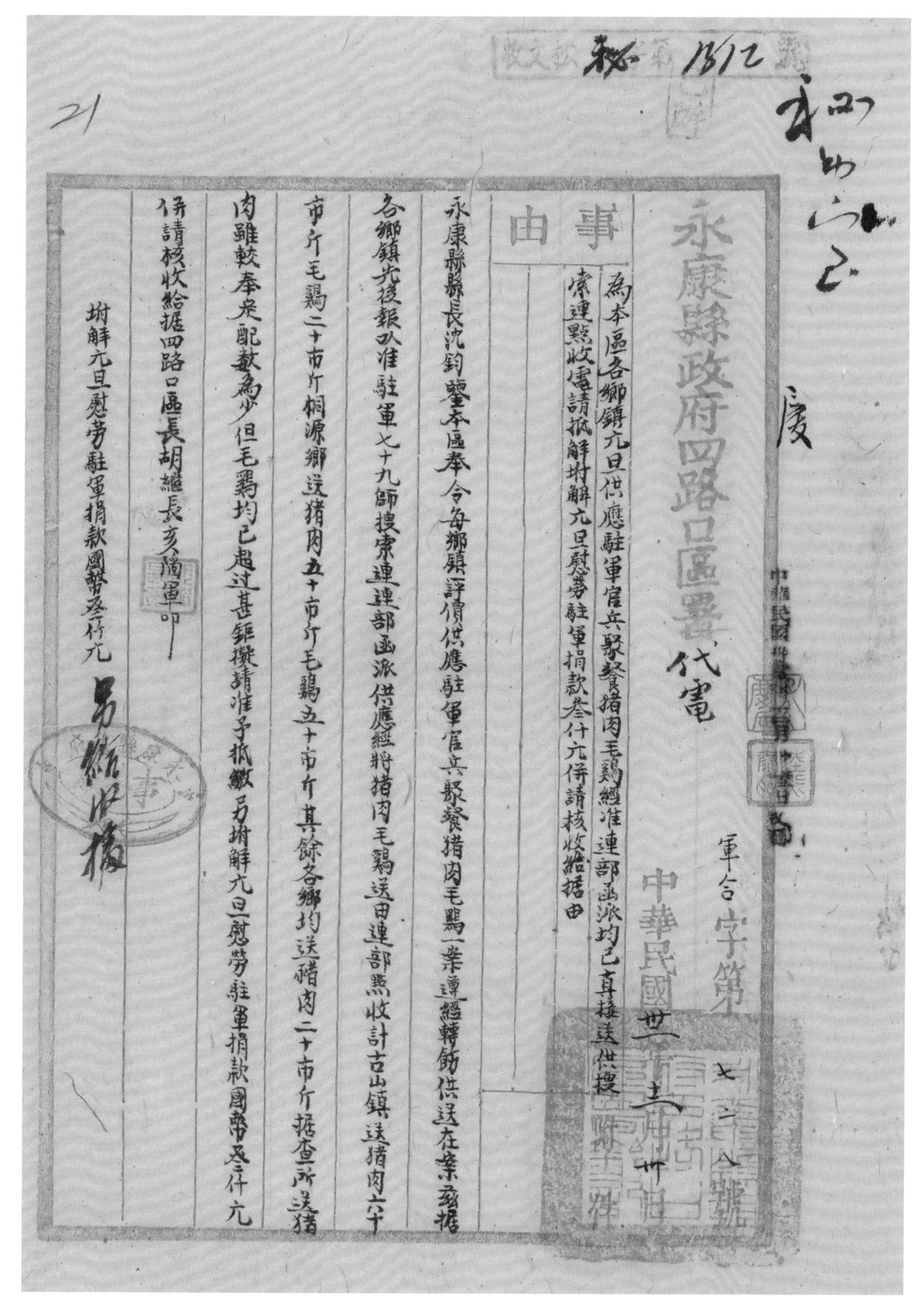

永康縣政府四路口區署代電

軍合字第七三八號

中華民國卅二年十二月卅日

事由：為本區各鄉鎮元旦供應駐軍官兵聚餐猪肉毛鷄經准連部函派均已直接送供搜索連點收電請核備並附解元旦慰勞駐軍捐款叁仟元併請核收給據由

永康縣縣長沈鈞鑒：本區奉令每鄉鎮評價供應駐軍官兵聚餐猪肉毛鷄一案，遵經轉飭供送在案。茲據各鄉鎮先後報以准駐軍七十九師搜索連連部函派供應，經將猪肉毛鷄送由連部點收，計古山鎮送猪肉六十市斤、毛鷄二十市斤，桐源鄉送猪肉五十市斤、毛鷄五十市斤，其餘各鄉均送猪肉二十市斤。據查所送猪肉雖較奉定配數為少，但毛鷄均已超过甚鉅，擬請准予抵繳。另附解元旦慰勞駐軍捐款國幣叁仟元，併請核收給據。四路口區區長胡繼長亥[illegible]印

附解元旦慰勞駐軍捐款國幣叁仟元

永康县政府城区办事处关于发放城区自卫队队士春节犒劳费事致永康县政府的呈（一九四四年二月一日）

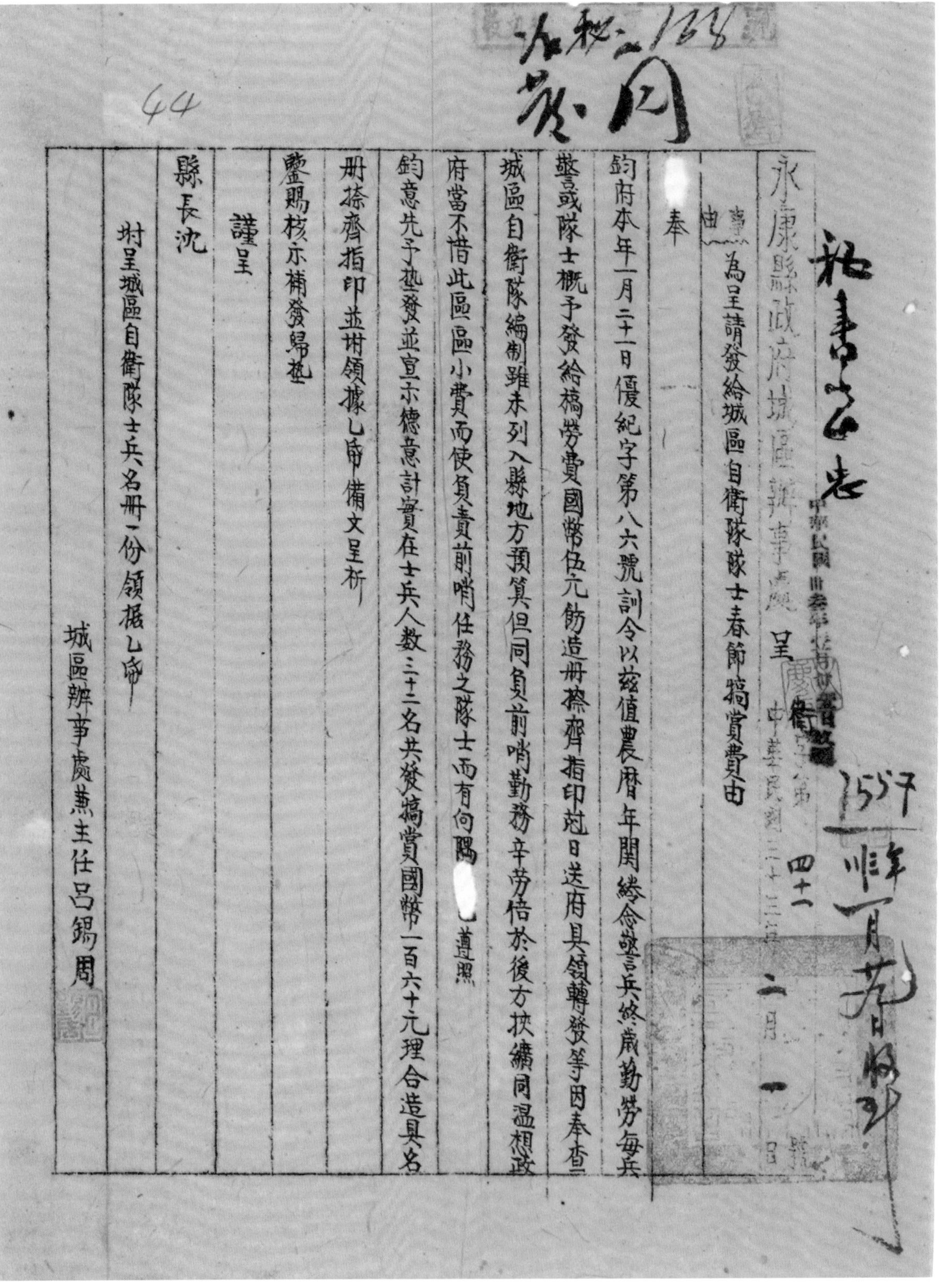

永康縣政府城區辦事處 呈 中華民國三十三年二月一日 字第四十一號

事由 為呈請發給城區自衛隊隊士春節犒賞費由

奉

鈞府本年一月二十一日優紀字第八六號訓令以茲值農曆年關眷念警兵終歲勤勞每兵警戒隊士概予發給犒勞費國幣伍元飭造冊捺齊指印尅日送府具領轉發等因奉查城區自衛隊編制雖未列入縣地方預算但同負前哨勤務辛勞倍於後方挾纊同溫想政府當不惜此區區小費而使負責前哨任務之隊士而有向隅 遵照鈞意先予墊發並宣示德意計實在士兵人數三十二名共發犒賞國幣一百六十元理合造具名冊捺齊指印並附領據乙紙備文呈祈

鑒賜核示補發歸墊

謹呈

縣長沈

附呈城區自衛隊士兵名冊一份領據乙紙

城區辦事處兼主任呂錫周

545

永康縣城區自衛隊士兵花名册

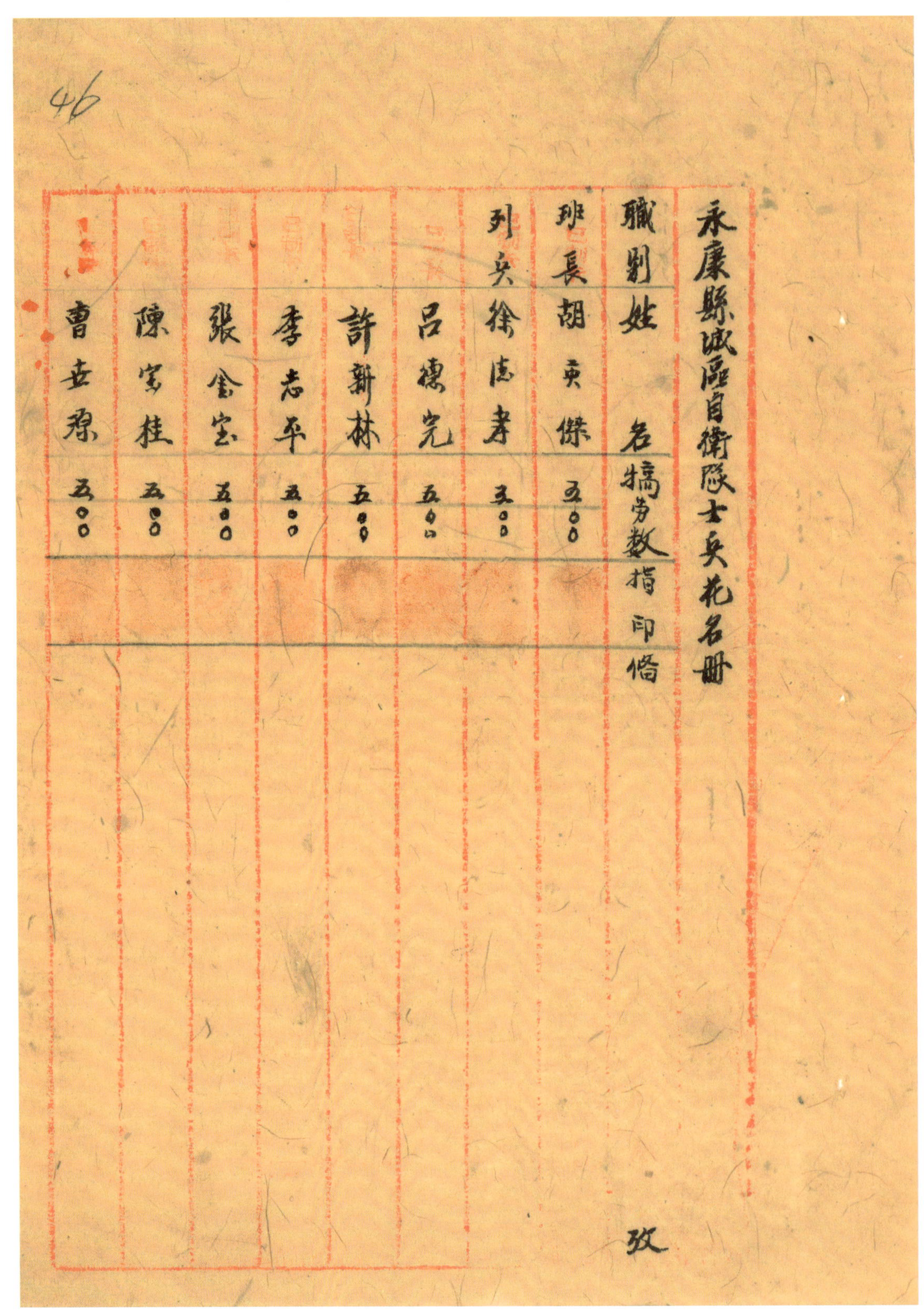
46

永康縣城區自衛隊士兵花名冊

職別	姓名	犒勞数	指印	備攷
班長	胡秉傑	五〇〇		
列兵	徐志孝	五〇〇		
	呂樓完	五〇〇		
	許新林	五〇〇		
	李志平	五〇〇		
	張金宝	五〇〇		
	陳家桂	五〇〇		
	曹岳琛	五〇〇		

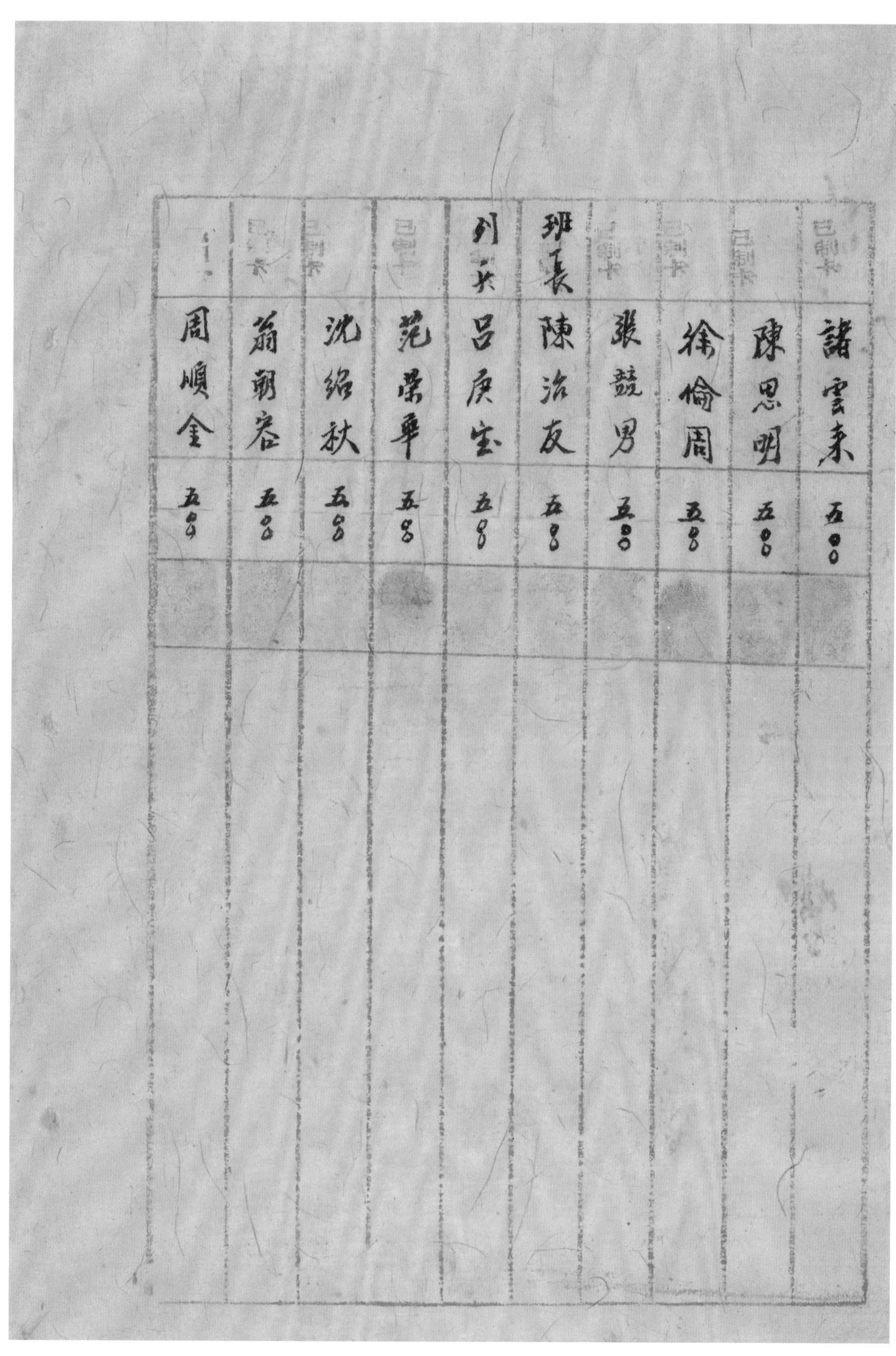

已制卡		諸雲來	五〇
已制卡		陳思明	五〇
已制卡		徐倫周	五〇
已制卡		張兢男	五〇
已制卡	班長	陳治友	五〇
已制卡	列兵	呂庚生	五〇
已制卡		范榮華	五〇
已制卡		沈紹秋	五〇
已制卡		翁朝容	五〇
[illegible]		周順全	五〇

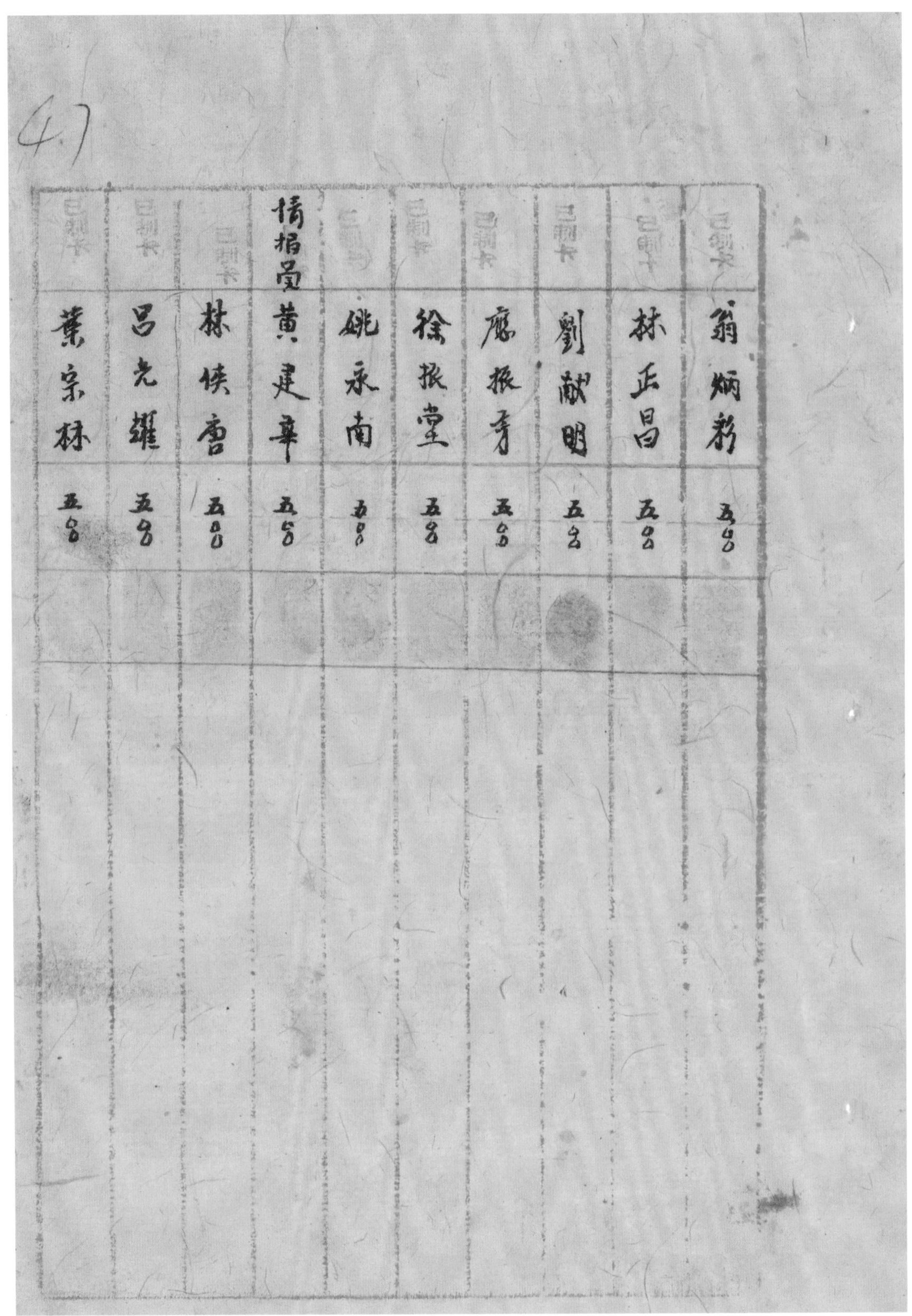

47

已制卡	翁炳彩	五角
已制卡	林正昌	五角
已制卡	劉獻明	五角
已制卡	應振青	五角
已制卡	徐振堂	五角
已制卡	姚永南	五角
倩捐員	黃建章	五角
已制卡	林侯曹	五角
已制卡	呂先耀	五角
已制卡	葉宗林	五角

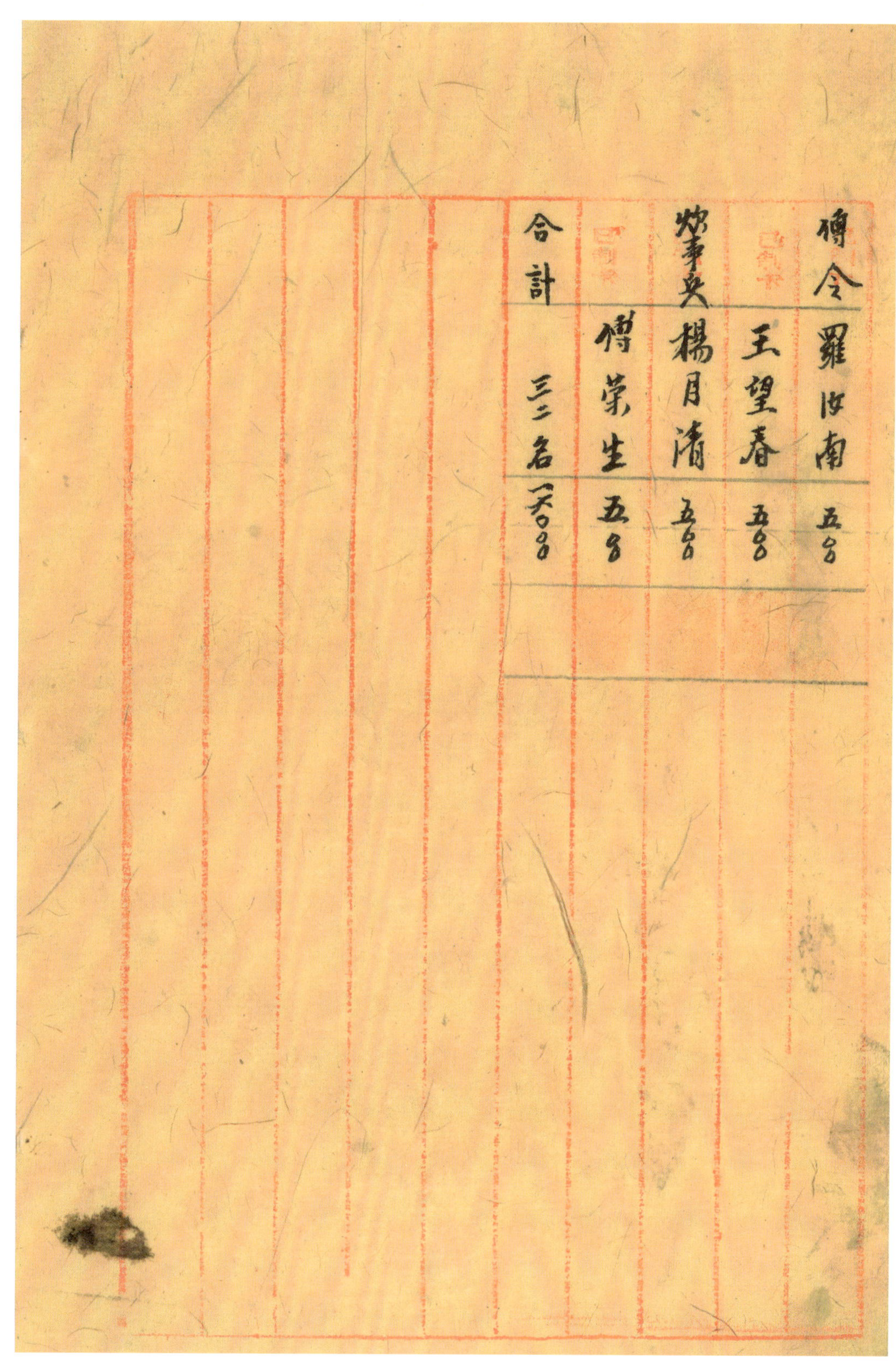

職別	姓名	分數
傳令	羅汝南	五分
	王望春	五分
炊事兵	楊月清	五分
	傅榮生	五分
合計	三二名	一六〇分

今領到

永康縣政府發給城區自衛隊〻士三十二名春節犒勞

費（每名伍元）計共國幣乙百六十元正 此據

具領人城區辦事處兼主任呂錫周

三三·一·

永康县政府城区办事处关于慰劳驻军及垫支慰问款事致永康县政府的呈（一九四四年六月十六日）

永康縣政府城區辦事處 呈

總字第四七三號

中華民國三十三年六月十六日

事由：為呈報遵令慰劳駐軍經過情形檢呈細賬及證明函件祈迅賜發還墊欵由

奉

鈞座本月十一日手諭飭代辦猪肉酒毛鷄鴨蛋等物以永康各界名義慰劳駐軍欵併代墊等因奉經籌借欵項代辦齊全併遵照指示數量於本月十二日分别派員致送溪坦陳團長古山後送至四路口汪營長收弃致慰劳之忱計共用費二萬五千三百八十六元理合抄同細賬暨陳團回單桐源鄉鄉長方鐵唐經手証函各一件備文呈報仰祈

鑒核其墊支國幣二萬五千三百八十六元弃懇迅賜發還歸墊實為公便謹呈

永康縣縣長劉

附呈送慰劳陳團汪營用費細賬一份（附據四紙）陳團回證及桐源鄉長證明函各一件

永康縣政府城區辦事處主任呂錫周

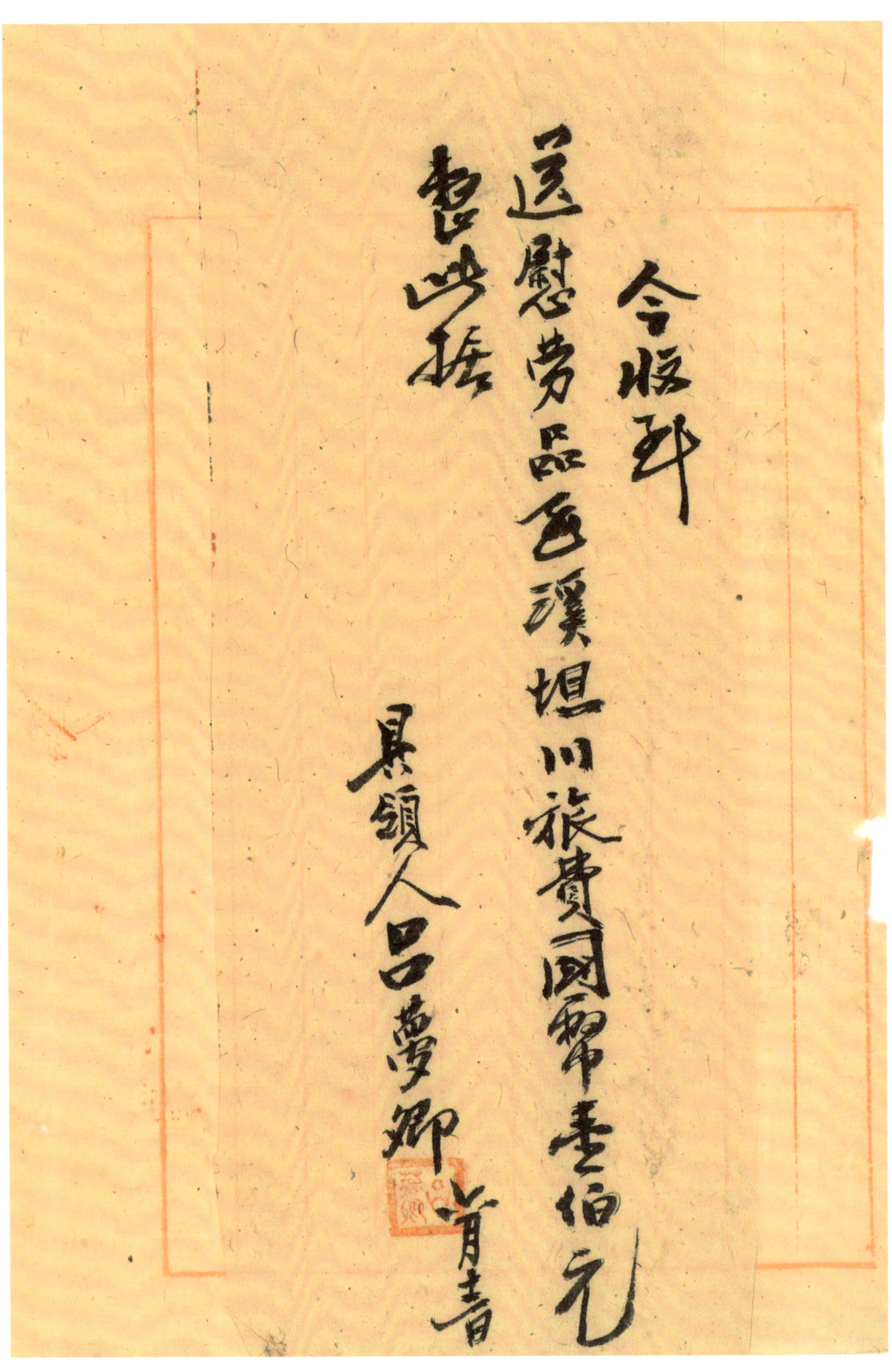

今收到
送慰勞品至溪坦川旅費國幣壹佰元
書此據
具領人吕夢卿
七月十三日

附一：吕梦卿川资收条

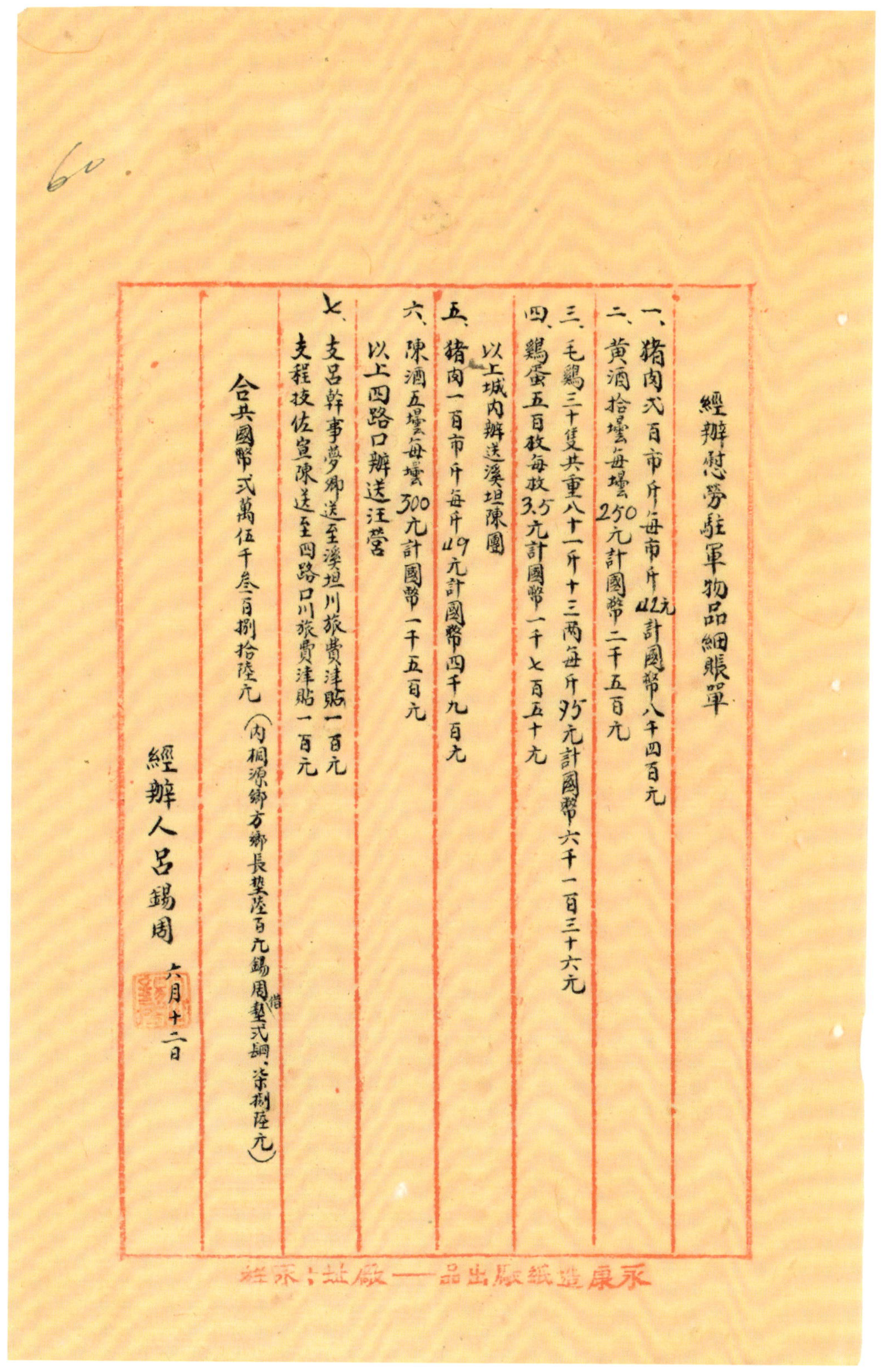

60.

經辦慰勞駐軍物品細賬單

一、猪肉弍百市斤每市斤42元計國幣八千四百元

二、黄酒拾壜每壜250元計國幣二千五百元

三、毛鷄三十隻共重八十一斤十三兩每斤75元計國幣六千一百三十六元

四、鷄蛋五百枚每枚3.5元計國幣一千七百五十元

以上城内辦送溪坦陳團

五、猪肉一百市斤每斤49元計國幣四千九百元

六、陳酒五壜每壜300元計國幣一千五百元

以上四路口辦送汪營

七、支呂幹事夢卿送至溪坦川旅貴津貼一百元

支程技佐宣陳送至四路口川旅貴津貼一百元

合共國幣弍萬伍千叁百捌拾陸元（内桐源鄉方鄉長墊陸百元錫周借墊弍[illegible]、柒捌陸元）

經辦人呂錫周 六月十二日

永康造紙廠出品——廠址：永祥

附三：陆军新编第二十一师步兵第六十二团收条

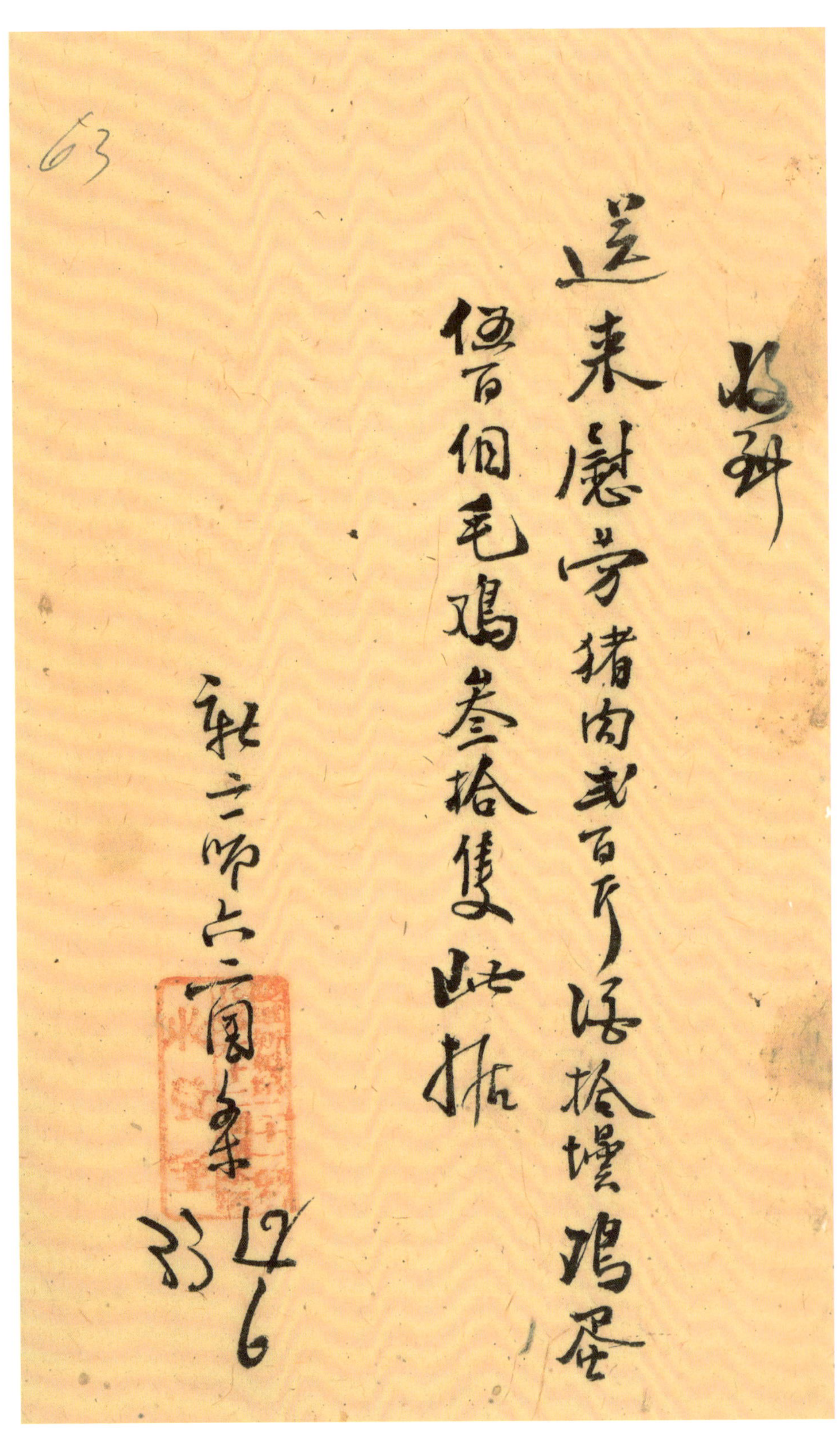

收到
送来慰劳猪肉贰百斤酒拾壜鸡蛋
伍百个毛鸡叁拾只此据

新二一师六二团

永康县政府关于将所摊派劳军款即交城区办事处核收事致各区署的训令（一九四四年七月十八日）

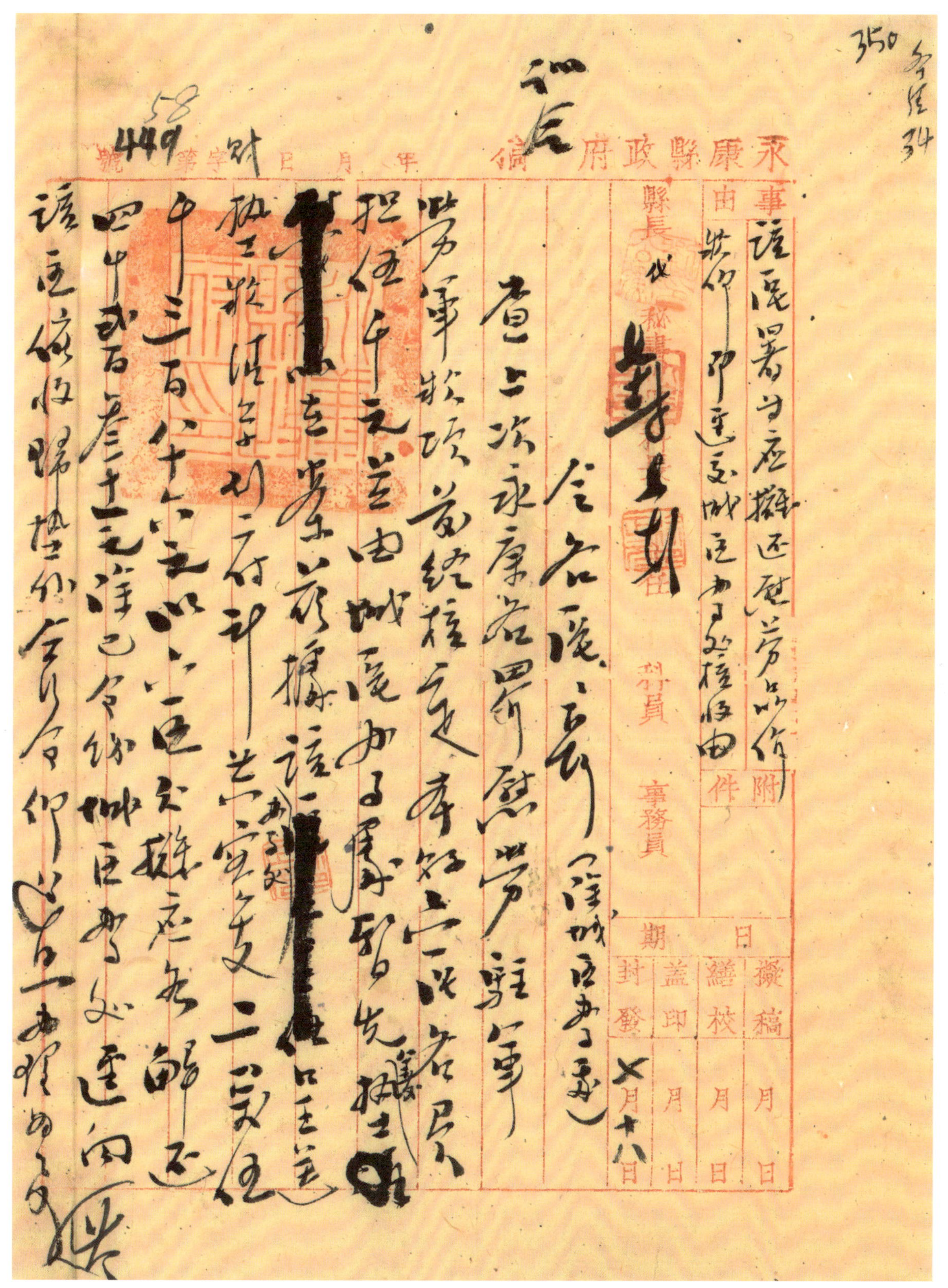

永康縣政府稿　年　月　日　字第　號

事由

附件

縣長

秘書

科員

事務員

日期			
擬稿	繕校	蓋印	封發
月　日	月　日	月　日	七月十八日

永康县慰劳抗战将士委员会成立及相关事项（一九四四年四月十四日至一九四四年五月二十六日）

永康县慰劳抗战将士委员会成立会暨第一次委员会的会议记录（一九四四年四月十四日）

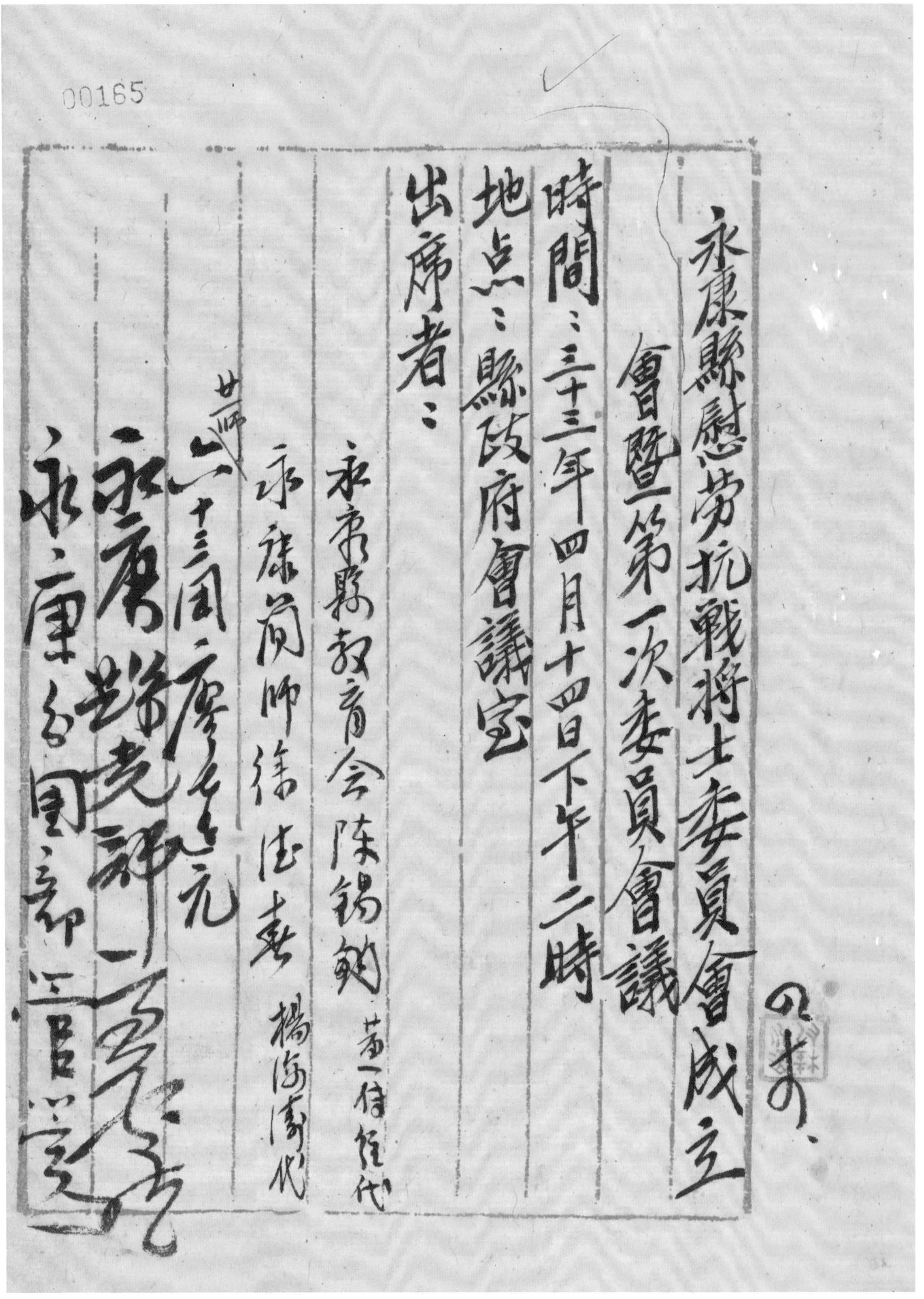
00165

永康縣慰勞抗戰將士委員會成立
會暨第一次委員會議

時間：三十三年四月十四日下午十二時
地點：縣政府會議室
出席者：
永康縣教育会 陳錫鈞 黄一侍代
永康簡師 徐德 楊海濤代
[illegible]

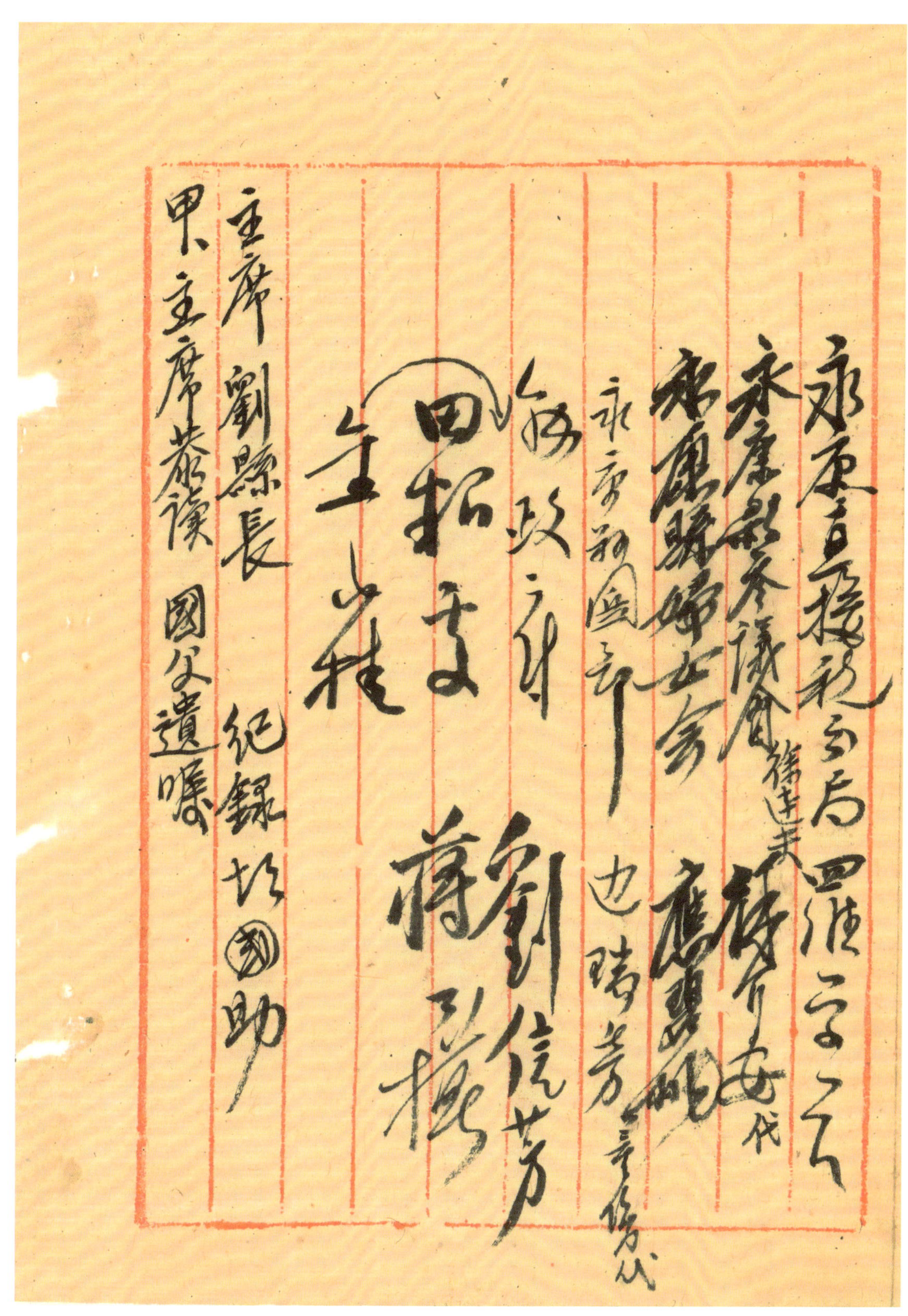

永康直接税分局 罗维[illegible]

永康县参议会 徐达夫 徐竹安代

永康县妇女会 应冀屺

永康新闻社 边瑞芳 章伯方代

合作社 刘信芳

田粮处 蒋纪樵

卫生院

主席 刘县长 纪录 [illegible]（印）助

甲、主席恭读 国父遗嘱

乙、主席報告（略）

丙、報告事項

一、奉省政府電發本省市縣慰勞抗戰將士委員会組織通則請查照

二、奉省執委会政府電發浙江省籌募卅三年度慰勞準備金辦法請查照

三、本縣卅年春節勞軍欠繳勞軍鞋業由財政所扣繳代金四萬元應即歸墊情形

丁、討論事項

（一）請推定本会会長一人副会長三人案

王請縣党部、青年团調用幹事，指名區會

决议：推請劉縣長为会长，徐议长、高书记長、段幹事長为副会長

（二）請規定本会内部組織及人選案

决议：設總幹事一人（指定），二組組各設組長一人，推請社会科金科長为總幹事，縣党部高秘書長为第一組組長，青年团吴書記宗淦为第二組組長，每組各設幹事二人，由縣政府社会科調用二人，縣党部、青年团各調用一人

（三）本会事紀準备金八萬元应如何筹募案

决议：依照下列数分配各区，以繳納田賦戰時利得

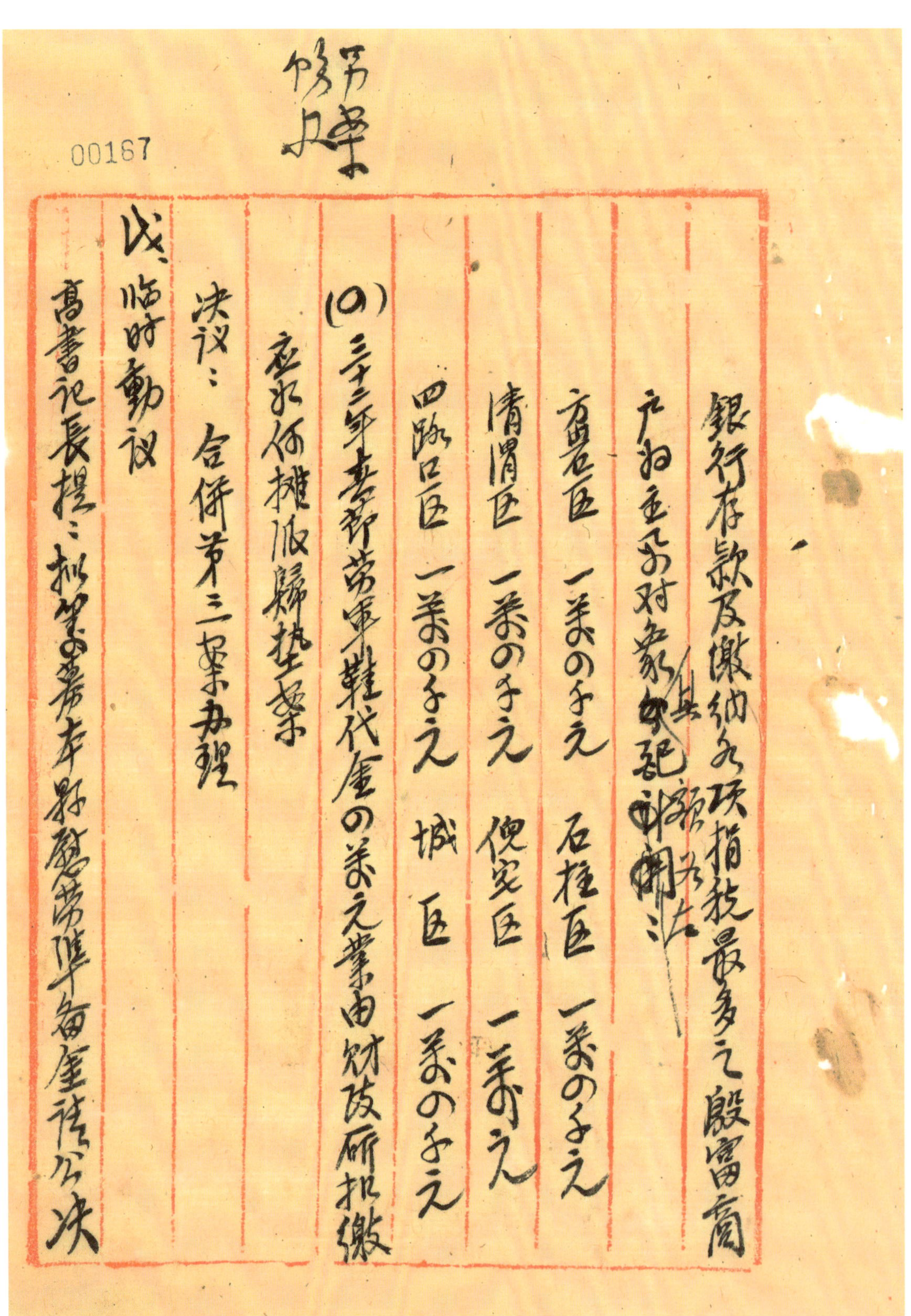

銀行存款及繳納戶口捐最多之殷富商
户为主要对象，其分配办法

古山区　一万元　石柱区　一万元
清渭区　一万元　倪宅区　一万元
四路口区　一万元　城　区　一万元

（四）三十三年春节劳军鞋代金四万元业由财政所拟徼
应如何摊派归垫案

决议：合并第十三案办理

戊、临时动议
高书记长提：拟举办慈劳准备金请公决

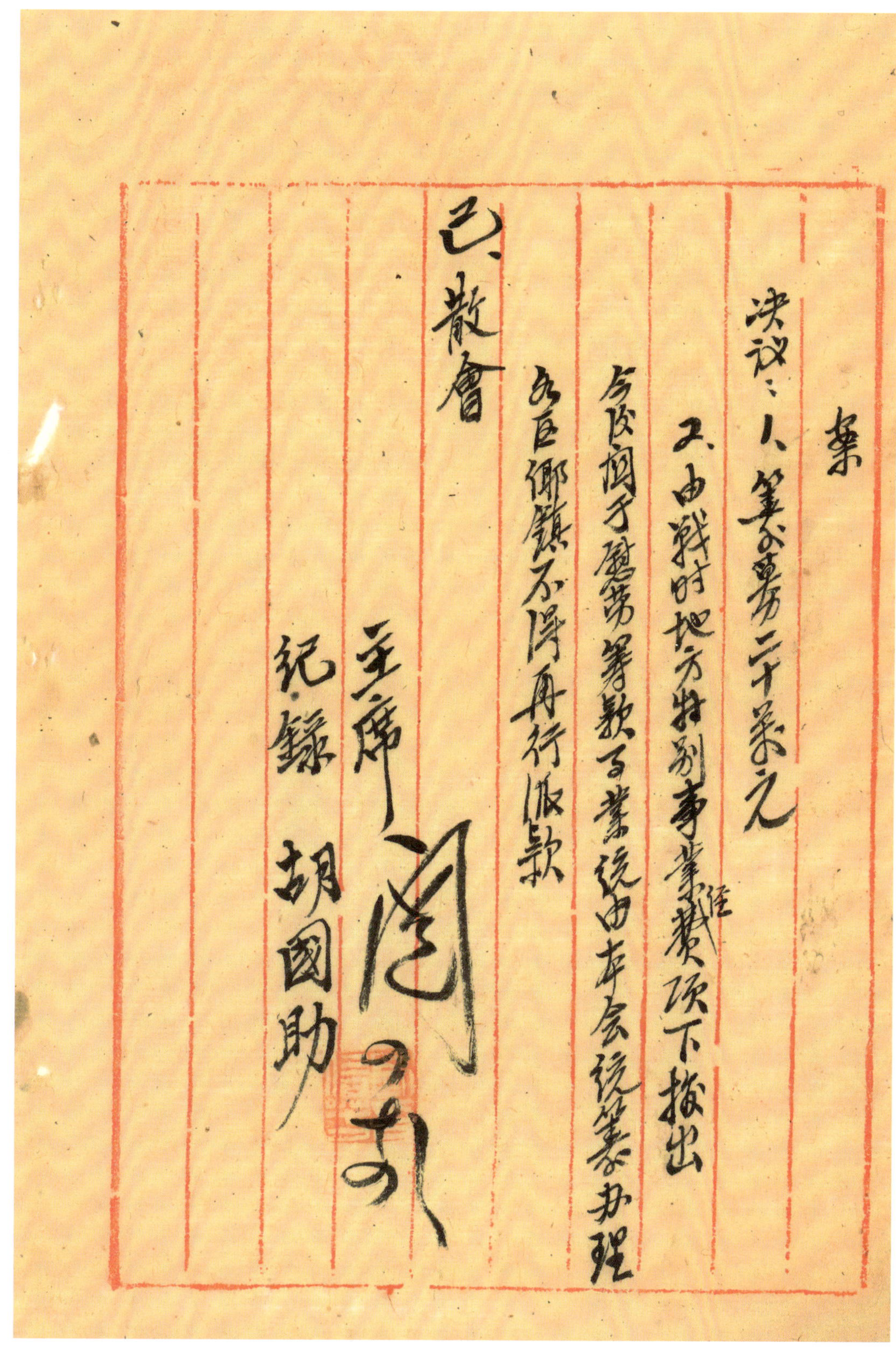

案

决议：人、筹募二千萬元

又、由战时地方特别事业經費項下拨出

各区烟子慰劳筹款事業統由本会統筹办理

各区鄉鎮不得再行派款

己、散會

主席 [illegible]

紀錄 胡國助

浙江省第四区行政督察专员兼保安司令公署关于收到所报送慰劳抗战将士委员会会议记录等事致永康县政府的指令（一九四四年四月二十八日）

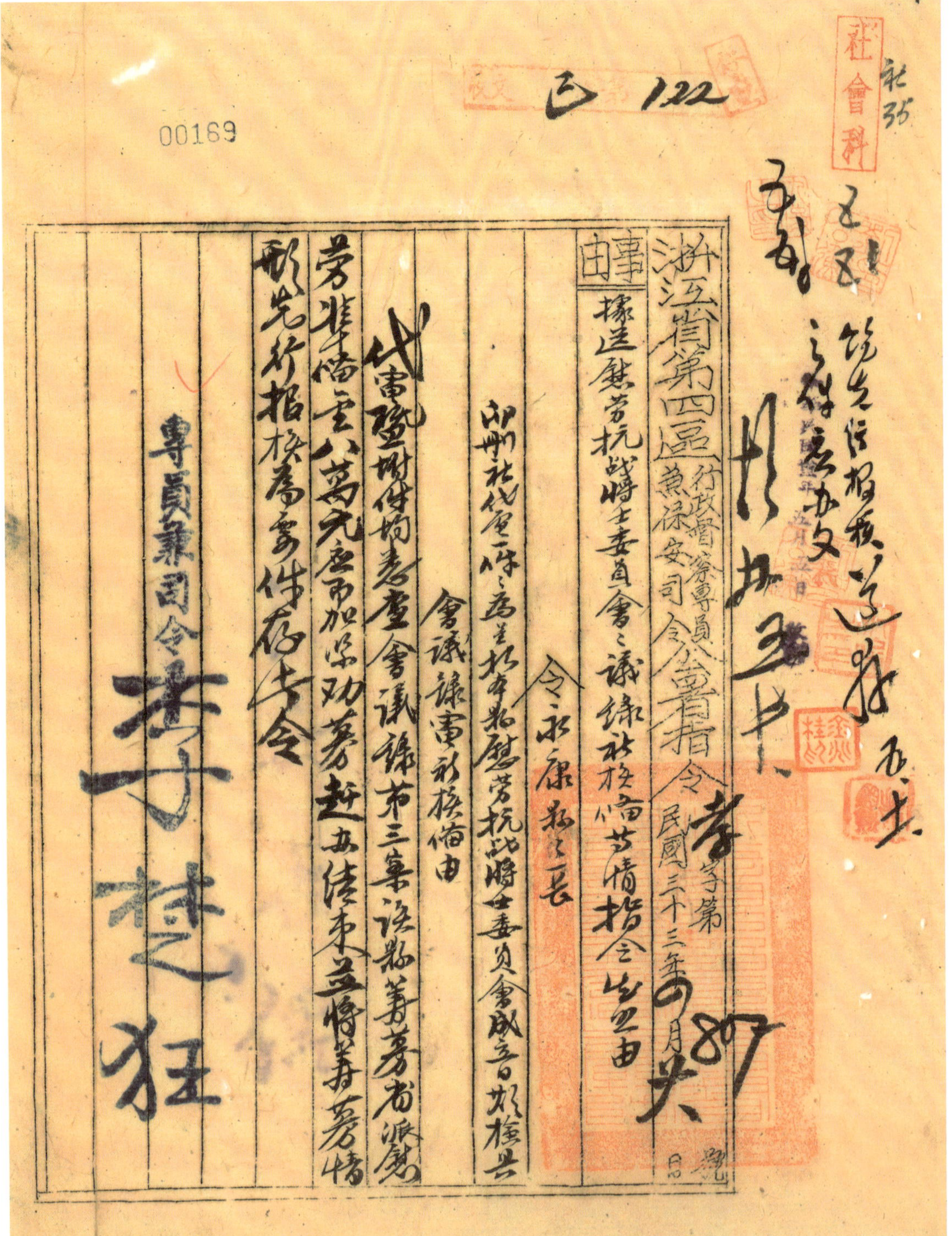

浙江省第四區行政督察專員兼保安司令公署指令 民國三十三年四月廿八日 李字第807號

事由：據送慰勞抗戰將士委員會會議錄祈核備等情指令遵由

令永康縣縣長

卯刪社代電一件為呈報本縣慰勞抗戰將士委員會成立檢呈會議錄祈核備由

代電暨附件均悉。查會議錄第三案該縣籌募者派慰勞費八萬元應即加緊勸募趕速結束並將籌募情形先行報核為要。件存。此令。

專員兼司令 李楚狂

永康县政府关于报送慰劳抗战将士委员会组织概况报告表致浙江省政府社会处的呈（一九四四年四月二十八日）

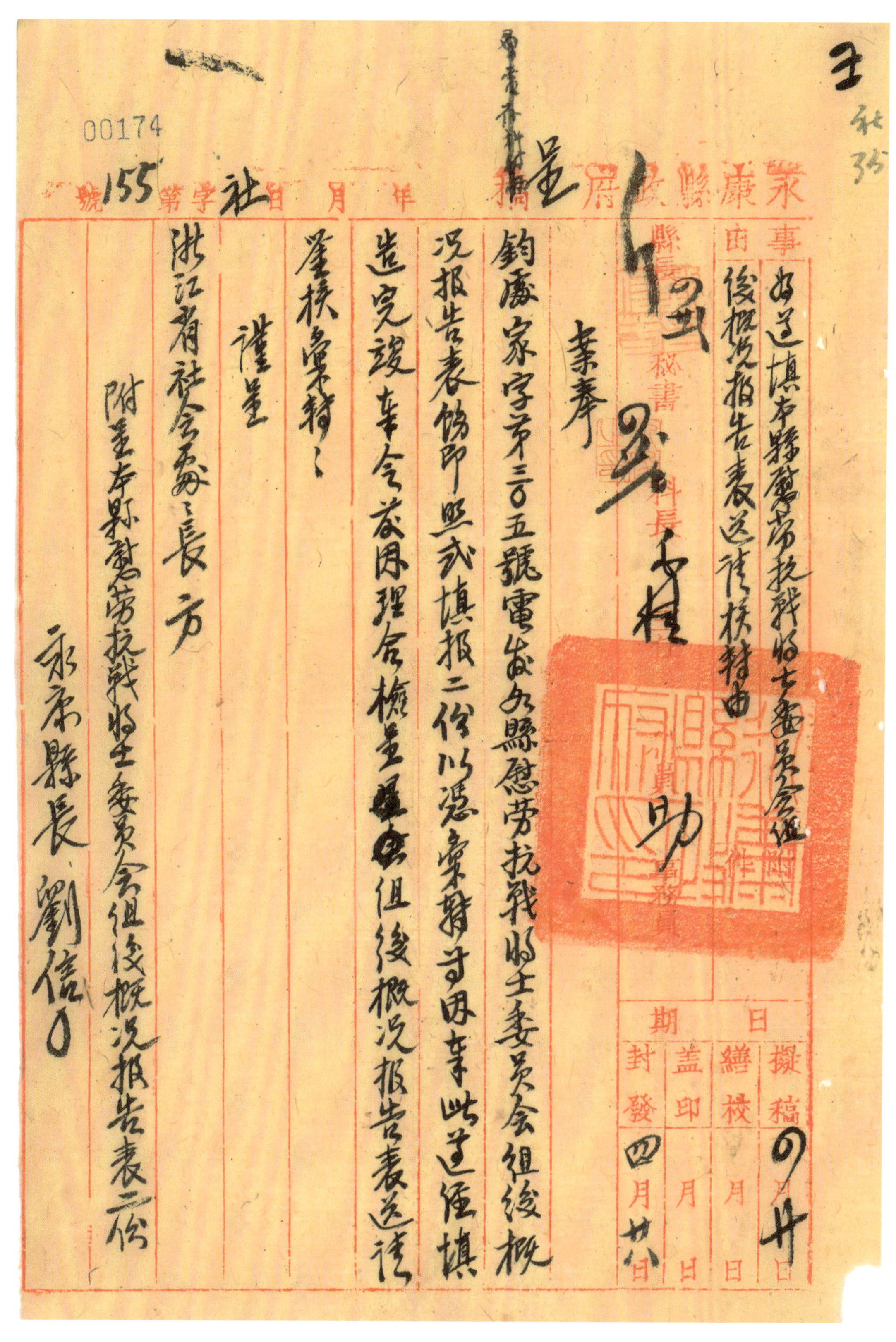

永康縣政府稿 呈 社字第155號

事由：為送填本縣慰劳抗戰將士委员会組織後概况報告表送請核轉由

案奉

鈞處家字第三〇五號電飭各縣慰劳抗戰將士委員会組織後概况報告表飭即照式填報二份以憑彙轉等因奉此遵經填造完竣[illegible]組織後概况報告表送請

鑒核彙轉

謹呈

浙江省社会處處長方

附呈本縣慰劳抗戰將士委員会組織後概况報告表二份

永康縣長 劉信

擬稿 四月廿日　封發 四月廿八日

附：浙江省永康县慰劳抗战将士委员会组织概况报告表

浙江省永康縣慰劳抗戰將士委員会組織概况报告表

名　称	永康縣慰劳抗戰將士委員会	成立日期	三十三年四月十四日
地　址	方岩 永康縣政府	備案日期	三十三年四月十五日
成立經过	本会爰以縣参会未经成立乃延至四月十四日始行召開成立会暨第一次委員会议到各机関（团体）首長及代表十一人即日組織完成并討論決议案五起		

負責人員	職別	姓　名	代表機関团体及其所任職務
	会長	劉信芳	縣政府縣長
	副会長	高宗龍	縣党部書記長
		徐達夫	縣参议会参议長
		官　霓	三民主义青年团永康分团幹事長
	委員	蔣公模	永康田賦粮食管理处副处長
		羅学良	永康直接税局局長
		邊瑞芳	永康縣國民兵团副团長
		廖達元	國軍二十一師六三团政治指導室指導員
		周献禄	縣商会理事長
		李昌起	縣總工会理事長
		陈錫鈞	縣教育会理事長
		孔鳳研	縣婦女会书記
		胡有禎	縣農会书記
		徐世春	永康縣立簡易師範学校校長
	總幹事	金兆桂	縣政府社会科長
	第一組長	高　穎	縣党部秘书
	第二組長	黃宗隆	三民主义青年团永康分团部书記
	幹事	胡國助	永康縣政府社会科指導員
		王献芳	永康縣政府社会科科員

工作計劃	本会本年筹募慰劳金八万元之譜由第一次委員会议确定分配各区（表由区署）以（轉）办法第五条之对象分别行分配并限五月十五日前缴解清楚
經费及事項	略
備　考	

填報機関長官　劉信○　　　　33年4月　　日

浙江省政府社会处关于核备所填报慰劳抗战将士委员会组织概况报告表致永康县政府的指令
（一九四四年五月二十六日）

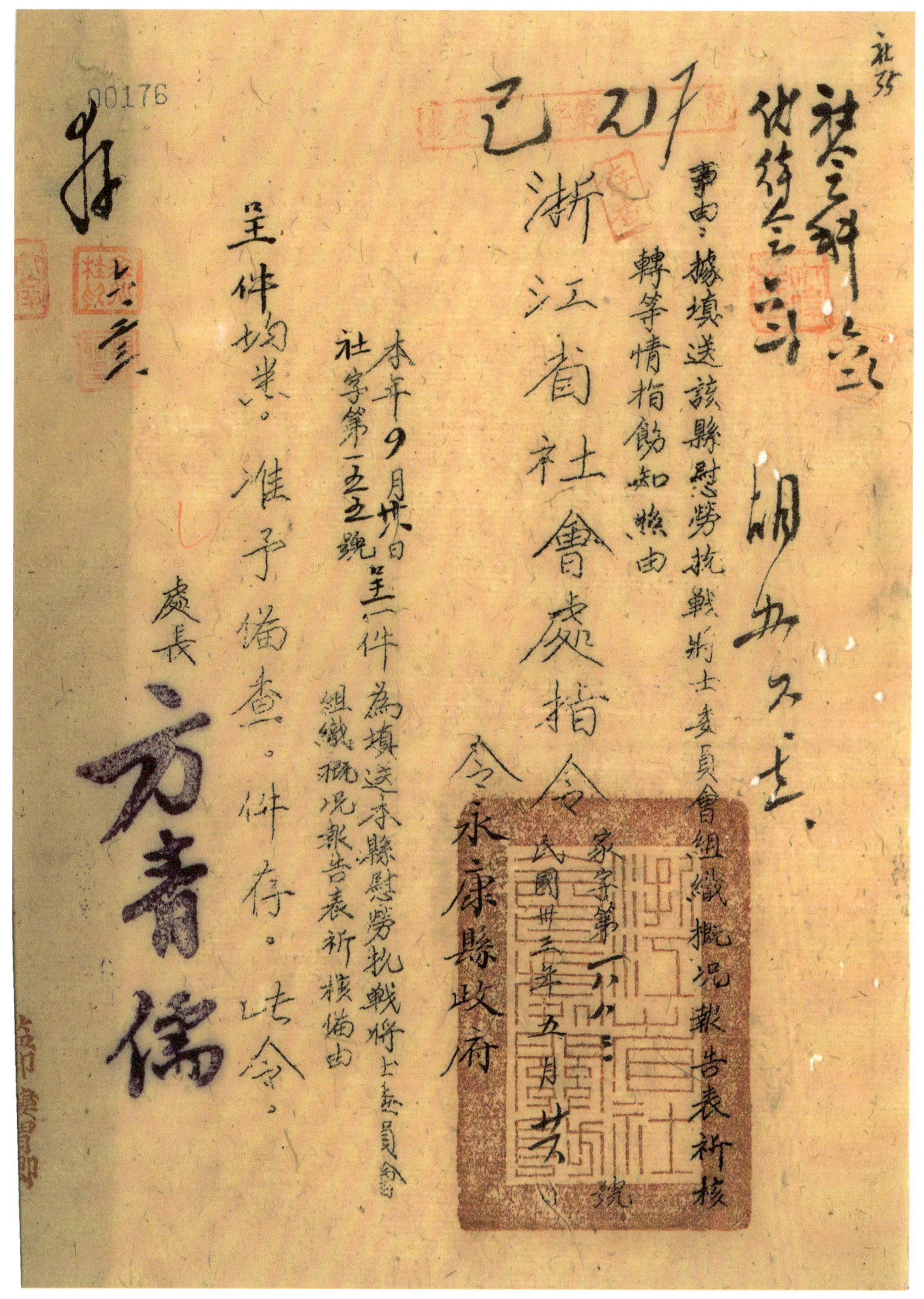

00176

事由：據填送該縣慰勞抗戰將士委員會組織概況報告表祈核轉等情指飭知照由

浙江省社會處指令　社字第一八八三號　民國卅三年五月廿六日

令永康縣政府

本年9月廿日社字第一五五號呈一件為填送本縣慰勞抗戰將士委員會組織概況報告表祈核備由

呈件均悉。准予備查。件存。此令。

處長　方青儒

永康县政府与各区署等关于筹募民国三十三年慰劳准备金和「一县一机」捐款的来往文书
（一九四四年四月二十一日至一九四四年十一月二十六日）

永康县政府关于筹募民国三十三年慰劳准备金事致各区署的训令（一九四四年四月二十一日）

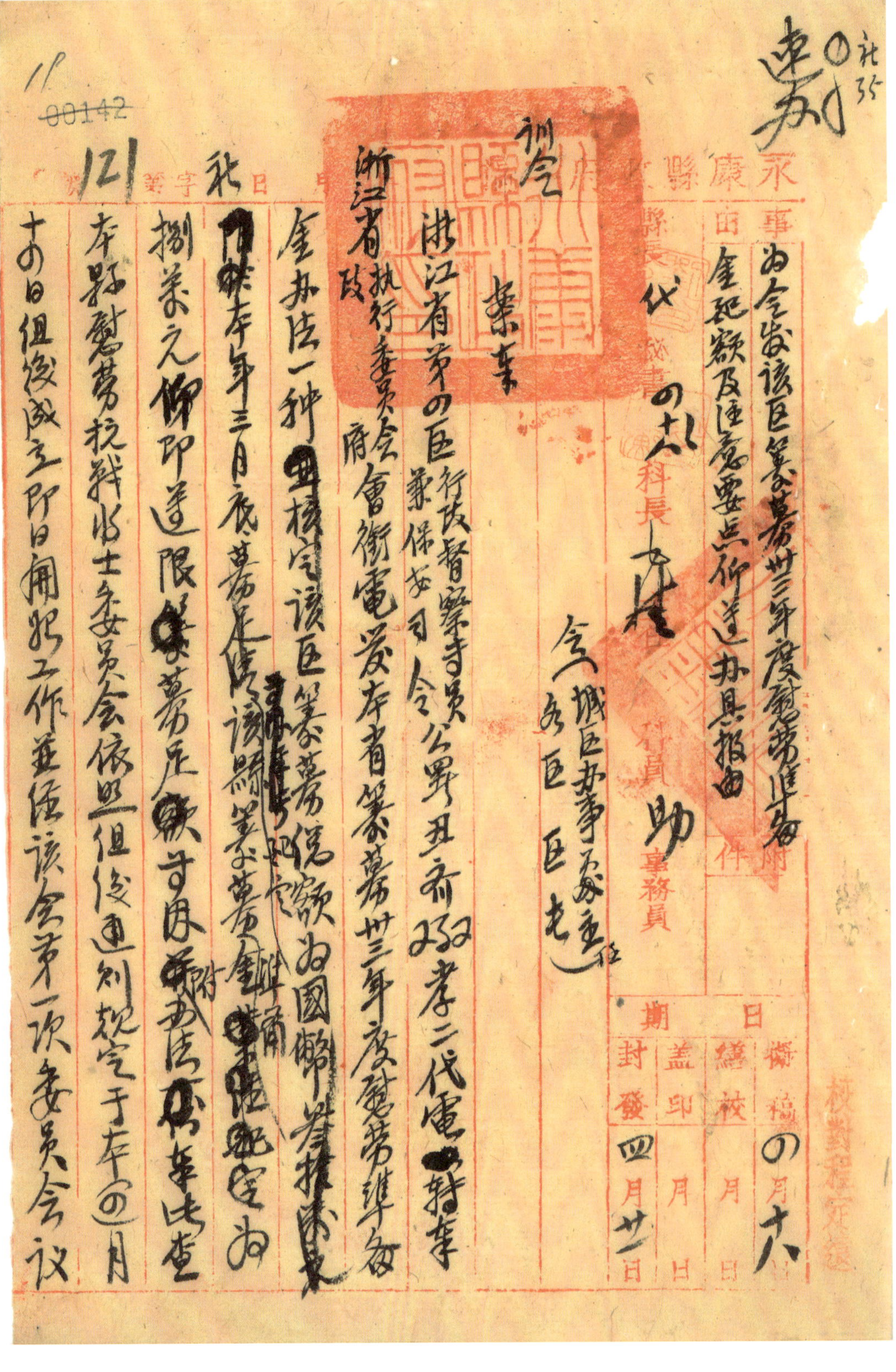

20

00143

永康縣政府稿　　年　月　日　字第　號

事由	
縣長	
秘書	
科長	
主任	
事務員	

日期	
擬稿	月　日
繕校	月　日
蓋印	月　日
封發	月　日

決該區應派籌募款額　　　元，并請紀錄在卷，特訂定辦
理注意要点四項：（一）文到三日内該區長（主任）應召集鄉鎮長會議
將上項募款以徵納田賦時利用民行存款及鄉內各項捐税最
多之殷富商户為主要对象，妥慎分配派額，務求公平合理，
責由能力勝任者負担之。（二）分配後一面即將受配殷富商户姓
名、金額、鄉保別、住址分別列册报府核备，以憑制發收據，一面
通知各殷富商户遵照繳。（三）所有募款統由該區負責徵解，
並限五月十五日前繳清。（四）個人捐献一萬元以上、團体捐献二萬
元以上，或協助籌募工作特具勞績者，得由該區轉报本府

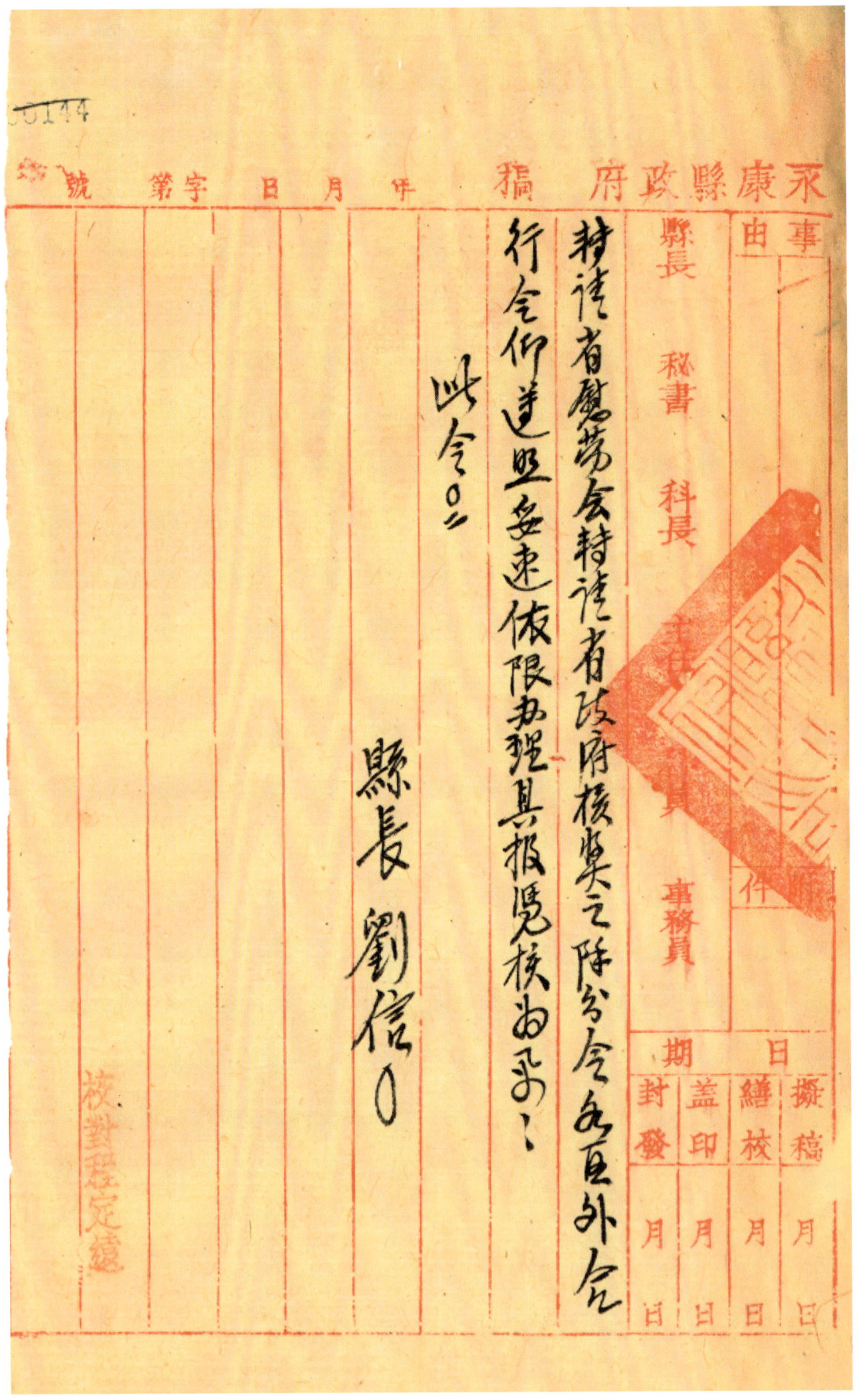

00144

永康縣政府稿　年　月　日　字第　號

事由

附件

縣長　秘書　科長　主任　科員　事務員

轉請省慰勞會轉請省政府核獎之除分令各區外合
行令仰遵照妥速依限辦理具報憑核為要
此令
縣長　劉信

日期
擬稿　月　日
繕校　月　日
蓋印　月　日
封發　月　日

校對程定遠

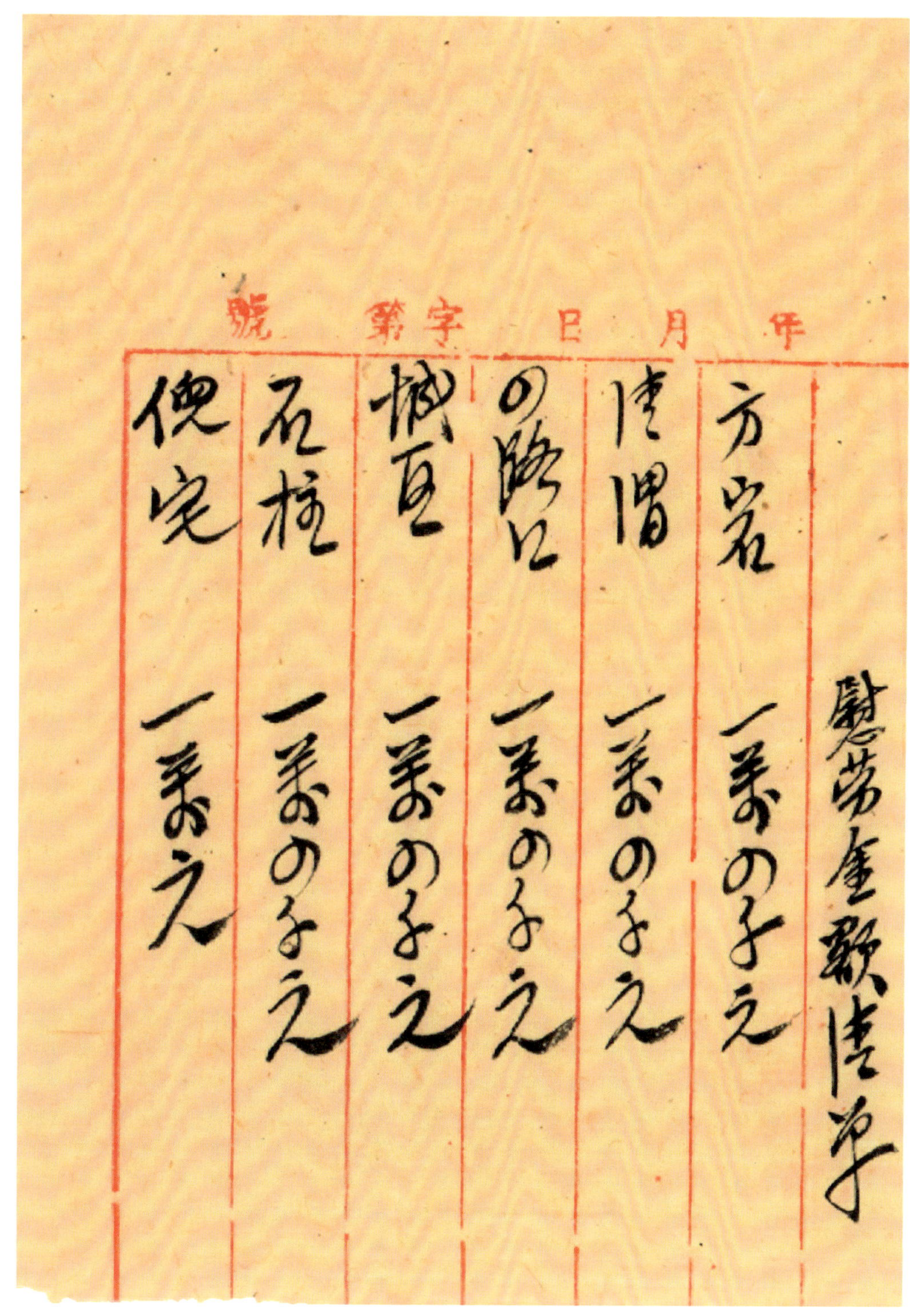

年　月　日　字第　號

慰勞金數清單

方岩	一萬四千元
清渭	一萬四千元
四路口	一萬四千元
城區	一萬四千元
石柱	一萬四千元
倪宅	一萬元

国民党浙江省执行委员会、浙江省政府关于催缴慰劳准备金事致永康县政府的代电

（一九四四年五月十二日）

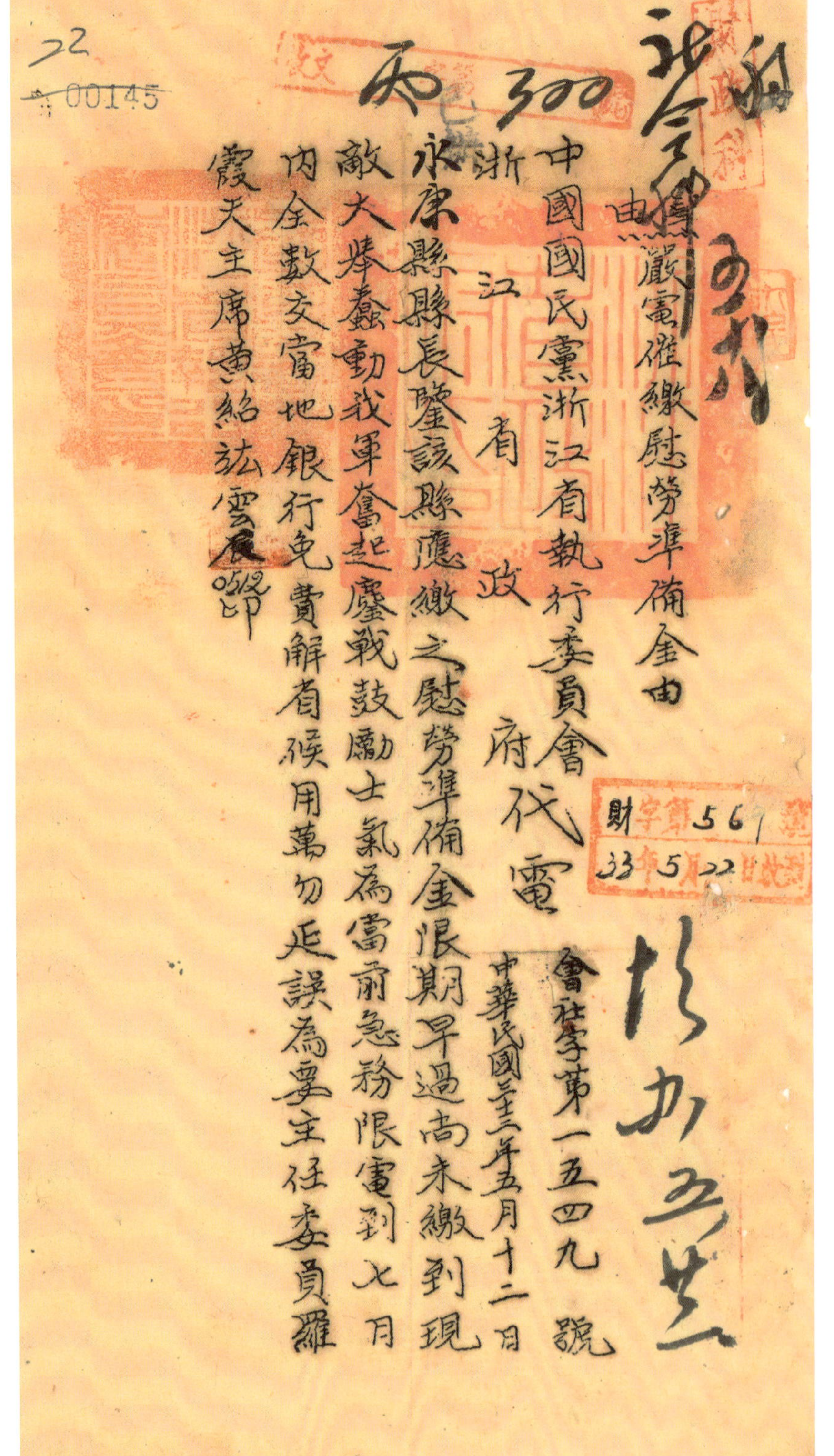

由：為嚴電催繳慰勞準備金由

中國國民黨浙江省執行委員會
浙江省政府 代電
會社字第一五四九號
中華民國三十三年五月十二日

永康縣縣長鑒：該縣應繳之慰勞準備金限期早過，尚未繳到，現
敵大肆蠢動，我軍奮起鏖戰，鼓勵士氣，爲當前急務，限電到七月
內全數交當地銀行免費解省候用，萬勿延誤爲要。主任委員羅
霞天、主席黃紹竑雲辰0512印

財字第561號
33年5月22日收到

永康县政府关于催缴慰劳准备金事致各区署的代电（一九四四年五月二十三日）

永康縣政府代電　社字第185號

事由：為電催報解慰勞準備金由

擬稿：五月廿二日

代電

各區區長（主任）覽：急。案奉

浙江省政府、中國國民黨浙江省執行委員會本年五月十三日社字第一五四九號代電開：「該縣應繳之慰勞準備金限期早過，尚未繳到。現敵大舉蠢動，我軍奮起鏖戰，鼓勵士氣，為當前急務。限電到七日內全數交當地銀行負責解省，候用。毋再延誤為要。」等因。奉查本案前經本府以社字第一二二一號訓令飭該區籌募款額依限報解在案。茲奉前因，合亟電仰即日收起報憑轉解，勿延為要。

縣長劉信〇辰〔　〕社印

永康县政府城区办事处关于缴送崇道乡民国三十三年度慰劳准备金致永康县政府的呈（一九四四年五月二十五日）

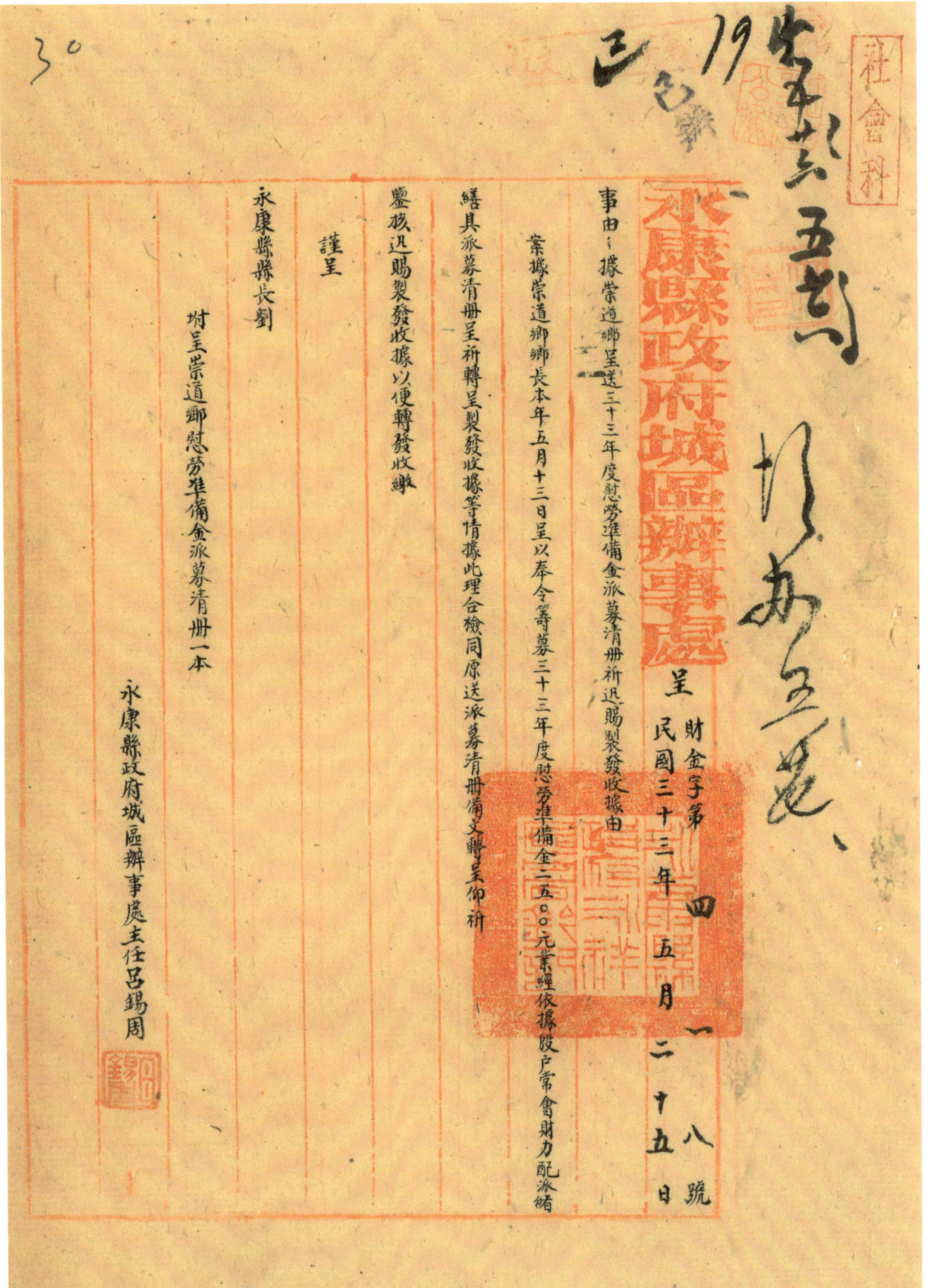
永康縣政府城區辦事處呈 財金字第四一八號
民國三十三年五月二十五日
事由：據崇道鄉呈送三十三年度慰劳準備金派募清册祈迅賜製發收據由
案據崇道鄉鄉長本年五月十三日呈以奉令籌募三十三年度慰劳準備金二五〇〇元業經依據殷戶常會財力配派繕具派募清册呈祈轉呈製發收據等情據此理合檢同原送派募清册備文轉呈仰祈
鑒核迅賜製發收據以便轉發收繳
謹呈
永康縣縣長劉
附呈崇道鄉慰劳準備金派募清册一本
永康縣政府城區辦事處主任呂錫周

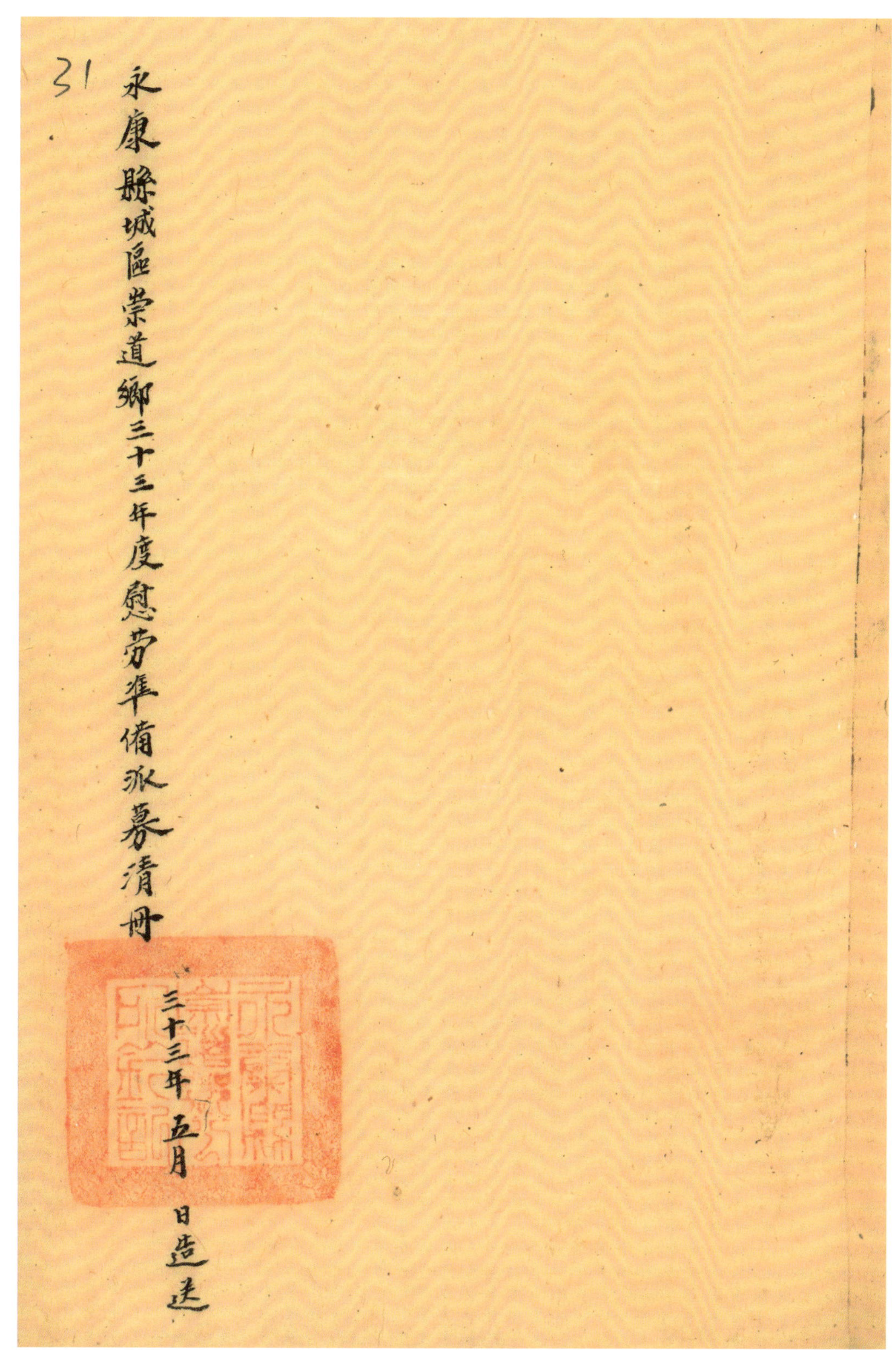
31
永康縣城區崇道鄉三十三年度慰劳準備派募清册
三十三年 五月 日造送

32

永康縣城尾崇道鄉三十三年度慰劳準備金派募清册

姓名	数額	保别	住址	備攷
董大常	三〇	一	白垤裡	
董松常	三〇	一	〃	
周圖川常	三〇	一	〃	
徐八十二公常	一〇〇	二	溪心	
徐仁礼常	一〇〇	二	〃	
葉倫珊	三〇	二	田畈中央	
葉金中	三〇	二	〃	
周四和常	一五〇	三	大園	

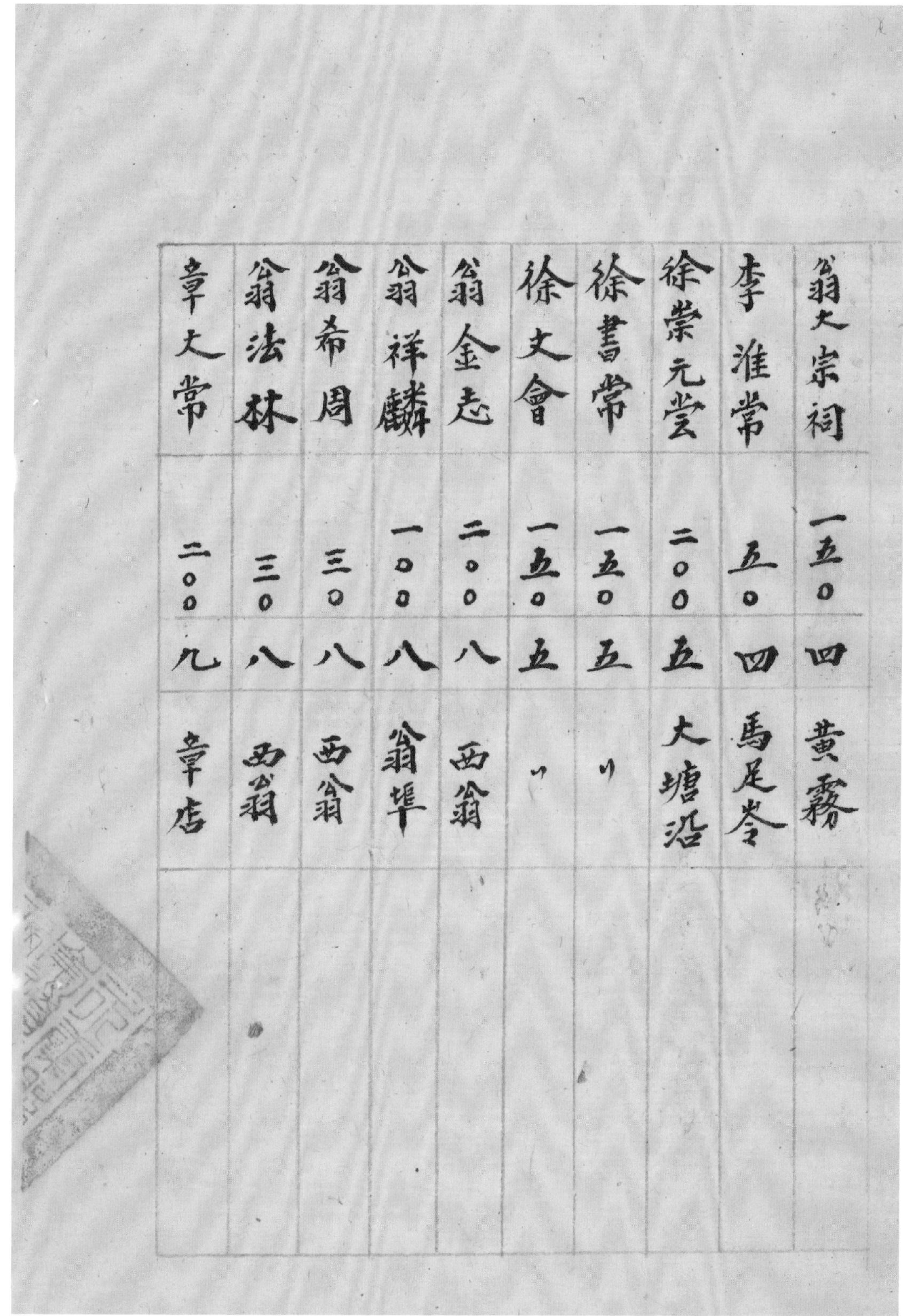

翁大宗祠	一五〇	四	黄霧
李淮常	五〇	四	馬足岺
徐崇元堂	二〇〇	五	大塘沿
徐書常	一五〇	五	〃
徐文會	一五〇	五	〃
翁金志	二〇〇	八	西翁
翁祥麟	一〇〇	八	翁墠
翁希周	三〇	八	西翁
翁法林	三〇	八	西翁
章文常	二〇〇	九	章店

33

章振明	一〇〇	九	章店
章覺氏	一〇〇	九、	〃
梅松林等	一〇〇	十	排塘
徐德勝	二〇〇	十二	双錦
沈明新	四〇	十二	沈宅
徐文沂	三〇	十二	双錦
朱大常	一〇〇	十三	下園朱
朱秋富内	三〇	十三	〃
吕慶猷	三〇	十三	黄坭店
吕道水	三〇	十三	〃

合计 二五二○

永康县政府关于筹募慰劳准备金情形事致浙江省第四区行政督察专员兼保安司令公署的代电（一九四四年六月二十七日）

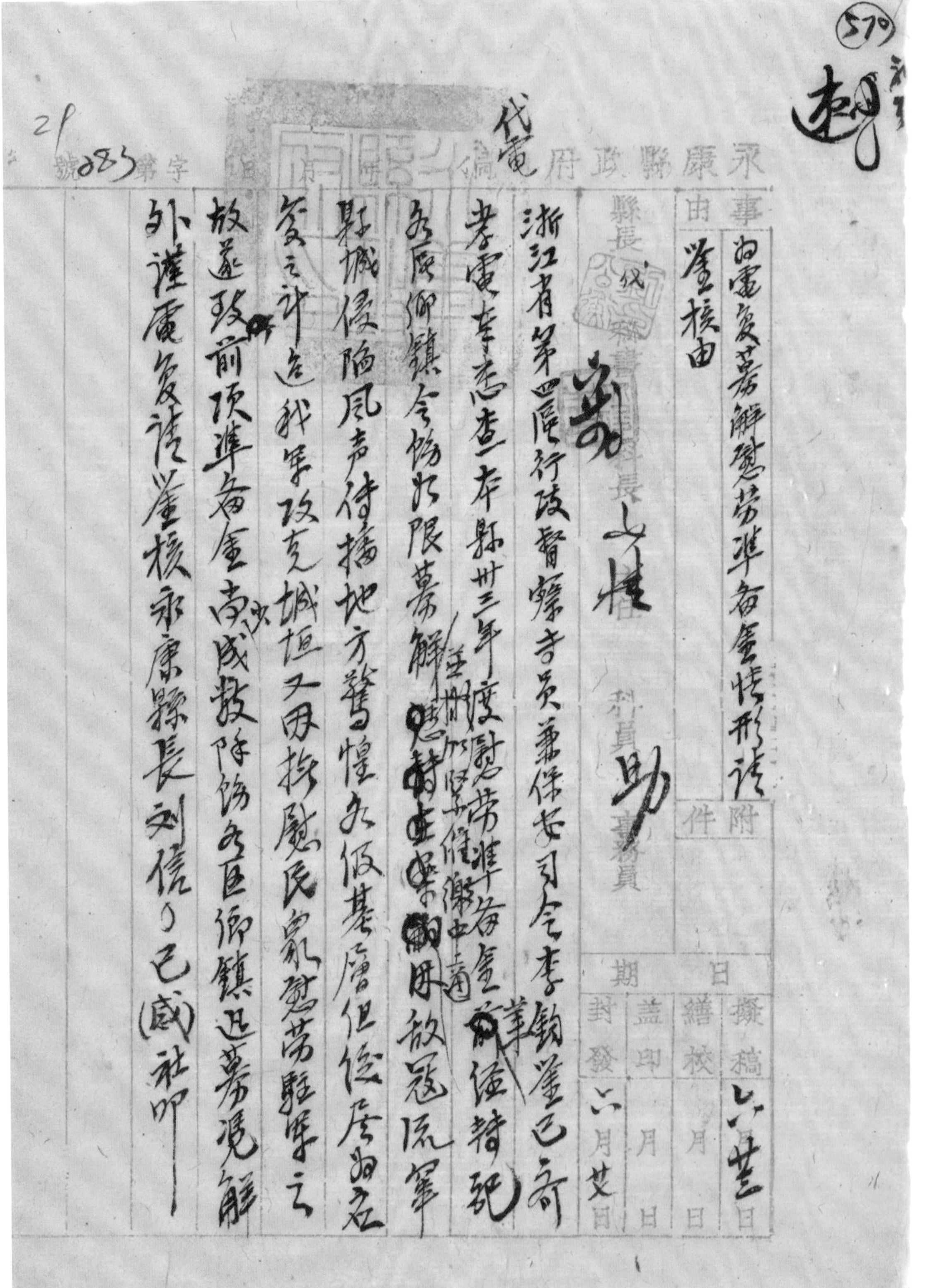

永康縣政府代電稿　字第283號

事由：為電復募解慰勞準備金情形請鑒核由

縣長 劉　秘書　科長　科員　事務員

浙江省第四區行政督察專員兼保安司令李鈞鑒：巳奇參電奉悉。查本縣卅三年度慰勞準備金前經轉飭各區鄉鎮令飭於限募解，並加緊催繳中，適敵寇流竄縣城侵陷，風聲所播，地方驚惶，各級基層組織停頓，居為在案之計，迨我軍攻克城垣，又因犒慰民眾、慰勞駐軍之故，遂致前項準備金尚欠成數，除飭各區鄉鎮迅募覓解外，謹電復，請鑒核。永康縣長劉信〇巳感社印

擬稿 六月廿三日　繕校 月 日　蓋印 月 日　封發 六月廿七日

永康县政府关于要求足额克募慰劳准备金事致各区署各乡镇公所的代电（一九四四年七月十二日）

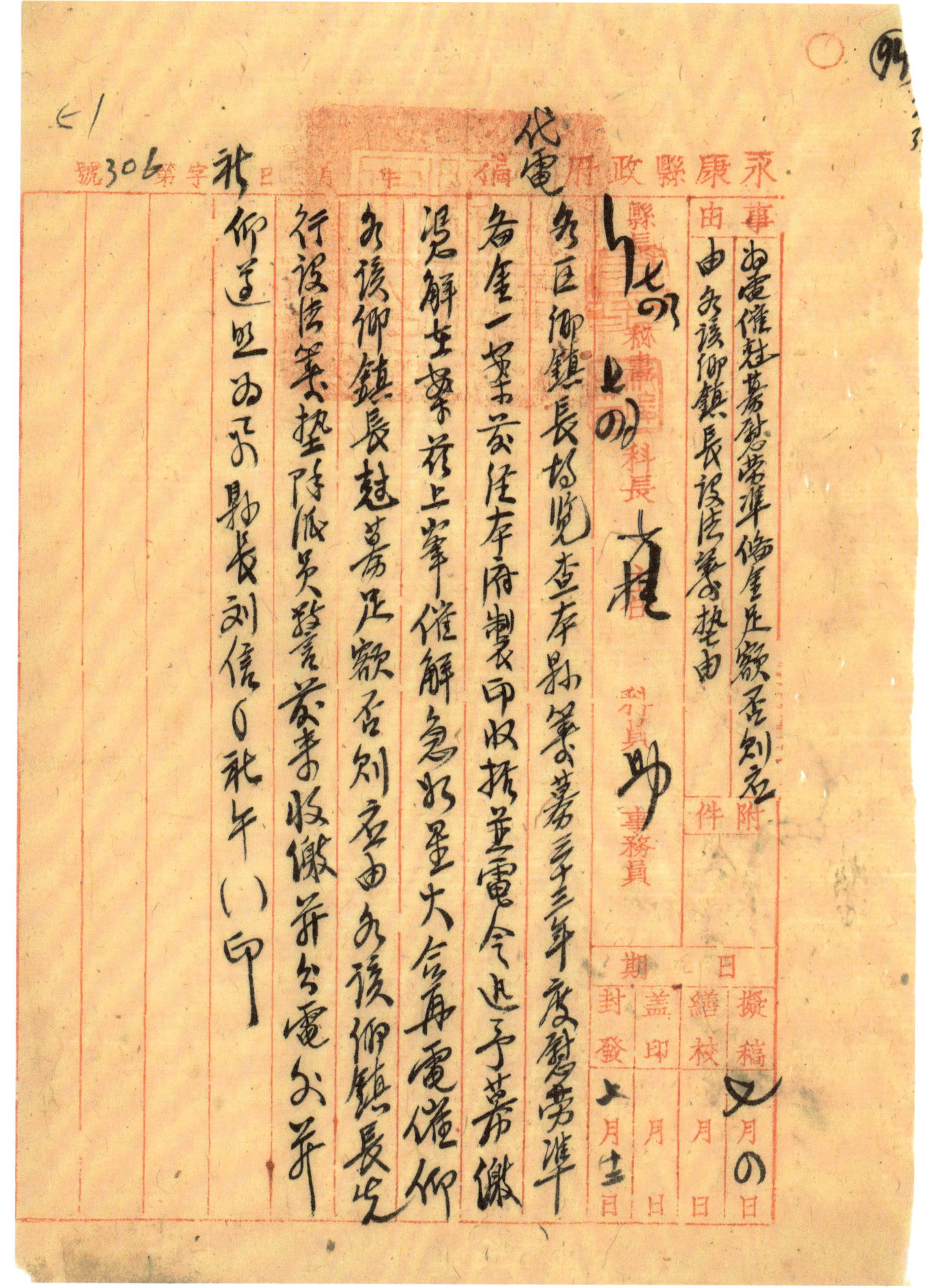

永康縣政府稿　字第306號

事由：由電催赶募慰勞準備金足額呈劉庄由該鄉鎮長設法籌墊由

代電

各區鄉鎮長均覽：查本縣籌募三十三年度慰勞準備金一案，前經本府製印收據並電令迅予募繳彙解在案。兹上峯催解急如星火，合再電催仰各該鄉鎮長赶募足額，否則應由各該鄉鎮長先行設法籌墊，除派員督催收繳并分電外，仰遵照為要。縣長劉信○未午（一）印

六安乡公所关于缓缴『一县一机』捐款暨慰劳准备金事致永康县政府的签呈（一九四四年七月二十三日）

簽呈 卅三年七月廿三日 六安鄉公所

奉

鈞府派員蒞鄉催交一縣一機暨慰勞準備金二項捐款，自應遵繳，奈因值此青黃不接之時，又逢天旱，職鄉迭次派人挨保收繳，多以財力孔亟，一時難以應付。現在俛宅區駐軍適輪徵鄉供應副食，同時參加石柱聯合站供應前倉駐軍副食，需款更感萬急，致有顧此失彼之處。敬請稍緩時日，自當勉力催繳。為特呈祈

察准俯恤民隱，曲予諒鑒，實為公便。

謹呈

縣長劉

六安鄉々長吳銑

何樟东关于赴倪宅区各乡催收慰劳准备金和『一县一机』捐款情况致永康县政府的报告（一九四四年七月三十一日）

60

報告 民國三十三年七月三十一日 於本府社會科

竊職前奉

派赴倪宅區各鄉催繳三十三年度慰勞準備金暨一縣一機捐款遵經前往辦理該事業已返府工作查九安鄉因鄉長易人僅繳一縣一機捐款壹仟元六安鄉謂捐稅繁重天旱農忙抗命拒繳外計收到桐城鄉慰勞準備金弍仟叁佰元双桃鄉一縣一機捐款叁仟四百元渠溪鄉慰勞準備金壹仟柒百另陸元一縣一機捐款壹仟元總計國幣玖仟四百零六元除款已悉數交由本府出納室點收并通知會計室外理

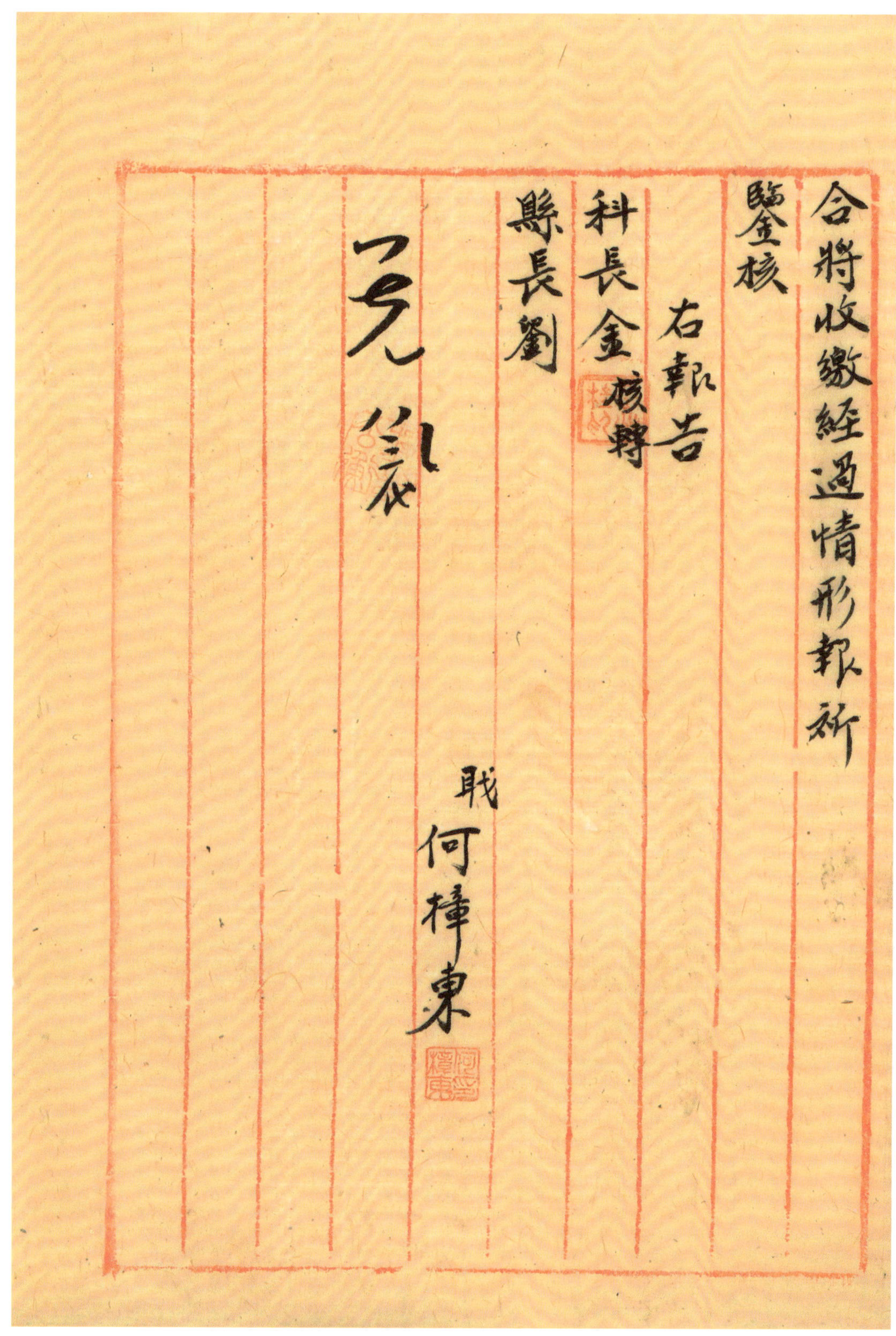

合將收繳經過情形報祈
鑒核
右報告
科長金 核轉
縣長劉
另[illegible]
職 何棣東

浙江省第四区行政督察专员兼保安司令公署关于催促募集慰劳金事致永康县政府的电（一九四四年九月十九日）

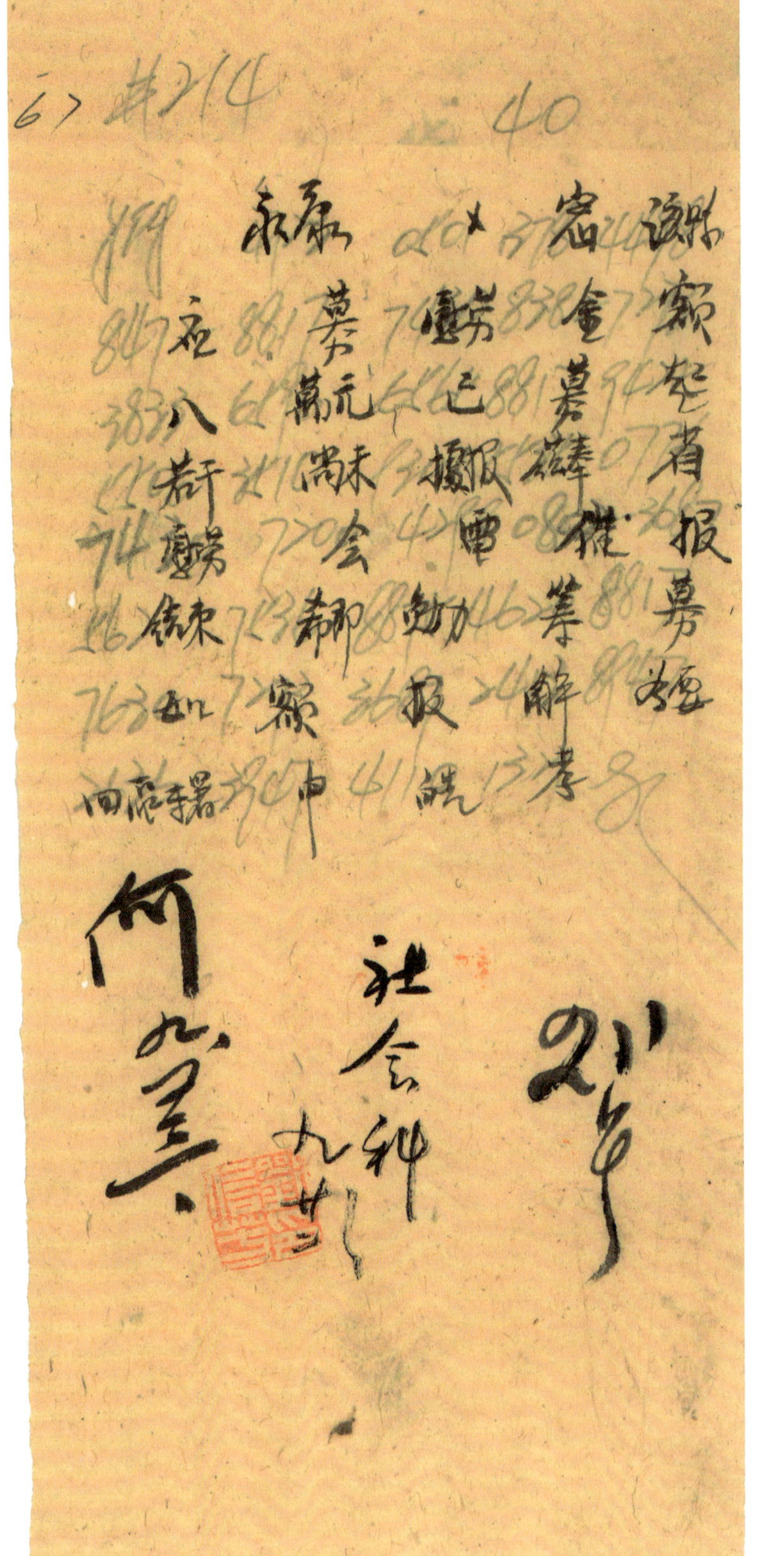

中和乡公所关于派募慰劳准备金被前乡长吕紫祥携带潜逃事致永康县政府的呈及永康县政府的指令（一九四四年十一月十日至一九四四年十一月十五日）

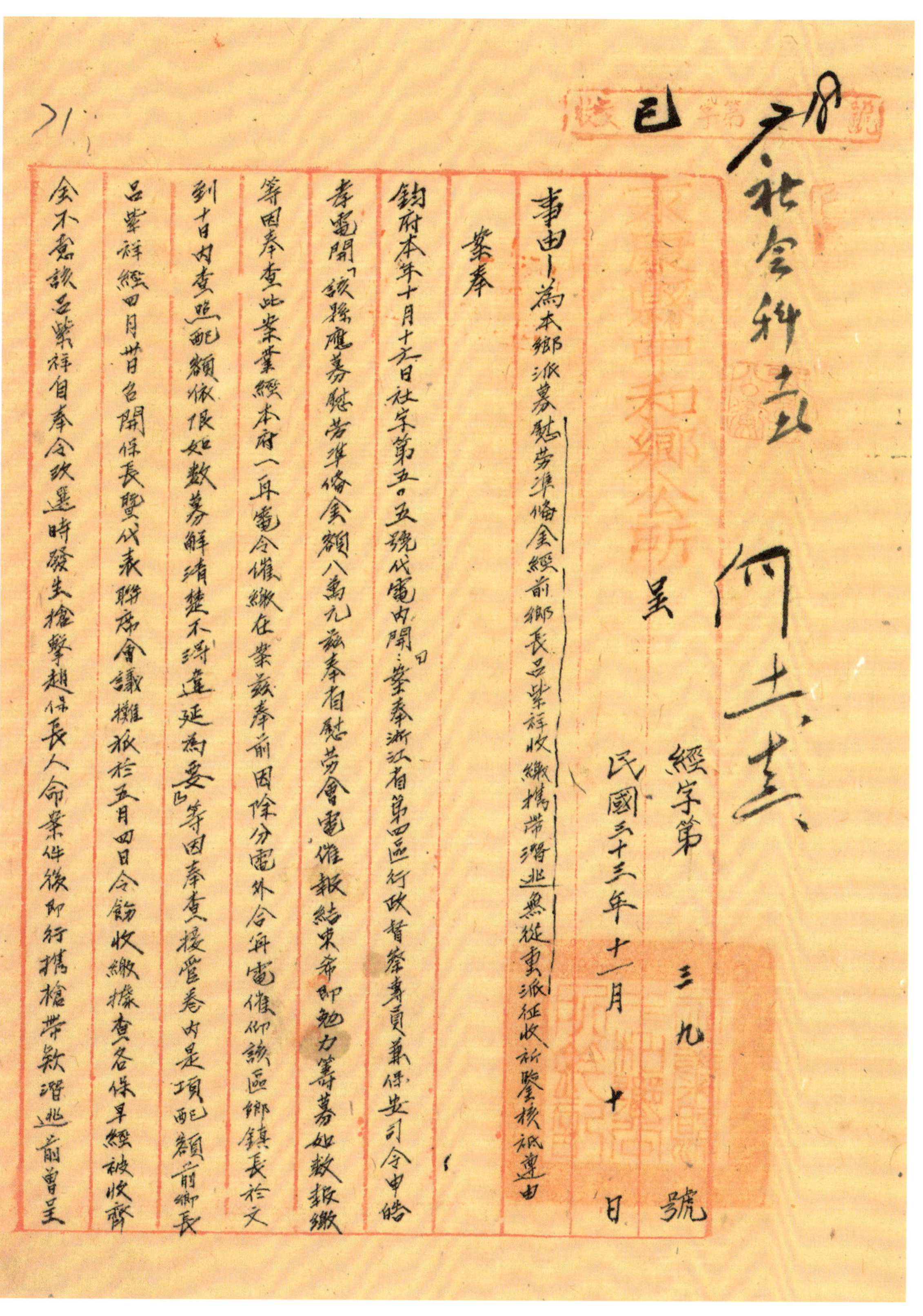

事由：為本鄉派募慰勞準備金經前鄉長呂紫祥收繳攜帶潛逃無從重派征收祈鑒核祗遵由

呈

經字第三九號

民國三十三年十一月十日

案奉

鈞府本年十月十六日社字第五〇五號代電內開：「案奉浙江省第四區行政督察專員兼保安司令申皓孝電開「該縣應募慰勞準備金額八萬元茲奉省慰勞會電催報結束希即勉力籌募如數報繳等因奉查此案業經本府一再電令催繳在案茲奉前因除分電外合行電催仰該區鄉鎮長於文到十日內查照配額依限如數募解清楚不得違延為要」等因奉查接管卷內是項配額前鄉長呂紫祥經四月廿日召開保長暨代表聯席會議攤派於五月四日令飭收繳據查各保早經被收齊全不意該呂紫祥自奉令改選時發生槍擊趙保長人命案件後即行攜槍帶款潛逃前曾呈

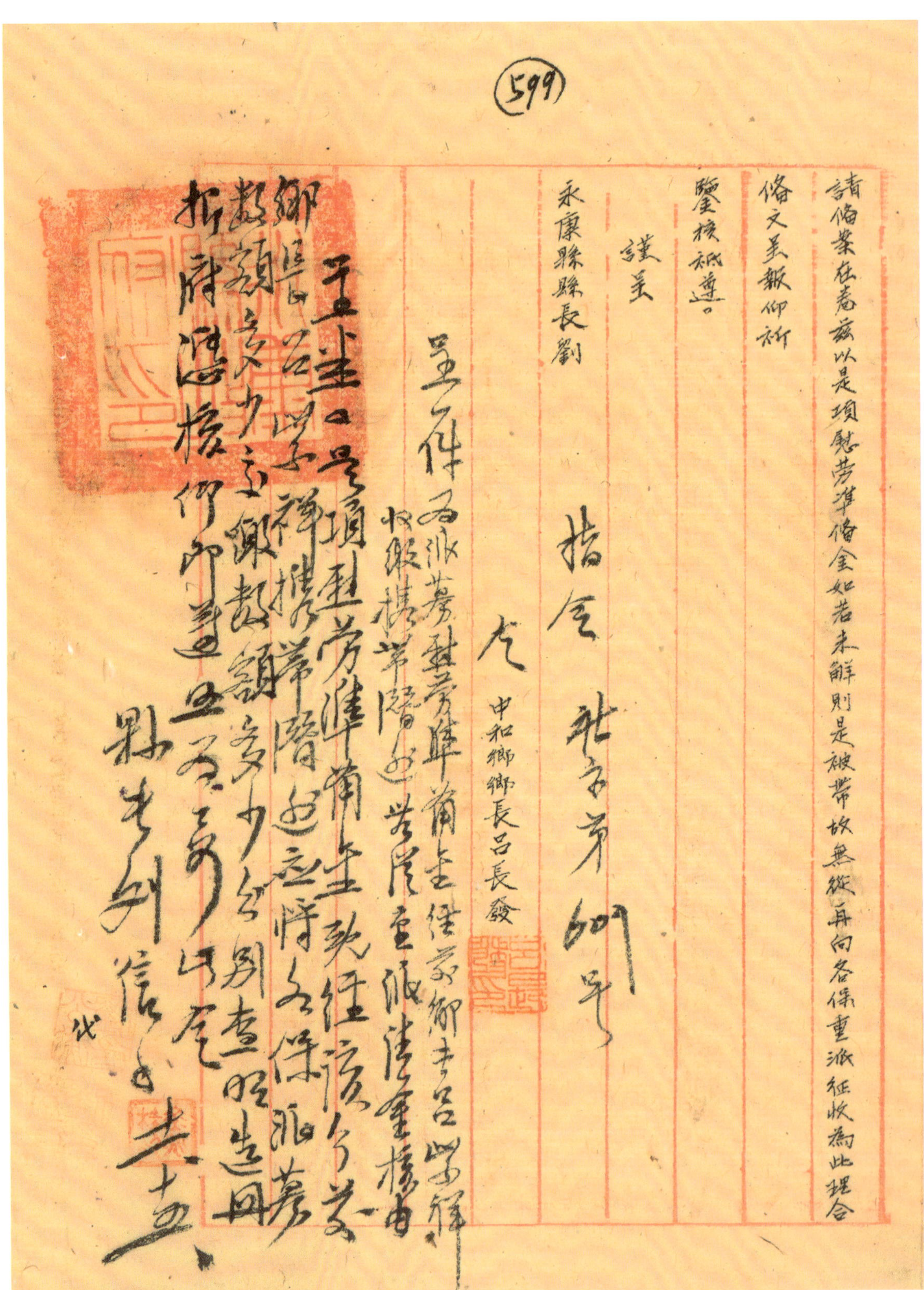

（599）

請備案在卷茲以是項慰勞準備金如若未辭則是被帶故無從再向各保重派征收為此理合
備文呈報仰祈
鑒核祇遵。
謹呈
永康縣縣長劉

中和鄉鄉長呂長發

指令 社字第 號

呈件均悉。查派募慰勞隊前金係該鄉長呂興鮮
收解，據第[illegible]隨函呈送，當即查派往金核由
至據呈[illegible]項慰勞準備金既經該[illegible]
鄉長呂興鮮擔帶隨函送之，將各保派募
數額並交鄉數額分別查明造冊
報府，以憑核辦為要。此令。
縣長劉信之
十一 十五

永康县政府关于呈报劝募慰劳金有关情形致浙江省第四区行政督察专员兼保安司令公署的代电

（一九四四年十一月十四日）

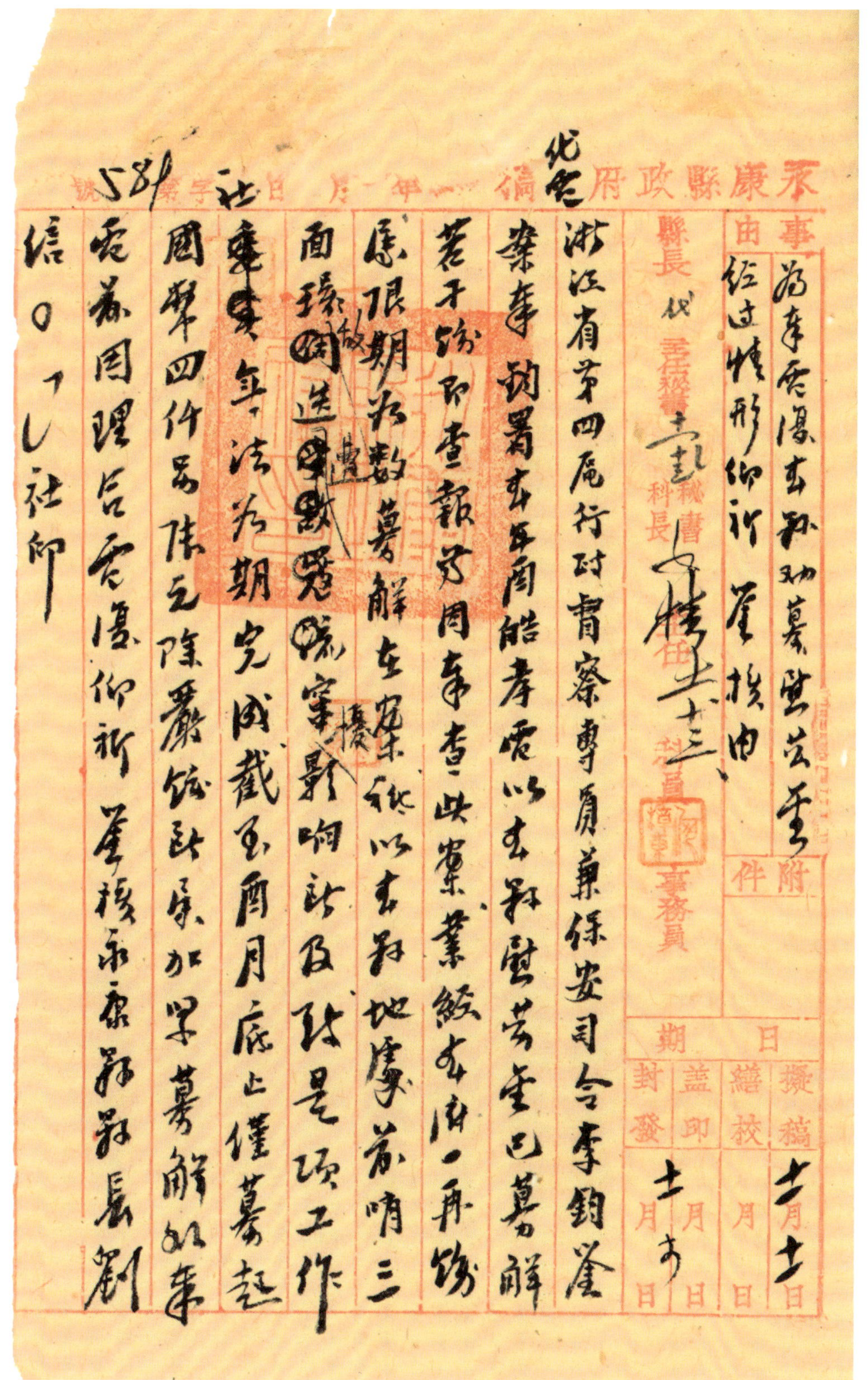

中和乡公所关于呈报前乡长吕紫祥所收缴慰劳准备金数额致永康县政府的呈（一九四四年十一月二十六日）

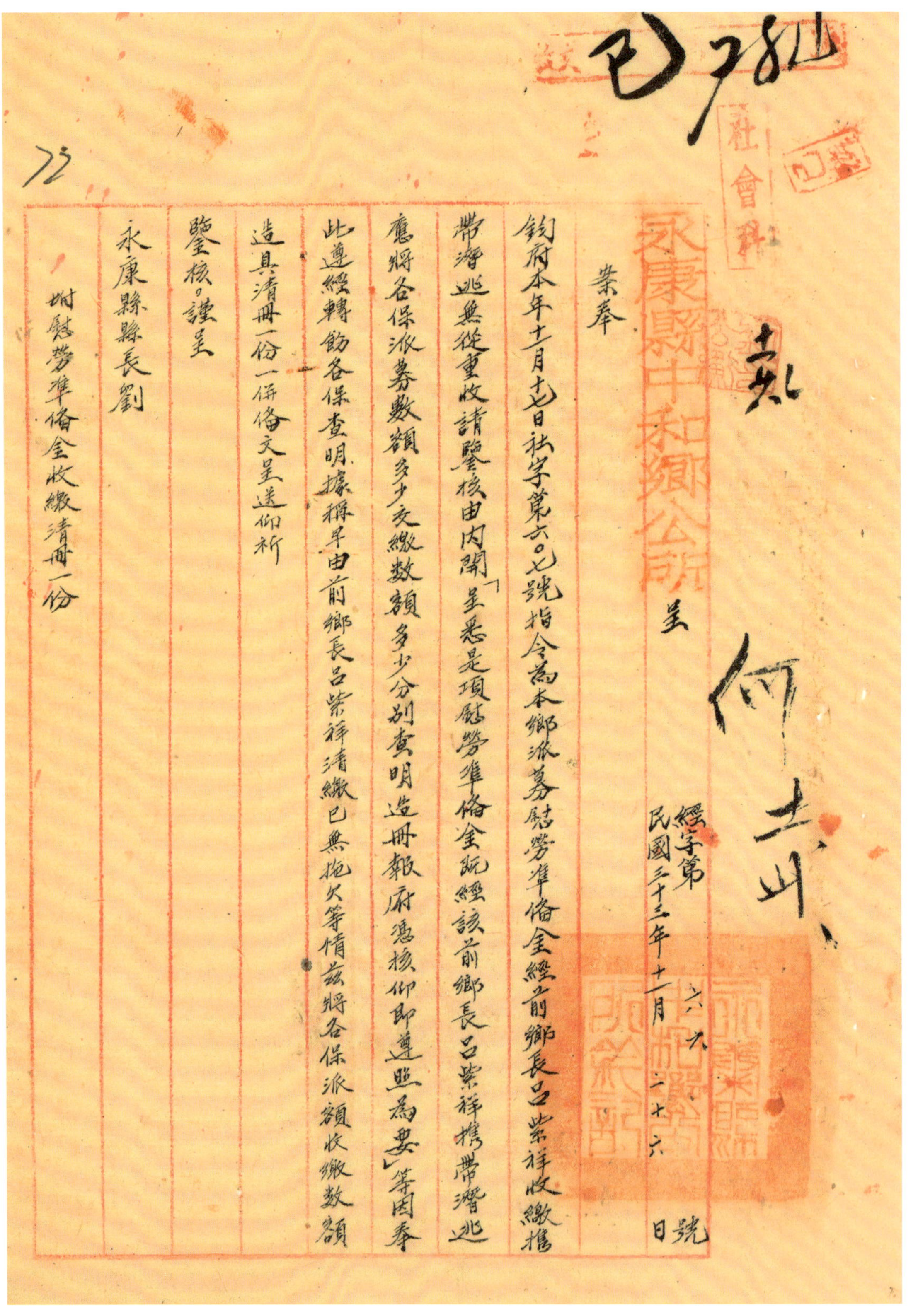

案奉

鈞府本年十一月十七日社字第六○七號指令爲本鄉派募慰勞準備金經前鄉長吕紫祥收繳攜帶潛逃無從查收請鑒核由内開「呈悉是項慰勞準備金既經該前鄉長吕紫祥攜帶潛逃應將各保派募數額多少交繳數額多少分别查明造册報府憑核仰即遵照爲要」等因奉此遵經轉飭各保查明據稱早由前鄉長吕紫祥清繳已無拖欠等情茲將各保派額收繳數額造具清册一份一併備文呈送仰祈

鑒核。謹呈

永康縣縣長劉

附慰勞準備金收繳清册一份

永康縣中和鄉公所呈

經字第六八九號

民國三十三年十一月二十六日

中和鄉鄉長呂長發

附：中和乡慰劳准备金各保派募交缴清单

永康縣中和鄉慰勞準備金各保派募交繳清冊

保別	派募數額	交繳數額	備攷
第一保	三七五元	三七五元	
第二保	二二五	二二五	
第三保	一八〇	一八〇	
第四保	一六八	一六八	
第五保	一九二	一九二	
第六保	一一二	一一二	
第七保	二二五	二二五	
第八保	二三六	二三六	

第九條	四五	四五
第十條	三八	三八
第十一條	二六〇	二六〇
第十二條	一四六	一四六
第十三條	八五	八五
合計	二二四七	二二四七

永康县政府与各区署各乡镇公所等关于为陆军新编第二十一师步兵第六十一团劝募鞋袜慰劳军队的来往文书（一九四四年十二月七日至一九四五年七月九日）

陆军新编第二十一师步兵第六十一团关于劝募劳军鞋袜各一千双事致永康县政府的公函（一九四四年十二月七日）

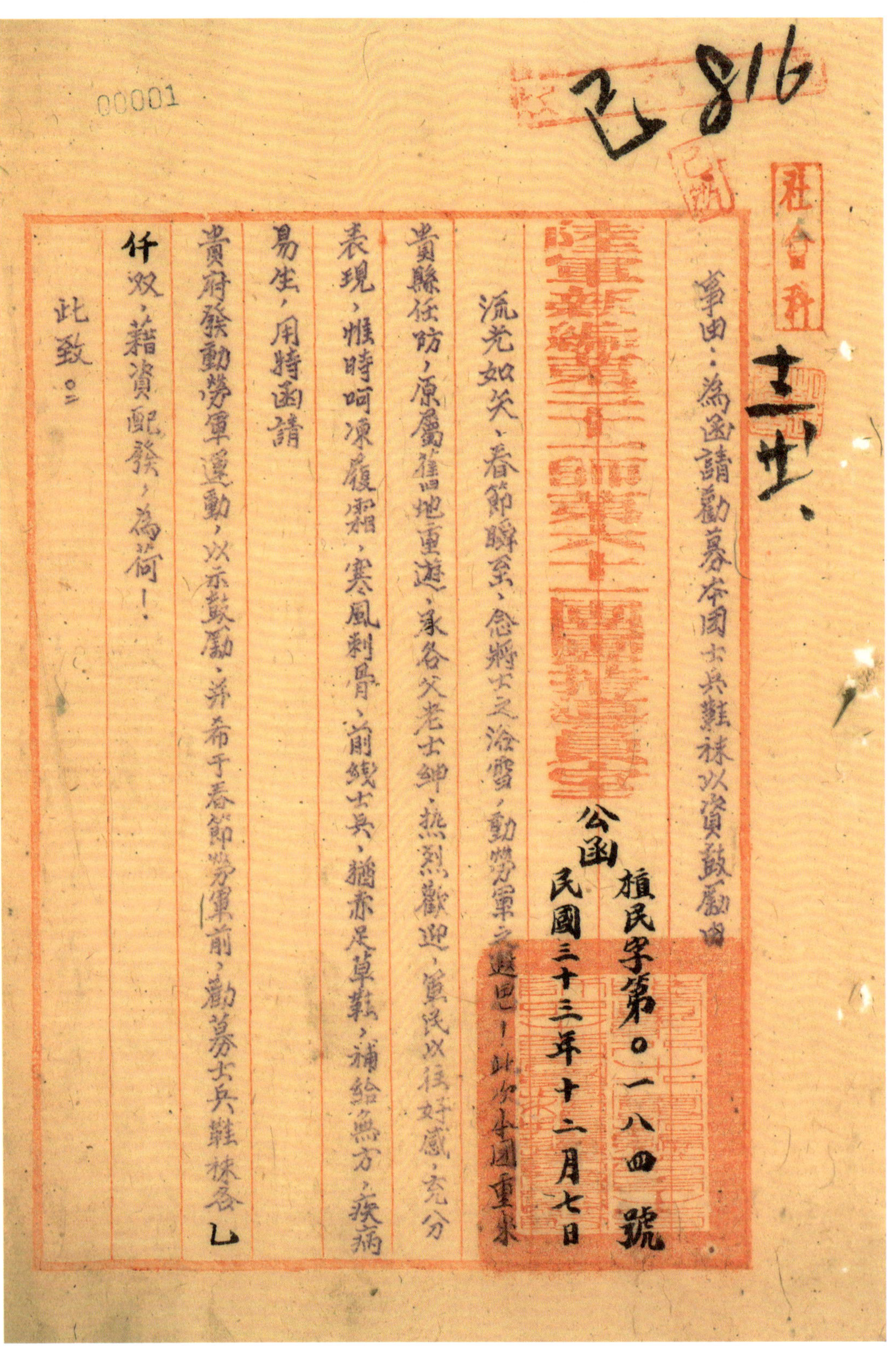
事由：為函請勸募本團士兵鞋袜以資鼓勵由

陸軍新編第二十一師步兵第六十一團公函 植民字第〇一八四號

民國三十三年十二月七日

流光如矢，春節瞬至，念將士之浴雪，勤勞軍之遊邑！此次本團重來貴縣佈防，原屬舊地重遊，承各父老士紳，熱烈歡迎，軍民以往好感，充分表現，惟時呵凍履霜，寒風刺骨，前線士兵，猶赤足草鞋，補給無方，疾病易生，用特函請貴府發動勞軍運動，以示鼓勵，並希于春節勞軍前，勸募士兵鞋袜各乙仟双，藉資配發，為荷！

此致

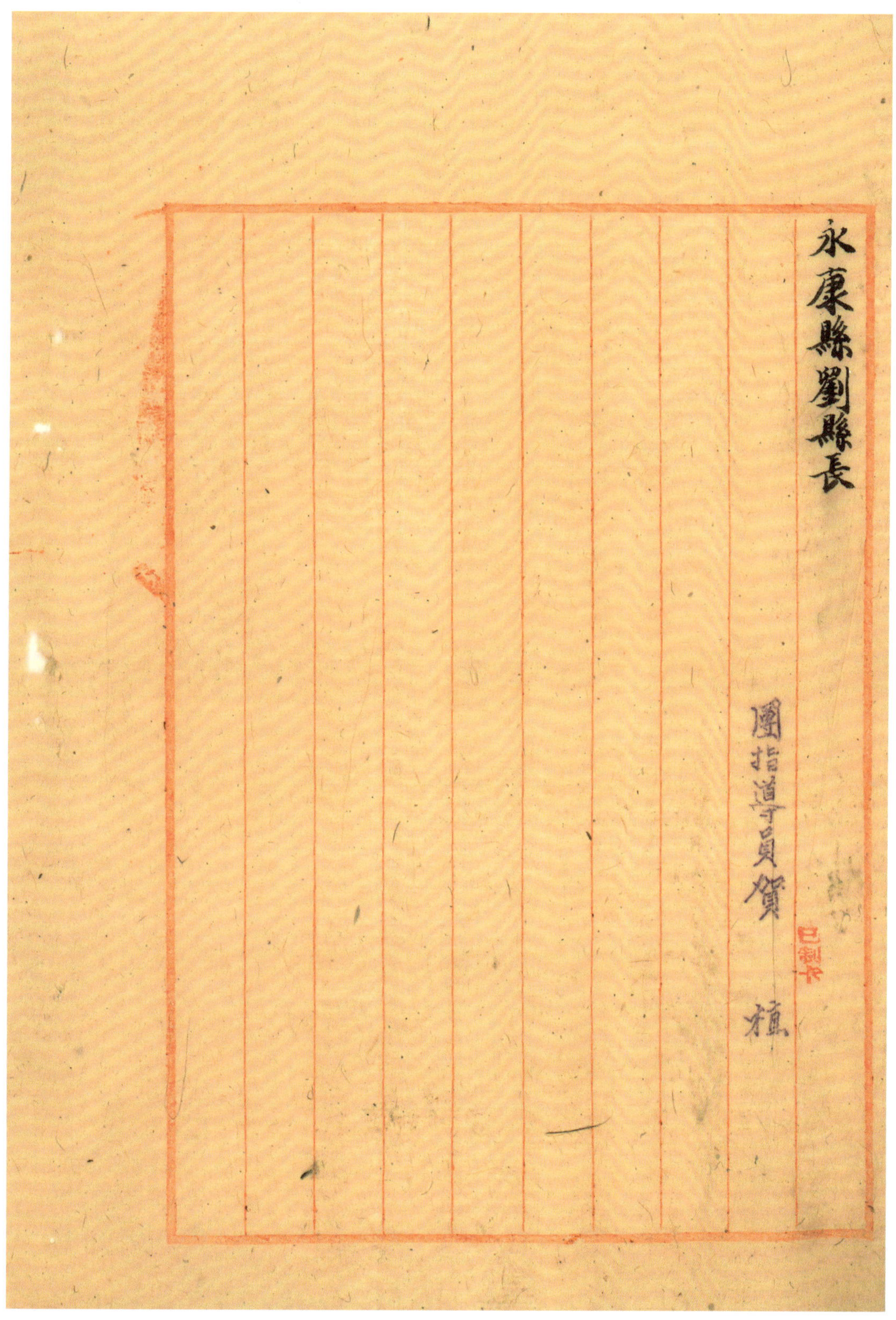

永康縣劉縣長

團指導員賀　植

已制卡

永康县政府关于劝募鞋袜相关事宜致各区署各乡镇公所的代电（一九四四年十二月二十三日）

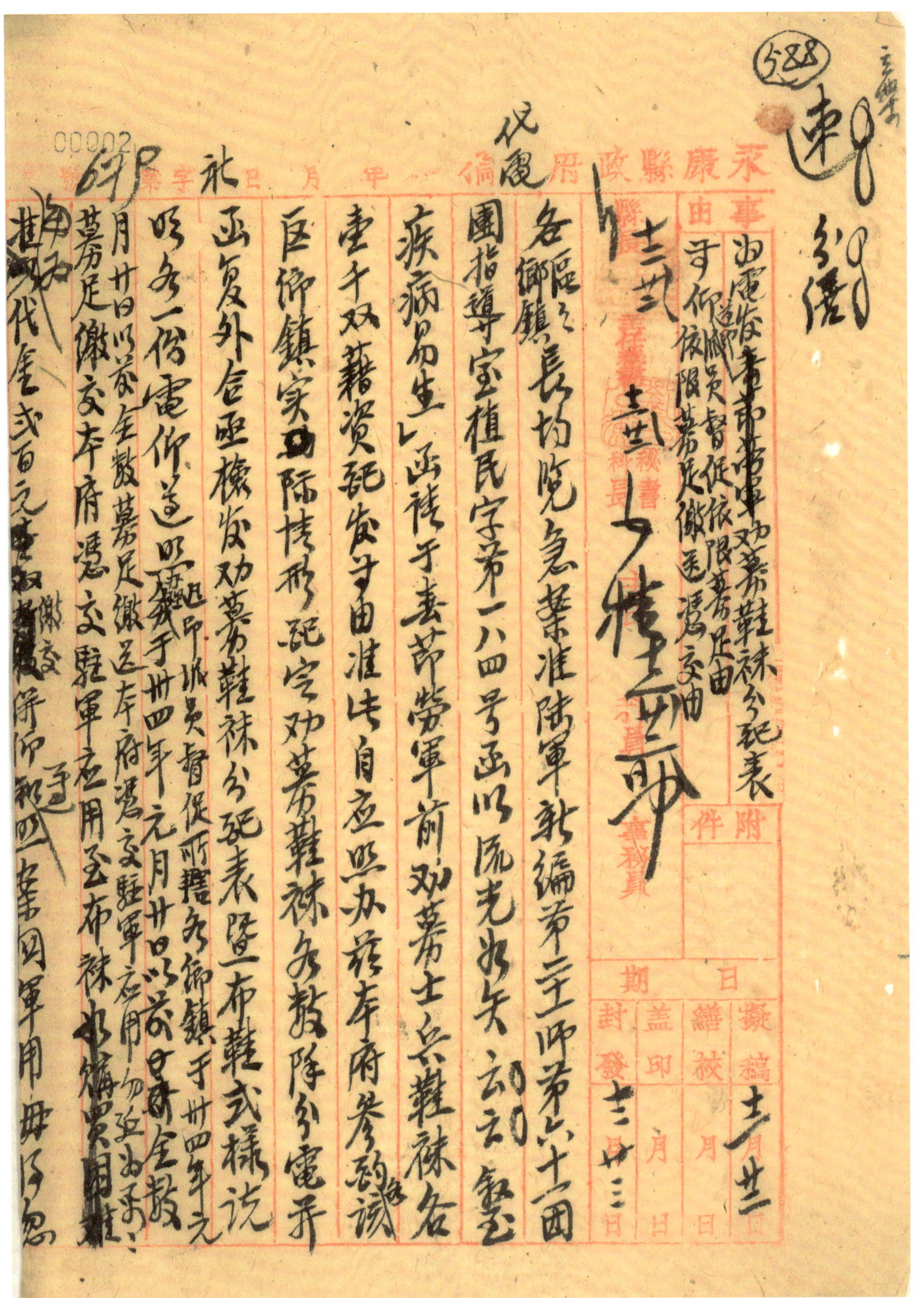

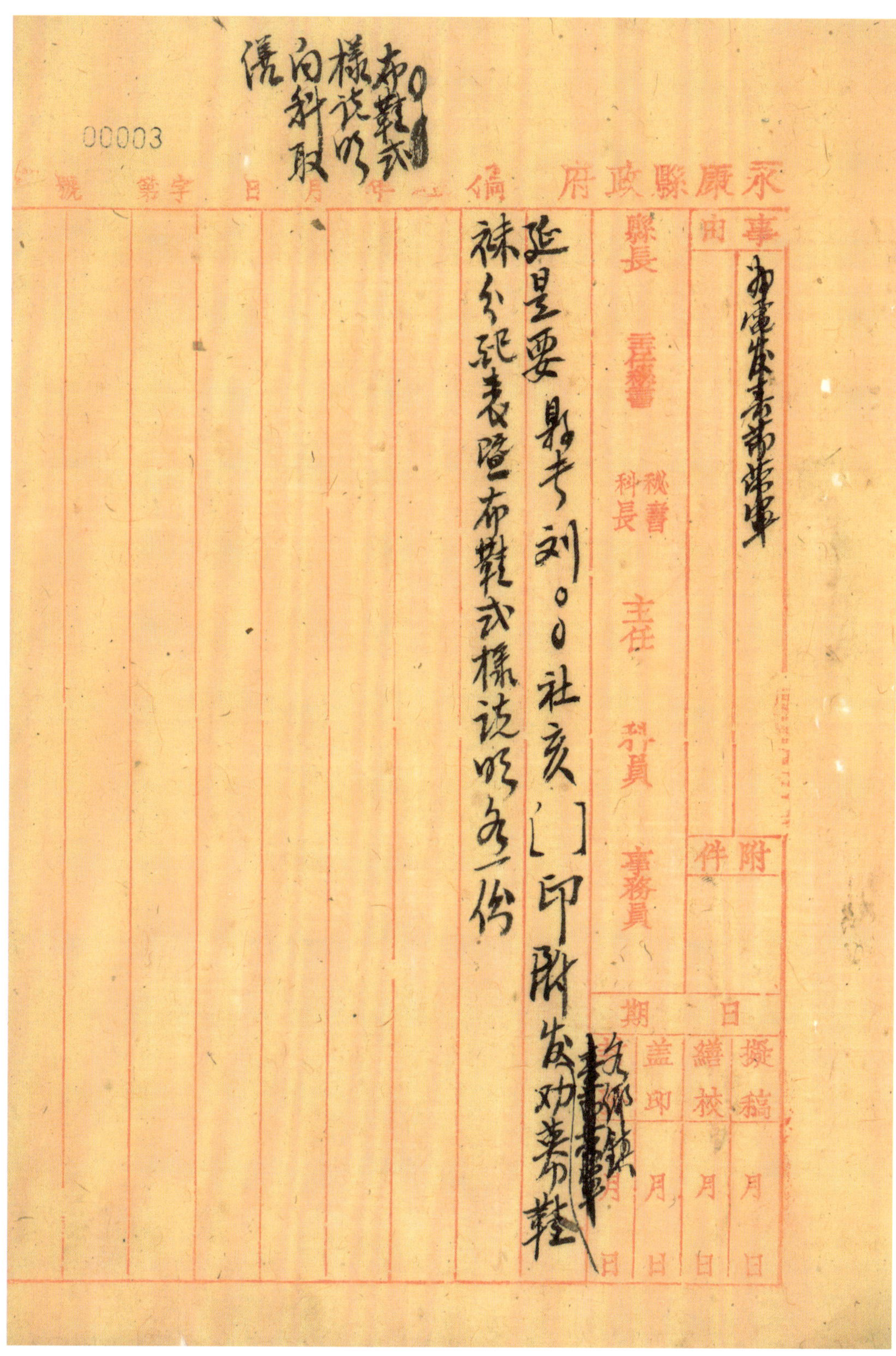
00003

布鞋式樣說明送科取

永康縣政府　稿　年　月　日　字第　號

事由：為電發本縣布鞋

縣長　秘書　科長　主任　科員　事務員

附件

日期　擬稿　繕校　蓋印　發　月　日

延呈要
縣長劉○○
社處【】印附發劝募鞋
袜分配表暨布鞋式樣說明各一份

附：永康县各乡镇劝募陆军新编第二十一师步兵第六十一团士兵鞋袜分配表

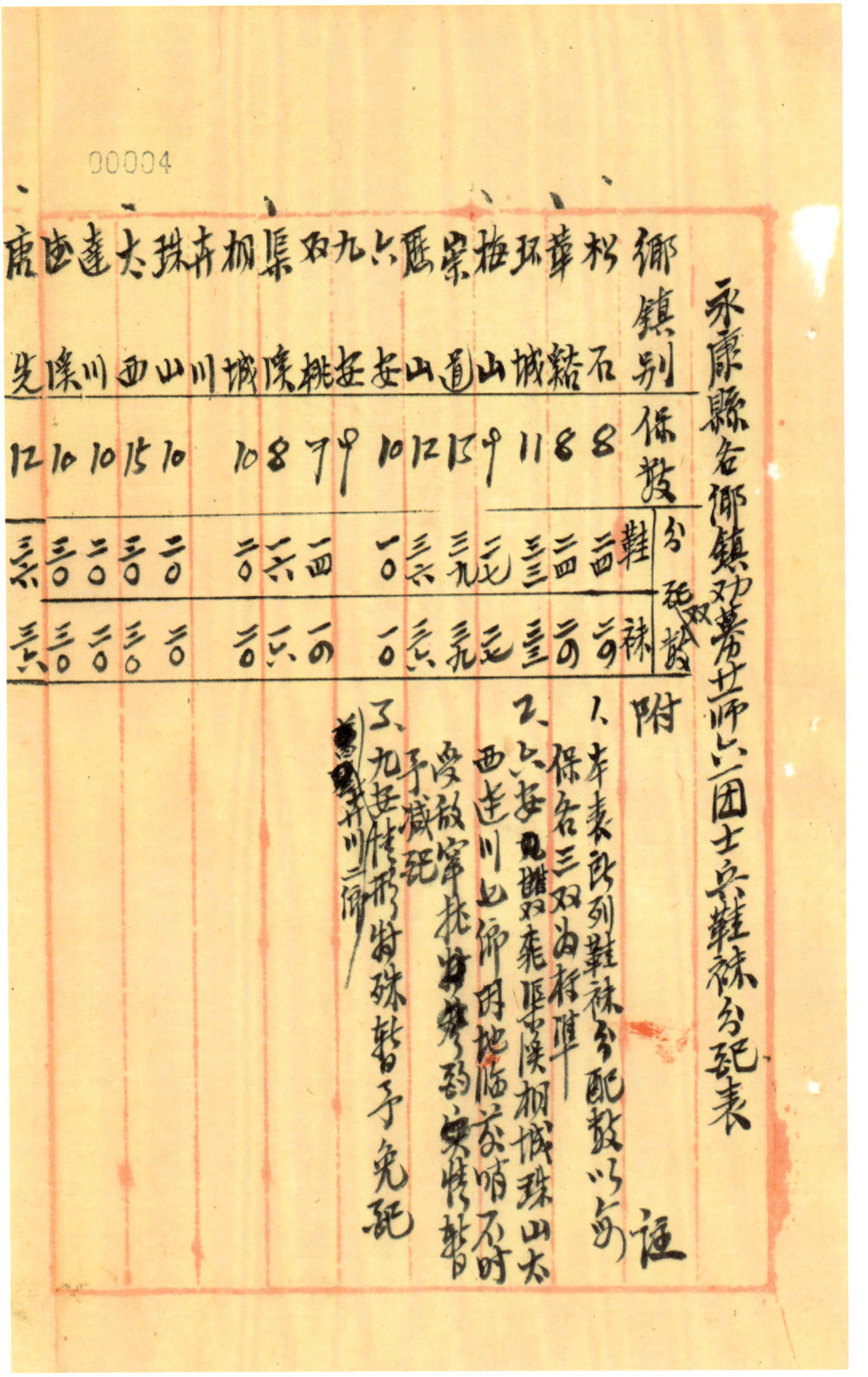

永康縣各鄉鎮劝募廿一師六一团士兵鞋襪分配表

鄉鎮別	保數	分配双數 鞋	分配双數 襪
松石	8	二四	二四
華谿	8	二四	二四
環城	11	三三	三三
梅山	9	二七	二七
宗道	13	三九	三九
應山	12	三六	三六
六安	10	一〇	一〇
九安	9		
双桃	7	一四	一四
渠溪	8	一六	一六
桐城	10	二〇	二〇
芹川			
珠山	10	二〇	二〇
太西	15	三〇	三〇
達川	10	二〇	二〇
西溪	10	三〇	三〇
唐先	12	三六	三六

附註

1、本表所列鞋襪分配數以每保各三双為標準

2、六安、双桃、渠溪、桐城、珠山、太西、達川七鄉因地臨前哨，不時受敵寇擾害，酌察實情暫予減配

3、九安情形特殊，暫予免配

[illegible]芹川二鄉

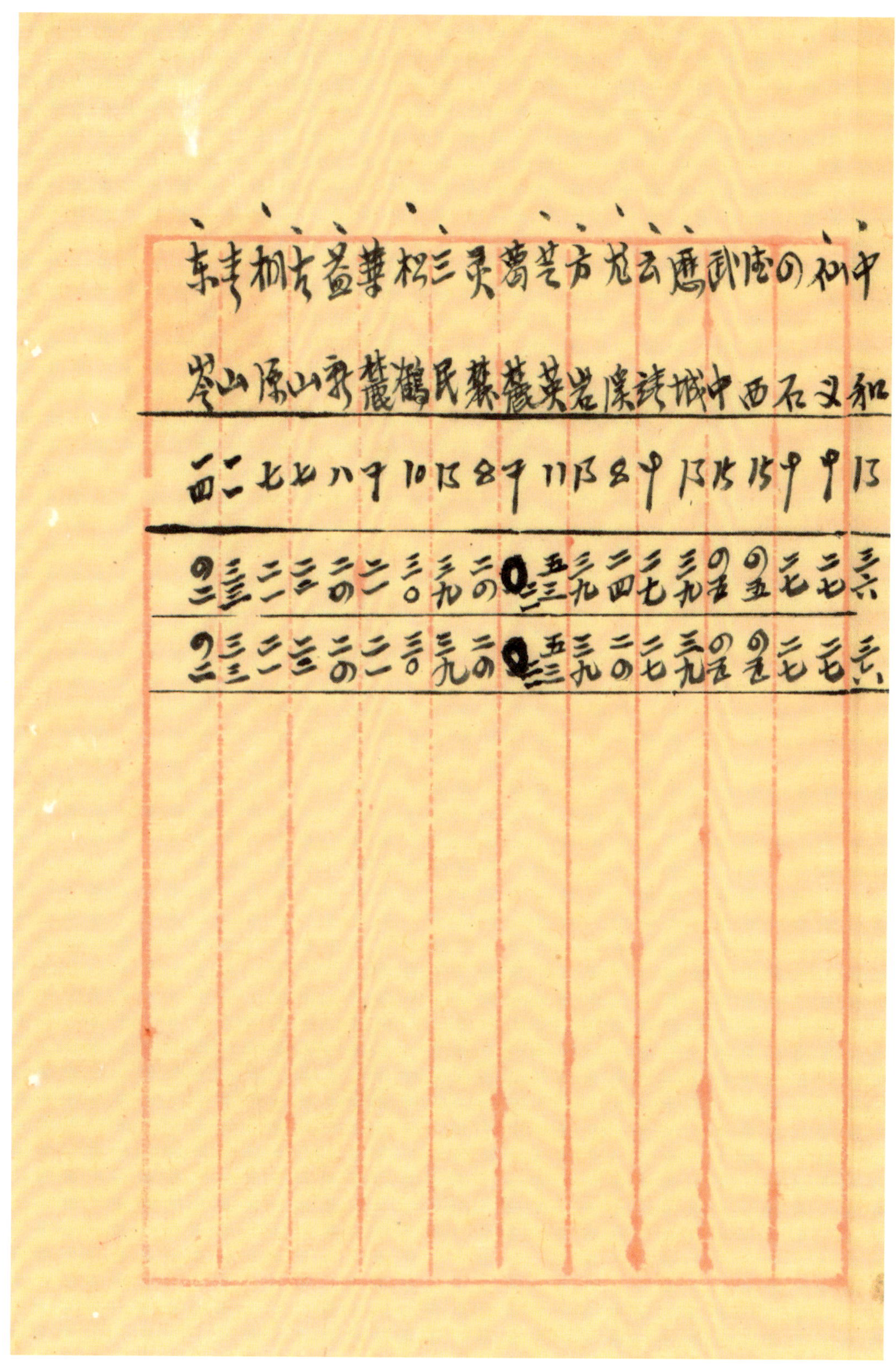

太西乡公所关于解送陆军新编第二十一师劝募布鞋及国币事致永康县政府的呈（一九四五年二月五日）

00025

永康縣太西鄉鄉公所呈　社太字第40號　民國三十四年二月五日

竊奉

鈞府社字第五三號代電飭征募二十一師鞋襪各叁拾雙一案，早經轉飭各保征募並迭催限繳在案。茲將所收布鞋拾壹雙及國幣肆仟元（連同日前墊付

鈞府何科員樟東手國幣陸仟元，合共布鞋拾壹雙國幣壹萬元）理合檢同一併繳解送請

鑒核令遵。

謹呈

縣長劉

附解送布鞋拾壹雙、國幣壹萬元（連交何科員手六千元在內）何科員

事務股收四千元

閱

陸仟元臨時收據乙帋

太西鄉鄉長胡瑞鑾

已制卡

附：何樟东接收国币六千元的收条

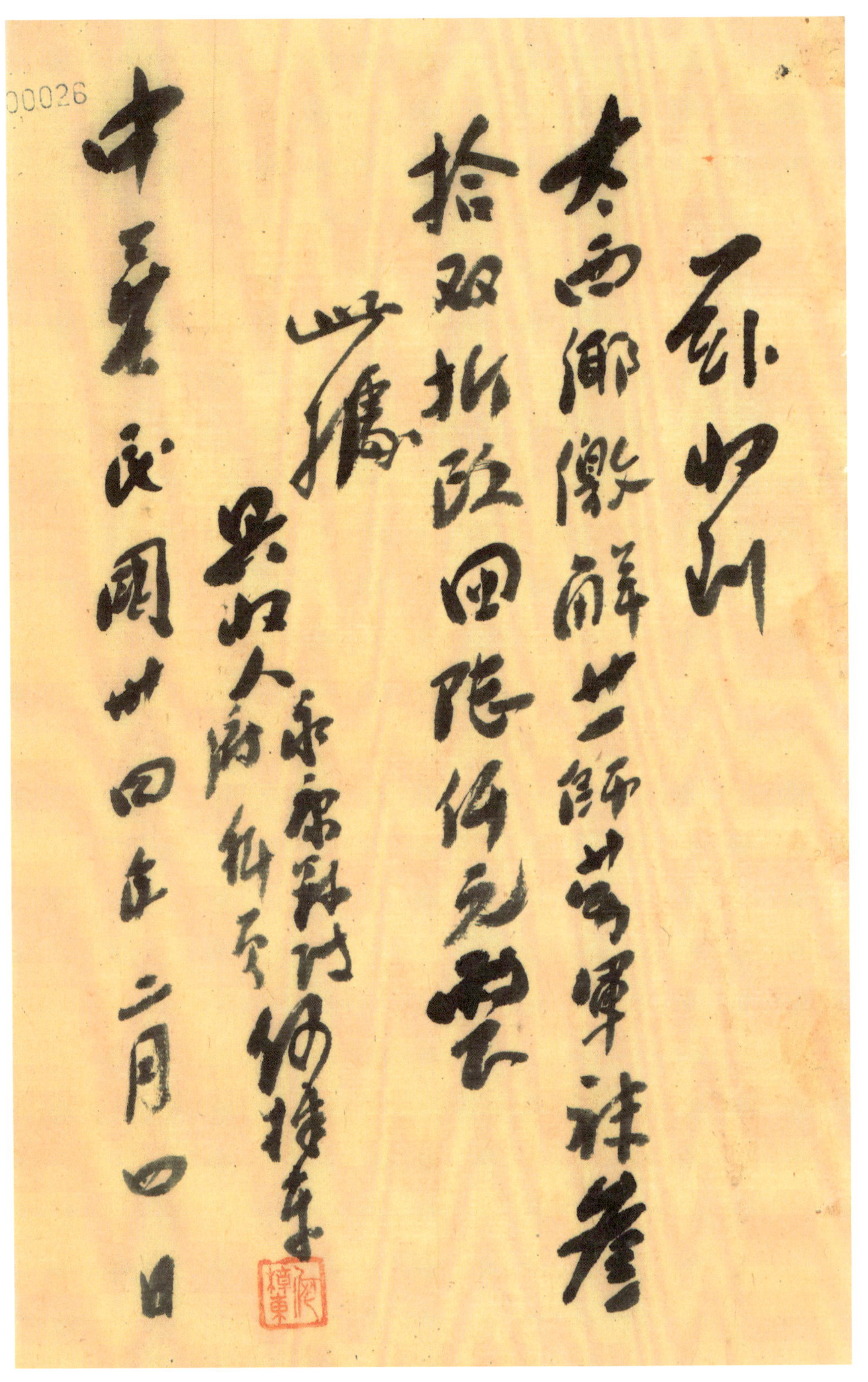

00026

今收到

大西乡缴解廿一师[illegible]军[illegible][illegible]

拾双折合国币陆千元整

此据

[illegible]

[illegible]何樟东

中华民国卅四年二月四日

何樟東

何樟东关于赴清渭、古山各乡镇催收劳军鞋袜情况致永康县政府的报告（一九四五年二月七日）

附卷 二十

第76

報告 三十四年二月七日 於本府

竊職偕陸軍第二十一師官兵前赴清渭古山各鄉鎮催收勞軍鞋袜茲已竣事返府工作計收到德溪鄉布鞋五双袜子念柒双改折國幣伍仟四百元太西鄉軍袜叁拾双改折國幣陸仟元唐先鎮布鞋叁拾陸双袜子叁拾陸双改折國幣柒仟弍百元中和鄉軍袜叁拾陸双改折國幣柒仟弍百元益新鄉軍鞋念四双袜子念四双改折國幣四仟捌百元華麓鄉軍鞋拾捌双袜子念壹双改折國幣四仟弍百元合計軍鞋捌拾叁双袜子壹百柒拾四双改折國幣叁萬四仟捌百元除上項款物悉交該師六二團指導員室何幹事熙收取據外理合將收繳經過情形連同收據備文報祈

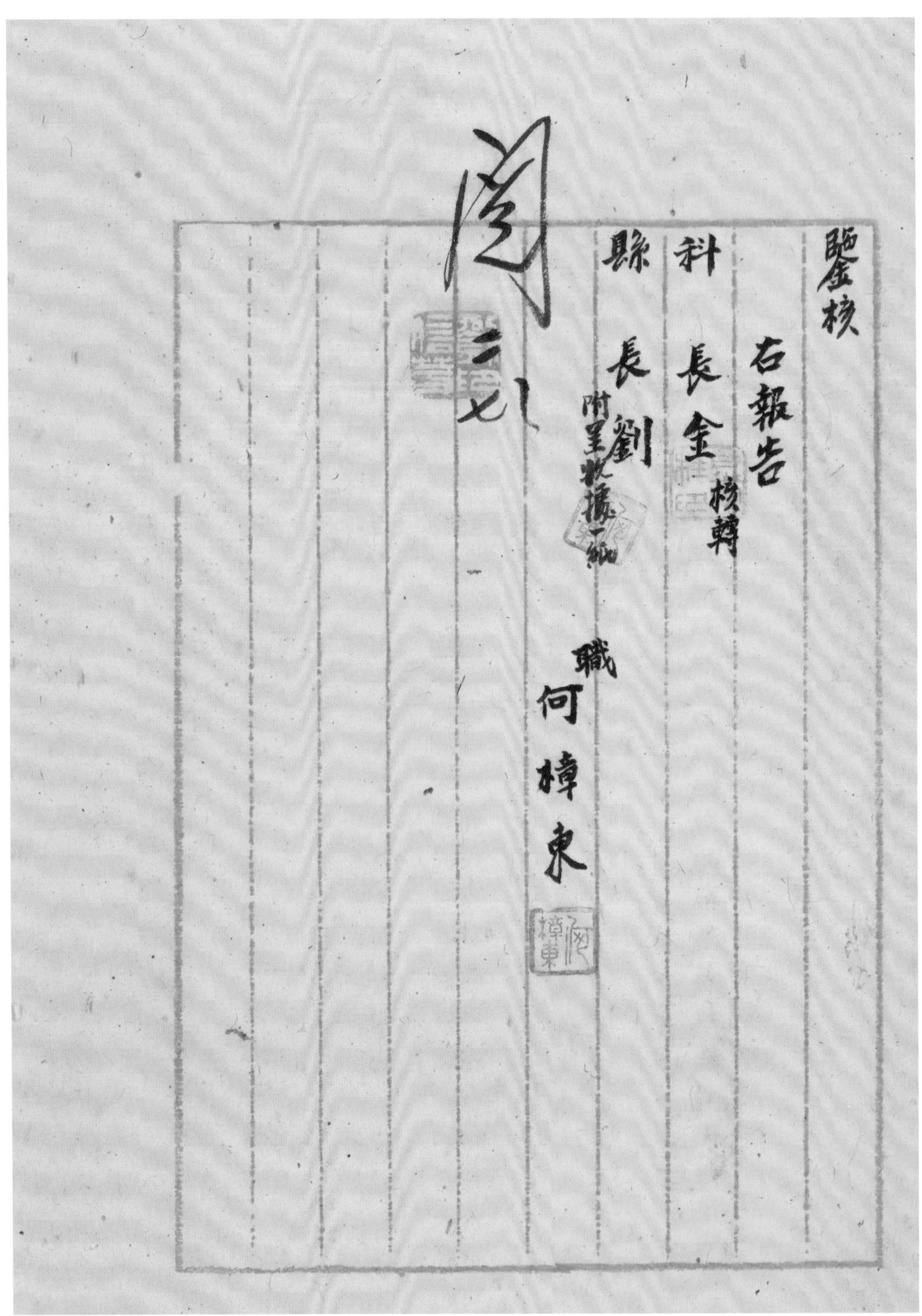

鑒核

右報告

科長金 核轉

縣長劉

附呈收據一紙

職 何樟東

閱 二七

松鹤乡公所关于已解交陆军新编第二十一师劳军鞋袜事致永康县政府的呈（一九四五年二月八日）

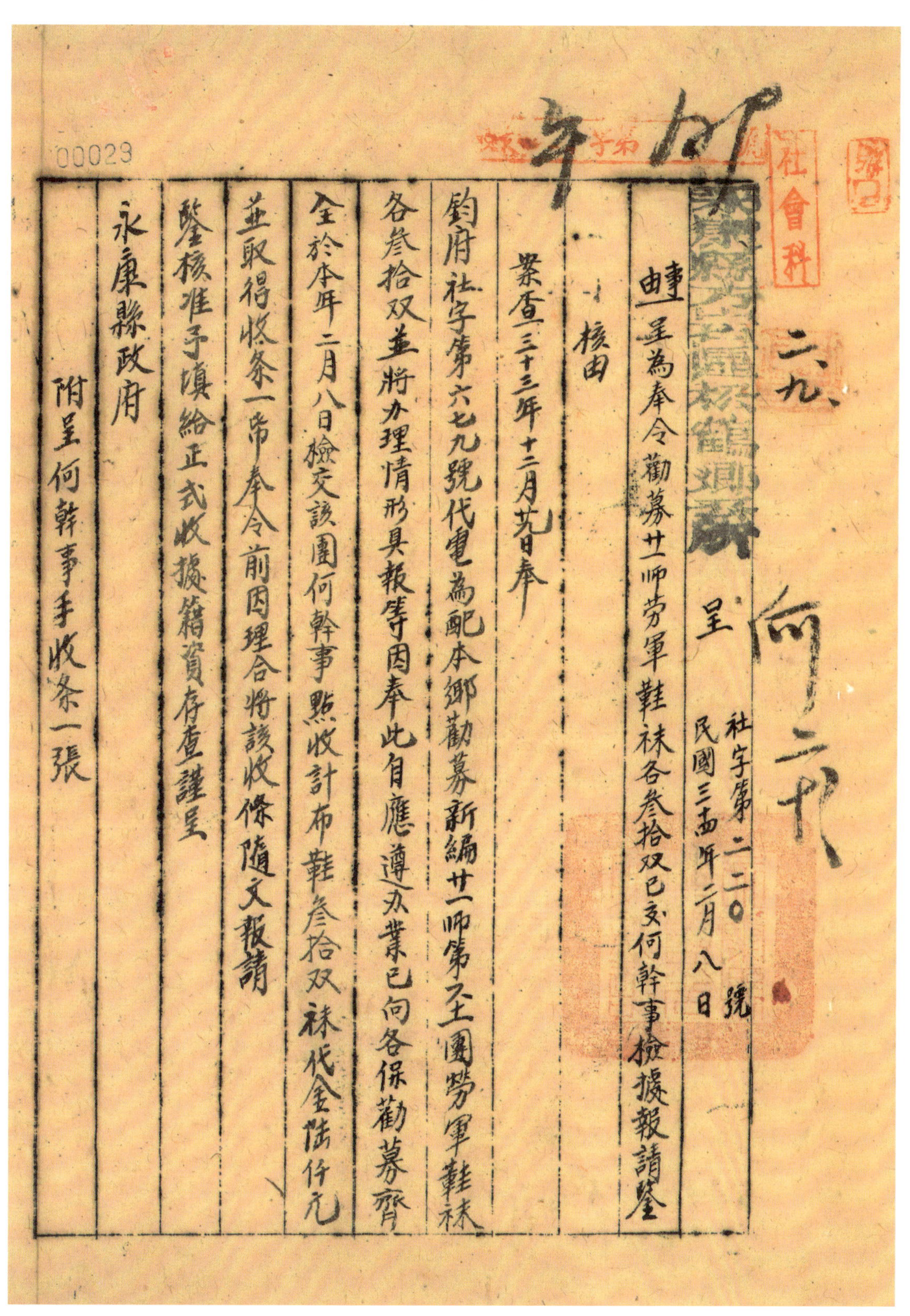
社字第二二〇號
民國三十四年二月八日

事由：呈為奉令勸募廿一师劳軍鞋袜各叁拾双已交何幹事檢據報請鑒核由

呈

案查三十三年十二月廿九日奉
鈞府社字第六七九號代電為配本鄉勸募新編廿一师第三團勞軍鞋袜各叁拾双並將办理情形具報等因奉此自應遵办業已向各保勸募齊全於本年二月八日檢交該團何幹事點收計布鞋叁拾双袜代金陆仟元並取得收条一帋奉令前因理合將該收條隨文報請
鑒核准予塡給正式收據藉資存查謹呈
永康縣政府
附呈何幹事手收条一張

附：陆军新编第二十一师步兵第六十一团收条

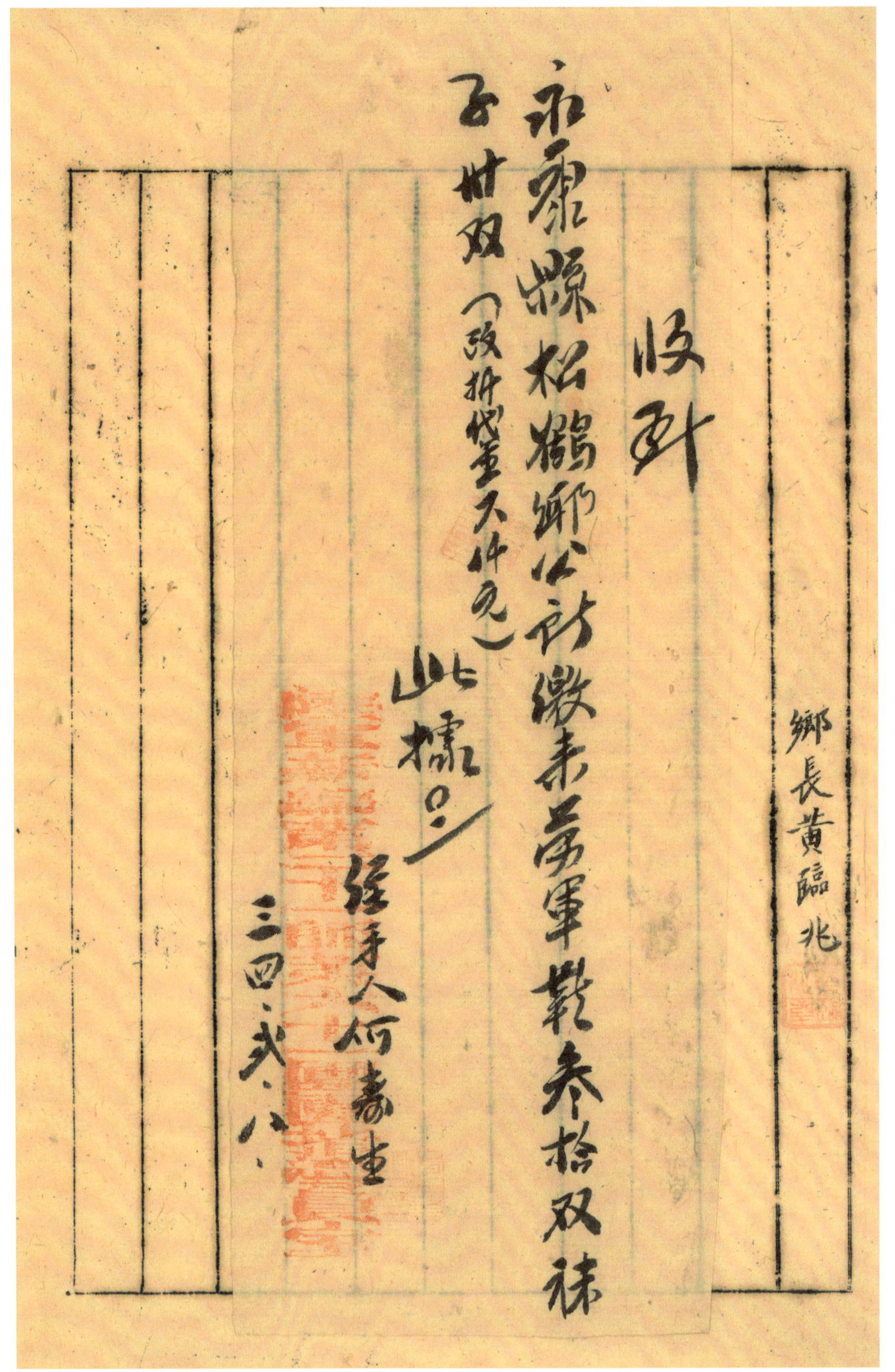
收到
永康縣松巖鄉公所繳來勞軍鞋叁拾双襪子卅双（改折代金交付完）
此據。
鄉長黃臨兆
經手人何壽生
三四、弍、八

事由：為送交廿一師慰劳布鞋念双洋袜廿九双報請鑒核示遵由

民國卅四年二月八日發 征字第 號

呈

案奉

鈞府三十三年十二月廿四日社字六七九號代電略開：案准陸軍新編廿一師六十一團指導室植民字一八四號函以配派本鄉勸募劳軍鞋袜各廿九双等因，奉此，自應遵照。除卅四年二月六日業將上項鞋袜製送該廿一師六十一團指導員賀植照收，計洋袜廿九双，鞋念双，給有收據爲憑（收據存鄉）外，其餘欠繳布鞋俟待募足再行送繳。僅將本鄉已繳劳軍鞋袜數量情形理合備文報請

鑒核示遵

方岩乡公所关于已送交陆军新编第二十一师步兵第六十一团劳军鞋袜事致永康县政府的呈（一九四五年二月八日）

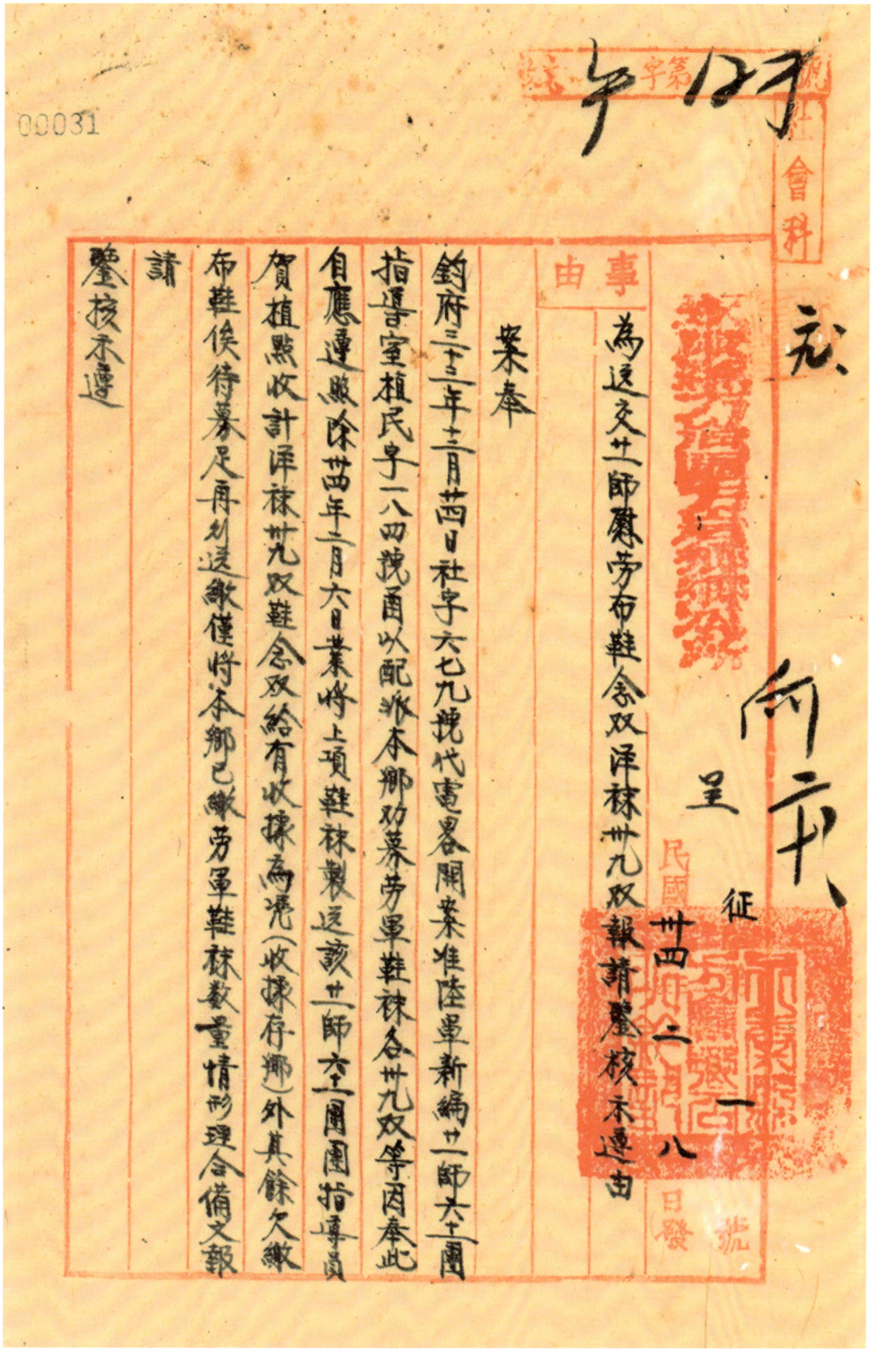

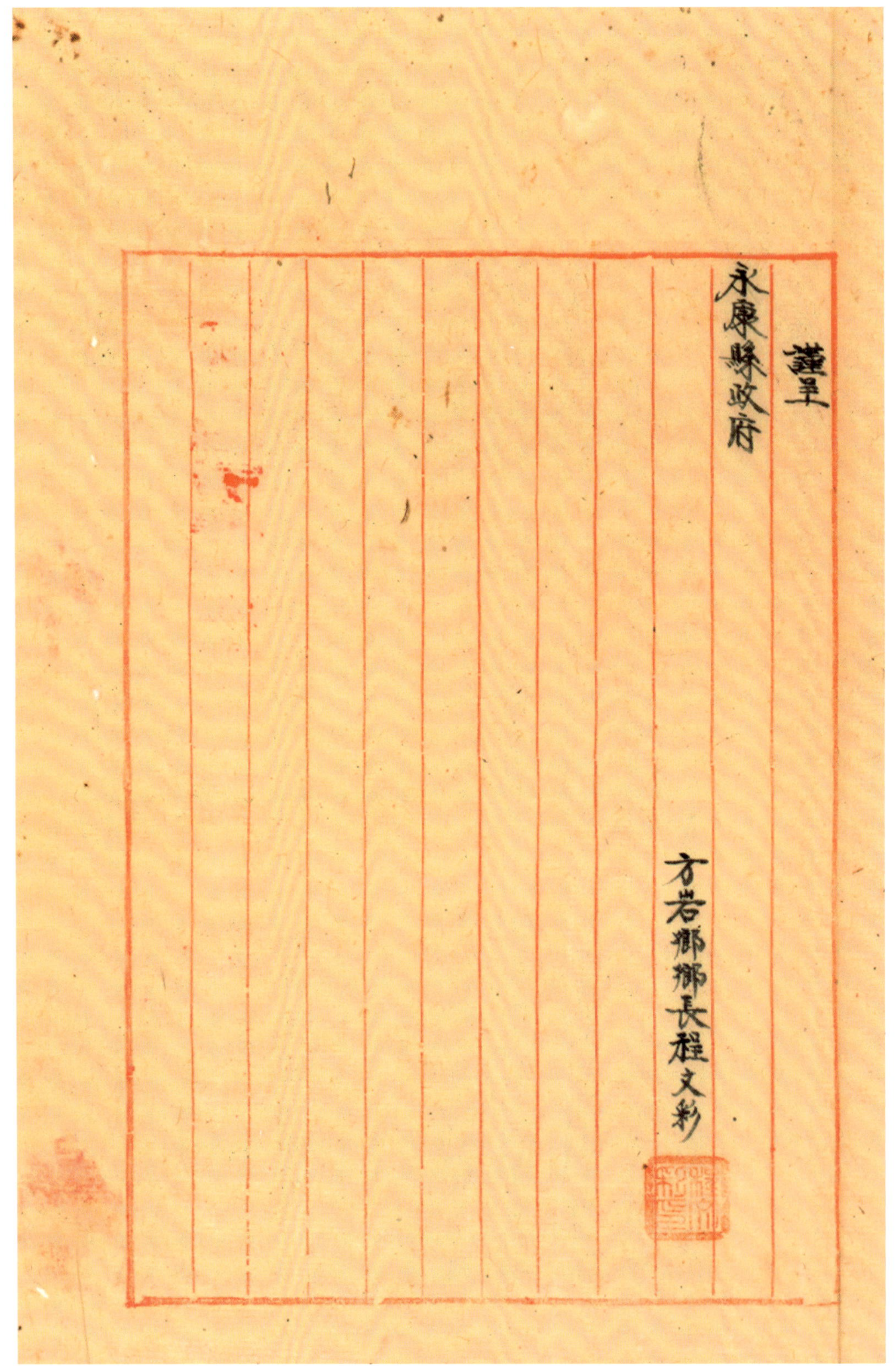
谨呈
永康縣政府
方岩鄉鄉長程文彬

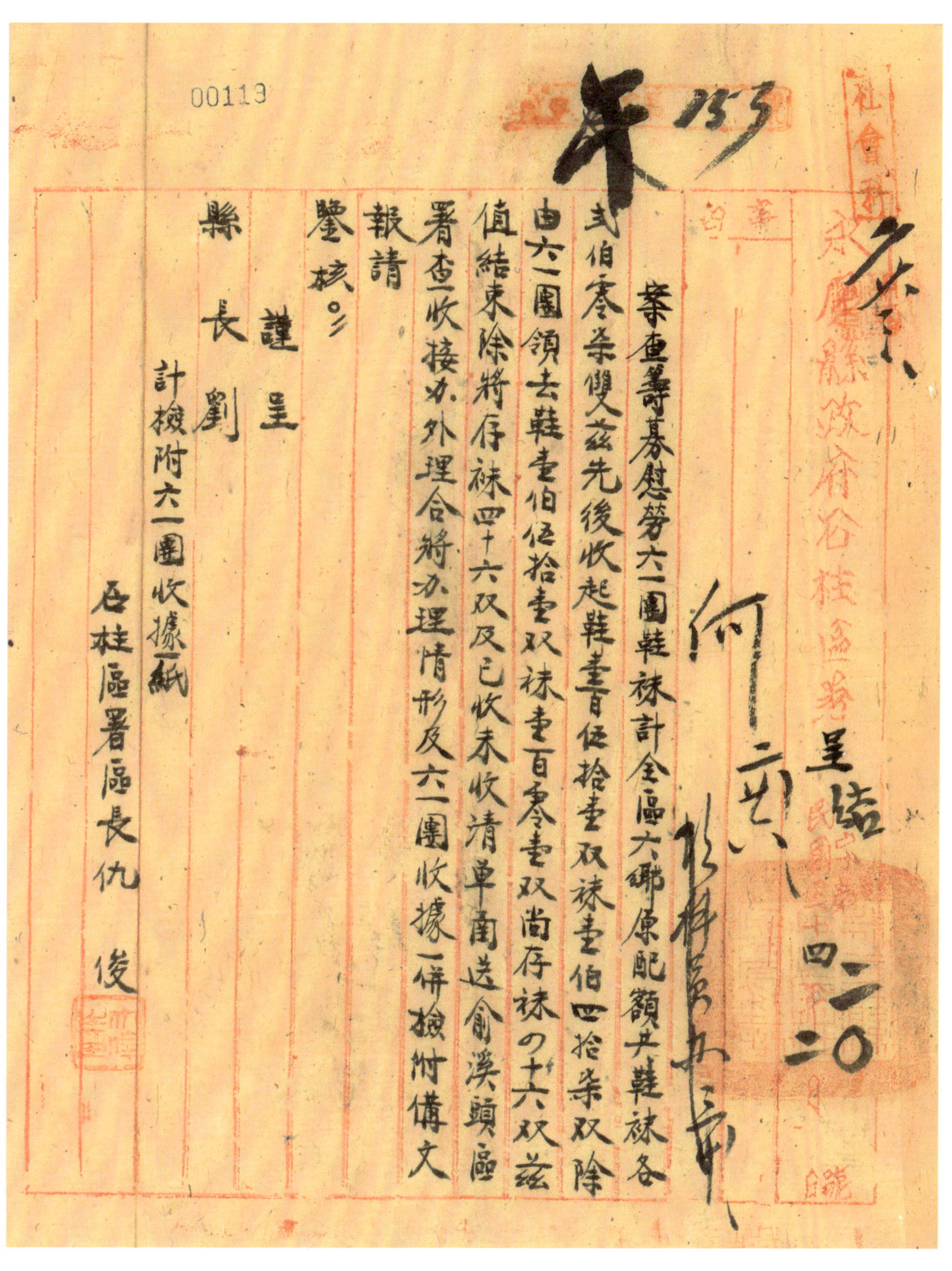

案查籌募慰勞六一團鞋袜計全區六鄉原配額共鞋袜各弍伯叁拾雙茲先後收起鞋壹百伍拾壹双袜壹伯四拾柒双除由六一團領去鞋壹伯伍拾壹双袜壹百零壹双尚存袜四十六双茲值結束除將存袜四十六双及已收未收清單開送俞溪頭區署查收接办外理合將办理情形及六一團收據一併檢附備文

報請

鑒核

謹呈

縣長劉

計檢附六一團收據一紙

石柱區署區長仇俊

石柱区署关于办理劝募陆军新编第二十一师步兵第六十一团劳军鞋袜相关事宜致永康县政府的呈（一九四五年二月二十三日）

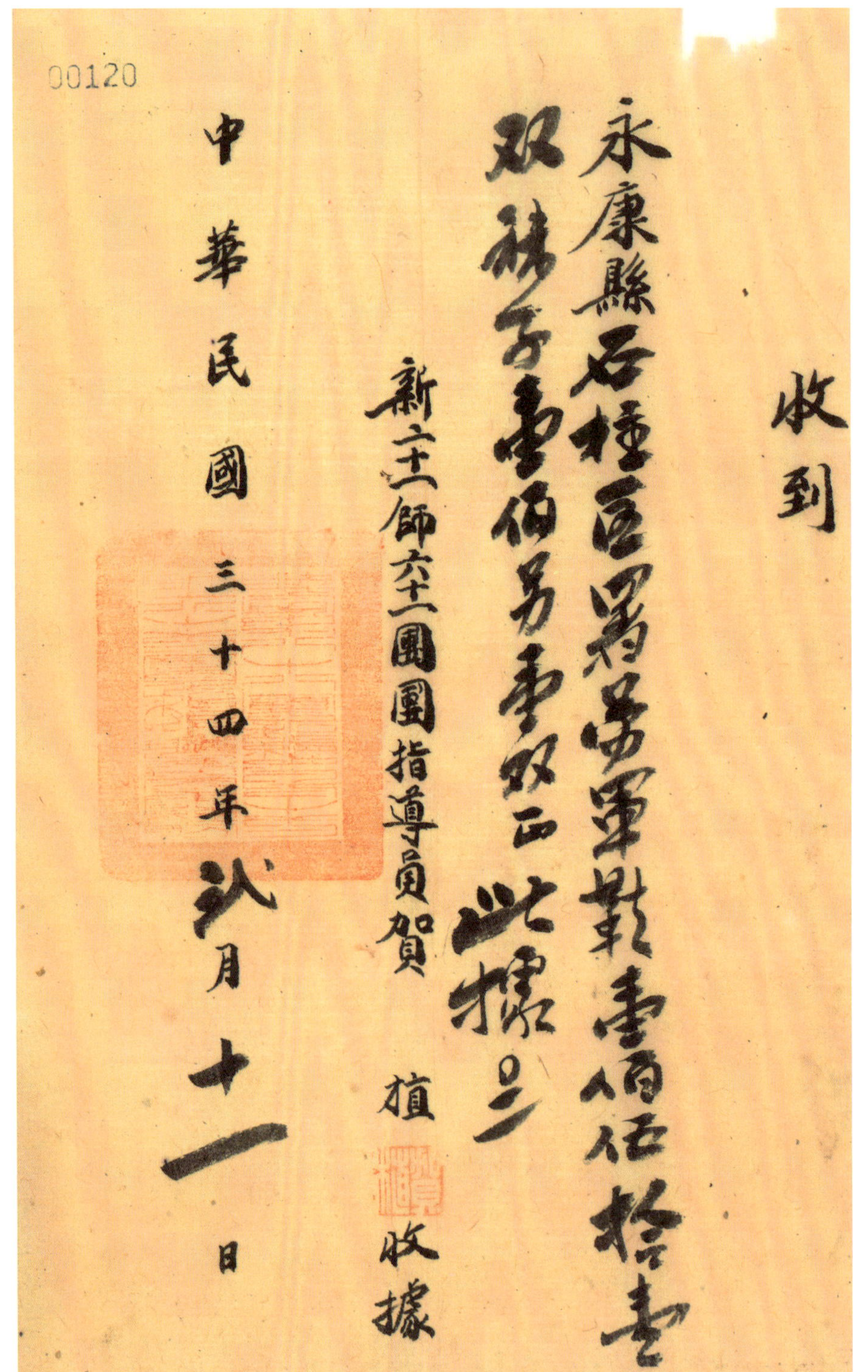

00120

收到

永康縣石柱區募集軍鞋壹佰伍拾壹双補字壹佰另壹双正此據

新二十一師六十一團團指導員賀 植 收據

中華民國三十四年貳月十一日

附：陆军新编第二十一师步兵第六十一团收条

陆军新编第二十一师步兵第六十一团关于回复劳军鞋袜及代金确数致永康县政府的公函（一九四五年三月七日）

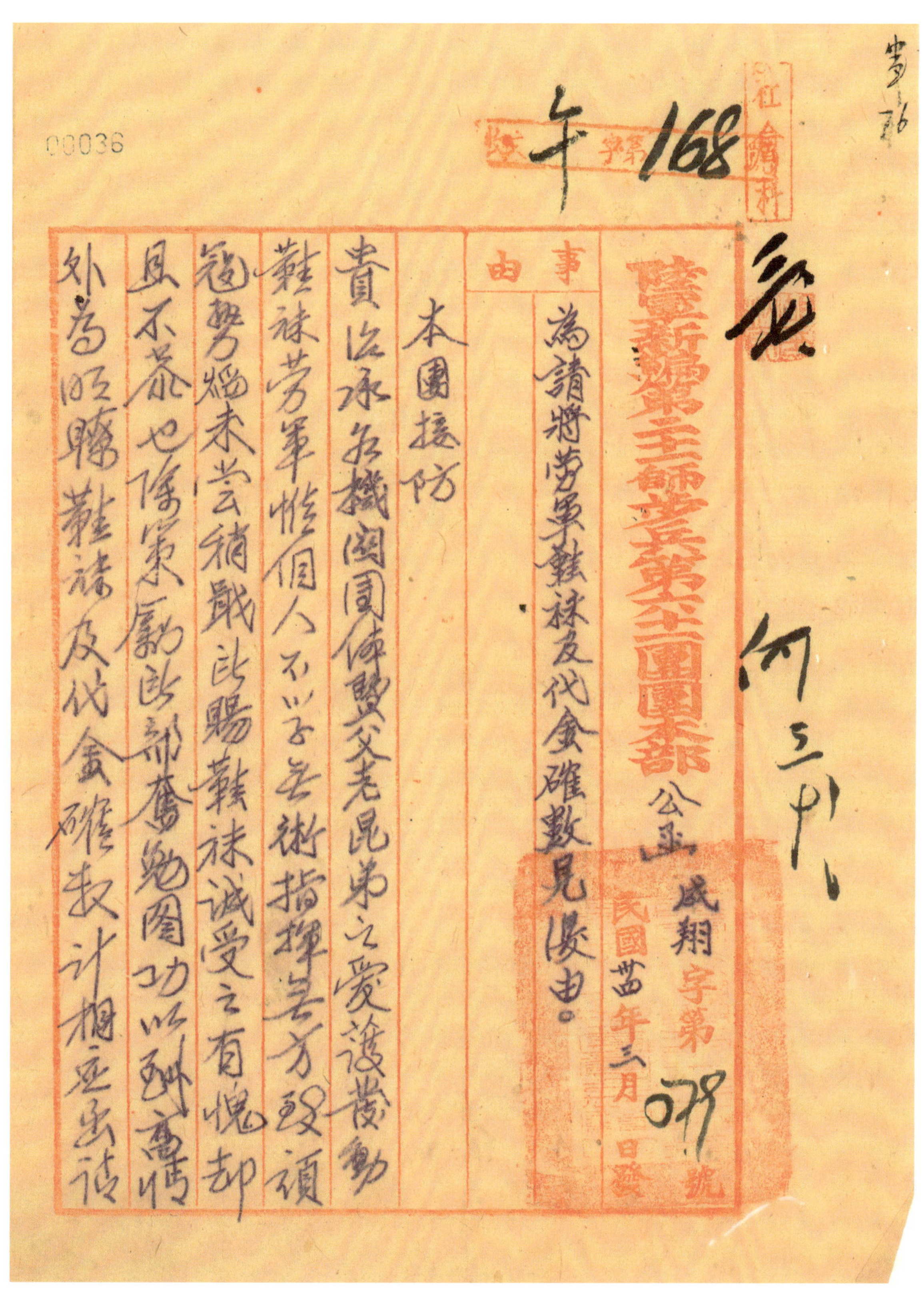

陸軍新編第二十一師步兵第六十一團團本部 公函 威翔字第079號 民國卅四年三月 日發

事由：為請將勞軍鞋襪及代金確數見復由。

本團接防

貴治承各機關團體暨父老昆弟之愛護，發動鞋襪勞軍，惟個人不學無術，指揮無方，致頑敵勢猖獗，未嘗稍戢，此賜鞋襪，誠受之有愧，卻之不恭，也除策勵所部奮勉圖功以酬高情外，為明瞭鞋襪及代金確數計，相應函請

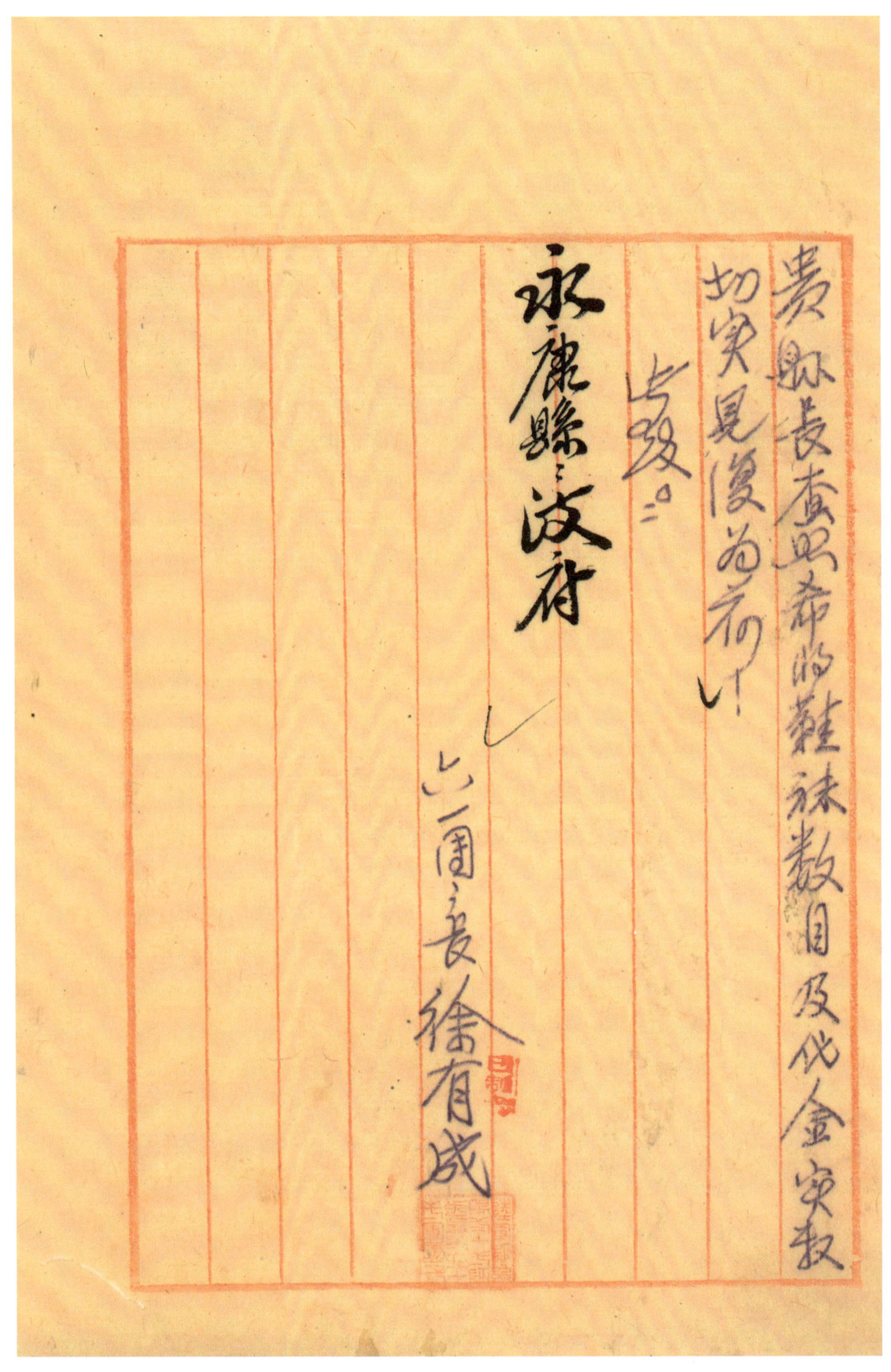

贵县长查照，希将鞋袜数目及代金实数切实见复为荷！

此致

永康县县政府

六一团团长徐有成

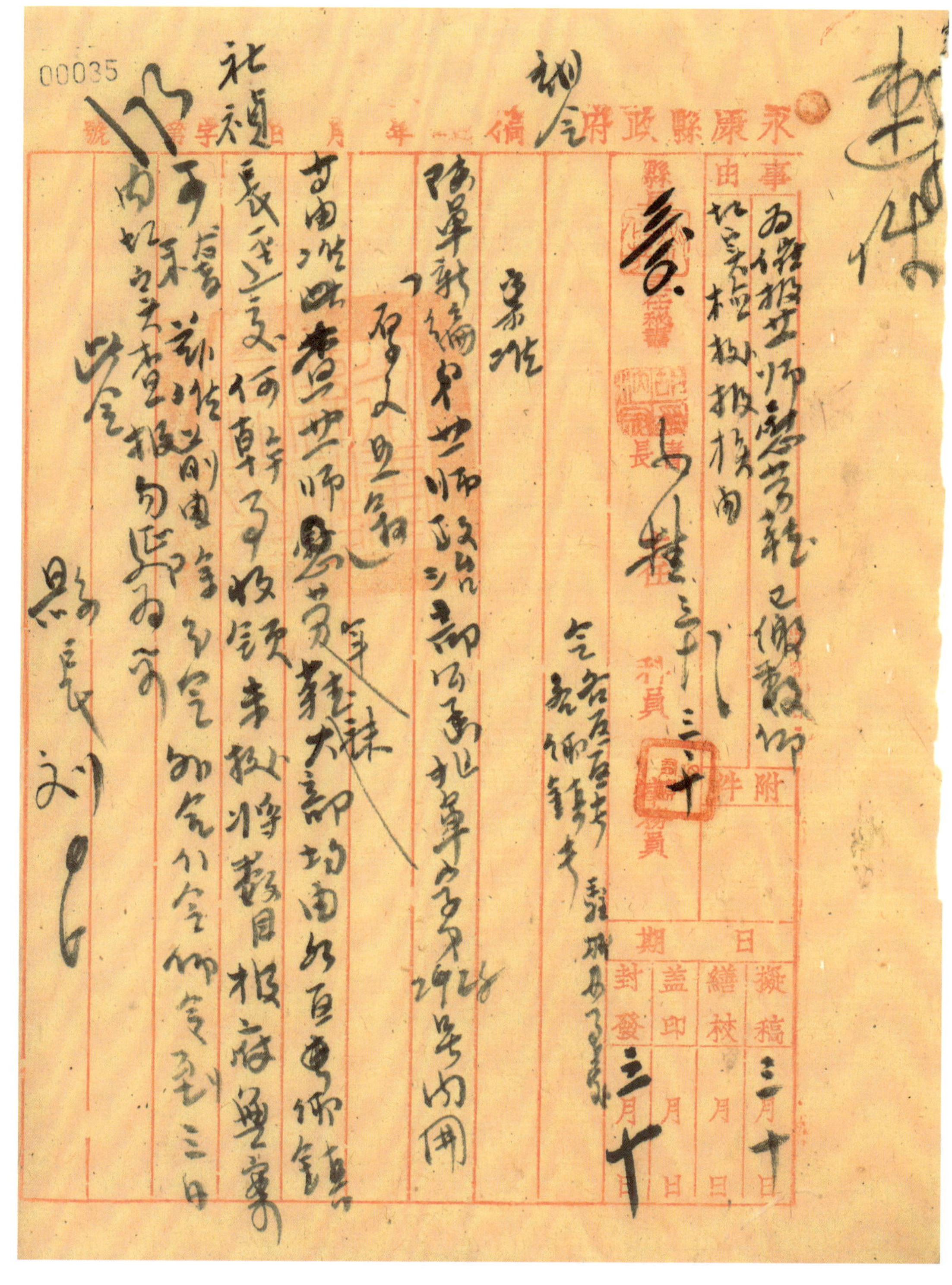

永康县政府关于催报陆军新编第二十一师劳军鞋袜事致各区署各乡镇公所的训令（一九四五年三月十日）

松石镇公所关于已交清劳军鞋袜事致永康县政府的呈（一九四五年三月十四日）

永康縣松石鎮公所 呈

總字第一二四二號

民國三十四年三月十四日

事由：為呈復勸募勞軍鞋襪各二十四雙祈鑒核由

附件

案奉

永康縣政府社禎字第一七三號訓令內開：「略以陸軍新編第廿一師去歲勸募勞軍鞋襪各若干雙，未將數目報核，令仰于三日內切實查報」等因。奉查是項勞軍鞋襪，職鎮奉派各二十四雙，均已由前城區办事處收繳轉介，理合呈復，仰祈

鑒核。

謹呈

永康縣政府

松石鎮鎮長徐繼昌

中和乡公所关于劳军鞋袜已交清事致永康县政府的呈（一九四五年三月十六日）

社

11
34 3 21

案奉

鈞府本年三月社禎字第一七三号訓令尾開：

查廿一師劳軍鞋袜大部均由各鄉鎮長逕交何幹事收領未據將數目報府無案可稽除分令外合行令仰令到三日内切實查報勿延為要

等因奉此查本鄉於二月五日繳送洋袜三十六双計折國幣柒千弍百元二月七日送繳布鞋拾三双均由何幹事檢收出有收據奉令前因理合備文呈復仰祈

鑒核

謹呈

永康縣縣長劉

經字第一六五號

中華民國三十四年三月十六日

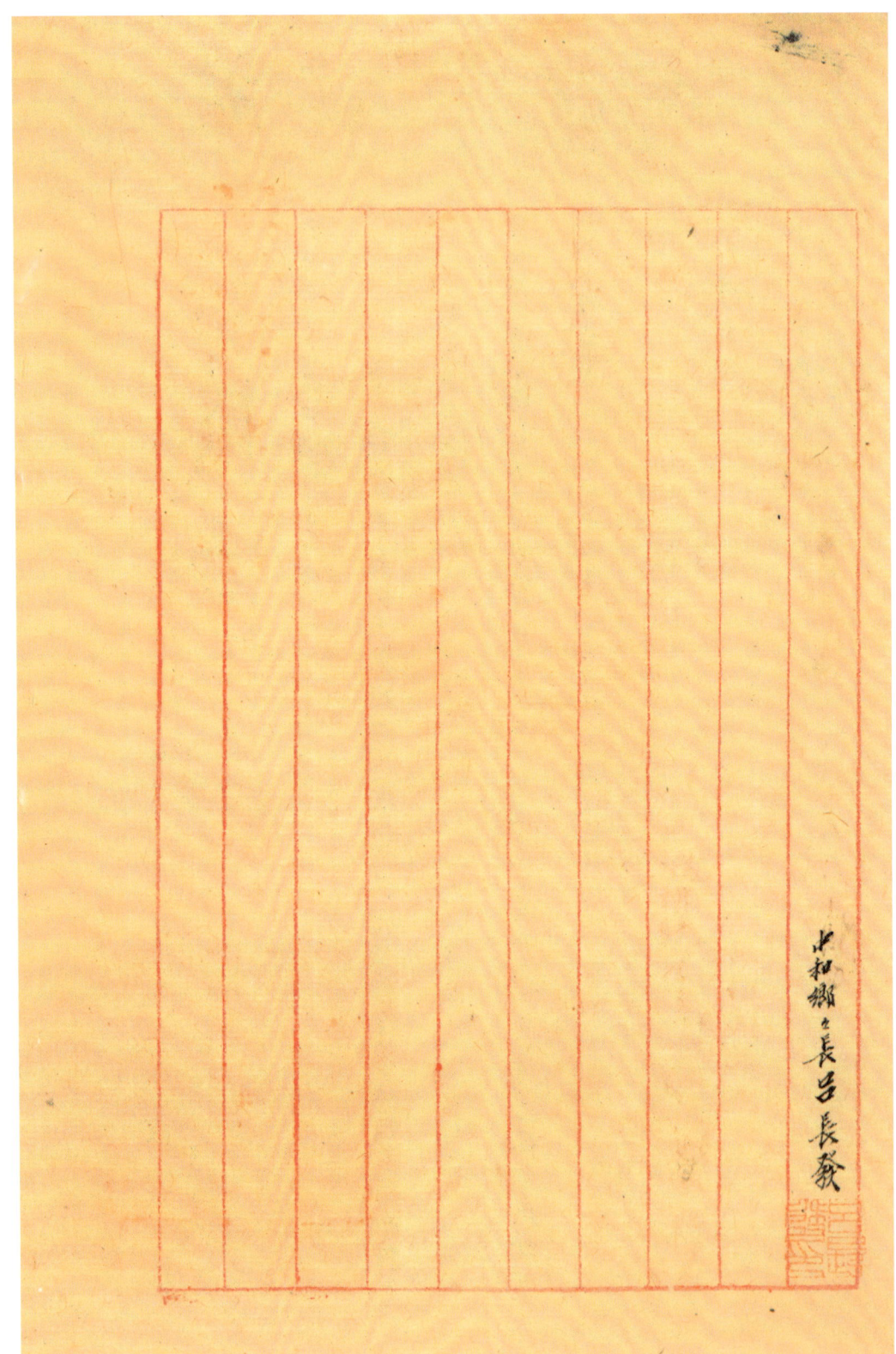

永和鄉〻長呂長發

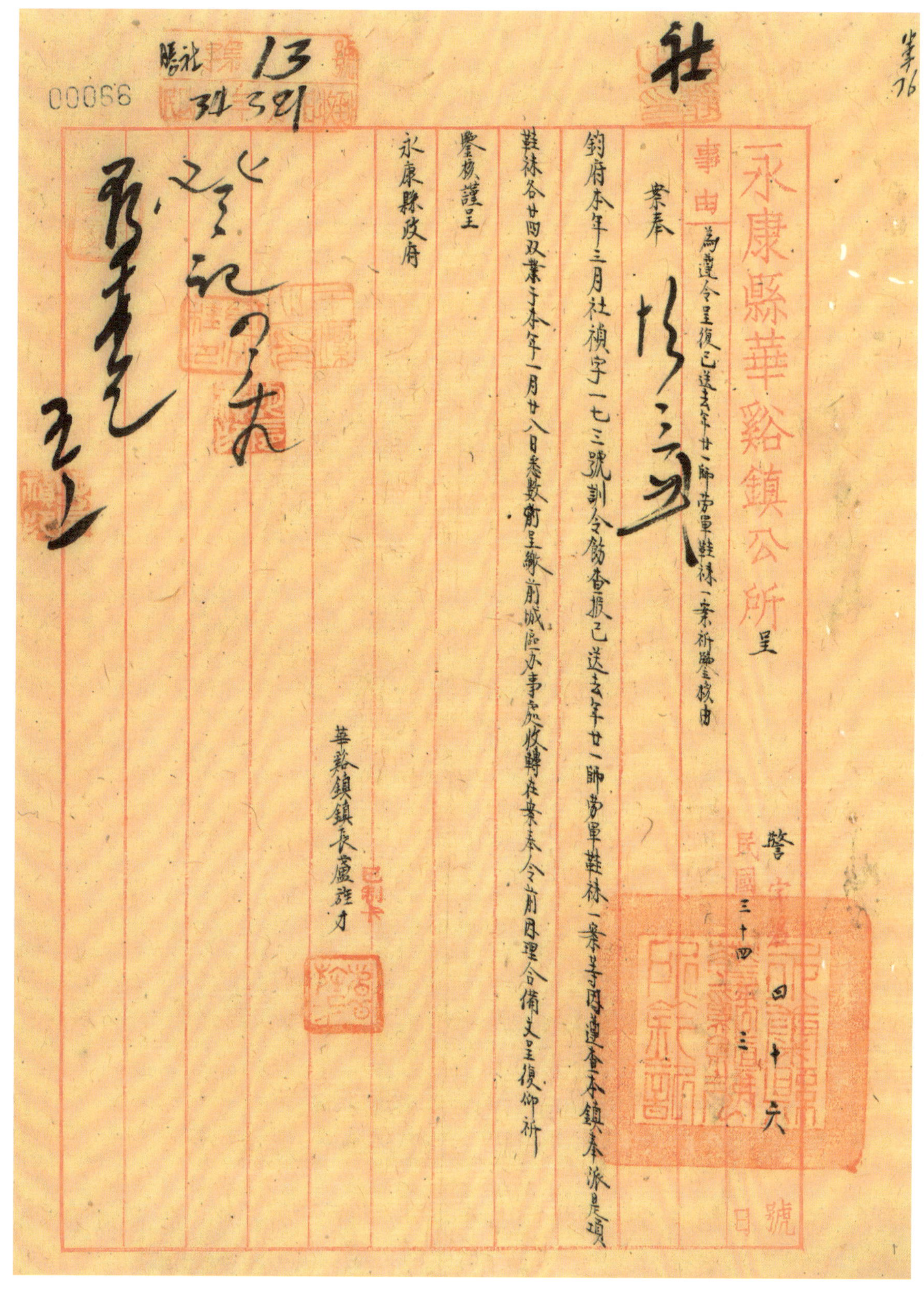

永康縣華谿鎮公所呈

警字第四十六號

民國三十四年三月　日

事由：為遵令呈復已送去年廿一師勞軍鞋袜一案祈鑒核由

案奉

鈞府本年三月社禎字一七三號訓令飭查報已送去年廿一師勞軍鞋袜一案等因遵查本鎮奉派是項鞋袜各廿四双業于本年一月廿八日悉數備呈繳前城區办事處收轉在案奉令前因理合備文呈復仰祈

鑒核謹呈

永康縣政府

華谿鎮鎮長盧旌才

华溪镇公所关于已悉数缴清陆军新编第二十一师劳军鞋袜事致永康县政府的呈（一九四五年三月二十一日收）

渠溪乡公所关于已将劳军鞋袜送交倪宅区署事致永康县政府的呈（一九四五年三月二十一日）

永康縣渠溪鄉公所呈　摠字第　號

民國三十四年三月廿一日

事由：為呈復奉派勞軍鞋襪各十六隻已於本年一月廿四日解倪區祈鑒核由

案奉

鈞府社禎字第一七三二號訓令尾開：「查卅師勞軍鞋襪大部均由各區鄉鎮長逕交何幹事收領，未據將數目報府，無案可稽，除分令外，合行令仰令到三日內切實查報勿延為要，此令。」等因；奉此，查是項奉派勞軍鞋襪各十六隻已於本年一月廿四日解送前倪宅區署查收並製給收據在案。茲奉前因，理合備文呈復，仰祈

鈞長鑒核，實為公便。謹呈

永康縣長葉

鄉長童榮孫

梅山乡公所关于悉数缴清陆军新编第二十一师劳军鞋袜事致永康县政府的呈（一九四五年三月二十三日）

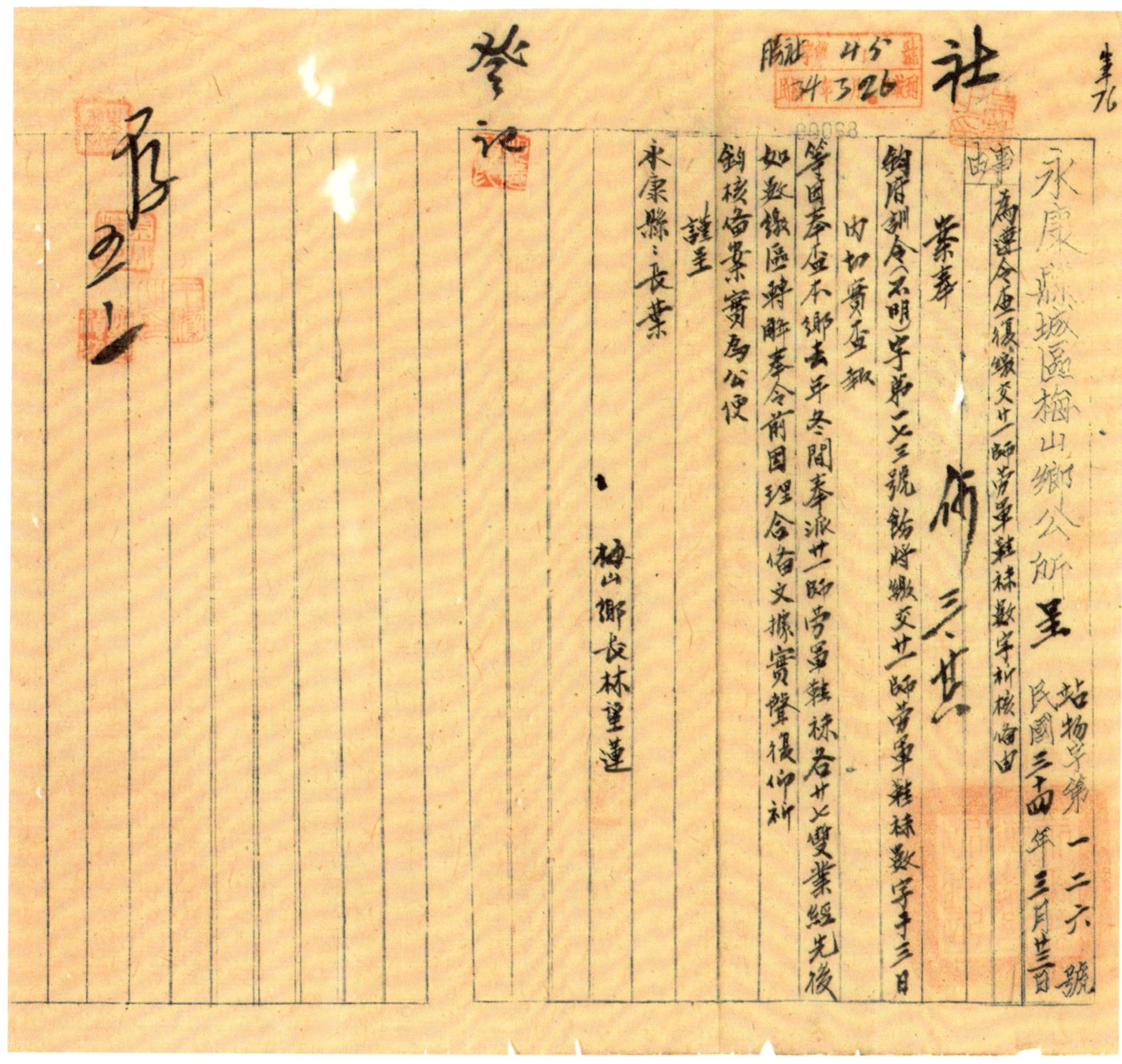

古山区东岭乡公所关于送交劳军鞋袜事致永康县政府的呈（一九四五年三月二十七日）

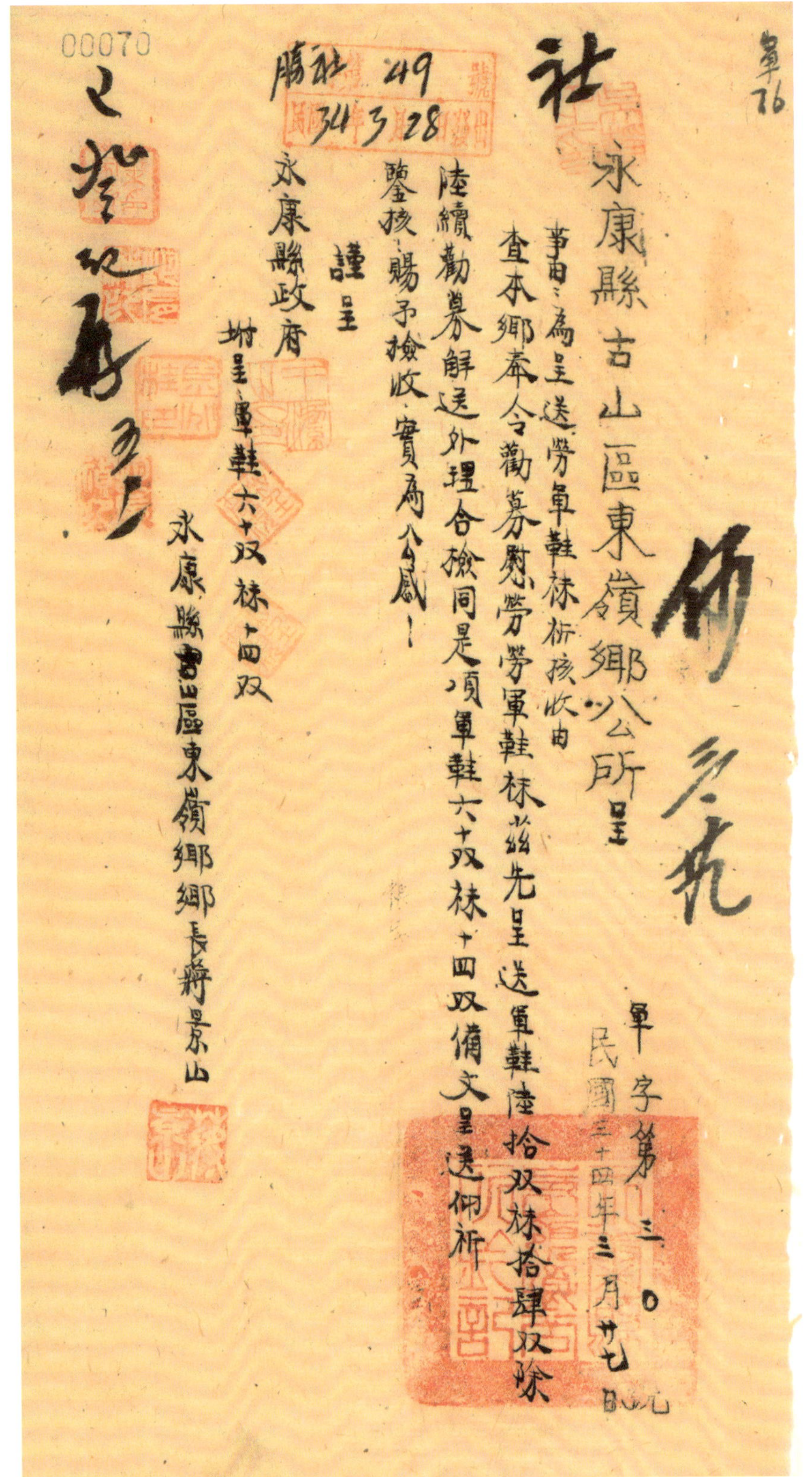

00070

縣社 49 34 3 28

永康縣古山區東嶺鄉公所呈

軍字第三〇號

民國三十四年三月廿七日

事由：為呈送勞軍鞋袜祈核收由

查本鄉奉令勸募慰勞勞軍鞋袜，茲先呈送軍鞋陸拾双、袜拾肆双，除陸續勸募解送外，理合檢同是項單鞋六十双、袜十四双備文呈送，仰祈鑒核，賜予檢收，實爲公感！

謹呈

永康縣政府

附呈：軍鞋六十双、袜十四双

永康縣古山區東嶺鄉鄉長蔣景山

古山区署关于报送益新等乡劳军鞋事致永康县政府的呈（一九四五年四月二日）

00044

社 65

永康縣政府古山區署 呈

社字第二一四號

民國三十四年四月二日

事由

查本區各鄉鎮慰勞廿一師六一團軍鞋襪，經本署派員往催，茲由古山益新等鄉鎮繳送軍鞋共六十七双，理合備文如數轉送，仰祈

核收給據！

謹呈

永康縣縣長葉

附呈送軍鞋六十七雙

永康縣政府古山區署區長金仲如

方岩乡公所关于解送陆军新编第二十一师步兵第六十一团劳军鞋袜事致永康县政府的呈（一九四五年四月四日）

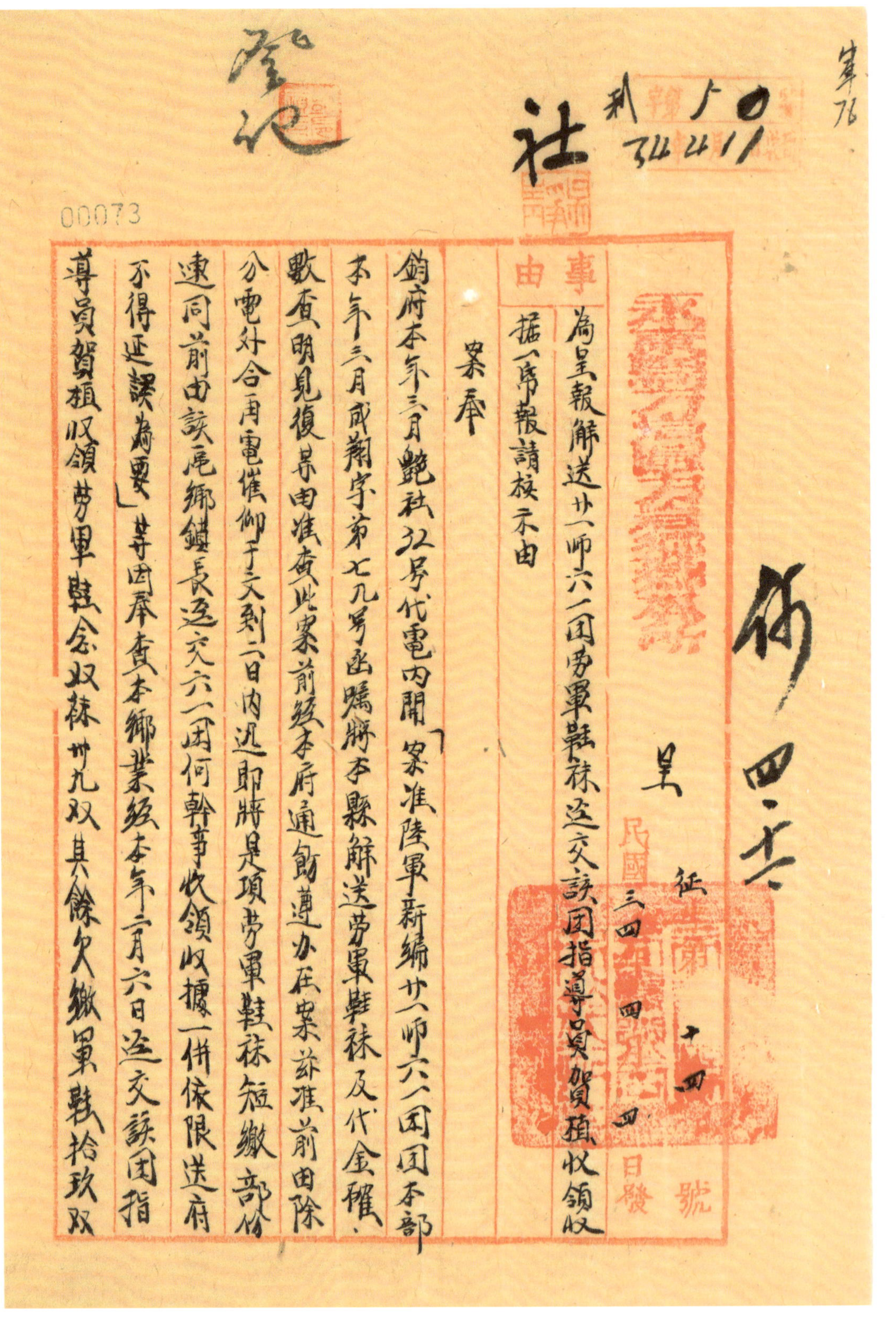

事由：為呈報解送廿一师六一团劳軍鞋袜送交該团指導員賀頫收領收據一并報請核示由

案奉

鈞府本年三月艷社江号代電內開「案准陸軍新編廿一师六一团团本部本年三月戌翔字第七九号函囑將本縣解送劳軍鞋袜及代金確數查明見復等由准此案前經本府通飭遵辦在案茲准前由除分電外合再電催仰于文到二日內迅即將是項劳軍鞋袜短繳部份速同前由該鄉鎮長送交六一团何幹事收領收據一併依限送府不得延誤為要」等因奉查本鄉業經本年二月六日送交該团指導員賀頫收領劳軍鞋念双袜卅九双其餘欠繳軍鞋拾玖双

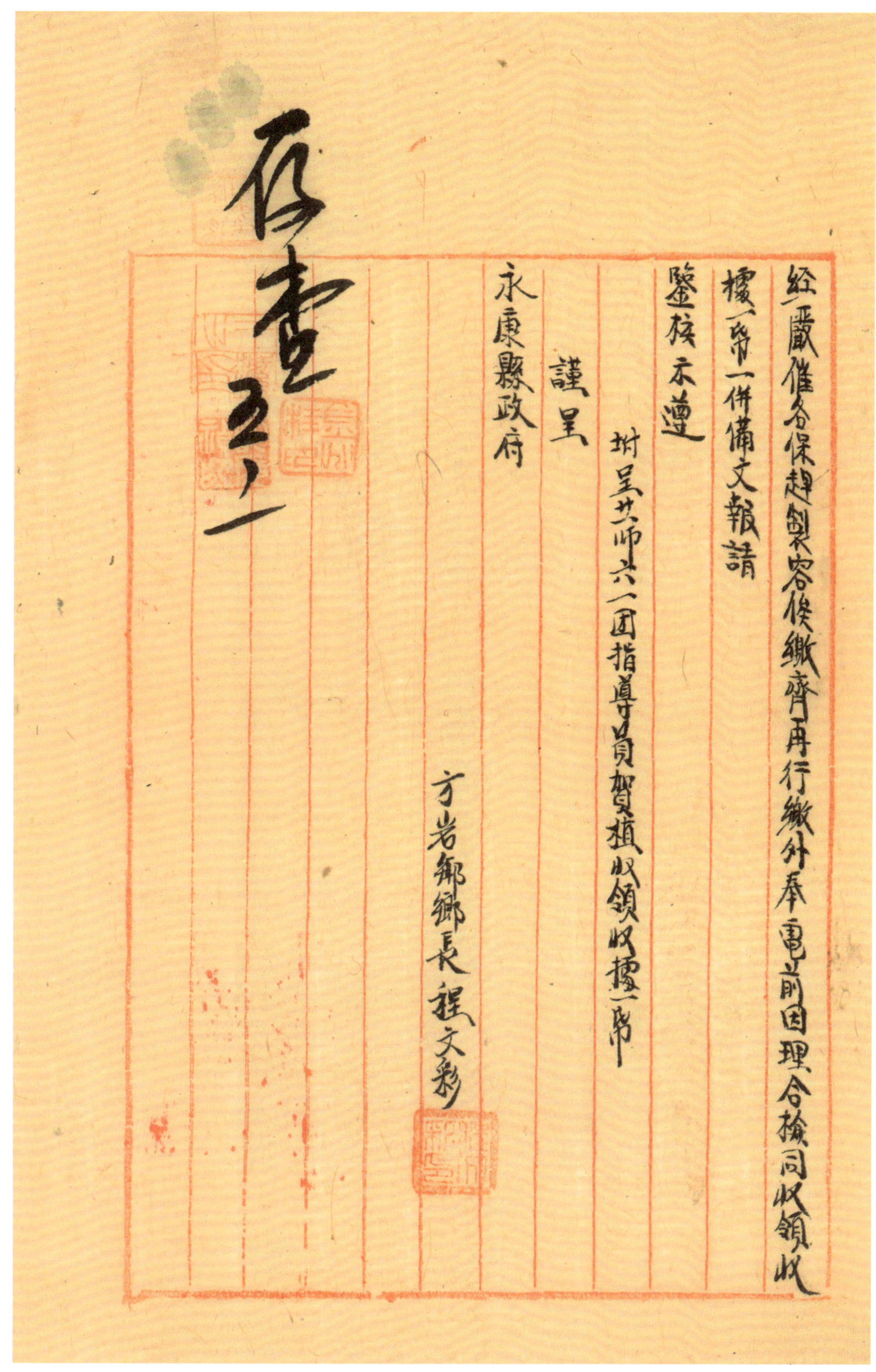

存查 五、一

經嚴催各保趕製，容俟繳齊再行繳外，奉電前因，理合檢同收領收據一帋，一併備文報請

鑒核示遵。

計呈共師六一團指導員賀楨收領收據一帋

謹呈

永康縣政府

方岩鄉鄉長 程文彩

附：陆军新编第二十一师步兵第六十一团收条

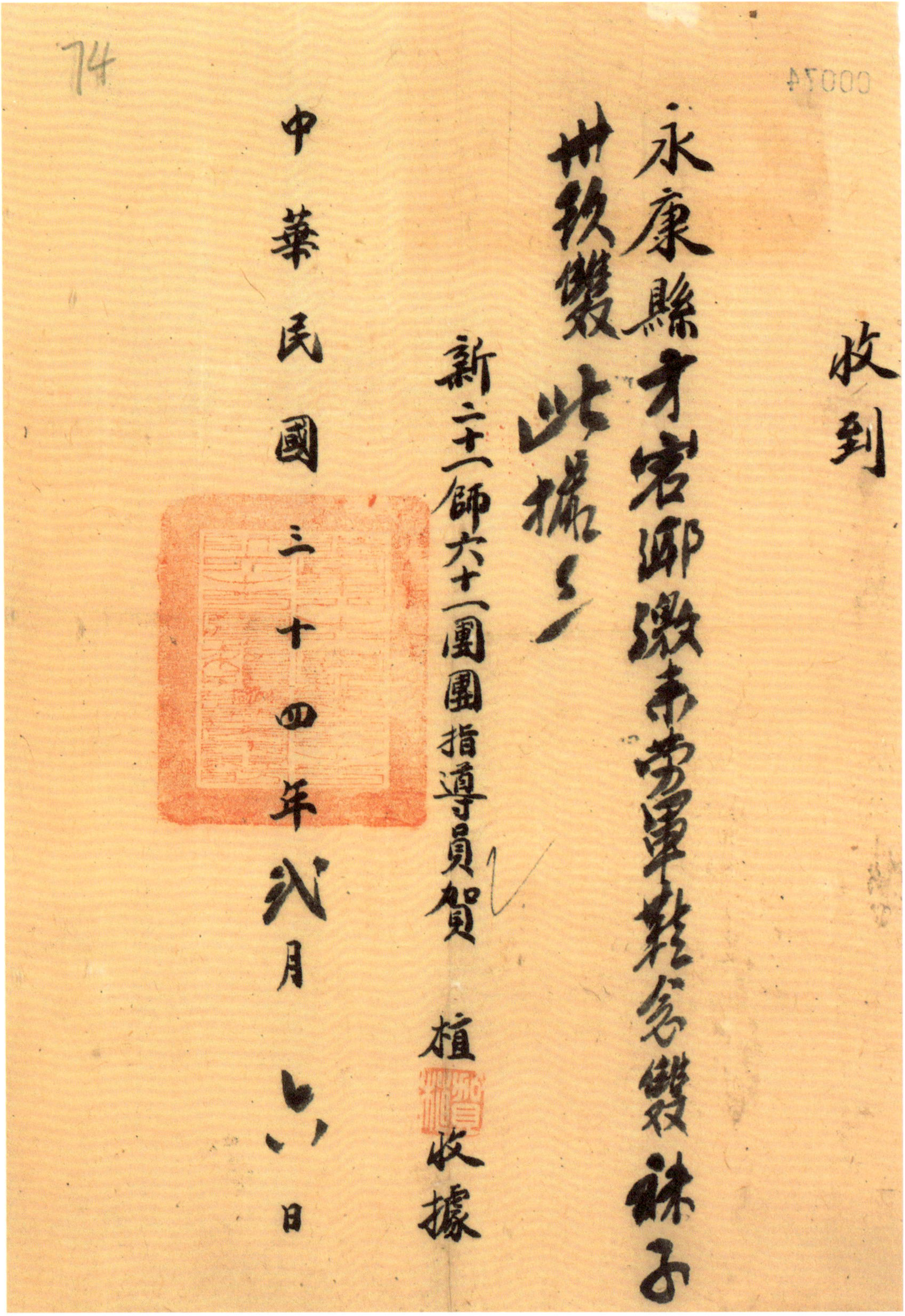

收到

永康縣才宕鄉徵來草鞋叁雙襪子卅玖雙此據

新二十一師六十一團團指導員賀植收據

中華民國三十四年弍月六日

三民乡公所关于解送陆军新编第二十一师步兵第六十一团劳军鞋袜事致永康县政府的呈（一九四五年四月四日收）

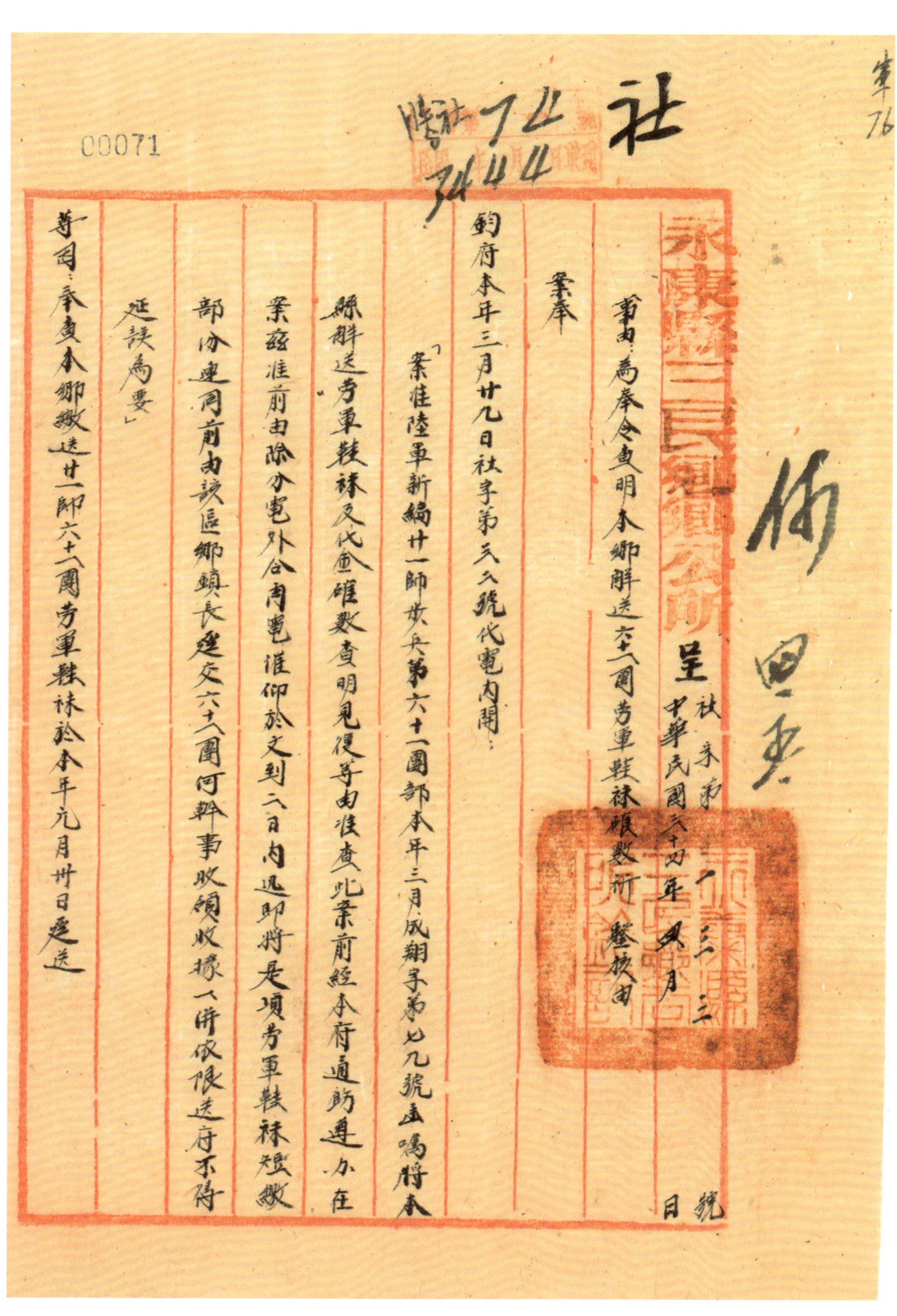

永康縣三民鄉公所呈　社字第　號

中華民國三十四年四月一日

事由：為奉令查明本鄉解送六十八團勞軍鞋襪雙數祈鑒核由

案奉

鈞府本年三月廿九日社字第三八號代電內開：

「案准陸軍新編廿一師步兵第六十一團部本年三月戍翔字第七九號函囑將本縣解送勞軍鞋襪及代金確數查明見復等由，准查此案前經本府通飭遵辦在案，茲准前由，除分電外，合再電仰於文到二日內迅即將是項勞軍鞋襪雙數部份連同前由該區鄉鎮長逕交六十八團何幹事收領收據一併依限送府，不得延誤為要」

等因。奉查本鄉繳送廿一師六十八團勞軍鞋襪於本年九月卅日逕送

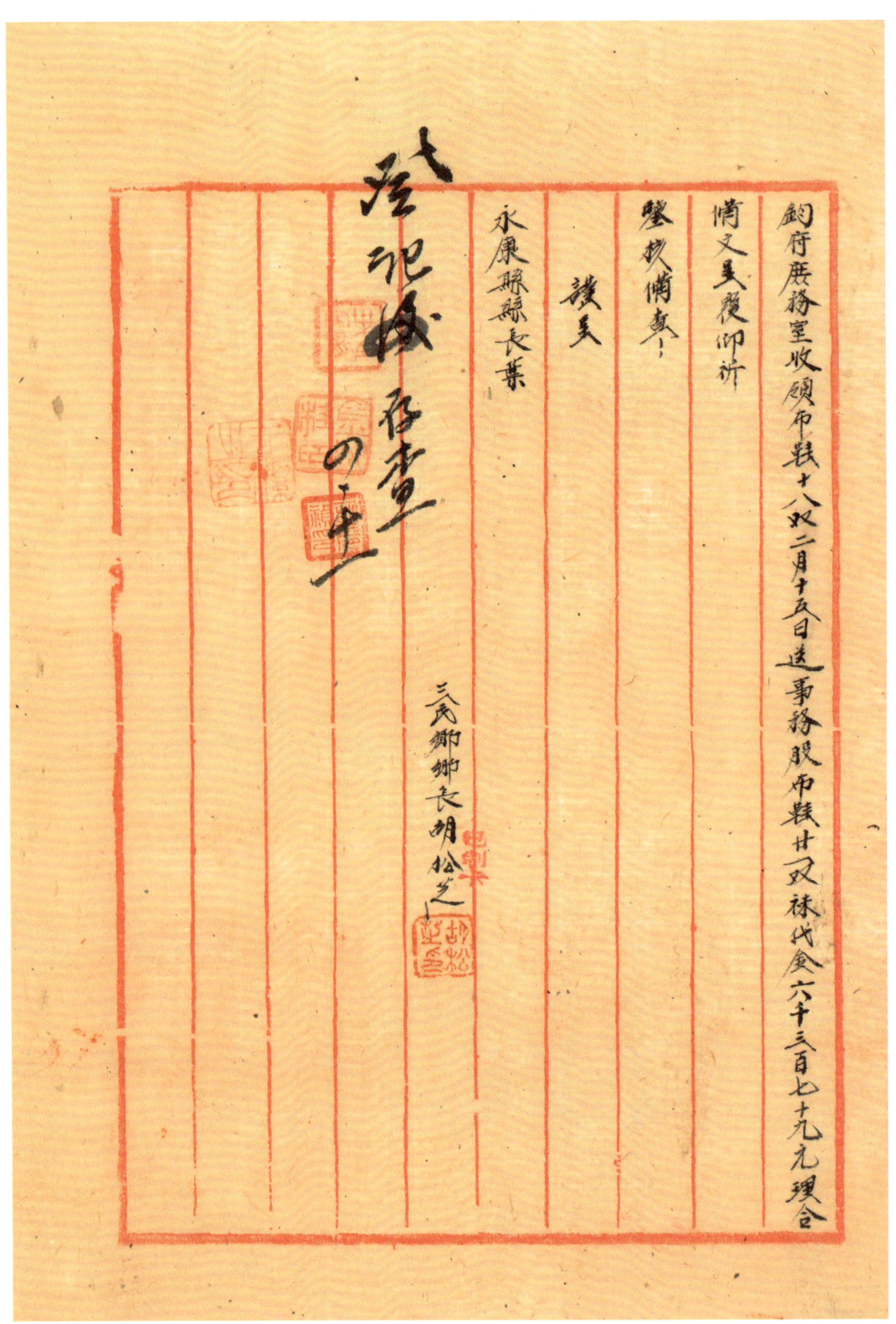

鈞府庶務室收領布鞋十八双二月十五日送事務股布鞋廿双袜代金六千三百七十九元理合

備文具覆仰祈

鑒核備查！

謹呈

永康縣縣長葉

三民鄉鄉長胡松芝

登記後 存查 四.十一

永康县政府关于填报陆军新编第二十一师劝募冬季鞋袜调查表事致各区署各乡镇公所的训令（一九四五年四月七日）

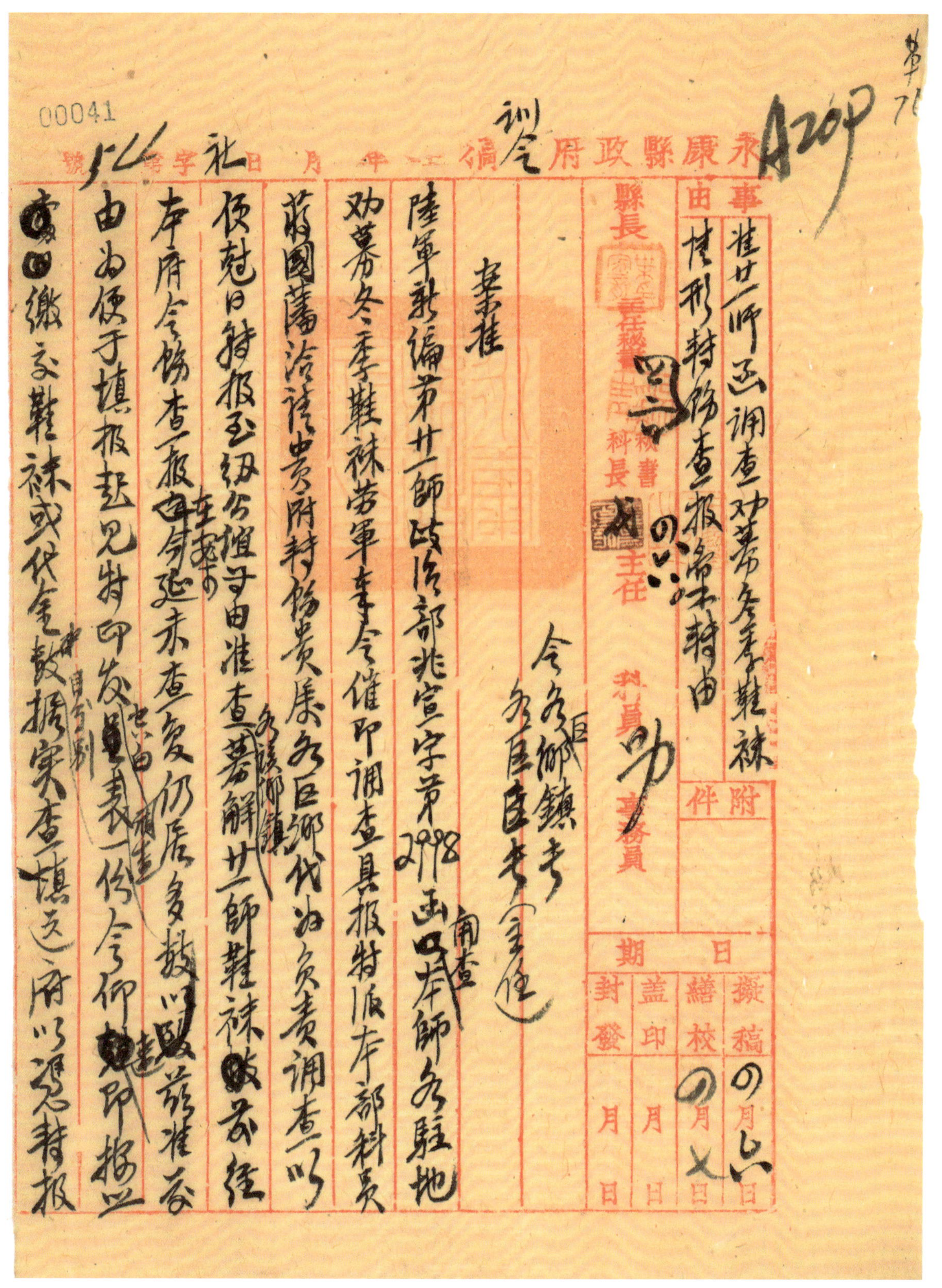
00041

永康縣政府稿 訓令 年 月 日 社字第 號

事由：准廿一師函調查劝募冬季鞋袜情形轉飭查報除[illegible]轉由

縣長 主任秘書 秘書 科長 主任 科員 事務員

附件

日期：擬稿 月 日；繕校 月 日；蓋印 月 日；封發 月 日

令各區鄉鎮長（主任）

案准

陸軍新編第廿一師政治部兆宣字第2998函開："查本師各駐地劝募冬季鞋袜劳軍事，今准即調查具報，特派本部科員蔣國藩洽請貴府轉飭貴縣各區鄉代為負責調查，以便匯日轉報上級[illegible]"等由；准查，[illegible]廿一師鞋袜[illegible]本府令飭查報在案，延未查復，[illegible]

00042

永康縣政府稿 年 月 日 字第 號

事由

縣長 主任秘書 秘書科長 主任 科員 事務員

附件

除分令外，合行令仰遵照，勿再延誤為要。

此令。

附發七月份調查表一份

縣長 葉家[illegible]

日期

擬稿 月 日 繕校 月 日 蓋印 月 日 封發 月 日

附：永康县各乡镇劝募陆军新编第二十一师劳军鞋袜调查表

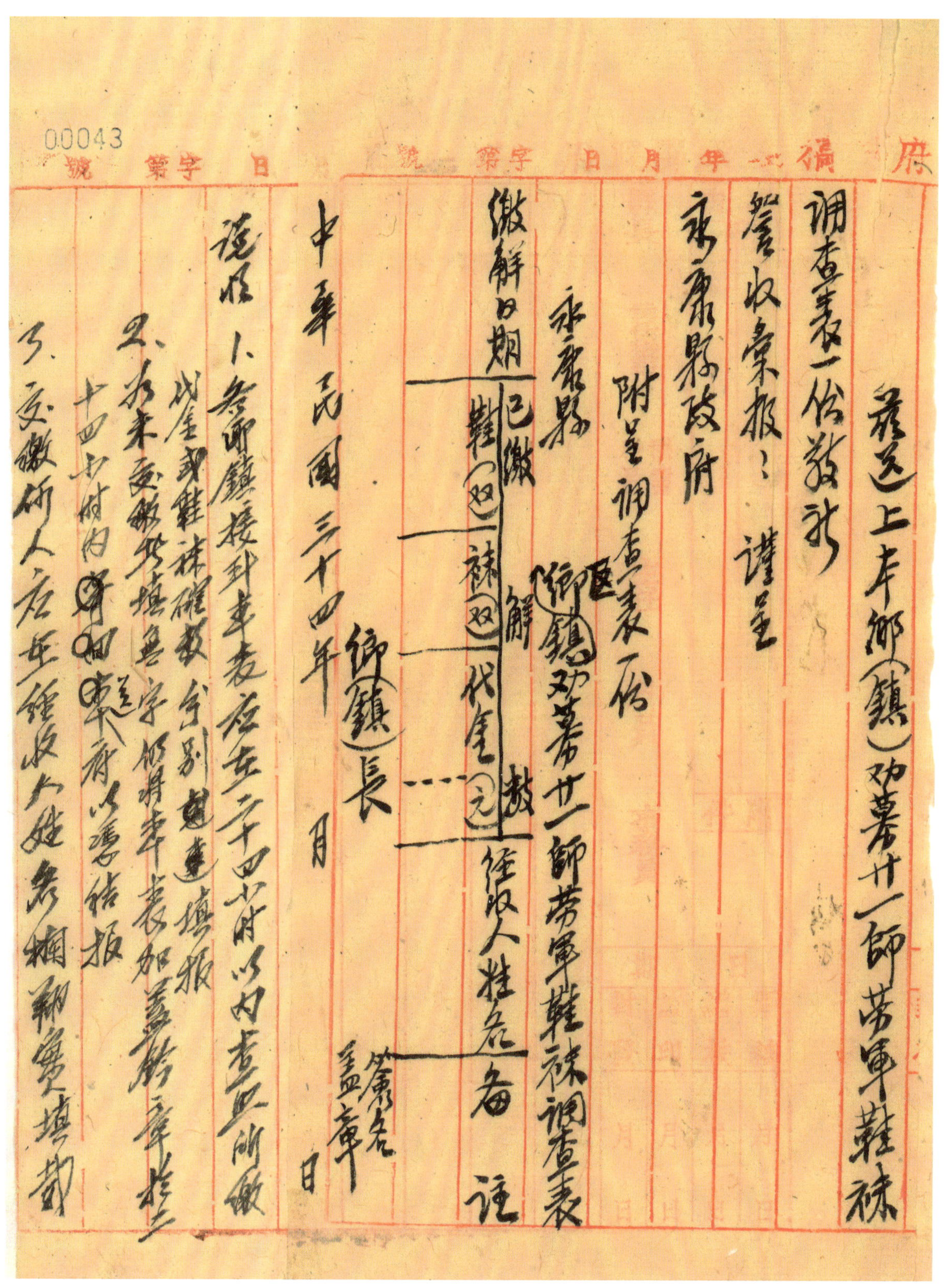

00043

府 稿 年 月 日 字第 號 日 字第 號

茲送上本鄉（鎮）劝募廿一師劳軍鞋袜調查表一份敬祈

營收彙報 謹呈

永康縣政府

附呈調查表一份

永康縣 鄉（鎮）区劝募廿一師劳軍鞋袜調查表

繳解日期	已繳解款			經收人姓名	備註
	鞋（双）	袜（双）	代金（元）		

中華民國三十四年 月 日

鄉（鎮）長 簽名蓋章

說明 1. 各鄉鎮接到本表應在二十四小时以内查照所繳此金或鞋袜確數分別遵照填報

2. 前未交繳者填無字仍將本表加蓋鈐章於二十四小时内呈送本府以憑結報

3. 交繳所人應在經收人姓名欄填載

益新乡公所关于已如数交缴所派劳军鞋袜事致永康县政府的呈（一九四五年四月九日）

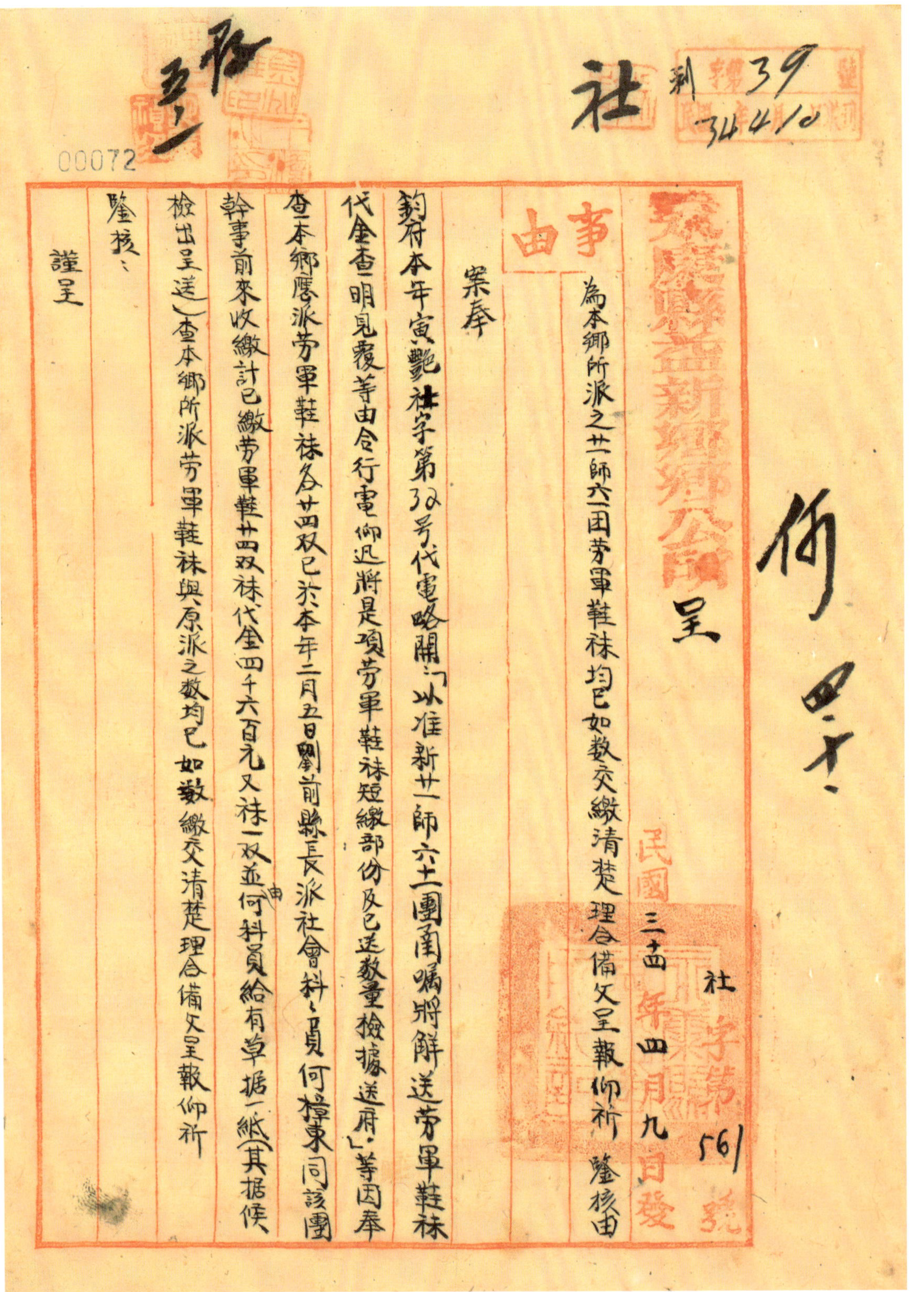

社　判 39　34/4/10

00072

永康縣益新鄉鄉公所　呈

社字第561號

民國三十四年四月九日發

事由：為本鄉所派之廿一師六一團勞軍鞋袜均已如數交繳清楚理合備文呈報仰祈鑒核由

案奉

鈞府本年寅艷社字第32号代電略開：「以准新廿一師六十一團函囑將解送勞軍鞋袜代金查明見覆等由，令仰迅將是項勞軍鞋袜短繳部份及已送數量檢據送府」等因，奉查本鄉應派勞軍鞋袜各廿四双已於本年二月五日劉前縣長派社會科科員何樟東同該團幹事前來收繳，計已繳勞軍鞋廿四双、袜代金四千六百元又袜一双，並由何科員給有草据一紙（其据候檢出呈送）。查本鄉所派勞軍鞋袜與原派之數均已如數繳交清楚，理合備文呈報，仰祈

鑒核。

謹呈

何　四、十

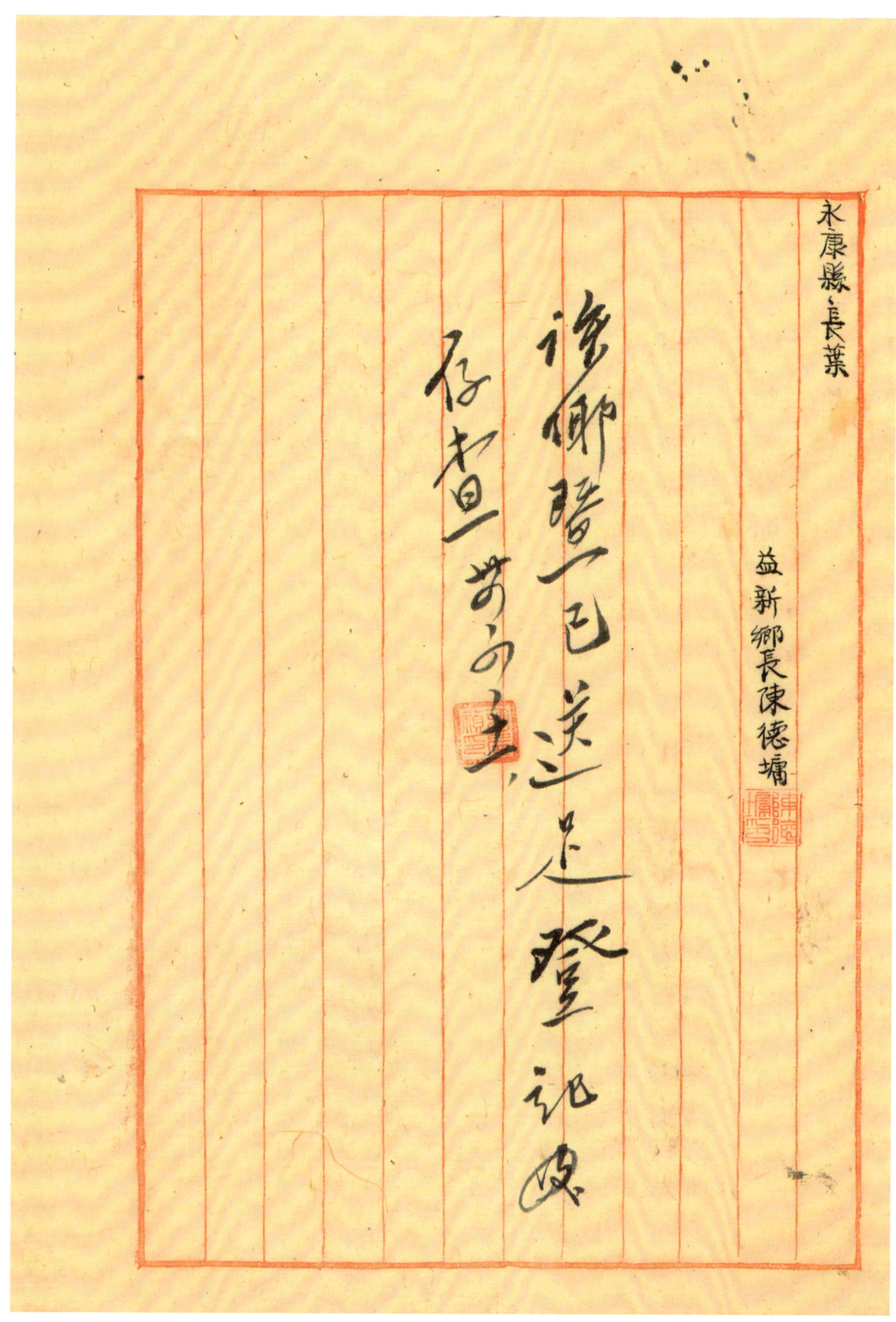

永康縣長葉

益新鄉長陳德墉

該鄉證已送達登記後

存查 廿六、十二

太西乡公所关于解送陆军新编第二十一师劝募布鞋及代金事致永康县政府的呈（一九四五年四月十二日）

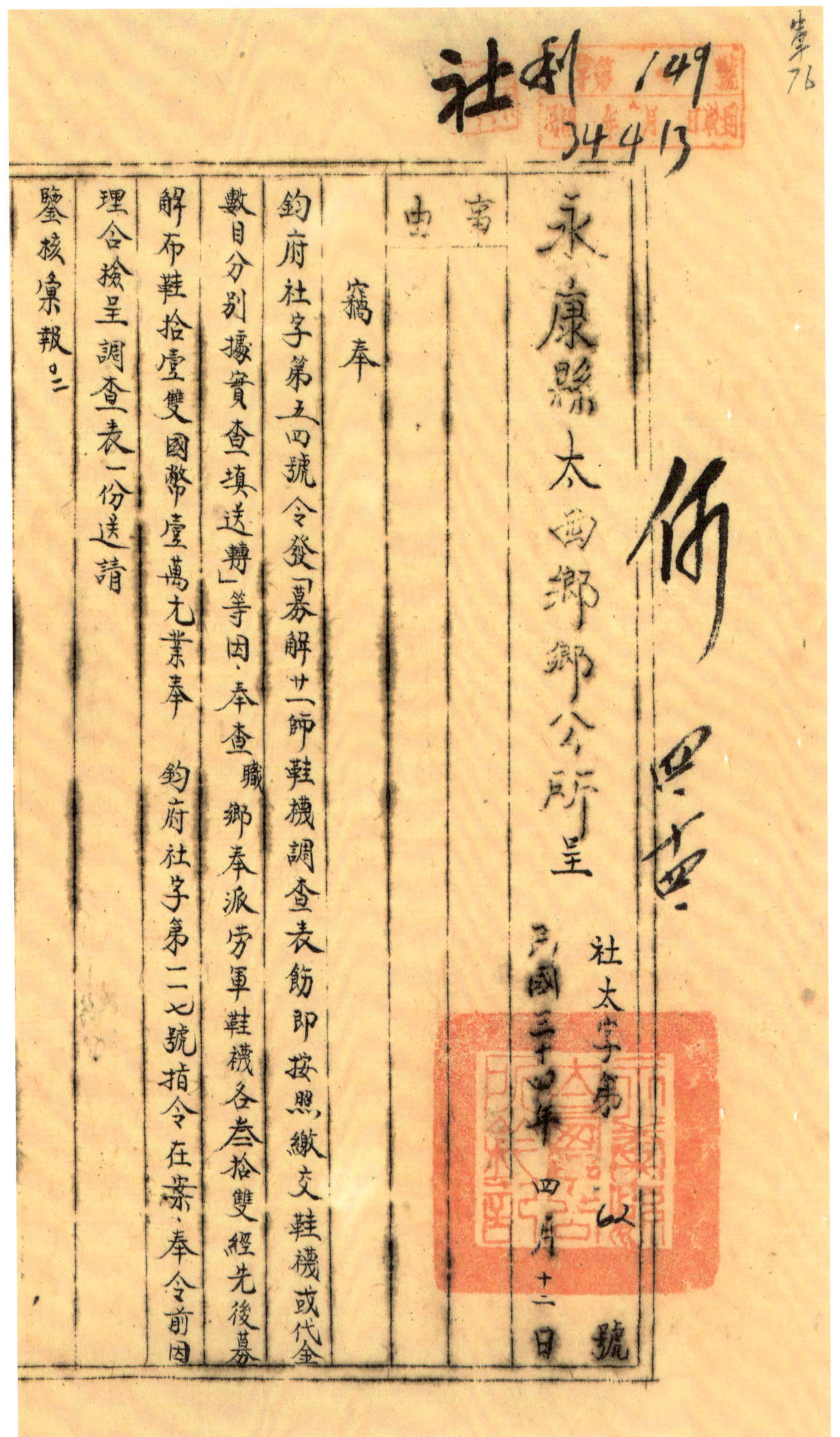

社利 149
34 4 13

永康縣太西鄉鄉公所呈

社太字第 以 號

民國三十四年四月十二日

事由

竊奉

鈞府社字第五四號令發「募解廿一師鞋襪調查表」飭即按照繳交鞋襪或代金數目分別據實查填送轉」等因，奉查職鄉奉派勞軍鞋襪各叁拾雙，經先後募解布鞋拾壹雙，國幣壹萬元，業奉

鈞府社字第二一七號指令在案，奉令前因，理合檢呈調查表一份，送請

鑒核彙報。

謹呈

縣長葉

附勸募廿一師勞軍鞋襪調查表一紙

永康縣太西鄉鄉長胡端鎏 代

永康縣太西鄉勸募勞軍鞋襪調查表

繳解日期	已繳解數 鞋(双)	襪(双)	代金(元)	經收人姓名	備攷
	拾壹双	〇	一〇〇〇〇元	何科員手四〇〇〇元送科六〇〇〇元	

太西鄉鄉長胡端鎏 代

中和乡公所关于劝募陆军新编第二十一师劳军鞋袜调查表致永康县政府的呈（一九四五年四月十三日）

附：中和乡劝募陆军新编第二十一师劳军鞋袜调查表

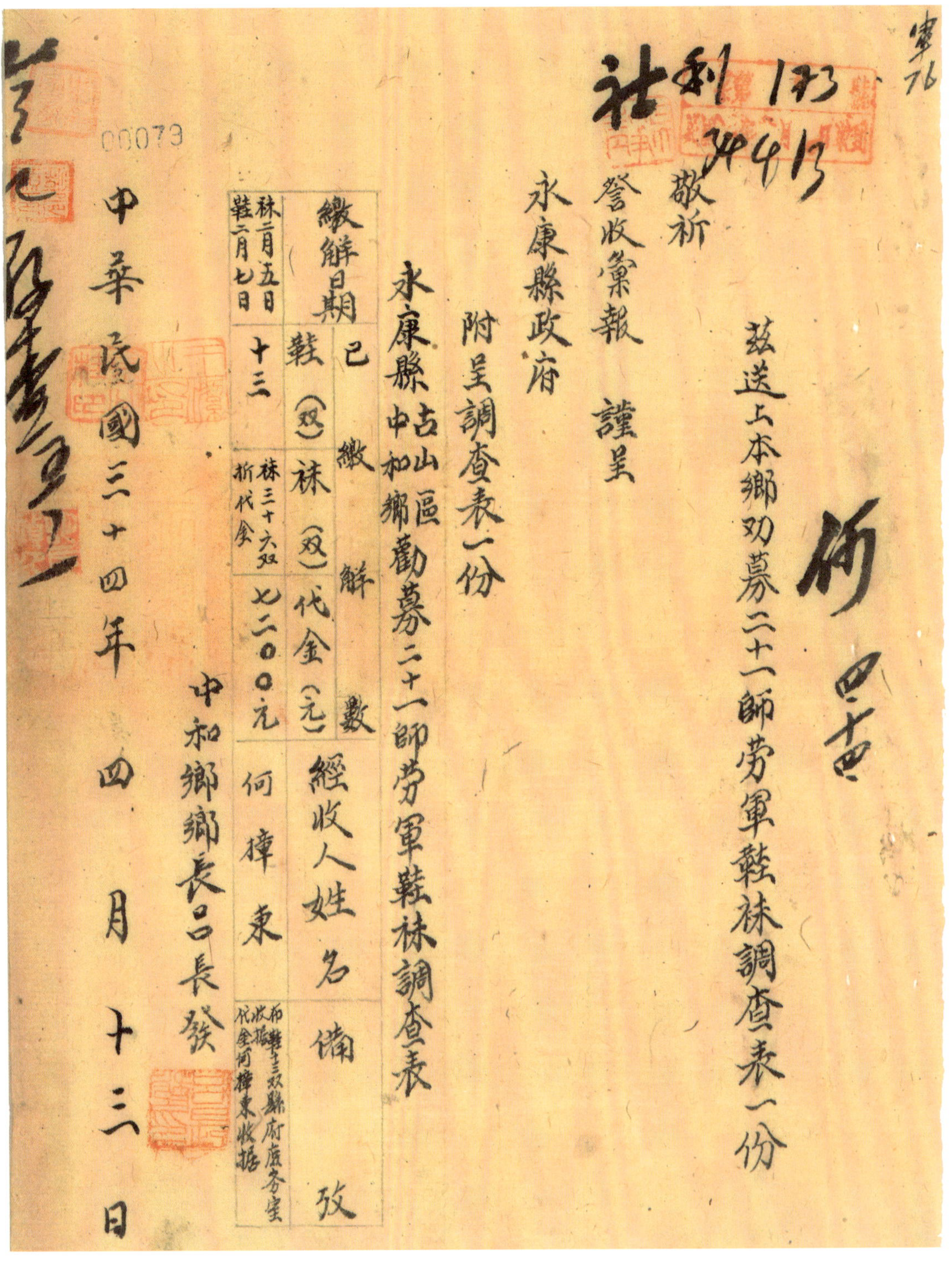

茲送上本鄉劝募二十一師劳軍鞋袜調查表一份

敬祈

詧收彙報　謹呈

永康縣政府

附呈調查表一份

永康縣古山區中和鄉勸募二十一師劳軍鞋袜調查表

繳解日期	已繳解數			經收人姓名	備攷
	鞋（双）	袜（双）	代金（元）		
袜一月五日 鞋二月七日	十三	袜三十六双折代金	七二〇〇元	何樟東	布鞋十三双縣府座秀宝收据 代金何樟東收据

中和鄉鄉長吕長發

中華民國三十四年四月十二日

永康縣松鶴鄉鄉公所 呈 社字第二四七號

民國三十四年四月十五日

事由：為呈繳本鄉繳廿一師勞軍鞋袜調查表一份祈鑒核由

案奉

鈞府社字第五四號訓令附發空白調查表一份均奉悉查是案本鄉應征募廿一師勞軍布鞋叁拾双袜叁拾双（改折代金陸仟元）於本年二月六日交廿一師政指室少校幹事何寿生收去當時並有收据壹紙於本年二月八日呈繳 鈞府備查奉二月廿一日指令社字第一三四号在案茲奉前因理合填具是項調查表報請

鑒核謹呈

永康縣政府

附呈調查表一份

鄉長黃臨兆

松鹤乡公所关于报送陆军新编第二十一师劳军鞋袜调查表致永康县政府的呈（一九四五年四月十五日）

附：松鹤乡劝募陆军新编第二十一师劳军鞋袜调查表

兹送上本鄉勸募廿一師劳軍鞋袜調查表一份

敬祈

察收彙報　謹呈

永康縣政府

附呈調查表一份

永康縣松鶴鄉勸募廿一師劳軍鞋袜調查表

繳解日期	已繳解數：鞋	袜	代金	經收人姓名	
卅四年二月六日	叁拾双	叁拾双	折代金陸仟元	廿師六團政指室何幹事寿生	收据已呈報縣政府指令有案可查

松鶴鄉鄉長黄昭兆

中華民國三十四年四月十五日

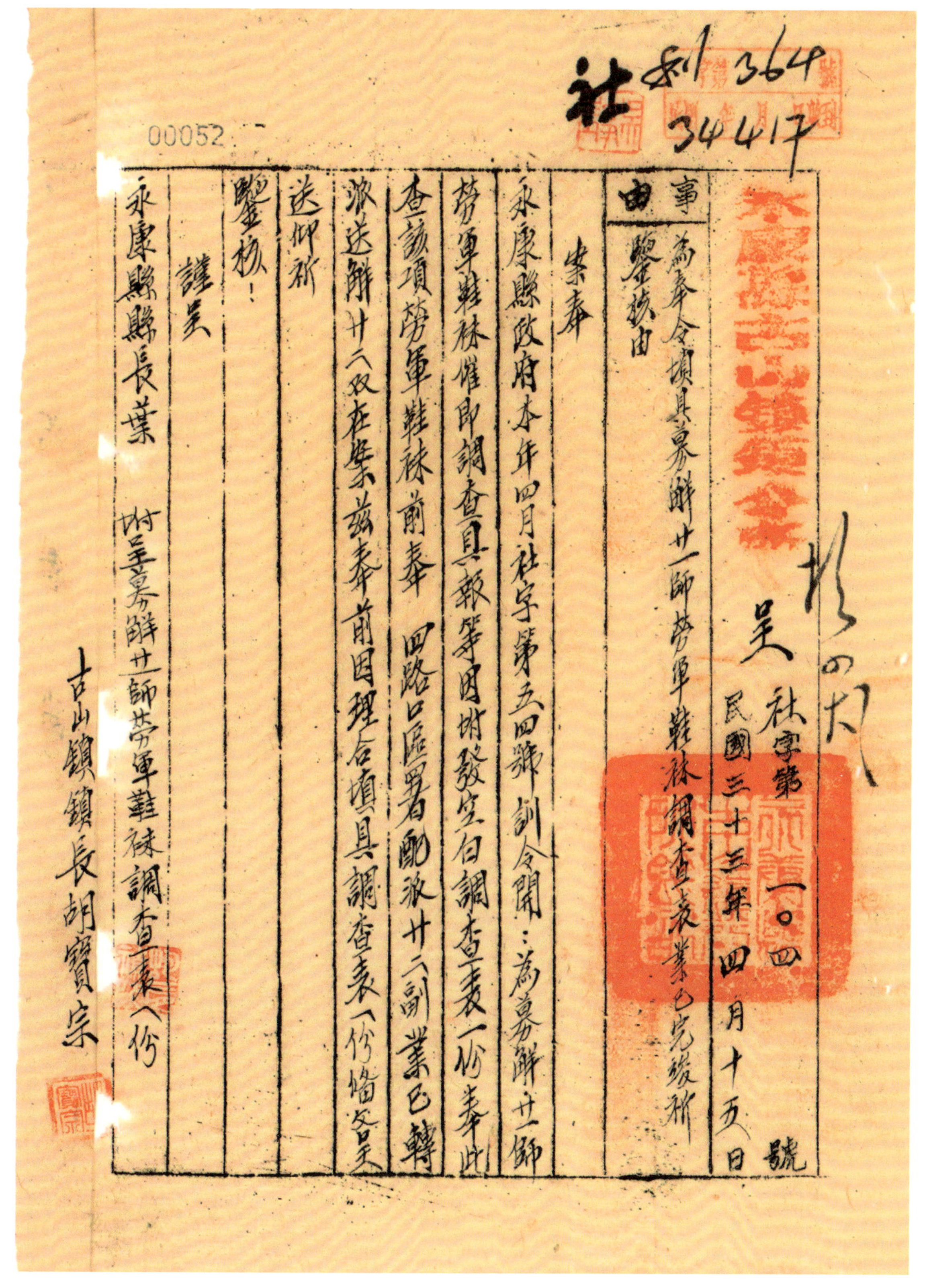

永康縣古山鎮公所

呈　社字第一〇四號

民國三十四年四月十五日

事由：為奉令填具募勞新廿一師勞軍鞋袜調查表業已完竣祈 鑒核由

案奉

永康縣政府本年四月社字第五四號訓令開：「為募勞新廿一師勞軍鞋袜催即調查具報等因，附發空白調查表一份，奉此」查該項勞軍鞋袜前奉　四路口區署着配派廿八副，業已轉派送解廿八双在案，茲奉前因，理合填具調查表一份備文呈送，仰祈

鑒核！

謹呈

永康縣縣長葉

附呈募勞新廿一師勞軍鞋袜調查表一份

古山鎮鎮長胡寶宗

古山镇公所关于报送陆军新编第二十一师劳军鞋袜调查表事致永康县政府的呈（一九四五年四月十五日）

俞溪头区署关于转呈武中乡解送陆军新编第二十一师步兵第六十一团劳军鞋袜应解未解明细表事致永康县政府的呈（一九四五年四月十六日）

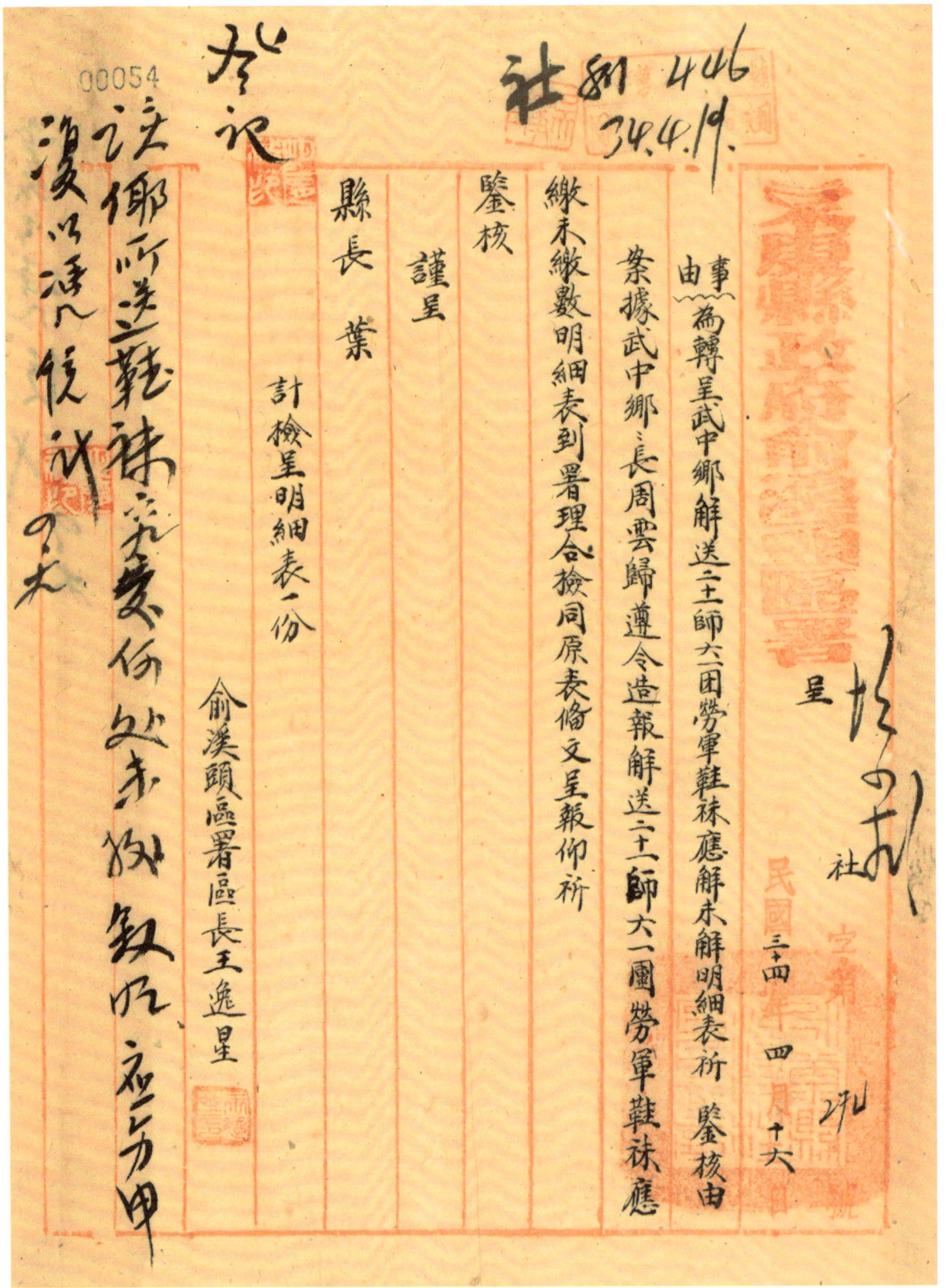

事由：為轉呈武中鄉解送二十一師六一團勞軍鞋袜應解未解明細表祈　鑒核由

案據武中鄉鄉長周雲歸遵令造報解送二十一師六一團勞軍鞋袜應繳未繳數明細表到署理合檢同原表備文呈報仰祈

鑒核

謹呈

縣長葉

計檢呈明細表一份

俞溪頭區署區長王逸星

民國三十四年四月十六

附：武中乡劳军鞋袜应缴未缴数明细表

永康縣俞溪頭區武中鄉勞軍鞋襪應繳未繳數明細表

品名	應派数	已繳数	未繳数	备攷
布鞋	四百	三三	一二	陸軍廿一師次一團內繳鞋代金弍千元（計百双）
布襪	四五	四〇	五	
合計	布鞋四百 布襪四百		鞋一二 袜百	另第十二保直接繳區鞋袜各三双未計在內

环城乡公所关于解送陆军新编第二十一师步兵第六十一团劳军鞋袜及代金经过事致永康县政府的代电

（一九四五年四月十六日）

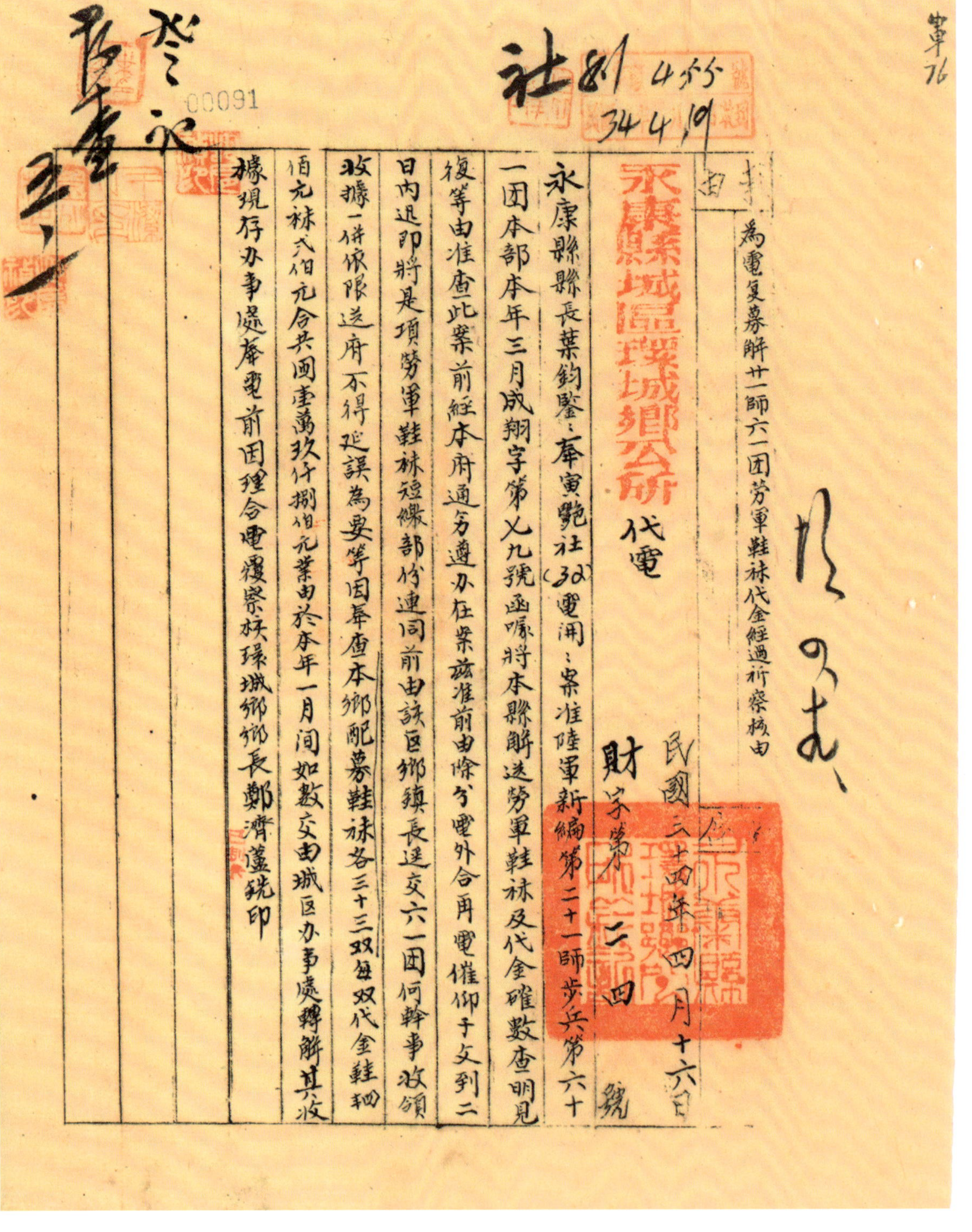

事由：為電復募解廿一師六一团劳軍鞋袜代金經過祈察核由

永康縣環城鄉公所代電

民國三十四年四月十六日 財字第二四號

永康縣縣長葉鈞鑒：奉寅艷社（32）電開：案准陸軍新編第二十一師步兵第六十一团本部本年三月戍翔字第八九號函囑將本縣解送勞軍鞋袜及代金確數查明見復等由，准查此案前經本府通令遵办在案，茲准前由，除分電外，合再電催，仰于文到二日內迅即將是項勞軍鞋袜短繳部份連同前由該區鄉鎮長送交六一团何幹事收領收據一併依限送府，不得延誤為要等因，奉查本鄉配募鞋袜各三十三双，每双代金鞋捌佰元，袜弍佰元，合共國幣壹萬玖仟捌佰元，業由於本年一月間如數交由城區办事處轉解，其收據現存办事處。奉電前因，理合電覆，察核。環城鄉鄉長鄭濟鎏銑印

梅山乡公所关于填送劝募陆军新编第二十一师劳军鞋袜调查表事致永康县政府的呈（一九四五年四月十八日）

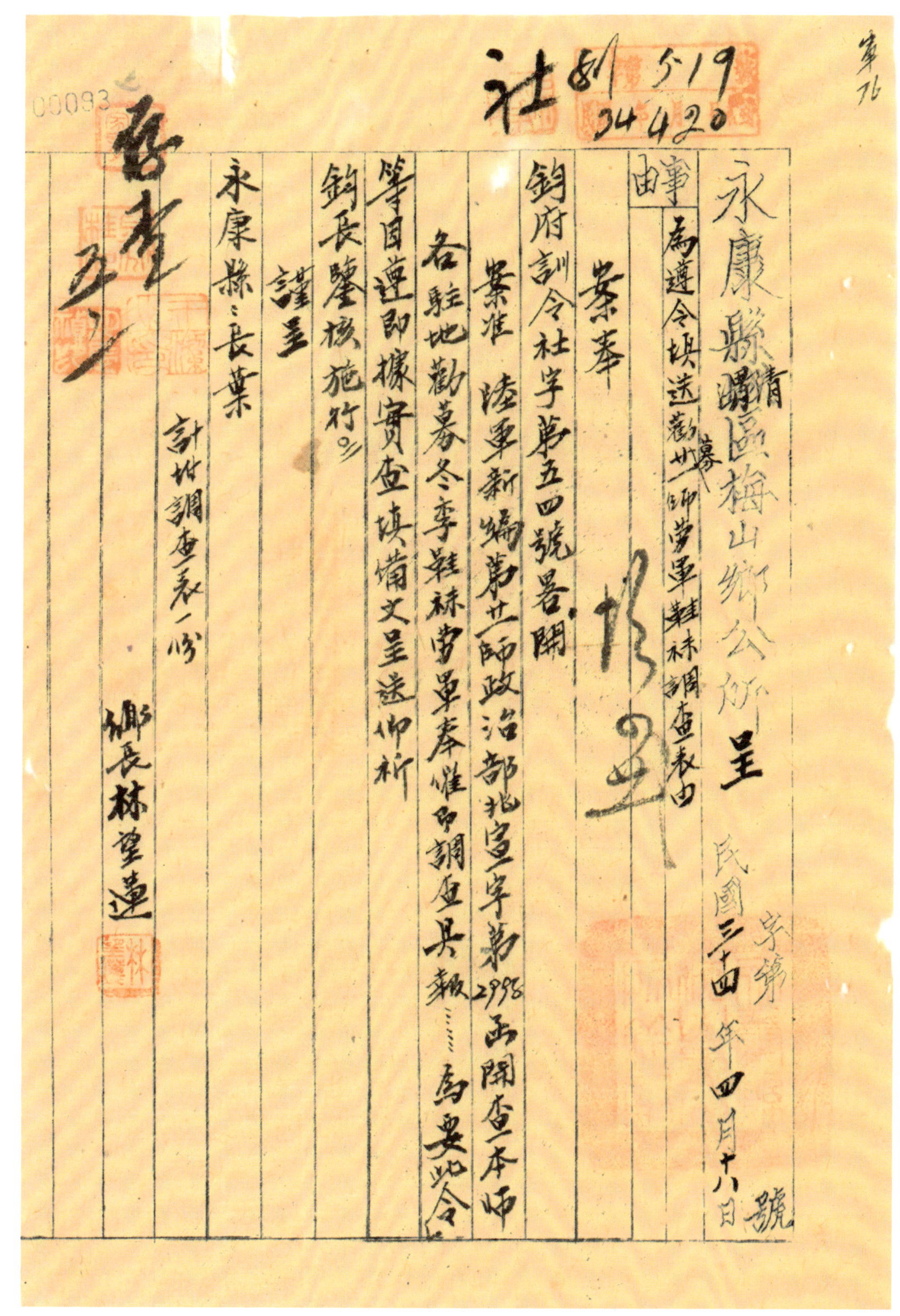
00093

社 卅一 5/19
34 420

永康縣第一區梅山鄉公所 呈

民國三十四年四月十八日 字第 號

事由：爲遵令填送勸募廿一師勞軍鞋袜調查表由

案奉

鈞府訓令社字第五四號略開：

案准陸軍新編第廿一師政治部社宣字第2938函開：查本師各駐地勸募冬季鞋袜勞軍奉准即調查具報……爲要此令

等因。遵即據實查填，備文呈送，仰祈

鈞長鑒核施行。

謹呈

永康縣縣長葉

附調查表一份

鄉長林望蓮

附：梅山乡劝募陆军新编第二十一师劳军鞋袜调查表

永康縣梅山鄉（鎮）區劝募廿八師劳軍鞋襪調查表

繳解日期	已繳解數			經收人姓名	備註
	鞋（双）	襪（双）	代金（元）		
	念柒双	念四双		城區办事 呂錫周	

梅山鄉（鎮）長林望蓮 簽名蓋章

中華民國三十四年四月十九日

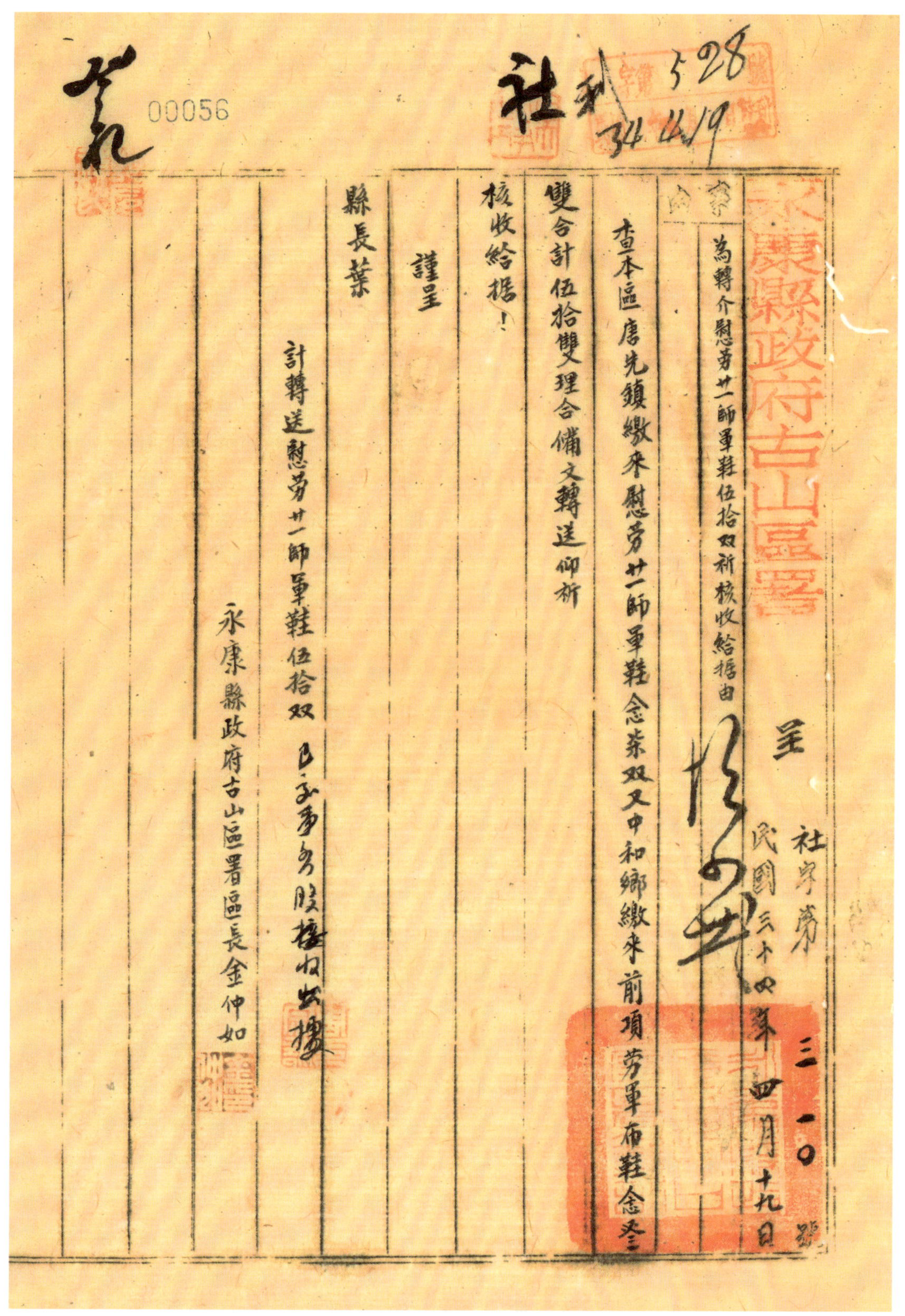

永康縣政府古山區署

呈　社字第三一〇號

民國三十四年四月十九日

事由：為轉介慰勞廿一師軍鞋伍拾双祈核收給據由

查本區唐先鎮繳來慰勞廿一師軍鞋念柒双又中和鄉繳來前項勞軍布鞋念叁雙合計伍拾雙理合備文轉送仰祈核收給據！

謹呈

縣長葉

計轉送慰勞廿一師軍鞋伍拾双

永康縣政府古山區署區長金仲如

古山区署关于转解唐先镇、中和乡慰劳陆军新编第二十一师军鞋五十双事致永康县政府的呈（一九四五年四月十九日）

仙义乡公所关于解交所欠劳军鞋袜代金事致永康县政府的呈（一九四五年四月二十日）

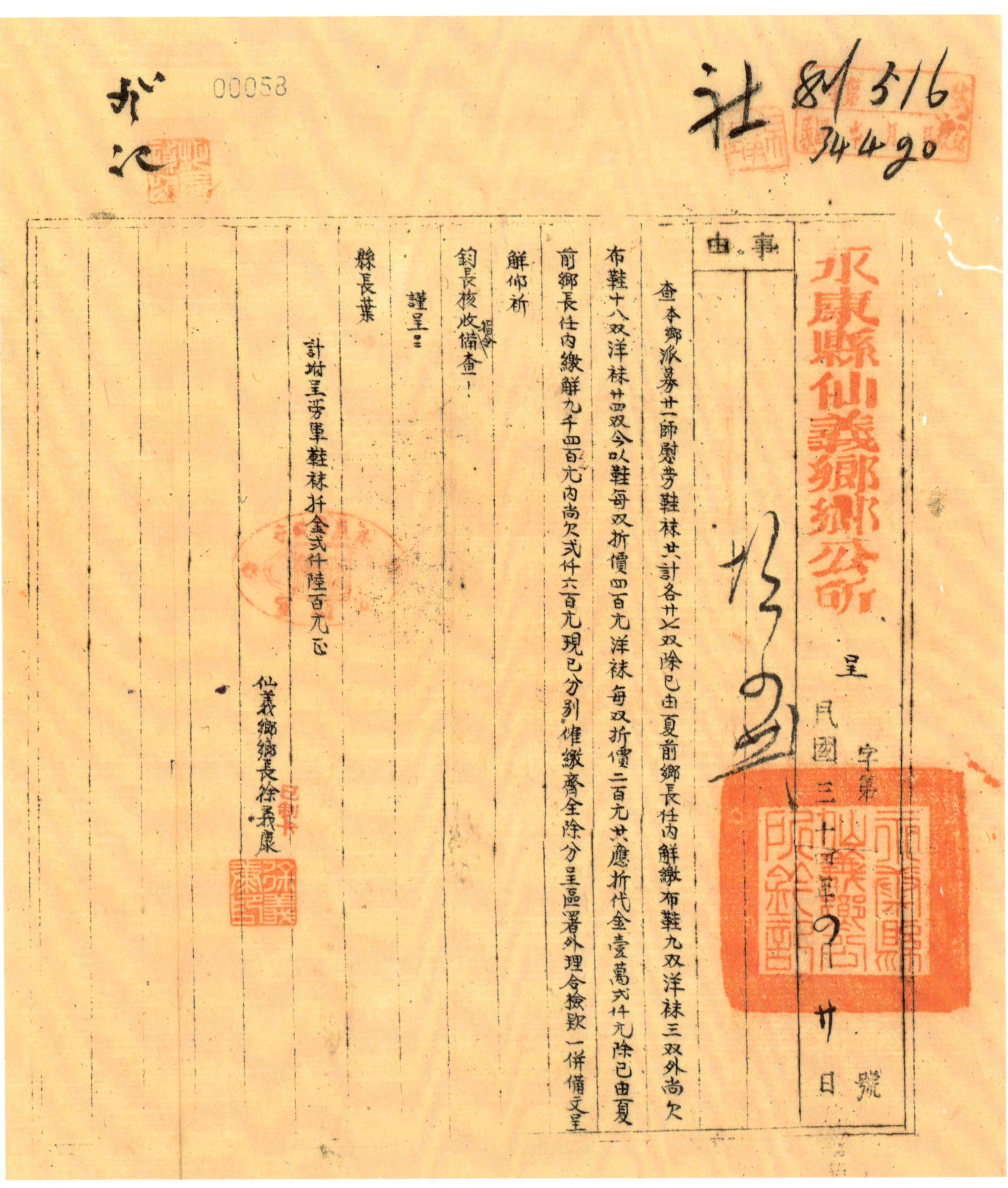

永康縣仙義鄉鄉公所 呈 字第 號

民國三十四年四月廿日

事由

查本鄉派募廿一師慰勞鞋袜共計各廿七双，除已由夏前鄉長任內解繳布鞋九双、洋袜三双外，尚欠布鞋十八双、洋袜廿四双。今以鞋每双折價四百元，洋袜每双折價二百元，共應折代金壹萬弍仟元，除已由夏前鄉長任內繳解九千四百元，內尚欠弍仟六百元，現已分別催繳齊全，除分呈區署外，理合檢款一併備文呈解，仰祈

鈞長核收備查，指令！

謹呈

縣長葉

計附呈勞軍鞋袜折金弍仟陸百元正

仙義鄉鄉長徐義康

六安乡公所关于解缴劳军袜代金事致永康县政府的呈（一九四五年四月二十二日）

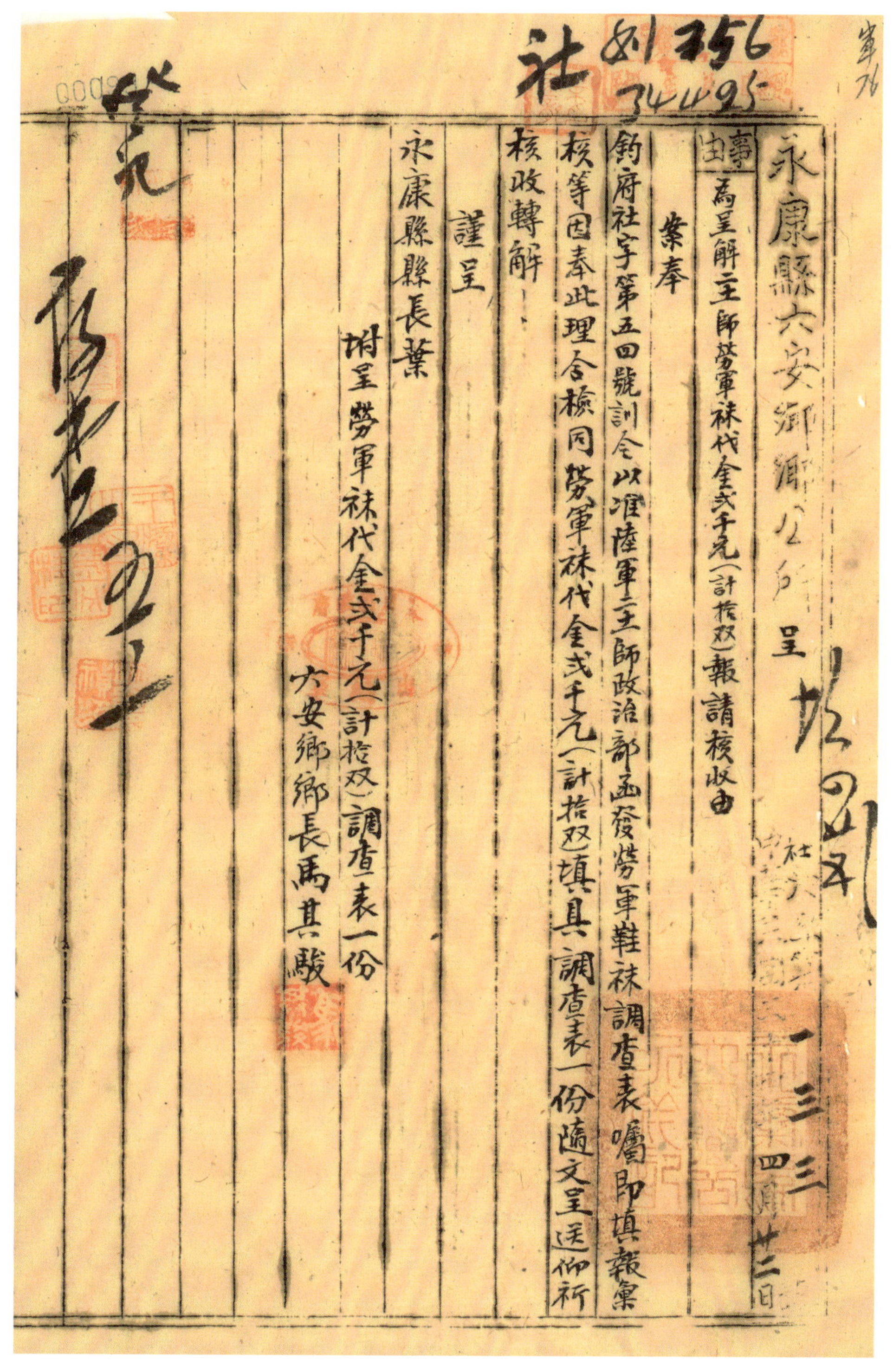

永康縣六安鄉鄉公所 呈

事由：爲呈解主師勞軍袜代金弍千元（計拾双）報請核收由

案奉

鈞府社字第五四號訓令以准陸軍二主師政治部函發勞軍鞋袜調查表囑即填報案核等因奉此理合檢同勞軍袜代金弍千元（計拾双）填具調查表一份隨文呈送仰祈

核收轉解

謹呈

永康縣縣長葉

附呈勞軍袜代金弍千元（計拾双）調查表一份

六安鄉鄉長馬其駿

附：六安乡劝募陆军新编第二十一师劳军鞋袜调查表

第76

00082

茲送上本鄉(鎮)劝募廿一師勞軍鞋袜調查表一份

敬祈

鑒收彙報！謹呈

永康縣政府

附呈調查表一份

永康縣六安鄉(鎮)劝募廿一師勞軍鞋袜調查表

繳解日期	已繳解數			經收人姓名	備註
	鞋(双)	袜(双)	代金(元)		
卅四年四月日	無	十双	二〇〇〇	六安鄉公所	[illegible]

中華民國三十四年四月 日

鄉(鎮)長 馬其駿 簽名蓋章

說明：1.各鄉鎮接到本表應在二十四小時以內查照所繳代金或鞋袜確數分別填報。

2.如未交繳者填無字仍將本表加蓋鈐章於二十四小時內送府以憑結報。

3.交繳何人應在經收人姓名欄翔寔填載。

陆军新编第二十一师政治部关于火速填报劳军鞋袜数事致永康县政府的代电（一九四五年四月二十三日）

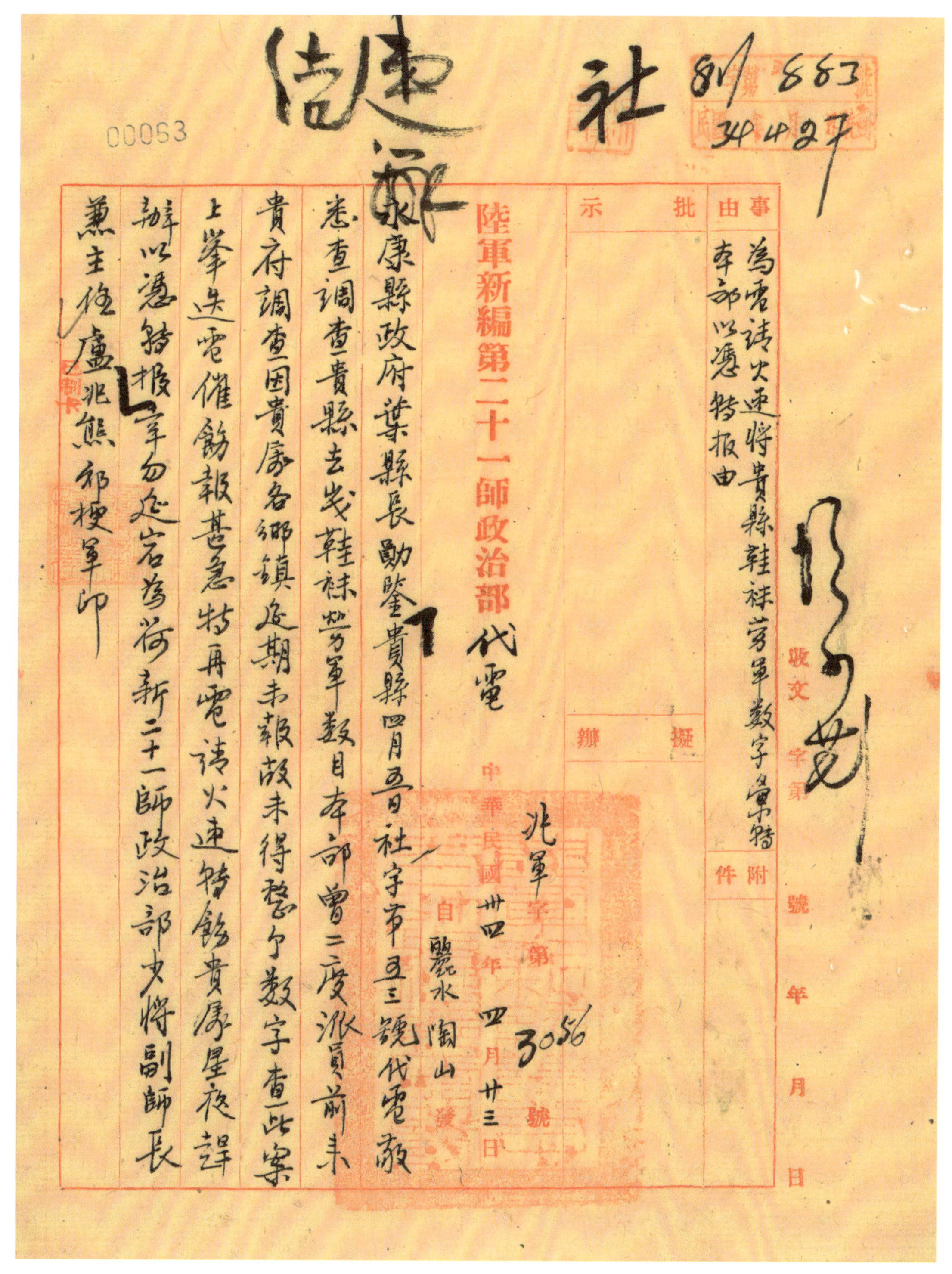

陸速 社 部

34 4 27

00063

事由：為電請火速將貴縣鞋襪勞軍數字彙報本部以憑轉報由

陸軍新編第二十一師政治部代電

兆軍字第3056號

中華民國卅四年四月廿三日 自麗水陶山發

永康縣政府葉縣長勳鑒：貴縣四月五日社字第五三號代電敬悉。查調查貴縣去歲鞋襪勞軍數目，本部曾二度派員前來貴府調查，因貴屬各鄉鎮逾期未報，故未得整個數字。查此案上峯迭電催飭報甚急，特再電請火速轉飭貴屬星夜諪辦，以憑轉報，宰勿延宕為荷。新二十一師政治部少將副師長兼主任盧兆熊。祁梗軍印

永康县政府驻城办事处关于报送劝募陆军新编第二十一师步兵第六十一团鞋袜经过事致永康县政府的呈（一九四五年四月二十五日）

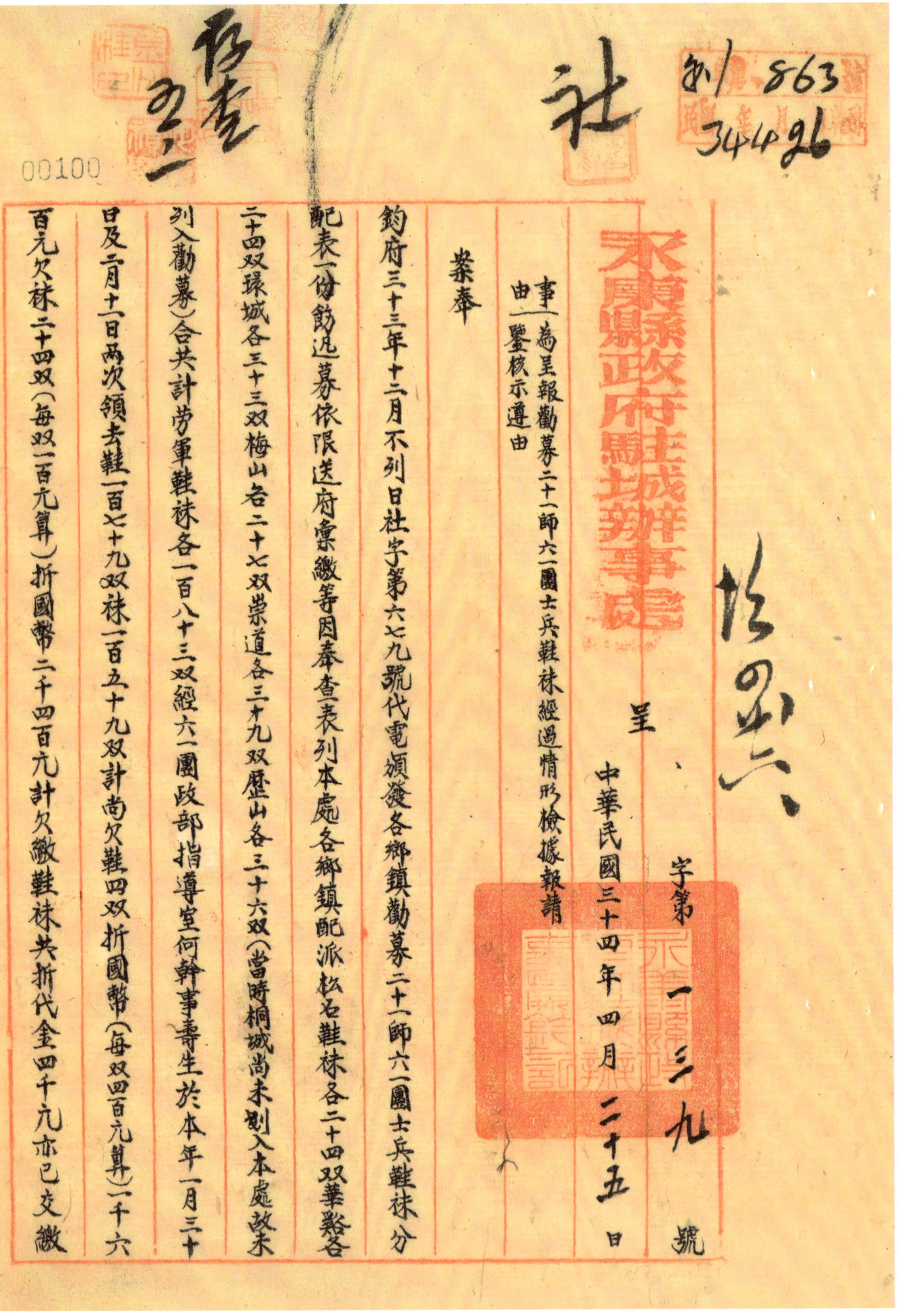

永康縣政府駐城辦事處 呈 字第一三九號

中華民國三十四年四月二十五日

事由：為呈報勸募二十一師六一團士兵鞋袜經過情形檢據報請鑒核示遵由

案奉

鈞府三十三年十二月不列日社字第六七九號代電頒發各鄉鎮勸募二十一師六一團士兵鞋袜分配表一份飭迅募依限送府彙繳等因奉查表列本處各鄉鎮配派松石鞋袜各二十四双華谿各二十四双環城各三十三双梅山各二十七双崇道各三十九双歷山各三十六双（當時桐城尚未劃入本處故未列入勸募）合共計勞軍鞋袜各一百八十三双經六一團政部指導室何幹事壽生於本年一月三十日及二月十一日兩次領去鞋一百七十九双袜一百五十九双計尚欠鞋四双折國幣（每双四百元算）一千六百元欠袜二十四双（每双一百元算）折國幣二千四百元計欠繳鞋袜共折代金四千元亦已交繳

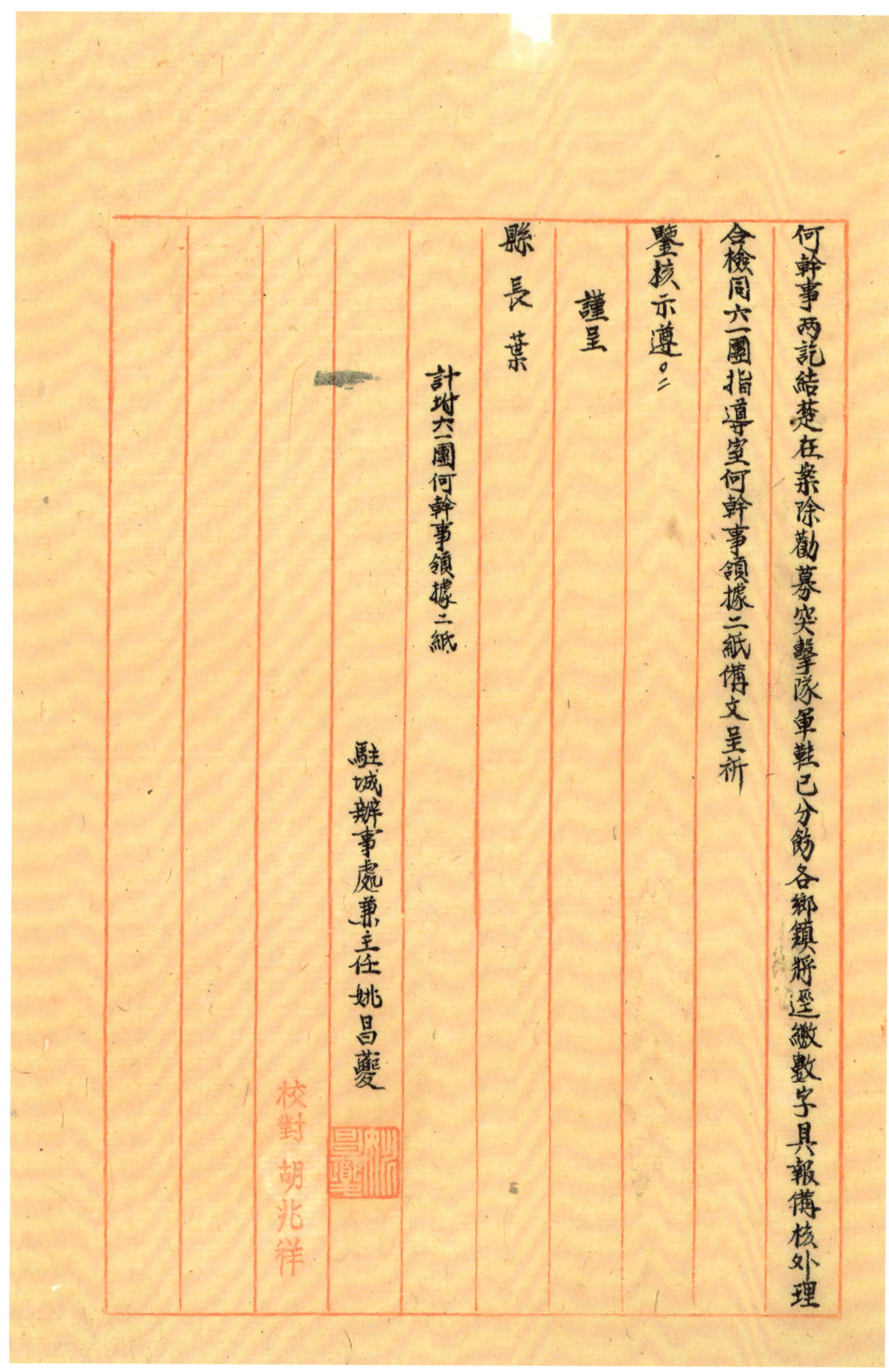

何幹事兩訖結楚在案除勸募突擊隊軍鞋已分飭各鄉鎮將逕繳數字具報備核外理合檢同六一團指導室何幹事領據二紙備文呈祈

鑒核示遵。

謹呈

縣長葉

計附六一團何幹事領據二紙

駐城辦事處兼主任姚昌夔

校對 胡兆祥

附：陆军新编第二十一师步兵第六十一团收据两张

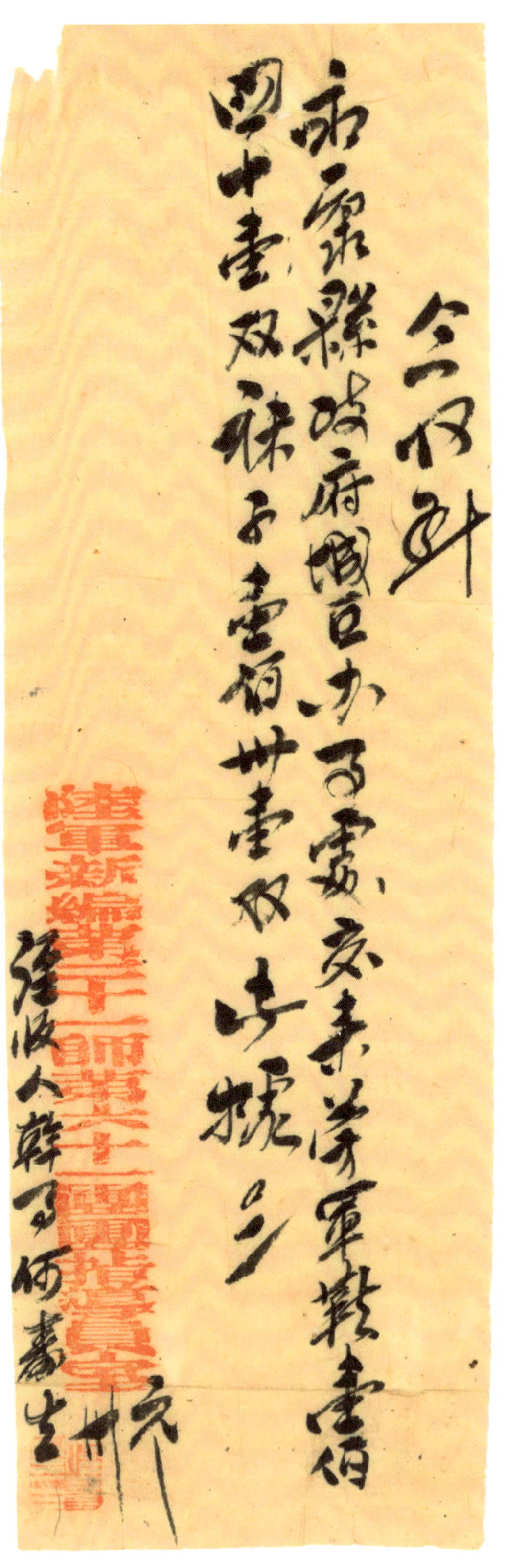
今收到
永康县政府战区办事处交来劳军鞋壹佰
四十壹双，除[illegible]壹佰卅壹双 此据

经收人韩可何寿生

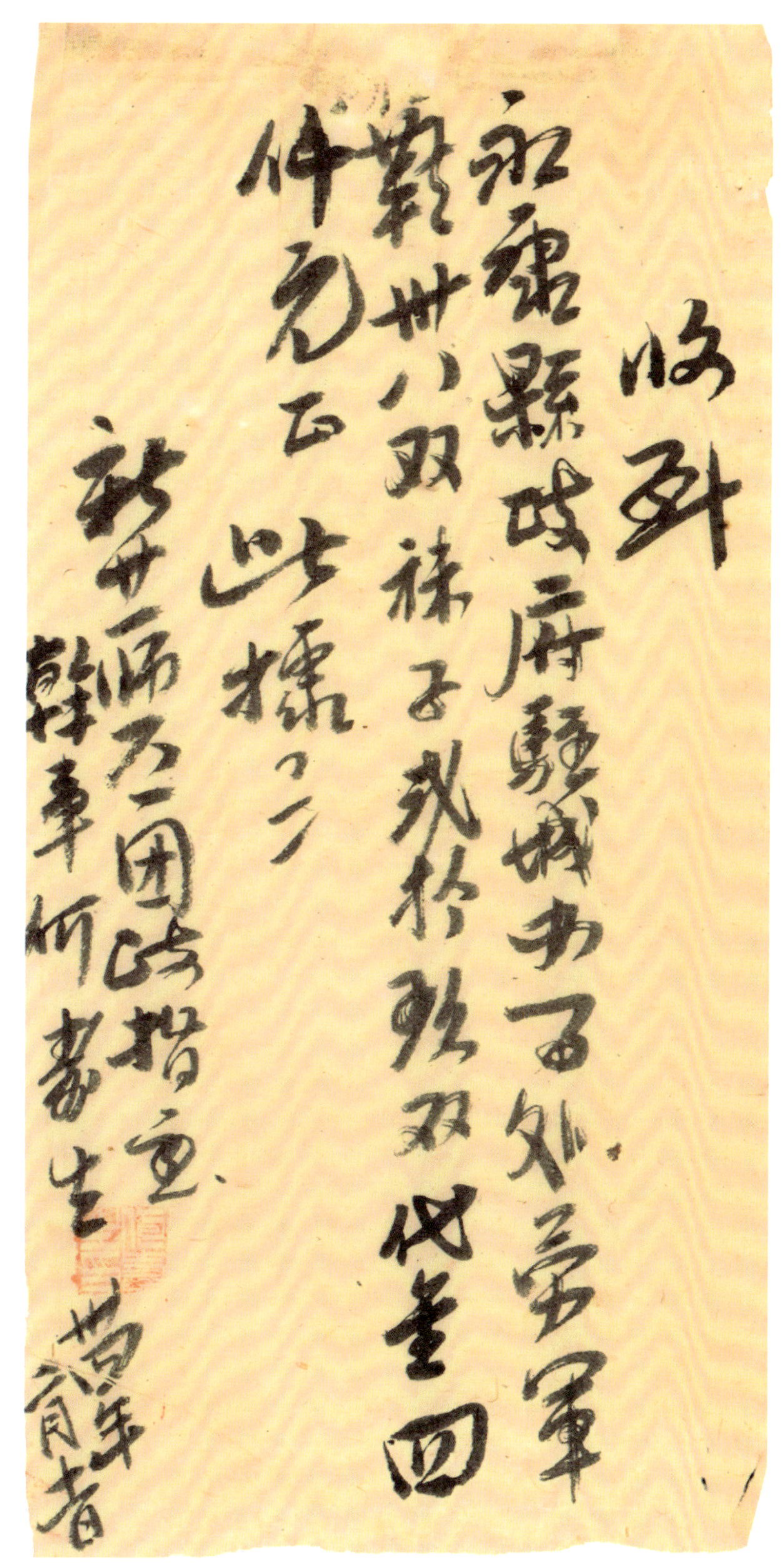

收到

和順縣政府縣城內西外營軍鞋卅八双袜子弍拾肆双代金四仟元正 此據

新廿一師六二團政指室

韓華所書生

卅年六月書者

历山乡公所关于报送劝募陆军新编第二十一师劳军鞋袜调查表致永康县政府的呈（一九四五年四月二十五日）

附：陆军新编第二十一师劝募劳军鞋袜调查表

兹送本乡劝募廿一師勞軍鞋袜調查表一份敬祈

詧收彙報！

謹呈

永康縣政府

附呈調查表一份

永康縣歷山鄉劝募廿一師勞軍鞋袜調查表

繳解日期	已繳解數			經收人姓名	備註
	鞋（双）	袜（双）	代金（元）		
一月底	三〇	二	一九〇	城區办事處呂主任	
二月十日	一		一八〇〇	區任務隊班長呂洪	已制
二月十日			三四一〇	區任務隊隊兵胡有新	已制

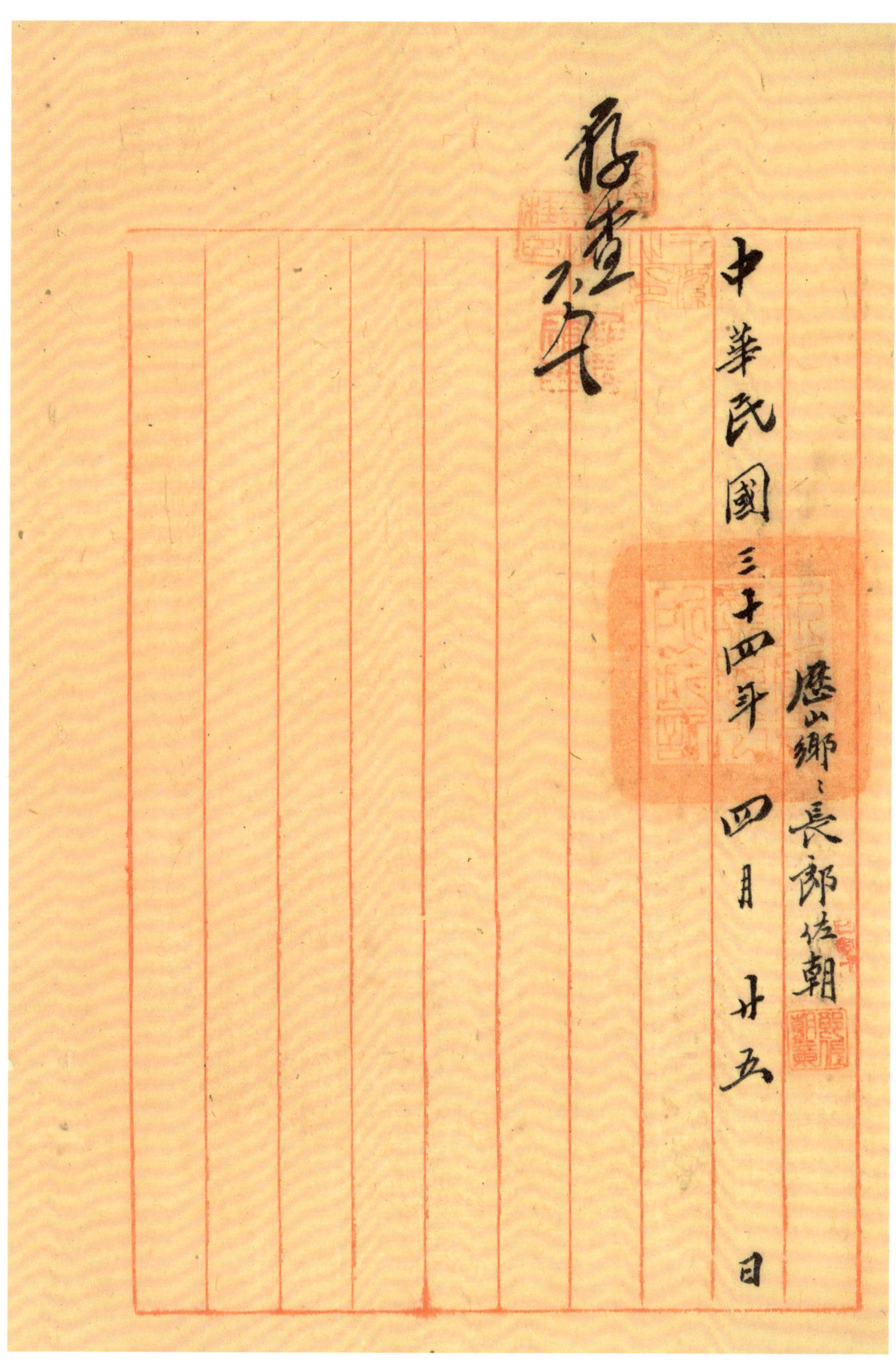
歷山鄉鄉長郎佐朝
中華民國三十四年四月廿五日
存查不復

历山乡公所关于已如数解缴劝募陆军新编第二十一师劳军鞋袜经过事致永康县政府的呈（一九四五年四月二十六日）

永康縣歷山鄉鄉公所 呈 字第四六一號 民國三十四年四月廿六日

案奉

鈞府本年三月不列日社禎字第七三號訓令飭將募繳廿一師勞軍鞋襪數目切實查報等因奉查本鄉自奉令經募是項鞋襪至本年一月底止計募起鞋三十双襪十一双又襪代金一九〇元當經繳解城區办事處呂前主任錫周查收在案又本年二月十日奉頒城办事處劉前主任公衡派區任務隊班長呂洪到第四七六保收繳鞋一双鞋代金一双國幣四百元襪代金七双國幣一千四百元區任務隊兵胡有新到二九七、八十三等保收繳襪代金國幣三千四百十元總計本鄉自勸募廿一師勞軍鞋襪至劉前主任任內止合計繳收鞋三十一双又鞋代金國幣四百元（双）襪十一双又襪代金國幣五十九（二十五双）如數均經解清奉令前因理合備文呈報鈞府鑒核備查

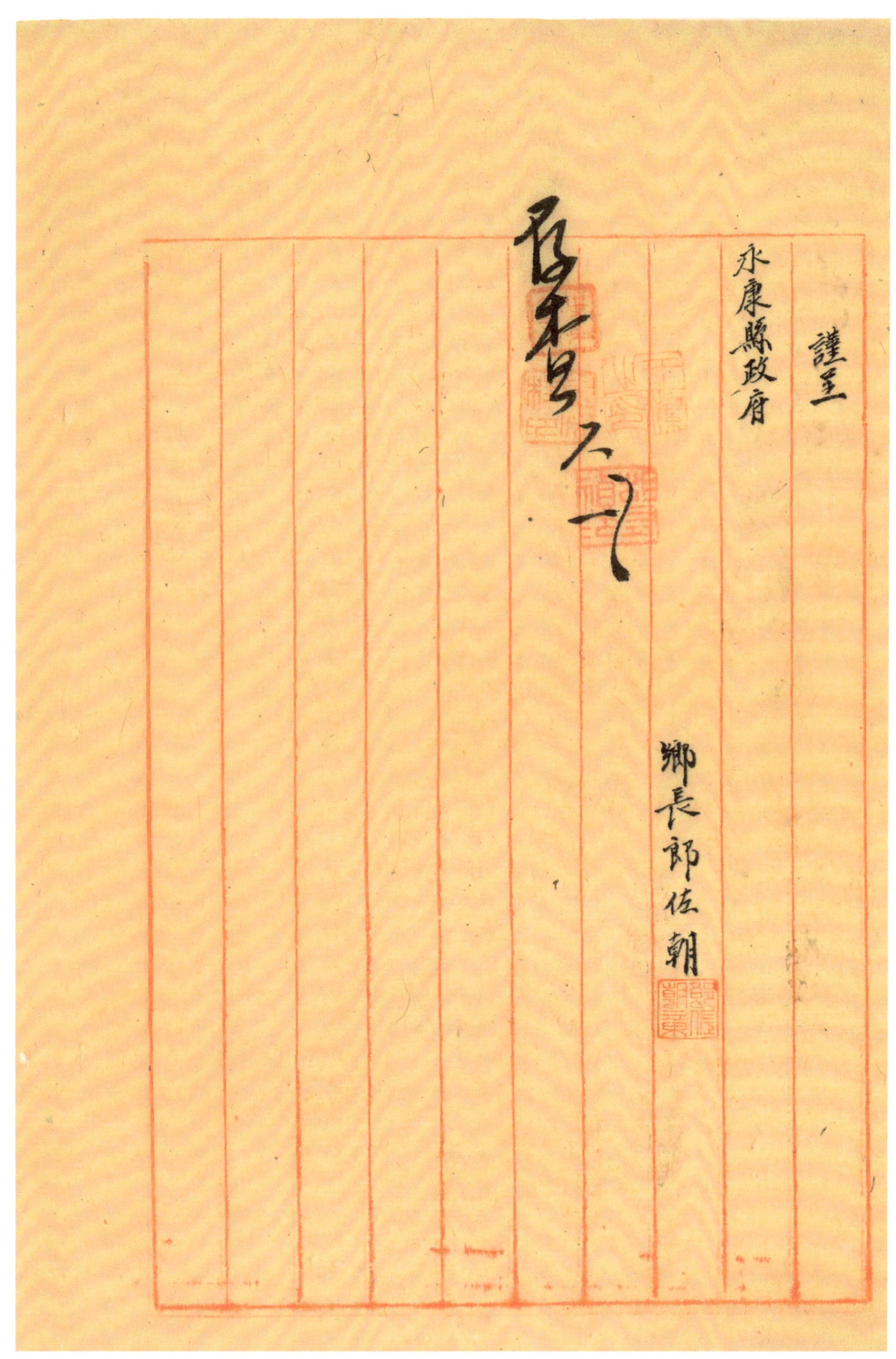

謹呈

永康縣政府

鄉長郎佐朝

永康县政府关于陆军新编第二十一师政治部调查步兵第六十一团劝募鞋袜的统计表（一九四五年四月）

00065

陸軍新編廿一師政治部調查六一团劝募鞋襪表

縣區鄉鎮別	募起鞋数	募起襪数	募起代金数	接收人姓名及日期	備考
永康縣城區	一七九双	一五九双	四千元	六一团何幹事寿生	卅四年二月廿日及二月十一日共二次
渠溪鄉	一六双	一六双		一月廿四由[illegible]區署轉交六一团何幹事	
龍溪鄉	二四双	二四双		二月四日交六一团何幹事	
德溪鄉	五双		襪代金五千四伯元	二月七日交六一团何幹事寿生	
唐先鎮	三六双		襪代金七千弍伯元	二月七日交六一团何幹事寿生	
中和鄉	十三双		襪代金七千弍伯元	二月七日交六一团何幹事寿生	
太西鄉			六千元	二月七日交六一团何幹事寿生	
方岩鄉	二十双	三九双	、	二月六日交六一团何幹事寿生	

報
加合計

芝英鎮	四三双	五双	九千六伯元	二月八日交六一團何幹子壽生
松鶴鄉	三〇双		六千元	二月八日交六一團何幹子壽生
益新鄉	二四双	一双	四千八伯元	二月七日交六一團何幹子壽生
華溪鄉	一八双		四千貳伯元	二月七日交六一團何幹子壽生
石柱區署	一五一双	一〇一双		二月十日交六二團何幹子壽生
俞溪程區署		四五双		交六一團何幹子壽生
永康縣政府	五八双	三双	一萬三千四伯元	三月六日交六一團何幹子壽生

永康縣縣長葉[illegible]

中華民國卅四年 四月 日

双桃乡公所关于报送劝募陆军新编第二十一师步兵第六十一团劳军鞋袜及代金经过致永康县政府的代电
（一九四五年五月三日）

00111

社 1291 34.5.4

永康縣雙桃鄉公所代電

財字第　號

民國三十四年五月三日

事由：為電復募解二十一師六一團勞軍鞋襪及代金經過情形祈　察核由。

永康縣縣長葉鈞鑒：奉

鈞府寅艷社(32)電以准陸軍新編第二十一師第六一團部成翔字第七九號函囑將本縣解送勞軍鞋襪及代金確數查明見復等由准此查是項勞軍鞋襪前經本府通飭遵辦在案茲准前由合再電催仰迅即將上項勞軍鞋襪短繳部份連同前遲交該團何幹事收領收據一併送府勿延等因奉查本鄉配募是項鞋襪因地處前綫時罹敵擾募繳殊感困難故迄未能募解前來（並無遲交該團何幹事收領情事）現正積極辦理中爰特據實電復仰祈

察核備查（代理）鄉長陳雲南辰□財印

已制卡

中和乡公所关于已缴清所欠劳军鞋袜事致永康县政府的呈（一九四五年五月四日）

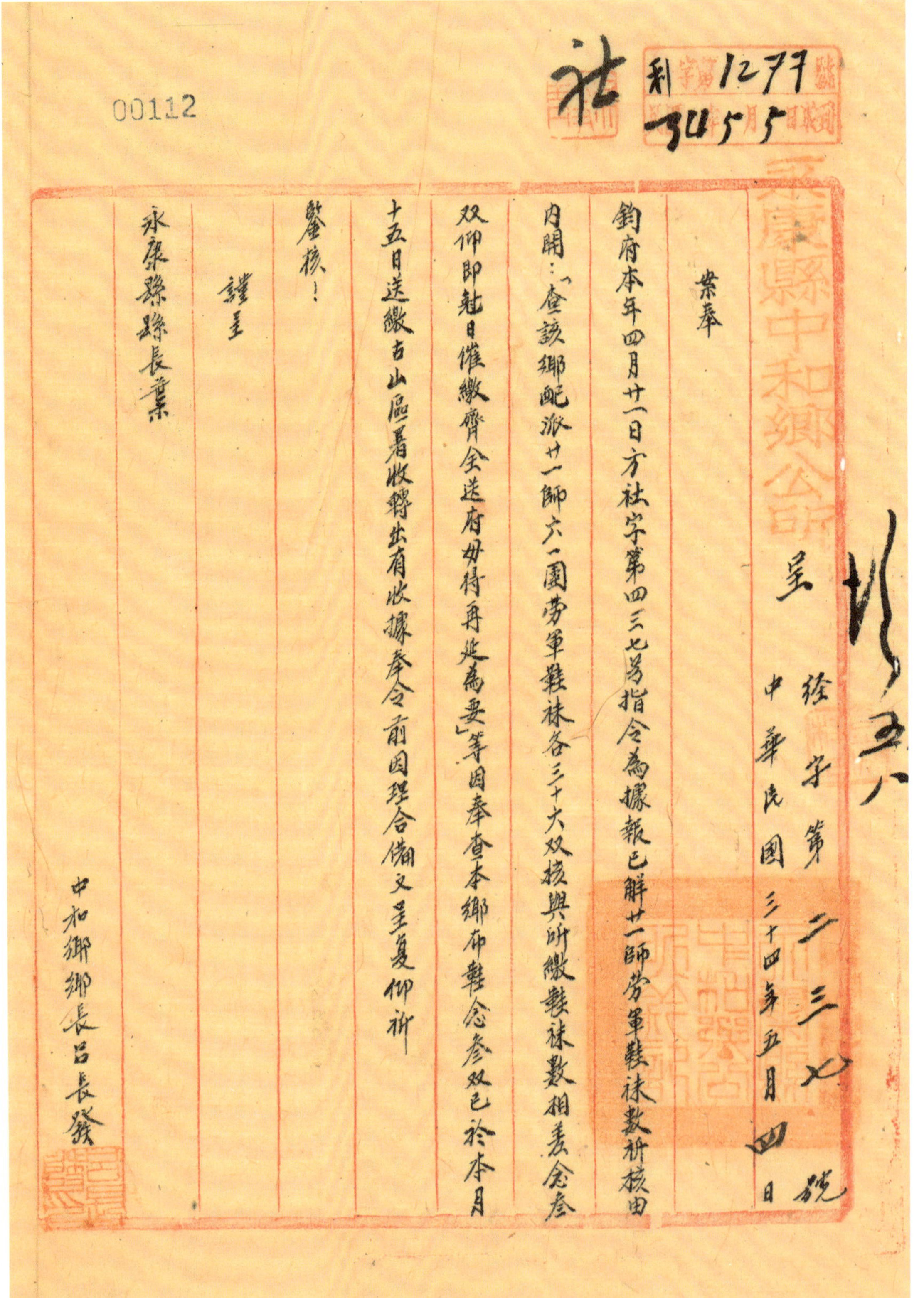

永康縣中和鄉公所 呈 社字第二三七號
中華民國三十四年五月四日

案奉

鈞府本年四月廿一日方社字第四三七號指令為據報已解廿一師勞軍鞋袜數祈核由內開：「查該鄉配派廿一師六一團勞軍鞋袜各三十六双，核與所繳鞋袜數相差念叁双，仰即尅日催繳齊全送府，毋得再延為要」等因奉查本鄉布鞋念叁双已於本月十五日送繳古山區署收轉，出有收據。奉令前因，理合備文呈復，仰祈

鑒核！

謹呈

永康縣縣長葉

中和鄉鄉長呂長發

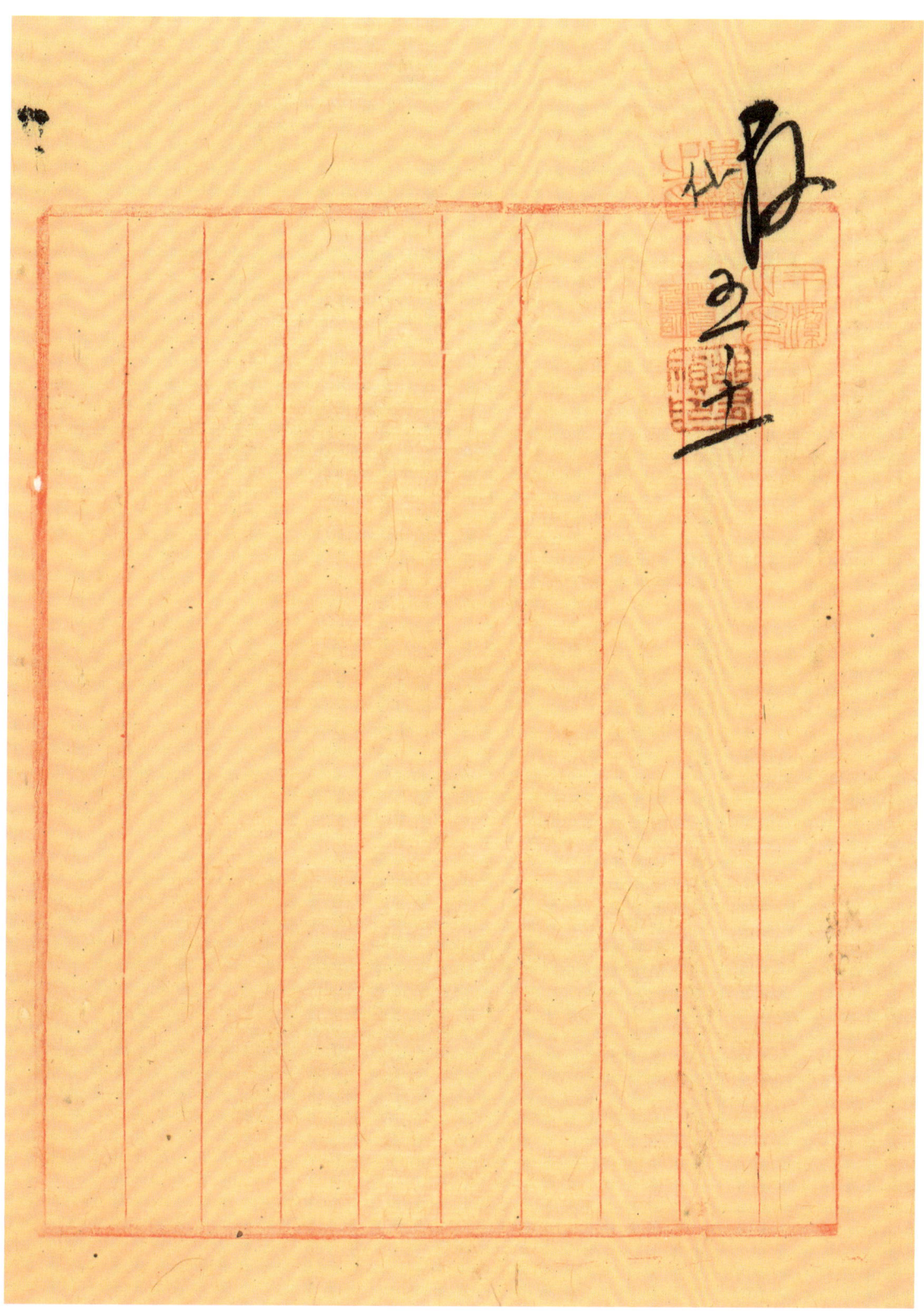

俞溪头区署关于呈报经收劳军鞋袜事致永康县政府的呈（一九四五年七月九日）

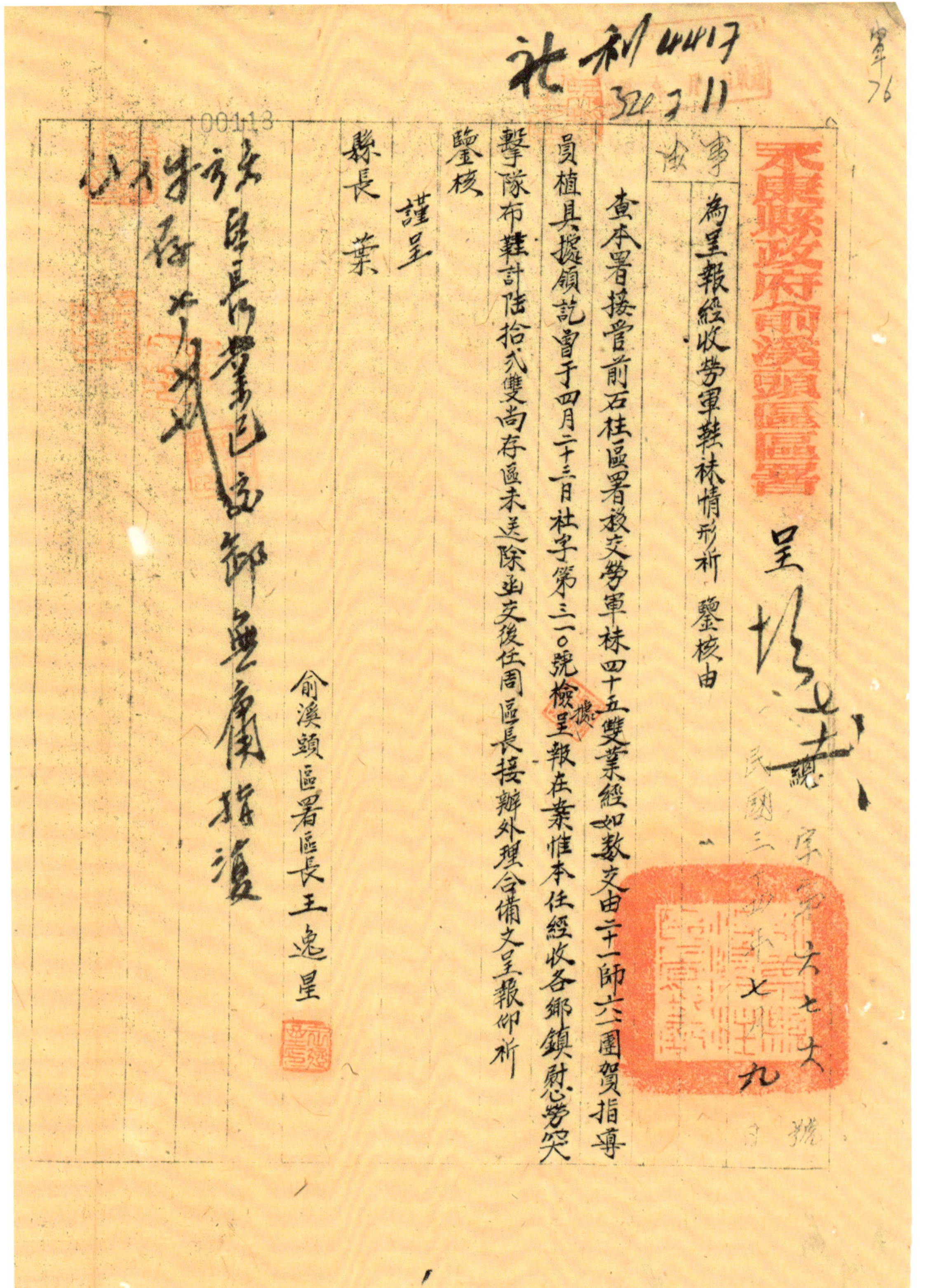

永康縣政府俞溪頭區區署 呈 字第 號 民國三十四年七月九日

事由：為呈報經收勞軍鞋袜情形祈 鑒核由

查本署接管前石柱區署移交勞軍袜四十五雙業經如數交由二十一師六三團賀指導員植具據領訖曾于四月二十三日杜字第三一〇號檢呈報在案惟本任經收各鄉鎮慰勞突擊隊布鞋計陆拾弍雙尚存區未送除函交後任周區長接辦外理合備文呈報仰祈

鑒核

謹呈

縣長葉

俞溪頭區署區長王逸星

永康县政府与各区署等关于解缴石柱之战参战军队慰问款的来往文书

（一九四四年十二月二十六日至一九四五年一月四日）

永康县政府关于要求在十天内解清石柱之战劳军垫款事致四路口、倪宅、石柱、清渭区署的训令

（一九四四年十二月二十六日）

永康县政府关于催缴石柱之战劳军费事致方岩区各乡镇公所的训令（一九四四年十二月二十九日）

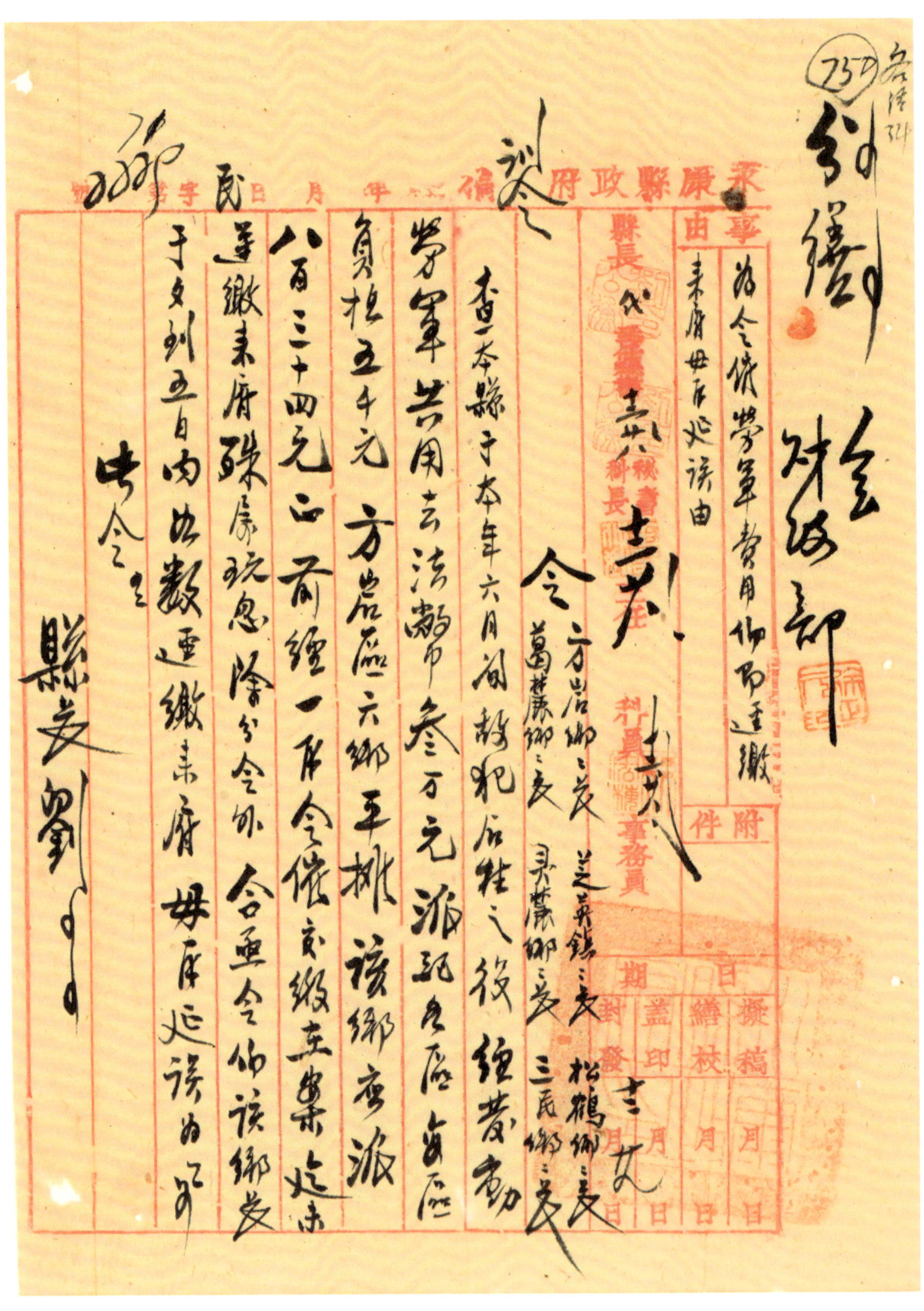

芝英镇公所关于解缴石柱之战摊派劳军款八百三十四元事致永康县政府的呈（一九四五年一月四日）

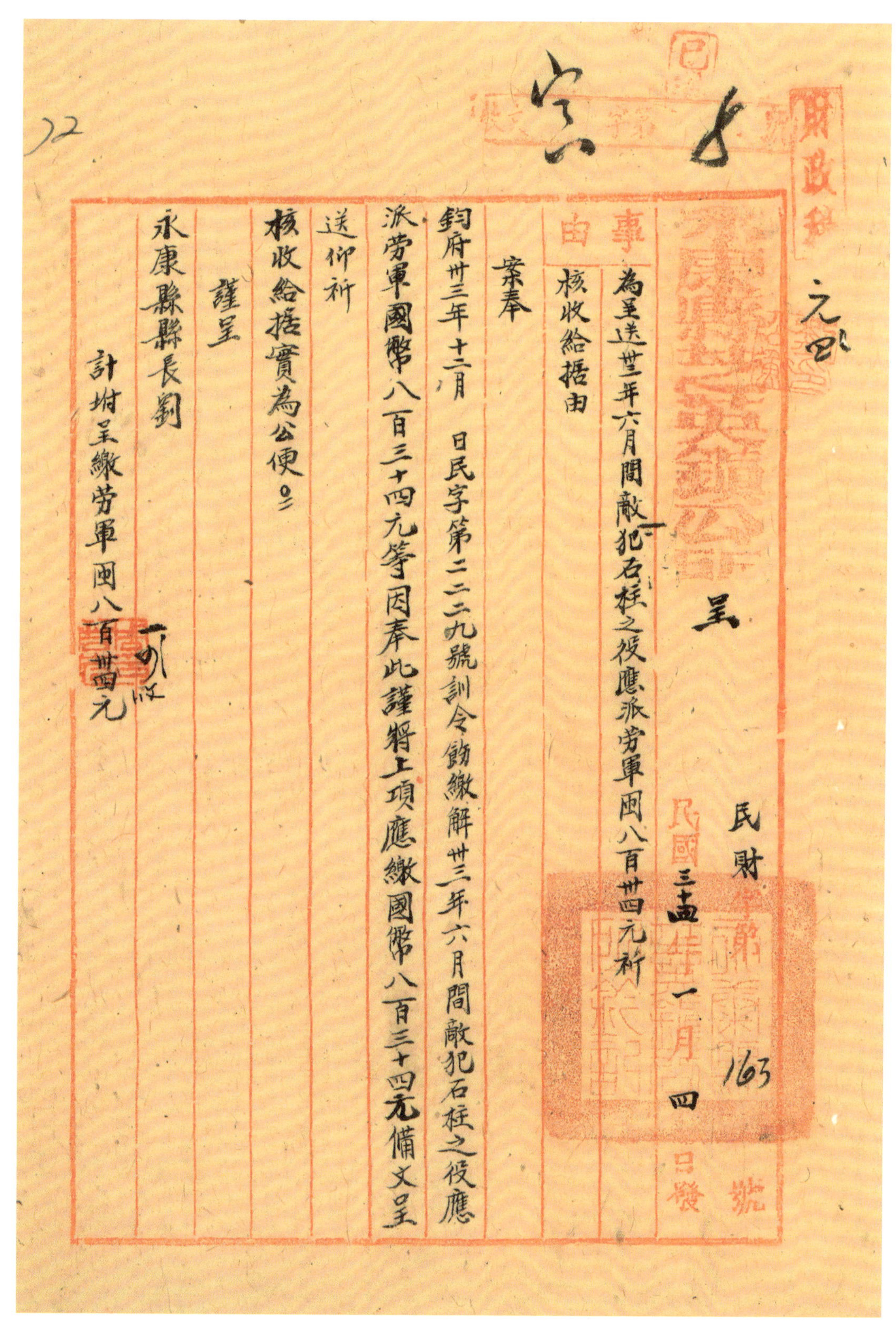

事由：為呈送卅三年六月間敵犯石柱之役應派劳軍國幣八百卅四元祈核收給据由

呈　民財字第　號

民國三十四年一月四日發

案奉
鈞府卅三年十二月　日民字第二二二九號訓令飭繳解卅三年六月間敵犯石柱之役應派劳軍國幣八百三十四元等因奉此謹將上項應繳國幣八百三十四元備文呈送仰祈
核收給据實為公便。
謹呈
永康縣縣長劉
計附呈繳劳軍國幣八百卅四元

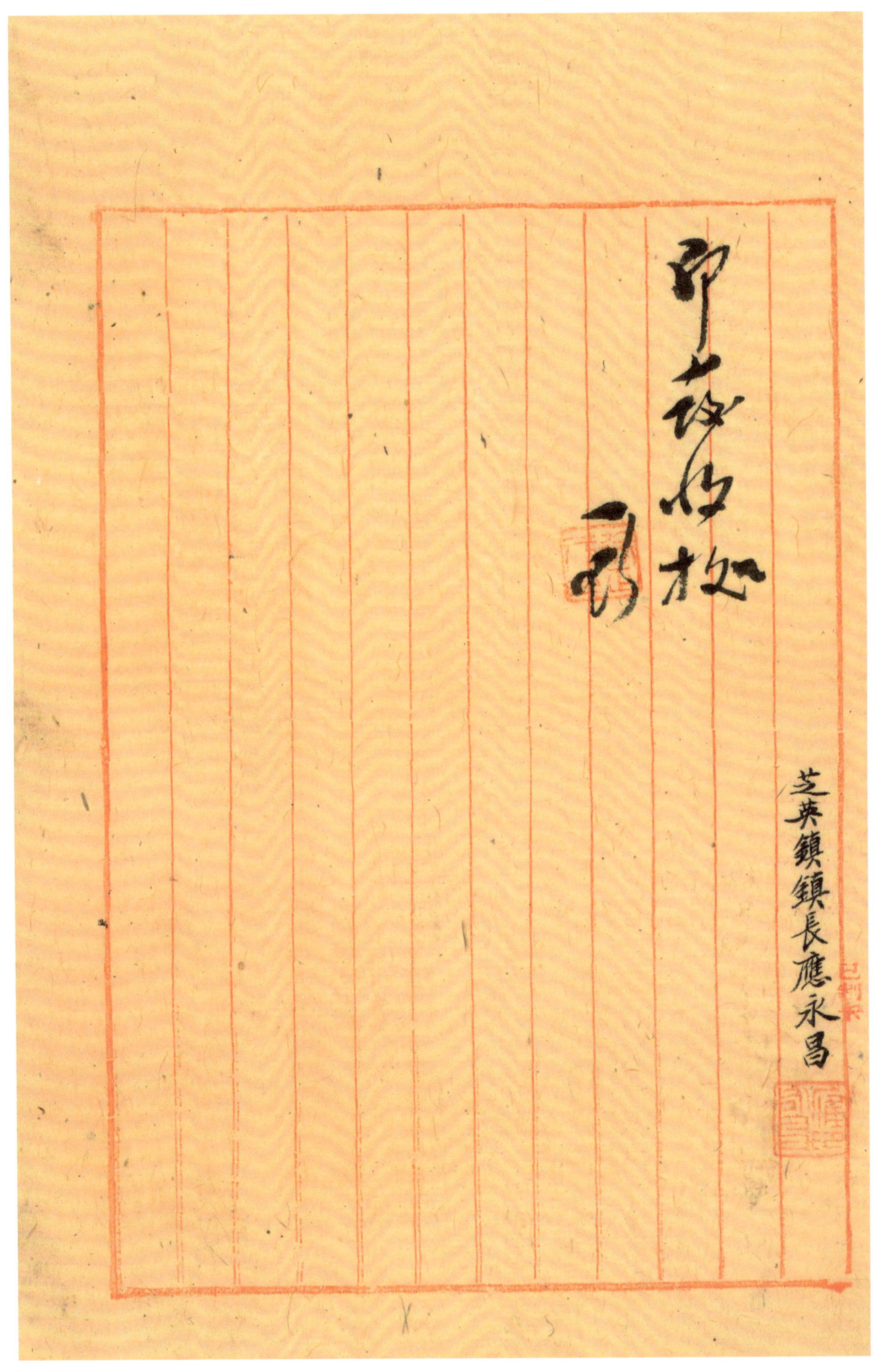

即設法校刊

芝英鎮鎮長應永昌

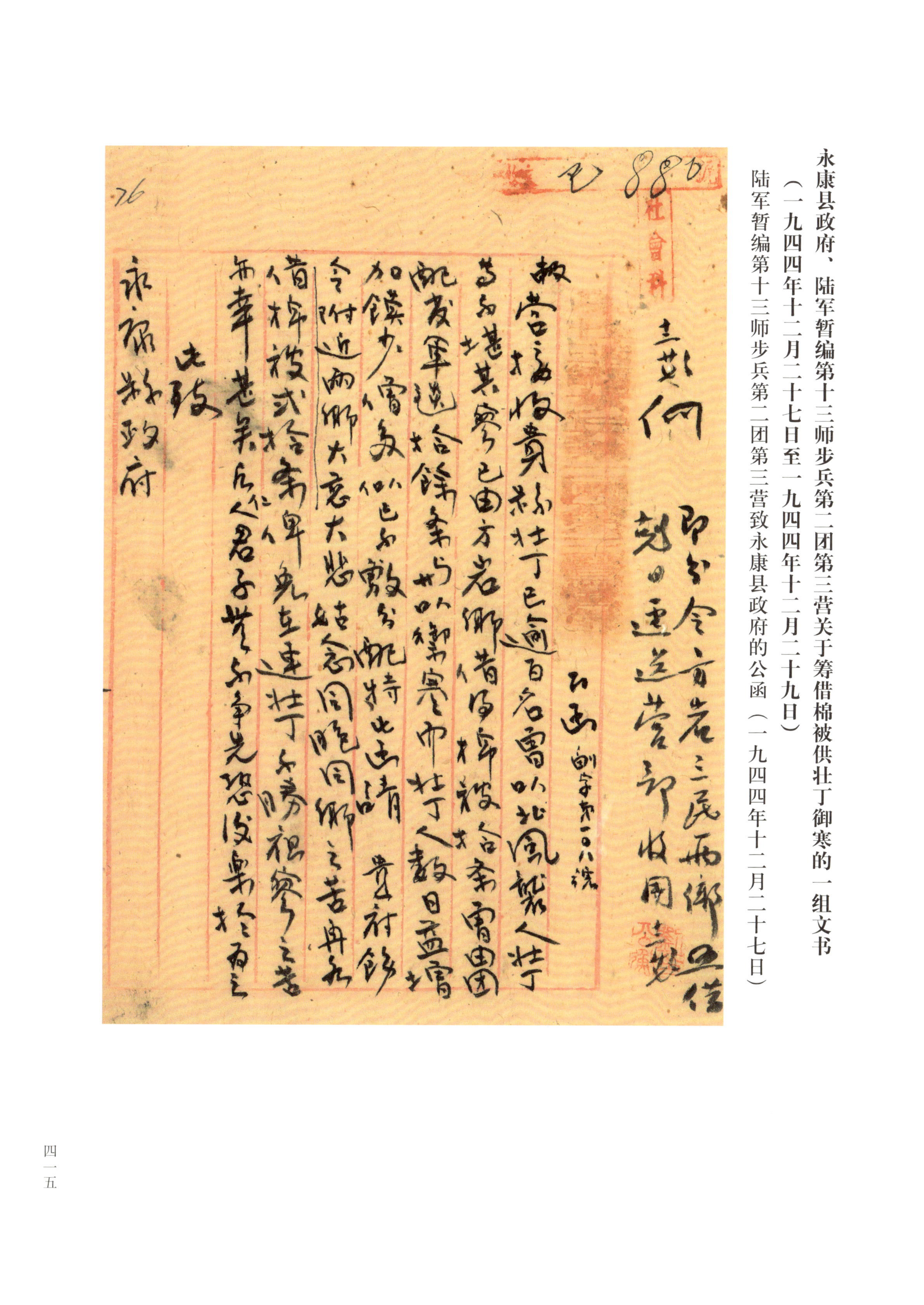

永康县政府、陆军暂编第十三师步兵第二团第三营关于筹借棉被供壮丁御寒的一组文书（一九四四年十二月二十七日至一九四四年十二月二十九日）

陆军暂编第十三师步兵第二团第三营致永康县政府的公函（一九四四年十二月二十七日）

营长

中华民国卅三年 十二月 日

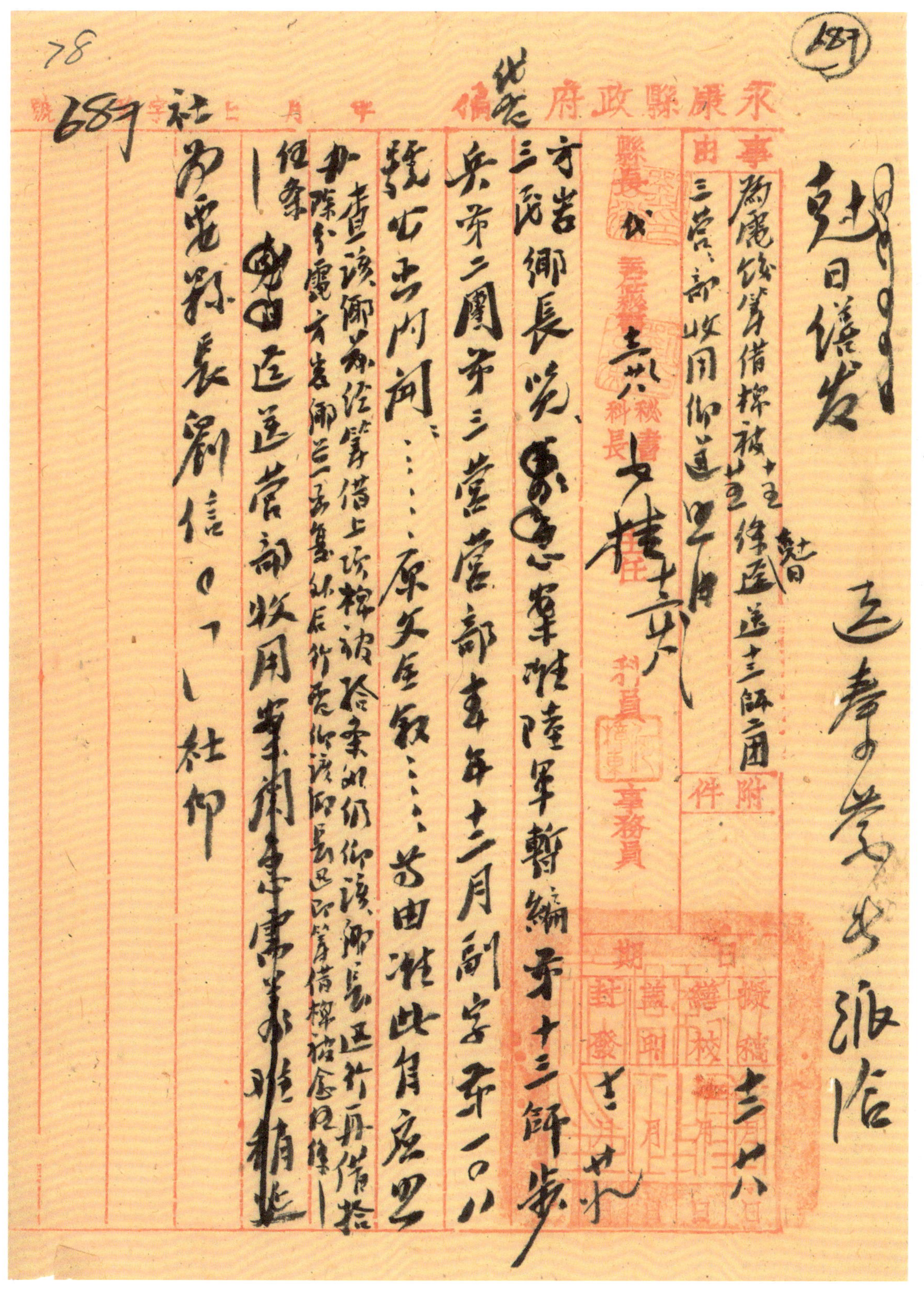
永康縣政府代電稿

事由：為籌借棉被……

三民、方岩鄉長覽：案准陸軍暫編第十三師步兵第二團第三營營部本年十二月副字第一〇八號代電內開：……原文全敘……等由。准此，自應照辦。……

縣長劉信〇〇（印）

永康县政府致三民、方岩乡公所的代电（一九四四年十二月二十九日）

永康县政府与陆军突击总队第二突击队政治部等关于劝募劳军鞋袜的来往文书（一九四五年一月五日至一九四五年三月二十五日）

陆军突击总队第二突击队政治部致永康县政府的公函（一九四五年一月五日）

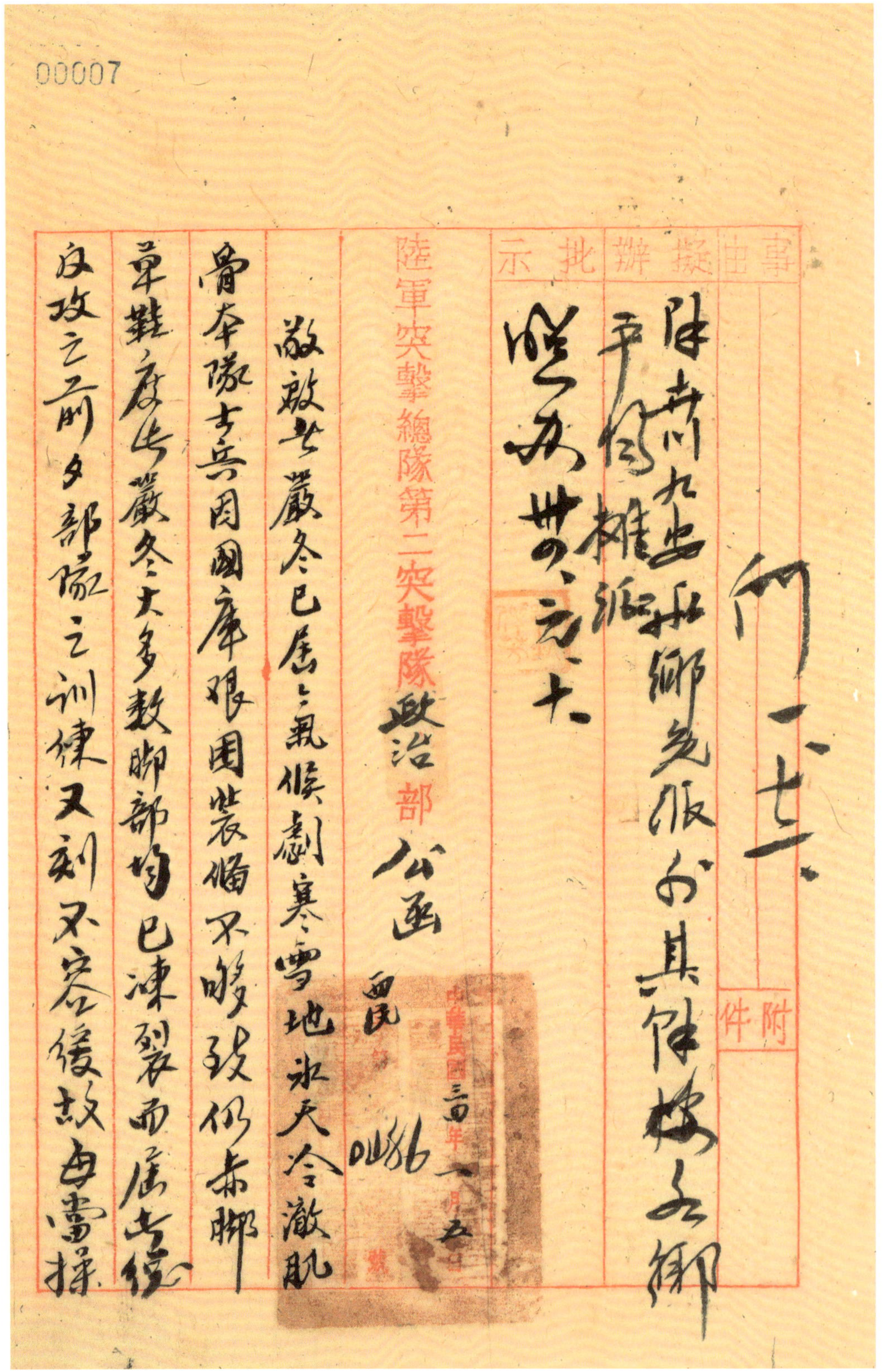

事由

拟办

批示

附件

陆军突击总队第二突击队政治部公函

中华民国三十四年一月五日

敬启者：严冬已届，风候剧寒，雪地冰天，冷澈肌骨。本队士兵因国库艰困，装备不暖，致仍赤脚草鞋，处此严冬，大多数脚部均已冻裂，而届当复攻之前夕，部队之训练又刻不容缓，故每当操

作戰行軍之時士兵之痛苦可想而知爲此發動
浙東各縣地方政府及各界同胞發起慰勞鞋襪運
動以示犒勞也久諳
貴縣愛護抗戰將士素極熱誠用特函請
貴縣惠予捐贈布鞋弍仟双以資鼓勵
此致
永康縣政府
主任萬美函

永康县政府致各区署各乡镇公所的代电（一九四五年一月十八日）

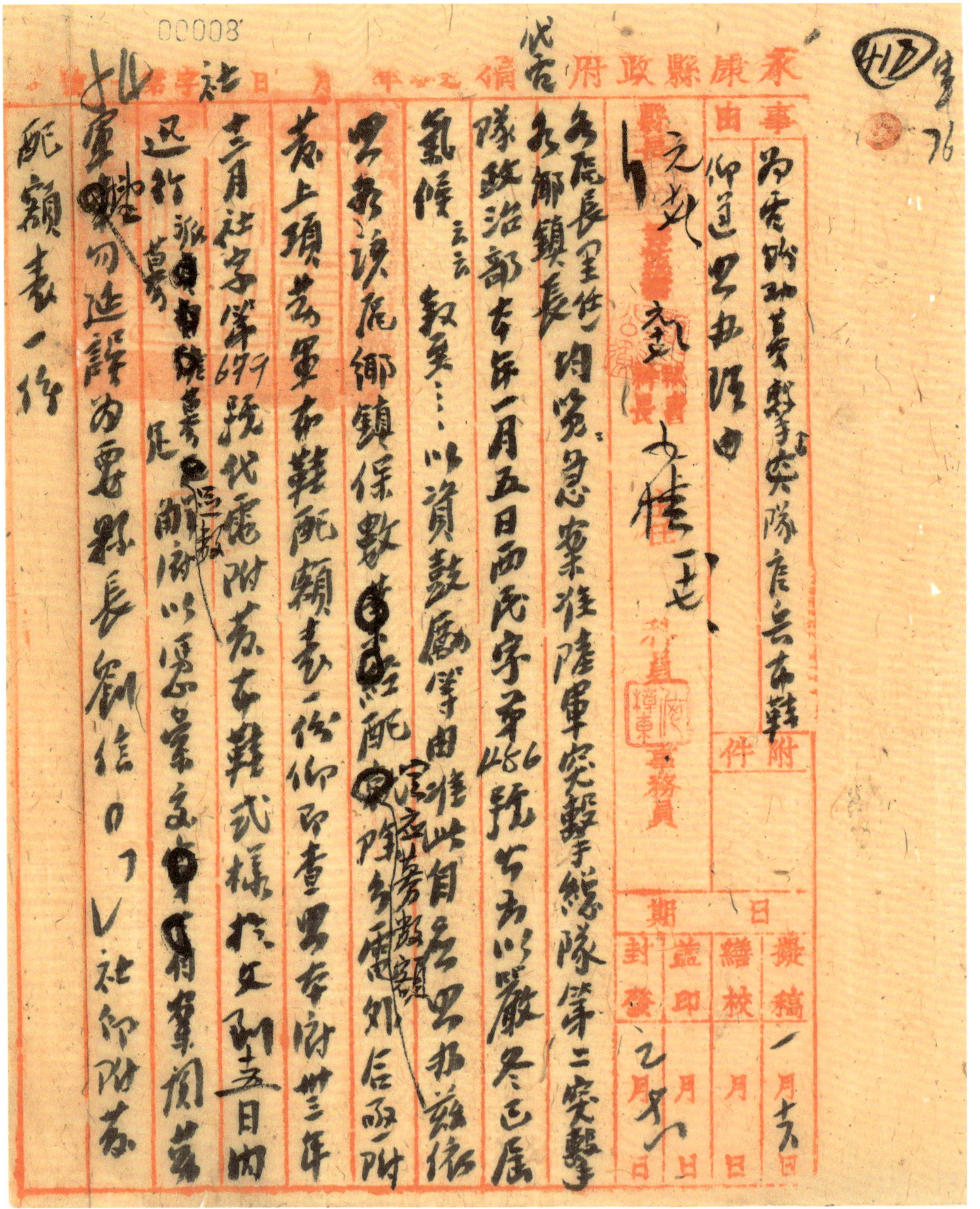

永康县各乡镇劝募突击队布鞋配额表

乡镇别	保数	分配双数
松石	八	四八
華溪	八	四八
環城	一一	六六
梅山	九	五四
崇道	一三	七八
歷山	一二	七二
六安	一〇	三七
九安	九	/
双義	七	二八
渠溪	八	三二
桐城	一〇	三七
壽川		/
珠山	一〇	三七
太西	一五	五〇
逵川	一〇	三九
西溪	一〇	六〇
唐先	一二	七二

說附註

1、本配额以每保六双为标准

2、六安双義渠溪桐城珠山太西逵川七乡因地临前哨不时受寇扰酌情减予减配

3、九安寿川二乡情形特殊准予免配

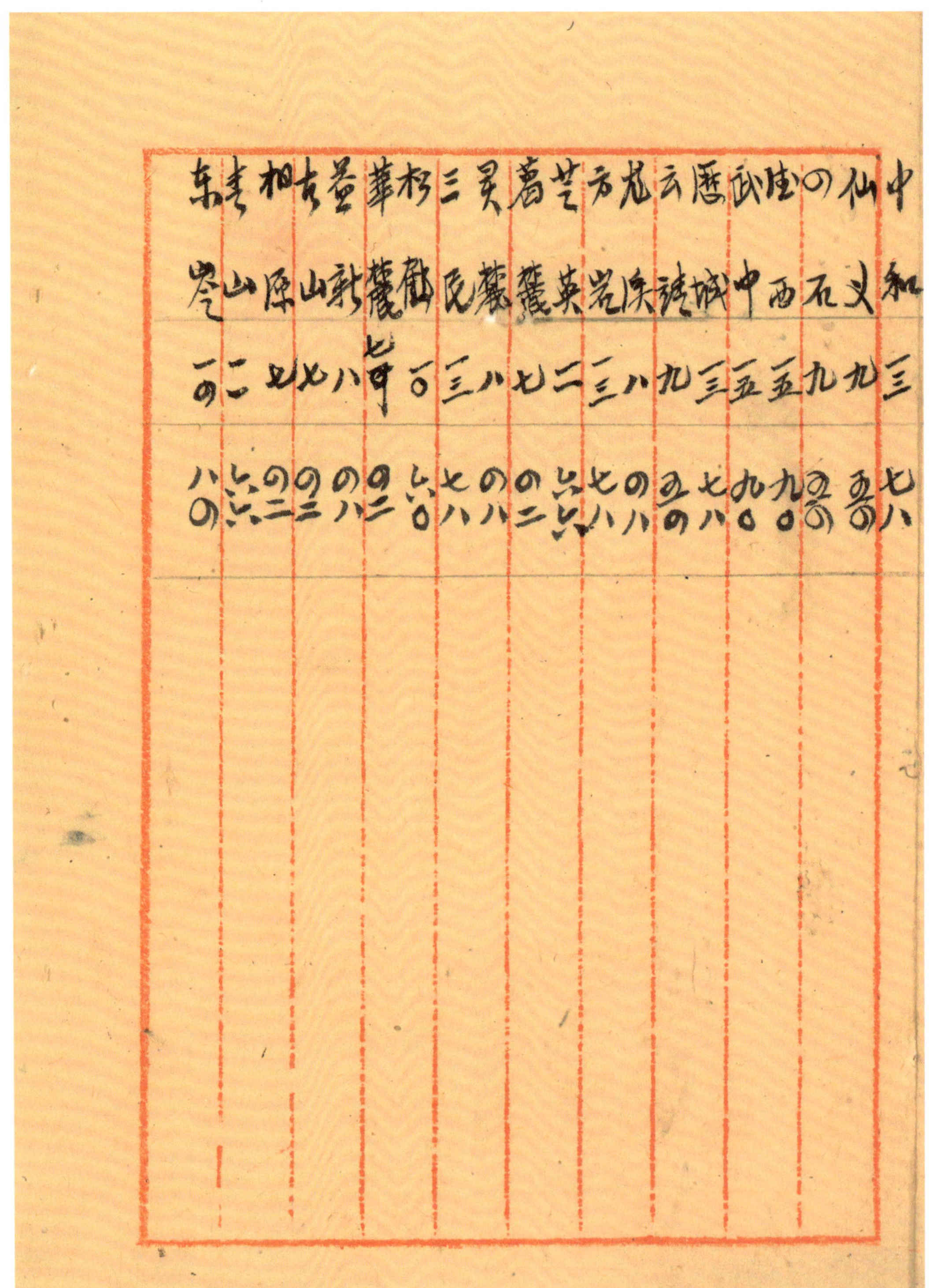

中和	三	七八
仙义	九	五四
〇石	九	五四
陆西	五	九〇
武中	五	九〇
历城	三	七八
云琦	九	五四
龙溪	八	四八
方岩	三	七八
芝英	二	六六
蔷蘘	七	四二
昊蓑	八	四八
三民	三	七八
杉戲	〇	六〇
華蘘	七十	四二
益新	八	四八
古山	七	四二
相原	七	四二
青山	二	六六
东岜	一四	八四

渠溪乡公所致永康县政府的呈（一九四五年三月二十五日）

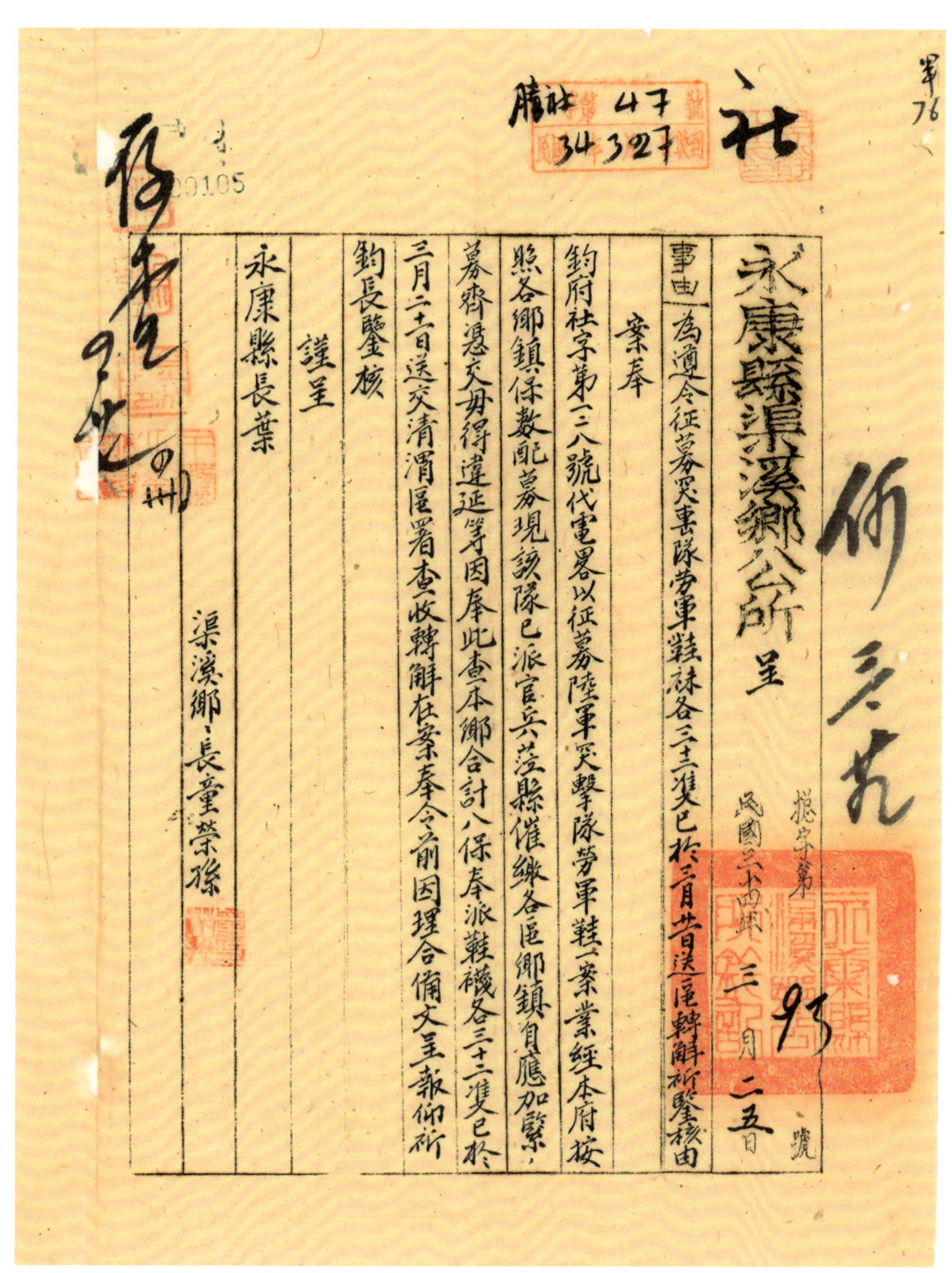
永康縣渠溪鄉公所 呈

事由 為遵令征募突擊隊勞軍鞋襪各三十二雙已於三月廿日送區轉解祈鑒核由

案奉

鈞府社字第一三八號代電略以征募陸軍突擊隊勞軍鞋一案業經本府按照各鄉鎮保數配募，現該隊已派官兵蒞縣催繳，各區鄉鎮自應加緊募齊，迅交毋得違延等因，奉此，查本鄉合計八保，奉派鞋襪各三十二雙，已於三月二十日送交清渭區署查收轉解在案，奉令前因，理合備文呈報，仰祈

鈞長鑒核

謹呈

永康縣長葉

渠溪鄉鄉長童榮孫

民國三十四年三月二五日

永康县政府关于由县统一安排慰劳军队事致各区署各乡镇公所各乡农会的训令（一九四五年七月十日）

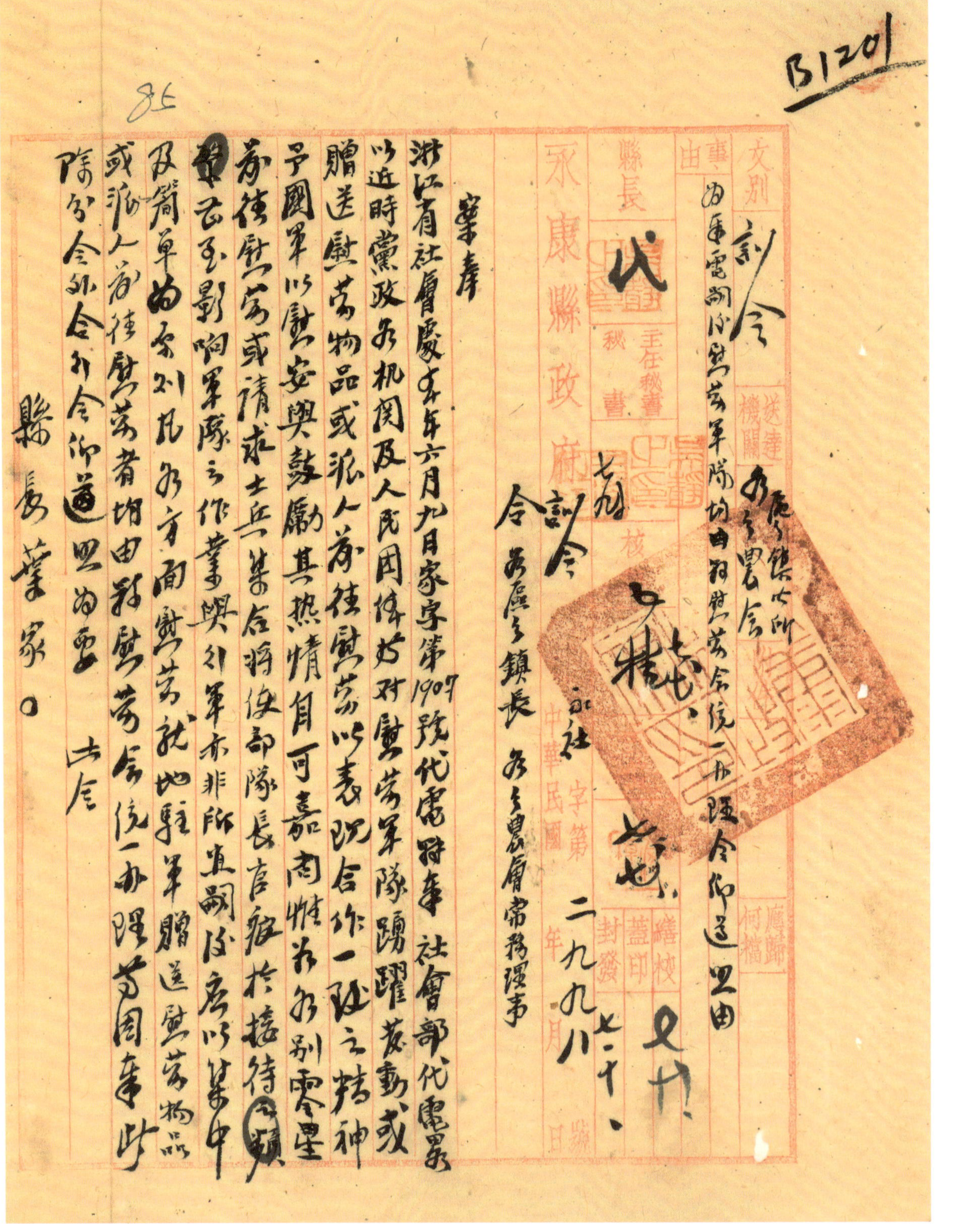

B1201

85

文别	训令
事由	为奉电嘱派慰劳军队均由县统一办理令仰遵照由
送达机关	各区署各乡镇公所各乡农会
县长	代
主任秘书	
秘书	

永康县政府 训令 二九九八 七月九日

训令 各区区署、各乡镇长、各乡农会常务理事

案奉

浙江省社会处本年六月九日参字第1907号代电开：社会部代电略以近时党政各机关及人民团体对慰劳军队踊跃发动，或赠送慰劳物品，或派人前往慰劳，以表现合作一致之精神，予国军以慰安与鼓励，其热情自可嘉尚。惟各方分别零星前往慰劳，或请求士兵集合，将使部队长官疲于接待，甚至影响军队之作业与行军，亦非所宜。嗣后应以集中及简单为原则，各方面慰劳就地驻军，赠送慰劳物品或派人前往慰劳者，均由县统一办理，等因奉此。除分令外，合行令仰遵照为要。此令。

县长 叶[illegible]家

浙江省慰劳抗战将士委员会关于公布所征募及配拨慰劳款收支情况致各县政府、党部、参议会的函（一九四六年十一月四日收）

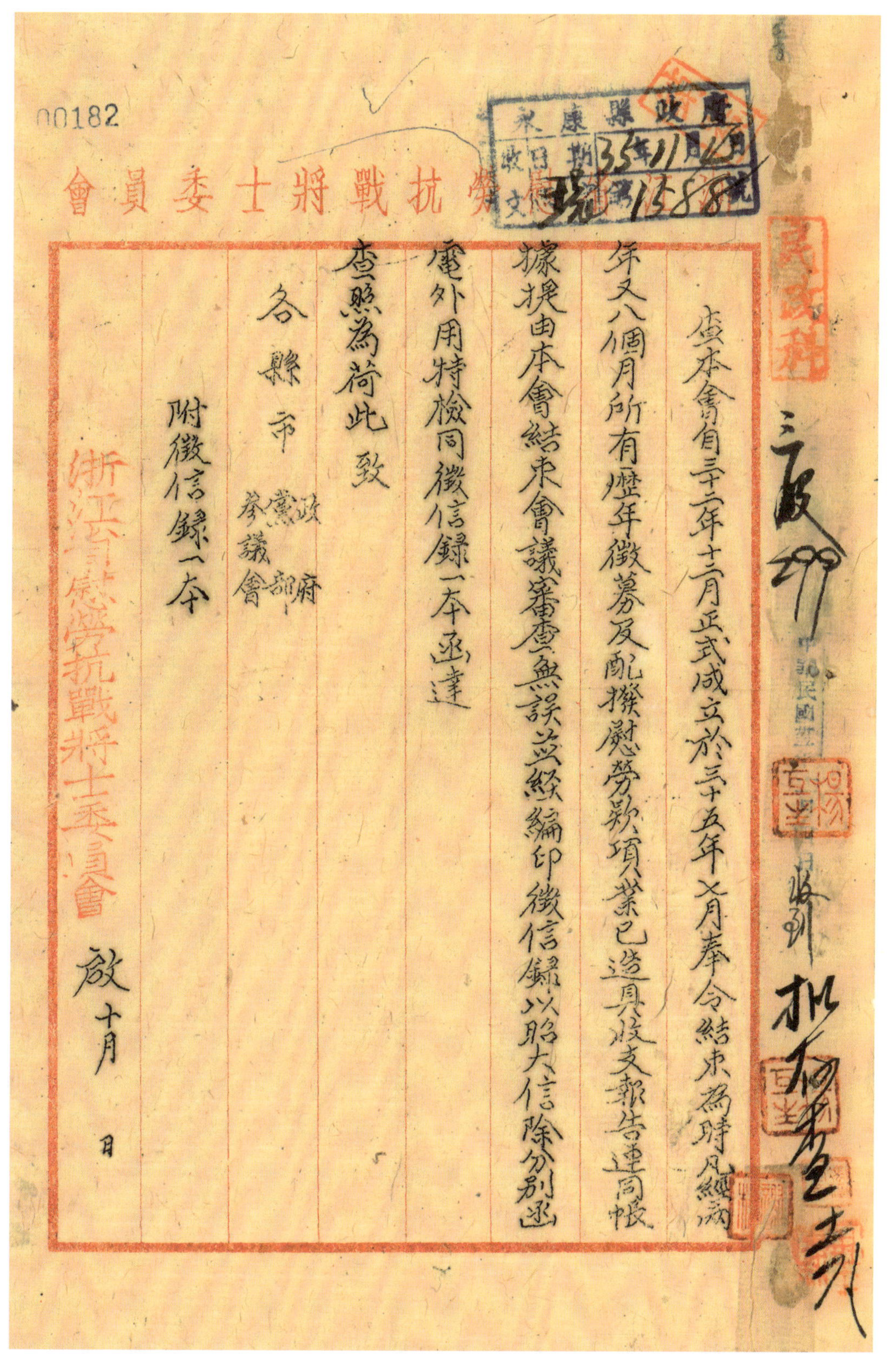
00182

浙江省慰勞抗戰將士委員會

廣康縣政府 來文 收文日期 35年11月4日 字第1558號

查本會自二十七年十二月正式成立，於三十五年六月奉令結束，爲時凡經滿年又八個月，所有歷年徵募及配撥慰勞款項，業已造具收支報告連同帳據，提由本會結束會議審查無誤，並經編印徵信錄，以昭大信，除分別函達外，用特檢同徵信錄一本，函達查照爲荷，此致

各縣市政府、黨部、參議會

附徵信錄一本

浙江省慰勞抗戰將士委員會 啟 十月 日

附：浙江省慰劳抗战将士委员会征募慰劳款项收支征信录

00183

浙江省慰勞抗戰將士委員會經募慰勞款項收支徵信錄

中華民國三十五年七月編印

本會自三十二年十二月正式成立，於三十五年七月奉令辦理結束，爲時凡兩年又八個月。所有歷年徵募及配撥慰勞款項、業經造具收支報告連同帳據、提由本本結束會議審查無誤，用特編印徵信錄以昭大信。

浙江省慰勞抗戰將士委員會經募慰勞款項收支徵信錄

甲 收入之部

一、收各縣政府募解慰勞準備金國幣二百五十六萬七千三百十一元正

計開

縣別	金額	縣別	金額	縣別	金額
杭縣	三〇、〇〇〇元	遂安	四八、〇〇〇元	天台	六〇、〇〇〇元
富陽	八〇、〇〇〇元	鄞縣	一八〇、〇〇〇元	磐安	一〇、〇〇〇元
吳興	三〇、〇〇〇元	慈谿	三〇、〇〇〇元	永嘉	二七四、九八八元
德清	二〇、〇〇〇元	鎮海	六〇、〇〇〇元	平陽	一七四、七四四元
武康	二〇、〇〇〇元	奉化	四〇、〇〇〇元	瑞安	一五〇、〇〇〇元
蕭山	五九、九九四元	象山	七〇、〇〇〇元	玉環	八〇、〇〇〇元
金華	六、四七〇元	定海	六〇、〇〇〇元	泰順	四二、四六〇元
蘭谿	六五、〇〇〇元	寧海	一〇〇、〇〇〇元	青田	二一、〇〇〇元
湯溪	五〇、〇〇〇元	臨海	二五〇、〇〇〇元	雲和	一二、〇〇〇元

宣平　五〇、〇〇〇元　仙居　一二八、六五五元　慶元　一六、〇〇〇元

武義　四〇、〇〇〇元　溫嶺　一〇〇、〇〇〇元　浦江　三〇、〇〇〇元

開化　五、〇〇〇元　三門　一二〇、〇〇〇元　桐廬　八〇、〇〇〇元

二、收各界自動捐獻慰勞金國幣一百五十六萬另五百八十九元四角五分正

計開

永嘉縣慰勞會　七二一、八二〇元　三門縣慰勞會　一〇、〇〇〇元

省婦女運動委員會　二三二、〇四三、九八元　德清縣黨部諸同志　九、九四〇元

省社會處交來三十二年新年及春節勞軍餘款　一八一、五九四元

省合作社供銷處　八、六四〇元　省政府浙東行署　一〇〇、〇〇〇元

鄞縣縣黨部　六、一五七、五〇元　東南日報社麗水分社　六八、一一一元

兩浙鹽務管理局　五、〇〇〇元　難民工廠　五〇、〇〇〇元

臨海縣商會　二、二三〇元　省黨部浙西辦事處諸同志　三六、四一〇元

英士大學留校陷區學生　二、〇〇〇元　寧海縣慰勞會　三三、四六六、五〇元

安吉縣黨部諸同志　一、九〇〇元　一二十區聯訓班六期學員　二〇、二〇〇元

景寧縣慰勞會　一八、三〇四元　國際救濟委員會雲和支會　一、〇〇〇元

蘭谿導報社　一五、〇〇〇元　雲和郵局職員　九八六元

寧海民報社 一二、〇〇五元　寧紹台日報社 九三七元
省政府轉來各處慰勞款 一一、四五一、〇七元　雲和中華基督教會 五〇〇元
慶元縣慰勞會 一〇、三九五元　交通特別黨部 一九三、四〇元
黃岩縣慰勞會 一〇、三〇五元

三、收三十三年元旦勞軍獻金國幣四萬三千二百另八元六角正

計開

省會(雲和)各界獻金 二六、八二一元　衢縣各界獻金 五、三四五元
淳安縣黨部 六、七九〇、六〇元　景寧縣黨部 四、二五三元

四、收三十三年七七勞軍獻金國幣一百四十五萬三千八百二十九元另四分正

計開

餘杭縣慰勞會 一〇、〇〇〇元　定海縣政府 六、〇二〇元
富陽縣政府 五一、〇八八、九　元　寧海縣慰勞會 八二、六九四元
武康縣黨部 五〇、七八三、六五　元　臨海縣黨部 六三、二一八、四〇　元
蕭山縣黨部 一、八七一元　黃岩縣黨部 一一、六一二、五〇　元
新昌縣黨部 五六四、二〇　元　仙居縣政府 三二、八九二、六七　元

蘭谿縣黨部　一〇、〇〇〇元
永康縣黨部　二一、五二六元
武義縣慰勞會　五八、七〇八元
宣平縣黨部　一一、八〇一、二一　元
常山縣黨部　五、四一〇元
遂昌縣縣府　一、三八七元
鄞縣縣政府　四〇、〇〇〇元
慈谿縣政府　五、〇〇〇元
鎮海縣黨部　一〇九、二六四元
奉化縣政府　一〇、五〇〇元
象山縣黨部　九四、五〇二、五七元
象山縣政府　五、〇〇〇元

三門縣政府　五一八、二〇七、五〇元
天台縣黨部　一、三〇〇元
天台縣慰勞會　四〇、〇〇〇元
磐安縣黨部　三、七五〇元
平陽縣政府　三三八、〇九九、五〇元
瑞安縣黨部　九四、九〇〇元
縉雲縣黨部　五、〇四三元
景寧縣黨部　五、一八二元
松陽縣黨部　六、〇二六、七一元
慶元縣各界　六六、〇一六元
雲和縣各界　一七、五五七、一〇元
分水縣黨部　三、八七三·二〇元

五、收銀行存款利息國幣五萬五千五百一十元八角正

以上共收國幣五百七十一萬另四百四十八元八角九分正

乙　支出之部

一、支抗戰將士慰勞款國幣三百八十四萬三千三百另六元四角五分正

計開

湘鄂勞軍 六〇〇、〇〇〇元

解全國慰勞總會三三年七七勞軍 五〇〇、〇〇〇元

第三戰區長官司令部 一〇〇、〇〇〇元

二十五集團軍 三三〇、〇〇〇元

三十二集團軍 七三〇、〇〇〇元

二十八軍 三〇〇、〇〇〇元

暫編十三師 一〇〇、〇〇〇元

青年軍（陸軍第三十一軍） 七〇〇、〇〇〇元

贈送青年軍錦旗 一五、五八〇元

省保安處 一三〇、〇〇〇元

全省防空司令部 二〇〇、〇〇〇元

浙西駐軍 一〇〇、〇〇〇元

浙西行署直屬團隊 五〇、〇〇〇元

臨時省會三十四年春節勞軍 一〇〇、〇〇〇元

臨時省會慶祝勝利勞軍 五〇、〇〇〇元

餽送盟軍紀念品典禮費 一〇〇、〇〇〇元

三五年七七慰勞榮譽軍人 九七、七二六、四五元

二、支轉解全國慰勞總會勞軍獻金國幣一百五十二萬七千另三十七元六角四分正

計開

三十三年元旦勞軍獻金 四、三三〇八、六〇元

三十三七七勞軍獻金　一、四八三、八二九、〇四元

三、支本會經常費國幣八萬三千六百九十九元正

計開

三十三年度　二五、二〇七元

三十四年度　五六、〇九二元

三十五年度　二、四〇〇元

四、支本會編印會務總報告及徵信錄等印刷郵寄等費及其他結束用費共國幣二十萬六千四百另五元八角正

以上共支國幣

丙　實在

收支相抵無存

附　錄

本會先後經收省合作供銷處惠捐肥皂三百條，毛巾一百條，短褲六條，省衛生處惠捐奎銀丸二百粒，省婦女運動委員會代募手帕四百[illegible]十四方，毛巾九十八條，雲和社會服務處代募夏令藥品五十三瓶，又接管前省動員委員會移交[illegible]小瓶，布手套九十六雙，消毒棉花十包，牙粉二十包，

鉛筆四打，日記簿四本，業已悉數分別配贈浙西安、長、孝各縣從軍青年，永樂師管區補充二團二營，雲和縣陣亡將士遺族及征屬暨駐杭榮譽軍人等，合併登明。

附录《永康县兵要地志》

第三十二集团军兵站分监部关于按表查填《兵要地志》事致永康县政府的代电（一九四三年五月一日）

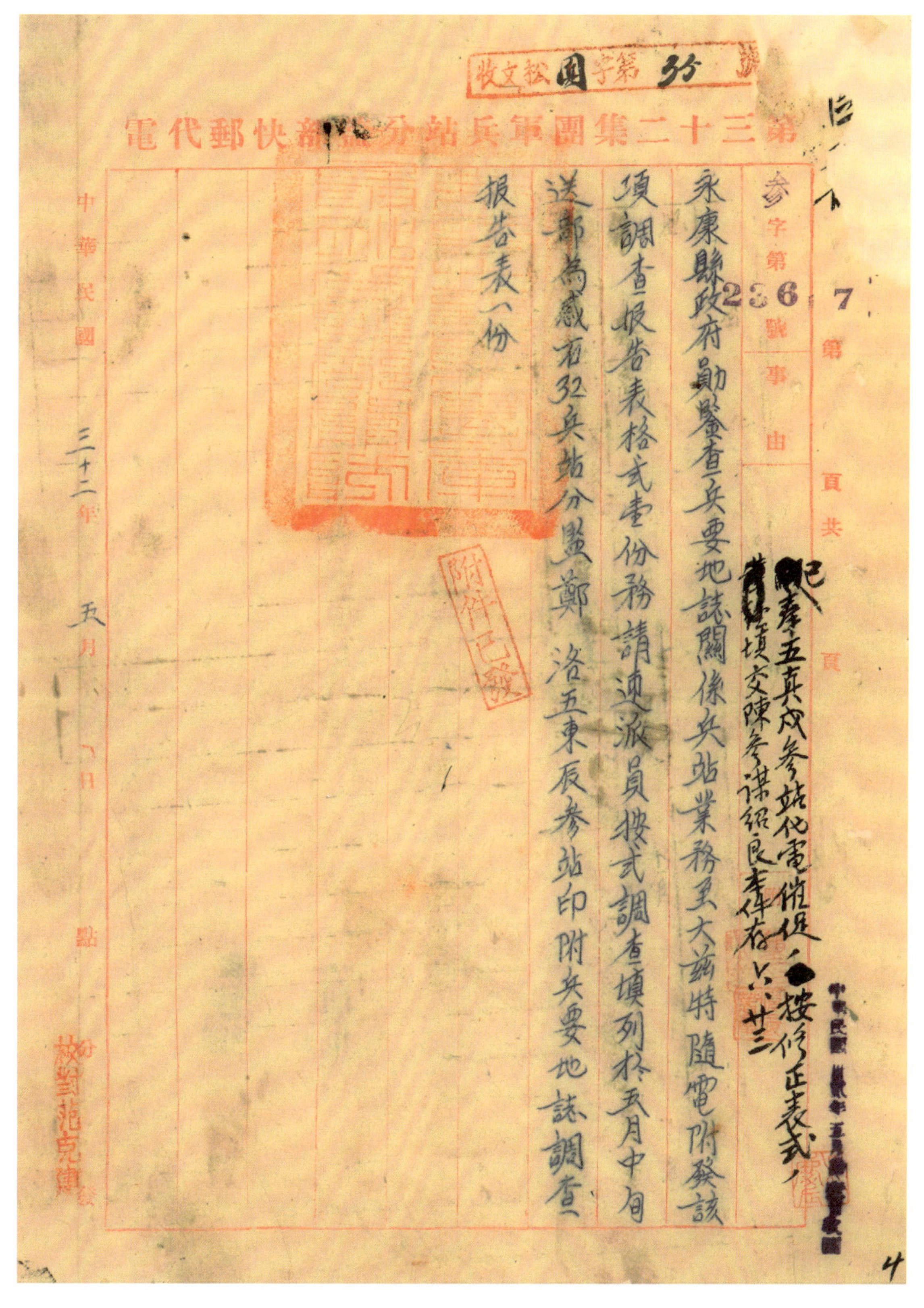

第三十二集團軍兵站分監部快郵代電

永康縣政府勛鑒：查兵要地誌關係兵站業務至大，茲特隨電附發該項調查報告表格式壹份，務請迅派員按式調查填列，於五月中旬送部爲感。右32兵站分監鄭洛五東辰參站印。附兵要地誌調查報告表一份

永康县政府与第三战区兵站总监部等关于催寄《兵要地志》的来往文书（一九四四年七月十三日至一九四四年十二月十五日）

第三战区兵站总监部致永康县政府的代电（一九四四年七月十三日）

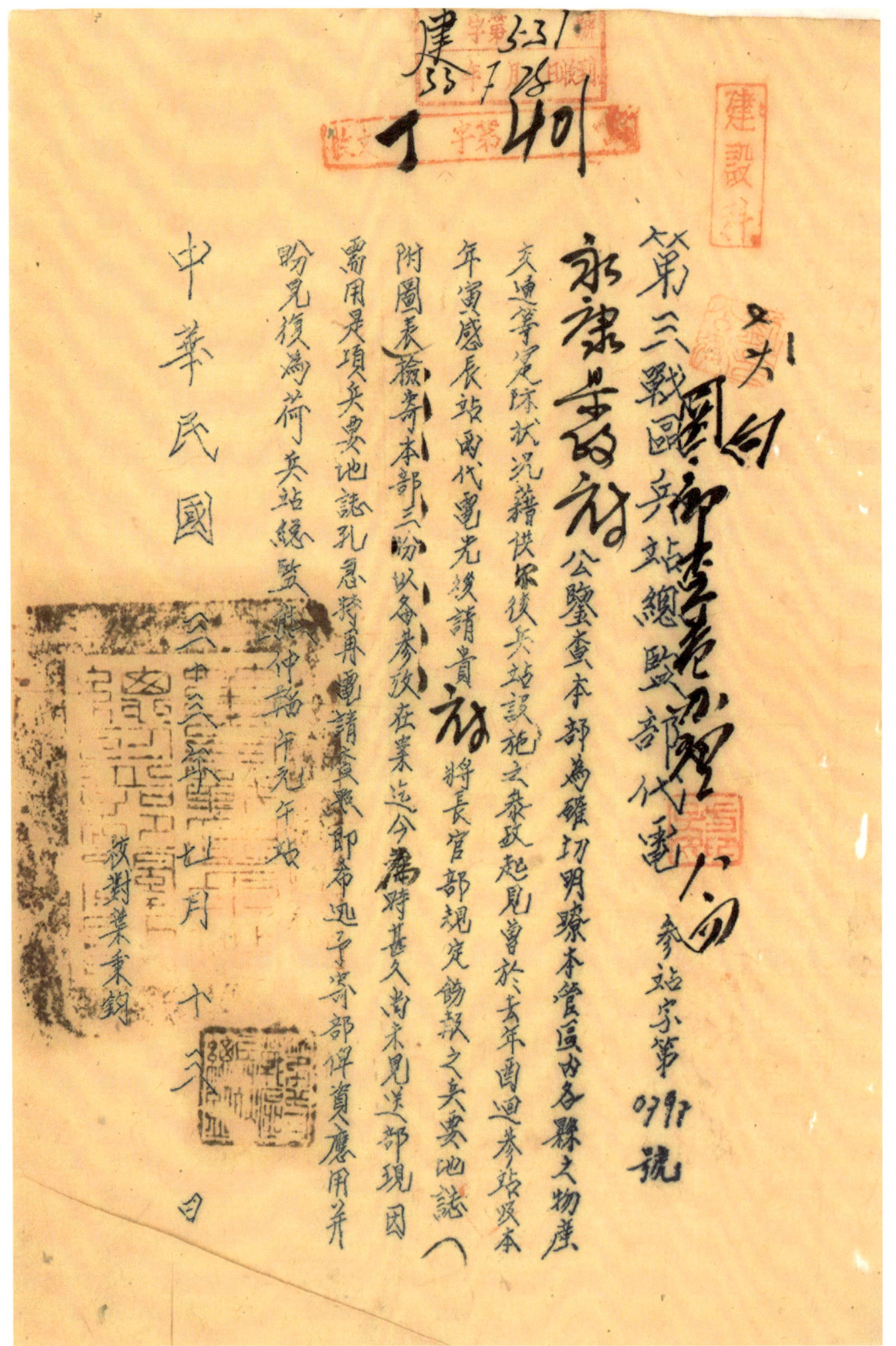

第三戰區兵站總監部代電 參站宗第0797號

永康縣政府公鑒：查本部為確切明瞭本管區內各縣之物產、交通等實際狀況，藉供今後兵站設施之參考起見，曾於去年酉迴參站及本年寅感長站酉代電先後請貴府將長官部規定飭報之兵要地誌（附圖表）檢寄本部，以備參考在案。迄今為時甚久，尚未見送。本部現因需用是項兵要地誌孔急，特再電請查照，即希迅予寄部，俾資應用，並盼見復為荷。兵站總監[illegible]仲諧[illegible]午站

校對葉秉鈞

中華民國[illegible]年七月十三日

永康县政府致第三战区兵站总监部、陆军突击总队、第四区行政督察专员兼保安司令公署的代电
（一九四四年十二月十五日）

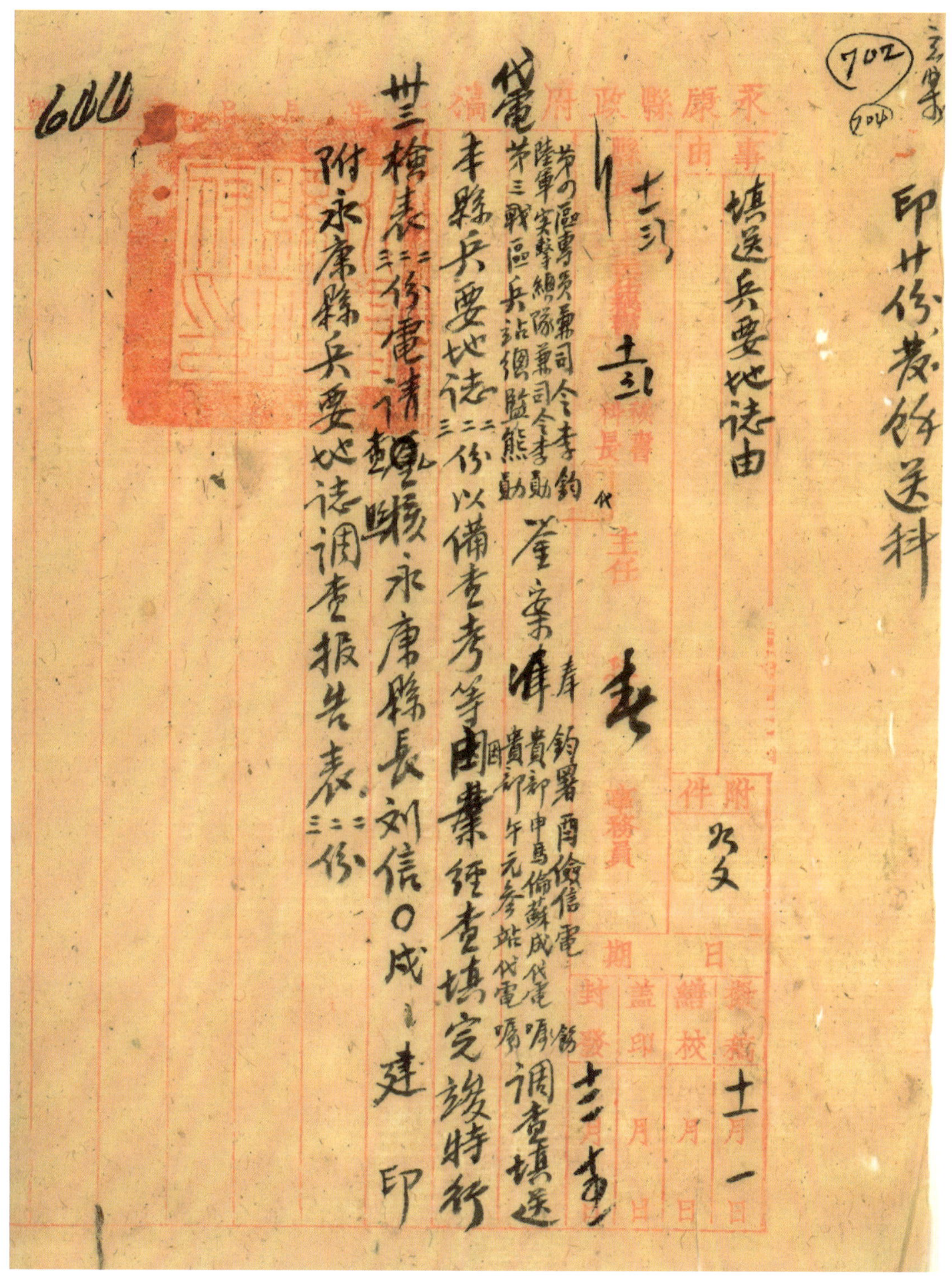

印廿份发缮送科

永康县政府稿

事由：填送兵要地志由

代电
第四区专员兼司令李、陆军突击总队兼司令李、第三战区兵站总监熊 钧鉴：
奉钧署酉俭信电、贵部申马俭苏成代电、贵部午元参站代电嘱调查填送本县兵要地志三二二份以备查考等由，奉此，业经查填完竣，特行检表三二二份电请鉴核。永康县县长刘信〇成 建 印
附永康县兵要地志调查报告表三二二份

附件：公文

《永康县兵要地志》（一九四四年至一九四五年）

永康縣兵要地誌

第一章 地理及人文

第一節 轄境概況

一、面積及鄉鎮行政區之劃分數目 本縣面積計一〇二五八方公里，劃分三行政區，一直接指導區，五鎮，三十二鄉，三百八十三保，四千五百八十五甲。

二、人口 本縣人口數，男一三九，七五〇人，女一三一，六四三人，共計二七一，三九三人。

三、縣境四至 東至磐安、縉雲、東陽等縣，南至縉雲縣，西至武義縣，北至義烏、東陽縣。

四、水陸交通要道分佈情形　1、水路：華溪發源於縣境東北中和鄉太平，西出於桐琴，横貫東西，全程長八十餘華里，水流甚急，上游不宜通航，下游自縣治起能通航，经桐琴順流而下入婺江。2、陸路：全武永公路在縣境內全長一二．八公里，東永公路在縣境內全長二四公里，永缙公路在縣境內全長一八公里，世方支路全長六公里，其路幅均係九公尺，路面為碎石路。

第二節　一般地形地勢及軍事上之价值

一、地形之骨幹與地勢之起伏　本縣地形骨幹，東面括蒼山脉支脈以筆架山、華釜山最高，南面括蒼山

脈支脈以白華山最高，西面無高大山脈，係平原，北面天門山脈以天門峯最高。（以上各山脈均為各鄰縣為界）

二、動植礦物分佈之狀態　本縣動物如牛猪雞鴨等各鄉普遍均有畜養，植物如稻麥荳等種植亦甚普遍，礦物未曾探採。

三、其各山軍事上之價值　本縣東南北三面多山，對軍事易守難攻。

第三節　有關軍事上之各市鎮

一、各該市鎮之位置及其附近地形

1.桐琴鎮，位置在本縣西面，离縣治二十華里与武義縣交界，其附近地形為平原，永東溪经过其旁。

2.唐先鎮，位置在本縣北面，离縣治四十五華里，其附近地形多丘陵地帶。

3.芝英鎮，位置在本縣中部，离縣治三十華里，其附近地形為平原。

4.古山鎮，位置在本縣中部，离縣治四十華里，永東公路经过此地，其附近地形為平原。

5.四路口，位置在本縣東北面与東陽縣交界，境内永東公路之終點，离縣治六十華里，地形多丘陵東西

二面山脈綿亘，

6、石柱・位置在本縣南面，离縣治二十華里，永丽公路經过此地，其附近地形東南西三面環山，北面平原，

7、象珠・位置在本縣北面，离縣治三十華里，其附近地形東西北三面環山，南面平原。

六、已否構有國防工事或今後構築工程時之難易

本縣过去尚未構築國防工事，今後如果構築時，本縣缺乏材料，構築非易。

三、對小道及橋樑之調查尤應詳盡　本縣地临前哨情形特殊，迭奉令撤破道路橋樑，各鄉鎮大

小道路大部均已破壞。

第四節　歷來用兵略史

本縣歷來非用兵之地，故無用兵略史記載。

第五節　經濟及金融

本縣金融機關計有浙江地方銀行办事處及永康合作金庫二所因大資本家稀少尚未設置錢莊前因物價波動影響典當業致遭停業而舊貨攤則應運而生均係委託性質提收佣金並無資本可言查本法幣流通額因正式商店停業攤販林立據估計約在壹萬萬元以上

第六節　工業

本縣地臨前哨環境特殊自卅一年事變時遭敵寇流竄後本縣大部工業均被敵破壞所留者亦已疏散鄉村故無確實數字統計就目前調查其較著名手工業為紡織肥皂磚瓦造紙等大部均疏散各鄉其中紡織工業以舟山征屬工廠貧民工廠為最大資本額約百萬元其出產以布疋毛巾紗襪為主次之以梅山鄉蘇溪染織生產合作社資本額約五十萬元其出產以土布為主肥皂工業三家以唐先鎮與油脂生產合作社及歷城鄉皂燭合作社方岩之油脂生產合作社其資本各壹百萬元造紙工業以歷山鄉永祥村之永康造紙廠為最大資本額為五十萬元其出產以毛邊紙為主

第二章　氣候

第一節　常年氣候概況

一、常年氣溫及一日內氣溫之變化

本縣地處浙東中部氣候溫和歷年平均氣溫在攝氏一八·一度一年中以七月之溫度為最高達三〇·九度而以一月之溫度為最低僅四·三度各月平均溫度如左表

永康全年各月平均溫度表

月份	溫度°C
一月	4.3
二月	7.5
三月	11.1
四月	17.1
五月	22.8
六月	25.8
七月	30.9
八月	30.0
九月	25.6
十月	19.7
十一月	14.0
十二月	8.2
年平均	18.1
年差	26.6

一月內氣溫之變化以太陽未上山前為最低太陽上山後氣溫逐漸上升至十四時左右到達最高點隨後逐漸下降

至於升降之緩急較差之大小則因季節而異上半年升降緩較差小尤以六月份霉雨期內更為顯著下半年升降急較差大九至十二月间尤然

二、常年雨量及每季雨量之变化

常年雨量常在一千公厘至一千七百公厘之間夏季（五六七月）雨量最豐每佔全年總數百分之四十春季（二三四月）次之約佔全年量四分之一强秋季（八九十月）又次之冬季（十一十二一月）最少

三、常风及季候风之变化

平時以東北風為最多凡暴風雨时即多西风或西北

風天氣安定期間常有西南風春秋季節之晨晚下有東西風稍受海風陸風之影響夏季東南風甚盛冬季西北風較強

永康氣候調查表

季節	寒熱度（華氏）	雨量（公厘）	常風	備攷
春	絕對最低六〇.三 絕對最高九〇.三	四八九.五	東北、西南	寒熱度係名季之絕對最低最高數
夏	絕對最低五三.三 絕對最高一〇七.六	六〇二.九	東南東北	雨量係名季之總數
秋	絕對最低五三.六 絕對最高一〇七.六	三六六.七	東北、西北	常風欄係填列名季之最多次風向
冬	絕對最低一九.〇 絕對最高八一.五	一九二.〇	東北、西北	

第三章 河川

第一節　一般河川形勢及其軍事上之價值

本縣主要河川祗有華溪一道發源于本縣境內源分南北二溪至縣城附近合流而成華溪下經翁埠李店至桐琴入武義縣境自縣城至桐琴一段長二十華里可通帆船及竹筏沿岸地形傾斜無高山並無岩礁障碍雖多沙灘水勢易漲易乾水漲時帆船一日可達蘭谿水乾時則須三日至六日不等不論水勢漲落行駛竹筏絕無問題並有縣城至桐琴入武義縣境與水道並行之縣道一段可通雙輪手車華谿流域中物資集散地為縣城翁埠桐琴在翁埠李店楊埠有渡船可貫通兩岸

在桐琴原有人民營建之浮橋一座浙東事變時已破壞今暫改用渡船沿岸市鎮村落林農產豐足尚稱繁榮當金武永公路未建築前實為軍運要道

第二節　輸送財料

在華溪中之輸送工具為帆船及竹筏浙東事變以前計有本縣籍之帆船六十餘隻竹筏一百餘對集中于縣城航駛于金蘭而至者會杭州輸入物資大部為民生日用品如洋廣雜貨布疋等物輸出為南棗紙赤豆大腿等項華溪運輸雖較金武永公路遲緩惟運費低廉託運者仍屬不絕

永康縣河川調查表

名称	華溪
経流區域	縣城、上塔寺、翁埠、李店、桐琴、八武、義縣境
水流及流速	湍急
可航程度	可通帆船及竹筏
灘險	有淺水沙灘五处
橋樑渡口	翁埠、李店、楊埠、桐琴
河幅	一五〇—三〇〇公尺
河床及河床土質	沙土質
沿岸情形及重要城市	沿岸僅有縣城及桐琴二市鎮，餘均村落
障碍程度	無障碍
船舶數量 / 備攷	久晴則溪水乾斷流；事變前有船舶千餘對

第四章 道路

第一節 一般情形

一、全线距離及路幅并連絡要點 公路一〇八公里 縣道一六五公里 合計二七三·三公里 路幅 公路九公尺 縣道三公尺 其連絡點 縣城與世雅 全

二、全線變化最大之地形　縣城附近永東公路上之雙古金釵地方凡遇洪水時即被沖毀永縉公路上之前倉坡度高大行車比較困難

三、通信網　永東永縉金武永各公路及世方支線均架有行車路話線今公路破壞殆盡通訊話線拆卸無遺

四、平行交通線　東永公路縣城至四路口與縣道城長線（縣城至長塢坑）平行

五、主要障礙線　本縣無障礙線

六、季節及天候之變化影響　霉雨期間水泛及嚴冬時積雪公路行車即被阻礙而縣道交通可照常通行

七、沿途人口并動植物分佈狀態　沿途人口週密林木尚稱茂盛除民生所需各種農作物及家禽家畜外並無其他特殊之動植物

第二節　與軍事上之關係

一、沿途地形及耕作物與高大建築物之狀態

沿途均為丘陵地帶耕作物以稻麥豆類為最高〔多〕大建築物絕少大部均易攻難守之地

二、沿途城市村落之狀態及其價值　永東公路之四路口及永縉公路之牛經嶺石柱至永武公路之茭道等處兩山之間可作次要守備之據點

三、沿途主要及集團構築物　公路及縣道經过

均有公共祠堂及廟宇之建築可供營以下之宿營

四、露營地及休息地　永東公路經过之古山四路口永

禮公路經過之高棠石柱前倉金武永公路經過之花街

楊公大屋均可供團以下之露營及休息

五、諸兵種通過難易　俟公路修復後諸兵種

均可通過在剋未修復前祇輕裝步隊可通行

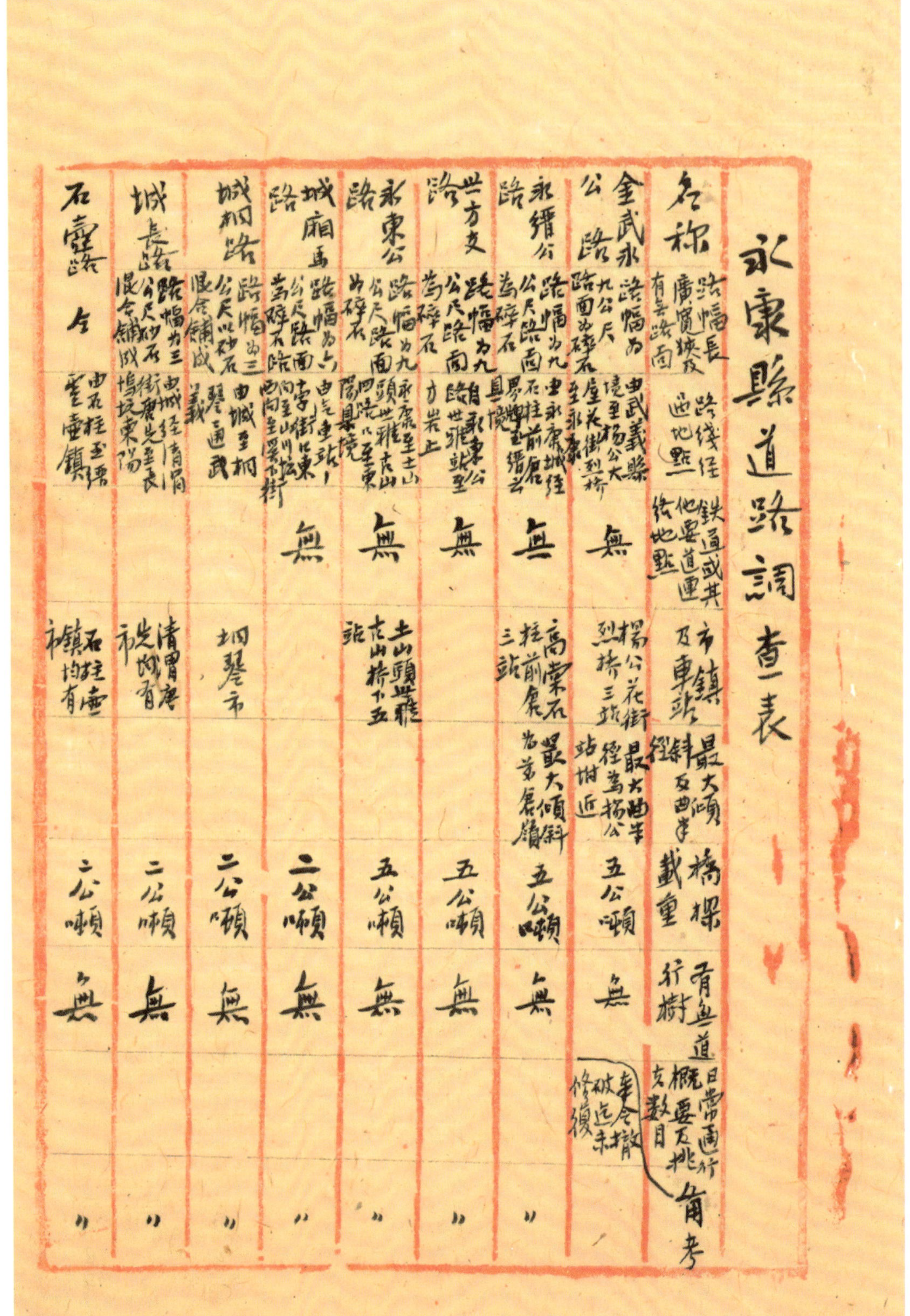

永康县道路调查表

名称	路幅长广宽狭及有无路面	路线经过地点	铁道或其他要道连络地点	市镇及车站	最大倾斜及曲半径	桥梁载重	有无道行树	日常通行概要及挑夫数目	备考
金武永公路	路幅为九公尺，路面为碎石	由武义县境至杨公大坐花街烈桥至永康	无	杨公花街烈桥三站	最大曲半径为杨公站附近	五公吨	无		奉令撤破近来修复
永缙公路	路幅为九公尺，路面为碎石	由永康城经石柱前仓界牌至缙云县境	无	高棠石柱前仓三站	最大倾斜为前仓岭	五公吨	无		〃
世方支路	路幅为九公尺，路面为碎石	自永东公路世雅站至方岩止	无			五公吨	无		〃
永东公路	路幅为九公尺，路面为碎石	永康至土山头世雅古山四路以至东阳县境	无	土山头世雅古山桥下五站		五公吨	无		〃
城厢马路	路幅为六公尺，路面为碎石路	由汽车站，南街北东向至山川坛，西向至县下街	无			二公吨	无		〃
城桐路	路幅为三公尺，以砂石混合铺成	由城至桐琴通武义		桐琴市		二公吨	无		〃
城长路	路幅为三公尺，砂石混合铺成	由城经清渭街唐先至长城坞坟东阳		清渭唐先城均有市		二公吨	无		〃
石壶路	仝	由石柱至缙云壶镇		石柱壶镇均有市		二公吨	无		〃

世黨路	仝	由世雅經大仁畈西溪青岩黄川至崇川通緊安	黄川有市	二公噸	無	〃
城楓路	仝	由城經宓宅炳坑至桐坑叅通義烏縣		二公噸	無	〃
城永路	仝	由城經傅店仁村至永祥	永祥市	二公噸	無	〃
城吴路	仝	由城經孟宅叅至吴岩接通四楊路	吴岩市前有市	二公噸	無	〃
世董路	仝	由世雅經象朱白塔叅八字墻至董村與金永武公路上黄道相接	象朱八字墻內有市	二公噸	無	〃
四楊路	仝	由四路口經杭口派川岩市街本坦楊溪叅通壺鎮	四路口派川內有市	二公噸	無	〃
方土路	仝	由方岩經芝英至土山頭與永東路相接	芝英市	二公噸	無	〃
石古路	仝	由石柱經塘街芝英新山接通永東路古山站	芝英市古山市	二公噸	無	〃
附記						

永康縣橋樑調查概況表

名稱	種類	位置	長寬度	載抗力量	完整或破壞程度	備考
楊公橋	木橋	金武永公路	長一八公尺 寬四公尺		破壞	
烈橋	木橋	金武永公路	長一七公尺 寬四公尺		破壞	
東庫橋	木橋	永東公路	長一八五公尺 寬四公尺		破壞	
后曹橋	石橋	永東公路	長二二公尺 寬四公尺		完整	
世雅橋	石橋	方岩支路	長六九公尺 寬三公尺		完整	
石柱橋	石橋	永縉公路	長八二公尺 寬三公尺		完整	
仁政橋	石橋	永城縣前	長四六公尺 寬四公尺		完整	
鶴鳴橋	石橋	土山頭村道	長五一公尺 寬三公尺		完整	

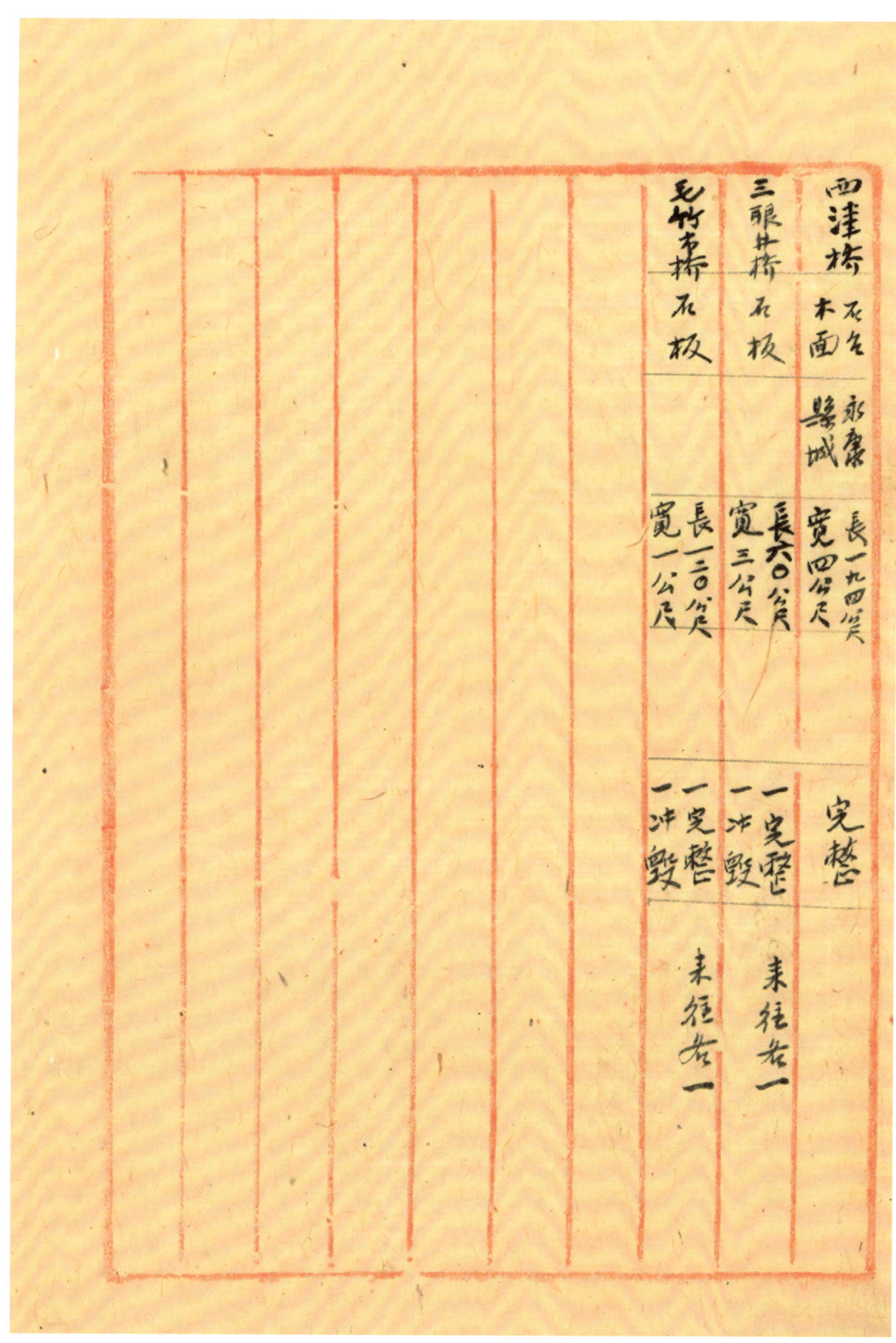

桥名	结构	所在地	尺寸	状况	备注
西津桥	石台木面	永康县城	長一九四公尺 宽四公尺	完整	
三眼井桥	石板		長六〇公尺 寬三公尺	一完整 一冲毁	来往各一
毛竹市桥	石板		長一二〇公尺 寬一公尺	一完整 一冲毁	来往各一

第五章 通信網

第一節 一般情形

一、通信網連絡系統及其要點 A有線電話自永城防空監視哨至和樂橋防空監視哨轉通縉雲縣此係省办電話尚有自永城通武義清溪口之話线一条係軍用專线其餘鄉村電話均於卅一年事變時被敵人破壞無遺

B有线電報自永城直達縉雲 C無线電報之通報地点如下：省政府保安處 三十二集团軍總部 八十八軍軍部 廿一师师部 四區專員公署 保安司令办公廳 省直接稅局 麗水縣政府等電台

二、通信里程　有綫電報及有綫電話自永城至縉
雲計四十公里，有綫電話自永城至武義清溪口計十八公里

三、平時通信員教育机關之狀態　本縣有綫電
報及有綫電話之通信員均係由省電信局統籌分派，
並無專設教育機關，無綫電報通信員由省無綫電
台分配試用

四、通信之規定　有綫電報與電話日夜通信不斷，無
綫電報依照各連絡台之業務繁忙而規定通報次數
與連絡時間

五、通信符號　有綫電報與電話不規定通信符

號無綫電報呼號為一——

六、路綫結構　有綫電報與電話係用一根十二號鐵綫架設無綫電報之收報機係整流三管收報機其電源係用乾電池A組電為三伏而B組電為四十五伏而發報機係十五瓦特哈特萊式發射機其電源係用手搖發電機A組電為八伏而B組電為五〇〇伏而

七、可徵集之材料　自卅一年事變之後一切可用材料均被敵人搜集殆盡將來恢復鄉村電話時必須仰賴省方供給

永康縣電信調查表

名称	与隣局通信機関名称	收发機件數目及其名称	平日收发電报概況	備攷
永康電信營業處	縉雲電信局	五門西門子電話總機一部	營業报話兼軍事通信	

永康縣郵政調查表

名称	等級	日常收发各種信件概況	郵滙概況	備攷
永康郵局	三等甲級	日約平信壹万件 掛號郵件弍千五百件	匯進五十萬元 匯出三十萬元	

第六章 住民

第一節 一般風俗習慣

一、語言 語音高抗生硬外縣人不易闇曉學習國語音調不甚準確，縣西縣東語言亦微有差別，近東陽地區語帶東陽腔，近武義邊境帶武義腔，近縉雲區域帶縉雲腔。

二、風俗

甲、個人習尚　衣服簡樸，鄉村人多着土布，城市人多着細紗布，麻毛絲織品甚鮮。飲食以蔬菜為主，以海味為喜慶宴客之肴饌。起居有規律，日出而作，日入而息。嗜好方面，烟毒早絕，賭博在演戲賽燈及其他盛會間或有之。

乙、社會習尚　宗族制度依然存在，因地僻陋區惡勢力尚甚强盛維對目前鄉鎮自治工作奠定相當基礎女子地位尚欠平等迎神賽會舊習相沿未曾破除仍以演古戲賽龍灯遊仙佛迎偶像等為娛樂

丙、社會病態　境內因少大戶向無蓄養奴婢風氣盜匪因緣時會时起时滅遊蕩賭博近來禁絕

丁、婚嫁習尚　鄉村間十之八九近似買賣男女在二十歲左右結婚童養媳極少婚嫁分訂婚行聘結婚三步禮節隆重城市婚嫁依照自由平等

否則实行自由结婚者已佔十之三四矣

戊、丧葬習尚　約於死後十日内安厝儀式簡單祭祀虔敬

三、生活

住民衣食住行異常簡樸大都勤耕苦做僅免凍餓生活实欠充裕

第二節　經濟状况

住民計廿七萬人耕地面積為四八三三一九畝以農為業者佔百分之七十以上因戰事関係工業尚未發達經營商業以住商減少攤販林立商業尚称發達縣北人烟稠

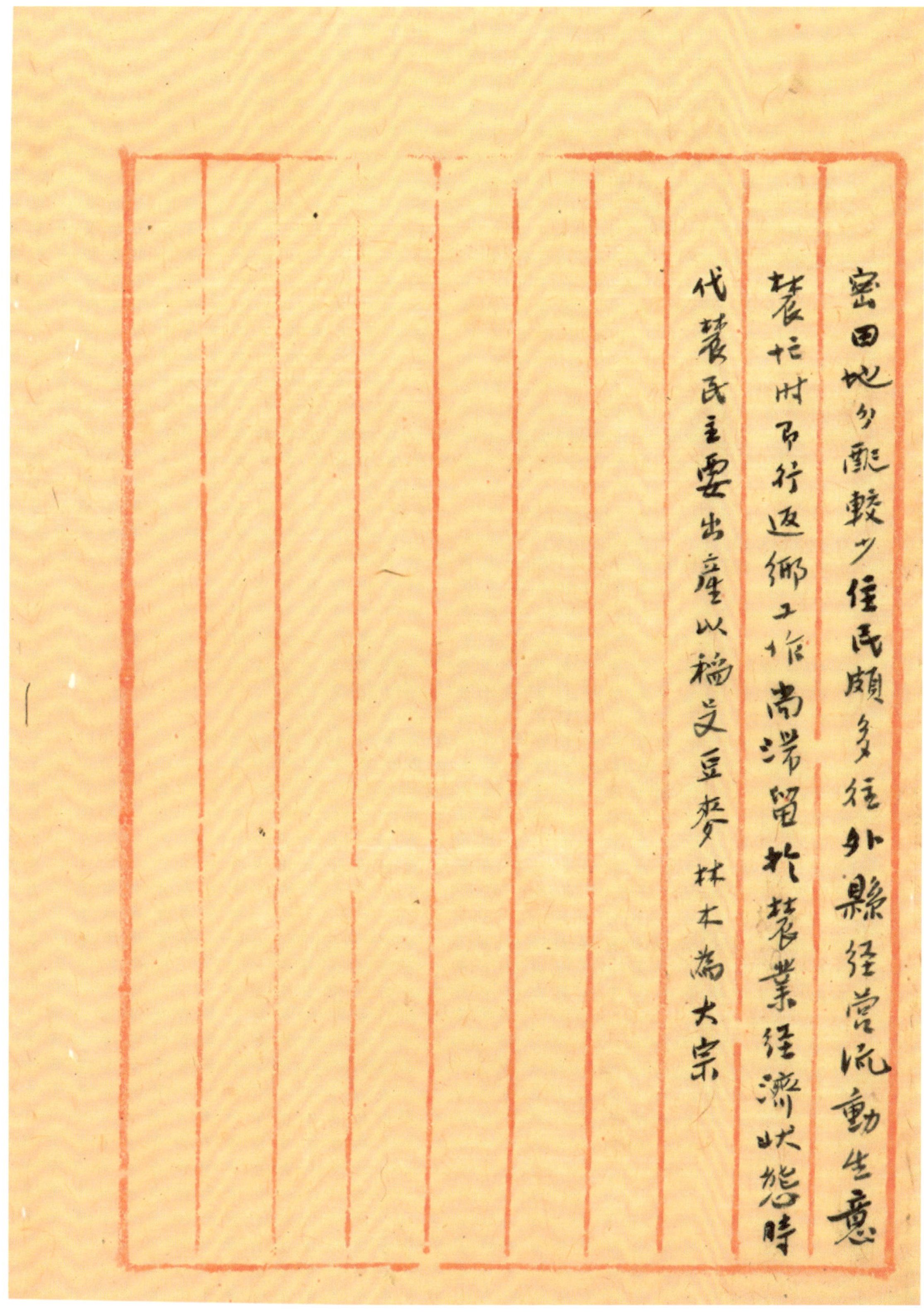
密田地分配較少住民頗多往外縣經營流動生意

農忙時節行返鄉工作尚滯留於農業經濟狀態時

代農民主要出產以稻支豆麥林木為大宗

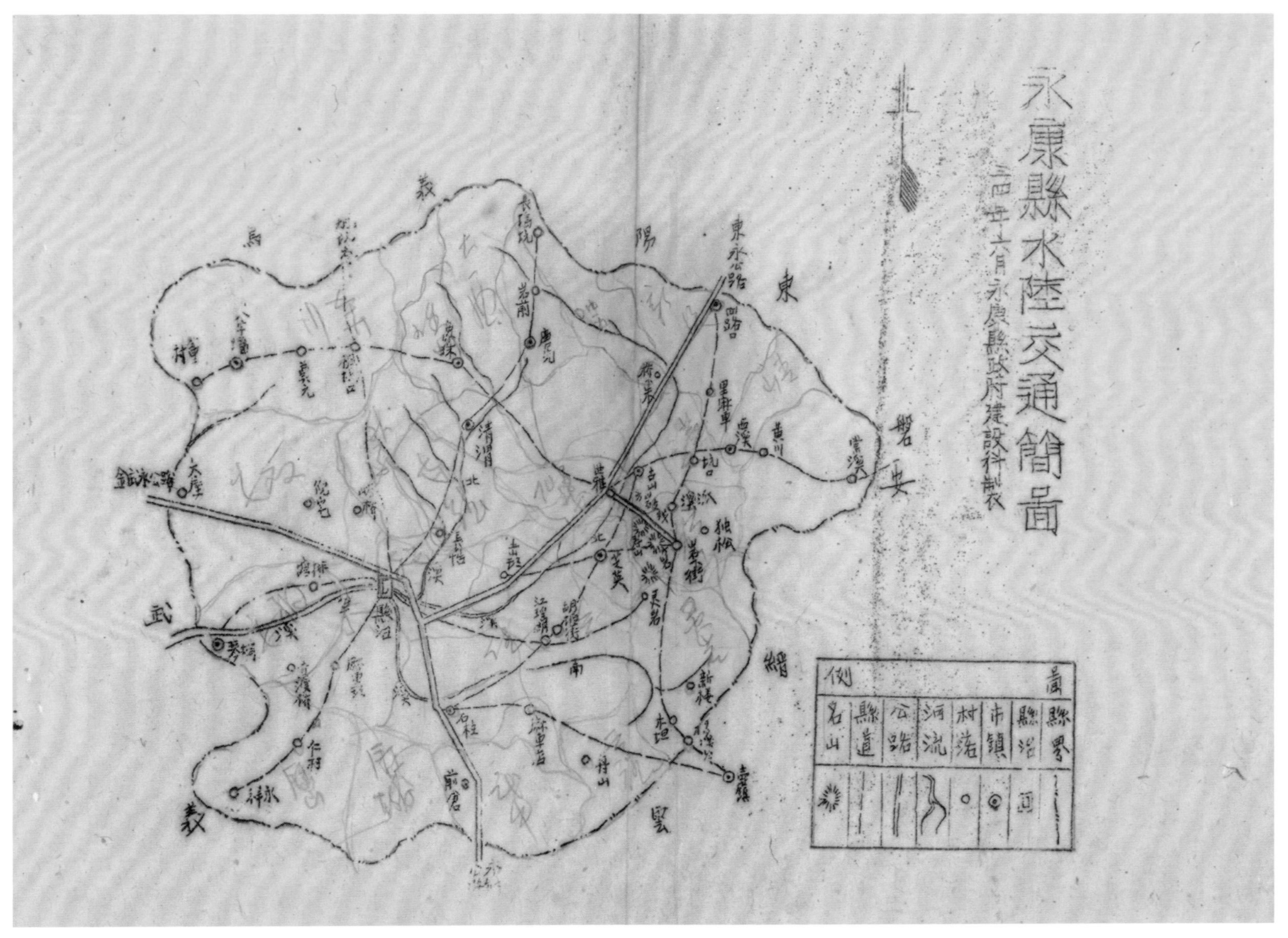
永康縣水陸交通簡圖
三四年六月永康縣政府建設科製
北
圖例
縣界
縣治
市鎮
村落
河流
公路
縣道
名山
東永公路
金永公路
清渭
芝英

永康縣住民數目調查表（根据卅四年三月户口册籍）

鄉鎮名	男	女	户口總數 口	户口總數 户	壯丁數	備攷
杉石鎮	二〇四四	一九三七	三九八一	九五七	三一八	
華溪鎮	二三八九	二〇八七	四四七六	一〇五一	三二〇	
崇道	四一六七	三九二三	八〇九〇	一六五八	四七四	
桐城	三四二六	三一三九	六五六五	一六七三	〇三二	
環城	三五一六	三二六六	六八〇二	一六五〇	〇三七	
鷹山	四五六三	三九〇八	八四七一	一六八三	〇三三	
太西	五三三四	五一六九	一〇五一三	二二六三	〇八七	
珠山	三九九九	三七三五	七七三〇	一六〇〇	〇四五	

達川	四三八〇	四〇一四	八三九〇	二〇〇〇	〇八九
德際	三二〇八	三〇九七	六三〇五	五〇一	〇〇〇
松鶴	四〇二八	三九四六	七九七四	一七一二	〇八七
皇際	二六二九	二二五八	四九八七	一一九四	三五九
双桃	一七九〇	一八四五	三六三九	一二五〇	〇一三
六安	三七〇二	三四〇三	七一〇五	一七〇〇	〇六〇
九安	三七五〇	三三〇〇	七〇九〇	一六八九	〇五六
梅山	三〇八二	三三三五	六六八七	一六一八	〇六一
碧光	五七〇八	五一〇三	一〇九一	二三七八	五〇五
中和	四六四三	四二四七	八六九〇	二二七六	〇六七

仙義	三七六五	三五三七	七三〇二	一六四三	四八六
三民	四八八一	四七八二	九六六三	二二七〇	五一一
古山	三一三九	二八九二	六〇三一	一二七五	四一四
華燕	二七六四	二四九七	五二六一	一二一五	三六一
益新	三一二八	二七五五	五八八三	一三四二	四一三
桐際	二五七二	二五六二	五一三四	一二一二	四八四
青山	三六五五	三五六七	七二二二	一四四二	四四三
東巻	五一七八	五七七九	一〇九五七	二四二八	四九〇
芝英	四〇五〇	四二〇四	八二五四	一九六三	四五七
方岩	五〇四三	四七四〇	九七八三	二二九四	四八七

の石	三四〇七	三二六六	六六七三	一三八〇	三九二
靈蕉	二七三五	二六二八	五五六三	一三五〇	四一八
當蕉	二五九一	二五六八	五一五九	一〇七九	四四八
犬溪	三二四八	二九三七	六一八五	一四三〇	四三二
德西	五一二五	四七一六	九八四一	二三〇〇	四六七
讀	三〇三四	二六七九	五九一三	一二六三	三八六
武中	四九七三	四四三〇	九四〇三	二一三五	四六九
騰城	四九三八	四四八三	九四二一	二一四の	四五一
井川	四七三二	四二八九	九〇二一	二一三四	四三二
合計	一三九七五〇	一三一六四三	二七一三九三	六八五六	一六三二四

永康縣住民職業調查表

項別		男 總數	男 %	女 總數	女 %	總計
有職業	農	95231	71%	55500	44%	
	工	3600	27%	3012	2.3%	
	商	4904	3.64%	3183	2.4%	
	軍	2890	2%	650	0.5%	
	政	2996	2.1%	1524	12%	
	學	15184	11%	15919	12.5%	
	自由職業	1182	0.9%	1994	1.5%	
	其他	9031	6.7%	45573	36%	
	合計	135018	100%	127354	100%	
無業		／				
備考		一般婦女都居家主持家乃該填職業業數字係隨丈夫職業填載、				

第七章 教育

第一节 概况

本縣教育向稱發達，地方辦學之風頗盛。卅一年事變以後，地方淪為戰區，教育大受摧殘。及時局稍定，漸謀恢復及發展、現中心（國民）學校已完成一鄉一校之設置、保國民學校已達兩保一校之規定、入學兒童總數達一萬五千餘名、全縣學齡兒童已有百分之七十入學、距離縣城七八里之鄉，即設有中心（國民）學校、三四里之保，即有保國民學校之設立。教育人員艱苦奮鬥，或為敵偽所俘、或財物被劫，時有所聞。政府現在調查此事實，分別予以鼓勵及獎勵並中等教育方面，除已遵規定完成縣立初級中學及商業師範等科各縣之設置外，尚有私立農業職業學校一所，私立中學兩所，共校學生一千六百餘名，與省令「每縣應有中學生五百名」之規定已超過一倍以上。茲將兒童教育、學校教育社會教育三方面分別概述於次，

一、兒童教育

1、校數學級數及學生人數——本縣現有中心國民學校四三所，保國民學校一六五所，私立完全小學五所，私立初級小學一五九所，縣立小學二所，中心國民學校有小學部（兒童教育）二一七個學級，學生一二〇四〇人，保國民學校有小學部一九三個學級學生七四四四人，私立完全小學

有一八个学级，学生七四三一人、私立初级小学有一六二个学级、学生五五六九人，县立小学有七个学级，学生二四六人、全县共有小学部五九七个学级，学生二五〇三八人、

二、教员数及其资格——全县共有现任小学教员八六七人，内师范生一五八名，检定合格者一五四名、准予代用教员者三七二名，其他未经登记合格者一五四名，本县继续限制各校聘请不合格教员、并于本年暑期办理小学教员训练，以提高教员素质、

三、学校基金暨教员待遇——本县规定各校基金小学部每学级每年至少须有收益之二〇〇元基金、经年来之鼓励督促，合于标准之学校已达十分之四以上、至教员待遇本县

自卅年起规定一律改发实物，除由校供给副食并发给乡镇级标准外，最多者每月薪米一五〇市斤，最低者每月亦发八十市斤，以各校新旧基金收益均已改收实物，故对教员待遇，均尚能适照县级标准发放，其县立小学教员待遇，除由县比照县级公务人员发给公粮外，最多者每月薪金八六〇元，最低者除公粮外，每月薪金五〇〇元。

二、学校教育

本县学校，除上述之中心国民学校、保国民学校系之完全小学称为初级小学外，尚有县立初级中学一所、县立商业师范学校一所，私立中学二所，私立农业职业初级中学一所。

学生共有一千二百余人，综其经费，县立中学由县支给，计县立初中本年度（廿）二九〇九〇六元，县立简易三〇九三八八元，其教员待遇除比照县级公务员薪给标准外，最高者月可支薪修金国币二〇〇〇元，最低者月可支薪修金一〇〇〇元。至私立中学和立职业学校之基金均能合于标准，其待遇除由校供给主副食外，最高者月支薪食米一五〇市斤，修金国币一〇〇〇元，最低者亦可得薪食米一二〇市斤，修金国币五〇〇元以上。

三、社会教育

本县有县立民众教育馆一所，设灵清乡内，职员七人。

又原有图书馆一所，因卅年事变停办，以经费困难，暂设受理員一人，由縣立民教館指揮，縣立體育場本年度之計劃設置中心、卅外巡迴部分，規定各中心國民學校每年辦理國人婦女班四班，保國民學校每年辦理初級成人或婦女班二班，三十三年以前均能遵照規定辦理，惟本年以限於經濟，本年未曾切實推行社教，不無困難，全年計可掃除文盲三萬七千餘人，佔全縣文盲數百分之三十六，各校民教部基金，規定每保每年應有收益[illegible]之基金，于各中心國民學校保國民學校請求成立時，尚由民教部基金同時籌定，其經費大多由民教部經費負擔。

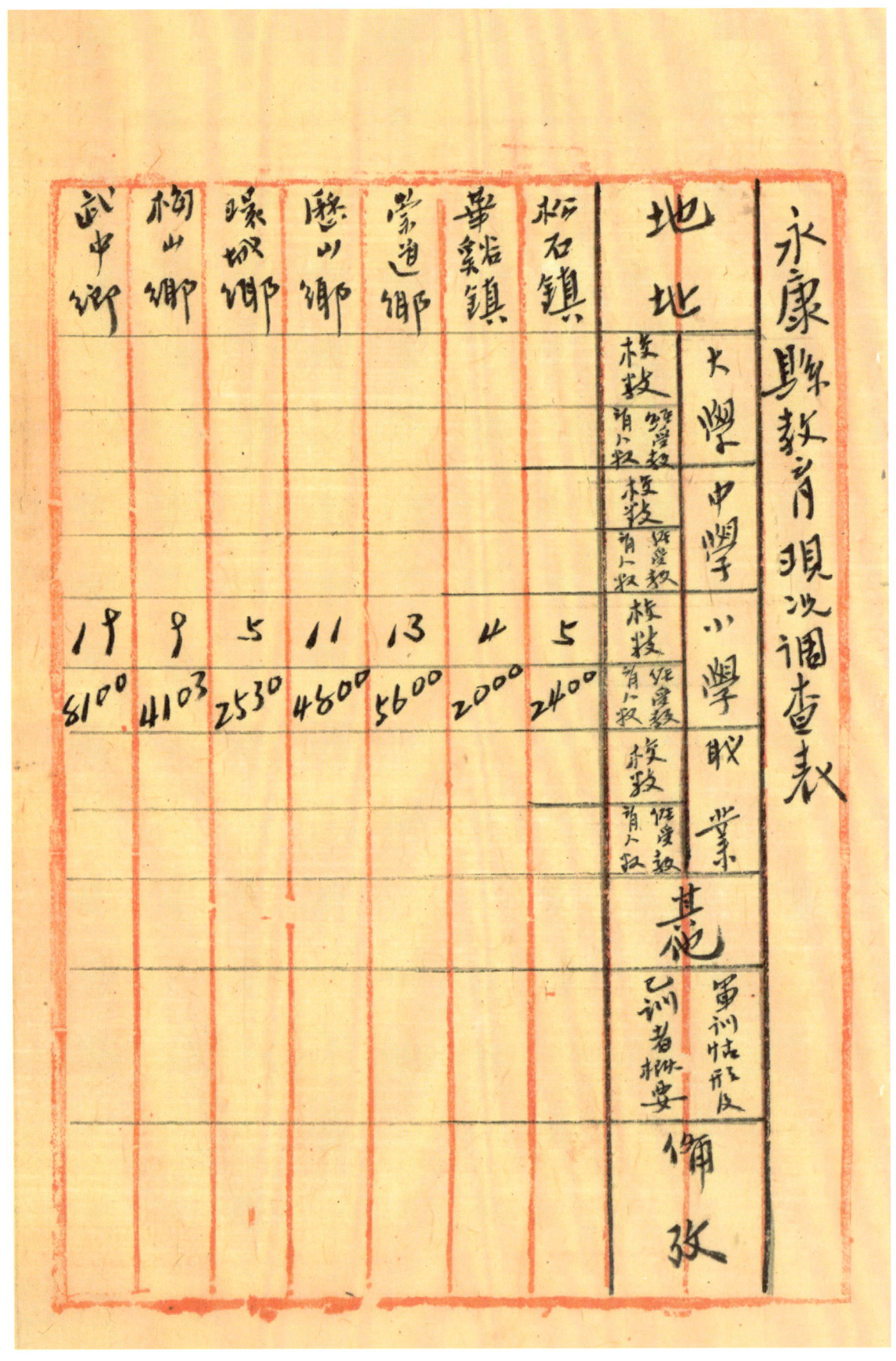

永康縣教育現況調查表

地址	大學 校數	大學 學生數 教職員人數	中學 校數	中學 學生數 教職員人數	小學 校數	小學 學生數 教職員人數	職業 校數	職業 學生數 教職員人數	其他	軍訓情形 已訓者概要	備考
松石鎮					5	2400					
華谿鎮					4	2000					
崇道鄉					13	5600					
懸山鄉					11	4800					
環城鄉					5	2530					
柯山鄉					9	4103					
武中鄉					19	8100					

鄉鎮						
縣城鄉	1	2650	9	4010		
德西鄉			17	7200		
龍渡鄉			9	4024		
云靖鄉	1	335	12	5200		
四石鄉			8	3600		
萬燕鄉			13	5600		
呆燕鄉			8	3670	1	550
峣莫鎮			11	2040		
三民鄉			16	6400		
方岩鄉	1	1460	9	3980		

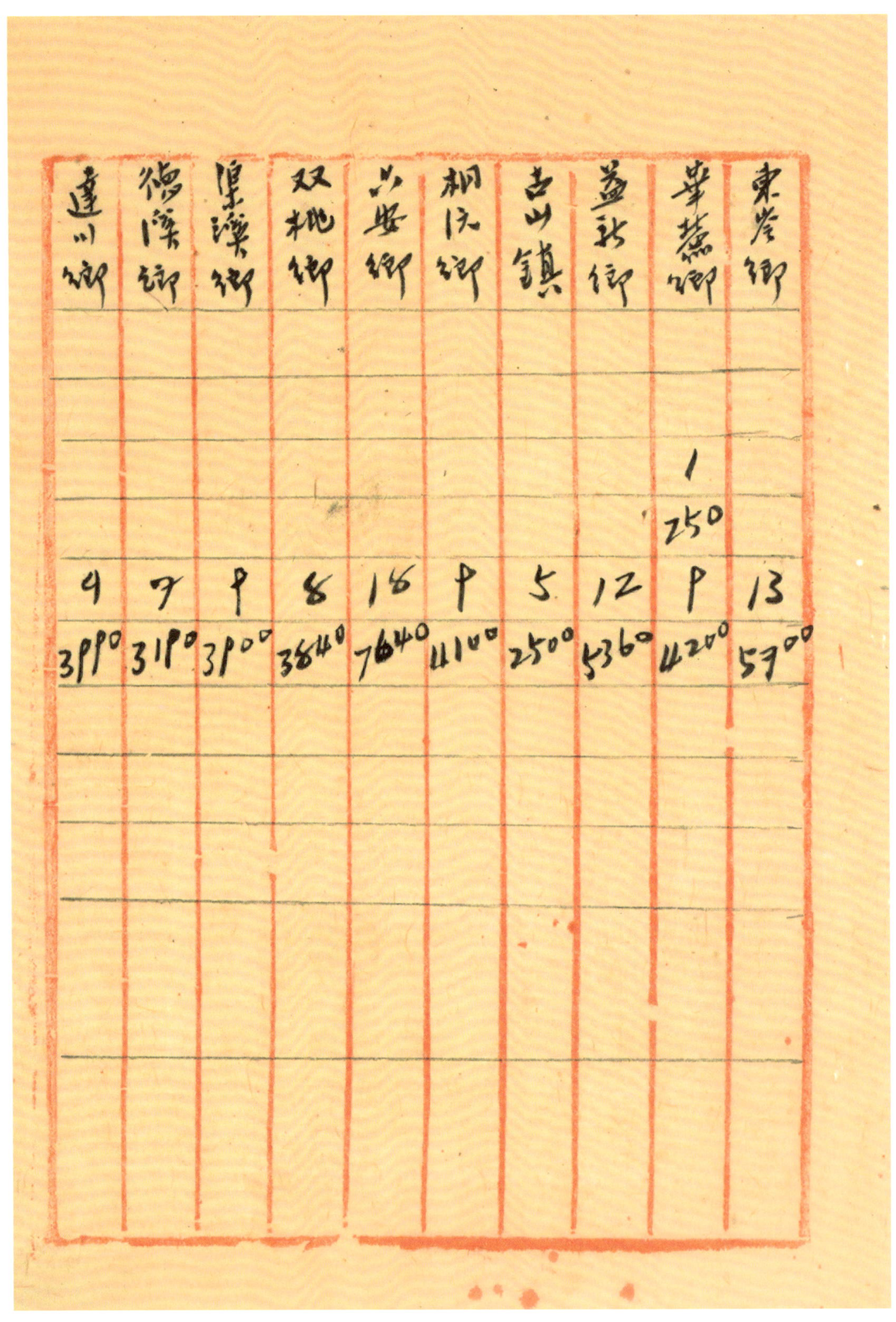

東岩鄉	華蕊鄉	益新鄉	古山鎮	桐汶鄉	兴安鄉	双桃鄉	渠溪鄉	德溪鄉	達川鄉
	1								
	250								
13	9	12	5	9	18	8	9	7	4
5700	4200	5360	2500	4100	7640	3840	3900	3190	3990

珠山鄉	太西鄉	唐光鎮	中和鄉	松鶴鄉	仙義鄉	青山鄉	九安鄉	桐城鄉	總計
									山 4695
12	12	11	11	14	5	6	16	7	364
5300	5300	4900	4360	7100	2500	2700	6900	3230	162765
									1 550

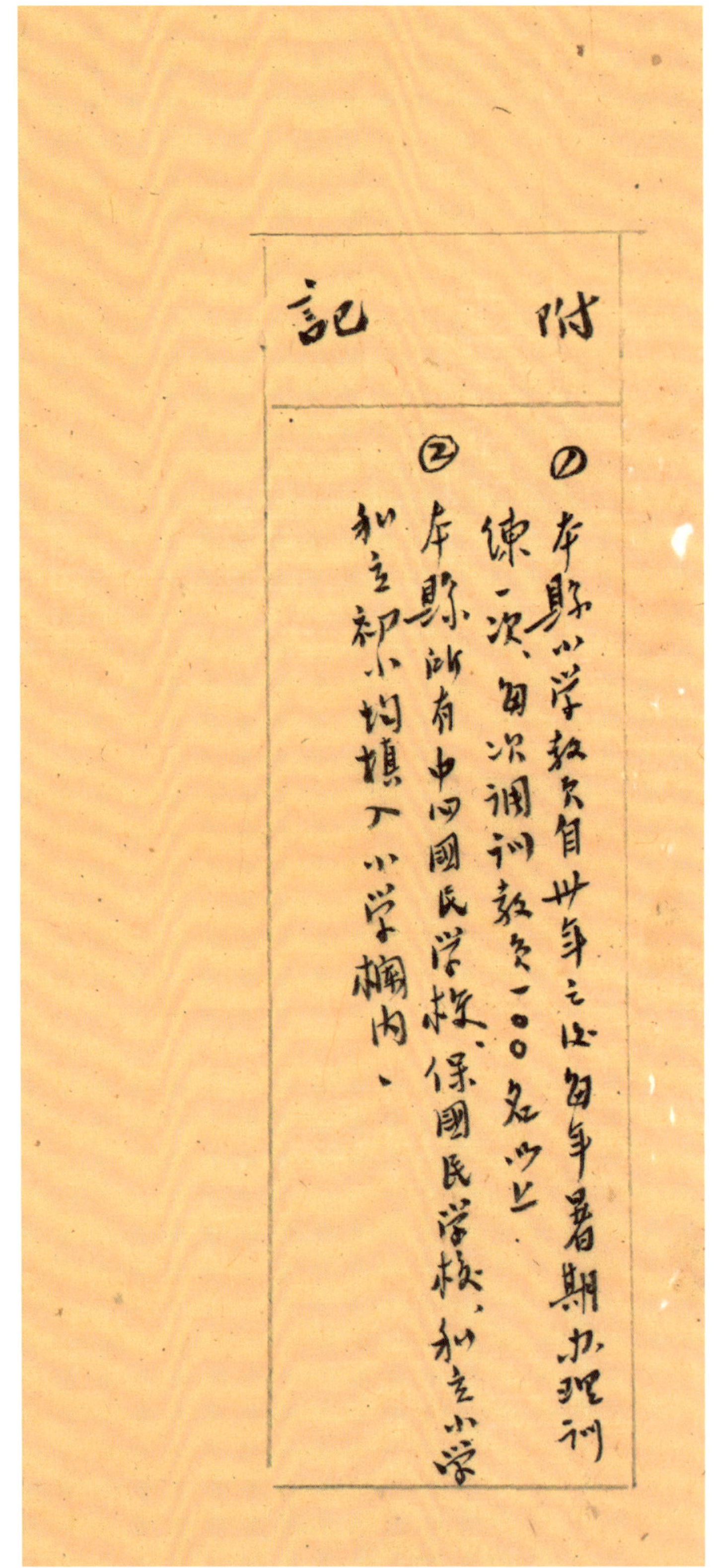

附記

①本縣小学教員自卅年之後每年暑期办理訓練一次、每次调训教員一〇〇名以上、

②本縣所有中心國民学校、保國民学校、私立小学私立初小均填入小学欄内、

第八章 武力

第一節 公私武器調查

永康縣各公私武器數量調查表

鄉鎮名稱	步槍 公 槍	步槍 公 彈	步槍 私 槍	步槍 私 彈	機關槍手 公 槍	機關槍手 公 彈	機關槍手 私 槍	機關槍手 私 彈	槍砲種類 砲	槍砲種類 彈	其他
九安鄉											
六安鄉											
卉川鄉											
双桃鄉											
渠溪鄉											
大西鄉											
珠山鄉											
連川鄉											
德護鄉											
松鶴鄉			二	320			三	45			
梅山鄉			三	30							
唐先鄉											
中和鄉											
仙義鄉			四	50			二	31			
三民鄉			二	110			一	15			
古山鄉			一三	450							
華麗鄉											
益新鄉			九	270			三	30			
桐源鄉			八	150			三				
青山鄉											
東太鄉											
芝英鄉											
方岩鄉			七	500			四	200			
靈麓鄉			九	290			二	30			
蔦麓鄉											
龍溪鄉			七	200			一	10			
四石鄉											
歷城鄉			四	100			二	50			
文靖鄉											
武中鄉			三	50							
邃西鄉											
總計			89挺	2660			30挺	411			
附記											

備攷：各該鄉鎮長之短武器彈藥等件係民間情困因經費等集困难故鮮有公購者。

第二節 地方兵備

永康縣地方自衛組織人員武器裝備及守衛地區調查表

隊號	組織概況及人員數量	武器裝備	駐地及守備地區	備攷
自衛大隊	以三個中隊編成之，計大隊部有官佐七員，士兵一六名，各該中隊有官佐六員，士兵一二六名，全大隊計有官佐二五員，士兵三六二名。	自衛中隊各配以輕機槍一挺，步槍六十枝，短槍除第一中隊在城區担任城防發給五枝外，其餘二三中隊則各有木壳槍一枝，彈藥以叠次與敵接觸因無來源頗為缺乏。	第一中隊在城區担任城防並警戒八字墻上茭道之敵，二中隊（及第三中隊）在方岩担任警戒	

第九章 衛生

第一節 概況

一、平時一般環境衛生：本縣地處山陬，对環境衛生，毫不注意，近年經前衛生当局之倡導，稍形進步，然環境衛生，自係職業貧富甚巨，如一般鄉村，均以務農為業，農人副業，必為豬牧羊，更因屋居狹窄，甚至豬羊圈、廚房廁所，同在一室者甚多，而垃圾尤為農人肥料之寶，故一般住民均於天井中間設一明溝，專為堆積垃圾之用，又鄉村間街頭巷尾，每滿佈露天廁所，其氣四溢，故蚊蠅徽遍其間，以此環境政易實施易事。近年衛生一[illegible]（補）政府已有專設，如街道之清潔，每日有清道夫清理，露天廁所亦加取締，井水加以登記，環境衛生進步。然被限縣城及較大鄉鎮公所所在地，欲求普遍，尚有待於將來也。

（二）有關生活衛生情形之環境衛生工作之重要目的，在防止傳染病流行與增進民眾之健康，故其主要對象，為各種傳染病。本縣年來所有傳染病係普通之赤痢、瘧疾、白喉、腦膜炎等。推行防病工作，都從學校入手，特約各中小學組織撲蠅滅蚊及處理環境衛生之衛生隊，由學校開展到社會，設法防除蠅蚊蚤虱。

本縣飲水，大都取給於井，水質尚佳，私營井設置之村莊，須食用溪水或塘水者，則指示其保護水源之法——例如劃分溪水為四段，最上游之一段專供飲食，第二段飲牛馬或洗食物，第三段洗衣服，第四段洗污穢。塘水則按水塘之優劣分甲乙丙丁四種，各立木牌，註明用途。清潔水質，則加漂白粉，消毒殺菌，僅限縣城或較大鄉鎮，由衛生機關執行。

本縣民智低落，各鄉村之愚夫愚婦信奉巫卜者比比皆是，遇病則求神拜佛，誤服偏方，致死無悔。欲破除迷信，一時尚難辦到也。

永康縣衛生情形調查表

醫院名稱	地址	能容病人數目	設備	新西醫統計	中醫統計	每年各季最流行之病	有無土藥出產及其產量	備考
永康縣衛生院	城區	七人	未完備			腦膜炎 瘧疾 赤痢 天花	境內有少量芍藥出產	
石甫醫院	城區	八人	〃					
濟生醫院	〃 〃	四人	〃					
萧幼雄診所	〃 〃		不完					
濟康診所	〃 〃		不完					
衛生院芝英分院	芝英	九人	未完備					
仁濟診所	芝英		不完					

安生診所	〃〃		不完
積仁醫院	唐先		不完
來康診所	前倉		不完
永康救濟院施醫所	城區		不完
三友醫院	桐琴		不完

附記

1、一般衛生均因時局關係未能十分改善

2、全縣西醫領有証照者十六人

3、全縣中醫已登記者九十二人

第十章

第一節 概況

㈠食糧——以稻麥為正，以小麥為副，產量甚足自給，縣際間互相流通，如稻麥一項平時由武義輸入，再由縉云東陽輸出，但抗戰期中有時由義烏或縉云倒流入境。

㈡燃料——以柴木雜木及農作物之桿為主，抗戰期中各种樹苗培育失时，保護難周，森林損毁甚多，燃料價格比戰前增漲七百倍以上。

㈢被服裝具——住民大都着本野土布及東阳蕭

以餘姚產之土布衣及粗紗襪，間有着外來細紗布衣及細紗襪者。

㈣特別出產品——火腿年產約一五〇〇件（每件計重市斤）運銷滬、杭、京津等地。生薑年產約五九六市担，運銷浙東浙南各縣。元胡芍藥白术年產約貳百担，運銷滬杭甬等地。桐油年產約四千市担，在戰前由中央管制收購運銷國外，目前自給外並行銷鄰縣。

永康縣物資調查表

類别	年產量	盈虧量	備攷
稻穀	八六二三七八担	足以自給	
小麥	二〇四三〇担	〃 〃	
大麥	二八七六担	〃 〃	
玉蜀黍	三八六七担	自給	
黃豆	二一三〇四担	〃 〃	
南屏紙	八〇〇担	自給外運銷東陽義烏	
火腿	一五〇〇隻	自給外運銷滬杭京津	
生薑	五九六担	自給外運銷	
元胡芍藥白朮	各二〇〇担	運銷滬杭甬	

桐油	四〇〇〇担	自給外運銷國外
土布	五〇〇〇疋	歉收約四〇〇〇疋
綫襪	二八〇〇打	歉收約一二〇〇打

附記

此一年浙東不受災，除糧食外各種生產銳減，約如表列、

十、宿營及給養力

甲 一般情形

A. 象珠 (A) 該市位於本縣北部距城卅華里為本縣北面重鎮居民大部務農為業房屋尚稱稠密

B. 村落外露營之狀態——村外東北為綿亘之山脈多森林山脚極適宜於露營四週尚有星散之起伏地如能分別露營更可得警戒上之便利且可俯制象珠

C. 村落內外之交通——本縣大道直達該市北之通八字牆義烏市內除正街外餘均狹巷

D. 住民之狀態——該地民性強悍好鬥惟能忍苦耐勞務農者居十之八又餘均從商每月四九為市商品以竹米為大宗

E、地方衛生——一般住民对於衛生尚欠注意

F、警戒难易——該市近山傍溪以地形而論深佔優勢惟運用之妙存乎一心若以適宜配備对東南方面来攻之敌定能殲滅且珠山南面展望良好射界開闊实為惟一之砲兵陣地

2、唐先市

A、鎮市之狀態——唐先距城四十華里位於本縣東北該鎮人口繁多現有房屋不敷分配每逢市日人来人往擁擠不堪住民大都务農而婦女紡織勤劳本縣所產土布以該鎮出品為最多

B、村落外露營之狀態——鎮外東北平廣可供各种兵之露營

C、村落内外之交通——縣道直通該鎮，北通至義烏東陽

鎮内有正街二條

D、地方衛生——該鎮房屋比較整齊，居民对於衛生尚

欠注意

E、警戒之难易——該鎮位置於起伏地上，且居民赴市

絡繹於途，警戒頗為不易

3、四路口市

A、市鎮之狀態——為城北重鎮，每逢市集，摩肩擦背，

情況極盛，商賈云集，惟自戰後房屋損毁良多

B、村落外露營之狀態——市之東北及東南，均係良好之

小平地，堪供宿營

C、村落内外交通——該地距城六十華里，為永東公路之中

C、大路北通新昌，東至磐安，西至金華，市內街道狹——窄，聯絡困難

D、住民之狀態——該地接壤東陽，習慣語言與永東混合，性交通便利，惟自戰時敵機慘炸，敵騎擾，民生已困，貽羞有待

E、地方衛生　未能注意

F、警戒之難易　市外展望良好，其東北與東南之小高地可作警戒陣地之用

6、古山鎮

A、鎮市之狀態——該鎮位於縣城東北四十五華里，背山面水，風景尚佳，每逢五、十為市，熱鬧異常，惟因戰事房屋被毀三分之一以上，一時殊難恢復舊觀

B、村落外宿營之狀態——鎮外北側及東南之波狀地頗適合步兵之露營

C.村落内外之交通——東田胡庫經派溪為主，方岩大路南北交通依公路往返，鎮内巷弄頗多，交通尚稱便捷

D.住民之狀態——經商較務農為多，自卅一年遭敵机轟炸，物資損失甚重，經商度日者亦已喘息餘生矣

E.地方衛生——住民習慣程度較山鄉僻壤為可取，以河流暢通，地方尚稱清潔

F.警戒之難易——該鎮在平原中，警戒頗為不易

3.清渭街

A.鎮市狀態——位於縣北二十里，小溪橫流，附近村落星羅棋布，每逢二七為市，遠近肩販畢集

B.村落外露營狀態——此處地形平坦，村外水田縱橫，可由村西森林可為宿營之用

C.村落内外之交通——縣城大道貫穿街心，北上可通東

東陽西北通象珠

D、住民狀態——附近村落集結居民克苦耐勞出產食糧不敷自給僅賴副產品以補不足

E、地方衛生——住民對於衛生尚能注意

F、警戒難易——附近爲平原警戒不易

6、桐琴市

A、市鎮狀態——該市位於縣西二十華里鎮北爲河每逢二、七爲市、商賈之集墟與芝英相伯仲

B、村落外露營之狀態——市區房屋稠密、市之東北爲華溪傍有草地可供步兵宿營

C、市內外交通——市內貫以永武大道市北華溪可通舟楫平時可通竹筏下達武義金華交通頗稱便利

E、住民之狀態——住民半商半農經濟尚稱富裕

E、地方衛生——此地人民智識較高衛生較為注意

F、警戒難易——西南廣闊平原不易警戒東北華溪為陽岸防禦時天然障碍

7、八字牆

A、村落之狀態——八字牆位於城之西北房屋不甚整齊附近村落密集惟經戰事後房屋被毁甚多民生凋敝一時恐難恢復

B、村落外露營之狀態——四周空地尚堪露營

C、村落内外之交通——市内街道零落巷弄錯雜狹窄不堪市内東通象珠西通金華北經山桐嶺通義烏為金武外围之據点

D、住民之狀態——住民民性強悍尚甚耐勞多數務農

並轉開招山地以維生活

巳、地方衛生——不甚注意

下、警戒現勢——四面高山極易警戒

附表

永康縣宿營及給養力調查表

地名	隸屬	戶口數目	人口數目	住民貧富	水井甜苦	建築物狀況	商業狀況	森林宿營力其他	備考
象珠	珠山鄉	約六百戶	約二千五百人	多貧窮	五口	祠堂廟宇甚多	尚繁榮	可供一團宿營	
芝英	芝英鎮	約一千戶	約四千人	尚富裕	十口	仝右	尚繁榮	可供一團宿營	
古山	古山鎮	約百戶	約三千人	多貧窮		〃	〃	可供一營人宿營	
四路口	社源鄉	約五百戶	約二千人	尚富裕		〃	〃	可供一營人宿營	
桐琴	桐安鄉	約五百戶	約二千人	尚富裕		〃	〃	〃	
唐先	唐先鎮	約百戶	約三千人	〃		〃	〃	〃	
石柱	合德鄉	約四百戶	約一千五百人	多貧窮		〃	不甚繁榮	〃	

前倉	北鄉	約五百餘户	約二千人	多貧窮	祠堂學校甚多	不甚繁榮	可供一營之住宿
清渭街	達德鄉	〃	約二千人	尚富裕	〃	〃	〃
八字牆	芝川鄉	約四百餘户	約一千五百人	多貧窮	〃	〃	〃
楊公	雙安鄉	約三百五十餘户	約一千五百人	〃	〃	〃	〃
附記							

十二、依地形平戰二時、應設之兵備

1、平時應設之兵備

本縣平時除有警察局及派駐芝英之警察分所維持治安外，並設有保安警察一个中隊，其長警九十名，唯安可保，分駐於四路口、楊公、前倉等地，治安可保無虞矣。

2、戰時應設之兵備

本縣東西二面地形平坦，南邊各面多山，尚適合於陣地戰。在戰時須有一團以上之兵力，方可保衛全城，其中以一營配備於世雅附近，一營配備於花街，一營配備於城內為總預備隊，亦可保衛全城。

3. 防禦線之選擇

防禦線之選擇務須射界開闊，發揚火力為主，更不能選用一線之陣地，使敵易於突破。其陣地之選縱深與橫廣並大，以富堅韌性為主。其右翼警戒陣地以選古山西側高地為宜，前進陣地可選土山頭北側高地，左翼警戒陣地之選擇西側高地，前進陣地之選花街二側高地，主陣地以設城內馬鞍嶺一線為宜。

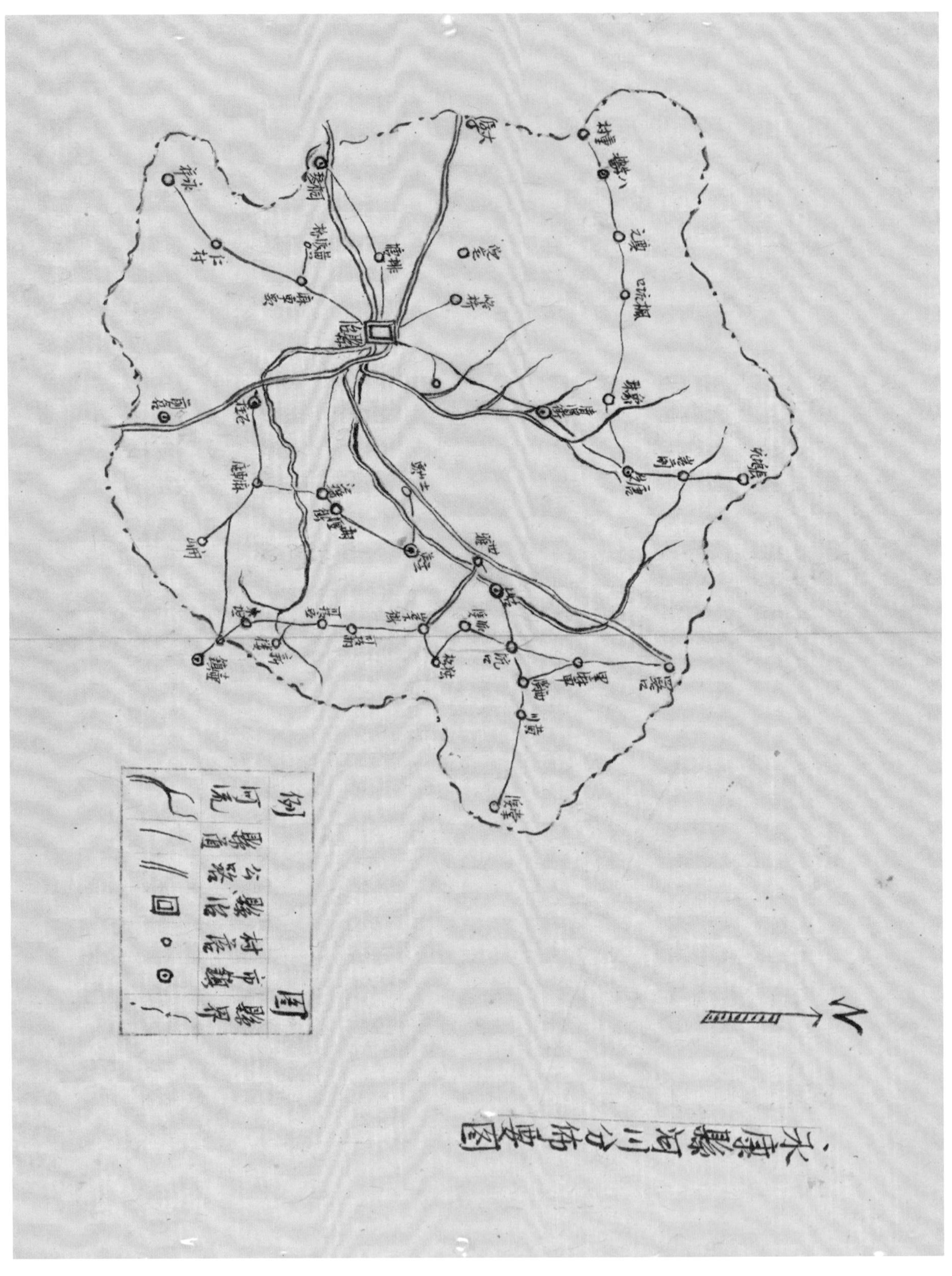
永康縣河川分佈要圖
圖例
縣界
市鎮
村落
縣治
公路
縣道
河流

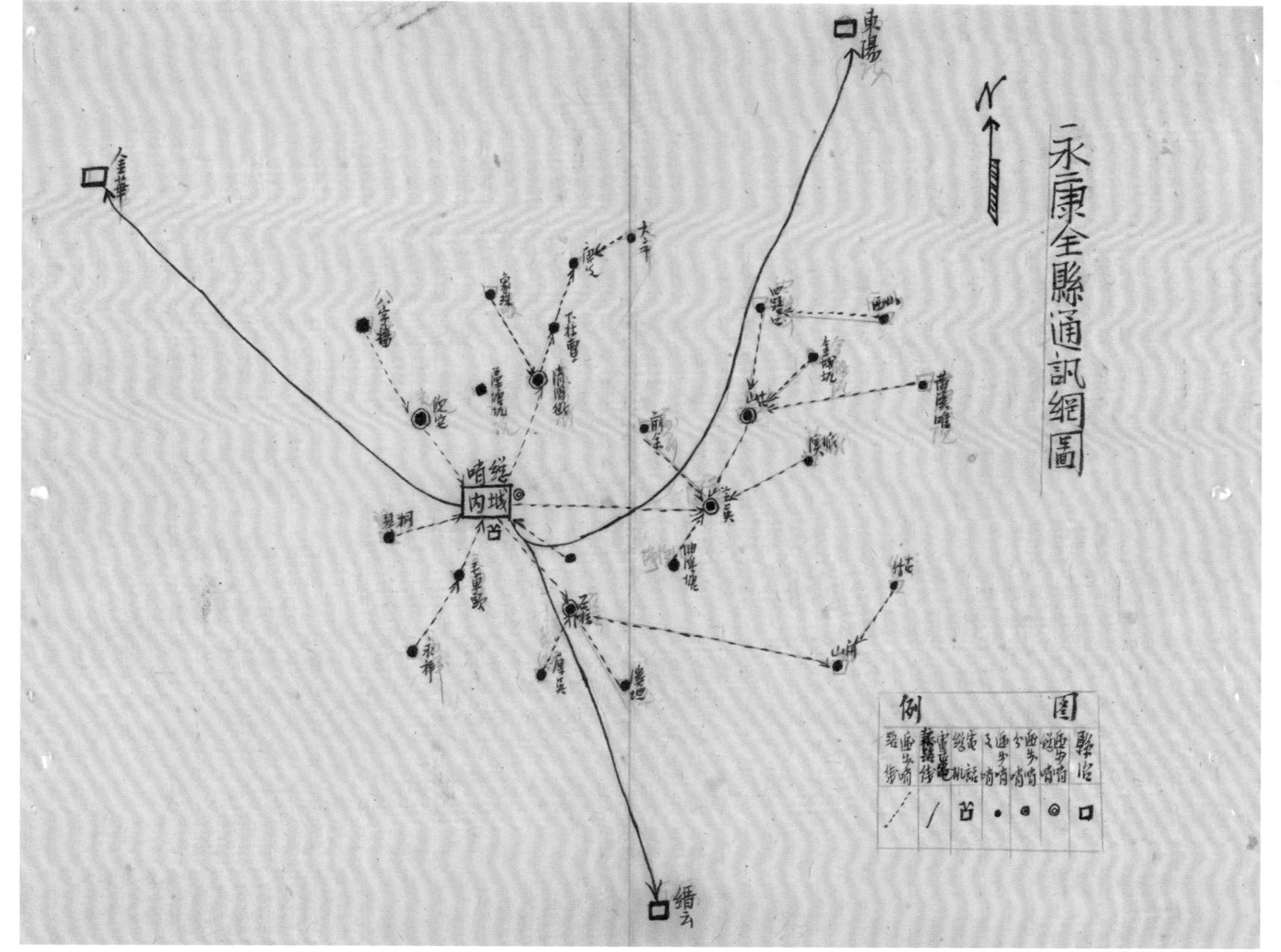
永康全縣通訊網圖
N
東陽
金華
縉云
内城
例圖
縣治

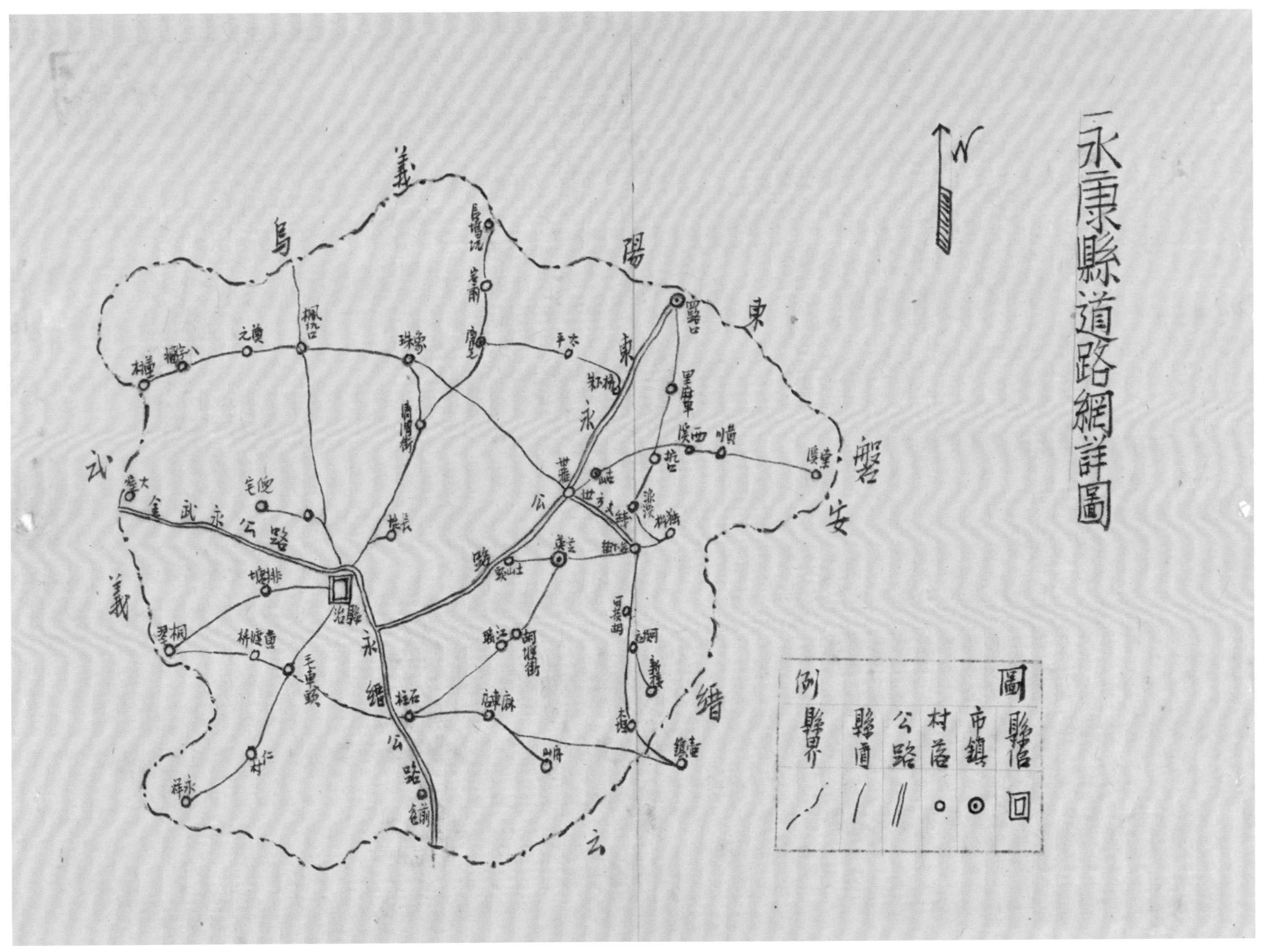
永康縣道路網詳圖
圖例
縣治 回
市鎮 ◎
村落 ○
公路 //
縣道 /
縣界 -.-.
金武永公路
永縉公路
永東公路

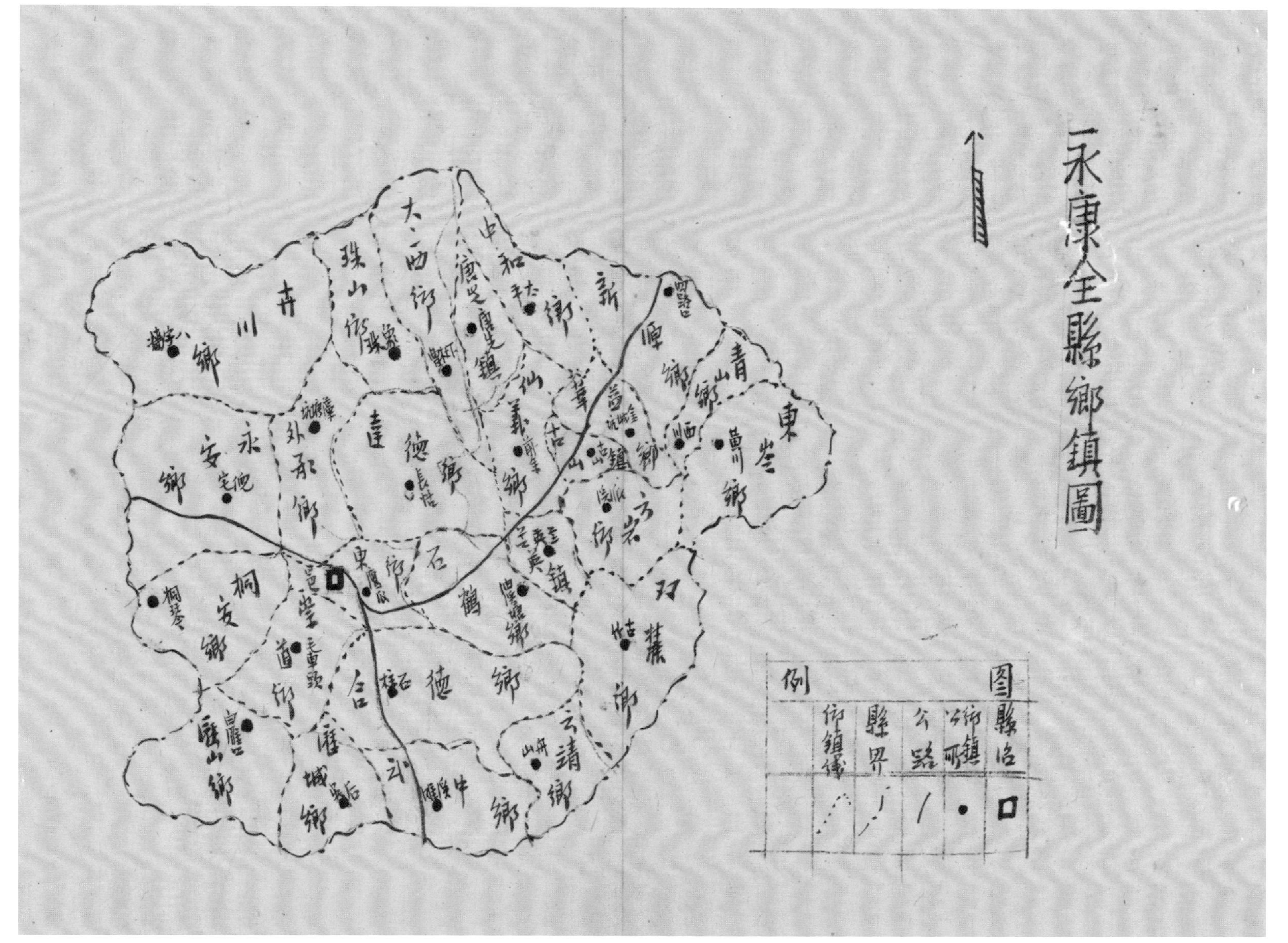
永康全縣鄉鎮圖
圖例
縣治
鄉鎮公所
公路
縣界
鄉鎮界

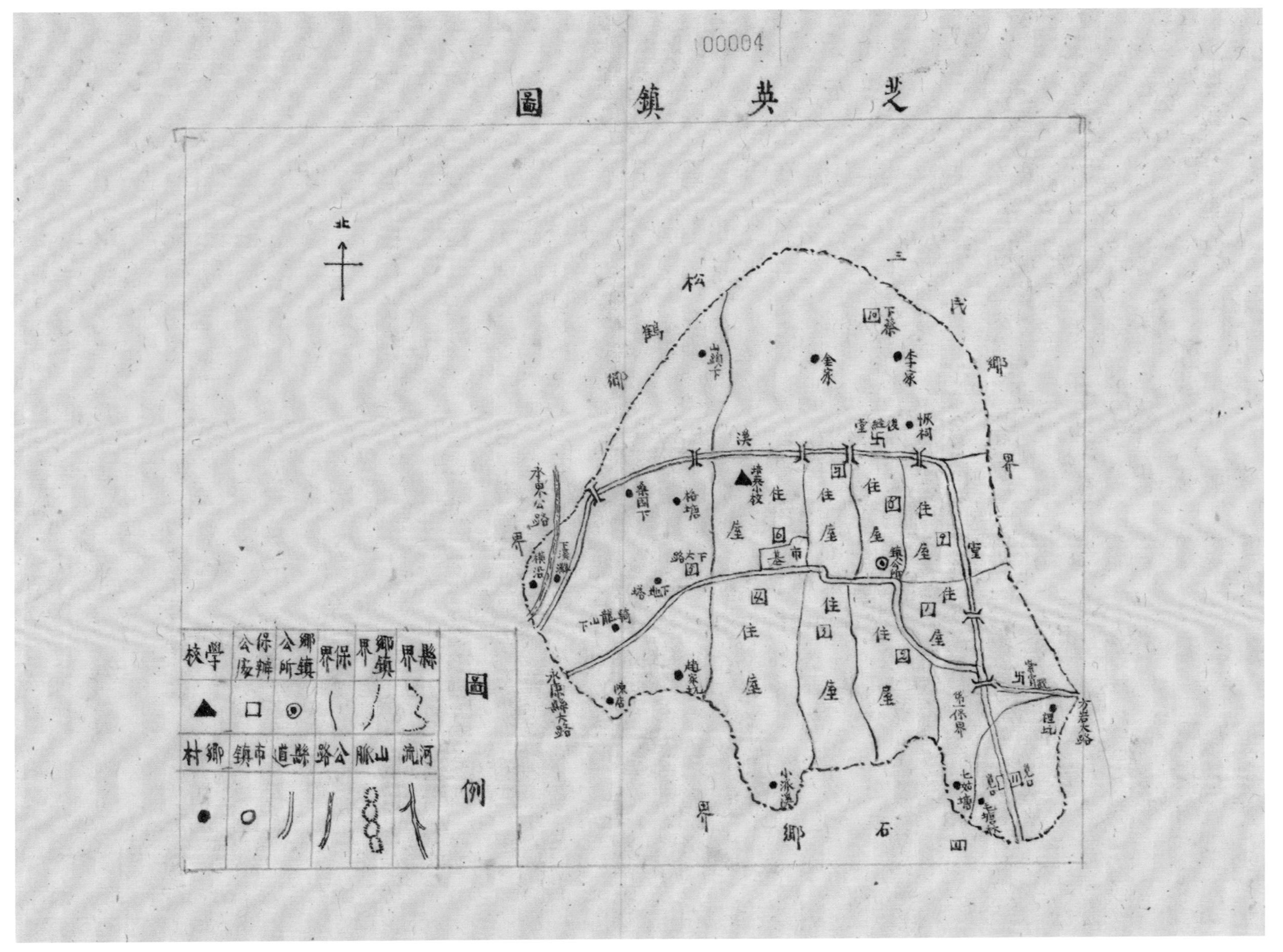
芝英鎮圖
圖例
縣界
鄉鎮界
保界
鄉鎮公所
保辦公處
學校
河流
山脈
公路
縣道
市鎮
鄉村

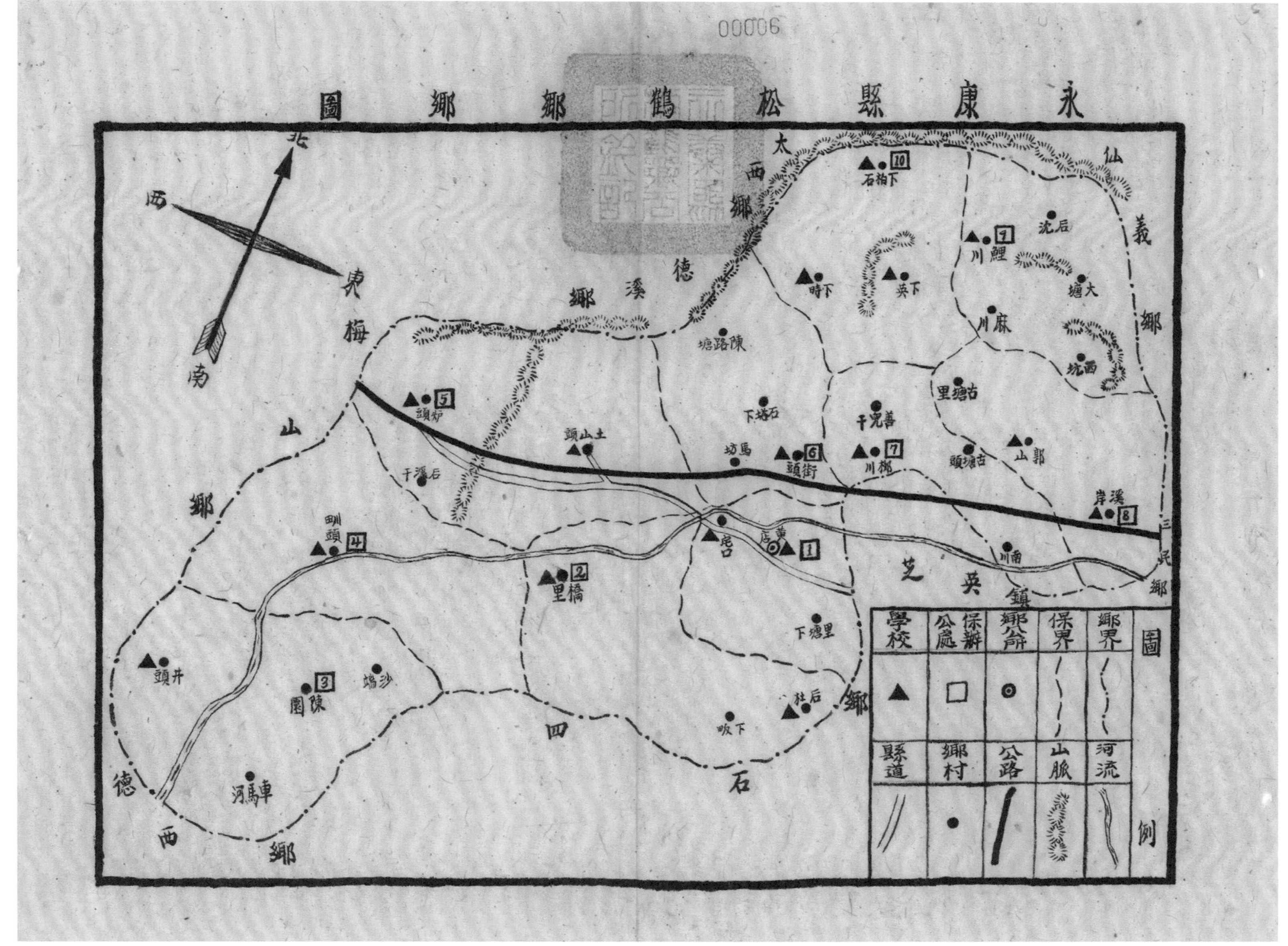
永康縣松鶴鄉圖
北
南
東
西
圖例
學校
保辦公處
鄉公所
保界
鄉界
縣道
鄉村
公路
山脈
河流

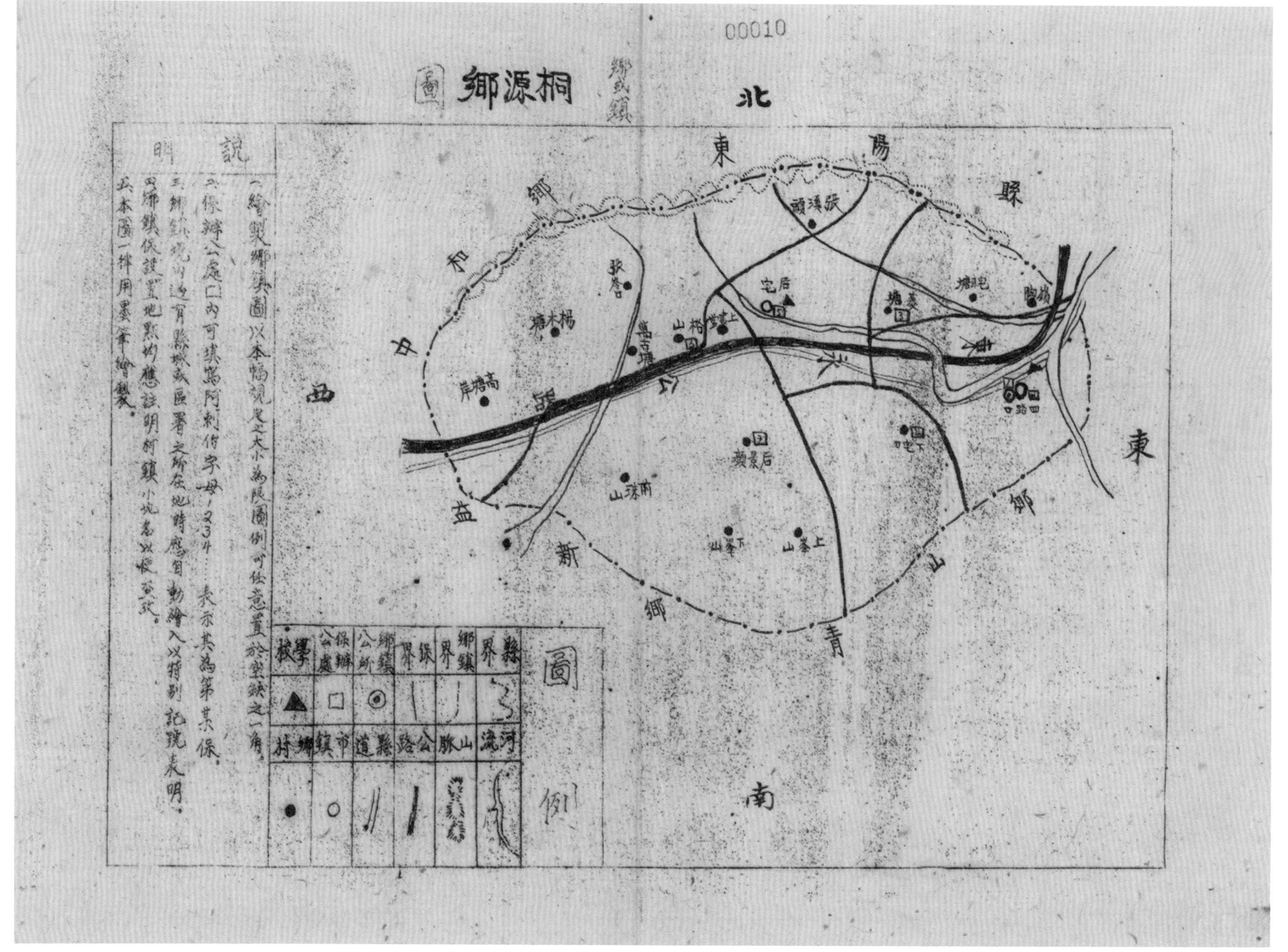
00010
桐源鄉圖
鄉或鎮
北
東
南
西
東陽縣
中和鄉
益新鄉
青山鄉
說明
一、繪製鄉鎮圖以本幅規定之大小為限，圖例可任意置於空缺之一角。
二、保辦公處□內可填寫阿剌伯字母1 2 3 4……表示其為第某保。
三、鄉鎮境內遇有縣城或區署之所在地時，應自動繪入，以特別記號表明。
四、鄉鎮保設置地點均應註明村鎮小地名以便查考。
五、本圖一律用墨筆繪製。
圖例
縣界
鄉鎮界
保界
鄉鎮公所
保辦公處
學校
河流
山脈
公路
縣道
市鎮
村莊

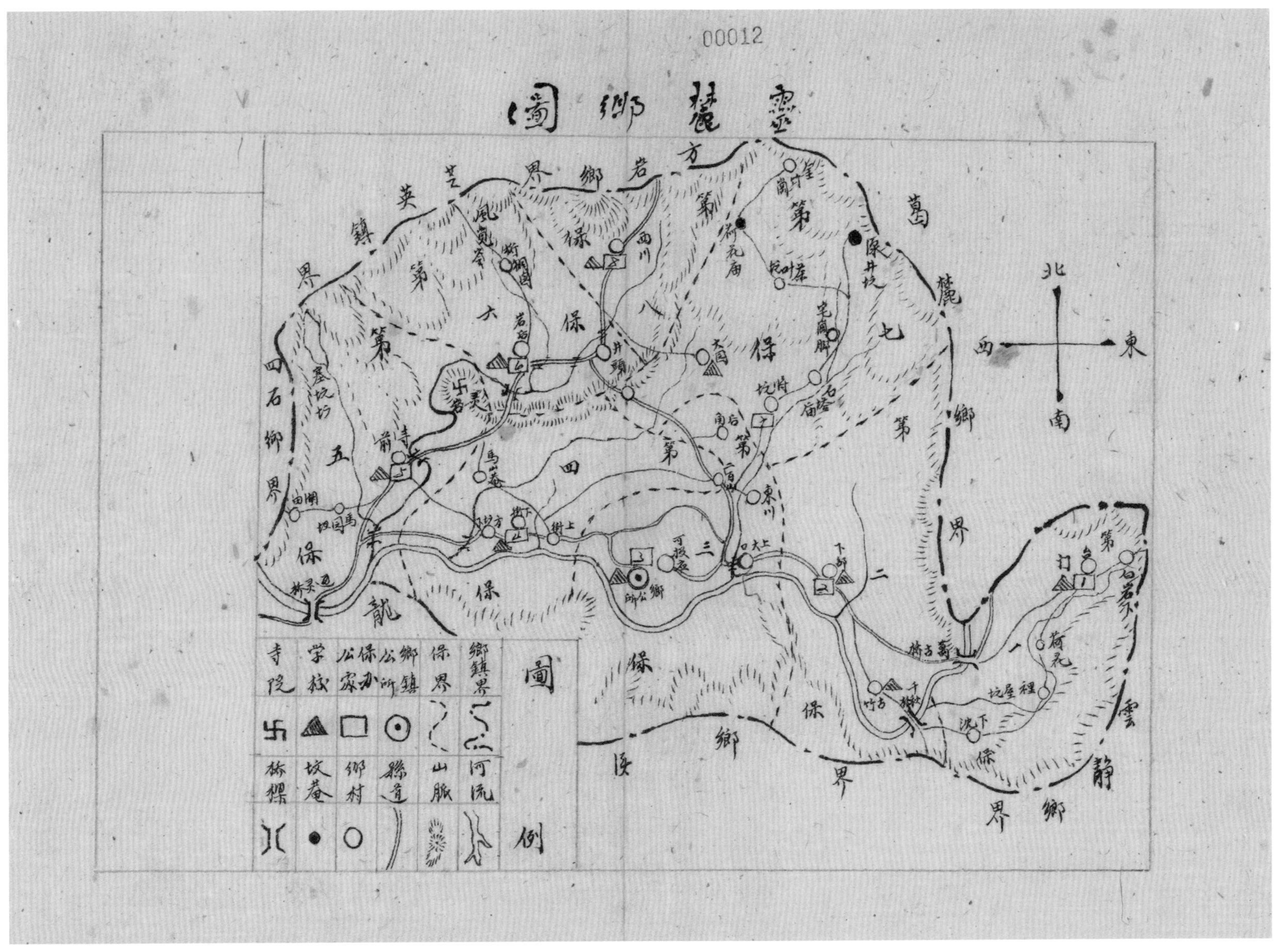
00012
靈麓鄉圖
圖例
鄉鎮界
保界
鄉公所
保办公家
學校
寺院
河流
山脈
縣道
鄉村
橋樑
北
南
東
西

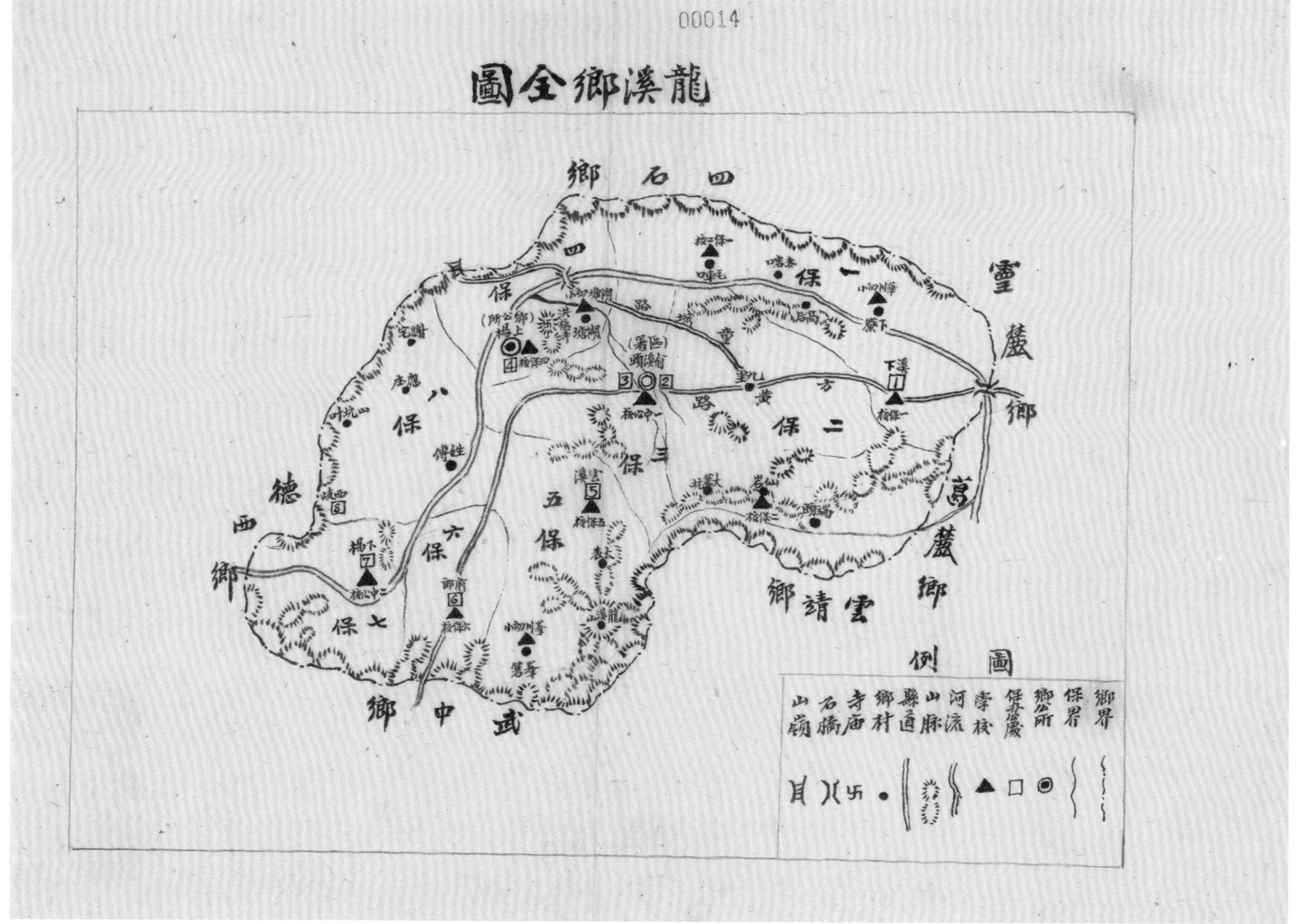

00014
龍溪鄉全圖
四石鄉
一保
二保
三保
四保
五保
六保
七保
八保
圖例
鄉界
保界
鄉公所
保辦公處
學校
河流
山脈
縣道
鄉村
寺廟
石橋
山嶺

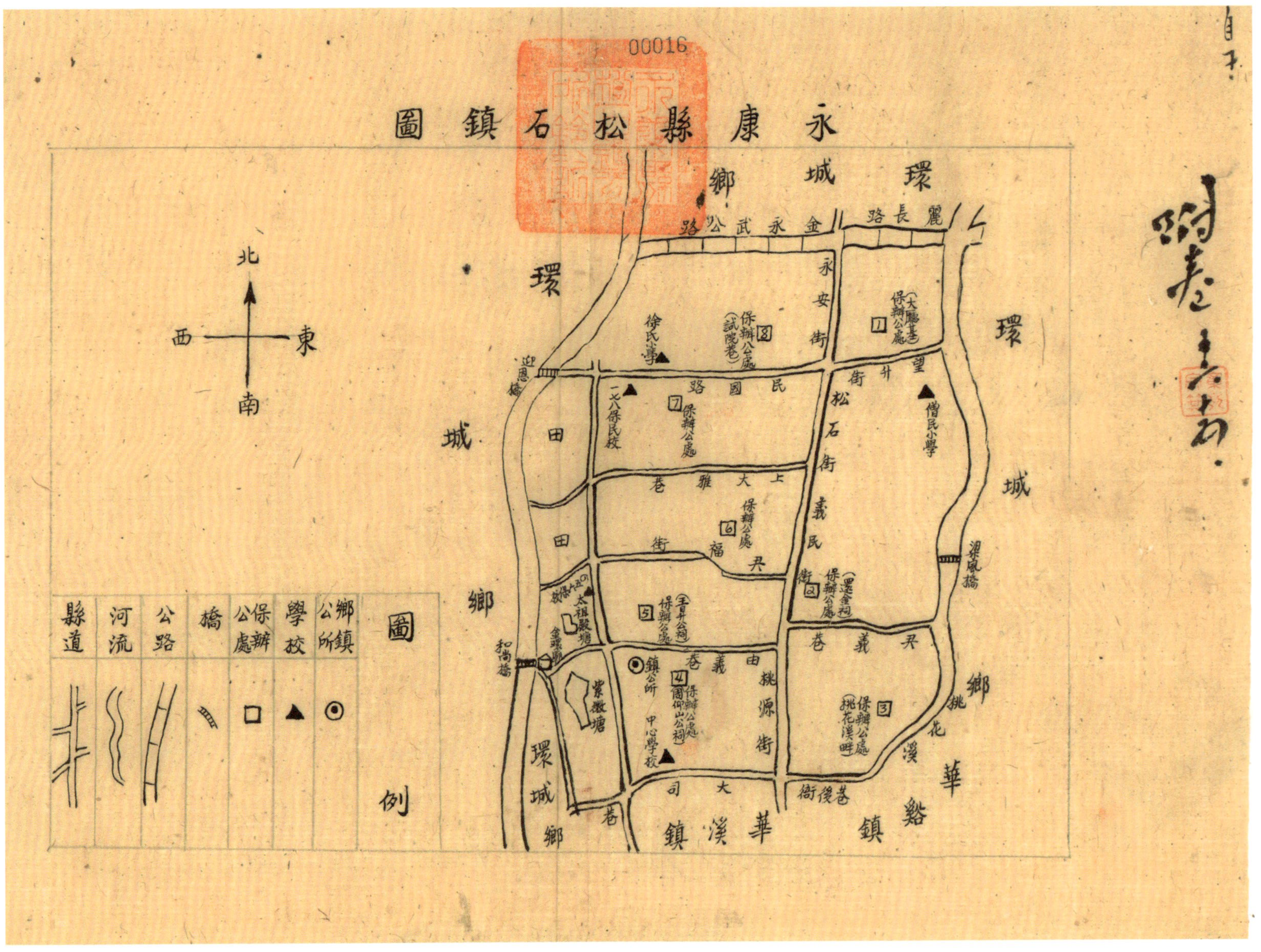
永康縣松石鎮圖
00016
北
南
東
西
環城鄉
金永武公路
麗長路
永安街
民國路
松石街
上大雅巷
福兴街
義民街
由義巷
桃源街
兴義巷
望井街
大司巷後街
巷
田
保辦公處
徐氏學
一七八保民校
僧民小學
鎮公所
中心學校
崇教塘
迎恩橋
和尚橋
渠風橋
桃花溪
華溪鎮
華谿鎮
圖例
鄉鎮公所
學校
保辦公處
橋
公路
河流
縣道
附卷

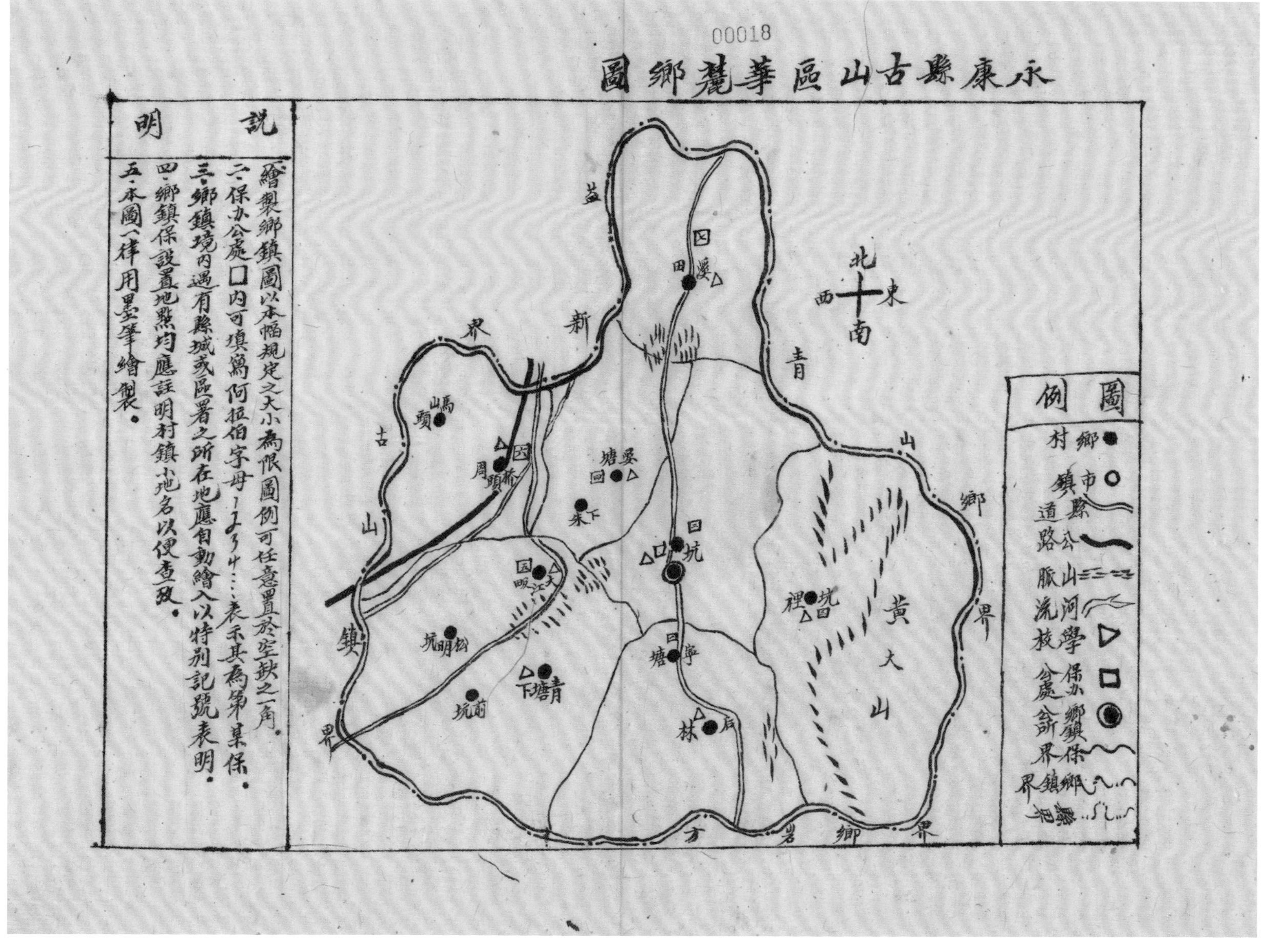

00018
永康縣古山區華襲鄉圖
說明
繪製鄉鎮圖以本幅規定之大小為限圖例可任意置於空缺之一角。
二、保办公處□內可填寫阿拉伯字母1 2 3 4……表示其為第某保。
三、鄉鎮境內遇有縣城或區署之所在地應自動繪入以特別記號表明。
四、鄉鎮保設置地點均應註明村鎮小地名以便查考。
五、本圖一律用墨筆繪製。
圖例
鄉村
市鎮
縣道
公路
山脈
河流
學校
保办公處
鄉鎮公所
保界
鄉鎮界
北
南
東
西
新
益
界
古
山
鎮
界
青
山
鄉
界
方
岩
鄉
界
黃大山

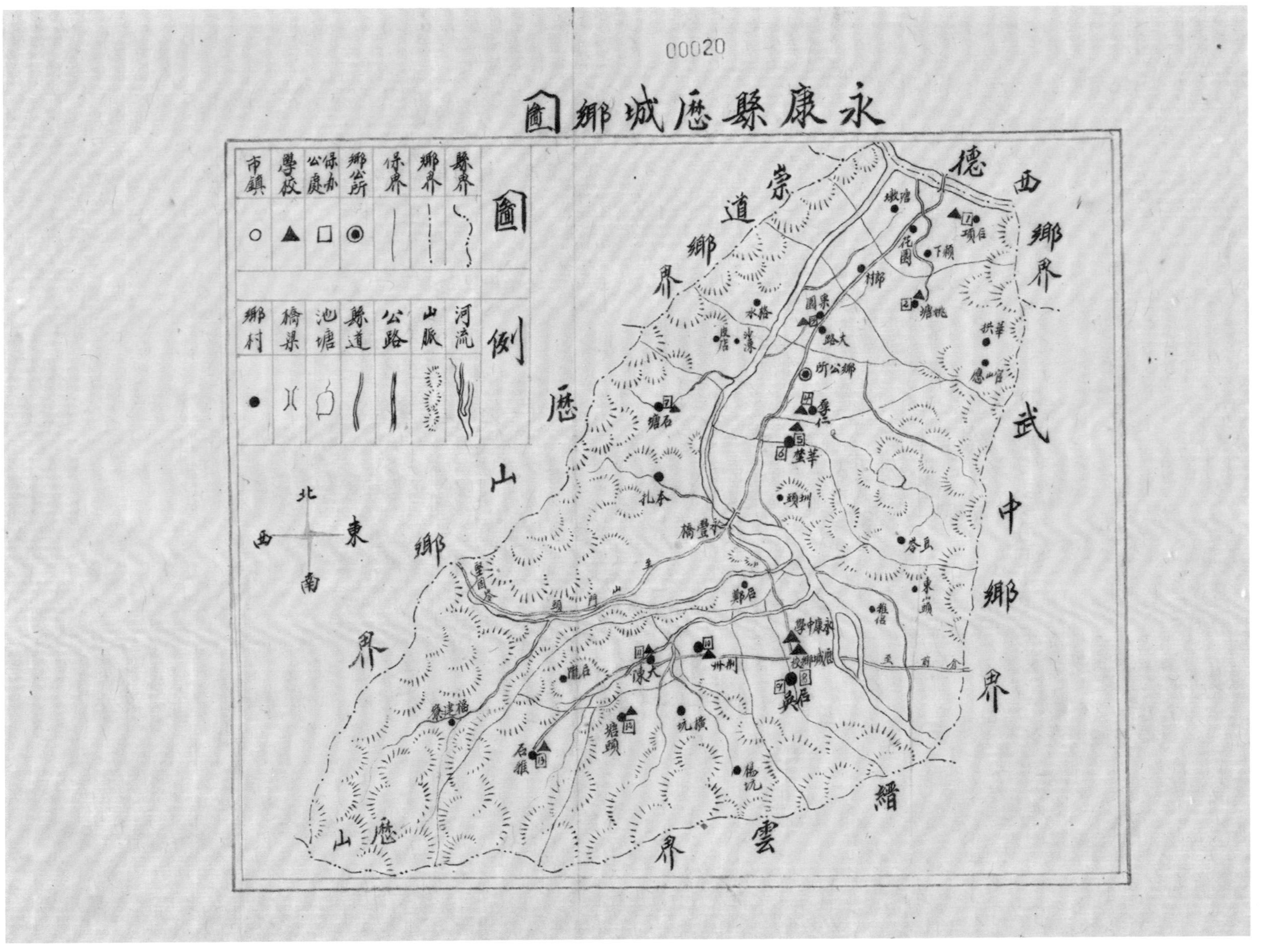

00020
永康縣應城鄉圖
圖例
市鎮
學校
保辦公處
鄉公所
保界
鄉界
縣界
鄉村
橋梁
池塘
縣道
公路
山脈
河流
北
東
南
西
崇道鄉界
西鄉界
武中鄉界
縉雲界
應山鄉界

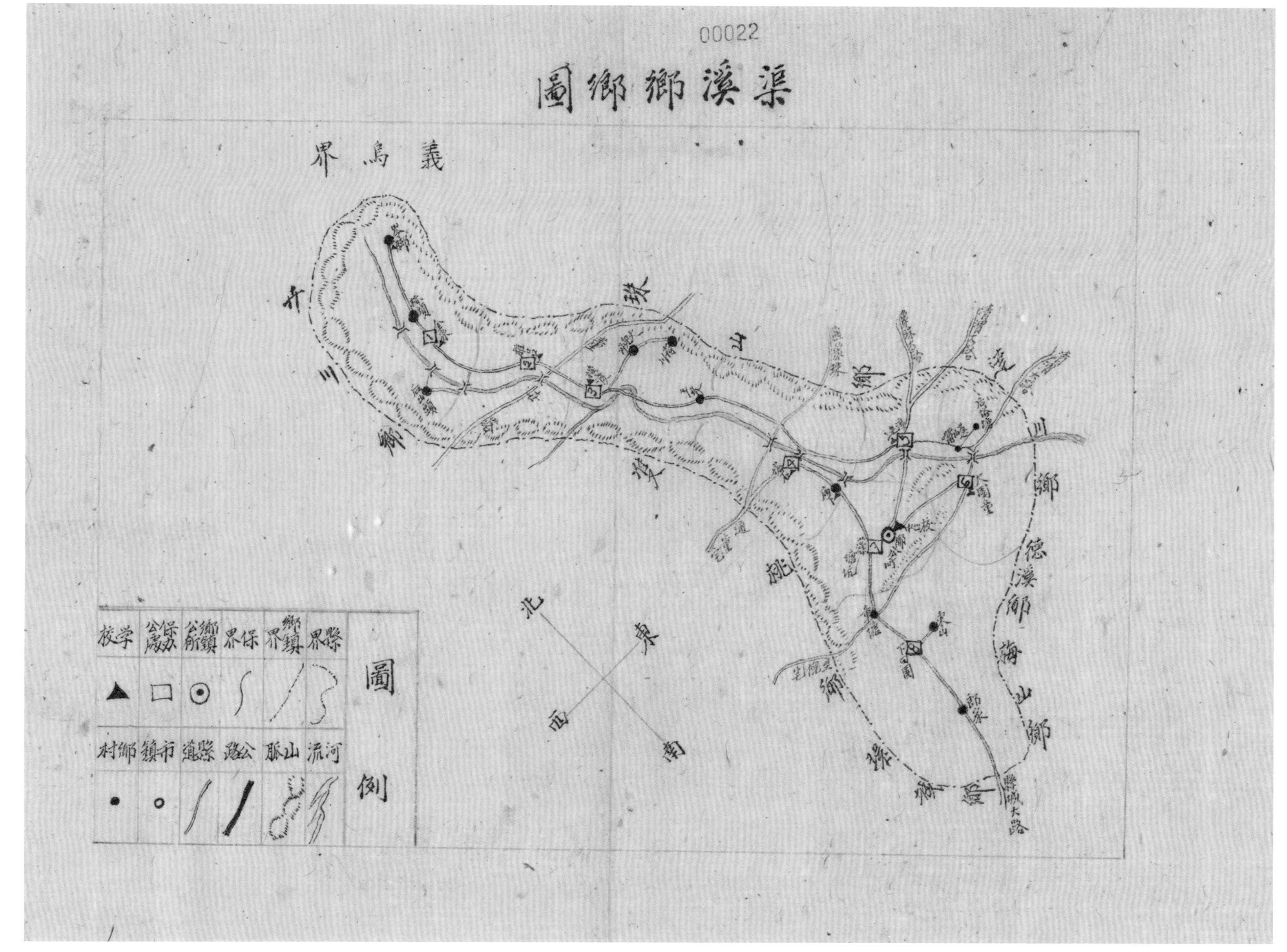
00022
渠溪鄉圖
義烏界
圖例
縣界
鄉鎮界
保界
鄉鎮公所
保公處
學校
河流
山脈
公路
縣道
市鎮
鄉村
北
東
西
南
德溪鄉
梅山鄉
三鄉
桃鄉
山鄉

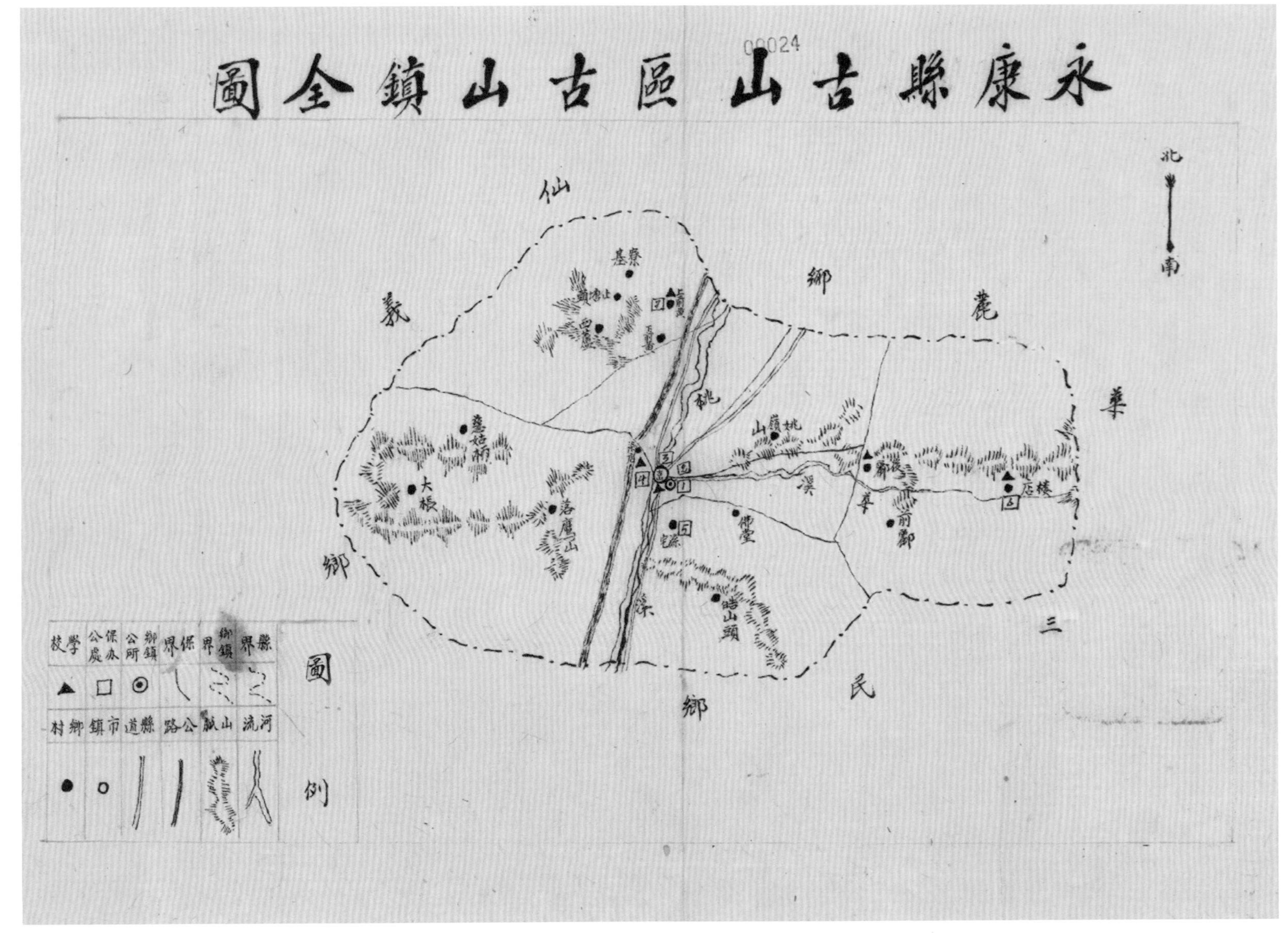

永康縣古山區古山鎮全圖
北
南
仙
義
鄉
麓
華
三
民
鄉
鄉
大根
落雁山
前鄭
圖例
縣界
鄉鎮界
保界
鄉鎮公所
保辦公處
學校
河流
山脈
公路
縣道
市鎮
鄉村

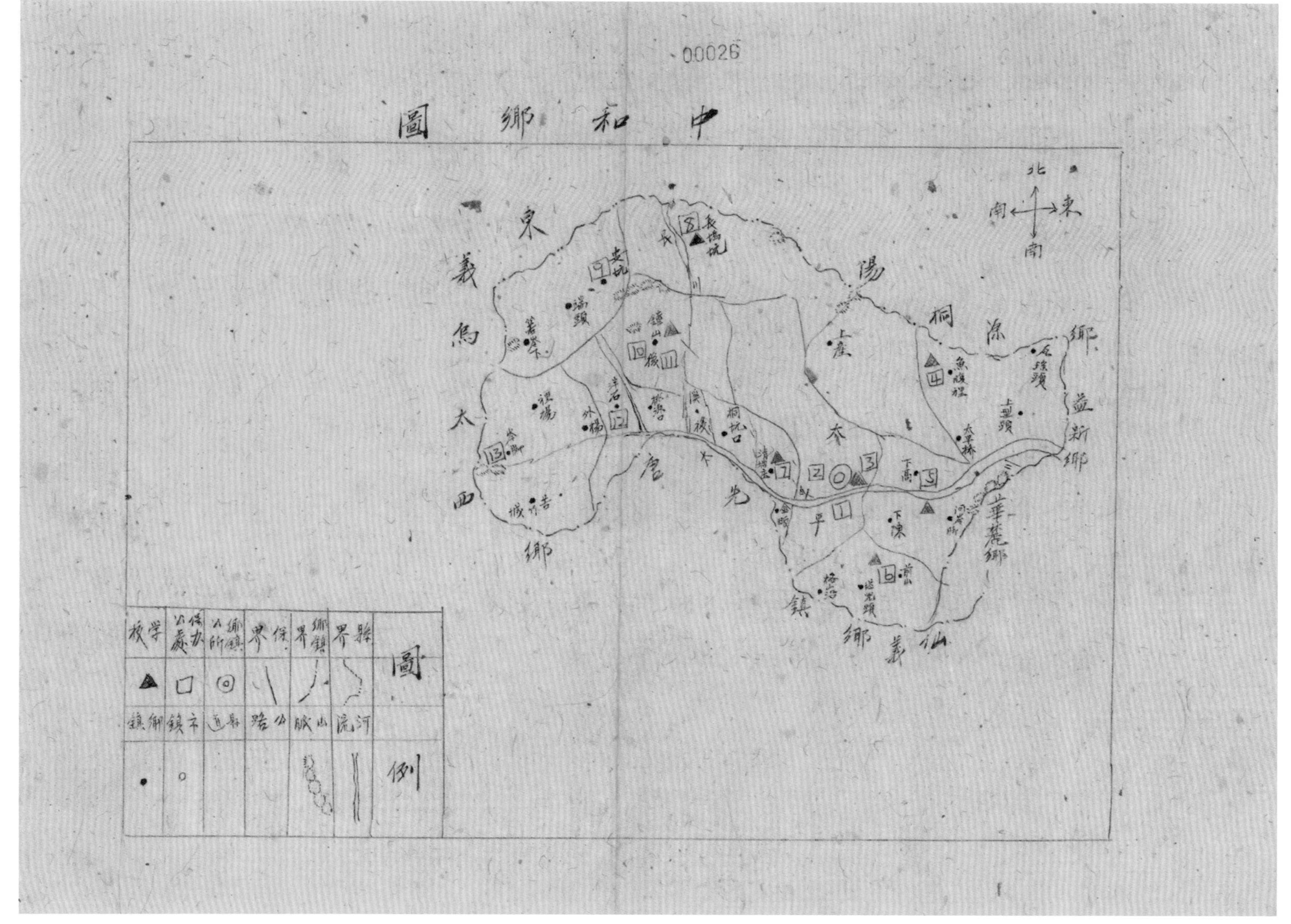
中和鄉圖
圖例
縣界
鄉鎮界
保界
鄉鎮公所
保辦公處
學校
河流
山脈
公路
縣道
市鎮

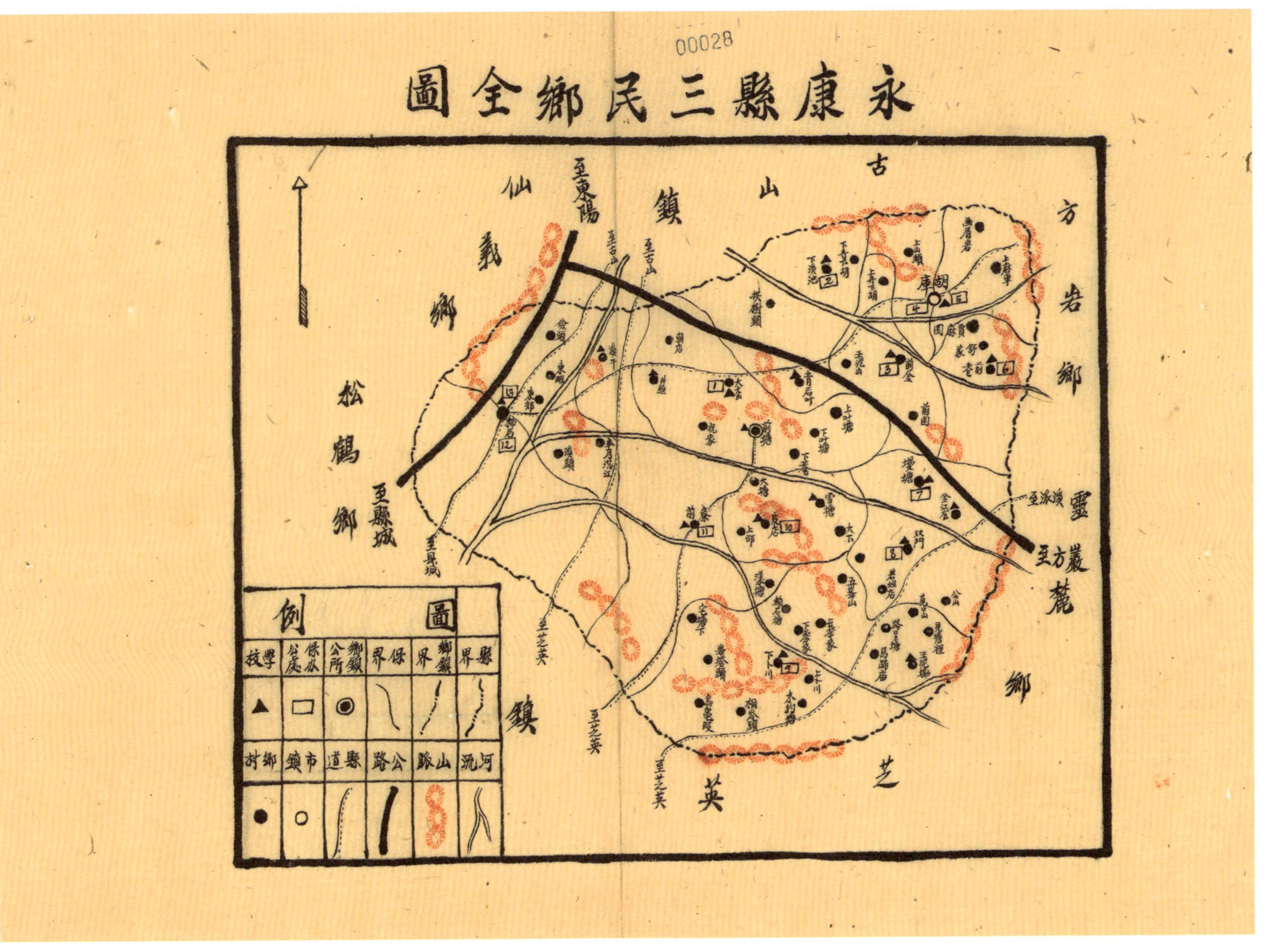
永康縣三民鄉全圖
古山鎮
方岩鄉
靈麓鄉
芝英鎮
松鶴鄉
仙義鄉
至東陽
至縣城
至方巖
至芝英
圖例
縣界
鄉鎮界
保界
鄉鎮公所
保辦公處
學校
河流
山脈
公路
縣道
市鎮
鄉村

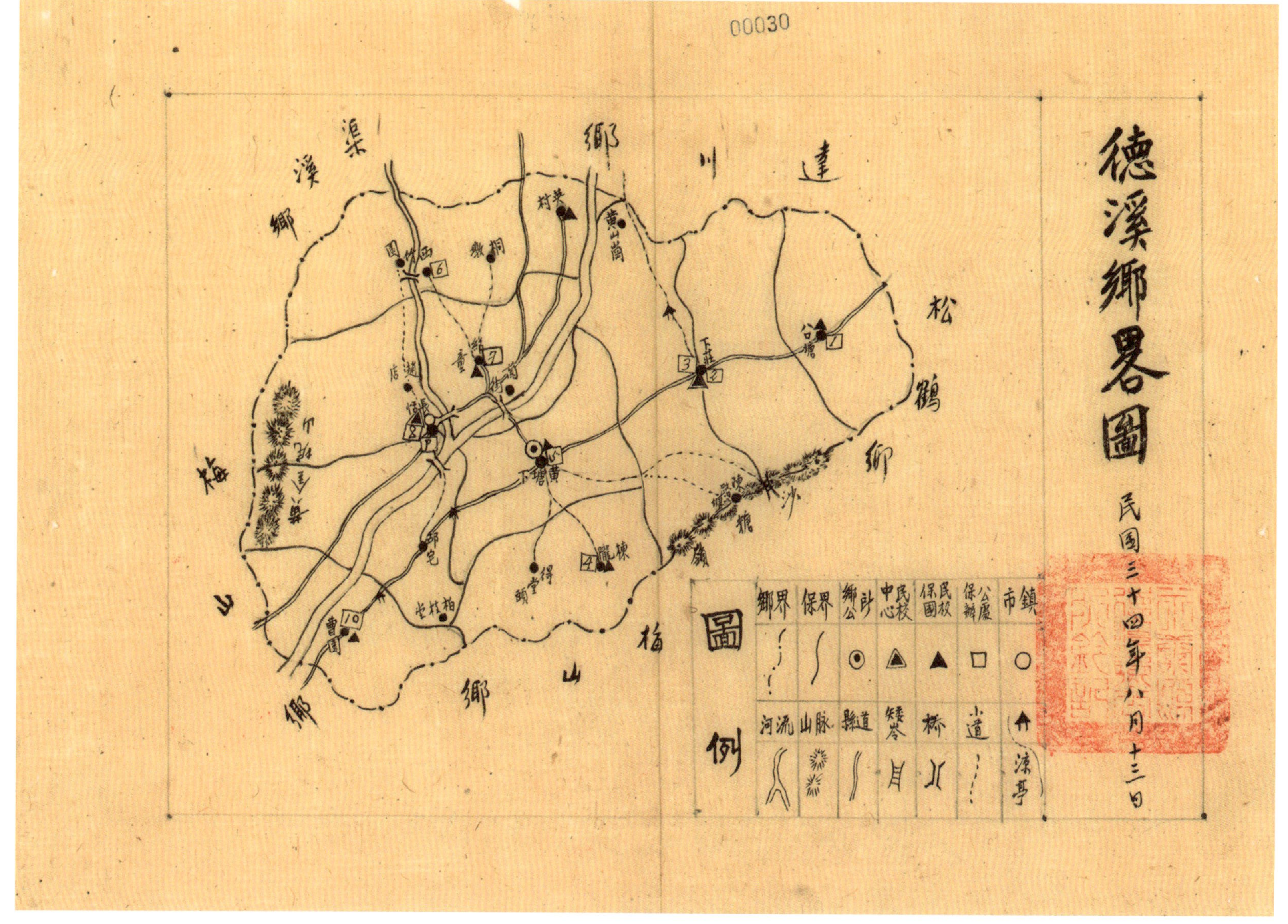

00030
德溪鄉畧圖
民国三十四年八月十三日
渠溪鄉
達川鄉
松鶴鄉
梅山鄉
梅山鄉
圖例
鄉界
保界
鄉公所
中心民校
保民校
保公辦處
市鎮
河流
山脈
縣道
矮岺
橋
小道
涼亭

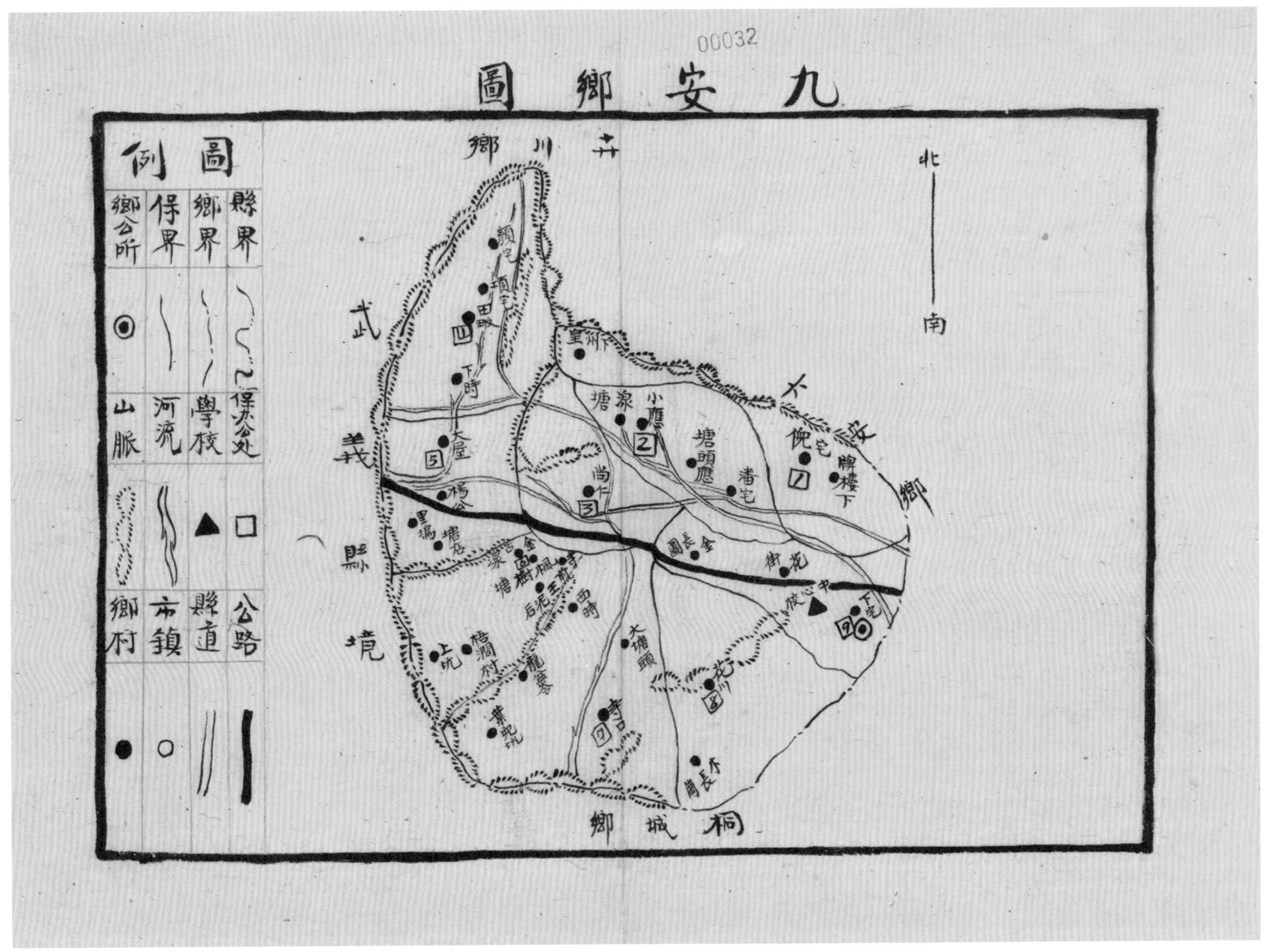
00032
九安鄉圖
圖例
縣界
鄉界
保界
鄉公所
保办公处
學校
河流
山脈
公路
縣道
市鎮
鄉村
井川鄉
武義縣境
桐城鄉
大安鄉
北
南

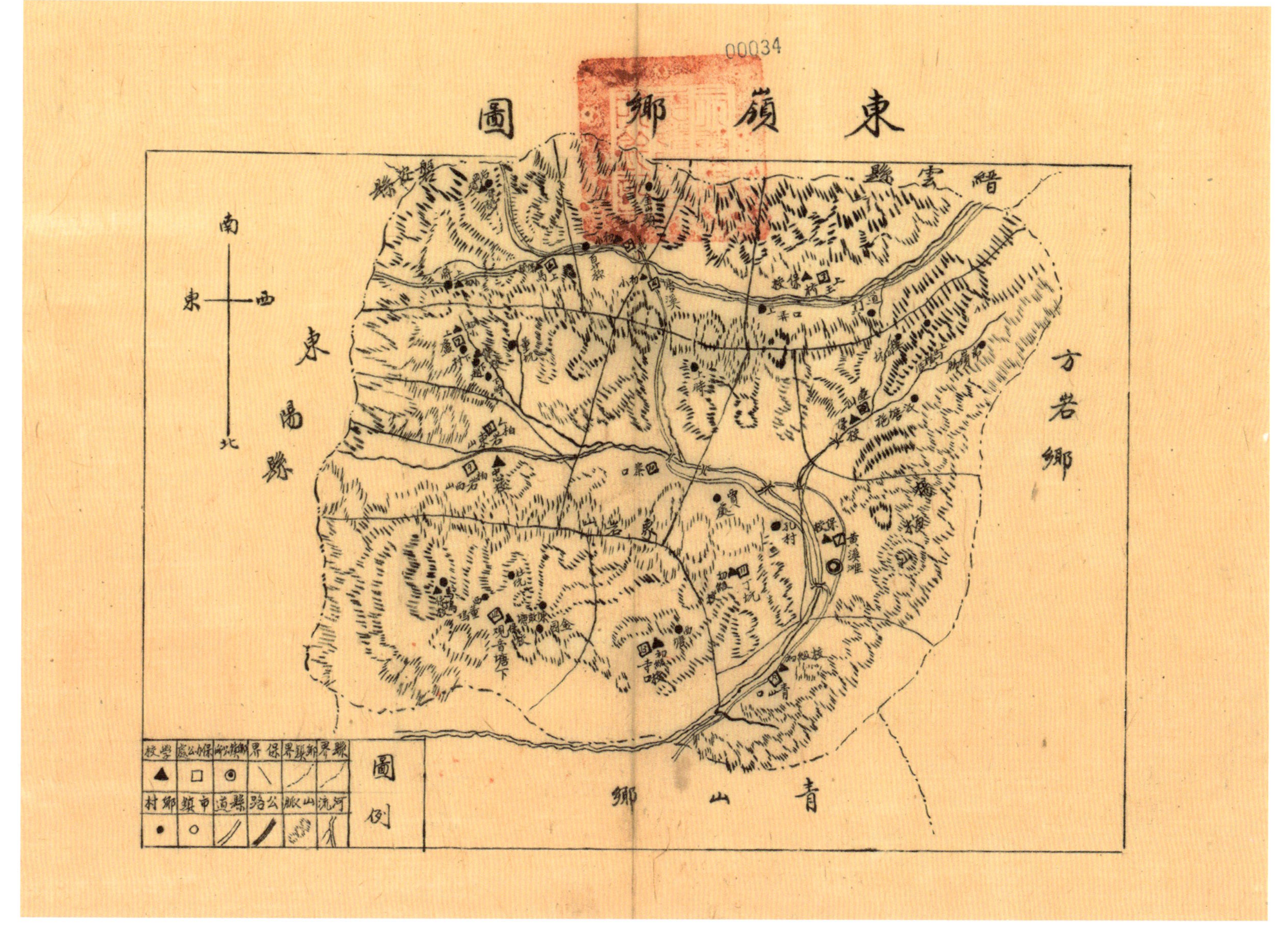
東嶺鄉圖
00034
縉雲縣
磐安縣
東陽縣
方岩鄉
青山鄉
南
西
東
北
圖例
縣界
鄉界
保界
學校
河流
山脈
公路
縣道
市鎮
鄉村

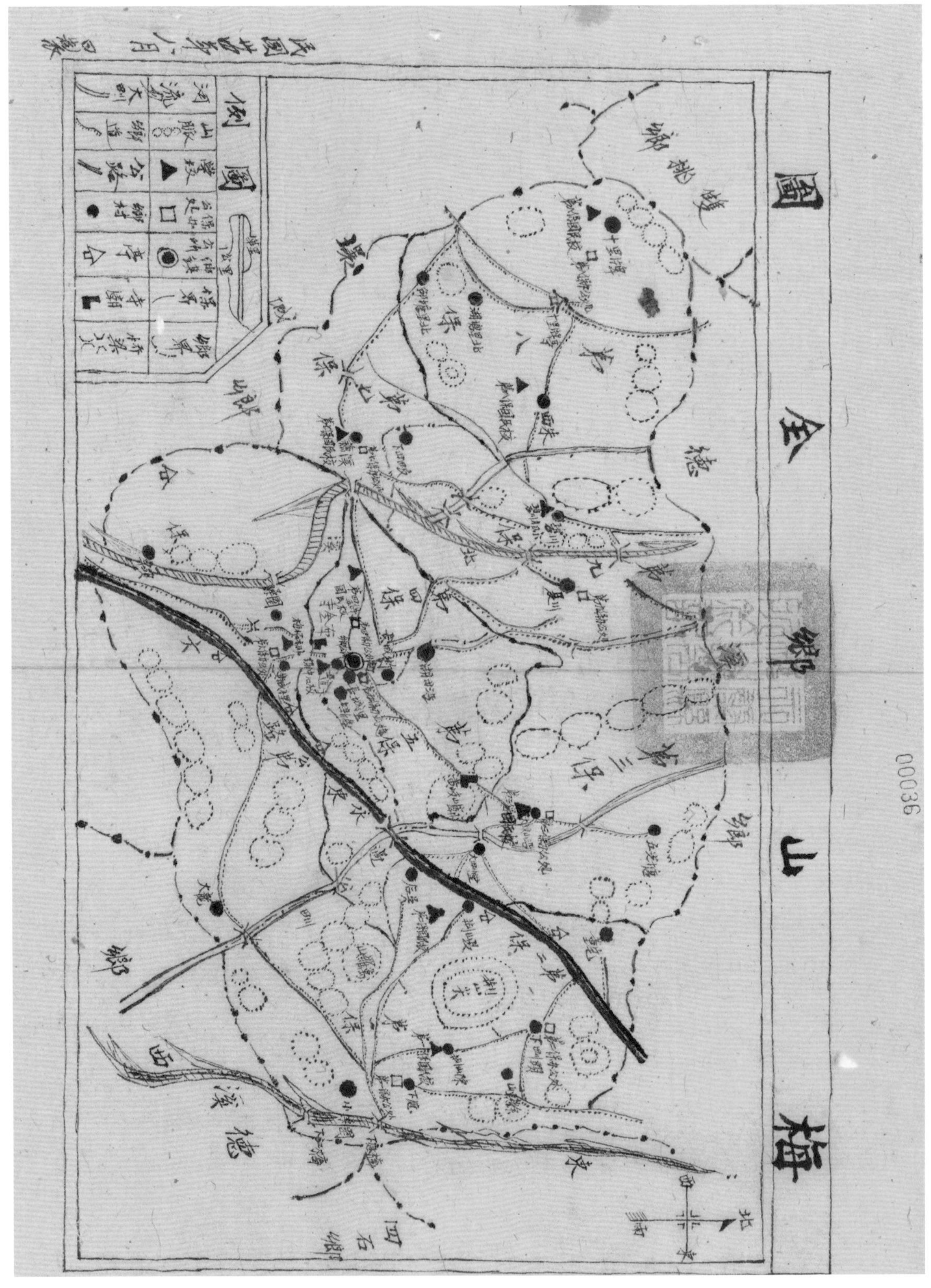
梅山鄉全圖
圖例
00036

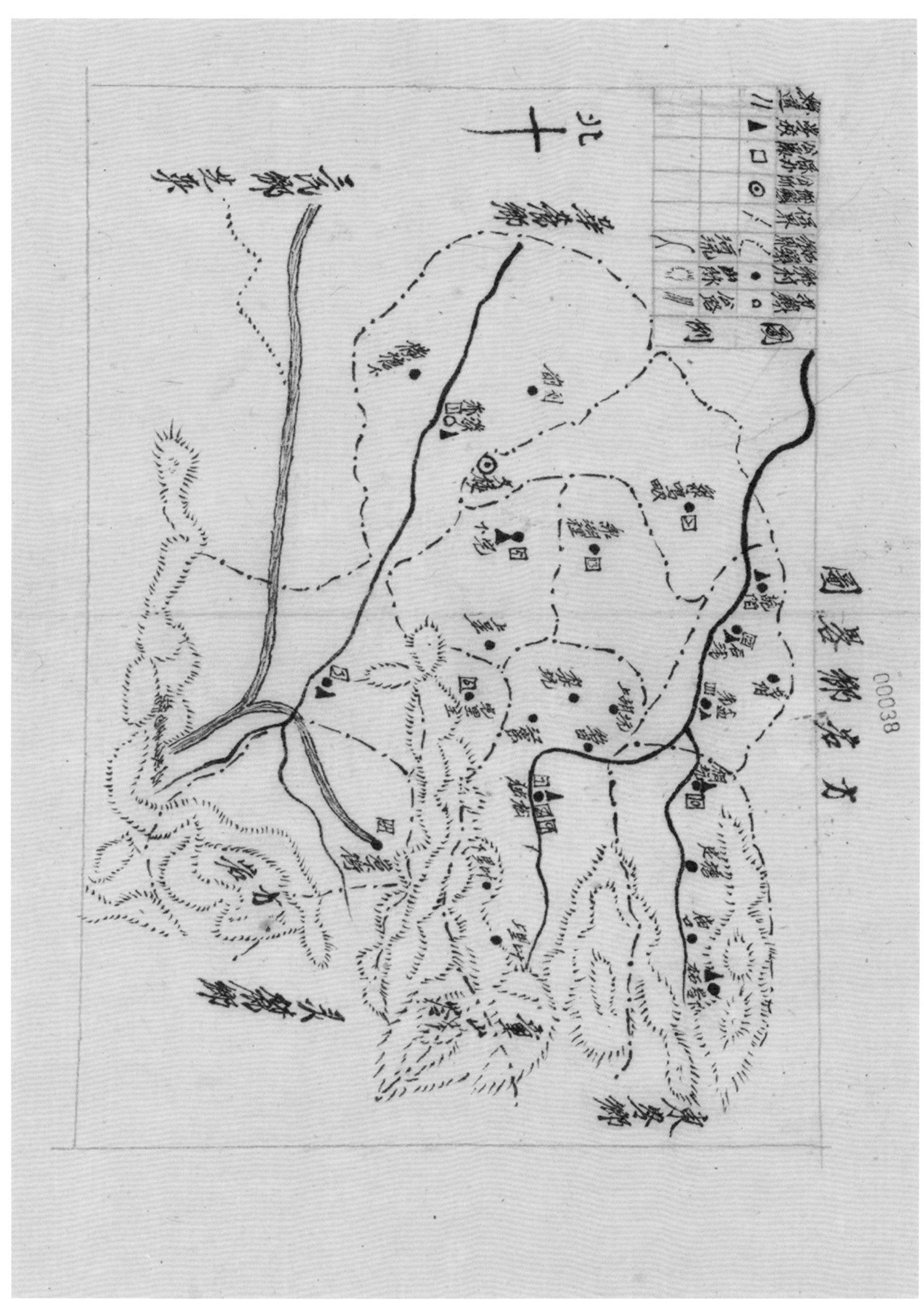

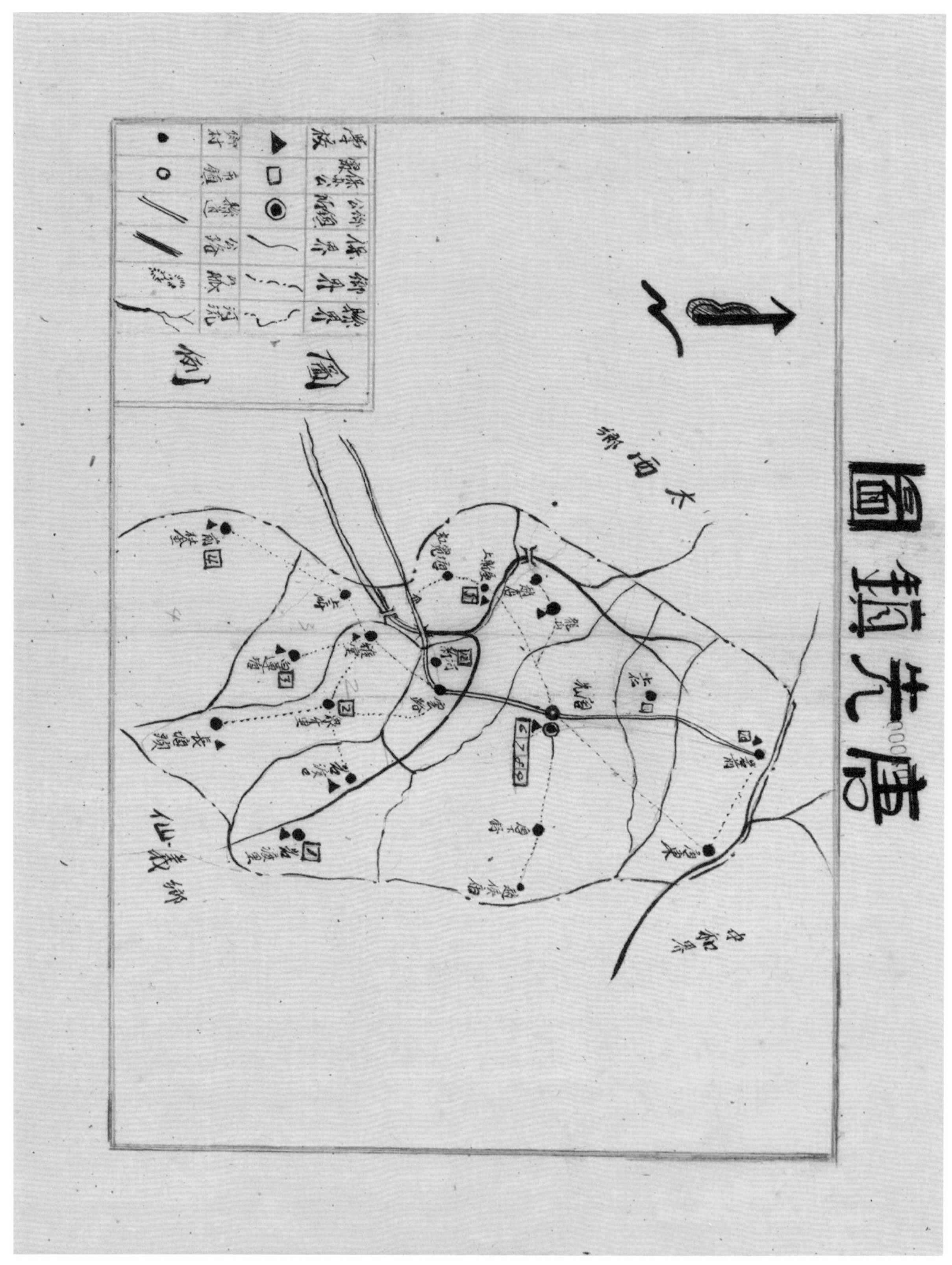
唐先鎮圖
圖例
大河鄉

后记

本书编纂工作在《抗日战争档案汇编》编纂出版工作领导小组和编纂委员会的具体领导下进行，编者来自永康市档案馆。永康市档案局、档案馆高度重视，专门成立组织机构，组织对馆藏相关档案进行梳理、汇编。在编纂过程中，浙江省档案局、档案馆有关同志予以具体指导并提出重要修改意见，借此表示衷心感谢！